本研究得到以下资助：
教育部人文社科青年项目（项目号：23YJCZH146）
国家自然科学基金（项目号：72173119、71991481、71991480、41
中央高校基本科研业务费专项基金（项目号：2652019087、2652019
北京市社会科学基金重点项目（项目号：22JCB051）
首都经济贸易大学专项基金（项目号：XRZ2022028、01892354301002）
教育部产学合作协同育人项目（项目号：220902070070545）

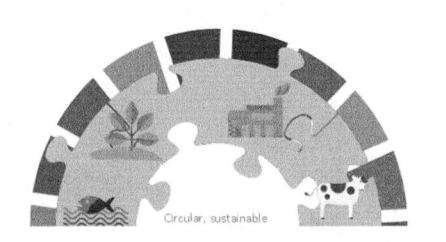

"双碳"背景下
关键资源产业链经济贸易及
可持续发展

刘妍心 李华姣 陈振松 著

首都经济贸易大学出版社

Capital University of Economics and Business Press

·北京·

图书在版编目（CIP）数据

"双碳"背景下关键资源产业链经济贸易及可持续发展 / 刘妍心，李华姣，陈振松著. -- 北京：首都经济贸易大学出版社，2023.12

ISBN 978-7-5638-3611-6

Ⅰ.①双… Ⅱ.①刘… ②李… ③陈… Ⅲ.①钢铁工业-绿色产业-产业发展-研究-中国 Ⅳ.①F426.31

中国国家版本馆 CIP 数据核字（2023）第 233510 号

"双碳"背景下关键资源产业链经济贸易及可持续发展
"SHUANGTAN" BEIJING XIA GUANJIAN ZIYUAN CHANYELIAN JINGJI MAOYI JI KECHIXU FAZHAN
刘妍心　李华姣　陈振松　著

责任编辑	潘　飞
封面设计	风得信·阿东 FondesyDesign
出版发行	首都经济贸易大学出版社
地　　址	北京市朝阳区红庙（邮编100026）
电　　话	（010）65976483　65065761　65071505（传真）
网　　址	http://www.sjmcb.com
E - mail	publish@cueb.edu.cn
经　　销	全国新华书店
照　　排	北京砚祥志远激光照排技术有限公司
印　　刷	北京九州迅驰传媒文化有限公司
成品尺寸	170 毫米×240 毫米　1/16
字　　数	571 千字
印　　张	32.75
版　　次	2023 年 12 月第 1 版　2023 年 12 月第 1 次印刷
书　　号	ISBN 978-7-5638-3611-6
定　　价	98.00 元

图书印装若有质量问题，本社负责调换
版权所有　侵权必究

前　言

随着"双碳"战略的不断深化，"经济社会绿色发展理念"已成为我国推动构建人类命运共同体、共谋全球可持续发展的关键方向。钢铁作为全球经济发展的支柱性资源产业，从上游开采、中游冶炼加工到下游应用及回收再利用，已经拥有了一条完整产业链，广泛存在于人们生产生活的各个领域。

世界钢铁协会数据显示，2022年全球钢铁产量达到 18.32 亿吨，其中，中国的钢铁产量为 10.13 亿吨，占全球钢铁产量的 55.3%。近年来，中国钢铁业发展迅猛，不论是钢铁产量还是贸易量均稳居全球第一。然而，钢铁产业链在为中国及全球带来巨大经济收益的同时也消耗了较多资源。因此，为了推动"双碳"目标下钢铁这一关键资源的可持续发展，有必要从产业链的视角结合当前政策发展方向，分析其在经济、贸易、环境等多维度影响背景下的发展现状及发展趋势，从循环经济等角度为关键资源的可持续发展制定优化策略及政策建议。

本书的主要研究目的，是通过刻画全球及中国钢铁产业链在资源、经济、贸易及环境等方面的多维度现状，识别产品贸易价格波动传导等影响机理，结合政策提出产业链多区域、多主体协同发展优化策略。同时，从循环经济的角度为钢铁行业找到合适的发展路径，这对钢铁产业链多维度、可持续的策略制定具有重要指导意义。此外，本书为"双碳"目标下中国钢铁产业链协调发展的宏观调控提供了数据支撑，为相关企业及部门制定生产决策提供了科学依据，为关键资源可持续发展的政策制定提出了可行性建议。

感谢参与本书撰写的张文君、仝清艳等同志。

目 录
CONTENTS

1 资源经济与可持续发展的理论基础 ………………………………… 1
　1.1 资源经济环境基础 ……………………………………………… 1
　1.2 可持续发展理论框架体系 ……………………………………… 6

2 钢铁产业链资源及贸易格局研究 …………………………………… 12
　2.1 钢铁产业链资源及贸易研究现状 ……………………………… 12
　2.2 基于生命周期的研究框架 ……………………………………… 14
　2.3 钢铁产业链资源、贸易及可持续评价模型构建 ……………… 16
　2.4 钢铁产业链资源、贸易及可持续结果分析 …………………… 23
　2.5 小结 ……………………………………………………………… 32

3 低碳经济下钢铁产业链贸易价格波动溢出机理研究 …………… 37
　3.1 钢铁产业链产品价格研究现状 ………………………………… 37
　3.2 钢铁产业链价格波动溢出模型构建 …………………………… 40
　3.3 钢铁产业链价格波动溢出的关键影响因素分析 ……………… 42
　3.4 小结 ……………………………………………………………… 55

4 中国钢铁产业链贸易价格驱动机理研究 ………………………… 57
　4.1 钢铁产业链价格驱动研究现状 ………………………………… 57
　4.2 中国钢铁产业链贸易价格驱动因素分析的模型构建 ………… 59

4.3 中国钢铁产业链贸易价格关键影响因素分析 ················· 64
   4.4 小结 ··· 72

5 国际钢铁产业链贸易价格驱动机理研究 ························· 74
   5.1 国际钢铁价格驱动研究现状 ································· 74
   5.2 国际钢铁产业链贸易价格驱动因素分析的模型构建 ········ 76
   5.3 国际钢铁产业链价格驱动结果分析 ·························· 85
   5.4 小结 ··· 90

6 基于全球贸易的钢铁产业链环境影响研究 ······················ 93
   6.1 钢铁产业链的环境影响研究现状 ···························· 93
   6.2 钢铁产业链环境影响核算模型构建 ························· 94
   6.3 全球贸易下钢铁产业链环境影响分析 ······················ 97
   6.4 小结 ·· 102

7 钢铁产业链的贸易碳转移研究 ································· 105
   7.1 钢铁产业链贸易碳转移研究现状 ··························· 105
   7.2 钢铁产业链贸易碳转移模型构建 ··························· 106
   7.3 全球钢铁产业链贸易碳转移格局及关键路径分析 ········· 111
   7.4 小结 ·· 125

8 钢铁产业链的可持续评估研究 ································· 128
   8.1 钢铁产业链可持续评估研究现状 ··························· 128
   8.2 基于能值的钢铁产业链可持续评估模型构建 ·············· 130
   8.3 中国钢铁产业链的贸易–资源–环境可持续评估分析 ······· 132
   8.4 小结 ·· 139

9 中国钢铁产业链的多维度可持续发展研究 ····················· 146
   9.1 研究对象及边界确定 ······································ 146
   9.2 基于能值的中国钢铁产业链多重维度核算 ················ 149

9.3 数据来源及敏感性检验 ……………………………………………… 152
9.4 小结 …………………………………………………………………… 154

10 可持续发展下的中国钢铁产业链多维度依赖关系研究 ………………… 155
10.1 中国钢铁产业链多维度系统依赖模型构建 ………………………… 155
10.2 钢铁产业链不同维度变量的变化趋势分析 ………………………… 163
10.3 钢铁产业链双重维度间依赖关系的变化趋势分析 ………………… 167
10.4 钢铁产业链三重维度间依赖关系的变化趋势分析 ………………… 170
10.5 小结 …………………………………………………………………… 171

11 中国钢铁产业链的多主体多维度依赖机制研究 ………………………… 173
11.1 系统边界与系统主体 ………………………………………………… 173
11.2 基于多主体依赖关系的钢铁产业链系统模型构建 ………………… 175
11.3 中国钢铁产业链多维度依赖关系机制分析 ………………………… 187
11.4 小结 …………………………………………………………………… 192

12 中国钢铁产业链多维度依赖关系的关键产品识别研究 ………………… 194
12.1 中国钢铁产业链多维度产品交互模型构建 ………………………… 195
12.2 钢铁产品引发的不同维度发展水平变化趋势分析 ………………… 203
12.3 钢铁产品引发的双重维度间依赖关系变化趋势分析 ……………… 207
12.4 钢铁产品引发的三重维度间依赖关系变化趋势分析 ……………… 209
12.5 钢铁产业链关键产品识别 …………………………………………… 211
12.6 小结 …………………………………………………………………… 212

13 中国钢铁产业链多维度依赖关系的关键政策识别研究 ………………… 214
13.1 基于废钢调节的驱动政策选择 ……………………………………… 215
13.2 基于不同驱动政策的多维度动态耦合模型构建 …………………… 216
13.3 政策情景模拟结果分析 ……………………………………………… 225
13.4 小结 …………………………………………………………………… 235

14 基于关键政策的中国钢铁产业链多维度协调策略研究 ······ 237
14.1 钢铁产业链主体耦合的协调优化目标及方案设置 ······ 238
14.2 基于驱动政策的钢铁产业链主体耦合协调优化模型构建 ······ 240
14.3 基于"回收-政策"的产品主体优化模拟结果分析 ······ 244
14.4 基于"回收-政策"的企业主体优化模拟结果分析 ······ 249
14.5 基于"回收-政策"的行业主体优化模拟结果分析 ······ 252
14.6 不同优化方案下产业链耦合潜力模拟结果分析 ······ 256
14.7 小结 ······ 257

15 基于"产品-政策"的中国钢铁产业链协同发展对策研究 ······ 260
15.1 中国钢铁产业链多维度、多目标协调发展模型的构建 ······ 260
15.2 钢铁相关政策及其发展方向分析 ······ 271
15.3 基准情景的设置与模拟 ······ 273
15.4 产品产量约束下低碳发展情景的设置与模拟 ······ 277
15.5 产品产量约束下循环经济情景的设置与模拟 ······ 283
15.6 基于多维度依赖关系的钢铁产业链协调发展策略选择 ······ 289
15.7 小结 ······ 290

16 产业链资源经济贸易与生态可持续管理前沿 ······ 292
16.1 产业共生 ······ 292
16.2 循环经济 ······ 295
16.3 绿色与低碳经济 ······ 299
16.4 可持续责任共担 ······ 302

参考文献 ······ 304

附录1 ······ 337
附录2 ······ 365
附录3 ······ 449
附录4 ······ 502
附录5 ······ 513

1 资源经济与可持续发展的理论基础

1.1 资源经济环境基础

1.1.1 资源的概念、分类与特征

资源由"资"和"源"两个字组成。由"资",人们可联想到物资、资金、资料等对生产具有实际价值的东西,"源"的本意则是水流出的地方,那么显而易见,对资源的理解之一,即其为获得物质财富的源泉。《辞海》对资源的解释是:"资财的来源,一般指天然的财源。"联合国环境规划署对资源的定义是:"所谓资源(特别是自然资源),是指在一定时期、地点等条件下能够产生经济价值,以提高人类当前和将来福利的自然因素和条件。"由该定义可知,资源包括自然界中一切可以为人类所用、具有一定价值的物质,如海洋、森林、矿藏、天空等;自然资源是人类生存发展的物质基础,主要包括气候、生物、水、土地和矿产这五大类型。

实际上,自然资源是对资源的狭义理解,广义上的资源是指一国或一定地区内拥有的物力、财力、人力等的总称(贾俊花,2011)。《经济学解说》将资源定义为:"生产过程中所使用的投入。"这一解释揭示了资源的本质,即创造生产资料所需的一切要素。资源不限于自然资源,也与人类社会的经济、技术、劳动有关,如信息资源、智力资源、人力资源等。

根据资源的再生性,可以将资源划分为再生资源和非再生资源。再生资源是指可以不断产生或更新、能重复利用的资源,如土地、风能、太阳能、森林、土壤、信息等。非再生资源是指储存量有限、无法更新却不断消耗的资源,如石油、天然气、包括金属矿藏在内的许多矿产资源等。根据对资源的控制程度,资源可以被分为专有资源和共有资源。专有资源是指有明确的所有者,可通过法律、公约来界定范围的资源。从个人的专利到省市的土地,再到国家的领土、领空等,都属于专有资源。共有资源指大家都可以享用的

资源，如互联网上免费的信息资源，以及所有国家都可以开发利用的太空资源等。此外，还可以按照资源用途、资源状况、是否流动等对其进行分类。

自然资源和社会资源因其属性存在差异而具有不同特征。自然资源具有以下特点。

首先，稀缺性。自然资源的稀缺性是相对于人类无限增长的需求而言的，在一定时间与空间范围内自然资源总是有限的，相对不足的自然资源与人类绝对增长的需求相比，造成了前者的稀缺性。自然资源的稀缺性可以进一步划分为绝对稀缺和相对稀缺（AEIC 学术交流中心，2021）。绝对稀缺是指自然资源总量无法满足人类的需求，相对稀缺是指因自然资源分布的不平衡而造成的某一地区自然资源的稀缺。

其次，地域性。自然资源的地域性是指各类自然资源在地理空间分布上的差异性（全国科学技术名词审定委员会，2008）。地质构造、土壤、生物、太阳辐射等自然因素对自然资源的形成具有一定的限制和影响作用。在特定的自然因素下，自然资源的产生或形成也具有某种规律性。例如，中国的水资源南多北少，能源资源西多东少。从世界范围来看，波斯湾沉积盆地石油的探明储量占全球总储量的58%，全世界煤炭总量的87%集中在美国、中国和俄罗斯等地区。

再次，整体性。自然资源的整体性指各类自然资源之间并非孤立存在，而是相互联系、相互制约的，并由此组成了一个复杂的资源系统（全国科学技术名词审定委员会，2008）。系统内任何一个要素发生变化就可能引起其他要素的变化，从而引起一连串的连锁反应，最终造成整个资源系统的变化。

最后，多用性。自然资源的多用性是指某一种自然资源可能具有多种用途。同一种自然资源可以投入不同的生产过程，如土地资源可以被用于农业、工业、旅游业、交通等各个行业，此外各个行业对电力资源也有不同的需求。

社会资源同自然资源相比具有以下特征。

第一，社会性。社会资源的社会性是指此类资源是人类在社会劳动、社会交往中产生的。

第二，继承性。社会资源的继承性使之得以不断积累、扩展，"知识爆炸"就是社会资源不断积累而产生的结果。

第三，主导性。社会资源的主导性主要体现为社会资源往往决定了自然资源的使用方向，并且社会资源的生产过程体现着人类的意愿、思想。

第四，流动性。社会资源的流动性指社会资源的流动与传播特性，如劳动力、技术、资金等常常会在不同地区、国家间流动。

1.1.2 经济的概念、要素与特征

在西方，经济学家对经济学下了不同的定义。例如，罗宾斯将经济学定义为对稀缺资源的配置，且稀缺资源往往具有多重用途。萨缪尔森在前人定义的基础上，将经济学定义为研究人们如何选择以使用稀缺或有限的资源来生产商品，并将这些商品分配给各类社会成员以供消费的学科。但对于"经济"却一直没有明确的定义。另有学者认为，经济就是人类以外部自然界为对象，为了创造满足人类需要所必需的物质环境所采取的行为的总和（张莹等，2011）。简单地说，经济是人们生产、流通、分配、消费精神和物质资料的总称。在这之中，生产是起点，消费是终点（曼昆，2015）。

经济要素是指一个国家的经济制度、经济结构、产业布局、资源状况、经济发展水平以及未来的经济走势等（MBA智库，2016）。各个要素的变化都存在一定周期，或长或短，相互叠加，决定了经济的周期性波动。良好的经济制度能快速推动国家的经济增长。改革开放以来，我国确定并不断完善了符合中国国情的社会主义市场经济制度，生产力迅速发展，经济总量迅速提高。之所以取得这样的成绩，与社会主义经济制度所起的基础保障作用是分不开的。经济结构是国民经济的组成和构造（百度百科，2021）。经济的增长往往会伴随经济结构的改变，经济的增长与经济结构的改变相互影响、相互制约，经济结构的合理性直接影响经济增长的速度。一个国家或地区的经济增长也与产业结构、产业布局有密切联系。近年来，中国不断优化产业结构，推动产业向绿色低碳转型，以实现高质量发展。资源的存量、种类差异影响着经济发展的速度、结构和方式，资源是经济增长的保障，没有充足的资源就无法实现经济的快速增长。

不同时期的全球经济具有不同特征。第三次工业革命以来，通信、信息技术领域有了巨大突破，国际贸易也有了快速发展，世界经济呈现出以下特征。

首先，经济全球化在曲折中发展。随着生产力水平的提升以及国际分工的高度发展，各国经济相互依赖、相互渗透，成为世界经济体中不可分割的一部分。但这几年受新冠疫情的影响，部分产业链、供应链发生断裂，对全球经济造成重创，甚至出现了短暂的逆全球化现象。

其次，区域集团化趋势的不断加强。地理位置相近的国家或地区，经济联系更加紧密，商品、资本、劳动力间的流动更加自由，配置更加有效，更易形成经济、政治联合体，联合体成员也享有更自由、更开放的政策。诸如

自由贸易区、关税同盟、经济联盟等，均是区域集团化的体现。

再次，市场经济体制在全球范围内施行。市场机制是配置社会资源的基本手段，在资源配置中起决定性作用，政府则对经济运行进行宏观调控，市场和政府形成统一的整体，共同实现资源的合理分配。

最后，新科技革命产生深远影响。进入21世纪以来，新科技革命加速进行。在此背景下，信息科技领域、生命科学领域、能源领域等呈多点突破、群发性态势。同时，新科技革命与产业的联系更加密切，技术变革加速转变为生产力，数字经济蓬勃发展，不断推动社会经济向数字化转型。

1.1.3 环境的概念、要素与特征

《中华人民共和国环境保护法》将环境定义为影响人类生存和发展的各种天然的和经过人工改造的自然因素的总体，包括大气、水、海洋、土地、矿藏、森林、草原、湿地、野生生物、自然遗迹、人文遗迹、自然保护区、风景名胜区、城市和乡村等。当然，环境是一个相对的概念，它总是围绕一个中心或特定主题而言的，脱离了这个中心或主题，也就无所谓环境了。有学者认为，环境是一个由人类和其他生物赖以生存的客观物质、生态系统组成的整体（郑永琴，2013）。有学者将环境定义为研究对象周围客观事物的总和（陈英旭，2001）。环境的依据是中心事物，随中心事物而改变，并对中心事物产生影响；两者相互对立，又相互依赖、相互制约。

环境要素是指构成人类环境整体的各个独立、性质不同但又符合整体演化规律的基本组成物质。环境要素包括自然环境要素和人工环境要素（陈英旭，2001）。其中，自然环境要素包括水、土壤、生物、空气、阳光等。人工环境要素包括生产力、生产技术、生产产品、宗教信仰、经济体制、政府政策等。系统内的各个要素有机联系、相互影响、相互制约，依靠物质流、信息流和能量流进行传递和转换，从而形成具有特定功能的系统。环境的系统性决定了环境的整体性与区域性、变动性与稳定性、资源性与价值性。

其一，整体性与区域性。整体性是环境的最基本特征。整体性是指环境的各个组成要素相互影响、相互作用并紧密联系。局部区域遭到破坏，就会对其他部分产生影响。环境具有特定功能，但环境的功能并不是各个要素功能的总和，各个组成部分协同发展，通常会产生"1+1>2"的效果。区域性是指环境整体性中的区域差异。地球上不同地区的经度和纬度存在差异，热量、水分也分布不均，因而形成了不同的生态系统。环境区域性造成环境的多样性和差异性，这也是自然资源多样性的基础。整体性和区域性反映了环

境在空间域上的特性。

其二，变动性与稳定性。变动性是指在自然和人类社会的干预下，环境的内部结构和外部状态也会发生变化。与变动性相对的是稳定性，即环境具有一定的自我调节功能，当环境变化不超过一定限度时，环境就可以凭借自己的调节功能慢慢恢复。变动是绝对的，稳定是相对的，变动性影响着稳定性，两者反映了环境在时间域上的特性。环境的变动性和稳定性表明，人类活动会影响环境的变化，人类对资源的开发利用等各项社会活动要根据环境的变化规律来进行调控，而不能超过环境的调节范围。

其三，资源性和价值性。资源性是指环境为人类的生存发展提供了各种丰富的资源。环境资源包括物质性资源和非物质性资源。其中，物质性资源包括土壤、水分、生物、森林等以物质为载体的资源。非物质性资源指环境所处的状态。不同的环境状态为人类的生存发展提供了不同的支持。例如，同样为滨海地区，有的海域重点发展养殖，有的海域则重点发展港口运输。环境是人类生存发展的基本依托，环境的资源性体现了资源的价值性。环境为人类生存发展提供了生存价值、发展价值、生态价值和文化价值。生存价值是指环境给人类提供的生产资料，从而满足了人类衣、食、住、行等基本需求。发展价值是指在满足人类基本生存需求的基础上，环境为我们进一步发展生产力、提高生活水平提供了物质基础。生态价值是指环境为人类社会的健康发展提供了良好的生态环境。文化价值是指环境满足了人类精神文明的需要。可见，资源性和价值性体现了环境在资源功能上的特性。

1.1.4 资源、经济、环境间的关系与存在问题

经济、资源、环境需要协调发展，因其是一个密不可分的系统，所以既要达到发展经济的目的，又要保护好人类赖以生存的海洋、土壤和森林等自然资源和环境，从而使子孙后代永续发展和安居乐业。经济、资源、环境中每一个主体的发展都会牵动另外两个主体，三者相互制约。其中，资源和环境是经济发展的基础，资源和环境系统向人类的经济活动源源不断地输入各种资源。但同时，资源和环境的有限性也使人类的一切经济活动都面临选择问题，使经济发展受到一定约束。人类的经济活动一定程度上影响着生态系统的正常运转。在经济快速发展阶段，如果人类过度寻求经济效益，向大自然无节制地索取资源，并向自然中排放大量生产废物，将造成自然资源的枯竭以及生态环境的破坏。如何保护自然资源并对其进行合理利用，已经成为亟待解决的问题。人类正在使用的资源大部分都是稀缺且不可再生的，环境

的变化也常常是不可逆的。生态系统（包括资源和环境）有限的承载能力是经济社会健康有序发展的主要约束，人类需要找到经济发展和资源开发利用的平衡点，以保证经济的发展在生态系统的可承载力范围内，而不能毫无节制地挖掘自然生态资源来发展经济，只有这样才能实现人类的可持续发展。

在全球城市化和工业化的发展进程中，全球气候变暖、物种灭绝、海洋污染、资源枯竭、城市生态破坏、农村生态破坏等全球性环境问题随之而来。高云霄（2022）探讨了造成农村生态环境问题的首要因素、本质因素、外在因素，并提出乡村振兴战略背景下农村生态环境问题的优化道路。辛顺杰等（2022）对甘南大夏河流域矿山环境破坏、草地退化沙化、水土流失等生态环境问题进行了识别与诊断，对其生态问题成因进行了剖析，并提出以水源涵养为核心的区域生态保护与修复策略。陈光平和魏焕奇（2022）分析了煤矿开采过程中产生的水污染、大气污染、噪声污染等生态问题，并针对不同污染提出了相应的防治措施。资源枯竭问题也受到了普遍的关注。程曦（2021）以山西省平定县为例，分析了资源枯竭城市转型中的旅游资源开发及其维护中存在的问题，并提出了相应的对策和保障措施，从而为平定县旅游资源开发与产业转型升级提供了思路和参考。李娜（2021）在去产能背景下，对资源枯竭型煤炭企业的转型发展路径进行了探索，就企业经济转型、产业结构优化等提出了多种发展建议。浩飞龙等（2022）以典型资源枯竭型城镇（长春市九台区营城街道）为例，分析了街区尺度视角下的城市收缩过程、特征及驱动机理，结果表明：城市街区收缩的典型特征有人口大量流失、城市建成区的局部空心化与建设用地废置、人口结构失衡等，而资源枯竭正是造成营城街道收缩的主要因素。

1.2 可持续发展理论框架体系

1.2.1 资源、经济与环境系统耦合

如前所述，资源、经济、环境之间密切联系，相互影响，相互制约。资源的科学开发、环境的有效保护是经济高质量发展的保障，经济的高质量、可持续发展又对人们进行经济活动时的行为加以必要制约，促使人们合理开发利用生态资源，从而起到保护、优化生态环境的作用（何玉玲，2022）。但在现实中，为了经济的快速发展，人们却常常忽视了资源、经济与环境系统的整体性，忽视了对生态环境的保护，导致资源枯竭、环境破坏和生态恶化

等问题日益严重。对此，越来越多的研究人员整合了社会科学和生态科学，以深入研究经济、资源、环境、生态等系统间的耦合协调发展状况。刘梦晴（2022）通过构建中国城市"人均国内生产总值（GDP）-基础设施物质存量密度-生物量密度"的耦合协调模型，从全新的视角评价了中国340个地级市"经济-资源-环境"系统的耦合协调发展状况，揭示了系统耦合协调度的时空动态演变规律。檀菲菲（2015）等提出了"主成分分析-向量自回归（PCA-VAR）"的耦合分析方法，分析了2001—2010年环渤海区域社会、经济和环境子系统之间变化的定性与定量关系，并运用向量自回归（VAR）模型对该区域2011—2015年的发展状况进行模拟。柴嫄嫄和刘艳萍（2022）以2008—2019年中部6省农村为例，构建了"经济-资源-环境"系统，以测量系统间的耦合度和耦合协调度。刘妍心等（2021）使用能值核算和生命周期评估方法构建了中国钢铁产业链"资源-经济-环境"耦合系统模型，基于国内现状模拟了5种政策情景，讨论了废钢回收率下相关政策对中国钢铁产业链3类主体的动态耦合影响，并从中识别出关键驱动政策。总之，良好的生态环境有利于社会经济的可持续发展，可助推和谐共生局面的形成。只有在发展经济的同时，科学地开发、利用自然资源，加强对环境的保护，才能保持生态环境的健康发展。因此，处理好经济、环境和资源三者的关系，保证其平衡、协调发展，促进经济、环境和资源的有机耦合，是实现人类社会全面发展的基础。

1.2.2 可持续发展的概念、分类与基本特征

可持续发展理论已经历了50多年的发展探索，现已成为社会发展进程中的指导性理论。可持续发展理论的提出可追溯至1972年联合国人类环境研讨会上通过的《人类环境宣言》，由此可持续发展正式成为国际性议题。1987年，在世界环境与发展大会上题为《人类共同的未来》的报告将可持续发展定义为既能满足当代人的需求，又不会对后代人的需求造成危害的发展。可见，可持续发展是建立在经济、社会、文化、资源、环境等各方面相互协调、共同发展基础上的一种发展（施晓旺，2021），是长期的、稳定的发展，而不是短期的、一次性的发展（李权，2022）。

可持续发展主要包括社会可持续发展、生态可持续发展、经济可持续发展这三个方面。人类在发展过程中不仅要追求经济效率，而且要追求社会公平和生态平衡，实现全面发展。社会可持续发展是经济稳定、政治安定、社会秩序井然的一种社会发展，追求人类生活质量的提高、社会文明进步、人

口数量的稳定，旨在推动社会整体全面进步（余劲松，2011）。生态可持续发展主要是指生态环境对社会经济的持续发展所具有的生态适应性（OSGeo中国中心，2015）。生态可持续发展要求人类在经济、社会的发展过程中维护生态系统的平衡，寻求一种最佳的生态系统，以保证经济、社会可持续发展的顺利进行。真正的生态可持续发展应当满足生态环境系统在"时间上的可持续性"、"空间上的可持续性"和"资源优化上的可持续性"。经济可持续发展也称为弱可持续性，其假设各类资本是可替代的，并认为所产生的福利无本质区别，因此为了子孙后代的福利不下降，资本存量的总价值应该得到保持或者增加（余茜，2021）。

可持续发展是以自然生态环境的保护为基础的，要求发展与资源和环境的承载力相协调，在保护环境和合理开发利用资源的情况下发展经济；以促进经济发展为前提，鼓励经济增长，强调不仅要实现经济数量的增长，而且要注重经济质量和效益的增长，减少废弃物和污染物的产生，改变传统的生产和消费模式，实现绿色生产和消费，从而达到改善人民生活、提高生活质量的社会目的。可持续发展理念认为，世界各国的发展阶段和发展目标可以不同，但发展的本质则应当具有共性，即包括改善人类生活质量，提高人口素质，增进人类健康水平，创造一个保障人们平等、自由、和谐等在内的社会环境。社会、生态、经济三者的可持续发展之间相辅相成，互相约束，互为整体。

1.2.3 可持续发展的研究内容和研究方法

可持续发展是由人口、资源、环境、经济、社会发展这五大因素构成的社会可持续发展、经济可持续发展和资源环境可持续发展之三个分支体系协调的统一体（刘剑平，2007）。社会可持续发展体系围绕人类生活质量、健康水平的提高、文明素质的提升、福利改善、教育公平等进行，其目的在于构建一个公平、平等、自由的和谐社会。经济可持续发展体系致力于探索并改变传统的"高投入、高消耗、高污染"的生产模式和消费模式，以实现绿色生产和绿色消费，增加经济活动的效益。资源环境可持续发展体系旨在探索经济建设和自然承载能力的协调。可持续发展提出以来，得到了世界各国和广大人民的认可，各个领域的学者也对此进行了广泛研究，涉及林业、土地利用、经济产业、乡村农业等多领域范围内的实证研究。胡海青等（2021）通过熵权法构建了经济社会可持续发展评价体系，通过数据包络分析（DEA）模型的测度探究水利投资对经济社会可持续发展的推动作用，综合评价了我国2006—2018年的经济、社会、环境及综合发展水平。贾玲宝（2022）基于影响农业生产发展的因素建立了计量农业经济模型并开展了有关实验分析，以寻找影响我国种植业发展的主要制约因素，并在此基础上提出了优化农村经济可持续发展的有效措施。余春祥（2004）建立了环境容量与资源承载力评价的指标，对我国云南省经济发展的环境容量和资源承载力进行了实证分析。

可持续发展常用的研究方法有DEA、熵值法、生态足迹模型、能值分析等。李腾等（2022）基于超效率模型（SE-DEA）和区间层次分析法（IAHP）建立了水资源综合评价模型SE-DEA-IAHP，对贵州省岩溶地区的水资源可持续利用效率进行了评价和分析。任腾等（2022）基于DEA背景和双层规划的理念，建立了一个评价"生态-经济-社会"复合系统可持续发展能力的理论框架。该研究通过引入公共权重、区间效率和满意度，构建了基于最大-最小（max-min）满意度的双层规划数据包络模型（BLP-DEA），对2008—2017年我国省市可持续发展系统进行了效率值及满意度的评价。王超军（2020）使用时间信息熵方法以及空间信息熵方法，建立了"熵视角下的生态可持续性分析框架"，并将其应用于对延河流域的生态可持续性分析之中。薛黎明等（2020）从资源、经济、社会、环境和科技这5个子系统中选取指标，构建了煤炭资源可持续发展指标体系，并用熵值法和耦合协调度方法分析了我国25个原煤省份2010—2017年煤炭资源的可持续发展动态差异和耦合协调度。李蕴峰等（2022）基于净初级生产力（NPP）构建了均衡因子和产量因子，采用改进的生态足迹模型，核算了黑龙江省2000—2020年的生态足迹、生态承载力，并对黑龙江省的生态可持续性状态进行了分析，从而揭示了黑龙江省生态足迹空间格局的变化特征。伍芮（2020）采用三维生态足迹模型对西宁市2010—2017年的三维生态足迹进行了分析，从而指出了西宁市在经济发展中存在的生态问题，并从转变经济增长方式、绿色发展、确定城市规模这三个方面提出了提高当地生态承载力的建议。姚丽霞（2021）以西北干旱荒漠区采煤迹地采用不同的保育模式重建植被为研究对象，采用能值分析法和传统经济学价值法之双重核算方法，分析了不同保育模式的投入产出情况。除以上方法外，空间分析也被广泛应用于空间地理的定量研究中。张旭（2021）使用全排列多边形图示指标法构建了资源型城市人居环境评价指标体系，使用空间分析法对资源型城市的人居环境发展现状与空间结构进行了识别和表达，从而划分出资源型城市人居环境的发展等级。

1.2.4 可持续发展的管理政策与实现路径

尽管可持续发展已经成为全球共识，但由于各国经济发展水平等国情的不同，不同国家可持续发展的侧重点、管理策略也会有所差异。例如，芬兰、瑞典等一些发达国家注重在法律体系、政策体系、市场机制以及环境教育等各个方面完善可持续发展战略，追求经济、生态、社会的全面可持续发展。日本在贯彻可持续发展战略过程中注重发挥企业的作用，明确提出企业要与消费者建立共生关系，企业不仅要向社会提供产品，而且担负着创建美好社会和改善人们生活质量的责任。一些发展中国家，包括大多数准工业化国家、经济转型国家等，则更为注重经济的发展，其将经济发展作为首要任务，在经济发展的同时注重保护环境。在管理策略方面，发达国家更侧重于发挥市场手段，如税收、信贷、污染者付费等，同时其拥有相对健全的立法、执法体系和灵活的经济政策；发展中国家更侧重于发挥政府的特殊作用以推动环境保护和可持续发展，虽然其也已尝试采取市场手段制定经济政策和立法，但这些手段不论是在建立还是在实施等方面都还不十分成熟。

中国作为世界上最大的发展中国家，在可持续发展战略的制定和实施方面具有举足轻重的地位。目前，中国的可持续发展已取得了显著进展。《中国21世纪议程》明确提出了中国可持续发展的目标是："建立可持续发展的经济体系、社会体系和保持与之相适应的可持续利用的资源和环境基础。"自该议程颁布以来，中国结合自身经济增长方式的特点推动议程的实施，既发挥市场对资源配置的决定性作用，又注重加强宏观调控；鼓励技术创新，促进节约资源、降低消耗、增加效益的企业运营机制的形成；大力发展清洁生产技术、清洁能源技术，减少废物产出。目前，中国已经逐步建立了推动可持续发展战略实施的组织保障体系，制定了国家、部门、地方等不同层次的可持续发展战略，加快了可持续发展的立法进程，加强了执法力度，公众的可持续发展意识也有了普遍提高。

为了实现全人类的可持续发展，在各国政府制定管理策略的同时，众多学者也在寻求可持续发展的实现路径，为可持续发展提出了宝贵的建议。冯丹阳等（2022）指出，生态文明理念是实现可持续发展目标的崭新路径，指引着全球可持续发展的方向。在全球生态环境保护的思想和理念层面，在气候变化与碳减排、生物多样性保护、生态减贫等具体实践领域，以及在生态环境保护的全民参与等方面，生态文明分别从宏观、中观、微观的角度来促进全球可持续发展目标的实现。李青松（2022）从乡村振兴的大背景出发，分析了我国农村经济发展的现状和主要特征，在乡村振兴视角下对农村经济可持续性建设的路径进行了研究，提出了优化财政支农政策、加大对农村经济专业型人才的培养、完善乡村财税金融服务等农村经济可持续发展的路径。彭苏萍等（2015）根据我国煤炭资源"井"字形分布特征以及煤炭资源发展面临的形势与问题，提出了煤炭资源可持续发展的战略以及实现路径：持续扩大煤炭资源储量储备，优先开展中西部资源勘查；实施东部煤炭资源保护措施，建立资源、产能、应急一体化战略储备体系；加速布局和规划煤炭开发西移，稳步加快新疆煤炭资源开发；等等。马一平（2022）分析了河南省的粮食安全现状及其农业发展面临的问题，提出了农业可持续发展背景下保障河南省粮食安全的路径：严守耕地红线，提高土地利用率；加大对粮食价格的监测力度，充分发挥政府的宏观调控作用，科学应对原材料价格上涨问题；在吸引农业人才的同时加快科技创新，促进以人力为主的传统农业向以机械为主的现代农业转型。

2 钢铁产业链资源及贸易格局研究

2.1 钢铁产业链资源及贸易研究现状

为了发展经济，资源过度开发和环境污染等问题常常被忽视（Zucaro et al.，2014；Cao et al.，2020）。当然，随着全球对可持续发展的重视，环境影响、资源流动和经济效益之间的关系越来越受到关注（Guan et al.，2011；Kovanda et al.，2012；Mamipour et al.，2019；Wang et al.，2020）。作为同一个系统的重要组成部分，环境、资源和经济的相互作用会影响系统内部的变化，进而促进系统整体结构和功能的变化。因此，随着对改善生态环境、推进循环经济的重视，环境、资源与经济的协同已成为研究热点。

钢铁产业是全球经济的支柱产业，其协调发展一直受到广泛关注（Liu et al.，2019；Shen et al.，2019）。铁矿石、粗钢和废钢作为钢铁生命周期的不同环节的产物，在该行业中发挥着极其重要的作用（Zhang et al.，2017a）。但由于资源分布不均，冶炼和回收技术差异较大，各国需要通过贸易合作来满足自身需求，从而造成环境、资源、经济发展的不平衡。因此，要识别钢铁产业中环境、资源与经济之间的不平衡关系，有必要从钢铁生命周期的角度对该产业的主要贸易路线进行研究。

本章旨在评估于钢铁生命周期中扮演不同角色的主要贸易国之间的环境影响、资源流动和经济效益等耦合关系，并探讨这些子系统之间的关系对贸易路线协调发展的影响，从而试图回答以下问题：①在钢铁生命周期中扮演不同角色的钢铁贸易路线的环境影响、资源流动和经济效益之间存在怎样的耦合关系？②不同贸易路线的环境影响、资源流动和经济效益之间的内在相关性如何？③如何优化耦合关系，提高钢铁贸易路线的整体耦合协调关系？此外，本章还提出了管理策略的政策含义，以帮助政府及相关企业推动发展循环经济，促进钢铁产业链的可持续发展。

作为协调发展的重要组成部分，资源、经济和环境的相关研究引起了众多学者的关注。目前对钢铁行业的研究主要集中于资源与环境的关系，即从可持续性的角度来研究经济与环境的关系。在资源环境关系层面，罗萨多等（Rosado et al.，2020）对炼钢过程中的加热炉进行了评价，发现对负荷和空气进行预热有助于降低燃料消耗。有学者（Shen et al.，2019）利用能值对2005—2015年中国钢铁行业的环境可持续性进行了调查，发现对环境负荷影响较大的铁矿石约占钢铁生产过程总投资的55%。有学者（Zhang et al.，2019）利用MESSAGEix模型（一种全球能源系统综合评估模型）估算了中国钢铁行业的"资源–能源–环境"关系，发现该行业采取节能措施后，原材料投入减少了14%，二氧化碳排放减少了7%。在"经济–环境"关系层面，有学者（Ma et al.，2014）采用循环经济效率综合指数（CEECI）对中国钢铁行业的循环经济路径进行了评价，发现该措施有助于减少二氧化硫排放。沃格利等（Vögele et al.，2020）开发了一个元模型来研究美国关税对欧盟钢铁行业的主要影响，结果表明关税的变化可能会影响全球二氧化碳排放。可见，现有文献侧重于研究钢铁行业中资源、环境这两方面的内在关系。对此笔者认为，研究环境、资源与经济之间的关系可以对钢铁行业的整体绩效进行更全面的评价。

耦合协调（CCD）模型作为研究系统间关系的一种方法，近年来得到了学者们的广泛应用。有学者（Li and Yi，2020）综合序贯关系分析构建了耦合协调模型，研究了中国经济、社会和环境子系统的协调发展。他们发现，我国的城市经济、社会和环境的协调发展并不理想，主要原因是经济可持续性不尽如人意。有学者（Xing et al.，2019）利用系统动力学构建了耦合协调模型，分析了武汉市的资源经济环境耦合。他们的研究结果表明，要促进耦合发展，必须改善能源结构与自然环境之间的关系。有学者（Wang et al.，2017a）采用主客观加权法对中国矿业经济区的耦合协调程度进行了评价，发现西部矿区的耦合协调程度最好，东部矿区次之。有学者（Liu et al.，2020a）构建了基于遗传算法的CCD模型来研究社会经济与水环境之间的关系，结果表明，子系统之间的耦合协调状态已经从适度不平衡发展转变为适度平衡发展。有学者（Shi et al.，2020）利用地理和时间加权回归（GTWR）的方法分析了2003—2016年中国17个热带和亚热带地区经济发展与生态环境的耦合与协调情况，研究结果表明，经济发展与生态环境处于协调耦合的中间阶段，其中多数地区经济发展滞后。上述文献表明，耦合协调模型在研究系统间协调关系方面具有重要作用。将该模型应用于钢铁行业，有助于分析钢铁生命周期不同阶段"环境–资源–经济"的CCD模型。

此外，为了量化铁矿石开采、粗钢生产、废钢回收再利用等不同阶段的环境排放，需要使用生命周期评估（LCA）的方法，这也是一个有价值的分析工具（Londono et al.，2019；Woods et al.，2019）。与其他方法相比，LCA更强调全面了解材料转换过程对环境的影响。现有文献侧重于对矿石开采或钢铁生产过程的环境评估。别恩等（Bjørn et al.，2019）运用LCA制定了可持续发展战略，以减少与矿山废物相关的环境风险。有学者（Lv et al.，2019）发现，钢铁产品最大的能源需求是由颗粒硬化过程引起的。范加纳等（Farjana et al.，2019）发现，机械能和重型设备的使用是造成钢铁行业整体对环境影响程度的关键因素。赫德贝里等（Hedberg et al.，2019）发现，金属生态毒性是不锈钢制造中的一个主要问题。显然，许多学者主要从环境角度来评价矿石开采或钢铁生产过程。考虑到产品生命周期"从摇篮到坟墓"的完整性，对铁矿石、粗钢和废钢相关工艺的研究可以更全面地分析钢铁行业的影响。

因此，本章探讨了主要铁矿石开采国、粗钢生产国和废钢回收国在环境影响、资源流动和经济效益等方面的耦合与协调。本章的主要贡献之一，是量化了相关贸易国在钢铁生命周期不同阶段的环境影响，并从三个角度构建了评价指标，且计算了耦合协调度，可用于反映环境、资源和经济之间的不平衡关系。本章重点研究了如何评价不同贸易路线在"环境影响-资源流动-经济效益"等方面的耦合协调度，并分析了该耦合协调度随着某一方面发展水平的提高而变化的情况。

2.2 基于生命周期的研究框架

2.2.1 目标和范围

为了分析和比较钢铁产品生产在不同阶段的环境影响，笔者先采用了LCA框架。图2-1显示了钢铁生产活动的生命周期。研究内容包括铁矿石开采、粗钢生产和废钢回收。本章的功能单元是一吨提取的铁矿石、精炼的钢材和回收的废料；研究的范围是全球性的，边界是所选择的贸易国家。本研究选择巴西和澳大利亚作为铁矿石开采国，中国、韩国和俄罗斯作为粗钢生产国，美国、英国和日本作为废钢回收国。根据《钢铁统计年鉴》，巴西和澳大利亚是目前全球最大的铁矿石出口国，占全球铁矿石出口量的76.7%。中国、韩国和俄罗斯仅占粗钢出口量的30.1%，但中国和韩国的粗钢出口量是全球最大的。同样，作为世界上最大的废料出口国，美国、英国和日本约占废料出口的32.9%。

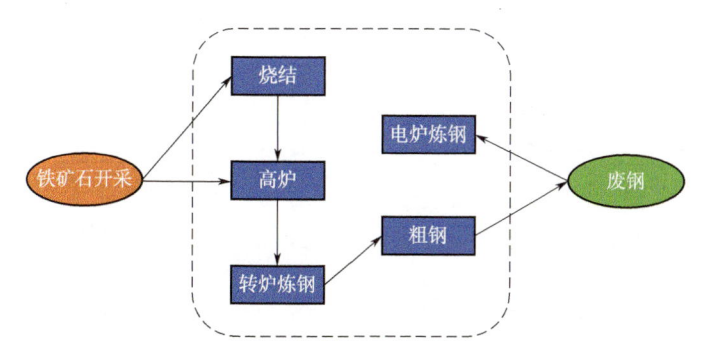

图 2-1 钢铁产品生命周期

由于贸易国家之间存在合作，为了更全面地分析贸易路线的影响，笔者将所选国家进行组合，以确保贸易路线上的每个生产阶段都出现。由此，本章所研究的贸易路线总数为18条。

2.2.2 生命周期评价

研究过程的环境评估使用 LCA 专业软件 OpenLCA1.10 版，与 Ecoinventv3.1 数据库集成。这项研究涵盖了钢铁产品生命周期的所有阶段，所评估的环境影响是基于此类产品"从摇篮到坟墓"的生命周期。基于 LCA 的影响类别，包括农业土地占用、气候变化、化石耗竭、淡水生态毒性、淡水富营养化、人类毒性、电离辐射、海洋生态毒性、海洋富营养化、金属耗竭、自然土地改造、臭氧耗竭、颗粒物形成、光化学氧化剂形成、陆地酸化、陆地生态毒性、城市土地占用和水耗竭等。为了比较不同类别的影响，有必要对它们的值进行标准化。表 2-1 显示了归一化因子（Laca et al., 2018）。

表 2-1 归一化因子

影响类别	World ReCiPe (H)，2000（年）
Agricultural land occupation	3.33E+13
Climate change	4.22E+13
Fossil depletion	7.89E+12
Freshwater ecotoxicity	2.64E+10
Freshwater eutrophication	1.77E+09
Human toxicity	1.99E+12
Ionising radiation	8.07E+12

续表

影响类别	World ReCiPe (H), 2000 (年)
Marine ecotoxicity	1.51E+10
Marine eutrophication	4.50E+10
Natural land transformation	7.37E+10
Ozone layer depletion	2.30E+08
Particulate matter formation	8.61E+10
Photochemical oxidant formation	3.48E+11
Terrestrial acidification	2.34E+11
Terrestrial ecotoxicity	3.64E+10
Urban land occupation	4.75E+12
Water depletion	0.00E+00

2.3 钢铁产业链资源、贸易及可持续评价模型构建

为了定量分析不同贸易路线之间"环境–资源–经济"关系的不平衡，本章基于LCA结果和可持续性理论，构建了可持续性评价模型。

2.3.1 可持续性评价指标

本章先构建了三个主要指标（Liu et al., 2020c, 2020; Tian et al., 2020）之间的"环境–资源"关系、"环境–经济"关系和"经济–资源"关系，以评估主要钢铁贸易路线在不同方面的协同作用。相关指标含义及公式如表2-2所示。

表2-2 钢铁行业综合可持续发展评价指标

可持续性指数	计算公式	含义
Environmental impact ratio (EER)	EER = LCAimpacts/ export volume	EER表示的是不同航线上贸易产品的数量与产品生产所造成的环境绩效之间的关系。它反映了贸易路线上资源流动与环境成本之间的关系
Environmental benefit intensity (TBI)	TBI = totalLCAimpacts/benefits	TBI衡量贸易路线中经济利润下的生产环境压力。该指标代表了贸易路线中的环境成本和经济利益之间的关系

续表

可持续性指数	计算公式	含义
Economy value index (BEI)	BEI = totalbenefit/export volume	BEI对钢铁产品出口在不同阶段所带来的总经济效益进行评估。它反映了主要钢铁贸易路线上经济效益与资源流动之间的相互作用程度

2.3.2 耦合协调度评价

考虑到钢铁产业链中生态环境、经济和资源的相互影响，本章从可持续发展的角度评估三个层次贸易路线之间的互动程度，进而比较不同贸易路线之间的不平衡，为此本章构建了耦合协调模型（Ariken et al.，2020）。为了解钢铁产业链在不同阶段中的资源、经济和环境之间的动态相关性，笔者首先计算了耦合度（Yang et al.，2019）。

$$C = \sqrt[3]{EER \cdot TBI \cdot BEI / (EER + TBI + BEI)} \quad (2-1)$$

式中：C 为耦合度，从整体上反映了三个可持续评价指标之间的关系。

其次，计算综合发展指数，以衡量不同贸易路线的可持续发展潜力。

$$T = (\delta \cdot EER + \varepsilon \cdot TBI + \mu \cdot BEI) / 3 \quad (2-2)$$

式中：T 为综合发展指数；δ、ε、μ 为待定系数，分别反映了环境、经济和资源在钢铁生命周期各阶段相关过程中之于不同贸易路线综合发展水平的权重。

最后，为了充分比较和探讨不同贸易路线在生产和回收过程中资源、经济和环境之间的关系，基于耦合度和综合发展指数计算耦合协调度。

$$D = \sqrt{C \cdot T} \quad (2-3)$$

式中：D 为耦合协调度。

耦合协调度越高，贸易路线在环境、经济、资源等方面的发展越均衡。耦合协调度越低，贸易路线中三者之间的不平衡越明显。

2.3.3 情景模拟

为了确定不同贸易路线在资源、经济和环境之间的不平衡关系中发挥重要作用的方面，本章基于相关指标进行了情景模拟。

首先，假设了四种情景，观察了当改变综合发展指数 t 中三个方面的权重时，各贸易路线的耦合协调程度发生的变化。第一种是基本情景，在基本情景中，钢铁产业链各方面的发展同等重要。也就是说，δ、ε、μ 在综合发展指数 T 中的权重相同（$\delta:\varepsilon:\mu=1:1:1$）。第二种情景是"环境-资源"偏好，更注重"环境-资源"关系，即 $\delta:\varepsilon:\mu=2:0.5:0.5$。第三种情景是"环境-经济"偏好，其中"环境-经济"关系的发展更为重要（$\delta:\varepsilon:\mu=0.5:2:0.5$）。第四种情景是"资源-经济"偏好，即经济与资源之间的发展最为关键（$\delta:\varepsilon:\mu=0.5:0.5:2$）。

其次，以基本情景为参照，比较讨论了其他三种情景下商路耦合协调程度的变化。耦合协调度变化越显著，情景中突出的关系对商路均衡发展越重要。

2.3.4 数据来源

本章使用的数据如下：①就 LCA 数据而言，钢铁贸易国与铁矿石开采、炼钢过程和废料回收相关的投入和产出流等数据来自 Ecoinvent3.1 数据库。就铁矿石开采国家而言，澳大利亚的库存数据来自诺尔盖特等（Norgate et al., 2010）的研究，而巴西的数据来自费雷拉等（Ferreira et al., 2015）的研究。就钢铁生产商而言，有关学者提供了中国生命周期库存（LCI）的数据（Chen et al., 2015; Pan et al., 2015; Ma et al., 2018）。韩国的数据来自雅布隆诺夫斯基等（Jablonowski et al., 2001），俄罗斯钢铁生产数据来自布哈特科罗尔等（Burchart-Korol et al., 2011）的研究。就废品再利用国家而言，美国的数据来自塞巴斯蒂安等（Sebastian et al., 2017）的研究，英国和日本的数据分别来自卡雷等（Carre et al., 2015）和吉戈马拉斯等（Zygomalas et al., 2010）的研究。上述 LCI 数据见表2-3、表2-4、表2-5。②各国相关钢铁产品出口金额均来自 2018 年的《钢铁年鉴》。③各国进出口贸易价格数据来自 IHS（一家全球领先的关键信息、产品、解决方案和服务供应商）全球贸易数据库、OEC（一款全球领先的国际贸易数据可视化工具）、官方贸易统计网站等。每个国家的利润是根据出口价值和进口价值之间的差额来获得的。每条路线的利润是各国利润之和，结果如表2-6所示。

表2-3 粗钢生产的生命周期清单

	单位	中国	韩国	俄罗斯
Inputflows				
Dolomite	t	1.60E-02		
Hardc oal	t	4.32E-01		5.86E-01

续表

	单位	中国	韩国	俄罗斯
Iron ore	t	1.00E+00	1.00E+00	1.33E+01
Lime stone	t	2.84E-03		
Natural gas	MJ	1.85E+00		
Oil	t	2.96E-02		
Electricity, high voltage	MJ			8.86E+02
Iron pellet	t			1.40E-01
Iron scrap	t	5.06E-02		1.27E-01
Lime	t			4.00E-02
Electricity, low voltage	kWh		4.93E+02	
Oxygen	t		4.35E-01	
Outputflows				
Carbon dioxide	t	1.48E+00		1.57E+00
Carbon monoxide	t	1.85E-02		
Methane	t	7.78E-04		
Particulates, <10 μm	t	1.48E-03	3.77E+01	
Steel	t	1.00E+00	1.00E+00	1.00E+00
Suspended solids	t	4.69E-04		
Blast furnace slag	t		2.61E+02	4.14E-01
Dust	t		1.19E+00	1.00E-03
VOC	t	7.16E-05		
COD	t	2.35E-04		
Dioxins	t	1.36E-11		
Hydrogen chloride	t	6.05E-05		
Nitrogen dioxide	t	2.10E-03	4.93E-07	
Sulfur dioxide	t	2.35E-03	6.96E-02	
Digester sludge	t		3.04E-02	
Ammonium sulfate	t			4.00E-03

续表

	单位	中国	韩国	俄罗斯
Coal tar	t			1.00E-02

表2-4 铁矿石开采的生命周期清单

	单位	澳大利亚	巴西
Inputflows			
Diesel	MJ	1.3E+02	1.8E+01
Electricity	kWh	3.8E+00	1.1E+00
Explosive	t	5.0E-04	8.8E-03
Iron	t	1.0E+00	1.0E+00
Rock	t	2.3E+00	2.3E+00
Water	t	2.1E-01	
Conveyor belt	m		4.7E-06
Occupation, industrial area	$m^2 \times a$		9.1E-04
Occupation, built	$m^2 \times a$		4.8E-08
Occupation, mineral extraction	$m^2 \times a$		2.1E-05
Recultivation	m^2		1.2E-05
Rock crushing	t		2.3E-10
Transformation, from grass	m^2		1.2E-07
Transformation, from industry	m^2		1.2E-05
Outputflows			
Ironore	t	1.0E+00	1.0E+00
Particulates, <2.5 μm	t	9.5E-06	9.5E-06
Particulates, >10 μm	t	9.9E-05	9.8E-05
Particulates, >2.5 μm, and <10 μm	t	8.6E-05	8.6E-05
Water, unspecified (air)	t	2.7E-01	2.8E-01
Water, ocean	t	7.5E-01	7.4E-01
Water, surface	t	4.5E-05	4.4E-05

续表

	单位	澳大利亚	巴西
Water, unspecified (water)	t	1.1E−06	1.1E−06

表 2−5　废钢回收的生命周期清单

	单位	美国	英国	日本
Inputflow				
Carbon dioxide	t	1.60E−02		
Coal	t	6.26E−01	1.40E−02	9.31E−01
Dolomite	t	9.46E−02		1.67E−04
Oxide powder	t	5.31E−15		
Ironore	t	9.66E−01		7.13E−02
Lignite	t	3.20E−02		
Limestone	t	2.43E−02		
Natural gas	MJ	6.09E+00	9.76E−01	1.01E−01
Oil	t	5.88E−02		6.27E−02
Scrap steel	t	4.39E−01	1.11E+00	1.32E+00
Uranium	t	3.54E−06		
Zincore	t	9.66E−02		2.53E−09
Anode	t		3.00E−03	
Electricity	kWh		4.24E−01	
Oxygen	t		5.10E−02	
Quicklime	t		5.50E−02	
Refractory	t		1.40E−02	
Manganese	t			5.19E−08
Water	t			7.48E+00
Outputflow				
Ammonia	t	3.18E−08		1.42E−07
BOD_5	t	6.06E−09		

续表

	单位	美国	英国	日本
Cadmium	t	1.27E-10		6.09E-07
Carbon dioxide	t	1.13E-05		1.36E+00
Chromium	t	1.51E-09		6.50E-07
COD	t	6.35E-07		1.40E-03
Dioxins	t	8.73E-16		
Hydrogen sulfide	t	8.21E-08		
Iron	t	2.52E-07		
Lead	t	1.19E-09		3.66E-06
Mercury	t	6.00E-11		5.32E-08
Methane	t	4.55E-06		4.09E-04
Nickel	t	2.09E-10		4.66E-05
Nitrogen dioxide	t	3.24E-08		
Nitrogen oxide	t	6.86E-06		1.72E-07
NMVOC	t	3.10E-07		6.18E-04
Steel	t	1.00E+00	1.00E+00	1.00E+00
Sulphur trioxide	t	4.88E-06		
Zinc	t	2.61E-09		2.13E-03
Dust	t		1.07E-01	
Calcium	t			1.53E-05
Carbon monoxide	t			3.64E-03
Dinitrogen monoxide	t			2.19E-05
Hydrogen chloride	t			2.24E-04
Iron	t			1.40E-05
Oils	t			2.41E-04
Particulates	t			9.60E-04
Sulfur dioxide	t			4.00E-03
Suspended solids	t			2.91E-04

表 2-6　全球钢铁贸易路线的经济收益

贸易路线	总收益/美元
AU-China-UK	4.88E+10
AU-China-Japan	3.58E+10
AU-China-US	5.11E+10
AU-Korea-UK	6.25E+10
AU-Korea-Japan	4.94E+10
AU-Korea-US	6.48E+10
AU-Russia-UK	5.12E+10
AU-Russia-Japan	3.81E+10
AU-Russia-US	5.35E+10
Brazil-China-UK	1.98E+10
Brazil-China-Japan	6.82E+09
Brazil-China-US	2.22E+10
Brazil-Korea-UK	3.35E+10
Brazil-Korea-Japan	2.05E+10
Brazil-Korea-US	3.59E+10
Brazil-Russia-UK	2.22E+10
Brazil-Russia-Japan	9.20E+09
Brazil-Russia-US	2.46E+10

2.4　钢铁产业链资源、贸易及可持续结果分析

2.4.1　基于LCA的环境影响

表2-7、表2-8、表2-9分别显示了铁矿石开采、粗钢生产和废钢回收的评估指标结果。

表2-7 铁矿石开采评估指标（归一化）

影响类别	参考单位	澳大利亚	巴西
Agricultural land occupation	$m^2 \cdot a \cdot t^{-1}$	7.21E-15	2.93E-05
Climate Change	$kgCO_2eq \cdot t^{-1}$	4.62E-13	4.97E-04
Fossil depletion	$kgoileq \cdot t^{-1}$	7.47E-13	4.48E-04
Freshwater ecotoxicity	$kg1,4\text{-}DBeq \cdot t^{-1}$	5.91E-12	8.32E-03
Freshwater eutrophication	$kgPeq \cdot t^{-1}$	4.07E-12	1.90E-03
Human toxicity	$kg1,4\text{-}DBeq \cdot t^{-1}$	2.72E-12	2.68E-03
Ionising radiation	$kgU_{235}eq \cdot t^{-1}$	1.29E-13	1.08E-04
Marine ecotoxicity	$kg1,4\text{-}DBeq \cdot t^{-1}$	9.81E-12	1.40E-02
Marine eutrophication	$kgNeq \cdot t^{-1}$	7.31E-13	1.80E-03
Metal depletion	$kgFeeq \cdot t^{-1}$	3.68E-10	1.59E-01
Natural land transformation	$m^2 \cdot t^{-1}$	6.73E-14	3.83E-05
Ozone depletion	$kgCFC\text{-}11eq \cdot t^{-1}$	1.08E-14	5.61E-06
Particulate matter formation	$kgPM10eq \cdot t^{-1}$	1.81E-12	9.08E-04
Photochemical oxidant formation	$kgNMVOC \cdot t^{-1}$	5.46E-13	1.93E-04
Terrestrial acidification	$kgSO_2eq \cdot t^{-1}$	5.63E-13	4.84E-04
Terrestrial ecotoxicity	$kg1,4\text{-}DBeq \cdot t^{-1}$	2.41E-14	6.38E-05
Urban land occupation	$m^2 \cdot a \cdot t^{-1}$	1.30E-14	2.63E-05
Water depletion	$m^3 \cdot t^{-1}$	0.00E+00	0.00E+00

表2-8 粗钢生产评估指标（归一化）

影响类别	中国	韩国	俄罗斯
Agricultural land occupation	8.04E-14	4.75E-13	6.12E-13
Climate Change	3.76E-11	1.70E-11	5.63E-11
Fossil depletion	2.17E-11	2.49E-11	6.30E-11
Freshwater ecotoxicity	3.60E-10	2.75E-10	1.53E-09

续表

影响类别	中国	韩国	俄罗斯
Freshwater eutrophication	1.39E-10	1.81E-10	8.66E-10
Human toxicity	2.05E-10	1.23E-10	8.44E-10
Ionising radiation	1.99E-12	2.93E-11	5.07E-12
Marine ecotoxicity	6.10E-10	4.57E-10	2.55E-09
Marine eutrophication	5.86E-12	1.77E-11	1.92E-11
Metal depletion	3.11E-10	2.90E-10	4.87E-10
Natural land transformation	6.94E-13	1.44E-12	1.79E-12
Ozone depletion	8.50E-14	2.66E-13	1.60E-13
Particulate matter formation	6.19E-11	2.45E-10	5.77E-11
Photochemical oxidant formation	1.42E-11	9.96E-12	1.09E-11
Terrestrial acidification	2.35E-11	2.02E-11	1.94E-11
Terrestrial ecotoxicity	4.29E-13	1.19E-12	1.00E-12
Urban land occupation	7.70E-13	1.44E-12	2.89E-12
Water depletion	0.00E+00	0.00E+00	0.00E+00

表 2-9　废钢回收评估指标（归一化）

影响类别	美国	英国	日本
Agricultural land occupation	-2.64E-13	-7.65E-13	-4.69E-14
Climate Change	2.05E-12	5.82E-13	3.93E-11
Fossil depletion	5.86E-11	9.20E-13	7.20E-11
Freshwater ecotoxicity	-2.87E-08	-7.23E-08	-8.46E-08
Freshwater eutrophication	3.19E-12	-2.42E-12	5.02E-10
Human toxicity	-4.85E-10	-1.23E-09	-1.14E-09
Ionising radiation	1.11E-12	-6.55E-13	2.45E-13
Marine ecotoxicity	-4.35E-08	-1.10E-07	-1.28E-07
Marine eutrophication	-4.11E-11	-1.04E-10	-1.23E-10
Metal depletion	3.53E-10	-1.75E-12	2.05E-11

续表

影响类别	美国	英国	日本
Natural land transformation	6.85E-13	4.03E-13	1.62E-12
Ozone depletion	-2.66E-14	-2.27E-13	-2.61E-13
Particulate matter formation	3.19E-11	4.06E-13	3.05E-11
Photochemical oxidant formation	4.08E-12	-1.33E-13	9.83E-12
Terrestrial acidification	6.86E-12	9.79E-14	2.78E-11
Terrestrial ecotoxicity	-3.25E-13	-1.54E-12	-1.57E-12
Urban land occupation	2.58E-13	-6.54E-13	3.50E-12
Water depletion	0.00E+00	0.00E+00	0.00E+00

图 2-2（a）为铁矿石开采、粗钢生产和废钢回收的环境影响结果（归一化）。由于海洋生态毒性和淡水生态毒性在所有这些过程中最为显著，为了更清楚地显示影响类别，图 2-2（a）和图 2-2（b）去掉了这两个类别。

从图 2-2（a）可以看出，不论是从正面影响还是负面影响来看，日本、英国和美国对中国等其他生产国的环境影响最大，对澳大利亚的环境影响最小。考虑到各国在国际贸易中的作用，不难发现废钢回收对环境的影响最大，而铁矿石开采对环境的影响最小。其中，废钢回收的影响值有很大一部分是负的，这表明该过程对环境起到了积极的作用。相比之下，粗钢生产和铁矿开采都对环境造成了破坏，尤其是粗钢生产。

在环境影响类别中，海洋生态毒性和淡水生态毒性的值在钢铁生命周期的任何阶段都是最高的。从 LCA 结果可以发现，造成这两类结果的原因主要是对尾矿和废弃物的处理不当。不当的焚烧和填埋会产生大量的有毒物质，如镍、锰、锌和铜等，它们进入土壤和水中将造成进一步的污染。在废品回收过程中，图 2-2（a）所示的日本、英国和美国的结果表明，人类毒性（Human toxic）是继海洋生态毒性（Marine ecotoxic）和淡水生态毒性（Freshwater ecotoxic）之后受影响最大的类别，这一结果也意味着废品回收是环保的，这主要是因为这些国家对相关废品的恰当处理，尤其是英国。英国工业发展较早，因此其回收技术高度发达，废钢回收成本不高。此外，英国从 1996 年开始征收垃圾税（Cui，2014），并实施了按揭退款制度。例如，其在焚烧和垃圾填埋之间设置了不同的税率，并在可回收设施中对废物处理设置了较低的税率，从而可以更好地管理不同类型的废物。这种完善的管理体系也使得废金属行业成为英国经济的重要部门。作为最大的废钢净出口国，目前英国的废钢产量约为 1 100 万吨/年，其中出口量占80%以上，主要出口到土耳其、印度等国。成熟的法规和大量的贸易使得英国的废品回收发展强劲，虽然其出口量不是上述三国（日本、英国、美国）中最高的，但对环境的整体影响却是最小的。图 2-2（a）的结果显示，中国、韩国和俄罗斯作为粗钢的主要生产国和出口国，对淡水富营养化的影响最为显著，这主要是由于未经净化的含磷酸盐废物被长期排放到水中所致。在这三个国家中，俄罗斯最需要改进。作为钢铁大国，俄罗斯不仅拥有丰富的铁矿石资源和较低的电炉炼钢成本，而且工业产能高度集中（据俄罗斯海关总署数据）。自2017年以来，俄罗斯经济复苏推动了其国内对住宅钢材的需求，石油和天然气领域的国际合作项目也是如此。2015 年，俄罗斯工业贸易部发布并实施的钢铁行业进口替代政策和计划，也在一定程度上激发了俄罗斯钢铁企业的生产积极性。从贸易角度看，俄罗斯每年的粗钢出口额约占其总产出的50%，主要出口到英国和美国。此外，俄罗斯钢铁企业仍有明确的国际战略定位，其擅长在当地生产低附加值产品，并在欧美国家的终端应用市场建设高附加值生产线，以获取高额利润。然而，或许是因为俄罗斯只关注了钢铁业的繁荣，其增长背后的环境成本却一直被忽视。巴西和澳大利亚是铁矿石的主要生产国，它们开采的铁矿石大部分用于出口。巴西淡水河谷（CVRD）和澳大利亚必和必拓（BHP）是世界上最大的两家矿业公司，与许多国家都有贸易合作。澳大利亚的铁矿石主要出口到亚洲和欧洲的一些国家和地区，如中国、韩国和英国等。由于地理原因，巴西对亚洲和欧洲的铁矿石出口大致保持平衡。当然，近年来，亚洲的钢铁市场增长更快，尤其是中国。在巴西和澳大利亚两国向全球供应铁矿石的背景下，其大量开采对环境是有一定影响的，从图 2-2（b）可以看出，颗粒物形成对环境的影响最大。这主要是因为采矿阶段消耗了大量的能源和电力。考虑到技术和经济成本等因素，燃煤发电是目前的主流发电方式，但在发电过程中会排放大量的二氧化硫和氮氧化物。在这种情况下，电能消耗最终会转化为对人体有害的颗粒物（>2.5μm，<10μm）。

图 2-2（c）显示了生产一吨铁矿石、一吨粗钢和一吨废钢对环境的影响。分析发现，只有澳中美航线的价值为正，其他航线的价值为负，说明从效率的角度来看，基本上每条航线都是环境友好的。研究结果表明，废品回收在贸易中起着非常大的作用，特别是涉及日本这一废品回收大国的贸易路线。日本废钢产业发达的主要原因是：①日本自 20 世纪 70 年代以来一直遵循"减少—再利用—回收"（3R）原则，并针对不同地区制定了不同的垃圾分类

（a）日本、英国、美国等国

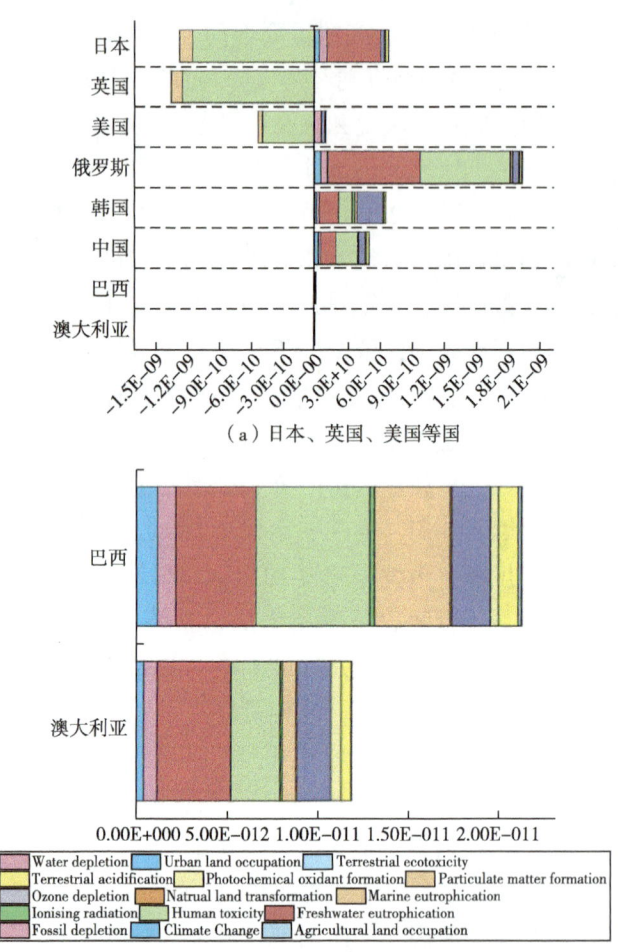

Water depletion	Urban land occupation	Terrestrial ecotoxicity
Terrestrial acidification	Photochemical oxidant formation	Particulate matter formation
Ozone depletion	Natrual land transformation	Marine eutrophication
Ionising radiation	Human toxicity	Freshwater eutrophication
Fossil depletion	Climate Change	Agricultural land occupation

（b）巴西和澳大利亚

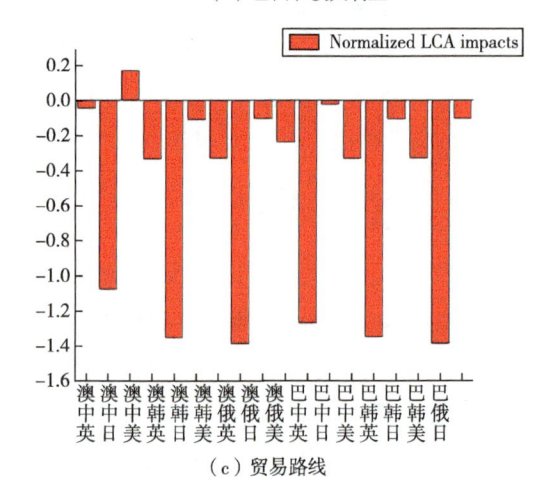

（c）贸易路线

图 2-2 评估结果（归一化）

标准（Ohtake et al., 2019）；②完善废钢流通渠道；③日本钢铁行业注重根据国内废钢资源选择炼钢工艺；④大量出口到韩国和越南等东亚和东南亚国家的做法，也促进了日本废钢技术的发展（Akane, 2018）。日本的废料工业领先于其他国家，这使得其相关贸易路线对环境的影响是积极的。

2.4.2 贸易路线环境影响、资源流动与经济效益的关系

为了解基于钢铁生命周期在不同水平上的贸易路线的影响，笔者计算了三个可持续性指标（结果如图 2-3 所示），将三个指标的值归一化，并在同一维度进行分析。

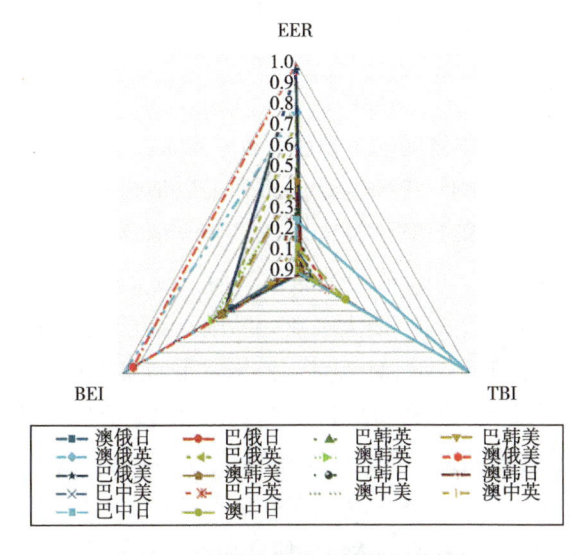

图 2-3 贸易路线的可持续评估指标

总的来说，贸易路线上的 EER 和 BEI 值普遍高于 TBI 值，特别是 EER 值。这一结果表明，在钢铁产业链中，环境与资源的关系对贸易路线的影响大于其他关系。相比之下，TBI 值普遍较低，反映了环境影响与贸易利润之间的关系较弱。

考察单一指标可以发现，EER 值最高的贸易路线是"澳大利亚—俄罗斯—美国"航线，即澳俄美航线。澳俄美航线虽然整体环境影响较小，但其单位环境影响强度最大。这一结果表明，该路线用于出口的铁矿石、粗钢和废钢在生产和回收过程中的环境性能最差。2018 年澳大利亚官方贸易统计数据显示，与其他贸易路线的数量相比，澳大利亚对俄罗斯出口的铁矿石非常少，仅占其出口量的 0.06%。这主要是因为俄罗斯矿产资源丰富，铁矿石供

需基本平衡，没有必要进口更多的原材料。俄罗斯向美国出口了大量的钢铁产品，出口量约占"澳大利亚—俄罗斯—美国"贸易线路中总贸易量的6%，包括粗钢、热轧钢卷和型材（据俄罗斯海关总署数据）。虽然美国已对俄罗斯发起钢铁反倾销调查，但国际贸易管理局数据显示，美国仍是俄罗斯的主要钢铁贸易伙伴。由于废钢回收对环境的影响是积极的，这条贸易路线 EER 值高的主要原因是出口需求大造成粗钢的大规模生产。俄罗斯在粗钢生产中使用了过多的电力，并且没有对制造过程中产生的尾矿和废物进行适当的处理，这对环境造成了巨大的影响。此外，"巴西—俄罗斯—美国"航线的 EER 值也很高。在任何一条贸易路线上，总环境影响和贸易利润都不显著，但两者之间的比例几乎是最大的。结合前面的讨论，很明显，俄美之间的钢铁贸易是这条线路 EER 值高的主要原因。虽然俄罗斯从巴西进口的铁矿石并不多（仅占后者出口量的 0.1%），但作为一个发达的矿业国家，巴西仍然对这条线路的资源消耗和环境成本之间的不平衡负有一定责任。

由于地理因素的影响，巴西的铁矿石开采以地表开采为主。由于其地面垃圾填埋场未能妥善处理垃圾，从而造成了更大的环境影响，特别是在全球变暖和人类毒性等方面。BEI 值最高的是"澳大利亚—俄罗斯—英国"、"澳大利亚—俄罗斯—美国"和"澳大利亚—韩国—英国"航线。这些路线的资源贸易量相对较小，但利润相对较高。相比之下，澳中英、澳中日、澳中美航线的贸易额相对较大，但利润却非常低，BEI 值接近于 0。有趣的是，不论 BEI 值是高是低，铁矿石的主要出口国始终是澳大利亚，这说明澳大利亚的贸易伙伴多，贸易合作广泛。澳大利亚在铁矿石市场上扮演如此重要角色的主要原因是：①澳大利亚独特的自然条件使之拥有丰富的矿产资源；②澳大利亚在采矿设备、勘探、矿石加工等方面投入巨大，在该领域具有很强的竞争力；③澳大利亚位于亚太地区，该地区是世界上经济发展最快的地区，其对大宗商品前所未有的需求极大地促进了对矿石开采和开发项目的投资。与其他两个指标（EER 和 BEI）不同，贸易路线的 TBI 值普遍较低。TBI 值最高的是巴中日航线，澳中日航线次之。可见，TBI 值高主要与中日钢铁贸易有关。图 2-3 显示日本的环境影响是积极的，这一结果表明，日本巨大的粗钢出口量可能造成了贸易路线利润与环境影响之间的不平衡。OEC 的数据显示，2018 年，日本约 20% 的粗钢从中国进口，这些钢材主要用于基础设施和汽车等下游行业。首先，为了确保原定于 2020 年举行的东京夏季奥运会顺利举行，日本近年来需要大量钢材来建设相关基础设施。其次，由于技术限制，日本的汽车零部件大量原产于中国。再次，考虑到日本的地理位置，从中国进口钢铁可以节省大量的运输时间和成本。最后，人们越来越重视绿色生态和可持续发展，但只有少数国家拥有成熟的回收技术，因此出口废料的利润非常大。通过回收和出口废料，日本在确保国内环境不受影响的同时获得了高额利润。对于中国来说，相关线路的 TBI 值较高，可能与中国钢铁产品的产量和技术条件有关。中国的环境影响在粗钢生产国中最低，说明中国的粗钢生产技术先进，每生产一吨粗钢对环境的影响与别国相比较小。然而，巨大的国内外需求已使中国成为世界上最大的粗钢生产国，而这也对国家层面的环境问题造成了巨大的影响。此外，由于粗钢生产在世界范围内非常普遍，中国的高出口仅能获得较少的利润。

2.4.3　耦合协调度分析

为了研究不同方面之间的相互作用，本章先计算了均衡发展下三个方面的耦合协调度，然后模拟了更注重环境-资源关系、经济-环境关系或资源-经济关系的情景。结果如图 2-4 所示。图中三个坐标分别为 EER、BEI 和 TBI 指标，不同颜色的点代表贸易路线的耦合协调程度。颜色越蓝表示路径上环境-资源-经济耦合协调程度越高，即可持续发展程度越高。红色表示耦合协调程度较低，说明环境-资源-经济关系失衡较为严重。

图 2-4（a）显示了各方面均衡发展（即"基线情景"）时的结果，即三个指标的权重相同。其中，"澳大利亚—俄罗斯—美国"航线的耦合协调度最高，"巴西—俄罗斯—日本"航线的耦合协调度最低。虽然澳俄美航线的单位环境影响较高，但这条贸易路线在三个方面的可持续性最高。"巴西—俄罗斯—日本"航线的耦合协调度最低，说明该贸易路线综合开发能力较弱，特别是在"环境-资源"关系方面。此外，图 2-4（a）中红色点较多，说明当前贸易路线在"环境影响—资源流动—经济效益"方面存在弱耦合协调程度，特别是涉及澳大利亚、俄罗斯和中国的贸易路线。因此，要全面提高这些路线的可持续性，各国应努力减少因生产而造成的单位环境影响，提高环境绩效，特别是澳大利亚的铁矿石开采和俄罗斯的粗钢制造。

图 2-4（b）为"环境-资源"偏好情景下贸易路线的耦合协调程度。对比图 2-4（a），可以明显地看到很多点的颜色从红色变成了黄色、绿色，甚至蓝色。这一发现表明，大多数贸易路线的耦合协调程度显著提高，这意味着大多数贸易路线的"资源-经济-环境"关系的不平衡已得到了改善。其中，"巴西—俄罗斯—美国"航线耦合协调度最高。"巴西—韩国—日本"航线、"澳大利亚—韩国—美国"航线、"巴西—中国—英国"航线的价值水平

大幅提高。图 2-4（c）为"经济-环境"偏好情景下贸易路线的耦合协调程度。巴中日航线在该情景下价值最高。与图 2-4（a）相比，耦合协调程度增加的贸易路线主要集中在巴西和中国，表明这两个国家目前经济与环境的关系相对较弱。图 2-4（d）为经济资源开发指数较高（即"经济—资源"偏好情景）时的结果。其中，澳俄美航线仍是耦合协调度最高的航线。耦合值呈明显上升趋势的是包含俄罗斯和英国等在内的贸易航线，如"澳大利亚—俄罗斯—英国"航线。这一结果意味着，目前俄罗斯生产的粗钢和英国回收的废钢在经济和资源方面是弱耦合的。

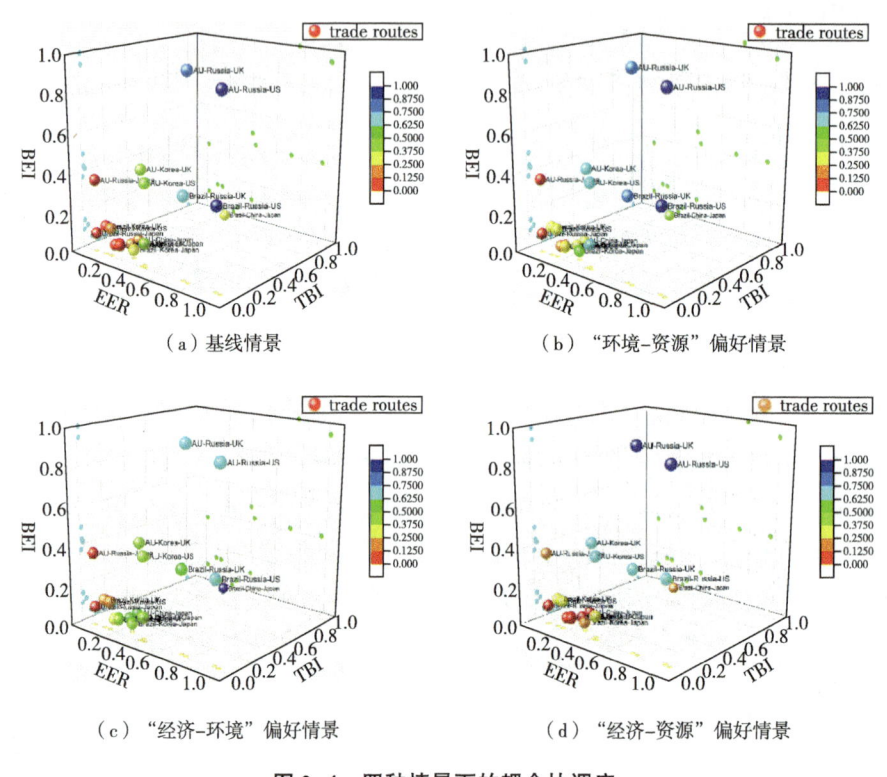

（a）基线情景

（b）"环境-资源"偏好情景

（c）"经济-环境"偏好情景

（d）"经济-资源"偏好情景

图 2-4　四种情景下的耦合协调度

2.5　小结

2.5.1　钢铁贸易路线中环境影响、资源流动与经济效益的交互关系

环境影响、资源流动和经济效益共同影响着由这三者所形成的整个系统，

但同时它们又相互作用。结果表明，在前述三个评价指标中，EER 值普遍最高，说明钢铁生产和回收过程所造成的环境影响与贸易流量的关系更为密切。相比之下，TBI 值普遍较低，反映了环境影响与贸易利润之间的关系较弱。这一结果表明，大多数国家关注的是钢铁产品的进出口数量及其环境成本，以及产品的贸易价格，而经济效益与环境成本之间的关系往往被忽视。究其原因，可能是生态环境是一个相对抽象的概念，而国际贸易可以展示一个国家的经济实力，提高其政治地位，从而受到了更多的关注。

此外，单指标结果表明，较高的 EER 值一般出现在钢铁生命周期的铁矿石开采和粗钢生产阶段。电力的过度消耗和尾矿、废弃物的处理不当造成了巨大的环境影响，导致系统内环境与资源耦合不良。TBI 值反映了环境与经济之间的关系。环境压力与经济效益不平衡的主要原因是对粗钢的巨大需求。虽然单位粗钢生产对环境的影响较小，但由于其产量较高，对整体环境影响相对较大。如果有关国家不能开发高附加值的钢铁产品，就只能以破坏环境为代价来换取较低的利润。BEI 指标反映了钢铁产品的出口利润与贸易路线上的贸易额之间的关系。结合贸易数据可知，通过消耗大量铁矿石来生产粗钢而获得的利润远低于回收废钢的利润。这种资源和利润之间的极端不平衡，扭转了人们对贸易额的传统看法，并促使我们思考从可再生能源的角度来解决工业技术的发展问题。除了对不可再生资源的高消耗外，粗钢生产对环境的影响也是不可逆转的，因而其很难帮助生产国在钢铁贸易中获得更高的经济地位。与贸易额相比，或许可持续发展的能力是当前盈利能力的关键。换句话说，对于不可再生资源而言，其技术效率对经济的影响至关重要。可见，提高不可再生资源的开采效率是一个国家从全球贸易中获利的基本保证，而发展可再生能源技术是一个国家提高贸易地位的关键。

2.5.2 优化钢铁贸易路线的耦合协调度

钢铁贸易路线的发展侧重点不同，合理的发展战略可以从环境、资源、经济等方面优化其整体可持续性。本章不仅在现状的基础上描述了各商路整体耦合协调度的发展情况，而且深入分析了当钢铁商路在环境、资源、经济发展重点不同时，其耦合协调度的变化情况。结果表明，"环境-资源"关系在大多数贸易路线的耦合关系中起着重要作用，说明"环境-资源"耦合关系在生态系统中非常敏感。如果将来各国更加地注意生产过程对环境的影响，则这种注意将有助于各种贸易路线的可持续发展。改善"环境-经济"关系的最大益处是与巴西和中国的贸易路线的改善。究其原因，是它们在铁矿石开采过程和粗钢生产过程中付出了较高的环境成本，而在国际贸易中获得的利润较低，两者不相等。因此，在未来，它们需要考虑加强经济利润和环境成本之间的平衡。"经济-资源"关系的重点发展极大地改善了俄罗斯粗钢生产的贸易路线，因为这些路线目前的"经济-资源"耦合协调度较弱。如果能够提高其单位资源收益，则它们的发展将更加均衡。总的来说，注重"环境-资源"关系的协调是钢铁生命周期各贸易路线可持续发展的最重要因素。

2.5.3 政策建议

研究结果表明，世界主要钢铁贸易难以在环境影响、资源流动和经济效益这三个方向之间实现平衡，贸易路线普遍存在结构性失衡的问题。为了改善这种状况，迫切需要制定以下政策。

首先，从环境影响类别来看，与以往学者较为关注的二氧化碳排放相比，最显著的影响是生态毒性。要解决这一问题，应加强对粗钢开采阶段尾矿和生产阶段废弃物的管理。有关政府可考虑投资改善对工艺残留物（如覆盖层、尾砂、矿渣和废物等）的回收和处理；还可以发展工业园区，以增加产业共生的收益。此外，针对采矿阶段颗粒物的形成，澳大利亚和巴西应尽可能增加风能或太阳能等可再生能源的使用，并建立激励机制（如折扣、溢价等），以鼓励铁矿石企业使用可再生能源。对于粗钢生产阶段的淡水富营养化，主要生产国（特别是俄罗斯）应开发清洁生产技术，以更好地控制水排放，定期监测水质。利用 LCA 技术提高评估的透明度，此举也有助于鼓励地方政府重视环境保护。

其次，从可持续性指标来看，在"环境-资源"层面，澳俄美航线应特别关注生产过程中造成的环境影响，特别是贸易量较大的粗钢生产。为了改善生产阶段的环保性能，俄罗斯应该控制建筑、电力和运输部门的需求，因为这些部门使用了大量的粗钢。同时，提高技术效率是非常必要的。例如，采用更大的设备取代以转炉（BOF）为主的小型钢厂，考虑用回收废钢取代部分粗钢生产等，以控制环境污染。在"资源-经济"层面，澳中英航线在国际贸易中提供了大量钢铁产品，但收益很少。对于矿业高度发达的澳大利亚来说，应该考虑提高能源效率。例如，在破碎石头时，可以用爆破代替高能破碎；应推广先进过程控制和优化控制系统等数字化工具，以改善作业期间的质量管理，最大限度地提高回收率并降低能源需求。中国作为以粗钢制造为主的国家，应考虑通过创新来增加行业收入和提高核心竞争力。例如，应推动配套高技术钢核心技术的生产和应用，改善产品质量控制，提高产品的有效供给，尽快开发前沿工艺技术，避免传统炼钢方法对资源的过度消耗等。这些改进还可以帮助中国提高产品定价，从而带来更多收益。为确保贸易路线的可持续发展，英国可以通过投资等方式支持上、中游生产商的相关改革。在"环境-经济"层面，虽然由于产量高、贸易价格低，巴中日贸易路线的单位生产环境绩效较好，但该贸易路线不仅产生了较大的环境影响，而且未能获得对等的回报。要解决这个问题，实现循环经济，主要生产国可以推动产业结构调整。例如，在巴西，矿山方面可以开发关键勘探技术，提高低品位矿石的综合选育和利用水平，投资开发绿色、高效、智能的优质铁精矿生产技术和装备。在中国，应该努力提高钢铁行业的集中度。目前，中国的小规模钢铁企业居多，主要钢铁企业的产能仅占总产量的34.2%。因此，钢铁企业的并购重组有助于明确市场分工，降低破坏性竞争的风险。同时，这种方式可以为企业的环保创新和发展做出贡献，避免环境能源过载。

最后，从耦合协调程度来看，当前商路发展在环境、经济和资源三者之间普遍不平衡。因此，为了促进整体可持续发展，不同的贸易路线应该采取不同的发展模式。例如，对于耦合协调度较高的航线，如"澳大利亚—俄罗斯—美国"航线，可以采用全面稳健的发展模式；处于产业链不同阶段的这三个贸易国可以继续保持现状，并根据当前形势探讨下一步贸易合作。对于以"环境-资源"不平衡为主的贸易路线，如"巴西—俄罗斯—美国"航线，应向"资源利用与生态环境一体化"的方向发展。同时，有关国家可以加大对生产企业的投资，提高技术效率，从而提高资源利用率，减少单位生产对环境的负面影响。此外，考虑到废钢回收对环境的巨大而积极的影响，粗钢生产国应努力发展废钢回收等相关技术，提高废钢利用在钢铁生产中的比例，这将有利于环境的可持续发展。同时，对于美国等废钢回收技术较为发达的国家，可以通过合资等方式与其他国家进行合作。对于需要更多关注经济环境方面的贸易路线，如巴中日航线，应强调"绿色经济"的必要性。对于目前的航线来说，仅仅关注贸易价格是不够的，还需要加大力度实现环境贸易公平，并在贸易国家之间分担资源责任。未来，进口国在选择贸易伙伴时，也应将环境影响纳入选择标准，建立生态贸易路线，这也有助于加强全球生态系统与经济利益之间的联系。对于资源经济层面耦合协调程度较弱的贸易路线，如"澳大利亚—俄罗斯—英国"航线，应鼓励"资源配置与经济创新"的协调发展。生产国可以通过技术创新调整未来生产重点，降低传统生产模式下的资源消耗，优化相关产业结构，从而提高经济实力，实现循环经济。

为了理解不同钢铁贸易路线在资源流动、环境成本和经济效益等方面的不平衡关系，有必要从可持续性的角度进行耦合分析。本章先基于LCA方法提出了三个评价指标，并构建了耦合评价模型。然后从钢铁生命周期的角度，评价了当前状态下18条商路的"环境影响—资源流动—经济效益"的耦合协调程度。在此基础上，模拟了关键商路在改善各方面关系时耦合协调程度的影响。

结果表明，基于钢铁生命周期的贸易路线在环境影响、资源流动和经济效益等方面大多不成正比，失衡现象普遍存在。目前，"澳大利亚—俄罗斯—美国"航线在"环境-资源-经济"关系方面的耦合发展最好，而"巴西—俄罗斯—日本"航线在此方面的耦合协调度最低。澳俄美航线在"资源-环境"关系上失衡最显著，澳俄英航线在"经济-资源"关系上发展最不平衡，巴中日航线在"环境-经济"关系上表现最差。此外，生态毒性是所有环境方面中最重要的（尽管气候变化被广泛认为是最关键的影响）。耦合协调结果还表明，当可持续发展更加注重"环境-资源"关系、"经济-环境"关系和"资源-经济"关系时，"巴西—俄罗斯—美国"、"巴西—中国—日本"、"澳大利亚—俄罗斯—英国"航线的整体绩效最佳。

环境、资源与经济之间的"平衡"与"耦合"应成为未来钢铁贸易国促进全球钢铁产业链可持续发展的主要目标。因此，本章提出，各贸易国家应在技术、贸易和政策背景等方面共同努力，促进全球钢铁产业链的可持续发展。本章的研究内容深化了笔者对钢铁产业链环境影响、资源流动和经济效益相互作用的认识，并可以为相关部门的管理、决策提供科学参考。此外，本章从系统内部关系的角度，探讨了如何通过有针对性的优化来改善贸易路线的整体耦合关系。在未来的研究中，应充分认识钢铁产业链的复杂性和全面性，构建更加全面的资源经济环境耦合评价模型，系统研究其内在关联。此外，对于耦合协调度的场景模拟，未来需要更科学、严谨的方法，特别是要优化子系统之间关系的系数分配，以进行更深入、准确的动态评价研究。

3 低碳经济下钢铁产业链贸易价格波动溢出机理研究

3.1 钢铁产业链产品价格研究现状

近年来,国际贸易摩擦屡见不鲜,"中美贸易战""欧盟反倾销调查"等事件频频发生(Chandra,2016)。尽管就目前而言涉及的产品和市场还比较有限,但随着贸易全球化程度的不断加深(Blázquez et al.,2013),更多产品甚至更多市场都将受到不同程度的影响(Wójcik et al.,2018)。这对钢材价格的管控和国际市场的平稳发展十分不利。为了更好地理解国际贸易中钢铁市场的价格波动,更好地理解此类产品和市场的特征,本章研究了主要钢铁市场之间的价格溢出关系,并从地理的角度去解释这种现象。

钢铁产品种类丰富,总体可以分成三类,分别是板材、型材和线材。板材产品包括热轧板卷、冷轧板卷、热镀锌和中厚板,型材产品包括方坯和小型材,线材产品包括网用线材和螺纹钢。板材产品用途最广,其可以通过加工形成另外两类产品。因此,三类产品中板材最容易获得,其附加值也是三类产品中最低的。

全球钢材市场分布广泛,各市场的主要产品也各不相同。就欧美地区来讲,美国钢材市场以板材为主(Prichard et al.,2009),热轧板卷、冷轧板卷等板材占其钢材总量的70%以上。欧洲钢铁市场则侧重于小型材和热镀锌,近年来此类产品的需求不断攀升(Persson et al.,2017)。作为欧盟成员国之一的德国,其钢材市场产品涉猎广泛(Guthrie et al.,2016),且大多用于出口贸易,欧盟成员国和美国都是其主要出口对象。在亚洲地区,韩国市场主要出口板材产品(Lee et al.,2017),其中中厚板长期占据市场第一。日本作为传统的钢材出口大国(Nakajima et al.,2011),主要出口螺纹钢、热轧板卷。东南亚地区由于基础设施相对落后,其目前的钢材产品主要依赖进口(Emon et al.,2016)。为了更清楚地了解全球钢铁市场间的差异,笔者统计了2018年它们的钢铁贸易量，如表3-1所示。

表3-1 全球主要钢铁市场贸易量

	进口（百万吨）	出口（百万吨）	数据源
U.S.	16.200	4.900	IHS Global Trade Atlas
European	26.100	13.400	EUROFER
Korea（East Asia）	19.1	22.917	SEAISI
Japan（East Asia）	4.3	15.3	SEAISI
India（South Asia）	8.9	40.4	IHS Global Trade Atlas
SouthEast Asia	49.18	5.5	IHS Global Trade Atlas
Middle East	6.978	10.118	IHS Global Trade Atlas
South American	20.6	1.431	IHS Global Trade Atlas
China（East Asia）	13.8	9.8	SEAISI

价格的溢出反映了产品在不同市场间的价格传递关系（Sato，2012）。有学者（Jiang et al.，2019）利用溢出效应，分析了大豆和水之间的联系。卡亚尼等（Kayani et al.，2014）利用溢出结果发现，美国市场对新兴亚洲金融市场有短期影响。有学者（Lu et al.，2019）利用双变量异质自回归模型，发现了金融危机期间原油和农产品市场之间波动的双向溢出关系。由此可见，有关溢出关系的研究着眼于两两市场间的关系，它能用来表征市场间的影响方向和影响大小。因此，它在一定程度上揭示了市场波动的本质（Yeh，2013）。技术冲击（Gomes，2017）、定价机制（Biondi et al.，2016）和福利效益（Waights，2019）等因素也都曾被用于探讨这一问题。但是，考虑到贸易全球化的特性和钢材产品的多样性，从国际市场的角度来探讨主要钢材市场间的关系也是十分必要的。此外，以往对溢出关系大多是从国际贸易（Wójcik et al.，2017）、社交网络（Hein et al.，2008）、市场流动性（Fricke et al.，2015）等方面开展研究的。然而，单一层面的溢出关系难以捕捉到多产品间的价格波动信息，更无法体现市场间的影响态势（Peri et al.，2013），因而溢出关系网络的构建十分重要（Rui et al.，2012）。

网络结构是十分复杂的，具有相似全局结构特性的网络可能具有非常不同的局部结构特征。模体作为复杂网络的基本单元，可以用来揭示网络的基本信息及其内部的特定模式。因此，对模体的研究是必不可少的。以往的研究大多集中在模体的演化（Villalba-Diez et al.，2016）和传导关系上，如铜离子（Bittner et al.，2018）、质子传导（Williams et al.，2016）等。这些研究证明，模体可以被广泛应用于各种类型的网络之中（Aghabozorgi et al.，2018；Li et al.，2014）。目前，将模体引入溢出关系网络的研究较为有限。基于复杂网络理论的模体分析为研究钢铁市场间的相互作用提供了一种新的方法，它不再局限于关系的表达，而是更加关注全球主要市场在网络结构中的特性。此外，模体适用于表征国际市场的价格传导，通过模体结果展示市场间的特征、规律（Ohnishi et al.，2010）。这有助于解释不同市场间的联动效应，对理解溢出网络结构的本质非常有用。为此，笔者利用模体去分析溢出网络中的一些特定结构，进而探讨不同地区钢铁市场中的价格传导问题。

  本章的研究目的是分析全球主要钢铁市场在波动溢出网络中的传播路径，并进一步探寻其传导规律。首先，使用GARCH-BEKK模型捕捉钢铁市场中不同产品间的价格溢出情况，其次，采用复杂网络的方式建立包含全部溢出关系的网络，从宏观角度分析国际市场整体的贸易情况和价格波动的传导关系。最后，根据各市场和各产品的特点，采用网络模体中的三元子图分析不同钢铁市场间的贸易关系及原因。本研究的数据来自中国RESSET数据库，使用了12个国家和地区8种钢材产品的进出口日价格。

  研究发现，均值溢出效应在国际钢铁市场中普遍存在，且各市场间的贸易关系错综复杂。在溢出网络中，共有4种模体来表征不同市场间的信息传递特性。分别是"共接收-共发送者"的全联通子图、"共接收者"的全联通子图、具有"最大接收者"的"V"形子图和具有"最大发送者"的"V"形子图。其中，全联通的三元子图在钢铁市场的价格传导关系中最重要，共接收者的三元子图在溢出关系中占比最大。这四种各具特色的三元模体传达了以下信息：一是同一大洲中新兴市场和发达市场间的钢铁产品价格相互影响；二是在欧亚大陆中，彼此具有传导关系的发达市场都对同一个新兴市场有着明显的溢出效应；三是以东亚地区为代表的亚洲市场既是承接欧美市场溢出关系的中转站，又是欧美市场间的共接收者；四是欧盟发达市场既是市场价格传导的中间人，又是其他市场的共同发送者；五是处在产业链中下游的钢铁产品通常是溢出关系的接收者；六是板材产品在国际贸易中的价格影响程度要比型材产品大；七是买方市场普遍存在于这四个模体中。对此笔者认为，研究全球主要钢铁市场间的波动传导并识别不同地理位置市场中的关键节点，有助于了解钢铁国际贸易的发展动向。

3.2 钢铁产业链价格波动溢出模型构建

3.2.1 波动溢出关系提取

GARCH-BEKK模型可以用来描述信息的传导关系。正如有学者在研究中所采用的方式（Liu et al.，2017b），本章使用了一个二元GARCH-BEKK模型来研究国际钢铁市场间的波动溢出关系，并以此作为构建网络的基础。GARCH-BEKK模型可以用两个方程表示，即均值方程和方差方程，如下所示。

均值方程：

$$R(t) = \begin{bmatrix} R_1(t) \\ R_2(t) \end{bmatrix} = \begin{bmatrix} \mu_1(t) \\ \mu_2(t) \end{bmatrix} + \begin{bmatrix} \varphi_{11} & \varphi_{12} \\ \varphi_{21} & \varphi_{22} \end{bmatrix} \begin{bmatrix} R_1(t-1) \\ R_2(t-1) \end{bmatrix} + \begin{bmatrix} \xi_1(t) \\ \xi_2(t) \end{bmatrix} \quad (3-1)$$

式中，$R(t)$ 是一个在时间 t 上包含了 n 个观测值的级联向量；μ 是常数向量，它表示恒定的迭代偏移。

方差方程：

$$H(t) = C'C + A'\xi_{t-1}\xi_{t-1}'A + B'H_{t-1}B \quad (3-2)$$

$$C = \begin{bmatrix} c_{11} & 0 \\ c_{21} & c_{22} \end{bmatrix} \quad A = \begin{bmatrix} a_{11} & a_{12} \\ a_{21} & a_{22} \end{bmatrix} \quad B = \begin{bmatrix} b_{11} & b_{12} \\ b_{21} & b_{22} \end{bmatrix}$$

式中，$H(t)$ 是一个表示条件方差矩阵的（2×2）向量，元素 C 是常数系数矩阵，A 是条件残差矩阵的系数，B 是条件协方差矩阵的系数（Chevallier et al.，2011）。

笔者使用BHHH算法优化的最大似然估计方法来估计模型，以获得具有相应标准误差的"方差-协方差"矩阵的最终估计。条件对数似然函数 $L(\theta)$ 如下（Liu et al.，2017a）：

$$L(\theta) = -T\ln(2\pi) - \frac{1}{2}\sum_{t=1}^{T}[\ln|H_t(\theta)| + \xi_t(\theta)'H_t^{-1}\xi_t(\theta)] \quad (3-3)$$

式中，T 是观察次数，θ 表示待估计参数的向量。

均值溢出是通过式（3-1）中的非对角线参数来衡量的（Mumtaz et al, 2017），它既有方向也有大小。式（3-1）中的 φ_{12} 和 φ_{21} 就是代表均值溢出的参数（Chen et al.，2018b）。φ_{12} 表示市场1到市场2之间均值溢出效应的大小。根据这个定义，可以对所有数据进行两两处理，统计它们的条件残差矩阵系数值，并用于下一步的研究。

3.2.2 复杂网络建模

复杂网络可以用来描述不同市场中各产品之间的关系（Tsekeris，2015；Hou et al.，2018）。一个复杂网络是由节点和边组成的，边连接节点。相关公式如下：

$$G = (N, E) \tag{3-4}$$

式中，G 代表复杂网络，N 是节点集合，E 代表边的集合。笔者定义 i 和 j 代表网络节点，$e_{i,j}$ 代表边，从 i 到 j 有一条边。边 E 的矩阵（Gao et al.，2017）可以用下面的公式表示：

$$E = \begin{bmatrix} e_{1,1} & \cdots & e_{1,j} \\ \vdots & & \vdots \\ e_{i,1} & \cdots & e_{i,j} \end{bmatrix} (i, j \in N) \tag{3-5}$$

若以不同市场的钢铁产品价格为节点，以产品间具有的显著溢出关系为边，GARCH 溢出系数的绝对值作为边的权重，则溢出方向就是边的方向。也就是说，笔者在此构建了一个加权有向的网络来描述各产品进出口之间的溢出传导关系。使用的数据来源于之前得到的波动溢出数据，代表了全球主流市场进出口钢铁产品间的溢出关系。例如，溢出网络中有 4 个节点，GARCH-BEKK 模型捕获了 8 个加权边，括号中标明的是估计参数的显著性值，箭头上标明的是溢出系数。根据以往的研究，如果估计参数的显著性小于 1%（Fritsch et al.，2016；Liu，2014；Wang et al.，2018），则产品之间存在溢出关系。基于此，笔者删除了钢材市场中美国到德国、德国到美国、德国到印度和印度到美国的边。

3.2.3 网络模体

模体是网络的基本单元，研究模体有助于更好地探索多个产品间及多个市场间的信息传导关系。一个有向网络中的连接可能被分成 13 种可能的三元模体，这些模体中节点被分成 30 个特征功能的角色（Maluck et al.，2017）。图 3-1 展示了模体及其角色。三元模体中有两个重要的指标，其中，Z-score 值被定义为实际网络超过标准偏差归一化的随机网络的次数。该值越大，证明该模体在网络中越显著（Itzhack et al.，2007）。Frequency 被定义为该模体在实际网络中的百分比。该值越大，证明该模体在显示网络中分布越多（Tran，2015）。笔者在此处选择 Z-score>0，p<0.05 的模体（IgnatiusPang et al.，2018）作为下一步的研究对象。

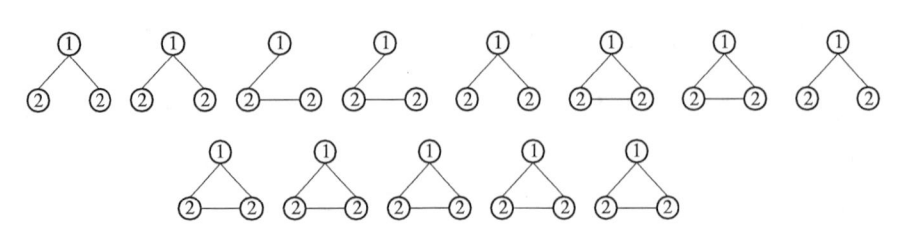

图 3-1　模体特征及其角色

3.3　钢铁产业链价格波动溢出的关键影响因素分析

如前所述，为了捕捉各主流市场间的溢出关系，笔者研究了拥有 127 个参数的 GARCH-BEKK 模型。A 的非对角线系数的估计值可以反映国际贸易中钢铁产品及市场间的均值溢出效应。笔者在附录中展示了这些估计系数。从中可以发现，大部分系数在 1% 的水平上都是显著的，这表明均值溢出效应在钢铁市场中普遍存在。这 127 个参数共有 8 694 种溢出关系。

为了方便地找到产品市场中的波动发送者和接收者，笔者建立了均值溢出网络模型。溢出网络的建立规则可参考上节。由于全部数据的溢出网络过于密集，难以看出任何点和边，为了更清楚地展示结果，这里使用了部分样本以构建溢出网络（图 3-2）。此外，图 3-3 是该网络的局部细节。在该溢出网络中，节点的大小表示加权的出度，它反映了波动的发送能力。具体而言，较大较深的节点表示有更多的波动性被发送至其他国际贸易市场。线的粗细代表溢出关系的强度，箭头代表每个溢出效应的方向。图 3-2、图 3-3 表明，网络整体较为集中，点分布均匀，无明显集聚现象，说明各钢铁产品在不同市场中均有贸易往来。线的数量多且分布密集，说明各市场间贸易关系错综复杂。由于网络的节点和边过于密集，难以找出关键节点，因此需要对各市场和各产品间的溢出关系进行进一步分析。笔者通过识别重要模体去挖掘局部网络特征，从三元子图的角度去分析网络，进而更有针对性地研究产品价格间的溢出关系，以更好地理解国际钢铁市场中产品价格的溢出传导关系。有关三元模体的识别、识别结果及分析会在下文中详细呈现。

3.3.1　溢出网络中的模体构成及其分布

这一部分探讨了波动溢出网络的基本组成部分，以了解全球主要钢铁市场间的贸易关系及市场内部的钢铁产品间的关系。这项工作有助于从经济角

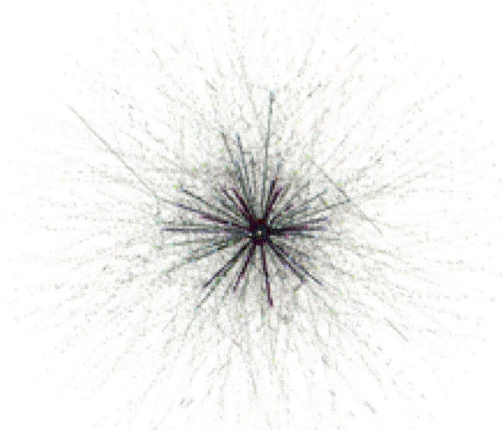

图 3-2 溢出网络

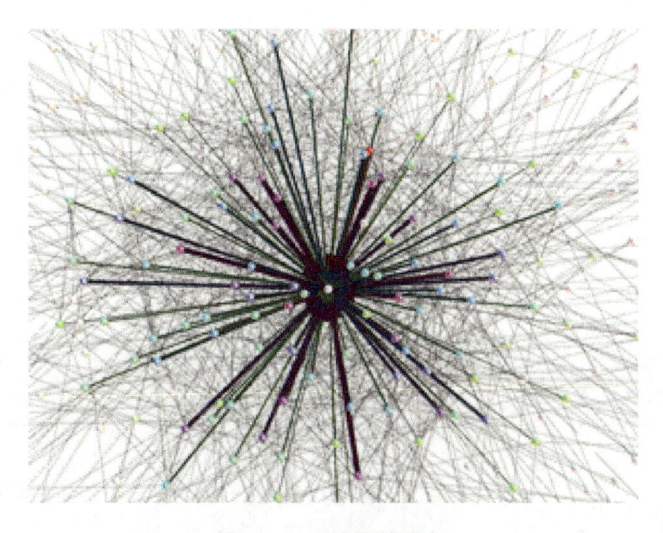

图 3-3 溢出网络局部

度解释笔者的结论，并对市场有一个基本的了解。

对这个溢出网络进行识别后，共得到了 13 种、232 个三元模体类型。为了检测重要的模体，笔者计算了这些子图（subgraphs）在实际网络和随机网络中出现的次数。对于每个子图，统计学上的显著性由 Z-score 评估得到（Ohnishi et al., 2010），结果如表 3-2 所示。

表 3-2 模体结果

序列号	模体（motif）	频率[原始]	平均频率[随机]	标准差[随机]	Z-Score 值	显著性值
1		9.482 8%	1.945 1%	0.015 379	4.901 40	0.003
2		9.913 8%	4.194 4%	0.017 125	3.339 90	0.001
3		13.793 0%	8.419 8%	0.023 444	2.292 0	0.021
4		3.448 3%	8.566 8%	0.027 524	-1.859 60	0.986
5		11.207 0%	7.255 7%	0.021 965	1.798 80	0.046
6		9.482 8%	6.118 6%	0.019 342	1.739 30	0.052
7		13.362 0%	23.728 0%	0.062 155	-1.667 70	0.945
8		6.896 6%	11.790 0%	0.032 671	-1.498 00	0.948
9		2.586 2%	5.860 6%	0.022 236	-1.472 60	0.967
10		3.448 3%	6.627 0%	0.023 854	-1.332 60	0.935

续表

序列号	模体（motif）	频率 [原始]	平均频率 [随机]	标准差 [随机]	Z-Score 值	显著性值
11		3.017 2%	2.098 5%	0.011 627	0.790 24	0.188
12		6.034 5%	4.779 6%	0.017 680	0.709 79	0.223
13		7.327 6%	8.615 8%	0.027 397	−0.470 22	0.674

图 3-4 显示了 13 个可能的连接子图的 Z-score（显著性分布），从中可以发现，模体 1 和模体 2 的 Z-score 值较大。换言之，这两个模体在溢出网络中起着比较重要的作用。

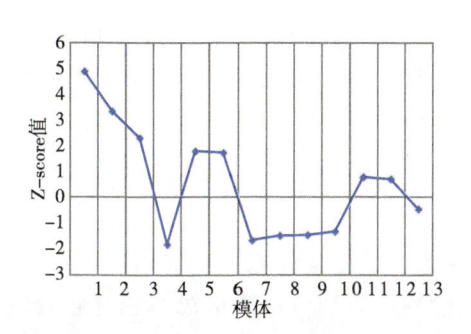

图 3-4 子图显著性

图 3-5 显示了 13 个可能的连接子图在真实网络中的分布比例。从中可以看到，模体 3 和模体 7 在折线图中较为突出，因此，两者在网络中的分布比例较大。

根据前文中网络模体的概念，真正可称之为模体并可用于后续研究分析的仅有 4 种，分别是模体 1、模体 2、模体 3 和模体 5，其交互模式和具有特征功能的角色如图 3-6（a）到图 3-6（d）所示。

模体的连接模式显示了宏观经济网络中行业的特定特征（Maluck et al.,

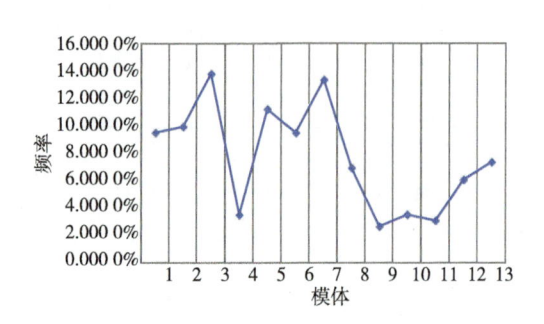

图 3-5　子图的分布比例

2015)。为了探究均值溢出网络中 3 节点模体隐含的经济信息,笔者将这 4 个模体分别定义成"隐含共接收-共发送者"的模体(模体 1)、"隐含共接收者"的模体(模体 2),"隐含最大接收者"的模体(模体 3)和"隐含最大发送者"的模体(模体 5)。此外,笔者还从地理位置的角度统计了每个模体中具有显著特征的角色,并绘制了对应的角色及子网络,如图 3-6 所示。其中,图 3-6(e)到图 3-6(h)从里圈到外圈分别表示的是作为各模体中重要角色的各大洲、各个国家、各种钢材产品和进出口的百分比。在每一层中,不同的颜色代表了不同的洲/国家/钢材产品/进出口。图 3-6(i)到图 3-6(l)的子网络图反映了模体中的溢出关系,箭头方向代表了市场的影响方向,粗细代表了市场的影响程度。

3.3.2　全球钢铁市场的角色分析

(1) 隐含"共接收-共发送者"模体中的钢铁市场

随着贸易全球化的深入发展,钢铁市场间相互影响较大(Curran et al., 2016)。其中,有些市场既是价格溢出关系的发送者,又是价格溢出关系的接收者。如图 3-6(a)所示,模体 1 具有双向连接、相互影响的特点,且都扮演同一种角色,因而适合研究该角色下市场的地理特性。

由前可知,图 3-4 显示该模体的 Z-score 在所有模体中数值最大,意味着该类型的钢铁贸易是最显著的。表 3-3 至表 3-6 的内容是构成 motif1 的溢出网络节点及分别对应的角色号。这 4 个表格中的 CRC、HRC、Re、Wi、S、P、HG、Bi 分别代表冷轧板卷、热轧板卷、螺纹钢、网用线材、小型材、中厚板、热镀锌、方坯,Ind、Eur、Jap、Kor、Ira、Dub、US、SoAsia、Chi、

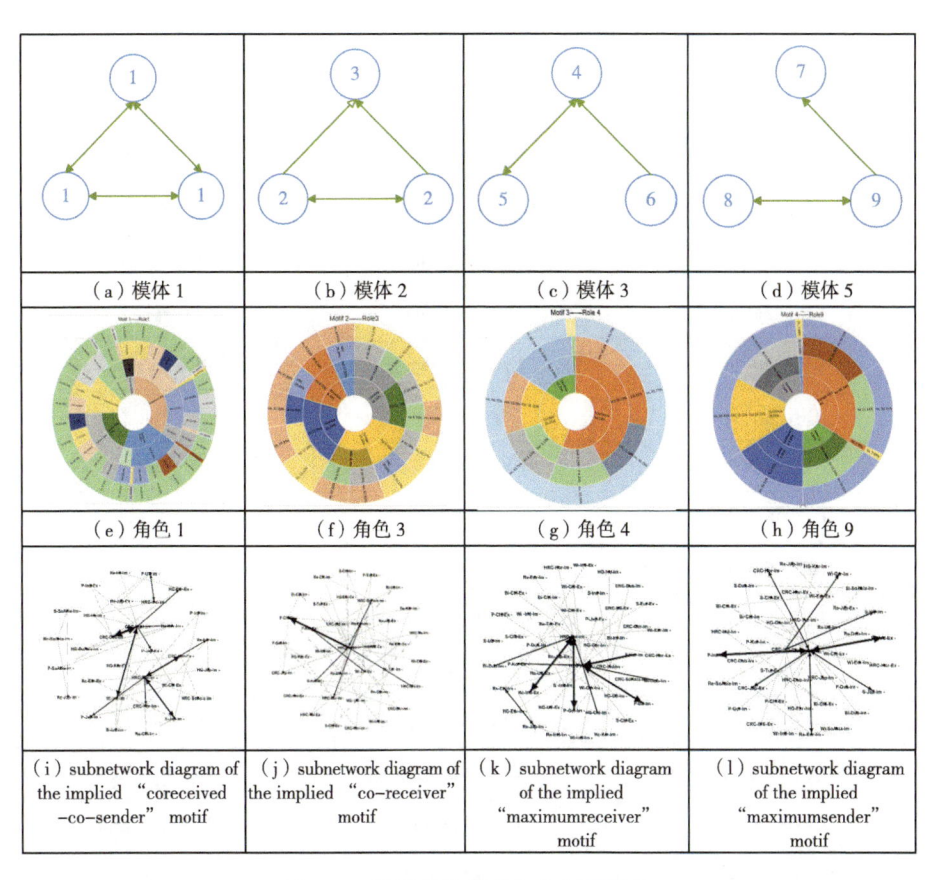

(a) 模体1	(b) 模体2	(c) 模体3	(d) 模体5
(e) 角色1	(f) 角色3	(g) 角色4	(h) 角色9
(i) subnetwork diagram of the implied "coreceived-co-sender" motif	(j) subnetwork diagram of the implied "co-receiver" motif	(k) subnetwork diagram of the implied "maximumreceiver" motif	(l) subnetwork diagram of the implied "maximumsender" motif

图 3-6 四种模体及其角色和子网络

Tur、Ger 分别代表印度、欧盟、日本、韩国、伊朗、迪拜①、美国、东南亚、中国、土耳其、德国，Im、Ex 分别代表进口、出口。

表 3-3 隐含"共接收-共发送者"模体中的溢出网络节点及其角色

$R=1$	$R=1$	$R=1$
CRC-Ind-Im	Re-Kor-Im	P-SoAsia-Im
CRC-Ind-Im	Re-Kor-Im	HG-SoAsia-Im
CRC-Ind-Im	Wi-Ind-Im	Bi-Ind-Im
CRC-Ind-Im	Wi-Ind-Im	Wi-Chi-Ex

① 本书中的迪拜均指迪拜酋长国，其为中东地区的贸易中心之一。

续表

R=1	R=1	R=1
CRC-Ind-Im	Wi-Ind-Im	P-Jap-Ex
CRC-Ind-Im	Re-Ira-Im	HG-Eur-Ex
CRC-Ind-Im	CRC-Dub-Im	HG-Eur-Ex
CRC-Ind-Im	CRC-Dub-Im	P-Ind-Ex
CRC-Ind-Im	CRC-Dub-Im	P-Jap-Ex
CRC-Ind-Im	CRC-Dub-Im	HG-Ira-Im
HRC-Eur-Im	Re-Eur-Im	CRC-Kor-Im
HRC-Eur-Im	Re-Eur-Im	HG-Jap-Im
HRC-Eur-Im	S-Jap-Im	Re-Eur-Ex
HRC-Eur-Im	S-Jap-Im	P-Ira-Im
HRC-Eur-Im	S-Jap-Im	Re-Chi-Im
HRC-Eur-Im	CRC-Kor-Im	P-Jap-Im
HRC-Eur-Im	CRC-Kor-Ex	P-Jap-Im
HRC-Eur-Im	CRC-Kor-Ex	HG-Kor-Ex
HRC-Eur-Im	CRC-Kor-Ex	HRC-SoAsia-Im
HRC-Ind-Im	P-US-Im	Re-Jap-Ex
HRC-Ind-Im	P-US-Im	HG-Ira-Im
Re-Jap-Im	S-SoAsia-Im	Re-SoAsia-Im

由表3-3可以发现，符合该模体的溢出关系共有22组，同一大洲间溢出关系共有8组，占36%，其他溢出关系均只发生在两个大洲间。由图3-6（e）可以看出亚洲市场多扮演角色1，尤其是东亚和南亚的钢铁市场。图3-6（i）则表明印度与韩国、迪拜等亚洲市场间的溢出关系尤为显著。此外，图3-6（e）显示进口市场占比要远远高于出口市场，即买方市场更为重要。

为了探究亚洲市场在模体1中极具代表性的原因，笔者以印度、韩国和东南亚地区（图3-6中用绿色标出）为例进行研究。造成这一现象的原因可能有：①近年来美国等发达国家对韩国征收了钢铁反倾销关税，为了降低出口成本，减少贸易摩擦，韩国钢铁公司开始将出口重心转移到其他地区。

② 东南亚地区由于炼铁及钢材深加工能力有限，因此其自身供给量较低。此外，越南、印尼等国目前正在加速工业化进程，对钢铁的市场需求不断增加，尤其是对板材产品。仅 2018 年，东南亚的增速就达到了 11%。为了减少进口及其货运交通成本，它们更倾向于进口周边国家的钢铁产品。③ 印度政府对基础设施项目的巨大投入，加上向生活在贫困线以下的人提供低成本住房的计划，使印度成为周边国家中钢材缺口最大的国家。根据韩国国际贸易委员会发布的数据，2018 年第一季度，韩国出口至印度的钢材同比增加了 18.9%。可见，国际贸易的政策变动和相关国家的内部发展，造成印度、韩国和东南亚市场的相互影响。此外，亚洲各国大多处在快速发展的阶段，大规模基础设施的建设意味着大量的用钢需求。因此，亚洲各国大多扮演着买方市场的角色。

（2）隐含"共接收者"模体中的钢铁市场

全球贸易中可能存在多个市场的共同作用（Gagliardi et al., 2016），因此，什么地区的钢铁市场更容易被其他市场共同影响是值得关注的。从图 3-6b 可以看出，模体 2 中两个角色相同的节点共同指向另一个角色的节点，换句话说，扮演角色 3 的钢铁市场是多个溢出关系的共接收者，而这也是需要研究的。符合该模体的溢出网络节点及对应角色如表 3-4 所示。

表 3-4 隐含"共接收者"模体中的溢出网络节点及其角色

$R=2$	$R=2$	$R=3$
CRC-Ind-Im	Re-Kor-Im	Re-Ger-Im
CRC-Ind-Im	Bi-Tur-Im	HG-US-Im
CRC-Ind-Im	Re-Eur-Im	Bi-Ira-Im
HRC-Eur-Im	HG-Kor-Ex	P-Ger-Im
HRC-Eur-Im	Re-Eur-Im	Re-Kor-Ex
HRC-Eur-Im	Re-Eur-Im	HRC-Tur-Ex
HRC-Eur-Im	CRC-Kor-Im	P-Tur-Ex
HRC-Eur-Im	CRC-Kor-Ex	HG-US-Ex
HRC-Ind-Im	HRC-SoAsia-Im	Re-Chi-Im
HRC-Ind-Im	S-Chi-Im	HG-US-Ex
HRC-Ind-Im	HRC-SoAsia-Im	HG-US-Ex

续表

R=2	R=2	R=3
HRC-Ind-Im	Bi-Chi-Im	P-Chi-Ex
HRC-Ind-Im	Re-Eur-Im	P-Chi-Ex
HRC-Ind-Im	Re-Dub-Im	P-Chi-Ex
HRC-Ind-Im	CRC-Jap-Im	P-Chi-Ex
HRC-Chi-Im	S-Kor-Im	HRC-Ind-Im
CRC-Eur-Im	S-Kor-Im	HRC-Ind-Im
HRC-Ind-Im	S-Chi-Ex	HRC-Ira-Im
HG-Eur-Ex	S-Tur-Ex	HRC-Ind-Im
HRC-Chi-Im	Wi-CIS-Ex	HRC-Ind-Im
Re-Kor-Ex	Wi-Chi-Ex	P-Kor-Ex
Re-Eur-Im	Wi-Chi-Ex	P-Kor-Ex
Wi-Ind-Im	Re-Jap-Ex	Wi-US-Im

从表 3-4 可以发现，符合模体 2 的溢出关系共 23 组。从进出口角度来看，7 组溢出关系发生在进口（或出口）市场间，16 组溢出关系发生在进出口市场间。从市场角度来看，15 组溢出关系发生在不同大洲中，图 3-6（f）显示，东亚和美国钢铁市场多扮演角色 3。

针对这一情况，笔者以欧盟，韩国和土耳其为例（表 3-4 中以蓝色标出），分析了市场在三个大洲中的贸易往来。从市场角度可以发现，该模体中两个彼此具有明显溢出关系的市场都对第三个市场有单项溢出联系，第三个市场是波动溢出的最大接收者。在该模体中，欧盟市场和韩国市场都扮演了角色 2，土耳其市场作为角色 3 则是该模体下所有溢出关系中的最大接收方。根据这三个市场的特点，形成该贸易关系的原因可能如下：一是自 20 世纪 70 年代开始，随着出口导向的政策引导，韩国的钢材出口规模持续上升。尽管在金融危机期间有过短暂下滑，但总体保持着正向增长。其中，韩国的板材类产品在全球市场占有率超过 10%，对欧盟、美国等地都有着大量的出口。二是欧盟钢材市场产品涉猎广泛，且大都用于出口贸易，出口对象尤以欧洲等国为主。三是作为世界上最大的废钢进口国，土耳其的钢铁行业还在发展阶段，十分依赖外需，考虑到运输、产品种类等因素，欧洲各国和亚洲的韩国均是它的进口源。此外，该模体的方向显示，价格波动从韩国传导到欧盟，从欧盟传导到土耳其，从欧盟传导到韩国，从韩国传导到土耳其。以土耳其为代表的新兴市场是溢出关系中的最大受益者。

（3）隐含"最大接收者"模体中的钢铁市场

国际贸易中不同市场受到的影响程度各不相同（Partridge et al.，2016），因此，寻找受国际贸易影响最深的钢铁市场并进行研究是十分必要的。在模体3［见图3-6（c）］这个具有双向传导和单向传导特点的"V"形三元子图中，角色4是角色5和角色6共同的接收者，也是具有"最大接收者"特点的角色。该模体的频率值最高，说明它在整个网络中数量最多，分布最广。符合该模体的溢出网络节点及对应角色如表3-5所示。

表3-5 隐含"最大接收者"模体中的溢出网络节点及其角色

$R=4$	$R=5$	$R=6$
CRC-Ind-Im	Re-Kor-Im	HG-Ind-Im
S-Ind-Im	Wi-Ind-Im	CRC-Ind-Im
CRC-Ind-Im	Bi-Ira-Im	CRC-SoAsia-Im
CRC-Ind-Im	CRC-Dub-Im	S-Ind-Im
CRC-Ind-Im	P-Ger-Im	Bi-Chi-Im
Wi-Ger-Im	P-Dub-Im	Wi-Ind-Im
P-Dub-Im	Re-Chi-Im	Wi-Ind-Ex
HRC-Eur-Im	P-Ger-Im	Bi-Dub-Im
HRC-Eur-Im	P-Ger-Im	Bi-Chi-Ex
HRC-Eur-Im	P-Ger-Im	HRC-Ind-Im
HRC-Eur-Im	Re-Eur-Im	Bi-Dub-Im
HRC-Eur-Im	Re-Ind-Ex	S-CIS-Ex
HRC-Eur-Im	Re-Ind-Ex	HG-Chi-Im
HRC-Eur-Im	Re-Ind-Ex	Re-Ind-Im
HRC-Eur-Im	CRC-Kor-Ex	HG-Chi-Im
HRC-Eur-Im	HRC-Kor-Im	Wi-Eur-Im
HRC-Ind-Im	Re-Chi-Im	P-Kor-Ex
HRC-Ind-Im	HG-US-Ex	Wi-Chi-Ex
HRC-Ind-Im	P-Chi-Ex	Wi-Dub-Im

续表

$R=4$	$R=5$	$R=6$
HRC-Ind-Im	Re-Tur-Ex	S-Kor-Im
HRC-Ind-Im	HG-Ger-Im	S-Kor-Im
HRC-Ind-Im	Re-Jap-Ex	S-Kor-Im
HRC-Ind-Im	S-Chi-Ex	HG-Eur-Im
HRC-Ind-Im	P-US-Im	HG-US-Im
HRC-Ind-Im	P-US-Im	CRC-Ger-Im
HRC-Ind-Im	P-US-Im	Wi-Dub-Im
HRC-Ind-Im	CRC-US-Ex	Wi-CIS-Ex
HRC-Ind-Im	P-Jap-Ex	P-Kor-Ex
P-Kor-Ex	Re-US-Ex	Wi-Chi-Ex
Re-Jap-Im	Re-Chi-Im	S-US-Im
Re-Jap-Im	Re-Chi-Im	Re-Ind-Im
Re-Jap-Ex	Re-Tur-Ex	S-Eur-Ex

从表3-5可以发现，符合模体3的溢出关系共32组。其中，进口市场间溢出关系共14组，出口市场间溢出关系共2组，进出口市场共16组。从市场角度看，不同大洲间溢出关系有22组，占69%。图3-6（g）显示，作为该模体中溢出关系的最大接收者，角色4中的东亚钢铁市场占比最大，尤其是印度市场。因此，东亚地区的买方市场最容易受到价格波动的影响。

为了更好地解释角色4，笔者以印度、美国、德国市场为例，分析各洲间的钢铁价格溢出关系（表3-5中以黄色标出）。该模体显示，印度钢铁市场在其中扮演着角色4，它与美国和德国均存在溢出效应。造成这一现象的原因主要由以下几点：①印度在最近几十年中钢铁产业结构不断调整，产量持续增长，2018年的粗钢产量达到1.06亿吨，成为全球第二大钢铁生产国；②印度国内钢材的需求不断减小，为了提高竞争力，增加利润，它与德国公司组建了欧洲第二大钢铁企业，向美国等地出售钢材，可谓发展前景很好；③德国为了帮助欧盟成员早日摆脱经济危机，主要向欧美等国提供钢材；④美国虽然从各国市场进口了大量的钢铁产品，但由于其频繁发起"反倾销调查"，调整关税，对全球的钢材价格都造成了很大波动。由此可见，印度是对外部波动最敏感的国家，不论是由德国或美国引发的价格变化，还是德国对美国的价格传导，都对印度市场造成了一定的影响。因此，与欧美市场相比，正处在发展进程中的亚洲市场通常在该模体中扮演角色4，且是溢出效应最大的接收者。如图3-6（k）所示，子网络图中的箭头大多是从小型材、方坯指向热轧板卷，也就是说，溢出关系的最大接收者多是热轧板卷类产品。由于方坯可以通过加工得到热轧板卷等多种产品，因而溢出关系可能与该产品在产业链中的地位有关。上游产品可能通过市场的供需及产量而对中下游产品造成影响，从而解释了溢出关系接收者多是中下游产品的现象。

（4）隐含"最大发送者"模体中的钢铁市场

除了挖掘国际贸易中受影响最大市场的特征之外，对国际贸易起主导作用的市场同样值得关注。如图3-6（d）所示，模体5中角色9作为角色8溢出到角色7的过渡节点，又对角色7和角色8有传导关系，是该模体中溢出关系的最大发送者。符合该模体的溢出网络节点及对应角色，如表3-6所示。

表3-6 隐含"最大发送者"模体中的溢出网络节点及其角色

$R=7$	$R=8$	$R=9$
S-US-Im	HG-Kor-Im	CRC-Ind-Im
S-US-Im	CRC-CIS-Ex	CRC-Ind-Im
Re-SoAsia-Im	Wi-Ind-Im	CRC-Ind-Im
Wi-Ger-Im	CRC-Dub-Im	CRC-Ind-Im
Wi-Ger-Im	HG-Eur-Im	CRC-Ind-Im
P-Dub-Im	S-US-Im	Re-US-Im
CRC-Jap-Ex	HRC-Eur-Im	Re-Eur-Im
Wi-SoAsia-Im	HRC-Eur-Im	Re-Eur-Im
P-Kor-Im	S-Jap-Im	HRC-Eur-Im
HRC-Kor-Ex	S-Jap-Im	HRC-Eur-Im
P-Ger-Im	Re-Ind-Ex	HRC-Eur-Im
S-Chi-Ex	Re-Ind-Ex	HRC-Eur-Im
P-Dub-Im	Re-Ind-Ex	HRC-Eur-Im
CRC-Jap-Ex	P-Chi-Ex	HRC-Eur-Im
HRC-Jap-Im	CRC-Kor-Im	HRC-Eur-Im

续表

$R=7$	$R=8$	$R=9$
HG-Ger-Im	CRC-Kor-Im	HRC-Eur-Im
HRC-Dub-Im	P-Ira-Im	HRC-Eur-Im
Bi-Dub-Im	P-Ira-Im	HRC-Eur-Im
CRC-Jap-Ex	P-Ira-Im	HRC-Eur-Im
Bi-Chi-Ex	CRC-Kor-Ex	HRC-Eur-Im
Wi-Eur-Im	Re-Dub-Im	HRC-Eur-Im
S-Dub-Im	HRC-Tur-Im	Bi-Chi-Im
Wi-Chi-Ex	HRC-Ind-Im	Bi-Chi-Im
HRC-Ind-Im	S-Tur-Ex	Bi-CIS-Ex
Bi-Chi-Ex	Re-Jap-Im	Wi-Eur-Ex
S-Dub-Im	Re-Jap-Ex	Sl-SoAsia-Im

从表3-6可以发现，符合该模体的溢出关系共26组。其中，进口市场间溢出关系13组，进出口间溢出关系13组，各占50%。图3-6（h）显示，欧洲市场在角色9中比重最大，图3-6（l）显示，该模体中的溢出关系多发生在欧洲之间或欧洲到亚洲地区。

为了解释这一情况，笔者对表中蓝色标出的迪拜、印度和欧盟市场做了进一步分析，它们分别扮演了角色7、角色8、角色9。它们在该模体中的价格波动从印度传导到欧盟，从欧盟传导到迪拜，从欧盟传导到印度。造成这一现象的原因可能有以下几点：一是印度与德国组建的钢铁企业主要向欧洲国家售卖产品，因此，当印度市场的钢材价格发生变化时，势必会影响欧洲买方市场的价格。二是作为中东地区的经济和金融中心，迪拜的用钢需求是巨大的。为了降低进口成本，迪拜近年来着力发展钢铁制造技术。作为钢铁行业的新兴市场，其发展前景良好。其中，阿联酋钢铁公司2018年的销售额同比增长44%。三是高附加值的钢铁产品是欧洲市场的主要出口产品，由于技术等条件限制，印度、迪拜等新兴市场需要从欧洲进口大量的高端产品。由此可见，该模体反映了发达市场与新兴市场之间存在溢出关系。

从产品角度来看，图3-6（h）中扮演角色9的热轧板卷和冷轧板卷占比高达78.1%，其他多由型材产品组成。由此可见，价格的传导关系可能与产品的类型有关。板材可通过加工得到各种型材产品,可见产品的可塑性越高,其对价格的影响程度越大。

3.4 小结

钢铁行业的市场格局正朝着全球化的方向不断演变(Merwe et al.,2017),研究价格溢出网络中的重要角色,有助于了解和分析全球钢铁市场间的关系。在本章中,笔者基于捕捉到的钢铁行业的均值溢出关系,绘制了一个国际市场的价格波动网络,以反映市场间的内在联系;然后分析了基于溢出网络构成的三元模体结构上的相关特征。笔者的分析确定了钢铁行业在国际市场的各种溢出效应。虽然计量经济学认为,溢出效应与跨区域市场没有明显联系,如日本市场与美国市场(Bradley et al.,2017)、中国市场与澳大利亚市场(Chi et al.,2018)的溢出关系均不显著,但笔者的研究结果表明,由于选取数据等因素的不同,大多数市场间均存在溢出效应,表现出贸易往来频繁、交易产品种类多样、产品价格交叉影响等特点。此外,由于溢出网络密度较大,难以从整体上观察具体市场间的价格传递信息,因此笔者试图从网络模体中探索更多细节。

从不同钢铁市场间溢出关系来看,钢铁市场的价格传导格局较为集中,共包含4种基本类型。其中,三节点均为相同角色且具有双向连接的模体在整个网络中最重要,共接收者的三元模体在整个网络中占比最大。它们大多发生在买方市场之间。隐含"共接收-共发送者"的模体反映了市场间的双向传导。以亚洲地区为例,发达市场和新兴市场间都具有溢出效应,说明在贸易全球化的背景下,它们的价格相互影响,(可能的原因是国际贸易摩擦和国家自身发展),因而其通过相互进出口钢铁产品来达到共赢的局面。在隐含"共接收者"模体中,以东亚地区为代表的新兴市场多占据着重要地位。笔者还发现,"V"形模体分别包含最大接收者和最大发送者两种角色。在隐含"最大接收者"的模体中,亚洲市场(尤其是东亚市场),既是连接欧洲市场和美洲市场的桥梁,又是两个市场的价格波动接收方。此外,扮演"最大发送者"角色的多是发达市场,这反映了具有高附加值产品和高科技水平的发达市场对新兴市场普遍存在着溢出关系。从地理位置来看,欧洲市场作为最大发送者,对亚洲市场有着比较大的影响力。总体而言,由于欧美地区大多是发达国家,所以无论是从地理角度还是市场发展程度来看,两者都是吻合的。

从不同钢铁产品间溢出关系来看,价格的影响程度可能与产品的地位和类型有关。在隐含"最大接收者"的"V"形模体中,由于产业链结构和市场供需等原因,中下游钢产品价格更容易有大幅波动。在隐含"最大发送者"的三元子图中,可塑性较强的板材产品在价格溢出关系中的影响程度较大。

4 中国钢铁产业链贸易价格驱动机理研究

4.1 钢铁产业链价格驱动研究现状

作为一个快速发展中的国家,中国在2008年全球金融危机爆发后制定并实施了"4万亿计划"(Liang et al., 2017)。这一行动刺激了钢铁工业的快速发展,使中国成为世界钢铁生产大国,并长期保持这一地位。然而,全球经济仍处于缓慢复苏阶段。高产量和滞销库存加剧了产能过剩的状况(Nieh et al., 2013)。2016年,随着"去产能"等政策的出台,中国钢铁行业的发展进入了"被动期"(Wang et al., 2017b; Wang et al., 2017c; Wang et al., 2017e)。为了预测市场的发展,越来越多的学者开始关注该行业的价格波动预测。许多研究表明,价格波动往往受到不止一个因素的影响(He et al., 2017a; He et al., 2017b)。例如,劳伦斯等(Lawrence et al., 2015)使用供给弹性方法,证明了中国钢铁生产对澳大利亚铁矿石需求存在正向影响。有学者(Chen et al., 2016)利用分位数回归模型,证明了供需是影响中国铁矿石进口价格的最重要因素。梅尔韦等(Merwe et al., 2017)采用实证计量回归方法,研究了中国原材料成本的增加对南非经济的巨大作用。有学者(Hu et al., 2017)使用系统动力学模型,研究了钢铁对中国钢铁行业成本的影响。有学者(Ma et al., 2013)利用EGARCH(1, 1)模型,研究了中国定价机制与铁矿石价格之间的关系。此外,有学者(Omura et al., 2016)基于超前滞后关系,探讨了废钢价格对日本市场的影响。普斯托夫等(Pustov et al., 2013)利用蒙特卡罗方法,揭示了全球铁矿石价格上涨的原因可能与相关项目的投资有关。

或许是因为近年来中国钢铁行业的快速发展,很多学者在研究相关内容时选择了中国作为研究对象,也有学者在研究其他国家钢铁市场时将中国钢铁市场作为主要影响因素。虽然关于中国钢铁行业的文章很多,但它们都是从铁矿石或一种钢铁产品的单一角度进行分析的,这在钢铁行业的价格波动分析中可能存在一定的局限性。因此，笔者从整个产业链的角度，将钢铁行业分为三部分（下游、中游、上游），并从这三个角度研究了不同状况下影响钢铁产品价格的因素。不同因素的选择造成了不同水平的预测精度（Mohammadi et al.，2016）。综合考虑多元变量对钢铁产品价格的影响是本章的重点。

钢铁产品与人们的生产、生活息息相关。铁矿石作为关键原材料，在钢铁生产中占有不可或缺的地位。由于中国钢铁需求的强劲增长，铁矿石价格暴涨（Sukagawa，2010）。从 2003 年到 2012 年，其价格上涨了 5 倍，达到 127 美元/吨（Pustov et al.，2013）；此后，该价格急剧下降，之后再次上涨。换言之，铁矿石价格一直处于不断波动的状态之中（Chen et al.，2016）。硅铁作为铁合金的一种，是钢铁产品的中间产品。由于其具有独特的性质，常被用于炼钢产品。中国是硅铁生产大国和出口大国，其产量占世界硅铁总产量的一半以上。然而，由于关税（Yang et al.，2017）、汇率（Todshki et al.，2016）、原材料等因素，硅铁价格并不稳定。螺纹钢是用于建筑构件的钢材。中国的螺纹钢消费量非常高。仅在 2001 年至 2007 年期间，中国螺纹钢消费量就从 4 369 万吨增加到 9 552 万吨。极高的生产消耗加上钢筋自身独特的金融属性（He et al.，2017），使这种材料在钢铁终端产品的生产中具有不可替代的作用。本章以铁矿石、硅铁和螺杆钢这三种产品作为钢铁行业上、中、下游的代表，研究了中国不同阶段钢铁产品价格的影响因素。此外，本章从多个角度分析了价格变量，以有助于为新的产品环境提供参照。

目前，研究影响因素的方法很多，如迪基-富勒（Dickey-Fuller）检验（Chiwei et al.，2017）、制度切换模型（Nieh et al.，2013）、多变量 VAR（Omura et al.，2016）、协整分析和向量误差修正模型（Giuliodori et al.，2015）、蝙蝠算法（Dehghanie et al.，2017）等。在这些方法中，机器学习方法，如人工神经网络（Werner et al.，2017；Peter et al.，2017；Panapakidis et al.，2016）和模糊逻辑（Jiang et al.，2016）等，具有高计算速度和精确的特点，最适合解决高度复杂的问题。

在此基础上，有学者（Jang，1993）提出了自适应神经模糊推理系统（ANFIS）。作为一种模糊逻辑与人工神经网络相结合的智能算法，ANFIS 可被广泛用作基本机器学习方法的神经网络来拟合数学表达式（Yadav et al.，2014），也可以作为模糊逻辑来解决普通数学方法无法解决的不确定问题（Wang et al.，2017b；Wang et al.，2017c；Wang et al.，2017e）。ANFIS 相对于前面提到的方法的优势在于，它可以基于训练样本自动生成一组处理函数

(Mostafaei et al., 2018)。因而，该方法可以避免因人为设置处理规则而带来的巨大误差。此外，ANFIS 可以利用最终结果分析模型预测值与真实值之间的误差，进而帮助研究者确定变量对研究对象的影响。该方法在分析大量变量时非常有用，因为它往往有助于研究人员从中找到最重要的那个变量。近年来，ANFIS 被广泛应用于识别能够提高预测精度的因素。马克西莫维奇等（Maksimovic et al., 2017）基于使用 ANFIS 模型的 6 种产品，确定了预测 GDP 增长的最重要因素。法拉吉等（Faraj et al., 2017）使用 ANFIS 模型检测核电站的管道裂缝，并通过显著预测确定最可能影响结果的因素。亚达夫等（Yadav et al., 2017）训练了高精度神经网络，以识别对光伏发电结果影响最大的因素（辐照度和空气温度）。科菲纳斯等（Kofinas et al., 2016）使用 ANFIS 准确预测了地中海度假胜地的每日需水量，并确定了一个重要的社会和经济变量。上述研究表明，自适应模糊推理系统具有较高的预测精度和精确搜索影响因素等特点，而这是其他方法所不具备的。当然，尽管 ANFIS 在许多预测领域都有出色的应用，但它很少被用来定价或确定影响价格的重要因素。

本章的研究目的，是发现整个钢铁产业链上对价格变化影响最大的因素。为了从多角度了解钢铁行业，笔者分析了整个产业链，包括其来源、中间加工产品和最终销售的成品，并将整个产业链划分为上游、中游和下游制度。在参考前人研究的基础上，选择铁矿石（Sauvageau et al., 2017）、硅铁（Liao et al., 2017）和钢筋（Rhee et al., 2016）作为产业链中的三个研究对象，分别代表上游、中游和下游。同时，为了确定全面影响价格波动的因素，笔者在现有研究的基础上选择了一些变量。根据所选变量 2013—2017 年中国每日数据，采用因子分析方法选取具有潜在关系的影响因素，接下来利用 ANFIS 根据各变量的均方误差确定影响最大的变量，进一步探索内部相关性的上、中、下游。本章的研究结果对参与制定政策的钢铁行业人士的决策过程，以及对中国钢铁及相关市场感兴趣的潜在投资者均具有重要意义。

4.2 中国钢铁产业链贸易价格驱动因素分析的模型构建

4.2.1 数据

本章选取了钢铁全产业链上、中、下游三个典型产品的价格，分别是铁矿石（Sauvageau et al., 2017）、硅铁（Liao et al., 2017）和螺线钢（Rhee et al., 2016)。笔者研究并分析了影响这三种产品价格的因素。在影响因素方面，为了进行更全面的研究，笔者在查阅文献的基础上梳理了与研究对象相关的诸多因素，并假设了各产品价格的主要影响因素，如表 4-1 所示。表 4-2 则提供了变量的描述和汇总统计信息。

考虑到研究所需的数据为日常数据，因此剔除了不符合要求的部分（如 GDP、CPI、某些产品的进口数量、出口数量等）。

表 4-1 三种产品的主要影响因素选择

	铁矿石价格的影响因素	硅铁价格的影响因素	螺线钢价格的影响因素
Dependent variable	Iron ore price (Chen et al., 2016)	Ferrosilicon price (Liao et al., 2017)	Rebar price (Rhee et al., 2016)
Independent variables	Iron ore import price index (Chen et al., 2016)	Iron ore price (Chen et al., 2016)	Iron ore price (Chen et al., 2016)
	Iron ore volume	Rebar price (Rhee et al., 2016)	Industrial electricity
	Iron powder price	Ferrosiliconexportprice	Silica price
	Scrap price (Fu et al., 2017)	Magnesium price	Coal price index (Ou et al., 2016)
	Mining electricity (Fischedick et al., 2014)	Industrial electricity	Coke price index (Ou et al., 2016)
	Ferrosilicon price (Liao et al., 2017)	Silica price	Rebar imports (Merwe et al., 2017)
	Rebar price (Rhee et al., 2016)	Coke price (Chao et al., 2017)	Rebar exports
	Iron ore production	Ferrosilicon production	Rebar import price (Merwe et al., 2017)
	Crude steel production (Chen et al., 2016)	Ferrosilicon volume	Rebar export price (Merwe et al., 2017)
	Stock index volume	Stock index volume	Rebar volume
	Stock index up and down (Omura et al., 2016)	Stock index up and down	Rebar stock
			Ferrosilicon price (Liao et al., 2017)
			Stock index volume
			Stock index up and down

表 4-2 变量描述

变量	单位	符号	绝对值	平均值	最小值	最大值
Iron ore import price index	—	CIOPI	1 229	799.24	348.30	1 529.98
Iron ore volume	Hand	IOV	1 229	1 988 958.97	17 184.00	10 458 552.00
Iron powder price	¥/ton	Price	1 229	1 010.30	459.00	1 730.00
Scrap price	¥/ton	Price	1 229	2 231.74	890.00	3 980.00
Mining electricity	10^4 kWh	VOL	1 229	5 861.88	2 870.00	7 651.00
Ferrosilicon price	¥/ton	Price	1 229	5 720.22	4 200.00	8 500.00
Rebar price	¥/ton	Price	1 229	3 650.75	1 808.60	4 180.20
Iron ore production	10^4 ton	IOP	1 229	159.57	96.99	187.42
Crude steel production	10^4 ton	CSP	1 229	169.68	124.60	191.71
Stock index volume	10^2 millionshares	SIV	1 229	65.48	8.85	854.80
Stock index up and down	%	SIUD	1 229	0.53	−371.71	704.55
Iron ore price	¥/ton	Price	1 229	3 650.75	1 808.60	4 180.20
Ferrosilicon export price	$/ton	Price	1 081	1 283.46	1 040.00	1 700.00
Magnesium price	$/ton	Price	1 081	561.37	351.00	747.00
Industrial electricity	10^4 kWh	VOL	1 081	5 861.88	2 870.00	7 651.00
Silica price	¥/ton	Price	1 081	8 920.33	6 525.00	13 750.00
Coke price	¥/ton	Price	1 081	1 839.10	1 577.00	2 242.00
Ferrosilicon production	10^4 ton	CFP	1 081	36.27	21.36	58.00
Ferrosilicon volume	—	FOV	1 081	67 056.43	0.00	659 952.00
Coal price index	—	CPI	1 081	561.37	351.00	747.00
Coke price index	—	CPI	1 081	1 966.12	1 577.00	2 242.00
Rebar exports	10^4 ton	CRE	783	87 056.32	4 102.45	810 416.61
Rebar import price	10^5 ¥/ton	Price	783	0.03	0.01	0.11
Rebar export price	10^5 ¥/ton	Price	783	0.42	0.00	3.47
Rebar volume	—	CRV	783	65 588.78	2.00	276 974.00
Rebar stock	Ton	CRS	783	8 912.32	3 273.00	16 656.00
Rebar imports	10^4 ton	CRI	783	4 961.18	788.50	32 144.29

本章使用的数据来源于中国最完整、最权威的数据库——Wind 数据库。所选数据来自"中国宏观经济数据库"和"行业数据"两大项目，均为每日数据。下载日期为 2017 年 10 月 24 日。其中，选取 2013 年 12 月至 2017 年 10 月影响铁矿石价格相关变量的每日数据，选取 2014 年 8 月至 2017 年 10 月影响硅铁价格相关变量的每日数据，选取 2015 年 8 月至 2017 年 10 月螺纹钢价格相关变量的每日数据。在该数据库中，铁矿石、硅铁和螺纹钢的数据量是钢铁产品中最大的，这反映了该产品在产业链中的代表性。

4.2.2 因素分析

为了确定这些变量之间是否存在相互依赖性，笔者使用因子分析以发现哪些变量揭示了潜在的结构。因子分析是一种非常有用的多变量分析技术，它使用几个因子来描述大量可观察变量之间的关系，并反映相应数据中包含的大部分信息。其中，KMO（Kaiser-Meyer-Olkin）值和显著性值可以表明所选元素对研究问题的有效性。KMO 检验统计量（Harris et al.，1974）用于比较变量之间的简单相关系数和偏相关系数。该技术主要用于多变量统计因子分析，KMO 值在 0 到 1 之间变化。KMO 值越接近 1，说明变量之间的相关性越强，原始变量越适合进行因子分析。一般情况下，总方差解释表只能根据测量值大于 1 来得出对结果有重要影响的因素的数量。为此，笔者根据公因子方差得到相应的因子，根据提取值排序，在下一步筛选出自变量以进行研究。使用这种研究技术，笔者可以过滤掉不相关的信息，从而更快地发现影响价格变化的因素。

4.2.3 ANFIS

有学者（Jang，1993）基于人工神经网络和模糊逻辑的概念提出了 ANFIS。作为一种新型的模糊智能推理系统，ANFIS 采用混合反向传播算法和最小二乘法调整前提参数和结论参数，并能自动生成 If-Then 规则。ANFIS 将模糊逻辑的经验和人工神经网络的自学习功能相结合，并弥补了这两种方法的不足。因此，ANFIS 被学者广泛采用，并在非线性关系预测的研究中发挥了重要作用。总之，ANFIS 易于使用，能够实现快速接触网模拟，并提供强大的泛化能力，是一种强大的算法（Zendehboudi et al.，2017）。ANFIS 利用神经网络实现了现实问题的模糊化、模糊推理和反模糊化这三个基本过程。ANFIS 利用神经网络学习机制，从输入和输出样本数据中自动提取规则，然后构建自适应神经模糊控制器。通过离线训练和在线学习算法，对模糊推理控制规则进行自调整，使整个系统自适应、自组织、自学习。该模型将解决问题的三个过程分为五个层：模糊化、正则化、规范化、去模糊化和求和（Wang et al.，2016）。

第一层对输入变量进行模糊化，并根据模糊集的隶属度进行输出；该层中的每个节点 k 都是具有节点函数的自适应节点。

$$P_{1,k} = \mu_{Ak}(\zeta), \quad k = 1, 2, \cdots, n \tag{4-1}$$

式中：μ_{Ak} 为隶属函数，ζ 为隶属函数，k 为根据实际情况选择的具体隶属函数和形式的个数。

第二层实现所有输入信号的操作。这一层中的每个节点都是一个固定的节点，它的输出是所有输入信号的代数乘积。每个节点的输出表示规则的激励强度。这一层的节点函数也可以采用小积、有界积或强积的形式。

$$P_{2,k} = \omega_k = \mu_{Ak}(\zeta) \cdot \mu_{BK}(\zeta), \quad k = 1, 2, \cdots, n \tag{4-2}$$

第三层对每条规则的激励强度进行归一化，这一层的节点也是固定节点。

$$P_{3,k} = \overline{\omega}_k = \frac{\omega_k}{\omega_1 + \omega_2 + \omega_n}, \quad k = 1, 2, \cdots, n \tag{4-3}$$

第四层是去模糊化，它计算每个规则的输出。该层中的每个节点 k 都是具有节点功能的自适应节点。

$$P_{4,k} = \overline{\omega}_k \cdot \gamma_k, \quad k = 1, 2, \cdots, n \tag{4-4}$$

式中：γ_k 代表规则。

第五层是单个节点，它是一个标记的固定节点。该节点是计算所有输入信号的总和的总输出。

$$P_{5,k} = \sum_k \overline{\omega}_k \cdot \gamma_k = \frac{\sum_k \omega_k \cdot \gamma_k}{\sum_k \omega_k}, \quad k = 1, 2, \cdots, n \tag{4-5}$$

4.2.4 误差检验

为了检验模型的性能，本章节使用了均方误差（MSE）。MSE 是实测值与预测值之差的期望平方，用于衡量预测模型描述实验数据的准确性（Zou et al.，2017）。较小的均方误差表明包含该变量的预测模型具有较高的准确性，并表明该变量在影响价格变化方面特别重要。

$$MSE = \frac{1}{n} \sum_{t=1}^{n} (y_t - \hat{y}_t)^2 \tag{4-6}$$

式中：n 为个数，y_t 为实测值，$\hat{y}_t$ 为模型预测值。

4.3 中国钢铁产业链贸易价格关键影响因素分析

4.3.1 因子分析结果

本研究采用 SPSS 软件进行因子分析。表 4-3 显示了铁矿石、硅铁和螺纹钢的 KMO 值和显著结果。

表 4-3 因子分析结果

	KMO 值	显著结果
Factors influencing iron ore price	0.763	0
Factors influencing ferrosilicon price	0.768	0
Factors influencing rebar price	0.751	0

表 4-3 的结果显示,三种产品的 KMO 值范围为 0.7 ~ 0.8,显著性值均小于 0.05。基于过去的设置(Harris et al., 1974),该结果表明所选元素之间的相关性很强,因此适合进行因子分析。

为了进一步发现对价格变化影响最大的因素,笔者在总方差解释中选择特征值大于 1 的变量。由表 4-4、表 4-5、表 4-6 的结果可知,铁矿石的影响因素个数为 6,硅铁的影响因素个数为 5,螺纹钢的影响因素个数为 6。所选变量在表中用符号"﹡"标记。在这些变量中,用于研究铁矿石价格变化的因素包括硅铁价格、废钢价格、粗钢产量、铁矿价格、铁矿石交易量和螺纹钢价格等,用于研究硅铁价格变化的因素包括螺杆钢价格、铁矿石价格、硅铁出口价格、硅铁交易量和二氧化硅价格等,用于研究螺纹钢价格走势的因素包括铁矿石价格、二氧化硅价格、煤炭价格指数、螺纹钢数量、螺纹钢库存和硅铁价格等。

根据所选变量,在铁矿石的影响因素中,铁矿石量可以代表铁矿石市场的供求情况,废钢可以视为铁矿石的替代品,粗钢和铁精矿是铁矿石产品的主要产量。在硅铁的影响因素中,硅铁出口价格和硅铁产量反映了硅铁市场的供求情况,二氧化硅的价格反映了成本。在螺纹钢的影响因素中,螺纹钢的原材料中,二氧化硅和煤炭反映了成本,螺纹钢的数量代表了市场的供求结构。

4 中国钢铁产业链贸易价格驱动机理研究

表 4-4 铁矿石所有变量

序号	总方差	公共因子方差	
		值	因子名词
1	5.310	0.901	Ferrosilicon price*
2	3.739	0.896	Scrap price*
3	2.083	0.894	Crude steel production*
4	1.839	0.883	Iron powder price*
5	1.617	0.847	Iron ore volume*
6	1.458	0.828	Rebar price*
7	0.383	0.807	Iron ore price
8	0.200	0.777	Iron ore impor tprice index
9	0.142	0.744	Mining electricity consumption
10	0.121	0.720	Iron ore production
11	0.067	0.475	Shanghai A-share index rose points
12	0.039	0.359	Shanghai A-share index volume

*：Selected elements for the next data processing（下同）。

表 4-5 硅铁所有变量

序号	总方差	公共因子方差	
		值	因子名词
1	6.121	0.905	Rebar price*
2	2.112	0.905	Iron ore price*
3	2.019	0.904	Ferrosilicon export price*
4	1.851	0.858	Ferrosilicon volume*
5	1.640	0.851	Silica price*
6	0.507	0.816	Ferrosilicon production
7	0.283	0.757	Ferrosilicon price
8	0.201	0.752	Shanghai A-share index rose points
9	0.149	0.721	Coke price index

续表

序号	总方差	公共因子方差	
		值	因子名词
10	0.079	0.662	Shanghai A-share index volume
11	0.026	0.630	Magnesium price
12	0.012	0.493	Industrial electricity

表4-6 螺纹钢所有变量

序号	总方差	公共因子方差	
		值	因子名词
1	5.313	0.973	Iron ore price*
2	2.599	0.956	Silica price*
3	2.183	0.911	Coal price index*
4	1.887	0.910	Rebar volume*
5	1.208	0.893	Rebar stock*
6	1.017	0.888	Ferrosilicon price*
7	0.682	0.862	Coke price index
8	0.302	0.852	Rebar imports
9	0.292	0.832	Rebar import amount
10	0.186	0.812	Rebar price
11	0.141	0.791	Industrial electricity
12	0.103	0.790	Rebar export volume
13	0.059	0.784	Rebar export amount
14	0.016	0.656	Shanghai A-share index rose points
15	0.012	0.410	Shanghai A-share index volume

4.3.2 ANFIS结果

在这项工作中，数据被随机分为训练数据集（占总数据的80%）和测试数据集（占总数据的20%）。测试数据集用于测试模型的准确性。整个ANFIS

模型在 MATLAB（R2016）包中实现。在训练模型时，笔者根据因子分析选择的因素建立模型。除了以单个变量作为 ANFIS 输入数据的节点外，笔者还以经过因子分析得到的变量的类别组合作为输入数据。本章对三个受试者的几种不同输入组合进行了测试（表4-7~表4-9）。为了获得满意的结果，笔者使用了不同的训练方案来构建模型，包括选择合适的隶属函数（三角隶属函数、高斯隶属函数、gbell 隶属函数和 trap 隶属函数）和相应的数（2-15）。此外，本章采用了不同的训练周期，以实现训练过程中的最小容错，最终将其设置为 1 000。表4-7 至表4-9 提供了三个研究对象的主要 ANFIS 参数。

表4-7 有关铁矿石价格的模型参数

模型	输入	隶属函数	隶属函数数量	输出隶属函数	模糊规则数量
1	Iron ore volume	Gauss	7	Linear	7
2	Iron powder price	Gauss	9	Linear	9
3	Scrap price	Gauss	9	Linear	9
4	Ferrosilicon price	Gauss	7	Linear	7
5	Rebar price	Trimf	9	Linear	9
6	Crude steel production	Gauss	5	Linear	5
7	Iron powder-crude steel	Trimf	3, 5	Linear	15
8	Iron powder-crude steel-scrap	Trimf	2, 2, 2	Linear	8
9	Iron powder-crude steel-iron ore volume	Trimf	2, 2, 3	Linear	12
10	Iron concentrate-crude steel-scrap-iron ore volume	Trimf	3, 2, 2, 3	Linear	36

表4-8 有关硅铁价格的模型参数

模型	输入	隶属函数	隶属函数数量	输出隶属函数	模糊规则数量
1	Iron ore price	Gauss	7	Linear	7
2	Rebar price	Gauss	7	Linear	7
3	Ferrosilicon export price	Trimf	9	Linear	9
4	Silica price	Trimf	11	Linear	11
5	Ferrosilicon volume	Trimf	5	Linear	5

续表

模型	输入	隶属函数	隶属函数数量	输出隶属函数	模糊规则数量
6	Ferrosilicon turnover-export price	Gbellmf	7, 7	Linear	49
7	Ferrosilicon volume-silica price-export price	Trimf	5, 3, 3	Linear	45

表 4-9 有关螺纹钢价格的模型参数

模型	输入	隶属函数	隶属函数数量	输出隶属函数	模糊规则数量
1	Iron ore price	Trimf	11	Linear	11
2	Silica price	Trimf	3	Linear	3
3	Coal price index	Gauss	3	Linear	3
4	Rebar volume	Gauss	11	Linear	11
5	Rebar stock	Gauss	11	Linear	11
6	Ferrosilicon price	Trimf	11	Linear	11
7	Coal price- silica price	Trimf	5, 3	Linear	15
8	Rebar stock-volume	Trimf	4, 3	Linear	12
9	Coal Price-silicaprice-rebar stock-volume	Trimf	2, 2, 2, 2	Linear	16

4.3.3 误差结果

表 4-10 显示了铁矿石、硅铁和螺纹钢的 MSE 结果，为了更直接地说明不同变量在不同阶段对产品的影响，表中对这些结果进行了排序。

表 4-10 产品及组合的 MSE 结果

输入变量	铁矿石的 MSE	序号	硅铁的 MSE	Sequence	螺纹钢的 MSE	序号
Iron ore volume	4.762	6				
Iron powder price	9.023	9				
Scrap price	4.590	5				
Ferrosilicon price	1.534	3			2.525	5

续表

输入变量	铁矿石的 MSE	序号	硅铁的 MSE	Sequence	螺纹钢的 MSE	序号
Rebar price	5.397	7	2.299	6		
Crude steel production	7.448	8				
Iron powder-crude steel	3.144	4				
Ironpowder-crude steel-scrap	9.482	10				
Iron powder-crude steel-iron ore volume	1.441	2				
Iron concentrate-crude steel-scrap-iron ore volume	1.209	1				
Iron ore price			1.998	4	4.633	6
Ferrosilicon export price			1.425	3		
Silica price			8.090	7	8.277	8
Ferrosilicon volume			2.148	5		
Ferrosilicon turnover-exportprice			1.067	2		
Ferrosilicon volume-silica price-export price			1.039	1		
Coal price index					4.807	7
Rebar volume					8.952	9
Rebar stock					1.099	1
Coal price-silica price					1.532	4
Rebar stock-volume					1.325	2
Coalprice-silica price-rebar stock-volume					1.486	3

从表4-10可以观察到，就上游铁矿石价格的影响因素而言，铁矿价格、粗钢产量、废钢产量加上铁矿石量是 MSE 值最小的组合，这反映了铁矿石价格是由供需、产出产品和替代产品的共同作用决定的。MSE 值排名第二的是

铁矿石价格、粗钢产量和铁矿石产量的组合变量，这一结果表明，供需和产量在影响价格变化方面比替代产品更重要。MSE 值排名第三的是硅铁价格。硅铁作为钢铁行业的中游产品，对上游产品的价格影响很大，接下来是作为废钢替代品的铁矿价格和代表铁矿石供需量的粗钢产量的组合变量的影响。因此，对于价格波动的问题，产出产品比替代产品更重要，替代产品又比供需关系更重要。硅铁价格的误差和螺纹钢价格的误差说明，中游产品的影响远远大于下游产品。有学者（Chen et al., 2016）的研究证明，前期结果表明粗钢对铁矿石价格的影响最大。引入更多变量后，笔者发现以硅铁为代表的中流产品对铁矿石的影响更大。

其次，在中游产品方面，从硅铁的角度来看，误差分析涉及的变量主要包括市场供求以及由此产生的成本问题。MSE 值排名第二的是硅铁的产量和由供需关系影响的硅铁出口价格。由此可知，对于硅铁产品，供需关系应该是预测价格的首要考虑因素。这与梅尔韦（Merwe, 2017）的分析结果非常相似，梅尔伟的研究表明，供需因素对钢铁制造有重大影响。本章进一步表明，供需因素对中游产品的影响最大。令人惊讶的是，成本对中游产品的影响远小于对上下游产品的影响。此外，价格水平也会在一定程度上影响产品的销量。可见，硅铁价格与交易量之间是否存在相互关系，是值得进一步研究的课题。

最后，下游产品螺纹钢的误差结果表明，螺纹钢的误差顺序与铁矿石和硅铁均存在显著差异。其中，影响最大的是库存问题，接下来是库存和产品数量的结合，库存、螺纹钢成本和供需的结合则是位列第三的影响因素。螺纹钢中对硅铁产品供需影响最大的是误差最大的因素，这意味着供需是最不可能影响价格走势的因素。相反，朱利奥多里等（Giuliodori et al., 2015）的研究结果表明，钢铁价格与交易量之间存在很大的关系。产生这一结果的原因可能与其研究的对象有关。朱利奥多里的研究对象是不锈钢，而笔者的研究对象是钢筋。此外，硅铁价格和铁矿石价格误差排在第五位和第七位。

综上所述，多个变量的综合作用对大多数产品的价格影响最大。从单一因素来看，与之前的研究结果相反，对上游产品影响最突出的是中游产品（Chen et al., 2016）。对于中游产品来说，供需关系是决定其价格走势的关键因素。相比之下，成本不是一个那么重要的因素。此外，对下游产品而言，库存是最重要的影响因素；而成本水平和供需关系对上游和中游产品的影响要小得多。

4.3.4 模型信度检验

从图 4-1 至图 4-3 可以看出,铁矿石、硅铁和螺纹钢的误差结果最小。蓝色圆圈代表模型的预测值,红色十字代表真实值。尽管存在些许不匹配,但整个模型仍然在总体上保持一致。因此,可以得出该方法得到的模型精度较高的结论。

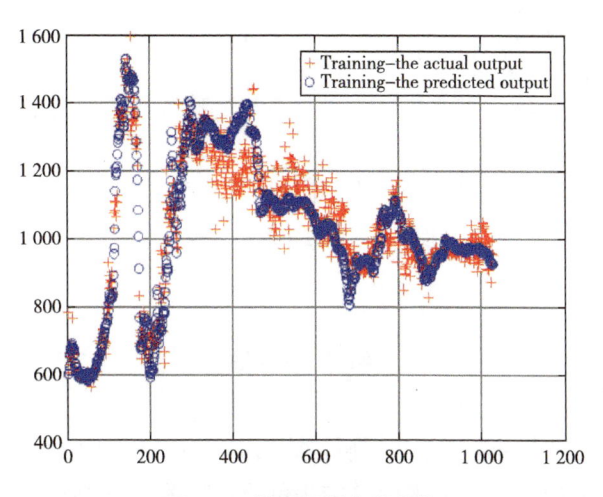

图 4-1 铁矿石最小误差值

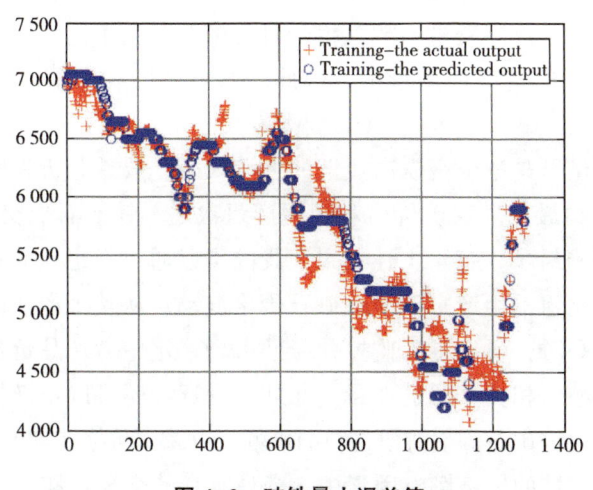

图 4-2 硅铁最小误差值

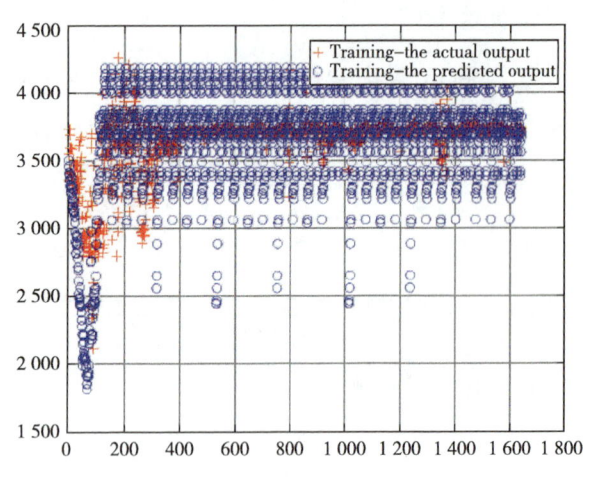

图4-3 螺纹钢最小误差值

4.4 小结

总的来说，研究钢铁全产业链价格的影响因素有助于分析和预测市场价格变化。本章使用因子分析来确定影响价格的因素。并利用ANFIS对钢铁产业链不同阶段产品价格的影响因素进行了比较分析，找出了这些影响因素与产品之间的潜在关系。通过比较真值误差和预测误差，可以判断各因素的重要性。结果表明，不同变量的相互组合对价格的影响不同，多变量的共同影响造成研究产品的价格波动最大。因此，以下结论和政策建议适用于单一变量。

第一，铁矿石是整个钢铁产业链的上游代表。误差分析表明，硅铁引起的价格波动影响最大。铁矿价格和粗钢产量次之，铁矿石成交量相对较弱，螺纹钢价格影响最小。基于上述结果，我国可以通过稳定硅铁价格、控制铁精矿价格和优化粗钢生产来调节铁矿石价格波动。从整个产业链来看，当上游产品价格过高时，政府可以监控并帮助市场稳定中游产品价格，相关钢铁企业可以尽量控制相关产品的产量。此外，投资者还可以积极投资粗钢等替代产品，减少对铁矿石等上游原材料的依赖，以减少价格波动的影响。

第二，在硅铁的价格影响因素中，产品本身的交易量和出口价格是必须考虑的重要因素。相比之下，铁矿石和螺纹钢的影响远不如前两者重要，二氧化硅的价格受到的影响最弱。因此，为防止硅铁价格大幅波动，中国应在硅铁出口贸易中做出改变，如通过控制硅铁产品价格的涨跌来维持交易量，或者通过与其他国家签订贸易条约，以防止产品的出口价格受关税增加等意外事件的影响。同时，市场对硅铁相关上游产品价格的控制也对硅铁价格保持平稳有较大影响。换句话说，就产业链的中游产品而言，我国应该更加关注市场结构，特别是供求结构。此外，为了更好地控制产品成本，我国可以考虑优化企业资源，兼并中小企业，适当减少钢铁企业的数量。这些举措有利于政府调控，提高企业质量。

第三，螺纹钢作为下游产品的代表，其效果与硅铁相反。螺纹钢产量是其自身价格变化中影响最小的因素，而库存的微小变化会造成螺纹钢产量的显著变化。因此，当螺纹钢价格上涨时，调整产品库存数量是首要考虑因素。在螺纹钢价格上涨的同时，煤炭、二氧化硅和硅铁的原材料成本也发生了调整。可见，对于这类下游产品，我国应优化库存结构，对库存进行高频统计，并根据产品价格的变化相应增加或减少库存。同时，我国钢铁企业应加强在生产计划和必要材料采购等方面的合作，以控制产品的价格波动。

从整个产业链的角度来看，虽然上、中、下游的产品共同构成了一个完整的产业链，但各个结构之间存在明显的差异，难以实现集中调控。因此，当钢铁产品价格突然发生变化时，必须根据结构趋势制定相关措施。虽然每个变量对价格都有其重要性，但不能仅仅根据一个因素的变化来推断未来价格的变化，而是仍然应该进行客观和全面的分析，并结合相关变量及时估计价格趋势。同时，对于投资者来说，在当前行业波动较大的情况下，应理性分析这些关系，综合考虑各方面因素，而不应盲目操作。

本章在相关研究数据的基础上，分析了在钢铁全产业链价格预测中发生作用的钢铁行业影响因素，为今后的研究提供了新的视角。此外，本章还确定了各个变量在不同阶段对产品的影响程度。但是，笔者目前还没有对这种影响的方向进行深入研究，即还不能确切地了解这种影响是积极的还是消极的。因此，笔者将在之后的研究中针对识别出的关键影响因素来进一步分析影响方向。

5 国际钢铁产业链贸易价格驱动机理研究

5.1 国际钢铁价格驱动研究现状

近年来,钢铁反倾销等事件的频频发生,使越来越多的学者开始关注钢铁产品价格,并试图去了解价格波动的内在原因。其中,粗钢产量(Chen et al.,2016)、矿业结构(Fan et al.,2017),能源利用(Zhang et al.,2017b)等因素都备受关注,尤其是在进出口方面。进出口价格的不确定性是揭示市场波动本质的热点问题。其中,人均外国直接投资存量(Banerjee and Nayak,2017)、宏观经济变量(Todshki et al.,2016)、外部需求的水平(Mallick et al.,2017)、一系列传统的政治和地理因素(Shao et al.,2017)、出口退税(Yang et al.,2017)、配额分配机制(Chen et al.,2017)等单一国家的内部因素都曾被用于探讨这一问题。同时,考虑到贸易全球化的特性和钢材产品的多样性,从国际市场的角度来探讨主要参与国的钢材市场所造成的影响也是十分必要的。

中国是钢铁产品的进出口大国。在出口方面,中国自2005年起就为世界提供了大约三分之一的钢铁产品(Merwe et al.,2017)。在进口方面,受市场需求、技术限制等多个因素影响,中国每年要进口大量钢材。由于全球钢材市场分布广泛,各市场的主要产品也各不相同。就欧美地区来讲,美国钢材市场以板材为主(Prichard et al.,2009),热轧板卷、冷轧板卷等板材占其钢材总量的70%以上。欧洲钢铁市场则侧重于小型材和热镀锌,且近年来对此类产品的需求不断攀升(Persson et al.,2017)。作为欧盟成员国之一,德国钢材市场的产品涉猎广泛(Guthrie et al.,2016),且大多用于出口贸易,欧盟其他成员国和美国都是其主要出口对象。在亚洲地区,韩国市场主要出口板材产品(Lee et al.,2017),其中,中厚板长期占据市场第一。日本作为传统的出口大国(Nakajima et al.,2011),螺纹钢、热轧板卷都是它的主要出口产品。东南亚地区由于基本设施相对落后,其目前的钢材产品主要依赖进口（Emon et al.，2016）。因此，从进出口的角度研究中国钢铁产品价格的影响因素，对于进一步理解中国钢铁产品的价格走势和稳定钢材价格有着很大的帮助。

目前，用于研究影响进出口价格的方法有很多，如动态面板数据模型（Kang et al.，2018）、马尔可夫切换方法（Adler et al.，2017）、价值链分析（Min et al.，2018）等。虽然研究这一问题的方法很多，但大多数研究所涉及的国家或地区却较少，因而一些有关价格影响的研究可能存在片面性。此外，这些方法在处理数据量大的对象时，难以满足快速计算和高精度的要求（Liu et al.，2019）。加之大部分交易价格不明显，波动很大，采用传统方法难以获得与价格变化高度拟合的模型。因此，本章选择了自适应神经模糊推理系统（ANFIS），作为一种在神经网络上结合了模糊逻辑（Wang et al.，2017b）的方法，其凭借可以自动匹配处理函数的特性，更加适用于解决此类随机的、不确定性的问题。近年来，已有多位学者将 ANFIS 广泛用于寻找可提高预测精度的影响因素中。例如，亚德加里德霍迪等（Yadegaridehkordi et al.，2018）利用 ANFIS，确定了顾客满意度是促成马来西亚酒店业成功的最关键因素。有学者（Wang et al.，2017c）将 ANFIS 应用于短期风速预测，并从气象因素中找到了对结果影响最显著的因素（大气密度）。法拉吉等（Faraj et al.，2017）使用 ANFIS 模型检测了核电站中的管道裂纹，并通过显著的预测结果发现了最容易影响检测结果的因素。科菲纳斯等（Kofinas et al.，2016）利用 ANFIS 预测地中海旅游度假区的每日需水量时，发现了当地社会经济中的这一最重要变量。上述文献表明，影响因素的准确查找是自适应模糊推理系统最大的特点。尽管 ANFIS 在找寻影响因素的很多领域中都取得了较为满意的结果，但目前的研究很少将其应用在影响价格的分析上。本章则将全球主流钢铁市场作为中国钢产品进出口价格的影响因素，并引入该方法来研究影响因素的重要性。

此外，聚类分析作为一种分类方法，其本质是利用不同数据源之间的相似性进行划分。它可以被广泛应用于各个领域，如成本效益的评估（Russell et al.，2017）、预测临界值（Chen et al.，2018a）、设施布局（Xie et al.，2017）、能源消耗（Bluszcz et al.，2017）等，但其在有关进出口贸易中的应用并不多见（Gonçalves et al.，2014；Bluszcz et al.，2017）。笔者的研究则基于自适应神经模糊推理系统，使用聚类分析将具有同等作用力的主流市场及产品划分到一类，进而为研究各产品和各市场间的相互作用提供了一种新的方法。总之，本章使用 ANFIS 和聚类分析，从多个角度来探讨不同钢铁产品和全球主流市场分别对中国进出口贸易的影响,以及产品间和各市场间所存在的作用力。

本章旨在分析国际贸易中全球主要钢材市场对我国钢产品进出口价格的影响程度,并进一步探寻各产品间和各主流市场间的共通性。为了较为全面地研究国际贸易间的相互影响,在现有文献的基础上,本章选择了热轧板卷、冷轧板卷、热镀锌、中厚板、螺纹钢、网用线材、小型材、方坯这8种产品,以及包括美国、德国、韩国、日本在内的12个国家和地区作为研究对象。本章的贡献是利用 ANFIS 和聚类两种方法,较为全面地研究了上述8种钢铁产品价格间的国际影响及其内在相似性。首先,获取所有国家中所有产品进出口价格的相互联系,并用均方根误差值(RMSE)的大小来表示它们对我国钢材产品进出口价格的影响程度。其次,对所有的 RMSE 值进行聚类,并通过群集组合的结果深入分析有着相似影响力的产品和国家。通过这一研究,可以发现和总结我国钢材产品建设在目前发展阶段中存在的问题,这些问题可以作为我国制定国际贸易政策的基础,也有助于企业做出科学的生产经营决策。

5.2 国际钢铁产业链贸易价格驱动因素分析的模型构建

5.2.1 数据

本章在大量文献的基础上,分别选取中国市场上热轧板卷、冷轧板卷、热镀锌、中厚板、螺纹钢、网用线材、小型材和方坯这8种钢材产品的进口和出口价格作为因变量,并分别选取包括美国、德国、韩国、日本、土耳其、印度、伊朗等在内的12个国家和地区的进口和出口价格作为自变量,以研究各钢铁市场的价格变动对中国的影响程度。本章选取2009年1月到2017年9月的数据样本区间,以日数据为基础。数据来源于中国较为权威的数据库——RESSET 行业数据库。由于数据库收录的钢材产品及市场有限,部分产品数据缺失,故而在后续的处理中就没有将其加进去。表5-1展示了本章使用的相关数据。

表5-1 所用数据涉及的各钢材产品及市场

	热轧板卷	冷轧板卷	热镀锌	中厚板	螺纹钢	网用线材	小型材	方坯
美国(进口 CIF)	√	√	√	√	√	√	√	

续表

	热轧板卷	冷轧板卷	热镀锌	中厚板	螺纹钢	网用线材	小型材	方坯
美国（出口）	√	√	√	√	√	√	√	√
德国（进口）	√	√	√	√	√		√	
欧盟（进口CFR）	√	√	√	√	√	√	√	
欧盟（出口）	√	√	√	√	√	√	√	√
韩国（进口）	√	√	√	√	√		√	
韩国（出口）	√	√	√	√	√	√	√	
日本（进口）	√	√	√	√	√			
日本（出口FOB）	√	√	√	√	√			
印度（进口）	√	√	√	√	√	√	√	
印度（出口）	√	√	√	√	√	√	√	
东南亚（进口CFR）	√	√	√	√	√			√
迪拜（进口CFR）	√	√	√	√				√
伊朗（进口）	√	√	√	√	√	√		√
土耳其（出口FOB）	√				√			√
独联体（出口FOB）	√	√		√				√
南美（出口FOB）	√	√				√	√	√

在这项工作中，数据已经被随机分为训练数据集（总数据的80%）和测试数据集（占总数据的20%）。测试数据集被用于测试模型的精度。ANFIS模型（见图5-1）的整个过程在MATLAB（R2016）软件包中实现。在训练模型时，笔者将这12个国家和地区的8种钢铁产品的进出口价格作为ANFIS的输入数据，中国的8种钢铁产品的价格作为输出数据。根据训练方案得到的RMSE值来判断所选的模型参数是否达到最优解，RMSE值越小，证明该模型精度越高。表5-2到表5-9分别给出了输入变量在模型最优情况下的主要ANFIS参数。此外，笔者在训练过程中尝试采用不同的训练周期来达到最小误差容限，最终确定为1 000次（Gholami et al., 2018）。

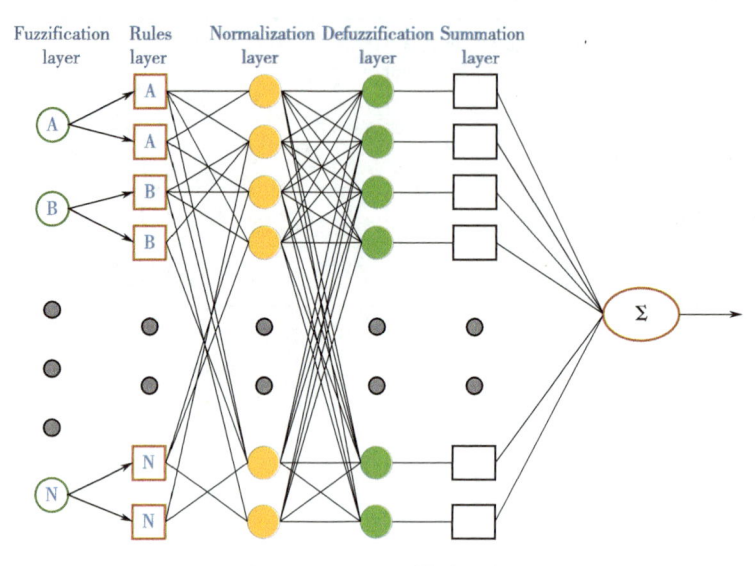

图 5-1 ANFIS 模型示意

表 5-2 ANFIS 模型中热轧板卷的不同输入组合的参数定义

模型	输入	隶属函数	隶属函数的数量	输出隶属函数	模糊规则的数量
1	美国热轧板卷进口值	Gauss	7	Linear	7
2	德国热轧板卷进口值	Gauss	9	Linear	9
3	欧盟热轧板卷进口值	Gbellmf	3	Linear	3
4	韩国热轧板卷进口值	Gauss	7	Linear	7
5	日本热轧板卷进口值	Trimf	9	Linear	9
6	印度热轧板卷进口值	Gauss	5	Linear	5
7	东南亚热轧板卷进口值	Trimf	15	Linear	15
8	迪拜热轧板卷进口值	Trimf	8	Linear	8
9	伊朗热轧板卷进口值	Trimf	3	Linear	3
10	美国热轧板卷出口值	Trimf	5	Linear	5
11	土耳其热轧板卷出口值	Pimf	3	Linear	3
12	欧盟热轧板卷出口值	Pimf	9	Linear	9
13	韩国热轧板卷出口值	Gauss	11	Linear	11
14	日本热轧板卷出口值	Gbellmf	13	Linear	13

续表

模型	输入	隶属函数	隶属函数的数量	输出隶属函数	模糊规则的数量
15	印度热轧板卷出口值	Gbellmf	8	Linear	8
16	独联体热轧板卷出口值	Gauss	3	Linear	3
17	南美热轧板卷出口值	Gbellmf	5	Linear	5

表 5-3 ANFIS 模型中冷轧板卷的不同输入组合的参数定义

模型	输入	隶属函数	隶属函数的数量	输出隶属函数	模糊规则的数量
1	美国冷轧板卷进口值	Gauss	3	Linear	3
2	德国冷轧板卷进口值	Gbellmf	11	Linear	11
3	欧盟冷轧板卷进口值	Pimf	9	Linear	9
4	韩国冷轧板卷进口值	Gbellmf	5	Linear	5
5	日本冷轧板卷进口值	Gbellmf	5	Linear	5
6	印度冷轧板卷进口值	Pimf	7	Linear	7
7	东南亚冷轧板卷进口值	Trimf	13	Linear	13
8	迪拜冷轧板卷进口值	Gauss	13	Linear	13
9	伊朗冷轧板卷进口值	Trimf	12	Linear	12
10	美国冷轧板卷出口值	Gbellmf	4	Linear	4
11	土耳其冷轧板卷出口值	Trimf	3	Linear	3
12	欧盟冷轧板卷出口值	Gauss	9	Linear	9
13	韩国冷轧板卷出口值	Gauss	7	Linear	7
14	日本冷轧板卷出口值	Gauss	13	Linear	13
15	印度冷轧板卷出口值	Trimf	11	Linear	11
16	独联体冷轧板卷出口值	Gbellmf	7	Linear	7
17	南美热轧板卷出口值	Trimf	3	Linear	3

表 5-4 ANFIS 模型中热镀锌的不同输入组合的参数定义

模型	输入	隶属函数	隶属函数的数量	输出隶属函数	模糊规则的数量
1	美国热镀锌进口值	Trimf	5	Linear	5

续表

模型	输入	隶属函数	隶属函数的数量	输出隶属函数	模糊规则的数量
2	德国热镀锌进口值	Trimf	5	Linear	5
3	欧盟热镀锌进口值	Gauss	11	Linear	11
4	韩国热镀锌进口值	Trimf	7	Linear	7
5	日本热镀锌进口值	Gauss	9	Linear	9
6	印度热镀锌进口值	Gbellmf	3	Linear	3
7	东南亚热镀锌进口值	Trimf	5	Linear	5
8	迪拜热镀锌进口值	Trimf	3	Linear	3
9	伊朗热镀锌进口值	Trimf	3	Linear	3
10	美国热镀锌出口值	Gauss	13	Linear	13
11	欧盟热镀锌出口值	Gbellmf	7	Linear	7
12	韩国热镀锌出口值	Pimf	3	Linear	3
13	日本热镀锌出口值	Pimf	9	Linear	9
14	印度热镀锌出口值	Gauss	13	Linear	13

表 5-5　ANFIS 模型中中厚板的不同输入组合的参数定义

模型	输入	隶属函数	隶属函数的数量	输出隶属函数	模糊规则的数量
1	美国中厚板进口值	Gauss	3	Linear	3
2	德国中厚板进口值	Gauss	7	Linear	7
3	欧盟中厚板进口值	Gauss	3	Linear	3
4	韩国中厚板进口值	Gbellmf	5	Linear	5
5	日本中厚板进口值	Trimf	5	Linear	5
6	印度中厚板进口值	Trimf	13	Linear	13
7	东南亚中厚板进口值	Gauss	11	Linear	11
8	迪拜中厚板进口值	Pimf	9	Linear	9
9	伊朗中厚板进口值	Trimf	3	Linear	3
10	美国中厚板出口值	Gbellmf	3	Linear	3
11	欧盟中厚板出口值	Gauss	9	Linear	9

续表

模型	输入	隶属函数	隶属函数的数量	输出隶属函数	模糊规则的数量
12	韩国中厚板出口值	Trimf	11	Linear	11
13	日本中厚板出口值	Trimf	7	Linear	7
14	印度中厚板出口值	Gauss	9	Linear	9
15	独联体中厚板出口值	Gauss	3	Linear	3

表 5-6　ANFIS 模型中螺纹钢的不同输入组合的参数定义

模型	输入	隶属函数	隶属函数的数量	输出隶属函数	模糊规则的数量
1	美国螺纹钢进口值	Gauss	11	Linear	11
2	德国螺纹钢进口值	Trimf	13	Linear	13
3	欧盟螺纹钢进口值	Gauss	7	Linear	7
4	韩国螺纹钢进口值	Gbellmf	3	Linear	3
5	日本螺纹钢进口值	Gauss	3	Linear	3
6	印度螺纹钢进口值	Gauss	9	Linear	9
7	东南亚螺纹钢进口值	Gauss	13	Linear	13
8	迪拜螺纹钢进口值	Gbellmf	3	Linear	3
9	伊朗螺纹钢进口值	Trimf	7	Linear	7
10	美国螺纹钢出口值	Trimf	7	Linear	7
11	土耳其螺纹钢出口值	Trimf	3	Linear	3
12	欧盟螺纹钢出口值	Trimf	13	Linear	13
13	韩国螺纹钢出口值	Gauss	9	Linear	9
14	日本螺纹钢出口值	Gauss	4	Linear	4
15	印度螺纹钢出口值	Gauss	5	Linear	5
16	独联体螺纹钢出口值	Pimf	3	Linear	3

表 5-7　ANFIS 模型中网用线材的不同输入组合的参数定义

模型	输入	隶属函数	隶属函数的数量	输出隶属函数	模糊规则的数量
1	美国网用线材进口值	Trimf	7	Linear	7

续表

模型	输入	隶属函数	隶属函数的数量	输出隶属函数	模糊规则的数量
2	德国网用线材进口值	Gauss	3	Linear	3
3	欧盟网用线材进口值	Trimf	9	Linear	9
4	印度网用线材进口值	Trimf	11	Linear	11
5	东南亚网用线材进口值	Gauss	13	Linear	13
6	迪拜网用线材进口值	Trimf	5	Linear	5
7	美国网用线材出口值	Gauss	3	Linear	3
8	土耳其网用线材出口值	Trimf	9	Linear	9
9	欧盟网用线材出口值	Pimf	3	Linear	3
10	印度网用线材出口值	Gbellmf	11	Linear	11
11	独联体网用线材出口值	Gauss	5	Linear	5

表 5-8 ANFIS 模型中小型材的不同输入组合的参数定义

模型	输入	隶属函数	隶属函数的数量	输出隶属函数	模糊规则的数量
1	美国小型材进口值	Pimf	5	Linear	5
2	德国小型材进口值	Gauss	3	Linear	3
3	韩国小型材进口值	Gauss	7	Linear	7
4	日本小型材进口值	Gbellmf	13	Linear	13
5	印度小型材进口值	Gauss	5	Linear	5
6	东南亚小型材进口值	Gauss	7	Linear	7
7	迪拜小型材进口值	Trimf	11	Linear	11
8	美国小型材出口值	Trimf	13	Linear	13
9	土耳其小型材出口值	Gauss	9	Linear	9
10	欧盟小型材出口值	Trimf	5	Linear	5
11	韩国小型材出口值	Gbellmf	7	Linear	7
12	日本小型材出口值	Trimf	3	Linear	3
13	印度小型材出口值	Pimf	7	Linear	7
14	独联体小型材出口值	Gauss	3	Linear	3

表 5-9 ANFIS 模型中方坯的不同输入组合的参数定义

模型	输入	隶属函数	隶属函数的数量	输出隶属函数	模糊规则的数量
1	印度方坯进口值	Trimf	3	Linear	3
2	东南亚方坯进口值	Pimf	13	Linear	13
3	迪拜方坯进口值	Gauss	13	Linear	13
4	伊朗方坯进口值	Trimf	3	Linear	3
5	土耳其方坯出口值	Trimf	7	Linear	7
6	印度方坯出口值	Gbellmf	5	Linear	5
7	独联体方坯出口值	Gauss	3	Linear	3

5.2.2 误差检验

为了测试模型性能，本章使用了均方根误差（RMSE）。RMSE 是观测值与真值偏差的平方和观测次数的比值的平方根，它表示的是观测值和真值间的拟合程度（Mohammadi et al.，2016）。RMSE 的取值均为正数，其值越接近 0，证明该模型的精度越高（Zendehboudi et al.，2017），越能反映真实情况，也意味着输入变量对输出变量的影响程度越大。均方根误差定义如下：

$$RMSE = \sqrt{\frac{1}{n}\sum_{t=1}^{n}(y_t - \hat{y}_t)^2} \qquad (5-1)$$

式（5-1）中：n 是测量次数，y_t 是第 k 个测量值，$\hat{y}_t$ 是由模型估计的第 k 个值。

5.2.3 聚类

为了进一步直观清楚地看出中国市场所受到的影响程度的高低，本章使用了聚类分析法。这是一种可以提取知识的无监督方法，它按照相似性将物理或抽象对象划分为不同的互斥群组，以便更清楚地区分类别的不同（Wong et al.，2015）。聚类的应用领域十分广泛，包括数学、计算机科学、统计学、生物学和经济学等领域。数据聚类有两种基本方法：第一种方法是层次聚类，采用自下而上或自上而下的方法，沿层次结构划分层次结构，类似于结构树（Wangchamhan et al.，2017）；第二种方法是分区聚类，通过优化一些"统计-数学"准则函数将数据集分组成数个不相交的集群（Chakraborty et al.，2017）。

欧氏距离（ED）是数据挖掘问题中一个较为经典的相似距离度量（Wang et al.，2013），它衡量的是多维空间中各个点之间的绝对距离。对于一组数据样本：

$$X = \{x_{ij} \mid i = 1, 2, \cdots, n, j = 1, 2, \cdots, m\}$$

式中，n 是样本的数量，m 是样本的维数。

两个样本之间的欧氏距离（ED）定义为：

$$d(x_i, x_k) = \Big(\sum_{j=1}^{m} (x_{ij} - x_{kj})^2 \Big)^{\frac{1}{2}} \tag{5-2}$$

该值代表多维空间中两个样本的接近度。值越小，两个样本越相似。

Ward 方法是分层聚类中一种度量聚类之间距离的方法（Bluszcz et al.，2017）。本章使用层次聚类，基于 Ward 方法，使用欧氏距离的平方来计算之前得到的 RMSE 值的聚集结果。

5.2.4 经济解释

在进行实证分析前，有必要根据现状进行一个基本的经济解释。中国是世界上最大的钢铁出口国。IHS 全球贸易数据库报告显示，2017 年，中国钢铁出口约占全球钢铁出口总量的 16%。中国钢铁出口量几乎是日本这一全球第二大钢铁出口国的两倍。韩国、印度、东南亚、迪拜等是中国钢铁出口的主要市场。板材占中国钢铁出口的 53%（780 万吨），略高于一半。线材占 29%（430 万吨），管材占 11%（160 万吨），其他钢种占 7%。此外，中国是世界第八大钢铁进口国。2017 年中国进口钢材 1 380 万吨，中国的钢铁进口约占全球钢铁进口总量的 4%。日本、韩国、欧盟各国是中国钢铁的主要进口来源国，占 2017 年中国钢铁进口总量的 70%。2017 年全年，中国进口板材 540 万吨，占钢材进口总量的 78%；管材占 12%，即 85.3 万吨；线材占 2.4%（16.8 万吨）；半成品占 8%。

在笔者选择的国家和地区中，中国是印度、日本、韩国、土耳其和迪拜等的主要钢铁进口国。具体来说，韩国、中国是印度的主要进口国，其板材的进口量高达 70%。日本从韩国、中国和泰国进口的钢材约占其总进口量的 99%，其中，板材约 320 万吨，占其进口的 73%。与日本一样，韩国也从中国进口了大量的钢材，中国、日本和巴西的进口量占 88%，其中 53% 的是板材，管材仅占 3%。土耳其每年从俄罗斯、德国和中国进口的量约占 50%，其中 66% 的是板材。此外还有迪拜，它在 2017 年从中国、土耳其和印度进口的量占其总进口量的 48%。然而，中国并不是美国、德国和伊朗的主要进口国。美国 53% 的钢材是从加拿大、墨西哥和巴西进口的，德国则多从欧盟等国进口，伊朗的进口钢材中一半来自阿联酋和东南亚。板材在美国和德国的进口中所占份额最大，在伊朗则是线材。

出口方面，中国是日本和韩国的主要钢铁出口国。因此，这两个国家也被认为是影响中国出口市场的主要因素。在钢材方面，日本和韩国多以出口板材为主。此外，印度的主要出口国是意大利，美国的主要出口国是墨西哥和加拿大。德国和土耳其的钢材主要面向欧盟国家。在以上这些国家中，土耳其的线材是其主要出口钢材。其他国家的出口钢材则都以板材为主，至少占了总出口量的50%。

5.3 国际钢铁产业链价格驱动结果分析

5.3.1 RMSE 结果

表5-10、表5-11显示了各国市场的不同钢铁产品的RMSE值，反映了它们在进出口价格上对中国市场的不同程度的影响力。

表5-10 钢铁产品进口价格的相关误差结果

进口	美国	德国	欧盟	韩国	日本	印度	东南亚	迪拜	伊朗	平均值
热轧板卷	0.2750	0.2718	0.2742	0.2753	0.2720	0.2742	0.2698	0.2860	0.2725	0.2745
冷轧板卷	0.3093	0.2987	0.2949	0.2949	0.2998	0.2988	0.3024	0.3411	0.2946	0.3038
热镀锌	0.3368	0.2829	0.2710	0.2733	0.2756	0.2726	0.2705	0.2721	0.2733	0.2809
中厚板	0.2994	0.2933	0.3012	0.2956	0.2877	0.2935	0.3215	0.2996	0.2921	0.2982
螺纹钢	0.3769	0.2719	0.2767	0.2719	0.2719	0.2751	0.2701	0.2724	0.2738	0.2845
网用线材	0.3319	0.2853	0.2824			0.2850	0.2926	0.3433		0.3034
小型材	0.2887	0.2901		0.2837	0.3140	0.2806	0.2918	0.3757		0.3035
方坯						0.2851	0.2823	0.2924	0.2851	0.2862
平均值	0.3169	0.2849	0.2834	0.2824	0.2868	0.2831	0.2876	0.3103	0.2819	0.2918

表5-11 钢铁产品出口价格的相关误差结果

出口	美国	土耳其	欧盟	韩国	日本	印度	独联体	南美	平均值
热轧板卷	0.2873	0.2879	0.2871	0.2884	0.2840	0.2873	0.2934	0.2858	0.2877

续表

出口	美国	土耳其	欧盟	韩国	日本	印度	独联体	南美	平均值
冷轧板卷	0.283 7	0.282 6	0.283 4	0.284 3	0.284 0	0.282 5	0.284 2	0.283 3	0.283 5
热镀锌	0.296 6		0.296 9	0.290 0	0.288 2	0.289 5			0.292 2
中厚板	0.290 7		0.292 7	0.282 3	0.294 7	0.282 4	0.280 2		0.287 2
螺纹钢	0.294 8	0.293 5	0.294 5	0.297 8	0.365 8	0.295 1	0.312 7		0.307 7
网用线材	0.281 6	0.281 9	0.317 3			0.284 5	0.282 7		0.289 6
小型材	0.299 4	0.296 3	0.300 6	0.299 7	0.296 2	0.297 7	0.296 4		0.298 0
方坯		0.304 8				0.291 6	0.290 0		0.295 4
平均值	0.290 6	0.291 2	0.296 1	0.290 4	0.302 2	0.288 8	0.291 4	0.284 6	0.291 8

为了宏观地进行研究，下文从均值角度分别对国际市场和钢材产品的结果展开分析。由表5-10可知，从国际市场角度来看，伊朗的误差值最小，后面依次是韩国、印度、欧盟、德国、日本、东南亚、迪拜，美国的误差值最大。这意味着，伊朗在钢材产品进口贸易中对中国的价格影响力最大，美国的影响力最小。从产品角度来看，误差结果由小到大依次是热轧板卷、热镀锌、螺纹钢、方坯、中厚板、网用线材、小型材和冷轧板卷。换言之，热轧板卷在进口贸易中的需求量较大，在进口市场中占据着较为重要的地位，最容易引起市场的价格波动。

从表5-11可以得出，南美地区的RMSE值最小，其后分别是印度、韩国、美国、土耳其、独联体、欧盟和日本。由于南美地区的产品数据量较少，其结果不具代表性，因此后面的分析并没有将其加进去。结果显示，印度市场在钢材产品出口贸易中扮演着较为重要的角色，它的各种产品的价格对全球有着比较大的影响。就产品来看，冷轧板卷的误差值最小，中厚板、热轧板卷分别排在第二和第三，螺纹钢的误差值最大。有意思的是，在进口贸易中误差值最大的冷轧板卷在出口贸易中误差值最小。这反映该产品在出口市场中的所占比重很大，应当着重关注。

5.3.2 聚类结果

为了多角度地研究中国市场受到的影响力，笔者接下来分别做了各钢铁产品间和各国家（地区）间的进出口贸易的聚类，并以连接树的形式表示（图5-2至图5-5），即基于树状图来分析各钢铁产品间和各主流市场间的相似程度和影响力大小。图的横坐标代表样本点间的距离,纵坐标分别代表本章所研究的进出口市场的地区名和产品名。图中结果应从右往左看,每一主干下的两个支干代表着它们影响力较为相似。

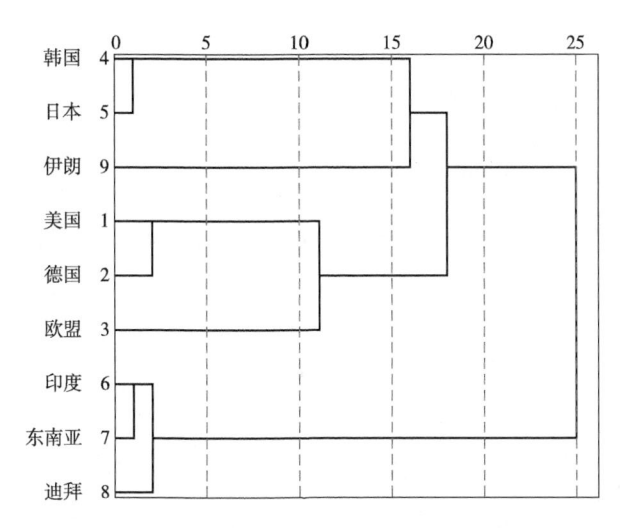

图 5-2 不同国家(地区)的进口市场的聚类结果

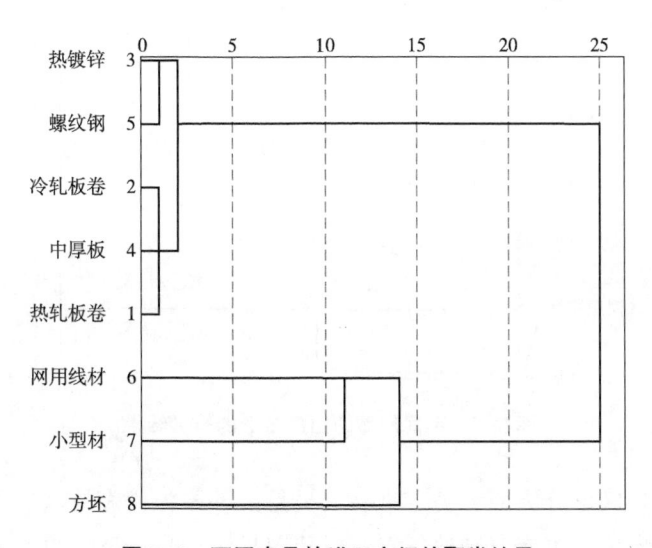

图 5-3 不同产品的进口市场的聚类结果

基于以上各图可知,在进口市场方面,图 5-2 是笔者对不同的国家和地区所做的聚类结果。从宏观角度来看,对中国钢铁产品的进口价格起影响作

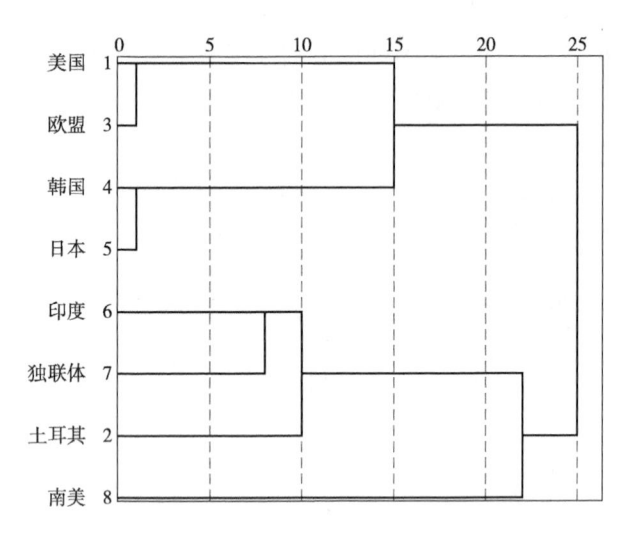

图 5-4　不同国家（地区）的出口市场的聚类结果

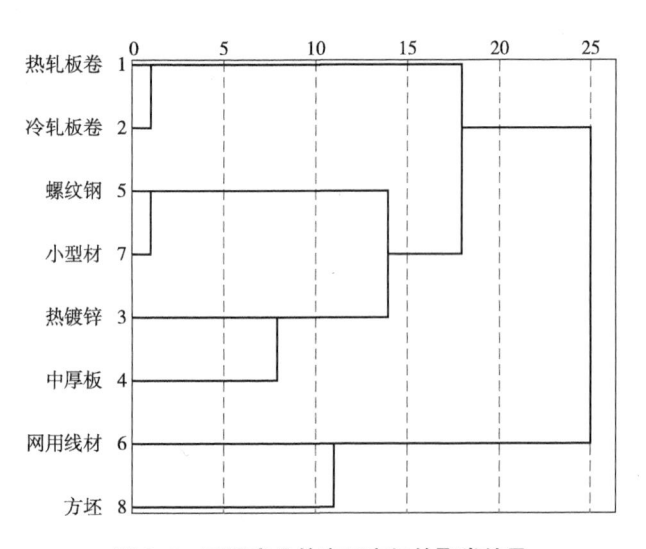

图 5-5　不同产品的出口市场的聚类结果

用的国家和地区可分为两大类。第一大类是以韩国为代表的六个国家，第二大类则包括印度、东南亚和迪拜等。树状图显示，第一类中的国家和地区进一步细化可分为亚洲国家（地区）和欧美国家（地区）两类：韩国、日本、伊朗为一类，美国和欧盟为另一类。此外，从图中还可以看出，就第一大类中的亚洲国家而言，伊朗对中国进口贸易的影响力要分别大于日本和韩国。

在欧美国家（地区）里，欧盟的作用也远高于美国和德国。在第二大类中，迪拜对中国市场造成的影响要大于印度和东南亚地区。由此可以得出，地理位置造成市场间的影响力不同，各大洲内部的国家和地区间作用力更为相似。

图 5-3 是八种钢铁产品对中国钢铁市场的进口价格的聚类结果，它反映了各种产品在中国进口贸易中的占比及重要程度。其中，热轧板卷、冷轧板卷、热镀锌、中厚板、螺纹钢被归为同一类，网用线材、小型材、方坯这三种产品被归为另一类。在五种产品构成的大类中，热轧板卷、冷轧板卷和中厚板这三种板材在市场上的比重更为相似，螺纹钢和其下游产品热镀锌的作用程度较为一致。被分到另一类的方坯、网用线材和小型材则恰好同属型材。因此，钢产品对中国市场影响力的大小与其类型和产品产业链之间都存在着一定的关系。

此外，在出口市场方面，笔者同样比较了国家和地区间以及各产品的作用力。图 5-4 是主流市场的国家和地区对中国市场的影响力的比较，从中可以看到，美国、欧盟、韩国和日本被分为一类，印度、独联体、土耳其和南美地区为另一大类。对第一类进一步细化后，可以看到其又可分为欧美国家（地区）和亚洲国家（地区）这两类。在以印度为代表的第二类国家和地区中，树状图显示南美地区的影响力要远大于另外三个国家和地区，紧随其后的是土耳其。但由于收集的数据有限，南美市场的数据量较小，因此南美地区的影响力是否确实很大，还有待进一步证实。此外，图 5-4 的结果反映出发达国家在出口方面可能对中国市场的影响力较为相似。

图 5-5 是不同钢铁产品对中国市场的出口价格的聚类结果，其中，网用线材和方坯为一类，其他六种产品为另一类。在这六种产品里，热轧板卷和冷轧板卷为一类，另外四种是一类，其中，螺纹钢和小型材为一类，热镀锌和中厚板为一类。基于这一结果可以清楚地发现，各钢材的影响力可按照产品类型大致分成板材和型材这两大方面。

在此基础上，再来比对一下进出口方面的差别。在钢铁产品中，网用线材和方坯在中国市场的出口贸易的聚类中被分到了一类，巧合的是，两者在进口贸易中同样也被分到了一类，分到该类的还有小型材，说明这几种产品的重要程度颇为类似，甚至在细化的类别中，小型材和网用线材的影响力更为一致。在出口市场的聚类结果中，热轧板卷和冷轧板卷被归为同一类，此外两者在进口市场中也被归在一起，从而证明在影响中国钢铁产品价格方面，热轧板卷和冷轧板卷不论是在进口还是在出口上都拥有相似的影响权重。此外，本章所研究的国家和地区对中国钢铁产品进出口市场的影响程度有着较大的差异。出口市场中，美国和欧盟的影响力较为相似，但在进口市场上，美国仅和欧盟的成员国德国的影响力相同。印度在出口市场上与独联体地区的作用力相似，但在进口贸易中，印度和东南亚的相似程度更高。作为亚洲地区的代表，日本和韩国在进出口方面对中国市场的影响都十分类似。

5.3.3 模型稳健性检验

图 5-6 选取的是钢铁产品在国家和地区中误差最小的结果。其中，蓝色圆圈代表模型的预测值，红色十字代表真实值。可以看到，虽有轻微不匹配，但整体还是吻合的。此外，前文列出的各产品和各地区的 RMSE 值均在 0.2~0.4，远高于之前学者用该方法得到的结果（Zou et al.，2017）。因此，本章基于 ANFIS 方法得到的模型精度较高，结果较为可信。

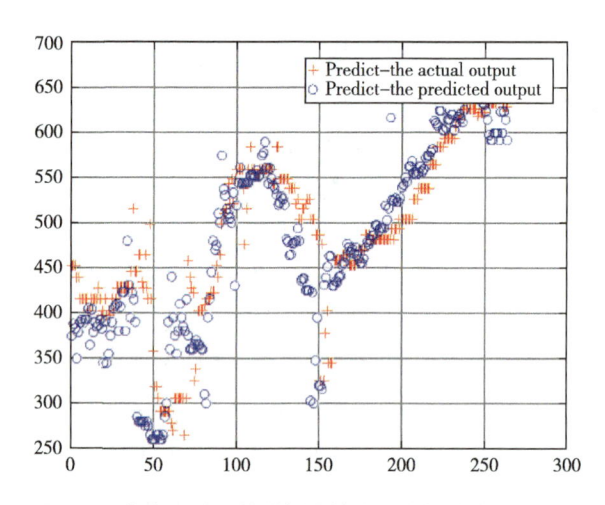

图 5-6　东南亚地区热轧板卷的进口价格最小误差结果

5.4　小结

在本章中，笔者针对 12 个国家和地区，研究了其 2009—2017 年不同钢铁产品的进出口价格对中国市场的影响力。为此，笔者采用 ANFIS 方法的均方根误差值来反映建模的精确度，进而反映各主流市场的影响程度。此外，将聚类分析应用于各产品和各国家（地区）的进口和出口。其原因在于，笔者想以更直观的方式，进一步研究各市场间和各产品间对中国市场影响程度的共通性。

实证结果表明，这些国家对中国的影响程度有很大的差异。首先，在进口贸易中，各大洲间的国家和地区作用力相似，其中，以韩国为代表的东亚国家对中国的影响程度尤其大。其次，就进口贸易中的钢铁产品而言，热轧板卷的价格波动最大，小型材的价格最稳定。再次，在出口贸易中，各国之间的影响差异并不显著。印度和韩国对中国的出口贸易影响要比其他国家和地区稍大，欧盟与其他国家（地区）相比则影响最小。最后，冷轧板卷在出口市场中影响较大，螺纹钢的影响力最小。整体结果基本与进口市场相反。

研究结果表明，中国更愿意从韩国、日本等邻国进口钢铁产品，尤其是热轧板卷。这种情况可以解释为受地理因素的影响，贸易国间的距离越近，其运输成本越低，运送时间越少，且信息的传递效应更快，因而造成的价格影响更大。此外，中国主要向印度等亚洲国家（地区）出售冷轧板卷等钢铁产品，向欧盟地区出口的比重则较小。这说明不论是进口贸易还是出口贸易，中国与周边国家（地区）的合作更为紧密。此外，板材类产品是钢铁贸易的重点。因数据库收录的钢材产品及市场有限，可能导致数据统计不全面。针对扩展数据的问题，未来会做进一步深入的研究。

关于政策建议，首先，当中国市场的进口价格逐渐增高时，可以从国家战略入手，增加或变更进口地区，如印度、德国、土耳其等产钢国家和地区。建立新的贸易关系可以使重心不再局限于某些固定的亚洲国家和地区。此外，我国还可以与保持长期往来合作的韩国等国家和地区签订贸易条款，以降低金融风险，避免频繁发生价格波动。其次，为保证市场的平稳性，维护中国钢铁企业的权益，行业监管人应重点关注板材等进口量较大的产品，当产品进口比重过大时，应及时调整相关政策，如采取一些管制政策，以减少板材产品的比例失衡。同时，相关部门应通过定期记录来严控进口钢铁产品增加，以避免其冲击中国市场。再次，为保障出口并在国际贸易中享有一席之地，中国应当在现有基础上扩大出口区域，加大海外市场的开拓力度，尤其是新兴国家和地区，并尽可能与它们建立长期合作关系。同时增加自身在海上货运系统和港口的投资份额，通过减少运输时间和降低运输成本来提高国际贸易竞争力，增加出口国家和地区的数量。此外，在反倾销频频发生的今天，中国企业应当积极应对这些突发事件，钢铁工业协会应积极发挥自身的职能优势，对市场的发展动向及时进行综合分析、研究，当出口产品遇到反倾销调查时，应及时为相关企业提供对策和措施，并提供法律帮助与支持。最后，为扩大出口市场，相关企业应继续做好重点产品的出口，除了全力提高现有产品出口份额以外，还应进一步优化出口产品结构，提高像冷轧板卷这类高附加值产品的出口比例，加大热镀锌这类中高附加值产品及竞争相对较小产品的开发和出口力度。综上所述，在今后的发展中，我国应当综合考虑，全面分析利害冲突，尽可能建立多条贸易线路，并根据不同情况制定不同的相关钢铁产品策略，以避免因突发情况而造成巨大的经济损失。

6 基于全球贸易的钢铁产业链环境影响研究

6.1 钢铁产业链的环境影响研究现状

作为经济发展的支柱产业，钢铁工业对许多国家都具有重要影响（Purwanto et al., 2018）。但是，考虑到钢铁在世界范围内的分布不平衡（Debanjana et al., 2018; Liu et al., 2019），为了获取资源，不同国家在钢铁产业链中扮演着不同的角色，并在世界范围内形成了一个复杂的贸易网络（Sujauddin et al., 2017; Xuan et al., 2017）。考虑到各国获取资源的方式不同，这些国家受到的影响也不同，特别是在环境和经济方面（Hasanbeigi et al., 2016; Mayes et al., 2018），为了了解获得资源活动对各国环境和经济的影响，有必要评估相关的生产过程，尤其是铁矿石开采和钢铁生产。

迄今为止，有关钢铁生产的大多数研究都集中在温室气体排放和固体废物产生上。卡塔等（Katta et al., 2020）使用长期能源–环境模型对加拿大采矿业进行了评估，并提出了 15 种技术创新措施，以最大程度地减少温室气体排放。卡耶特等（Kayet et al., 2019）使用 Hyperion 和 Landsat 卫星图像评估了矿山和周边地区附近的粉尘浓度，并确认粉尘浓度在矿区和尾矿池中最高。有学者（He et al., 2020）评估了中国钢铁生产的温室气体负担，发现与传统的粗钢相比，先进的高强度钢可以减少"从摇篮到坟墓"之产品生命周期中所产生的温室气体。特尔泰奥等（Ter Teo et al., 2019）对马来西亚的电弧炉（EAF）炉渣进行了评估，发现其在陶瓷行业的使用可以减少环境污染并获得比传统垃圾填埋场更多的收益。尽管最近的许多文献都提出了非常重要的发现，但重点仍然只集中在一个国家或地区。为了客观地分析生产技术及其环境绩效，有必要比较多个国家或地区的过程。从全球贸易的角度选择国家或地区，有助于了解全球钢铁加工中使用的主要技术的收益和影响。

此外，上述文献中的大多数环境影响评估仅包括一个或几个方面（如能源使用或全球变暖等），这当然仅能提供不完整的（尽管是有价值的）全球动态图。为了更全面地了解环境绩效，本章提出以生命周期评估（LCA）作为一种合适的成本/绩效/影响调查方法。LCA 能够量化生产过程的绩效（包括钢铁制造）以及评估生产过程对环境的影响，这已得到了广泛认可（Iordan et al.，2018；Long et al.，2018）。关于铁矿石开采的一些 LCA 研究指出，能源效率和二噁英排放控制是至关重要的方面。法尔贾纳等（Farjana et al.，2018）使用这种方法比较了五种主要矿石的提取过程，表明铀矿石开采中的温室气体排放量最大，而铁矿石排在最后，尽管其对生态毒性的影响更大。费雷拉等（Ferreira et al.，2015）发现，使用磨削工具是影响铁矿石生产中人类健康的主要原因。有学者（Zong-Ping et al.，2015）发现，再循环二氧化碳和一氧化碳是减少铁矿石烧结对环境影响的有效方法。此外，在钢铁方面的 LCA 研究集中于炼钢工艺及其产品。加西亚等（Garcia et al.，2019）发现，炼钢废气可以通过热电联产转化为热能和电力，从而将工艺影响降到最低。有学者（Ma et al.，2018）分析了粗钢生产的水足迹，并提出了减少灰水的方法。奇萨利塔等（Chisalita et al.，2019）量化了二氧化碳捕集技术，以减少炼钢生产效率的损失。当然，尽管最近的文献提供了有关钢铁制造工艺的有价值的研究成果，但其结果难以像 LCA 方法那样适用于更大的地理空间上。

大多数已发布的 LCA 研究成果都侧重于分析每个国家或每个企业的生产链对环境的影响，此外还包括其在其他国家或地区的间接上游影响。这是因为 LCA 方法允许将影响处理回早期的工艺步骤。但是，考虑到生产过程的多样性和钢铁生产的全球化，比较和分析不同国家之间的资源流动和影响或许非常有效，且更具说服力。国与国之间和国家内部的原材料贸易和消费率也很有说服力。特别是，关注贸易关系有助于比较环境成本和收益、经济观点和贸易国家的优势，从而阐明贸易全球化的后果（Zhanget et al.，2017）。

本章的研究目的，是比较同生产和交易黑色金属材料、商品相关的经济和环境成本及收益。因此，笔者先使用 LCA 方法确定生产过程中的环境热点，并计算"单位 GDP 冲击强度"以评估国民经济与钢铁生产所造成的污染之间的关系，然后量化"污染分配"。在全球贸易中，则以 GDP 和进出口为基础。在此基础上，提出减少负载并优化收益的策略。

6.2 钢铁产业链环境影响核算模型构建

如前所述，LCA 是一种能够评价钢铁产品"从摇篮到坟墓"的总环境影响的方法（Geneva，2006）。作为一种实用的分析工具，它采用了多个环境影响评估指标，以分析在产品生命周期的不同阶段可以改善环境问题的潜在机会。与其他方法相比，LCA 更注重对提取和制造过程中环境影响因素的全面了解（Ryberget et al.，2018，Liang et al.，2019）。在钢铁企业内部，LCA 可以帮助调查与企业活动相关的所有环境因素，以了解其环境责任。此外，LCA 还可以帮助发现与产品相关的各种环境问题的根源，并发现管理中的薄弱环节，从而实现全过程控制（Buonocore et al.，2016；Perkins et al.，2019）。

6.2.1 目标范围

本章的研究目标是评估钢铁生产的环境影响，评估环境影响与国家内部以及国家之间的相关经济价值（贸易关系）等。使用 LCA 的主要目的是评估跨国界的过程和国家层面的环境影响。在工艺层面，本章分析了每生产一吨铁矿石/钢铁对环境的影响。在国家层面，本章确定了 2017 年生产和交易的铁矿石或钢铁总量对环境的影响。同时，本章将系统范围设定为全球，将前景边界设定为选定国家。本章中假设的功能单位是得到开采或精炼的一吨铁矿石和所生产的一吨钢铁。本章的研究重点包括铁矿石开采、矿石精炼和钢铁生产等。

在铁矿石开采方面，澳大利亚、加拿大和南非以地下矿床为主（Zhu，2018），巴西和乌克兰以地表矿床为主（Li，2016）。在钢铁生产中，各国大都采用混合方法。通常，加拿大和俄罗斯采用平炉技术（百度百科，2017），乌克兰、中国、俄罗斯和德国主要采用 BOF 法（百度百科，2011）。EAF 法（Li，2018a）则多被用于韩国、意大利和印度，因这些国家有大量回收钢铁的需要。不同的采矿/生产方法意味着不同的性能和影响。

6.2.2 生命周期清单

本次研究中的生命周期清单里列出了每个国家与铁矿石开采和钢铁冶炼过程相关的输入和输出流。所有数据均来自相关文献和 Ecoinvent3.1 数据库。使用的数据来自官方报告和网站，如《钢铁统计年鉴》（2018）、《世界钢铁》（2019），以及 *EUROFER*（2019）、*ISRI*（2019）、*UKRMET*（2019）和 IHS 全球贸易数据库（2019）。

6.2.3 生命周期影响评价

采用 LCA 专业软件 OpenLCA1.8 集成 Ecoinventv3.1 数据库，完成所调查工艺的环境评价。影响评估方法为 Recipe midpoint 2016（H）。为了更全面地分析环境影响，将所有影响类别都纳入其中。环境影响指标（Corcelli et al., 2016; Goedkoop et al., 2009）列在本书附录1中，其中也显示了它们的归一化因子（Laca et al., 2018）。LCA 中的规范化允许将每个特征值引用到商定的参考值，以便在不同类别之间进行比较。下面的分析主要关注标准化值最高的类别。

6.2.4 环境与经济影响

评估与钢铁生产和使用之经济绩效相关的环境影响是本章的重要组成部分。它有助于我们理解价格和环境影响的相互作用，因为进口国通常将钢材价格而不是环境影响作为决策依据。为了解铁矿石/钢铁行业对国家的贡献，笔者根据网站数据和相关报告计算了这些行业对其所在国 GDP 的贡献，如本书附录中的表 A6-7 所示。考虑到生命周期清单引自不同年份的论文和报告，因此每个国家的 GDP 年份与 LCIs 的年份相同，以确保一致性。

为了评估环境影响与所调查过程所取得的货币效益之间的关系，笔者定义并计算了"单位 GDP 影响强度"。其公式如下：

$$UNI_k = TNI_{i/s, k}/GDP_{i/s, k} \tag{6-1}$$

式中：UNI_k 为 k 国单位-GDP 标准化影响强度，$TNI_{i/s, k}$ 为 k 国环境影响总量，$GDP_{i/s, k}$ 是 k 国与铁矿石/钢铁行业相关的 GDP 总量。

此外，笔者还处理了国家间的"污染分配"问题。由于不同国家在全球贸易中扮演着不同的角色（初级生产者、进口商、制造商、消费者），让生产者承担所有的环境污染责任似乎是不公平的。为了表明每个国家在贸易中所承担的责任，笔者根据各国实际贸易或使用的产品数量，将污染责任分配给所有相关国家。金额是根据其对一国 GDP 的贡献来计算的。在此过程中，价值也受到钢铁贸易单价的影响：出口国获得的货币利益越高，其对生产影响的责任就越大。

6.2.5 不确定性分析

考虑到一些数据（如铁矿石/钢铁行业的技术效率以及各国的 GDP 等）来自不同的年份，有不同的来源，因而其可能会受到各种不确定性的影响，从而影响评估结果。此外，生命周期评估方法本身的固有特性（表征和归一化系数、后台过程的数据质量）也可能导致不确定性。因此，为了解这些因素对研究结果的影响，并作为后续政策建议的参考，有必要对不确定性问题进行更深入的研究。在这项研究中，笔者使用 EcoInvent 数据质量矩阵（即谱系矩阵）来量化这种不确定性（Santagata et al., 2017; Zucaro et al., 2013）。该矩阵由可靠性、完整性、时间相关性、地理相关性和技术相关性这5个数据质量指标组成。每个指标的得分范围在5个不同的质量级别上变化，从"缺乏不确定性"到"数据质量非常差"。根据矩阵中可用的选项评估数据质量后，利用 SimaPro8.0.5.13 LCA 软件进行蒙特卡罗模拟；为保证模拟结果的准确性，将运行次数设置为1 000次。

6.3 全球贸易下钢铁产业链环境影响分析

6.3.1 铁矿石提取

铁矿石开采库存（工艺级）见本书附录中的表A8。每吨铁矿石提取率的表征 LCA 结果见表6-1。巴西在许多影响类别中的受影响程度最高，特别是在金属损耗等方面。国家一级的清单和特征值见本书附录中的表A6-9和A6-10。图6-1显示了每吨矿物和全国总产量的归一化影响（归一化值列于本书附录中的表A6-11和表A6-12之中）。

表6-1 铁矿石生产过程的 LCA 结果

影响类别	参考单位	乌克兰	澳大利亚	南非	巴西	加拿大
Agricultural land occupation	$m^2 \cdot a \cdot t^{-1}$	3.8E-02	2.4E-01	1.2E+00	2.3E+00	1.2E+00
Climate change	$kgCO_2eq \cdot t^{-1}$	7.2E+00	2.0E+01	3.3E+01	4.9E+01	3.1E+01
Fossil depletion	$kgoileq \cdot t^{-1}$	2.3E+00	5.9E+00	6.8E+00	8.2E+00	6.1E+00
Fresh water ecotoxicity	$kg1,4-DBeq \cdot t^{-1}$	2.8E-02	1.6E-01	2.9E-01	5.1E-01	2.8E-01
Fresh water eutrophication	$kgPeq \cdot t^{-1}$	7.7E-04	7.2E-03	4.4E-03	7.8E-03	4.3E-03
Human toxicity	$kg1,4-DBeq \cdot t^{-1}$	7.5E-01	5.4E+00	7.1E+00	1.2E+01	6.9E+00
Ionising radiation	$kgU_{235}eq \cdot t^{-1}$	1.8E+00	1.0E+00	1.5E+00	2.0E+00	1.6E+00
Marine ecotoxicity	$kg1,4-DBeq \cdot t^{-1}$	2.6E-02	1.5E-01	2.8E-01	4.9E-01	2.7E-01

续表

影响类别	参考单位	乌克兰	澳大利亚	南非	巴西	加拿大
Marine eutrophication	$kgNeq \cdot t^{-1}$	3.6E-03	3.3E-02	1.0E-01	1.9E-01	1.0E-01
Metal depletion	$kgFeeq \cdot t^{-1}$	1.0E+03	1.0E+03	1.0E+03	1.0E+03	1.0E+03
Natural land transformation	$m^2 \cdot t^{-1}$	2.1E-03	5.0E-03	5.6E-03	6.5E-03	6.3E-03
Ozone depletion	$kgCFC-11eq \cdot t^{-1}$	1.2E-06	2.5E-06	2.7E-06	3.0E-06	2.5E-06
Particulate matter formation	$kgPM10eq \cdot t^{-1}$	1.5E+00	1.6E-01	1.5E+00	1.8E+00	1.5E+00
Photochemical oxidant formation	$kgNMVOC \cdot t^{-1}$	8.2E-02	1.9E-01	1.5E-01	1.6E-01	1.5E-01
Terrestrial acidification	$kgSO_2eq \cdot t^{-1}$	5.6E-02	1.3E-01	1.9E-01	2.6E-01	1.8E-01
Terrestrial ecotoxicity	$kg1,4-DBeq \cdot t^{-1}$	2.4E-04	8.8E-04	3.2E-03	5.4E-03	3.0E-03
Urban land occupation	$m^2 \cdot a \cdot t^{-1}$	2.5E-02	6.2E-02	1.8E-01	2.9E-01	1.8E-01
Water depletion	$m^3 \cdot t^{-1}$	1.0E+01	2.0E+01	5.1E+01	1.0E+02	9.6E+01

结果显示，巴西是受影响最大的国家，而乌克兰受影响最小。图 6-1 (a) 表明，海洋生态毒性是巴西受影响最大的类别。根据计算获得的 LCA 影响，产生海洋生态毒性的主要原因是大量金属，特别是铜和镍的释放。这些金属在硫化尾矿处理过程中污染了水体。因此，为了解决海洋生态毒性问题，巴西铁厂可以从尾矿中提炼金属，并将其重新用于其他工艺，以及通过改进采矿技术来减少尾矿中的金属含量。根据标准化指标，海洋生态毒性、淡水生态毒性、人体毒性和颗粒物形成在各国均处于最高水平。这一结果主要与提取过程的相似性有关。处置尾矿和填埋工艺废物会导致镍、锰和锌被释放到空气和水中，从而影响人类毒性和水质（包括海洋生态毒性和淡水生态毒性）。钻井阶段会使用大量电力，导致形成颗粒物（>2.5μm 和 <10μm）。燃煤电厂发电过程中会排放二氧化硫和氮氧化物（酸化和气候变化影响类别）。从国家层面来看，澳大利亚的总环境影响最严重，比采铁最少的乌克兰（1.56E-4）高出 2 000 多倍 [图 6-1 (b)]。这是由于乌克兰开采的矿物数量少，加之其采用了较为先进的加工技术。

6.3.2 钢铁生产

钢铁生产阶段的投入和产出库存如本书附录中的表 A6-13 至 A6-16 所

(a)单位生产的环境影响

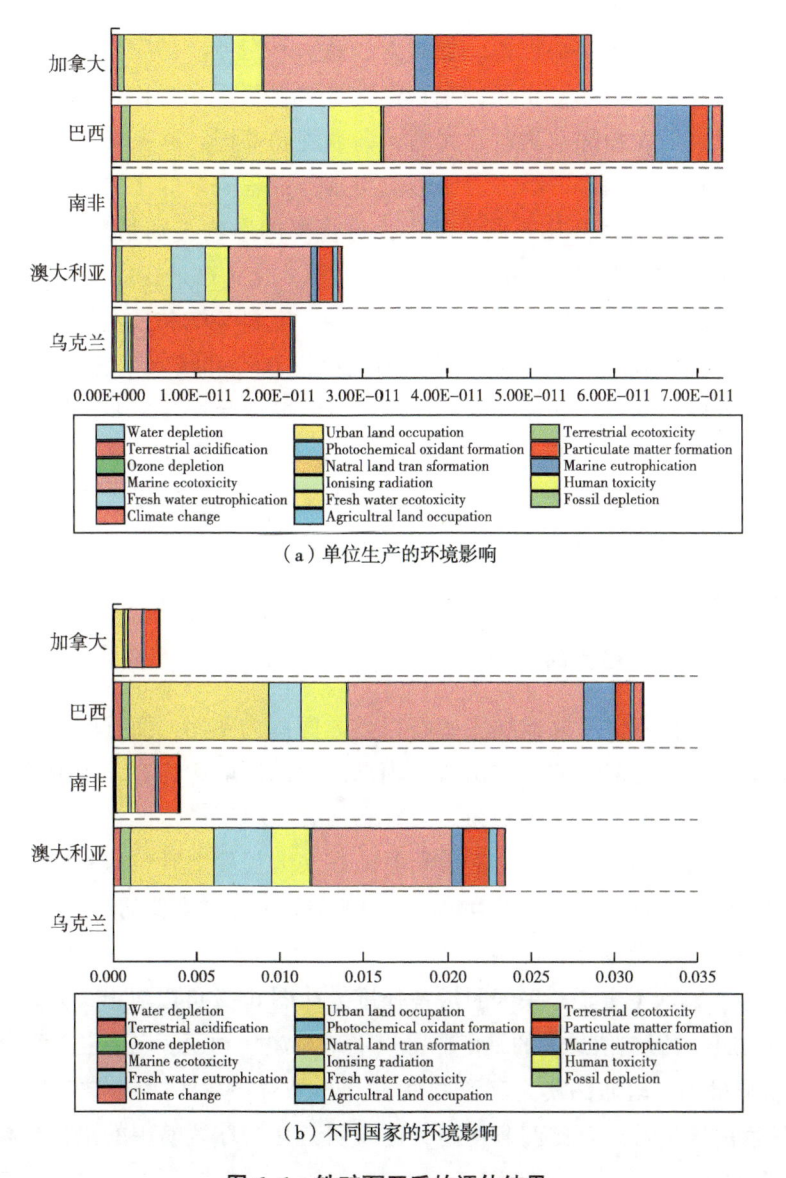

(b)不同国家的环境影响

图 6-1 铁矿石开采的评估结果

示,其中当然也考虑了之前提取步骤的影响;表 A6-17 和 A6-18 显示了典型的 LCA 结果(指过程一级和国家一级)。与此前有关铁矿石开采的数据一样,本书附录中的表 A6-19 和表 A6-20 分别显示了过程一级和国家一级的归一化结果。从中可以看出,海洋生态毒性、淡水生态毒性和人类毒性是主要的影响类别。

有关钢铁生产工艺层面的数据显示，中国、韩国和印度是单位产品（吨）LCA性能最好的国家，而巴西、加拿大和意大利最差。国家一级总产量的情况正好相反。结果显示，中国的累积影响最大，接下来是巴西、德国、俄罗斯、土耳其、印度、加拿大、意大利、乌克兰和韩国，这主要是按钢铁产量的比例来衡量的。国家一级的主要影响类别与过程一级的主要影响类别基本相同，尽管二者的百分比不同。其中，最重要的影响类别是海洋生态毒性、淡水生态毒性和人类毒性，接下来是淡水富营养化，这是在之前的采矿阶段，当磷酸盐排放到水中时产生的。在炼钢后期，废料焚烧和残渣填埋会造成有毒物质进入土壤和水基质，从而导致海洋生态毒性和淡水生态毒性的产生。炼钢链开始阶段的烧结铁和炼钢链最后阶段的惰性废物（主要是锰）填埋是造成人体毒性的主要原因。钢铁生产所产生的颗粒物（<10 μm）也是人口密度的重要影响源，这使更多人受到同等排放量的影响。此外，对比表6-1和图6-2不难发现，在每个类别中，由于炼钢技术额外复杂，采矿的影响总是低于炼钢的影响。

6.3.3 贸易相关的分配

一些经济体不仅开采或加工矿石以供本国国内使用，而且同外国用户进行商品贸易。这可能表明，在出口国内部产生的影响中，有一小部分实际上对进口这些商品的国家是有利的。采矿和精炼过程所产生的污染主要留在出口国境内，目前还不十分清楚货币利益能在多大程度上补偿这种影响所造成的后果。因此，量化影响与货币效益之间的关系是非常重要的。

（1）铁矿石贸易相关影响

图6-2显示了主要开采国的污染强度。从图6-2可以看出，开采铁矿石对单位GDP的影响值最大的是南非，接下来是澳大利亚。乌克兰受到的单位GDP影响最小。南非和澳大利亚的铁矿石开采对环境的影响非常大。此外，这些国家的铁矿石出口比例非常高，这表明其在全球贸易中的出口价格通常较低。

（2）钢铁贸易相关影响

图6-3为钢铁生产国的污染强度。与铁矿石贸易不同的是，相关国家生产的大部分钢材都用于国内。其中，中国和印度占国内使用钢材量的85%以上。此外，美国是最大的钢铁进口国，几乎从所有生产国进口钢铁。这表明，美国利用其购买力既为本国的基础设施建设获取资源，又通过避免国内炼钢来保护自身的环境。研究结果还显示，加拿大在生产钢铁时，其单位GDP影

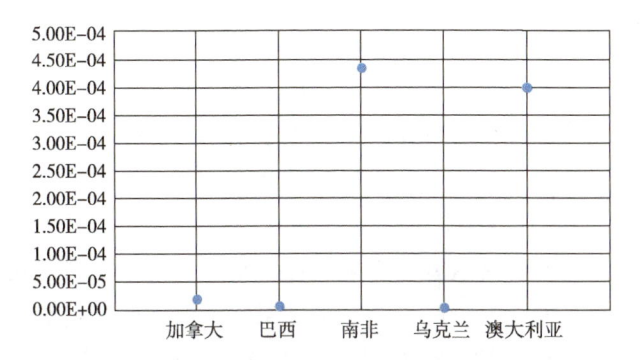

图 6-2 铁矿石开采中各国的"单位 GDP 影响强度"

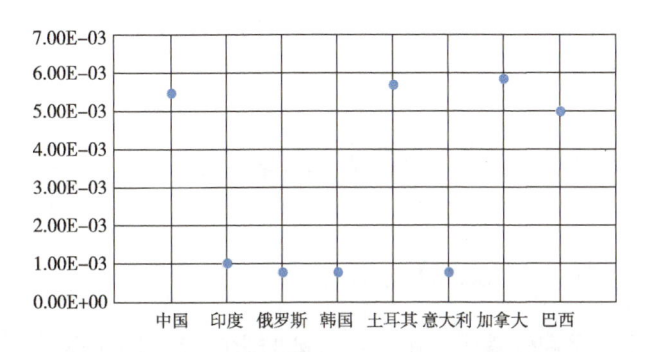

图 6-3 钢铁生产中各国的"单位 GDP 影响强度"

响强度（用标准化的国家总影响除以钢铁生产的 GDP）最大，接下来是中国和巴西。俄罗斯的单位 GDP 影响强度最小。很明显，强度数据是由 GDP 总量和贸易价格主导的。因此，因钢铁出口而造成的缺口应通过提高贸易价格来弥补，这将降低影响强度，并可作为国际层面增加责任分担的后续措施。

6.3.4 不确定性分析

基础数据是影响分类结果值的关键因素。如前所述，为了评估这些不确定性，笔者进行了蒙特卡罗模拟。为了保证仿真结果的准确性，笔者使用了专业的商用 Simapro 软件，而不是开源的 OpenLCA 软件。虽然软件不同，一些影响类别的名称也相差不大，但不影响对不确定度的测试。笔者做了几次运行，为谱系矩阵分配了不同的不确定性分数，以计算标准偏差与前景和背景数据的关联程度。本书附录中的表 A6-21 源于蒙特卡罗运行，对前景数据的不确定性很小（由于其来源的可靠性），表明尽管某些类别的标准偏差（SD）较大，但对环境有巨大影响（如全球变暖潜势）的 SD 值很小。同时也证实了本章结果的可靠性。在本书附录中的图 A6-2 里，与四个最关键的影响类别相关的结果显示了对不确定性和可能的错误的鲁棒性。因此，虽然本章中的一些数据来自不同的年份和来源，但其不确定性主要来自数据库，即来自本章调查之外的背景数据和对上游过程的假设。

6.3.5 敏感性分析

对关键类别的主要贡献者进行敏感性分析，有助于为科学决策找到更有价值的结果。本书附录中的表 A6-22 的结果显示，当柴油消费量减少 5% 时，其对气候变化、人类毒性、海洋生态毒性和颗粒物形成等方面的影响最大。此外，减少用电量对淡水生态毒性的影响最大，提高矿区铁矿石浓度对关键品类的影响最小。因此，在减少柴油的使用时，应该优先考虑铁矿石开采/钢铁生产对环境的影响。

6.4 小结

6.4.1 基于 LCA 的环境影响

在铁矿石开采和钢铁生产中，最关键的影响与毒性（海洋生态毒性、淡水生态毒性、人类毒性和颗粒物形成）有关。尽管能源消耗和碳排放可能导致气候变化，但考虑到前述毒性比标准化结果中气候变化的毒性高数十倍，因此毒性问题值得关注。例如，有学者（Li et al., 2016）发现，高含量的砷会导致中国钢铁厂附近的土壤和沉积物中产生严重的生态毒性。汤普尔等（Tongpool et al., 2010）发现，用于冷轧钢的化石燃料的影响远不如生态毒性影响重要。然而，也有一些文献表明，生态毒性虽然是一些产品（如钢、锌和金）生产过程的主要问题，但由于其本身具有不确定性，它的毒性仍有待进一步分析并确定。在不考虑内在不确定性的情况下，本章的研究结果表明，不论是从供应链角度还是从全球角度来看，其总影响力都由毒性决定。工艺废物的处理以及电力和化石燃料的使用是毒性和颗粒物的主要来源。因此，矿业公司应努力改善其提取工艺，以减少单位产品的其他影响。在每类 LCA 结果中，铁矿石开采对环境的影响均远低于粗钢制造。因此，与采矿相比，更加关注炼钢过程的效率可以更有效地改善环境绩效。另外，有关环境影响的国家排名也应引起注意。就每单位产量而言，巴西在这两个过程中所受的影响最大，如果巴西在不改善当前绩效的情况下继续增加产量的话，情况将变得更糟。

6.4.2 基于全球贸易的环境责任

当前,全球贸易主要取决于产品的市场价格。进口国没有考虑到出口国在开采铁矿石和生产钢铁时所面临的影响,而是仅关注产品的价格和质量。在大多数情况下,国际上也将开采主要资源并将其加工成精炼商品用于出口的国家指责为产生污染的源头。换句话说,钢铁生产国向国外输送资源和商品以支持外部经济,并因此受到巨大的环境影响,但是,它们从贸易中获得的货币收益却不足以消除其所遭受的环境影响。显然,以国际竞争确定的最低价格出售商品并不是促进或奖励清洁生产的最佳方法。进口国很少根据其环境绩效选择贸易伙伴,以鼓励出口国采用环境友好的方式提取和加工其商品。现在,应当是国际上共同承担"环境责任"的时候了。

换言之,在不承担污染问题的社会责任的情况下,进口国的进口成本是比较低的。分担责任可能意味着进口国需要付出额外的成本,但此举将帮助生产国开发出具有较小影响的更好的产品。当然,考虑到市场价格的复杂性,除了支付额外的费用,进口国还可以用其他的方式来承担责任。例如,和生产国一起制定更合理的污染联合管理协议或是贸易条款,或者为生产国传授相关的先进技术和知识。

关于全球钢铁贸易,至关重要的是,政府和企业应意识到,环境负担不应仅由贸易体系的一个参与者(出口商)承担,其他贸易伙伴(进口商)也需要承担责任。这意味着生产国应致力于通过开发和应用先进技术来提高能源和材料效率,从而提高自身的绩效。进口国应意识到产生污染问题的重要原因之一是由于其对初级商品或精炼商品的需求,因此它们也应做出相应努力,通过促进更好的开采和加工投资来减少环境影响。

6.4.3 政策建议

目前的研究结果清楚地表明,钢铁生产中的提取和精炼阶段对人类健康和生态系统完整性是有影响的。为了降低铁矿石开采和钢铁生产过程对环境的影响,从全球贸易的角度出发,生产国和进口国都有责任去进行改进,具体如下。

第一,在地方一级,应加大技术改进的力度和投入,特别是巴西的矿业公司以及加拿大和意大利的钢铁制造公司,更应如此。改进提取技术、技术效率,无疑可以帮助降低单位产品的影响。虽然巴西的多个公司已采取技术改进来减少排放废物,但对工艺残渣(覆盖物、尾矿、炉渣和废料)的恰当处置和回收也是必要的,因为这将有助于减少空气和水传播过程中的毒性排放。此外,相关部门的负责人和决策者可以采取措施,支持具有较低影响(如降低增值税)特征的生产流程或对受较高影响的流程进行惩罚,促使企业朝着更环保的行为方向发展。

第二,在国家一级,应加大对生产公司的影响评估和监测的力度,特别是对于世界上钢铁产量极大的澳大利亚和中国而言,更应如此。巴托布等(Barton et al., 2000)指出,除了要确保部门环境绩效得到改善外,还必须密切关注与案例地点、位置、投入、技术和业务策略有关的特定细节。此外,还应控制需求,以抵消因提高效率而获得的优势。对于南非和加拿大而言,单位 GDP 对铁矿石开采和钢铁生产的影响强度最高,很明显,贸易价格不能充分补偿改善生产所需的投资。

第三,在国际一级,应加大对环境公平贸易的努力,并倡导资源可获得性的全球共同责任。虽然一些国家已将污染者付费原则应用于废物处置,但对于大量进口铁矿石和钢铁的国家而言,联合国环境规划署等世界级决策机构仍可以要求它们(如日本和美国等)支付更多的费用。这笔钱可用于帮助生产国投资清洁生产技术,提高回收利用效果,改善本地乃至全球生态系统。当然,该费用的设定应综合考虑市场机制等多个因素。除了提高进口商的进口成本之外,进口国也可通过交换相关技术和专门知识、制定合理的污染联合管理协议等方式来帮助生产国改善环境影响。

7 钢铁产业链的贸易碳转移研究

7.1 钢铁产业链贸易碳转移研究现状

新能源汽车被视为推动全球可持续发展的关键,发展新能源汽车有助于"双碳"目标的实现(Yu et al., 2022; Qiao et al., 2022)。然而,新能源汽车在零部件及整车的制造过程中需要使用较多钢铁,尤其是具有先进工艺技术的特殊钢(Heal., 2020)。据统计,以钢铁材料为主的汽车构件价值约为整车价值的83%,其中特殊钢的占比正在大幅提升,如应用于新能源汽车车体的低合金高强钢,以及用于电机系统的电工钢等。这些钢材的生产需要铁矿石及粗钢等原材料(Liu et al., 2020b; Liu et al., 2021a),从而自下而上地发展形成了"钢铁-新能源汽车"产业链。为了研究新能源汽车生产过程中的碳排放,有必要从产业链的视角对钢铁资源的物质流动展开分析(Zhang et al., 2022)。随着经济全球化的深入,各国间新能源汽车及其相关产品的贸易往来越发紧密,制造过程中的碳排放也随之在全球大范围转移。因此,为了从需求角度分析各国在"钢铁-新能源汽车"产业链中应承担的碳责任,有必要研究贸易碳转移。

目前,与贸易碳转移有关的研究多是从国家层面展开的(Yang et al., 2022; Wang et al., 2022)。有学者(Xu et al., 2022)分析了中美两国的部门间国际贸易,找出了影响总出口和总进口的关键路径,并追踪了它们的时间变化。有学者(Dong et al., 2022)研究了中国碳转移的足迹和驱动因素,发现国外向中国的"碳泄漏"正在减少,与电动汽车有关的碳转移大多聚焦于电动车使用过程。有学者(Li et al., 2021)从跨省电力交易的角度分析了中国电动汽车用电所造成的碳转移,结果表明碳排放主要从中国发达的东部向欠发达的中西部转移排放。有学者(Xia et al., 2022)从生命周期的角度比较了不同国家各种电动汽车的碳足迹,发现虽然电池生产时的碳排放较多,但纯电动汽车全生命周期的碳排放则较少。有学者(Pan et al., 2022)运用时间指数随机图模型（TERGM）从全球价值链的角度研究了全球碳转移网络的结构变化及其影响因素。结果表明，全球价值链分工联系的深化增强了全球碳转移网络中的关系，低互惠性和高非分类性主要体现在经济体间全球价值链分工位置的差异上。由此可见，从产业链的视角分析全球新能源汽车贸易中与钢铁流动有关的碳转移，有助于我们从应用的角度识别与钢铁有关的碳转移路径。

如何基于贸易格局识别关键碳转移路径，是当前学者的重点研究内容（Chuai et al.，2021）。有学者（Xu et al.，2022b）基于多区域投入产出模型研究发现，在中国，由贸易伙伴消费驱动的净碳转移路径占其总路径数的87%，其中，初级产品和最终产品出口到美国的路径最为突出。另外，中国消费驱动的净碳进口转移路径主要来自韩国和俄罗斯的初级产品进口。有学者（Xu et al.，2022c）结合加权平均结构分解分析技术建立了一个环境经济系统模型，以探索我国省级贸易相关排放，发现各省的进出口之间存在较大的不平衡。在所有省份中，碳盈余省份始终多于碳赤字省份。有学者（Wang et al.，2022a）将多区域投入产出模型与区域环境指数（REI）相结合，构建起综合研究框架，追踪了6个地区2010—2015年的隐含碳排放和增加值，从多区域视角揭示了全球碳不平等问题。不难发现，尽管学者们从多个角度追踪了碳转移路径，但对于贸易碳转移格局的分析有待进一步挖掘。因此，笔者结合多层复杂网络模体的方法，从三元主体的角度识别了13种贸易碳转移格局及其承载的碳排放量。

本章从产业链视角分析了2017—2015年全球"钢铁-新能源汽车"贸易碳转移格局，识别了关键贸易碳转移路径及主体。创新之处有以下三点：首先，提出了"钢铁-新能源汽车"产业链，从自下而上的角度分析了钢铁资源的物质流动；其次，从产业链的视角核算并对比分析了多种能源在全球"钢铁-新能源汽车"贸易中的流动；最后，明确了贸易碳转移的13种小范围流动格局及流动量，并识别了关键贸易国及关键贸易路径。此外，本章从区域可持续发展的角度为我国的能源利用及贸易合作提供了政策建议。

7.2 钢铁产业链贸易碳转移模型构建

7.2.1 "钢铁-新能源汽车"产业链研究对象

本章从钢铁在新能源汽车应用的角度，自下而上地提出了"钢铁-新能源汽车"产业链，基于相关文献和行业报告，选择了十个主要贸易国［China（CHN）、Japan（JPN）、Korea（KOR）、Germany（DEU）、France（FRA）、UK（GBR）、USA、Russia（RUS）、Australia（AUS）、Brazil（BRA）］和十种代表性产品，并梳理了产品间的流动关系，具体信息如表7-1所示。

表7-1 "钢铁-新能源汽车"产业链产品及其不同环节间的关系

产业链	产品	流入（per1kg）	HS 码
Up stream	Iron ore	65%Fe	2601
	Crude steel	97.89%Fe	7207
Mid stream	Low alloy steel	98.38% crude steel	7224、722410、722490、722530、722550、722691、722692、722790、722830、722990
	Electrical steel	95.52% crude steel	722510、722610、722611、722619、722720、722820、722920
	High speed steel	76.16% crude steel	722520、722620、722710、722810、722910
	Stainless steel	71.51%crude steel	7218、7219、7220、7221、7222、7223
Down stream	Vehicle body of electric vehicle	65% lowa lloy steel	870710、870790、870829、870821
	Electro motor of electric vehicle	60% electrical steel	850131、850132、850134、850133、8501、8503、840510、840590、850161、850162、850163、850164、850171、850180、850172、850300
	Transmission system of electric vehicle	91% low alloy steel 2% stainless steel 1% high speed steel	848340、8483、848310、848390、848330
	Electric vehicle（whole vehicle）	40% vehicle body 5.2% electric motor 6.7% transmission	870911、870230、870220、870240、870380、870460、870340、870350、870370、870451、870452、870443、870360、870441

基于主要贸易国的"钢铁–新能源汽车"产业链产品流的海关编码（2021年）（如图7-1所示），各环节产品贸易数据来自联合国贸易数据库（UN comtrade），产品的海关编码（HS码）如表7-1所示，产品产量数据来自各国钢铁年鉴或相关报告。为分析贸易格局及能源和碳排放转移的演化趋势，所用数据均选自2017—2021年。各国使用的不同类别能源占比及用量来自国际能源署制作的能源供应与消费桑基图（IEA Sankey）中的钢铁行业（iron & steel sector），碳排放因子来自联合国政府间气候变化专门委员会（IPCC）。

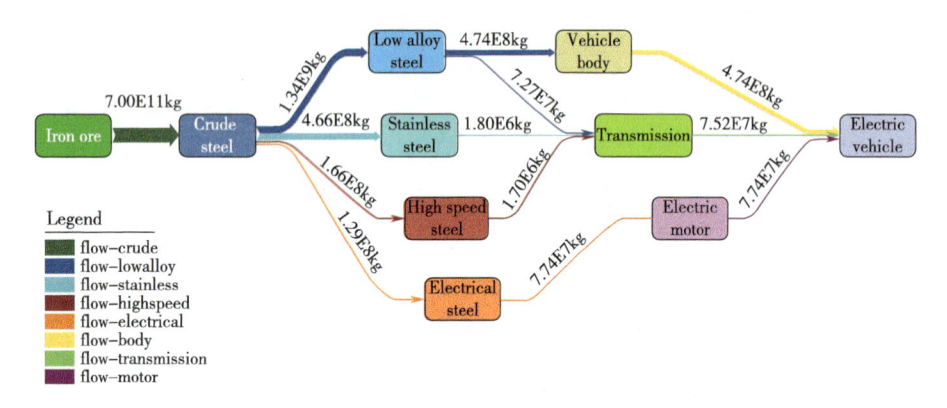

图7-1 "钢铁–新能源汽车"产业链产品流（2021年）

7.2.2 "钢铁–新能源汽车"产业链贸易碳排放核算及碳转移多层网络构建

多层网络是一种可以将复杂系统中的元素抽象为节点，将元素间关系抽象成边，将不同类别元素抽象为层的网络结构模型。使用该方法，目的是从网络的角度描述产业链贸易碳转移格局。

在构建贸易碳转移多层网络之前需要先核算贸易碳排放。"钢铁–新能源汽车"产业链产品的碳排放主要来自生产工艺、燃料及电力消耗，对这三方面进行核算之后从贸易角度进一步测算碳转移量。具体公式如下：

$$C_t = C_p + C_f + C_e = \left[\alpha_x + \sum_{k=1}^{n}(M_k \cdot \omega_k) + M_e \cdot \varepsilon_e \right] \cdot \varphi_x \quad (7-1)$$

$$C_s = C_t \cdot M_x \quad (7-2)$$

式（7-1）和式（7-2）中：C_t为产业链不同n环节产品的单位碳排放量；C_p为产品生产工序中的碳排放量；C_f为燃料消耗产生的碳排放量；C_e为电

力消耗产生的碳排放量；α_x 为产业链不同工序的单位碳排放量；M_k 为单位产品生产所需的 k 种燃料消耗量；ω_k 为燃料 k 的碳排放因子；M_e 为单位产品生产所消耗的电力；ε_e 为电力碳排放因子；φ_x 为产品含铁量；C_s 为贸易碳转移量；M_x 为产品贸易量。

接下来，使用多层网络方法构建"钢铁-新能源汽车"产业链贸易碳转移网络模型，从网络角度表征贸易碳转移格局。

$$D = (V_n, E_i, E_j) \tag{7-3}$$

$$E_i = \begin{bmatrix} C_{s1,1}^{n\alpha \to n\beta} & \cdots & C_{s1,n}^{n\alpha \to n\beta} \\ \vdots & & \vdots \\ C_{s10,1}^{n\alpha \to n\beta} & \cdots & C_{s10,n}^{n\alpha \to n\beta} \end{bmatrix} \tag{7-4}$$

$$E_j = \begin{bmatrix} C_{t1,1}^{n\alpha \to n\alpha} & \cdots & C_{t1,n}^{n\alpha \to n\alpha} \\ \vdots & & \vdots \\ C_{t10,1}^{n\alpha \to n\alpha} & \cdots & C_{t10,n}^{n\alpha \to n\alpha} \end{bmatrix} \tag{7-5}$$

式（7-3）至式（7-5）中：V_n 为网络中节点，代表全球主要国家；E_i 为单层网络，每层网络代表产业链不同产品，层内连边为不同国家间产品贸易碳转移量；E_j 为多层网络，层间连边为国家内部不同环节产品的碳排放量。

7.2.3 "钢铁-新能源汽车"产业链贸易碳转移评估及关键模体识别

复杂网络可以从系统的角度分析多个主体间的作用，网络模体是复杂网络内部的模式，它可以从子图的角度分析现实网络，从而识别关键的结构。

为了从全局角度分析产业链贸易碳转移格局及其演变趋势，笔者基于已构建的多层网络，分别从贸易相关性、显著性、稳定性及贸易碳转移范围等维度构建了综合指标体系，具体公式及含义如表 7-2 所示。

表 7-2 全球"钢铁-新能源汽车"产业链贸易碳转移网络评价指标

指标	公式	含义
Average degree	$k = \dfrac{\sum_{i,j=1}^{N} g_{ij}}{N}$	各国在"钢铁-新能源汽车"贸易中的相关程度。其数值越大，表明世界范围内"特殊钢-电动汽车"贸易的关联性越强
Average weighted degree	$O = \sum_{i,j=1}^{N}(g_{i,j} + g_{j,i})$	"钢铁-新能源汽车"贸易的重要性。其价值越大，表明"特殊钢-电动汽车"贸易在世界范围内越重要

续表

指标	公式	含义
Clustering coefficient	$\bar{C} = \dfrac{\sum_{i=1}^{N} C_i}{n} = \dfrac{\sum_{i=1}^{N} \dfrac{\vartheta G(v)}{\tau G(v)}}{n}$	在"钢铁-新能源汽车"产业链中,各国之间的贸易密切程度
Average path length	$d = \dfrac{\sum_{i,\,j+1} d_{ij}}{2L}$	"钢铁-新能源汽车"贸易中国家之间碳排放的空间转移规模。其数值越大,表明"钢铁-新能源汽车"贸易造成的碳排放的全球扩散越大
Modularity	$Q = \sum_{i=1}^{N}\left(e_{ii} - \sum_{j} e_{ij}^{2}\right)$	在"钢铁-新能源汽车"贸易中碳转移模式的稳定性
Weighted degree	$s_i = \sum_{j \in N_i} w_{ij}$	各国在"钢铁-新能源汽车"贸易中碳转移的重要性

为从产业链角度进一步了解全球"钢铁-新能源汽车"贸易碳转移的基本结构及承载的碳排放量,以下从三元模体的角度对多层网络进行分析(图7-2),并核算不同模体的贸易碳转移承载量。

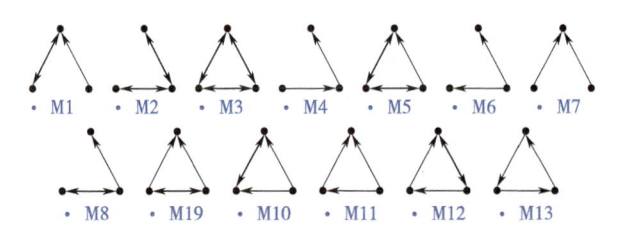

图 7-2 13种贸易碳转移模体

图 7-2 展示了产业链中潜在的 13 种贸易格局,三个顶点代表了产业链三个环节,箭头反映了贸易碳转移的方向。以 M1 为例,它反映了贸易碳转移从上游到中游再到下游,接着又从下游转移回中游的过程。式(7-6)至式(7-8)测算了 13 种模体在"钢铁-新能源汽车"产业链中承载的碳转移量。其中,式(7-6)核算了模体加权边在整个碳转移网络中的占比,即不同贸易格局中各环节间关系在全球产业链贸易碳转移中的占比;式(7-7)统计了不同模体在多层网络中的占比,即"钢铁-新能源汽车"产业链不同贸易碳转移格局出现的占比;式(7-8)基于加权边和模体占比核算了每个模体的负载能力,即每种贸易格局的碳承载能力。

$$L_m = \frac{\sum_{i=1}^{n} sum(E_i)}{\sum_{q=1}^{N} sum(E_q)} \tag{7-6}$$

$$f_m = \frac{n_m}{N} \tag{7-7}$$

$$CCI_m = \frac{L_m}{f_m} \tag{7-8}$$

式（7-6）至式（7-8）中，CCI_m 为模体 m 的碳排放承载因子；L_m 为模体 m 中边权的比重；f_m 为模体 m 出现的频次；$\sum_{i=1}^{n} sum(E_i)$ 为模体 m 中边权的总和；$\sum_{q=1}^{N} sum(E_q)$ 为真实网络中边权的总和。

7.3 全球钢铁产业链贸易碳转移格局及关键路径分析

7.3.1 "钢铁-新能源汽车"产业链贸易格局演化

为了解"钢铁-新能源汽车"产业链贸易隐含能、隐含碳的流动，笔者先对比了 2017 年和 2021 年全球"钢铁-新能源汽车"产业链贸易流动格局（图 7-3）。箭头代表国家及产品间的贸易流动方向和贸易量。与图 7-3（a）相比，图 7-3（b）中从巴西-铁矿石到中国-铁矿石的紫色箭头有轻微变小，但与巴西-铁矿石有关的箭头在变多。这表明与 2017 年相比，2021 年巴西出口到中国的铁矿石量虽有小幅下降，但与其他国家的贸易量相比还是增加了。整体来看，贸易流动更多聚集于铁矿石等产业链上游产品，这主要是因为钢铁的冶炼需要较多的铁矿石原材料。此外，贸易箭头变得越来越多，且越发显著，表明随时间发展，全球"钢铁-新能源汽车"贸易往来越发紧密，且贸易量急剧增加，尤其是中游的低合金钢和电工钢。低合金钢主要用于新能源汽车车身，电工钢主要用于电机系统，其均为新能源汽车中的重要产品。这些钢铁产品的贸易活跃度也反映出近年来新能源汽车在全球范围内的大规模推动效应。

7.3.2 "钢铁-新能源汽车"产业链贸易隐含能转移格局演化

由于资源禀赋及经济发展水平不一致，各国在"钢铁-新能源汽车"产业链中的能源类别及其消耗量各不相同，图 7-4 统计了各国生产过程中的能源

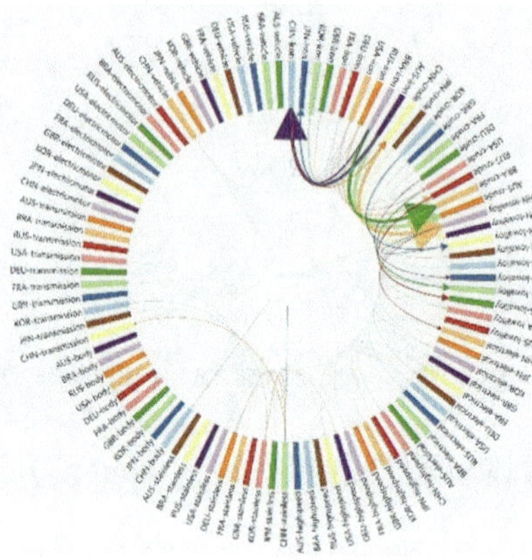

（a）2017年

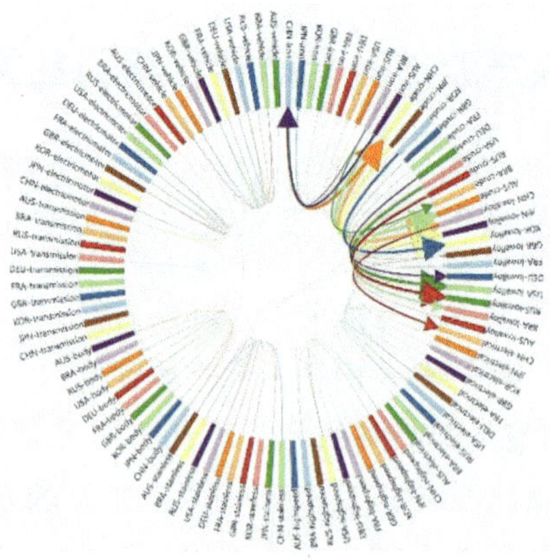

（b）2021年

图7-3　全球"钢铁-新能源汽车"产业链贸易格局演化

使用百分比，表7-3列出了各国生产单位产品时的能源消耗量，均已进行了标准化核算。与电力相比，各国在燃料方面的消耗更多。其中，煤炭和天然气是最为主要的燃料。中国在"钢铁-新能源汽车"产业链中使用的单位煤炭约为0.181kg，占所有能源的71%；日本、英国和俄罗斯使用的煤炭占比约为60%；美国使用天然气占比更多，约为50%。生物燃料作为提高能源安全和降低碳排放的有效途径，应用相对较少。与其他国家相比，巴西的生物燃料使用占比最高（27%），单位用量约为0.101kg；接下来是俄罗斯，约占3%。

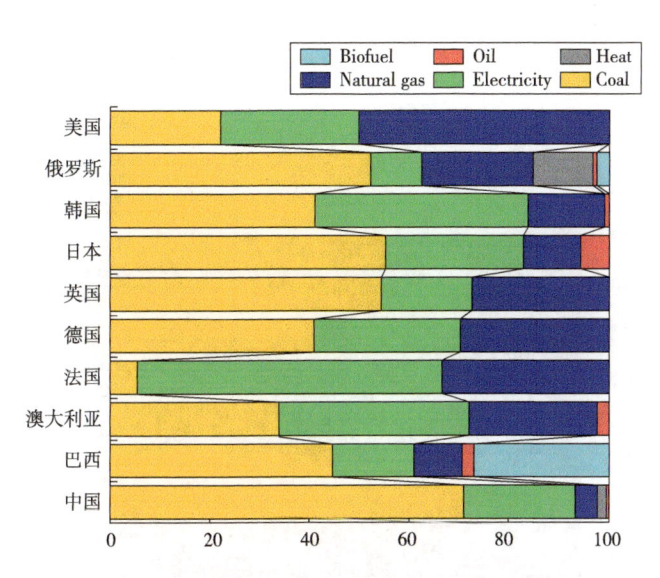

图 7-4 全球主要国家不同类别能源使用百分比（%）

表 7-3 "钢铁-新能源汽车"产业链单位产品生产所需各类能源 （kg）

	煤炭	电力	天然气	热能	石油	生物燃料
CHN	1.81E-01	5.63E-02	1.11E-02	5.03E-03	1.01E-03	n.a.
BRA	1.69E-01	6.13E-02	3.68E-02	n.a.	9.20E-03	1.01E-01
AUS	4.91E-02	5.45E-02	3.64E-02	n.a.	3.64E-03	n.a.
FRA	6.94E-03	7.64E-02	4.17E-02	n.a.	n.a.	n.a.
DEU	7.32E-02	5.30E-02	5.30E-02	n.a.	n.a.	n.a.
GBR	8.33E-02	2.78E-02	4.17E-02	n.a.	n.a.	n.a.
JPN	1.16E-01	5.84E-02	2.32E-02	n.a.	1.21E-02	n.a.
KOR	6.16E-02	6.44E-02	2.24E-02	n.a.	1.40E-03	n.a.
RUS	3.79E-01	7.39E-02	1.63E-01	8.51E-02	4.18E-03	1.81E-02
USA	4.56E-02	5.69E-02	1.03E-01	n.a.	n.a.	n.a.

在明确各国能源结构及使用情况后，笔者进一步核算了2017—2021年全球"钢铁-新能源汽车"产业链贸易隐含能（图7-5）。总体而言，煤炭的用量始终是最多的，但有所下降，由6.92E10 kg 降至6.46E10 kg；地热用量最少，有轻微上升趋势，从7.65E8 kg 增长到1.09E9 kg。生物燃料大多用于巴

西的铁矿石开采和冶炼，铁矿石减产使其用量也有小幅度下降。

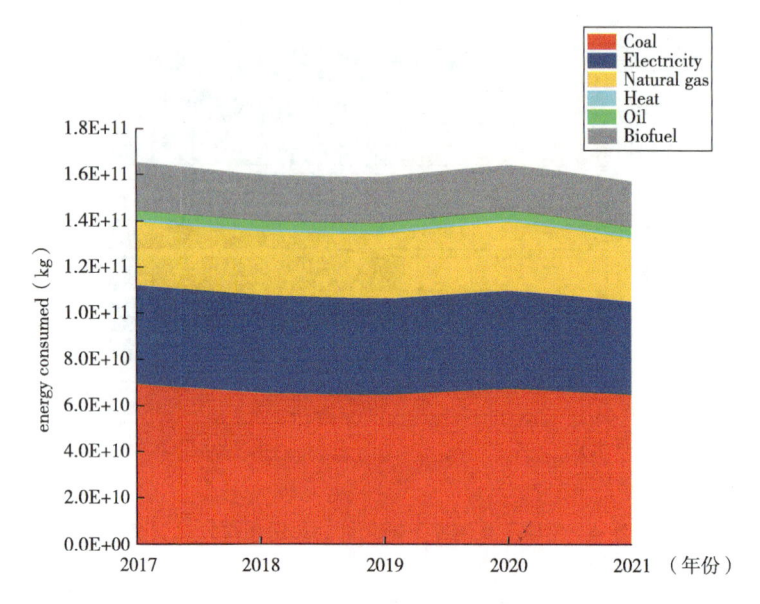

图 7-5　全球"钢铁-新能源汽车"产业链贸易隐含能演化趋势

笔者以 2021 年为例，比较了主要国家在"钢铁-新能源汽车"产业链贸易中转移的不同能源，如图 7-6 所示。图 7-6 对比了所有国家的贸易隐含能。煤炭在大部分国家都是消耗最多的，尤其是巴西，它也是所有国家中转出隐含能最多的国家，这主要是因为其开采并出口大量铁矿石，而铁矿石是生产钢铁及新能源汽车零部件所需的关键原材料。美国消耗并转移的隐含能也较多，是除巴西和澳大利亚之外最多的国家，这主要是由于它侧重于生产下游新能源汽车零部件。韩国和法国的贸易隐含能消耗相对较少，这主要是因为它们的贸易量较低。

为了进一步分析贸易隐含能的流向，图 7-7 从产业链视角分别展示了不同环节各国间的贸易流动。横坐标代表出口国，纵坐标代表进口国，颜色越偏蓝表明贸易隐含能转移越少，颜色越偏红表明贸易隐含能转移越多。图 7-7（a）表明，中国、日本、德国等在"钢铁-新能源汽车"产业链贸易中承接了更多的能源消耗，作为钢铁工业较为发达的国家，中国和日本在产业链上游接收的能源消耗主要来自澳大利亚和巴西这两个铁矿石供给国，还有一部分来自俄罗斯［图 7-7（b）］。在产业链中游环节，中国和日本又成为贸易隐含能的主要发送者，它们进口上游原材料后加工出大量优特钢，并向

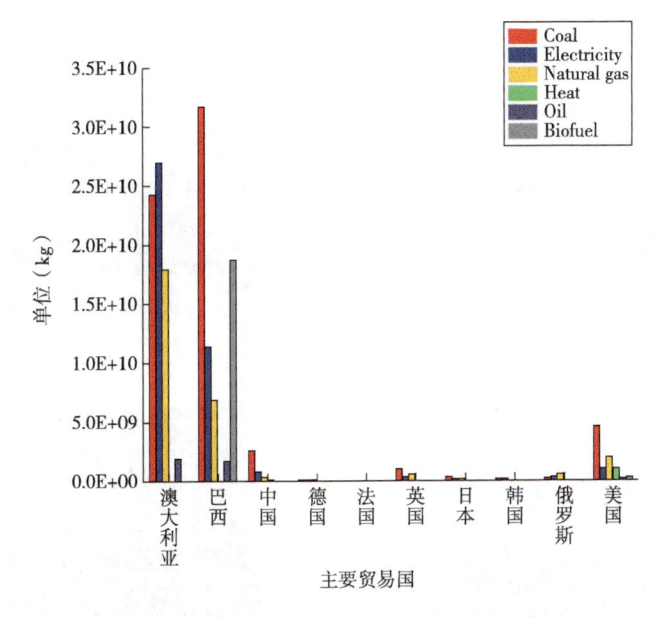

图 7-6 "钢铁-新能源汽车"产业链中不同类别能源转移量（2021 年）

德国、美国及韩国等多个新能源汽车行业较发达的国家出口［图 7-7（c）］。图 7-7（d）反映了产业链下游新能源汽车零部件的贸易隐含能转移，作为欧洲第二大新能源汽车市场的英国向美国等转移了更多的能源；中国作为当前新能源汽车供应大国，向法国等转移了较多能源。巴西由于产品生产的能耗较高，随着新能源市场的飞速发展，也通过国际贸易发送了一些能源。

7.3.3 "钢铁-新能源汽车"产业链贸易碳转移格局演化

笔者结合各国在"钢铁-新能源汽车"的经济收益，进一步核算了各国在"钢铁-新能源汽车"产业链不同环节的碳排放强度变化趋势。产业链上游各国碳排放强度随时间发展呈下降趋势，俄罗斯的碳排放强度近年来始终较高，约为 3.35E9；巴西次之，约为 3.22E9；欧美等国的碳排放强度最小。2017—2021 年各国碳排放强度均呈下降趋势，尤其是英国和法国。英国从 6.2E7 降低至 4.78E7，法国从 3.19E7 降低至 1.09E7，俄罗斯的碳排放强度仍是最高的。与上游相比，中游各国碳排放强度均有显著降低，表明中游高强度钢材的碳排放与经济之间的失衡关系较弱。此外，在"钢铁-新能源汽车"产业链的下游环节，英国和法国的碳排放强度较高，日本、韩国、德国、法国等新能源汽车技术较为发达国家的碳排放强度处于第二阶梯，之后是中国、美国。

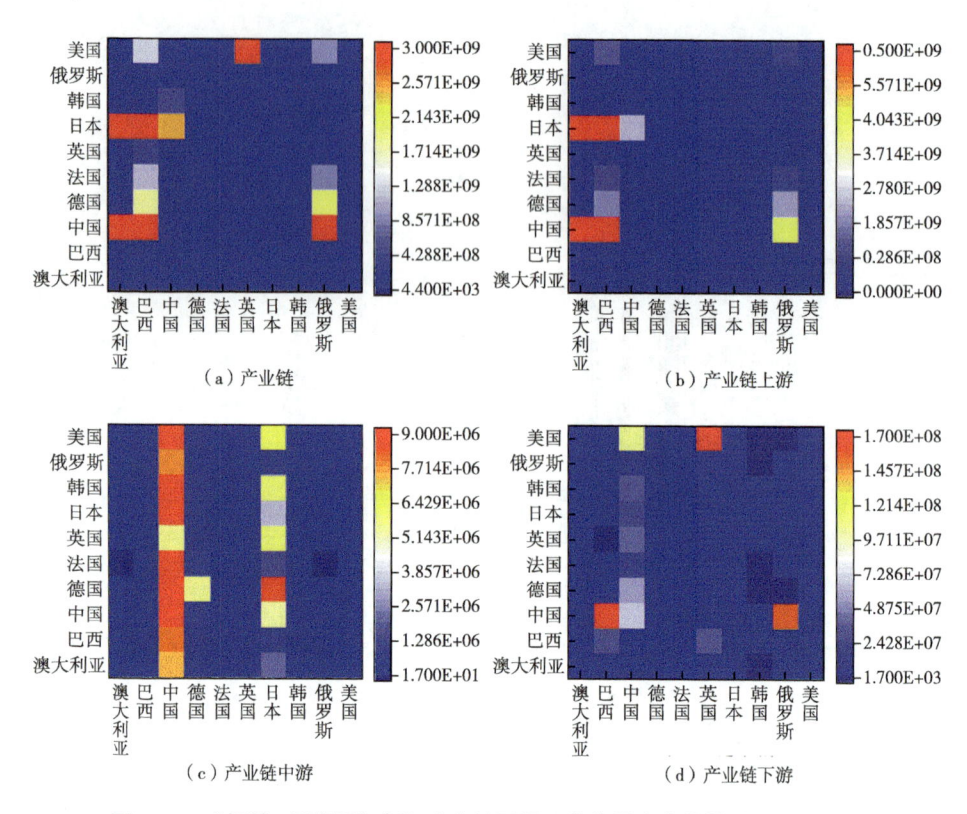

图7-7 "钢铁-新能源汽车"产业链不同环节贸易隐含能转移（2021年）

这些国家随时间发展而普遍具有较大的增长幅度，表明各国在钢铁及新能源汽车方面的经济收益与碳排放仍存在一定的不对等问题。

笔者基于碳排放进一步核算了2017—2021年全球"钢铁-新能源汽车"产业链贸易碳转移，并构建了产业链多层贸易隐含碳转移网络，图7-8为2021年贸易碳转移网络。从中不难发现，产业链中下游的网络更为紧密且复杂，中游低合金钢以及下游车身等零部件的节点更大，表明它们在整体贸易碳排放网络中扮演的角色更重要。

笔者基于构建的多层网络，结合评价指标进一步分析了"钢铁-新能源汽车"产业链贸易碳转移及其演变趋势（表7-4）。整体来看，"钢铁-新能源汽车"产业链在全球范围的贸易相关性和贸易紧密程度均随时间发展而有小幅下降，表明近年来各国在"钢铁-新能源汽车"产业链的贸易伙伴数量和贸易相关性均有轻微减少和下降。与此同时，各国平均贸易碳转移量有所增加，贸易碳转移空间规模基本稳定在3左右，表明贸易碳排放普遍在3个国家间

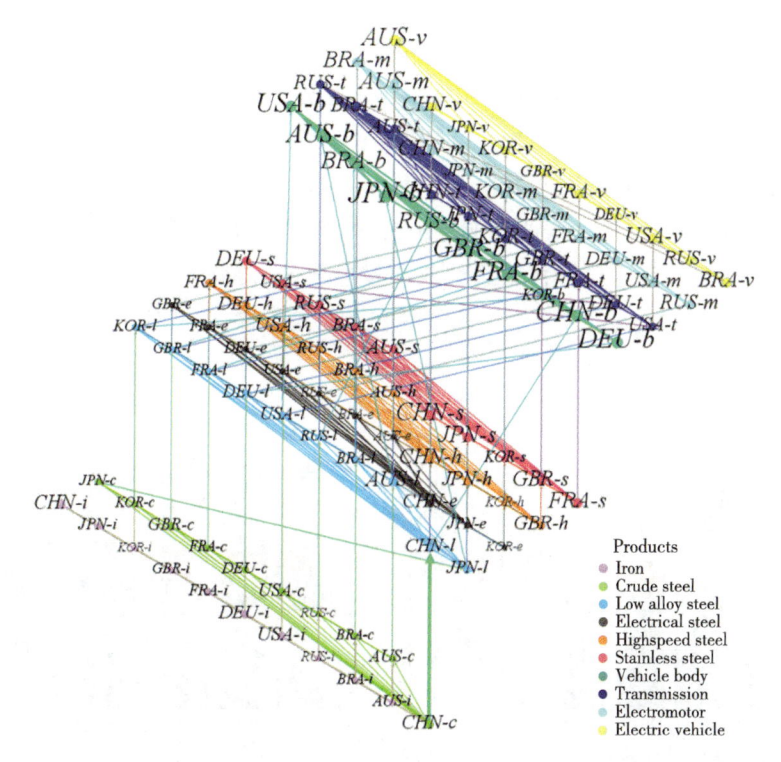

图 7-8 产业链视角下全球主要"钢铁-新能源汽车"贸易碳转移网络（2021年）

流动。模块化从 0.688 降至 0.557，表明全球"钢铁-新能源汽车"贸易伙伴集群从原来的 7 类逐渐下降到 5 类左右，进一步反映了贸易全球化的趋势。

表 7-4 全球"钢铁-新能源汽车"产业链贸易及其隐含碳演化趋势

	贸易相关性 （平均度）	贸易碳转移均量 （平均加权度）	贸易紧密程度 （平均聚类系数）	贸易碳转移规模 （平均路径长度）	贸易碳转移格局 稳定程度（模块化）
2017 年	8.71	5.31E+10	0.566	2.947	0.688
2018 年	8.73	5.49E+10	0.569	2.927	0.681
2019 年	8.63	5.66E+10	0.565	2.928	0.643
2020 年	8.67	5.72E+10	0.565	2.884	0.565
2021 年	7.55	6.13E+10	0.499	2.992	0.557

笔者从三元模体的角度分析了 2017—2021 年网络子图结构在产业链不同环节的占比情况，具体结果如图 7-9 所示。图 7-9（a）表明，"钢铁-新能源

汽车"产业链中 M1、M2 两种模体的占比最多，表明贸易隐含碳更多是在两个国家间转移，三个国家间的贯通式转移较少发生。图 7-9（b）表明，产业链上游 M2 这类模体占比最多（约 22%），表明上游贸易碳转移中，扮演中间角色的贸易国往往也是碳排放的发送者。M4 这种单向碳转移占比次之（17%），两种模体均随时间变化逐年增多。图 7-9（c）中 M3 的模体占比也较为显著（15% 左右），表明产业链中游的贸易国之间普遍存在合作往来，碳排放大多呈双向贯通式转移。这种双向贯通式的贸易碳转移在产业链下游更为突出［图 7-9（d）］，约为 38% 左右，间接反映了"钢铁-新能源汽车"产业链中下游贸易的复杂性。

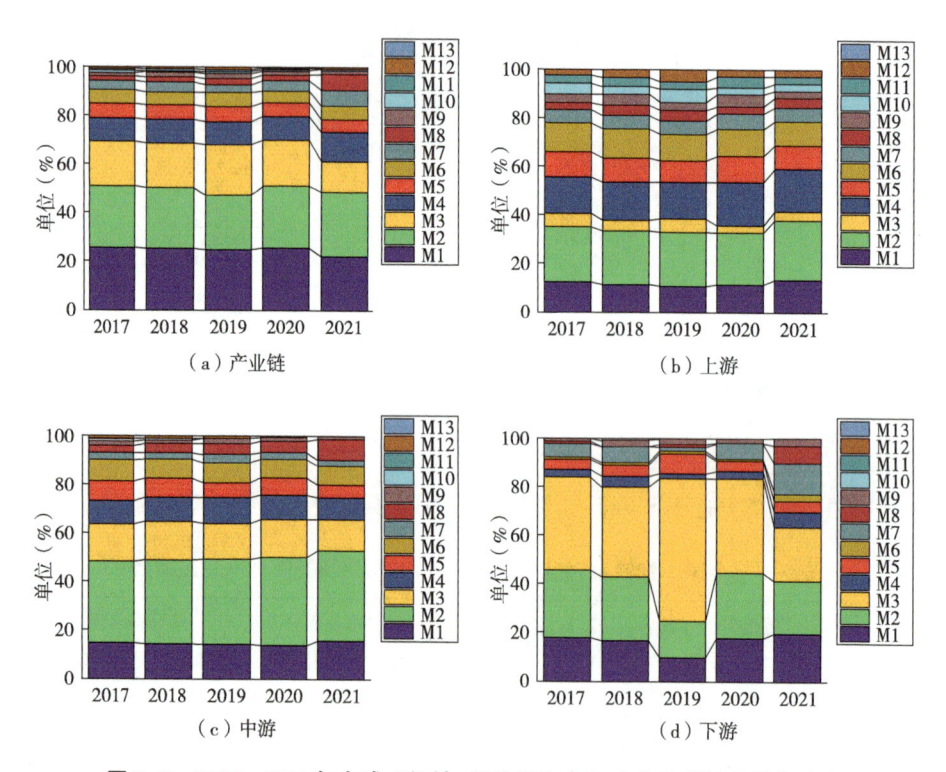

图 7-9　2017—2021 年全球"钢铁-新能源汽车"产业链碳转移模体分布

图 7-10 进一步核算了 13 类模体 2017—2021 年的贸易碳转移承载量。由于全球"钢铁-新能源汽车"产业链碳排放有所增加，所以每类模体承载的贸易碳转移量均有不同程度的增长。模体 M4 每年的碳转移承载量最多，M1 和 M8 次之。与图 7-9（a）相比，这一结果表明，尽管模体 M2 和模体 M1 在"钢铁-新能源汽车"产业链贸易碳转移格局中更为显著，但模体 M4 和 M8 承

载的碳转移量更多。M4 行业结构所承载的"钢电动汽车"产业链碳排放约为 1.8E12 kg，M8 行业结构所承载的"钢铁-电动汽车"产业链碳排放约为 1.1E12 kg。也就是说，从产业链的角度来看，上游、中游、下游产品在不同国家生产出口，再由下游返回中游生产国的贸易模式所占比例较大（M1），但上游原材料生产国到下游制造国的贸易模式（M4）所携带的碳排放较多。研究结果还表明，电动汽车的主要生产商倾向于向钢铁等原材料供应国出口，即"钢铁-电动汽车"产业链的碳排放更容易在中下游生产商之间转移。

造成这一现象的原因，主要与产业链不同环节生产工艺和各国在"钢铁-电动汽车"制造中的能源结构有关。首先，与下游新能源汽车零部件的制造相比，产业链上游和中游的材料（特钢等）在生产过程中会产生更多的碳排放。其次，中上游材料的制造国（中国、日本等）在能源使用中多以煤炭、石油等燃料为主，这也使其碳排放及转移量高于下游。最后，由于技术工艺的发展程度，中上游材料制造国（巴西等）多通过进口来满足对新能源汽车的需求，因此造成了贸易回流的现象。

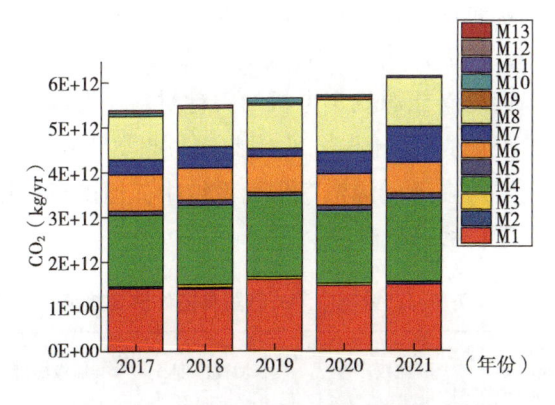

图 7-10 不同贸易格局中的碳转移承载量

7.3.4 基于贸易碳转移的"钢铁-新能源汽车"产业链关键主体及路径识别

为了进一步识别产业链贸易碳转移的关键主体及关键路径，基于构建的贸易碳转移网络及节点加权出度这一评价指标，笔者从二氧化碳转出的角度分析了 2017—2021 年不同环节不同产品中排名前三的国家。从产业链上游来看（表 7-5），近五年的主要贸易国排名基本相同。巴西和澳大利亚作为主要供给国，每年为其他国家提供超过 50%的铁矿石，也因此在开采和运输过程中转移了大量的温室气体，2021年两国分别通过贸易排放了9.17E11kg和7.24E11kg的碳排放。中国作为钢铁大国，为全球生产和提供了最多的粗钢，也因此向各国转移了较多二氧化碳。

表7-5 产业链上游关键贸易主体演变趋势

	2017年	加权出度	2018年	加权出度	2019年	加权出度	2020年	加权出度	2021年	加权出度
upstream-iron	AUS	2.18E+11	BRA	1.05E+12	BRA	9.43E+11	BRA	9.54E+11	BRA	9.17E+11
	BRA	9.69E+10	AUS	7.42E+11	AUS	7.42E+11	AUS	7.49E+11	AUS	7.24E+11
	CHN	1.57E+10	RUS	1.77E+11	CHN	2.45E+11	CHN	2.37E+11	CHN	6.72E+11
upstream-crude steel	CHN	1.24E+12	CHN	2.09E+12	CHN	2.24E+12	CHN	2.39E+12	CHN	2.32E+12
	JPN	1.48E+11	RUS	2.79E+11	RUS	2.76E+11	RUS	2.84E+11	RUS	2.97E+11
	USA	1.17E+11	JPN	2,23E+11	JPN	2.12E+11	JPN	1.79E+11	JPN	2.07E+11

产业链中游产品的关键贸易碳转移主体在2017—2021年排序基本相同（表7-6）。低合金钢是应用最广泛的高强度特钢，中国、美国、日本是当前最主要的贸易伙伴，在2021年分别排放了1.03E11kg、1.2E10kg和9.06E9kg的二氧化碳。电工钢是新能源汽车电机的关键材料，德国、中国和美国凭借先进的技术占据了较大的市场份额，也因此成为此类贸易碳转移的关键国家。高速钢和不锈钢主要用在新能源汽车传动系统中，但由于应用较少，所以与该产品相关的贸易碳转移也相对较少。

表7-6 产业链中游关键贸易主体演变趋势

	2017年	加权出度	2018年	加权出度	2019年	加权出度	2020年	加权出度	2021年	加权出度
midstream-low alloy steel	CHN	6.39E+10	CHN	1.04E+11	CHN	1.12E+11	CHN	1.06E+11	CHN	1.03E+11
	USA	7.13E+09	USA	1.06E+10	USA	1.01E+10	USA	8.38E+09	USA	1.20E+10
	JPN	6.42E+09	JPN	9.85E+09	JPN	9.48E+09	JPN	1.84E+11	JPN	9.06E+09
midstream-electrical steel	DEU	4.81E+09	DEU	6.64E+09	DEU	6.28E+09	CHN	3.28E+09	USA	3.36E+09
	CHN	2.86E+09	CHN	4.73E+09	CHN	4.65E+09	USA	3.12E+09	CHN	3.34E+09
	USA	2.53E+09	USA	3.84E+09	USA	3.75E+09	RUS	2.80E+09	RUS	2.85E+09
midstream-high speed steel	DEU	3.62E+09	DEU	5.18E+09	DEU	4.58E+09	USA	1.77E+09	USA	1.77E+09
	USA	1.48E+09	USA	2.21E+09	USA	2.16E+09	DEU	9.83E+08	DEU	9.03E+08
	FRA	1.32E+09	FRA	1.72E+09	FRA	1.52E+09	KOR	6.58E+08	RUS	6.58E+08

续表

	2017年	加权出度	2018年	加权出度	2019年	加权出度	2020年	加权出度	2021年	加权出度
midstream-stainless steel	CHN	1.92E+09	CHN	1.93E+10	CHN	1.97E+10	CHN	1.98E+10	CHN	1.98E+10
	KOR	7.82E+08	JPN	2.01E+09	JPN	1.82E+09	JPN	1.51E+09	JPN	1.50E+09
	JPN	6.21E+08	USA	1.47E+09	USA	1.36E+09	USA	1.12E+09	USA	1.14E+09

在"钢铁-新能源汽车"产业链下游环节，从碳排放转移来看，与前两个环节相比，下游产品中关键贸易国的碳转移普遍较低，表明碳排放更多发生在上游和中游的制造环节。下游贸易国的碳转移量随时间发展具有小幅上升趋势，表明新能源汽车各部件的贸易量随时间发展而轻微增加。从贸易国来看，表7-7反映出不同新能源汽车零部件的重点贸易出口国有所差异，且随时间发展而有所变化。在新能源汽车车身方面，德国、美国等欧美市场由于发展较早而在早期具有较大的贸易份额，后续随着新能源汽车在全球的大力发展，中国、日本、韩国等主要钢铁大国开始蓄力，并在近几年成为车身（整车中钢材消耗最大的零部件）制造及出口的主要贸易国。驱动电机和传动系统均是新能源汽车的核心部件之一，在这些部件的生产和贸易中，日本虽然发展较早，但后来发展缓慢。中国近年来的新能源汽车发展较快，本土品牌显著增加，相关部件的自供占比持续上升，因此逐渐成为关键贸易主体。在新能源汽车整车的贸易中，中国近几年都占据了第一的市场份额，日本、韩国等工业规模较大的国家也有较快的发展趋势。美国、法国等新能源汽车行业虽然具有一定优势，但由于供给较少，且受疫情影响发展速度减缓，因此并非一直是关键贸易主体。

表7-7 产业链下游关键贸易主体演变趋势

	2017年	加权出度	2018年	加权出度	2019年	加权出度	2020年	加权出度	2021年	加权出度
downstream vehicle body	CHN	1.44E+09	CHN	1.68E+09	CHN	1.22E+09	CHN	1.10E+09	CHN	1.01E+09
	DEU	6.61E+08	JPN	9.95E+07	JPN	8.67E+07	JPN	8.45E+08	JPN	8.09E+08
	USA	6.18E+08	KOR	1.92E+07	KOR	1.66E+07	KOR	1.69E+08	FRA	5.81E+07
downstream electro motor	CHN	1.72E+08	RUS	2.71E+09	GBR	5.72E+09	BRA	4.35E+09	GBR	6.13E+09
	USA	5.29E+07	CHN	1.70E+08	BRA	6.34E+08	AUS	3.33E+09	BRA	1.20E+09
	KOR	3.23E+07	JPN	5.71E+07	AUS	1.37E+08	GBR	2.99E+09	RUS	5.20E+08

续表

	2017年	加权出度	2018年	加权出度	2019年	加权出度	2020年	加权出度	2021年	加权出度
downstream vehicle transmission	CHN	1.28E+09	CHN	4.67E+09	CHN	4.45E+09	CHN	4.23E+09	CHN	5.30E+09
	DEU	7.25E+08	JPN	7.73E+08	JPN	7.56E+08	JPN	7.40E+08	JPN	7.25E+08
	JPN	5.29E+08	KOR	3.39E+08	KOR	2.86E+08	DEU	3.53E+08	DEU	5.06E+08
downstream electric vehicle	JPN	1.07E+09	CHN	2.98E+09	CHN	2.06E+09	CHN	1.75E+09	CHN	1.19E+09
	KOR	2.87E+08	KOR	2.84E+08	KOR	2.28E+08	KOR	1.91E+08	JPN	4.24E+08
	USA	2.44E+08	JPN	8.62E+07	JPN	7.48E+07	JPN	5.58E+07	FRA	1.21E+08

总体而言，中国、日本、德国、美国是"钢铁-新能源汽车"产业链的关键贸易碳转移主体。为了进一步分析贸易碳转移的流动，笔者绘制了2021年全球"钢铁-新能源汽车"产业链碳转移流（图7-11）。从中不难发现，虽然与新能源汽车相关的贸易较复杂，但其转移的碳排放在"钢铁-新能源汽车"产业链中却不是最多的。相反，碳转移更多存在于上游环节，尤其是铁矿石开采和粗钢的制造中，这也进一步反映出环境效益与经济发展的不对等，以及加强循环经济的重要性。

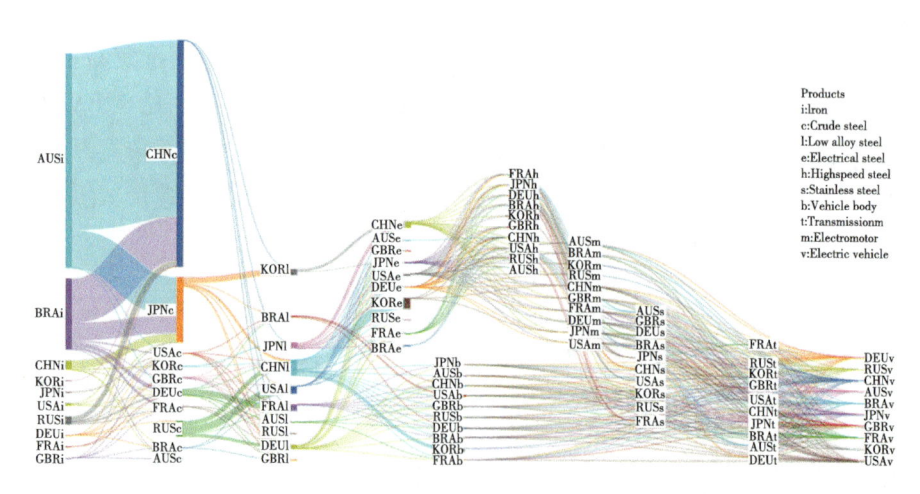

图 7-11 全球"钢铁-新能源汽车"产业链碳转移流（2021 年）

笔者基于识别的关键贸易主体，根据已核算的贸易碳转移量分析了2021年产业链不同环节、不同产品的关键碳转移路径（表7-8）。根据表7-2所示的碳转移规模以及三元模体结构的分析，笔者在关键碳转移路径方面选择了三个贸易国。表 7-8 展示了各国在不同环节转移的碳排放量。

表 7-8 产业链不同环节产品的关键贸易碳转移路径（2021 年）

产业链	产品	关键碳转移路径
Upstream	Iron	BRA $\xrightarrow{2.27E11kg}$ CHN $\xrightarrow{9.74E9kg}$ JPN
Upstream	Crude steel	CHN $\xrightarrow{4.43E6kg}$ FRA $\xrightarrow{3.19E5kg}$ GBR
Midstream	Low alloy steel	CHN $\xrightarrow{9.41E7kg}$ JPN $\xrightarrow{1.14E7kg}$ USA
Midstream	Electrical steel	USA $\xrightarrow{3.11E5kg}$ BRA $\xrightarrow{2.49E4kg}$ CHN
Midstream	High speed steel	DEU $\xrightarrow{6.70E4kg}$ FRA $\xrightarrow{3.51E4kg}$ USA
Midstream	Stainless steel	CHN $\xrightarrow{1.07E8kg}$ DEU $\xrightarrow{4.20E6kg}$ FRA
Downstream	Vehicle body	CHN $\xrightarrow{1.78E8kg}$ FRA $\xrightarrow{1.15E6kg}$ DEU
Downstream	Electro motor	CHN $\xrightarrow{3.65E6kg}$ DEU $\xrightarrow{4.52E4kg}$ GBR
Downstream	Vehicle transmission	CHN $\xrightarrow{7.01E8kg}$ USA $\xrightarrow{4.39E6kg}$ DEU
Downstream	Electric vehicle	CHN $\xrightarrow{2.52E8kg}$ DEU $\xrightarrow{6.32E5kg}$ USA

"钢铁-新能源汽车"产业链上游多是从巴西流向中国、日本等亚洲国家，再到法国等欧洲国家，在铁矿石的关键贸易碳转移路径中，上游巴西向中国的转移量是中国向日本转移量的 1.2 倍。中游特钢的贸易碳转移路径主要集中在亚洲和欧洲的几个关键贸易国之中，低合金钢的碳转移要高于其他几种钢材的碳转移，表明低合金钢是重点贸易产品。从产业链下游的碳转移路径来看，中国是所有新能源汽车相关部件的第一发送者，且碳排放转移量在 1E8 kg 和 7E8kg 之间，之后碳转移主要发生在德国、法国等欧美国家间，碳转移量普遍下降 1.6 倍左右，表明欧美等国更多扮演了接收者的角色。

不难发现，碳排放强度国更多集中在东亚及北欧地区，且其多为碳排放的发送者或中间转移者。北美洲及西欧地区的碳排放强度较低，且多为碳排放接收者（尤其是美国）。南美洲地区和澳大利亚在产业链中的碳排放强度较低，但其转移的碳排放也不少。

7.3.5 敏感性分析

为了避免变量不确定性对贸易碳转移的潜在影响，有必要进行敏感性检验（Zhu et al., 2021；Askarifard et al., 2021）。考虑到能源类别的差异性，本章选择了煤炭、天然气和电力这三种关键能源，对中国、德国和美国这三个关键贸易主体的单位能耗分别进行了1%、3%和5%的调整，并基于调整后的能耗核算了"钢铁-新能源汽车"产业链贸易碳转移及其变化率（表7-9至表7-11）。不难发现，贸易碳转移的变化率并不显著，表明本章结果是稳健且可靠的。

表7-9 敏感性检验（假设调整了关键贸易主体中煤炭的单位能耗）

	1%	-1%	3%	-3%	5%	-5%
CHN	2.13E+10	2.11E+10	2.15E+10	2.1E+10	2.16E+10	2.08E+10
	0.47%	-0.45%	1.37%	-1.13%	2.04%	-2.04%
DEU	2.23E+09	2.22E+09	2.23E+09	2.21E+09	2.23E+09	2.21E+09
	0.07%	-0.23%	0.09%	-0.55%	0.41%	-0.72%
USA	2.01E+09	2.01E+09	2.01E+09	2E+09	2.02E+09	1.99E+09
	0.27%	-0.27%	0.64%	-0.11%	1.01%	-0.48%

表7-10 敏感性检验（假设调整了关键贸易主体中天然气的单位能耗）

	1%	-1%	3%	-3%	5%	-5%
CHN	2.12E+10	2.11E+10	2.13E+10	2.11E+10	2.13E+10	2.11E+10
	0.11%	-0.11%	0.34%	-0.11%	0.34%	-0.11%
DEU	2.23E+09	2.22E+09	2.23E+09	2.22E+09	2.23E+09	2.21E+09
	0.06%	-0.23%	0.10%	-0.39%	0.26%	-0.55%
USA	2.01E+09	2.00E+09	2.03E+09	1.98E+09	2.04E+09	1.97E+09
	0.64%	-0.11%	1.39%	-0.85%	2.13%	-1.60%

表7-11 敏感性检验（假设调整了关键贸易主体中电力的单位能耗）

	1%	-1%	3%	-3%	5%	-5%
CHN	2.13E+10	2.12E+10	2.13E+10	2.12E+10	2.14E+10	2.11E+10
	0.34%	0.11%	0.56%	-0.12%	0.79%	-0.57%
DEU	2.23E+09	2.22E+09	2.23E+09	2.22E+09	2.23E+09	2.21E+09
	0.06%	-0.23%	0.10%	-0.39%	0.26%	-0.55%

续表

	1%	-1%	3%	-3%	5%	-5%
USA	2.01E+09	2.00E+09	2.02E+09	1.99E+09	2.03E+09	1.98E+09
	0.64%	-0.11%	1.01%	-0.48%	1.39%	-0.85%

7.4 小结

7.4.1 基于混合能源的"钢铁-新能源汽车"产业链全球碳责任

整体而言，本章从产业链的视角分析新能源汽车及其包含的钢铁产品，分析了全球"钢铁-新能源汽车"产业链 2017—2021 年的贸易格局及贸易碳转移路径。研究发现，各国间贸易往来及贸易量随时间发展显著增加，表明全球贸易紧密程度总体呈上升趋势，尤其是下游新能源汽车零部件及其所需的高强度特种钢的贸易。之后，本章进一步分析了主要贸易国在"钢铁-新能源汽车"产业链生产过程中使用的能源类别及其占比，发现各国更多依赖不可再生性的一次能源，尤其是煤炭和天然气。有助于缓解能源安全及环境影响问题的生物燃料使用则较少，因此各国在之后的新能源汽车生产中需要加强能源结构优化的意识，尤其是中国和法国。此外，德国和俄罗斯等新能源汽车较发达的国家在产业链下游环节向韩国、英国等转移了更多的隐含能。但由于中国的生产规模更大，产量更多，因此在产业链中扮演了主要的贸易隐含能发送者。与此同时，本章根据"钢铁-新能源汽车"产业链的上、中、下游三个环节，进一步分析了三元基本贸易碳转移格局。其中，非循环式的贸易碳转移格局更为普遍，尤其是单向传递，下游碳转移又随贸易流回中游或上游环节。上游与中游间发生贸易碳转移的概率很大，它们也承载了更多的贸易碳排放。这一发现表明，新能源汽车的零部件及整车在生产装配后也常常出口给提供原材料及钢材的国家，但这一活动产生并转移的碳排放却不多。此外，产业链不同产品的关键贸易碳转移路径反映出当前东亚及北欧等区域的国家是新能源汽车基础材料的主要生产国，西欧及北美等区域的国家是产业链下游新能源汽车的最终生产国。由此可见，从"钢铁-新能源汽车"产业链环节来看，二氧化碳大多是从南美洲流入亚洲、再流入欧洲及北美洲，但在下游环节中，流入欧美等国的二氧化碳常常又随新能源汽车贸易流回生产中间产品的亚洲国家，从而形成了碳转移的部分回流，使得一些主要出口钢材的国家既没有获得更高的经济收益，又因进口新能源汽车而增加了大量的隐含二氧化碳。

这就意味着，欧美国家将生产的新能源汽车出口到那些制造钢材的国家，既获得了很高的经济收益，又没有在本国制造更多的二氧化碳。相反，那些上游和中游的出口国既产生了较多的碳排放，又因较低的钢材收益和高昂的新能源汽车价格而损失了较大的经济收益。由此可见，那些贸易隐含碳的进口国虽然没有受到进一步污染，但对排放国二氧化碳的增加也负有责任。

7.4.2　政策建议

针对当前"钢铁-新能源汽车"产业链中全球贸易碳的转移格局及变化趋势，可给出以下一些关于碳责任的政策建议。首先，从产业链层面而言，应当积极推动对再生资源的利用。与下游新能源汽车零部件的生产及贸易碳排放转移相比，上游原材料的碳排放转移仍处于高位。因此，循环再利用以及循环经济的概念应被广泛推进，以减少对一次资源的依赖，从源头减少碳排放转移，进而提供经济收益。其次，从贸易伙伴层面而言，"钢铁-新能源汽车"产业链贸易碳转移基本格局多为非联通式的单向循环，且有部分碳排放会从下游贸易国流回上游或中游。美国和法国等新能源汽车技术较为发达的国家多为下游碳转移的接收者，之后又会将生产新能源汽车的二氧化碳通过贸易形式排放给上游及中游发送者。因此，这些国家应当从经济或技术方面对上游和中游产品的主要出口国（中国、日本等）提供更多帮助。最后，从国家层面而言，目前"钢铁-新能源汽车"产业链中的主要贸易国使用的能源种类较多，且占比具有明显差异。各国应当进一步优化能源结构，像巴西那样提高生物燃料占比，减少煤炭等不可再生能源的使用，积极将"绿色能源"引进工业制造的过程中。

新能源汽车在当前推动全球碳减排的过程中扮演了重要角色，但其在生产过程中需要用到大量钢材。因此，本章先从生命周期的角度自下而上梳理了"钢铁-新能源汽车"产业链，并根据不同钢铁产品在新能源汽车的用量核算了物质流动系数，之后根据钢铁含量系数测算了2017—2021年新能源汽车生产贸易过程中的隐含能及隐含碳，并在此基础上分析了贸易碳转移格局并识别了关键转移路径。

研究结果表明，当前全球"钢铁-新能源汽车"产业链贸易量总体呈上升趋势，尤其是下游新能源汽车零部件及所需高强度特种钢的贸易量，但贸易碳转移则更多是关于产业链上游铁矿石等原材料的。"钢铁-新能源汽车"产业链的贸易隐含能中更多转移的是煤炭和天然气等不可再生性能源，生物燃料的使用亟待进一步扩充。此外，贸易隐含碳的转移路径主要是从上游到下游，之后再回流至中游及部分上游国家，且碳转移更多存在于下游回流过程中。其中，中国、日本等多为上游隐含碳的发送者，美国等多为下游隐含碳的发送者。根据研究结果，本章从产业链、贸易伙伴及贸易主要国家的角度提出了政策建议，以帮助相关管理部门制定策略，推动全球"钢铁-新能源汽车"产业链的可持续发展。

考虑到数据获取方式的局限性，之后的研究中会从时间周期和国家数量等维度进一步扩充数据。此外，后续也会基于贸易碳转移格局，并结合各国经济发展等目标，对"钢铁-新能源汽车"的碳减排潜力进行模拟仿真。

8 钢铁产业链的可持续评估研究

8.1 钢铁产业链可持续评估研究现状

在城市化的推动下,近年来中国的钢铁工业发展迅速,特别是在建筑和基础设施、机械设备、汽车和金属制品等行业中,需要大量使用钢铁。国家统计局发布的一份报告显示,2019 年我国粗钢产量为 10 亿吨,消费量为 9.5 亿吨,年均增长 9.6%。这意味着钢的使用在社会发展中起着越来越重要的作用。然而,钢铁的使用虽然促进了经济的发展,但也对资源的可用性和环境质量产生了较大的影响。因此,要从可持续发展的角度来理解中国钢铁行业的整体影响,为此有必要对钢铁生产的整个产业链进行评估,特别是对其在经济关键领域的应用进行评估。

目前,对中国钢铁工业可持续发展的研究主要集中在钢铁生产环节。有学者(Sun et al.,2019)使用总环境影响评分(TEIS)方法评估了中国钢铁生产过程中的多种空气排放,发现在烧结步骤释放的二氧化碳量最大。有学者(Ma et al.,2018a)采用 ISO 14046 标准化方法分析了中国粗钢生产中的水足迹,发现提高铁矿石开采性能有助于减少灰色水足迹。有学者(Qi et al.,2018)采用生命周期评价方法分析了中国钢铁企业的碳足迹,对钢铁产量和当地森林面积等因素进行了量化,以分析其在多大程度上可能决定钢铁厂的碳排放超过当地碳承载能力。有学者(Sue t al.,2016)调查了中国居住建筑的能源和材料消耗情况,发现建筑中所使用钢铁产品的能源和环境成本随着建筑楼层的增加而增加。马隆等(Malone et al.,2018)通过生态指标评估了中国钢铁行业的材料结构,发现生产基础设施的环境和技术改进有很大的潜力,此类改进有助于减少钢铁制造过程中产生的浪费。以上文献表明,目前的研究大多集中在粗钢的生产过程上,而忽略了钢铁产品在各种工业过程中的诸多应用。因此,为了全面评估中国钢铁行业的可持续性,有必要开展多工序研究,以确定钢铁产品的关键应用领域。

能值核算作为一种评价系统产生的环境成本的方法，近年来在中国钢铁行业可持续发展研究中得到了广泛的应用。有学者（Shen et al.，2019）采用基于能值的综合框架调查了 2005—2015 年中国钢铁行业的环境可持续性趋势，他们观察到这段时间系统的可持续性下降了 31.49%。有学者（Ma et al.，2018）探讨中国钢铁生产系统的可持续性，聚焦性能的四个指标，即输入指数、产出指数、投入产出指数和可持续性指数，发现造球过程的环境负荷在整个制造链是最高的。有学者（Han et al.，2014）利用一系列能值指标对北京某标志性建筑的生态效率进行了分析，他们发现，建筑用钢对当地可再生资源的依赖较少，从而造成了严重的环境压力。有学者（Pan et al.，2016）研究了中国的一家钢铁生产公司，研究结果表明，由于使用了大量的不可再生资源，以及对进口产品的强烈依赖，该公司在长期内是不可持续性的。以上文献表明，目前学者们仅从环境与资源或环境与进口的角度，使用能值核算方法来研究钢铁生产过程。为了系统地评价钢铁工业的可持续发展，必须仔细研究资源利用、贸易、循环利用和环境之间的广泛互动关系。此外，目前的能值评价主要集中在各生产过程中对资源的直接消耗等问题，而忽略了对当地第二、第三再生资源（风、深热等）的间接消耗。因此，利用能值法分析生产过程中直接资源和间接资源的消耗情况，有助于对生产过程的绩效进行更全面的评价。

本章旨在评估中国钢铁产业链对贸易、资源利用和环境负荷的影响，并优化以钢铁为主的重点应用行业的可持续发展。本章的创新点可以归纳为三点：首先，本章从全生命周期的角度量化了钢铁行业的多个步骤；其次，使用能值核算方法量化了钢铁产业链所有流程中消耗的直接资源和间接资源，并基于能值构建了指标，以反映环境绩效、资源利用和国际贸易三个主要维度下中国钢铁产业的可持续性；最后，通过对废钢回收转化为二次钢的模拟，探讨了我国钢铁回收率提高的可能性。这项研究的贡献超越了货币价值，并将其与经常被忽视的环境价值结合起来。本章结果对我国相关部门和企业的生产活动监控和导向提供了重要参考。

本章首先在以往基于能值研究的基础上，运用能值核算方法，建立了一套适用于整个上下游生产和使用链的指标。其次，根据不同的粗钢和回收钢的使用比例创建了回收情景，以讨论选定的下游行业的环境绩效。最后，基于回收情景和计算得出的环境绩效，提出了提高中国钢铁制造和使用可持续性的政策建议。

8.2 基于能值的钢铁产业链可持续评估模型构建

8.2.1 基于能值的可持续评估方法

能值核算（EMA）是一种很有价值的研究方法，主要用于评估生产和回收过程中所需的所有直接和间接资源投入的数量和质量（Odum，1996；Brown et al.，2004）。它使用一种直接或间接产生产品或服务所需的可用能量（㶲），单位为太阳能值焦耳（sej）。生成单位产品或服务的能值量被命名为 UEV（单位能值为 sej/unit）。流入能值和 UEV 的计算基于驱动生物圈的年度可再生能值总量，即最新的地球生物圈能值基线（GEB），可估计为 $12.0E+24 sej/$年（Brown et al.，2016）。根据以前的能值基线计算的 UEV 已经更新或重新计算。该方法从供给侧（数量、效率、可再生比例、进口资源、土地需求等）评估环境影响。

（1）中国钢铁产业链间接资源消耗核算

在钢铁产业链的生产、应用和回收过程中，人们往往把注意力放在对物质和能源资源的直接利用上，而忽视了对资源的间接利用，即忽视了支持生物圈中所有过程的免费可再生资源的重要性和作用。主要驱动资源（太阳日照、地热、重力势）会产生二级和三级资源流，如风、雨、径流，它们在环境和经济过程中发挥着巨大作用，提供了许多的生态系统服务（如污染物稀释、二氧化碳吸收和储存、温度调节、水净化、河水、表土形成和更新等）。因此，免费的可再生资源不仅有助于物质和能源资源的产生，而且收敛于经济过程的发展，并在每个过程步骤中提供适当的环境条件。因此，上游步骤（从主要驱动资源开始）有助于并体现在下一个下游步骤中，支持最终产品，而这取决于上游资源流向下游过程之间的相互作用。详细的核算过程和结果见本书附录中的表 8A-6 至表 8A-23。

（2）基于能值的中国钢铁产业链可持续性评价指标

基于过程能值的指标有助于评价钢铁产业链的发展水平。本章在前人研究的基础上，从贸易、生态环境和（土地）资源这三个方面构建了适合钢铁产业链的可持续发展指标。详细的公式和具体含义如表 8-1 所示。

表 8-1　能值评估指标

指标	公式	含义	参考文献
Emergy benefit ratio (EBR)	$\dfrac{Amount_{tradedresource} \cdot UEV_{resource}}{Money_{paid} \cdot EMR}$	评价进口资源在环境和经济中的关系	(Odum, 1996; Brown et al., 2004)
Emergy yield ratio (EYR)	$\dfrac{R + N + F + L\&S}{F + L\&S}$	衡量一个更大的系统利用当地资源的能力	
Environmental loading ratio (ELR)	$\dfrac{N + F + L\&S}{R}$	衡量推动系统远离其自然平衡的潜在环境压力	
Emergy sustainability index (ESI)	$\dfrac{EYR}{ELR}$	表示与所施加的环境压力相比，系统在使用本地资源方面的整体表现	(Odum, 1996; Brown et al., 2004; Santagata et al., 2020a; Santagata et al., 2020b)
Renewable fraction of emergy used (%R)	$\dfrac{R}{R + N + F + L\&S}$	表示来自可再生资源的应急能源的比例	
Product emergy money ratio (EMR$_p$)	$\dfrac{R + N + F + L\&S}{econvalueofproduct}$	衡量产生与产品相关的经济单位价值所需的总的紧急能源投资（sej/$）	
Empower density (ED)	$\dfrac{R + N + F + L\&S}{Area \cdot t}$	定义能量、土地和时间的关系	
Renewable empower density (RED)	$\dfrac{R}{Area \cdot t}$	计算出过程仅基于可再生能源，支持中间产品或最终产品所需的实际土地	(Brown et al., 2001; Viglia et al, 2018)
Embodied land (EL)	$\dfrac{R + N + F + L\&S}{RED}$		

8.2.2　情景模拟

为了了解钢铁生产方式对下游钢铁行业的环境影响，本章首先评估了钢铁生产不同步骤的环境绩效；其次，模拟了原生钢和再生钢的不同生产比例，并评估了建筑工业和汽车制造这两个下游行业的能值性能。考虑到目前中国再生钢的产量仅占总产量的11%，本章又讨论了当再生钢的比例从11%上升到更高的百分比时，两个部门的能值指标的变化程度。

8.2.3 敏感性分析

考虑到一些步骤的数据来自其他国家的文献，本章对关键过程进行了敏感性分析。本章采用一次一步法（Choet et al.，2016；Pan et al.，2020），以分析不同投入对钢铁产品能值的影响。

敏感性分析包括两部分。第一部分论述了电力对钢铁工业的影响。笔者在 BOF、建筑和车辆三个过程中分别增加或减少 3%、5%、10% 和 20% 的电力 UEV，以观察粗钢、房屋钢和车辆钢的单位能值的变化。结果如本书附录中的表 8A-24 所示。对比产品的能值，可以看出变化不大，在 0.1% 左右。第二部分模拟了不同馏分的再生废钢使用对中国钢铁工业特别是下游关键行业的影响。

8.3 中国钢铁产业链的贸易-资源-环境可持续评估分析

8.3.1 中国钢铁产业链环境评价

在地质时期内，由太阳暴晒、深层热和重力势（海潮和地潮）驱动的生物圈的环境工作所产生的铁矿石储存到地下。地下矿物被开采并提升到地面，在那里经过一系列的精炼过程，以产生中间产品和初级钢（碱性氧炉、BOF、钢），给定输入流的水、能源、机械、化学品，以及劳动力和服务。中国进口铁矿、铁球团和烧结铁，以供应烧结和搅拌工艺。这些铁原料中最大的一部分来自澳大利亚（61%）、巴西（24%）、南非（4%）和其他几个铁出口国。该工艺的上游步骤将中间产品转移到下游。然后，转炉原生钢被用作几个制造工艺和使用部门的投入，这对该国的经济至关重要。使用后，废钢被送回回收过程（电弧炉，EAF），以生产二次钢。

矿业和初级炼钢部门的能值投入和产出详见附录中的表 A8-6、表 A8-8 和表 A8-13。此外，"废钢回收"对二次炼钢（EAF 工艺）的能值评价见附录中的表 A8-15。附录中的表 A8-9 至表 A8-20 分析了其他工艺步骤（如烧结和球团）和相关步骤。每个表计算了所研究的工艺步骤的总能值 U 及其相关的 UEV，作为衡量标准。UEV 的计算包括和不包括与劳动和服务（L&S）相关的能值，以便轻松地将原始资源的能值或直接或间接劳动相关的额外能值区分开来，转化为基础设施、国家的全球经济和专有技术。

图 8-1 比较了中国钢铁行业不同工艺步骤的 UEV。图 8-1 中的值是基于计算结果，包括和不包括与所有流入相关的劳动和服务的累积能值（在调查步骤中和从所有前面步骤中的累积）。在第 i 步中被量化为劳动能值的东西在下一个步骤中被解释为与从第 i 步转移到第 i+1 步的中间产品相关的服务能值。在这一过程中，铁矿石的 UEV 随着中间产品的生产而稳步增加（图 8-1），从铁矿石（含 L&S）的 1.56E+15sejt-1 到原生钢（BOF）的 5.75E+15sejt-1，这一数值高出 4 倍，也包括劳动力和服务。在这一步之后，再生钢（EAF）生产过程中的 UEV 下降到 4.00E+15sejt-1，低于初级钢，这是由于假定初级矿物在采矿后循环两个生命周期，从而将分配给每个周期的初始处理成本减半。进一步假设，二次钢的投入废料具有烧结产品的技术质量（即相同的 UEV），并且在相同的技术时间框架内回收不止一次。例如，车辆回收 5 次（持有）。在此基础上，一次钢和二次钢的混合物被精炼和制造，成为建筑物和基础设施的结构组件，以及车辆和其他产品。在这些使用过程中，UEV 值受到一次和二次钢构件的加权平均值以及为满足技术要求而增加的物料流量的影响。

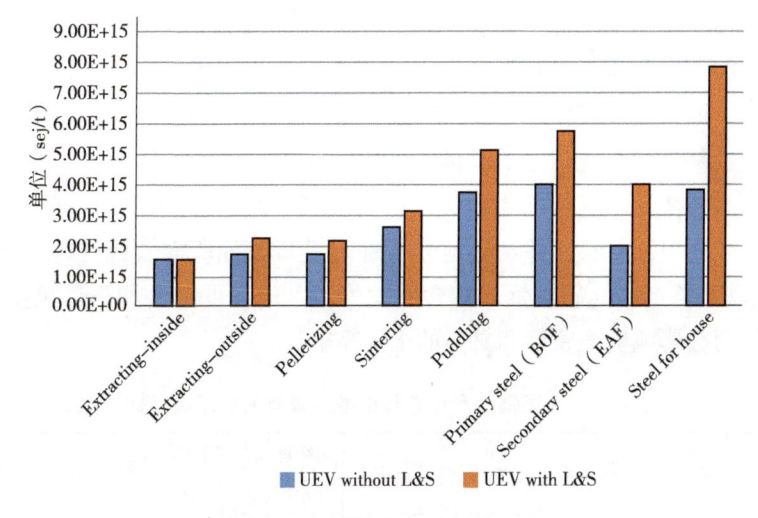

图 8-1 钢铁生产全过程的 UEV

8.3.2 基于能值的贸易、资源和环境评价

（1）钢铁贸易评估

根据表 8-1，进口铁矿的 EBR 为：

$$EBR = 2.12E24sej/(1.87E11\ \$/年 \cdot 3.55E12sej/\$) = 3.19$$

这一结果意味着，中国为支付进口铁矿而发出的每一个能值单位（sej），大约收到3.19sej作为铁矿的能值单位。即使考虑到这一估计在国家层面上与2018年的铁进口相比的不确定性（本章使用了2014年的数据，这是最新的可用值），结论也很明显，中国作为铁进口国的能值收益非常高，与几个进口初级资源（如粮食或化石燃料）的国家获得的其他收益非常相似（Rotolo et al.，2018；Odum，1996；Odum，1996）。这一发现证实了一些学者（Tian et al.，2018）先前关于中国对外贸易损益的结果。

（2）中国钢铁行业土地资源评估

表8-2报告了有关能值集中和土地虚拟分配的指标，以处理调查步骤。ED指标根据表8-1计算，表示与每一步相关的单位直接或间接土地能值。从一个步骤到另一个步骤，总能值增加，但总土地占用也以不同的速度增加，所以ED通常是下降的，表明能值浓度下降，但下游使用部门除外。体现土地EL_i指标计算为第i步总能值利用与中国平均可再生能值密度的比值，也如表8-1所示，似乎整个能值需求只应通过可再生能值来满足。当然，该过程中使用的能值越多，如果基于可再生能源，则需要更多的直接或间接土地来运行该过程，除非生产的是回收钢材。在后一种情况下，土地实际上被使用了不止一次，特别是不需要额外的土地用于开采。了解了环境资源是如何逐步集中的，可以识别资源最密集的步骤，并有助于在流程链中设计创新模式。此外，通过基于与土地相关的具体土地EL_i需求，能值评估允许进行土地利用规划和对经济活动进行适当限制，以实现可持续土地利用。如果转炉钢铁厂由前一步进口原材料，并从其他经济部门进口其他所需资源（电、水和燃料），则其最终产品（转炉钢）包含劳动力、土地、可再生和不可再生能值，且这些能值会影响能值密度和具体的土地需求。

表8-2 中国钢铁产业链与土地资源有关的评价指标

	提炼	球团法	烧结	锻造	初级炼钢（BOF）	废钢回收（EAF）	住宅用钢	汽车用钢
ED（sej/yr·m^2）	4.46E+15	2.06E+15	1.29E+15	5.49E+14	5.31E+14	4.93E+14	9.86E+14	7.18E+14
EL_i（m^2）	3.59E+13	6.17E+12	5.12E+13	5.77E+13	6.22E+13	4.28E+12	6.49E+13	1.97E+13

（3）炼钢工序环境性能

被调查过程中计算的能值指标总是与上游工业过程相关（总是包括与劳

动和服务相关的能值，也考虑到大规模基础设施和相关技术的环境支持）（图8-2）。所有指标都参考了被调查过程和上游过程步骤涉及的全国范围，以便在步骤之间以及其他工业过程之间进行适当的比较。如图8-2（a）所示，能值指标与每个流程步骤对本地资源的依赖有关。与以往的原材料开采活动（矿物和化石能源）一样，该工艺以相对较低的开采成本和以铁矿物的形式获得大量能值。相反，提取后的步骤可能需要更多的精炼和加工投资。因此，开采步骤显示出高效益（即高EYR），人类利用少量的技术投资就可以提取自然数百万年来存储在地下的资源。在原始资源被提取出来之后，至少还需要相当数量的电力和机械来将其加工成可用于经济其他部分的形式。这一步一步地降低了EYR，因为它通常可以用于转换过程。获得高EYR的原始资源对经济是有利的，因为它是制造活动和附加价值的起点。相反，购买制成品很可能需要为加工过程中所需的额外资源（尤其是L&S）支付巨额金钱来补偿，这降低了购买者的利益。

图8-2（b）为制造链每个步骤的ELR（环境负荷比）。ELR表示一个过程偏离自然环境平衡的程度。事实上，根据表8-1中的公式可知，完全自然过程只使用局部可再生资源，其ELR等于0。ELR越高，所研究的过程离环境平衡的距离越远。使用本地不可再生和进口能值流与使用本地可再生能值流相比，会对环境平衡造成较大的位移。图8-2（b）表明，对于重工业过程而言，ELR总是很高的（在此使用对数刻度，以便将提取步骤与下面的步骤进行比较）。该指标是指在整个过程中可再生资源所对应的环境压力。从图8-2（c）可以看出，钢铁是不可再生产品，是投资不可再生资源加工而成的，因此环境可持续性（ESI，单位环境成本的环境效益）非常低。图8-2（d）显示了处理步骤中所涉及的可再生能值的低百分比。涉及的面积越大，则支持该过程的可再生能值（太阳、风、深层热）就越大。然而，这一优势会被该过程所需的不可再生投资所抵消。因此，与其他流程相比，与该流程开发地区相关的可再生资源的百分比总是非常小的。在EAF中，它似乎略高，因为在处理回收材料时，提取和预制造的不可再生能值降低，并且在每一个新的回收周期中都更小。图8-2（e）和图8-2（f）分别表示赋权密度ED（在下游步骤中减少，因为涉及的面积更大）和产品的能值强度EMR_p（即与产品相关的每单位货币价值的能值使用量），与该过程中产生的一个单位经济价值相关的能值投资，在下游步骤中也减少，表明相同投资的经济绩效提高。这两个值都可以与该国的ED和EMR_p进行比较，以了解所调查的钢铁工艺在国民经济中的环境地位。

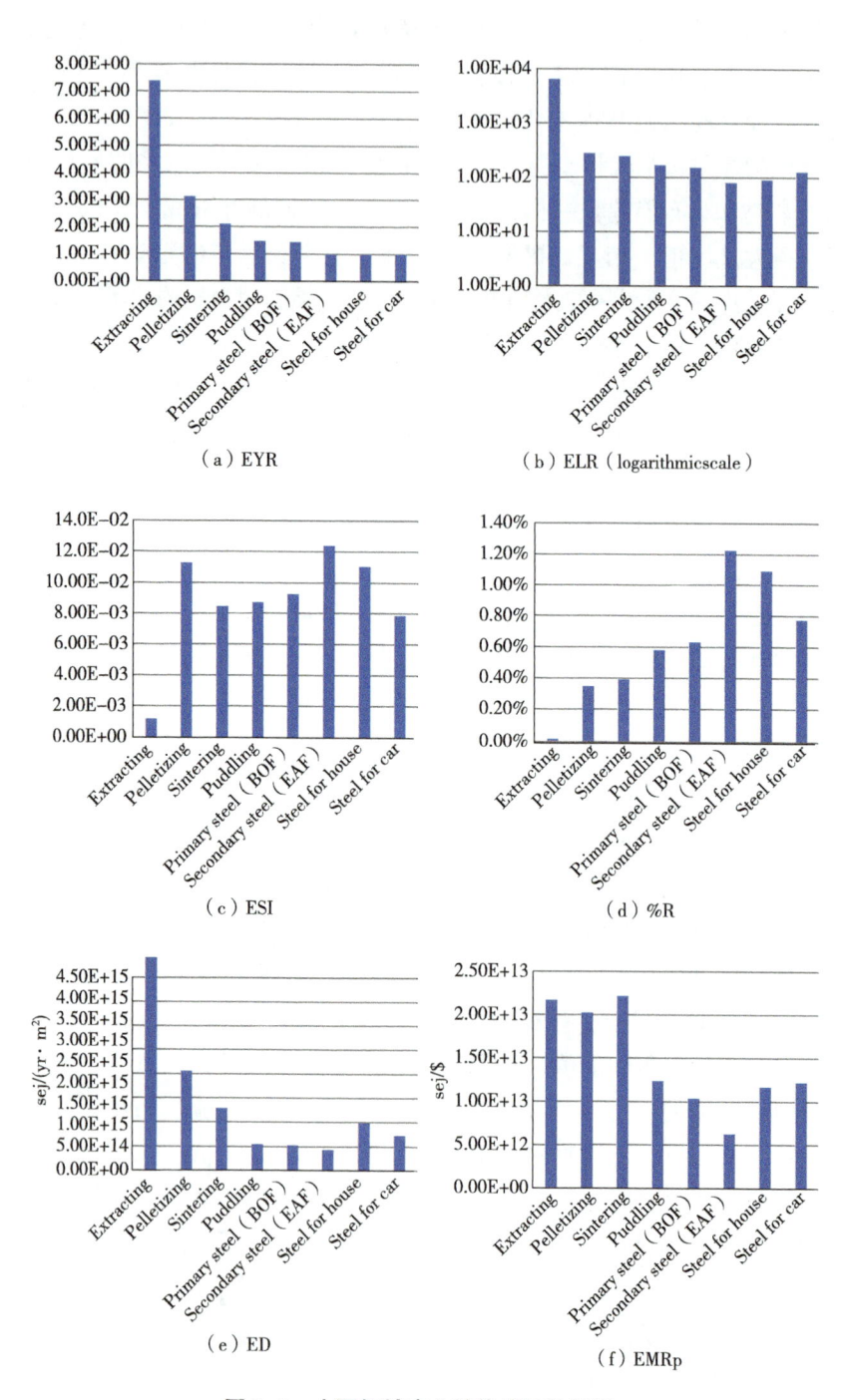

图 8-2　中国钢铁产业链能值评估指标

8.3.3 钢铁下游行业的情景

本章计算了 EAF 工艺的 UEV 和性能指标。假设有 100% 的钢铁废料流入，作为原料转化为二次钢。然而，计算出的 UEV 值取决于同一材料从废钢转化为二次钢的次数，这反过来又会影响采矿和精炼成本的分配。这一过程取决于在全国范围内实施废料收集和转化的努力。在计算电炉钢的 UEV 时，笔者假设二次钢只用回收一次废料即可制成，这是一个非常保守的估计。采矿和精炼的能值成本因此被分配至两个产出流，先通过烧结矿生产钢铁，然后通过废钢生产钢铁。按照中国目前的钢铁回收率，每年钢铁总产量中只有 11% 被回收，这意味着每年生产的大部分转炉钢都被分散、填埋或储存，没有进行任何回收。因此，笔者对电炉钢 UEV 的保守估计仅适用于中国的一小部分钢产品。二次钢的产量限制了可用于主要用钢部门（即汽车和建筑生产部门）的二次钢的比例。模拟在这些部门增加二次钢的使用还需要提倡加大废料收集和处理的努力，以产生较低的初级能值需求和 UEV 估计。由于全国范围内的回收率取决于监管和市场动态，并且使用钢材的部门可能不具有相同的二次钢使用率，因此在生成和解释与汽车、建筑生产中使用回收钢材相关的场景时，必须考虑一些不确定性。

图 8-3 显示，当二次钢材使用量增加时，两个选定的下游行业（车辆和住房）所使用的钢材的 UEV（即环境效率）可能发生何种程度的变化。如前所述，这取决于全国钢铁行业中发生的周转周期的数量以及所调查的特定部门中二次钢材使用的比例，而周转周期又受到国家一般回收政策的影响，后者受到技术选择的影响。当废钢再利用比例增加时，两个被调查行业所用钢材的 UEV 降低，不同的比例取决于是否考虑 L&S。根据图 8-3，当不包括 L&S 的能值时，UEV 约小于 50%（与 L&S 的预期一样），与住房部门相关的值小于车辆部门，EAF 使用率则高于 80%。在这样的速度下，汽车行业显示出较低的 UEV 值（即每单位钢材使用的资源需求较低），低于建筑行业。当 L&S 能值被包括在内时，与没有 L&S 的 UEV 相比，它的重要性变得压倒一切，这表明其与这些部门之全球功能相关的基础设施和专有技术的资源成本有很大关系。此外，考虑到 L&S 是根据直接或间接劳动力计算的，似乎住房部门的这些流动要比汽车部门高得多。

图 8-4 为废钢回收比例增加时，其他能值性能指标的变化趋势。在图 8-4 中没有报告 EYR，因为在技术转换过程中，这两个部门的 EYR 总是等于 1，

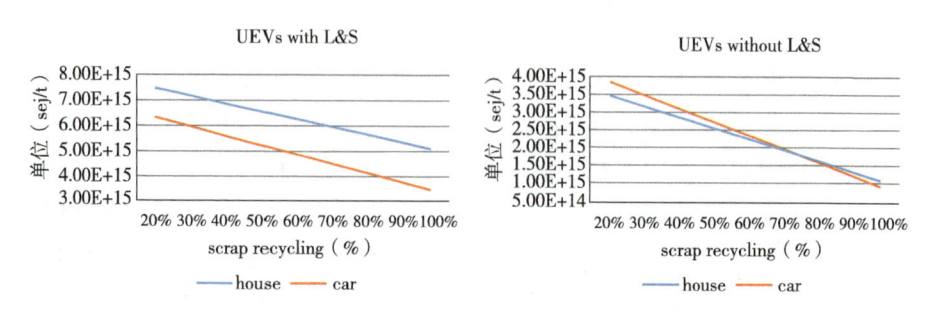

图 8-3　汽车和建筑部门的 UEV

而对于中国经济整体而言，EYR 总是约为 2.0。如图 8-4（a）所示，汽车行业的 ELR 始终高于住房行业（尽管这两个行业随着二次钢使用率的增加而下降），当使用率接近 100% 时，ELR 达到大致相同的值。与汽车行业相关的较高 ELR（在 60 到 120 之间）是汽车制造所需的额外资金流入而造成的，其中包括适用于这种高技术行业的较高 L&S（参考中国 2014 年 ELR 为 45）。因此，可持续性指标 [ESI，图 8-5（b）] 随着再生钢材使用量的增加而相应增加，但仍保持在一个非常低的范围内（0.009 至 0.017）。然而，它显示了住房部门的更好表现，但仍低于中国的平均 ESI0.044。图 8-4（c）表明，两国都严重依赖化石燃料和矿物，可再生成分在 0.008% 至 0.017% 之间，低于中国 0.022% 的平均 %R。产品的能值强度 EMRp 在低回收率时非常高，并随着二次钢材使用量的增加而降低（从大约 11E+12 到 5.5E12sej/美元）。图 8-4（e）表明，EL 从汽车行业的 1.0E13~2.0E13 到住房行业的 4.0~6.0E13，换算成中国总土地面积的潜在范围为 1.0~6.4 倍。对于这一结果需要注意的是，较低的 EL 值相当于利用整个中国的地表收集可再生资源，以支持汽车行业的完全回收钢铁生产。虽然这一估计相当于一个虚拟的土地需求，但这样的结果是令人担忧的，特别是当与其他经济活动的类似估计相结合时，并对中国（和世界）经济的长期可持续性提出了质疑。最终，授权能密度 ED 下降（在 9.5E14~3.0E14），尽管其值大大高于该国的 3.17E12 [图 8-4（f）]。也就是说，中国经济的赋权密度值仍然高于中国经济的平均赋权密度值。这意味着钢铁行业在一小块土地上使用的能值要比整个中国经济建设中使用的能值都要多。

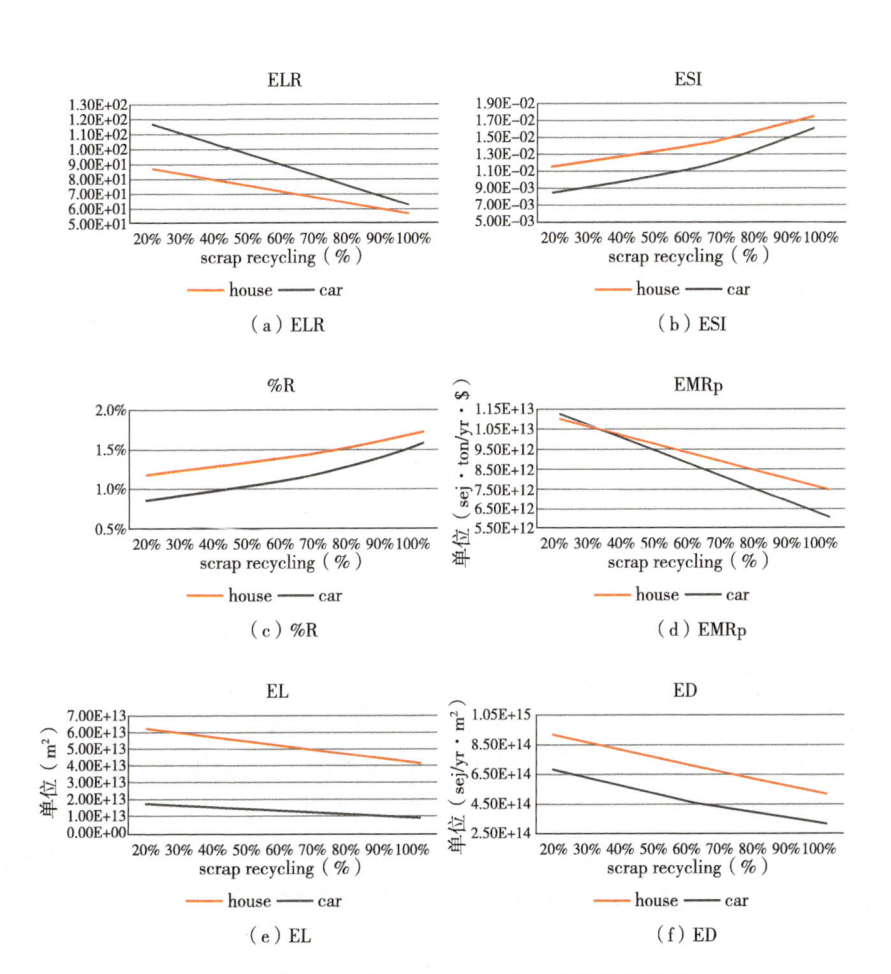

图 8-4 汽车和建筑部门随废钢回收率变化的能值指标

8.4 小结

8.4.1 中国钢铁产业链的可持续性

（1）铁矿石的提取、精炼、选矿

对经济的资源投入取决于提取资源所需的投资，并使其可用于下一个经济加工步骤。如果可获得的资源数量有限（有些资源比其他资源更丰富），集中度也有限，则可能需要大规模的开采和加工。地质过程产生铁矿石的时间影响资源的周转时间，从而影响其可用性和可再生性。能值方法非常清楚地表达了这些特征。在能值指标方面,这可以转化为两个主要指标:UEV 和 %R。对于铁矿石而言,在图 8-3 中,提取现场的 UEV 约为 1.5~1.7E15sej/t,L&S 的贡献很小,而 %R 可以忽略不计(0.000 2%)。相比之下,开采现场的化石油的 UEV 约为 5.79E15sej/t(Brown et al., 2011),可再生能力同样可以忽略不计。相反,工业纸张生产的 UEV 根据所用木材的不同,在 2.95E15 至 4.48E15sej/t 之间,%R 约为 35%(Corcelli et al., 2018),UEV 在不同地方则有不同的估计,为 0.5~0.7E15sej/t 物质,%R 为 15%~30%(Rotolo et al., 2015 年),这些均为无 L&S 的情况。当然,L&S 的加入增加了 UEV 的价值,并进一步捕捉和整合了全球经济的社会成本。UEV 清楚地表达了原始资源和/或制成品的环境生产成本,从而表明了产品的供给侧质量和基于整个供应链环境生产模式的可再生性。生产成本的能值和生产的可再生性带来了价值的量化,尽管其并没有完全取代货币市场价值。

(2) 对中间、最终铁产品和原生钢生产的逐步评估

本章调查了钢铁产品的整个供应链,包括烧结矿、生铁、原生钢和再生钢,以及针对特定用途(车辆和建筑)调整的钢材。其结果不仅有助于量化最需要资源的步骤和具体流入,而且可以逐步确定改进方案和潜在的资源回收或再循环方案。图 8-3 清楚地显示了从采矿到转炉(原生钢、鼓氧炉)的每个步骤中 UEV 的增加和相关性能指标的比例变化,废钢生产二次钢时 UEV 的减少,以及在特定应用(即车辆和住房部门)中使用的钢的改造时出现了新的增加趋势,主要是由于添加了额外的材料来提高具备这些用途的钢的性能。

(3) 在经济中,钢材回收和二次钢及其替代材料的使用增加

图 8-4 显示了提高废品回收率对能值指标的影响。尽管增加回收利用提供了更好的绩效指标,但后者不断显示出无法确定为"可持续"的结果,几乎完全基于使用不可再生能源和材料。因此,考虑到在几个重要领域(如汽车和移动基础设施)没有钢铁的未来是很难想象的,建议供应链和情景指标应努力增加回收,同时将对钢铁的使用限制在最低限度。对替代品的研究正在进行中。例如,大规模使用木结构建筑(yale, 2020),增加石墨烯的使用(Nature, 2020);竹增强混凝土的使用(Bamboo TECH, 2020; Vogl et al., 2020),等等。

(4) 钢铁供应和使用链的上下游环境问题:能值法的附加价值

环境方面的评估通常仅限于二氧化碳或有毒化学品的排放,以及水的使用。这些都是重要的评估结果不应被忽视,因其确实为钢铁生产和使用在几

个类别的环境影响（全球变暖潜势、人类和生态毒性以及淡水富营养化等）中提供了有价值的理解（Liu et al.，2019a；Liu et al.，2020b）。然而，本章进行的能值评价的增加值有赖于这样一种认识，即任何经济活动都是由生物圈产生资源（并取代耗尽的资源）的工作在更大范围内来支持的，以及全球所有国家允许每个部门（基础设施、研究和教育、卫生服务、流动性、行政管理、环境保护）付出经济活动的努力，这些活动都是由直接或间接劳动的能值来衡量的。对这种大规模的支持和相关的环境评价缺乏意识，就相当于认为任何具体的经济活动都可以独立于与外部社会结构和组织的互动，以及无视全球环境的完整性，而这显然是不正确的。本章增加了过去和现在、上游和下游生态系统工作的量化。认识到依赖生物圈工作来实现资源周转，以及支持经济动态和人类生活的环境功能及其完整性是至关重要的，可以推动社会选择可持续的生产和消费模式。

（5）直接或间接劳动力及相关的社会和经济成本

直接劳动或间接劳动在任何经济和生产过程中都是一个重要因素。这一因素之所以重要，不仅因为劳动力的货币成本（取决于国际和国内市场因素）可高可低，而且因为影响直接或间接劳动力环境成本的其他因素在发挥作用。例如，工人必须能够吃饭，购买生活所需的物品，养家糊口，并在居住地和工作场所之间往返；学校要对劳动技能的培养进行投资；劳动力在任何经济部门都是必不可少的，因此支持劳动力的资源不能被忽视（Da Niel et al.，2014；Ulgiati et al.，2014）。图 8-3 清楚显示，当 L&S 作为能值资源的关键输入流加入评估时，UEV 要高得多。此外，在接近最终步骤（BOF 和 EAF）或重要的钢材使用部门时，有 L&S 的 UEV 与没有 L&S 的 UEV 之间的差异越来越大。与燃料、材料、商品和机械等具体过程的投入流相比，对劳动和服务的能值评估可以更全面地衡量基础设施、生活方式、专门知识和信息在经济过程中的作用。那些教育水平高的国家，以及基于高学历劳动力的经济进程，更有可能发展出财富和福祉。总之，忽视劳动力价值和劳动力所需投资的经济则不太可能稳定和可持续。

（6）原始资源获取和制成品销售的贸易方面

中国进口铁矿的能值收益对买方的能值收益比约为 3.2∶1。铁矿石进口是中国经济增长的一个重要因素。相比之下，中国越来越多地在国内利用其稀有矿产来发展自己的经济，而不是把它们卖到国外。钢铁进口具有较高的 EBR，所以进口铁有可能推动中国的经济进程。出口国通常以低成本出售初级资源，因为开采过程成本低，也因为它们不需要投资初级资源生产。在这样做的过程中，出口国政府在市场压力下产生了这样一种认识，即其正受益于初级资源出口，而这种认识忽视了在国内加工资源以创造就业机会和销售制成品以创造更高收入的极端重要性。这就是为什么一些国家变得越来越富有，而另一些国家仍然贫穷或仅有非常缓慢的发展。很明显，贸易的能值平衡对稳定和福祉作出了非常重要的贡献。有学者（Tian et al., 2018）在评估了中国在全球贸易中的能值收益和成本后提出，可以通过向主要资源出口国返还技术、教育、信息和服务来补偿它们（而不是寻求难以实现的市场价格的货币平衡），从而实现更平衡的贸易。

(7) 评估钢铁部门在整个国家经济中的贡献和环境/经济可持续性

虽然中国受益于钢铁进口（EBR = 3.19），以及钢铁对其技术和经济过程的支持，但毫无疑问，钢铁加工需要巨额投资，这些投资如果被分配到其他经济部门，则可能产生更有利可图的替代方案。如图 8-3a 所示，在 BOF 和 EAF 部门，EYR 从相对较高的 7 迅速下降至略高于 1 的值，在住房和车辆生产部门，EYR 等于 1。总的来说，大量不可再生资源的消耗需要中国投入更多的资金进行进口，或者通过开采（而这会加速国内资源丰富的地区的退化）。从长远来看，这不利于国民经济的可持续发展。此外，大量使用焦炭、石灰石、金属粉末（如高镁粉）、电力和燃料，使钢铁生产的能值成本显著增加，尤其是烧结，其降低了 EYR 等性能指标。总而言之，不可否认钢铁在中国经济发展中发挥了重要作用，但这是以牺牲其他可以提供类似甚至更好的资源替代品的行业为代价的。也许是时候逐步摆脱以钢铁为基础的经济，转向创新材料（如上面提到的石墨烯和优质木材）和不那么依赖不可再生资源的工艺了。中国发展循环经济的坚定承诺，则是这一变化的重要起点。

8.4.2 钢铁下游行业情景分析

图 8-3 和图 8-4 关注的是中国经济中两个主要钢材使用行业的重要方面，即住房建设和汽车制造，其场景依赖于钢材回收率的提高。当废钢回收比重发生变化时，住房建筑业和汽车制造业的环境和经济可持续性指标有显著改善。本书附录中的表 8A-17 和表 8A-19 显示，汽车制造业和建筑业的表现非常依赖于各种因素（劳动力、其他投入材料、土地需求），而这些因素并不总是形成两个部门的相同排名。因此，为了更深入地了解实际情况，需要仔细评价两个部门的每一项指标。遗憾的是，尽管这两个行业的大多数计算和比较指标根据回收的增加已显示出明显的改善，但仍然不能掩盖这样一个事实，即钢铁是不可再生材料，对经济的影响与化石燃料类似。图 8-2 显示了原生

钢（BOF）的平均 EMRp（每单位产生价值的能值成本），约为 1.013 sej/＄，远高于全国平均水平的 3.55E+12 sej/＄，住房和汽车行业也是如此，约为 1.2-1.3E13 sej/＄。如果二次钢的比例增加到 100%，则可以获得更好的结果，EMRp 为 6-7E12 sej/＄（图 8-4d），尽管这仍然高于国家水平。100% 的回收不太可能很快实现。在达到完全回收之前，钢铁更有可能被新材料或新技术或新生活方式所取代。与计算中国整体经济的相同指标相比，大多数结果显示，以钢铁为基础的行业表现不如大规模经济，这亟待改进。需要再次强调的是，问题不在于否定已取得的效益，而在于确定替代方案，即应当逐步引导我国增加使用低能值密集型材料，提高循环度，并更多地使用可再生资源。

8.4.3 政策建议

为了提高中国钢铁产业的可持续性和生态系统的完整性，本章提出以下策略。

第一，为了降低环境成本，促进中国钢铁产业链的长期经济发展，必须鼓励和支持钢铁企业利用更多的废钢生产二次钢。考虑到铁矿石的成本通常低于废钢的成本（Omura et al.，2016），政府可以降低废钢和用回收钢铁制造的商品的税收负担。成熟的废钢回收系统也可能在增加废钢收集和利用方面发挥重要作用。此外，政府部门可以增加投资，帮助钢铁企业开展研究，开发诸如铁矿石开采和加工中资源需求少、污染少的技术，提高公众对"绿色矿山"的认识，如开发新的可持续技术等。

第二，为了降低钢铁行业和其他工业活动对土地的需求，必须提高各环节的资源效率，并提高中间环节的可再生资源比例，特别是在钢铁生产阶段。应限制化石燃料的需求，鼓励使用可再生能源，以及利用热能满足钢铁加工的能源需求，以减少对土地的需求，提高其他绩效指标。通过降低可再生能源的成本和向生产部门提供支持以替代传统化石燃料（特别是煤炭），应当可以实现这一目标。

第三，为了改善下游行业（住房、车辆、基础设施）的环境绩效，减少这些行业的钢材使用是一个很好的选择。对住房、汽车和其他下游部门的替代材料的研究也会改善中国工业部门和家庭部门的环境和经济表现。

强调经济活动对环境的影响并不是什么新鲜事，重要的是要使人们日益认识到，经济活动能在多大程度上得到生物圈工作的支持。正是由于生物圈的工作，经济才得以发展。如果忽视了这种大规模的支持，环境的完整性也将被忽视。本章采用能值法评估钢铁产业供应链，适用于跨时间和空间尺度来识别和量化生物圈可支持的任务。能值指标在这方面很有说服力，能促使政策选择更为明智。在这种综合评估中，直接或间接劳动（服务）起着至关重要的作用，需要能值来支持劳动力（教育、信息、技术、社会基础设施、食物、住房等）。大多数方法（如LCA和物质流动核算）虽然对环境评估非常有用，但忽略了劳动，并将以货币形式量化劳动的任务分配给了经济学科。实际上，能值根据人类生活的各个方面的资源需求来量化劳动和服务，劳动是其中的一种副产品，而货币评估并不能正确地捕捉到这些方面。

贸易是评估资源和经济增长关系的另一个非常重要的因素。一些国家资源（如稀土、钢铁、铜等）丰富，在工业发展中发挥着重要作用，另一些国家则不然。经济体采用由市场波动决定的货币价值来调节资源的"公平"交换（贸易条件，支付意愿），从而导致全球贫富差距加大。能值方法根据资源产生、加工和供应所需的生物圈工作来量化价值，以便在公平的基础上进行资源交换。本章展示了与初级资源相关的能值效益（即对进口经济的支持），以整合货币评价。这是对环境和社会政策制定以及全球贸易稳定的根本贡献。当资源以环境价值衡量时，它们所面临的稀缺性会显得更加明显，循环经济的选择（即设计工艺以延长资源寿命并减少开采的影响）可以得到更好的理解和推广。

要全面评价中国的钢铁行业，并确定关键应用行业的可持续发展，需要从环境绩效、国际贸易、土地资源利用等角度研究其生产和应用过程。本章首次运用能值核算的方法对钢铁产业链的环境绩效进行测算。在此基础上又建立了能值相关指标，从生命周期的角度评估环境、贸易和土地资源的可持续性。然后，在考虑原生钢和二次钢不同比例的情况下，设计了特定下游行业的可持续性改善情景。

研究结果表明，由于供应链各个环节对资源的需求都很高，钢铁行业对中国整体经济的环境绩效造成了巨大的负担。首先，尽管废钢回收提高了可持续性，但考虑到该过程中涉及其他不可再生和高能值密集型资源，这种努力可能还不够。其次，中国经济在很大程度上依赖于从国外进口铁矿，这限制了中国自主供应这种至关重要的工业材料。然而，对中国贸易的能值评估表明，与钢铁贸易相关的能值进口远高于能值出口。由于初级资源出口国的发展需要，以及由此导致的中国现有盈利能力的下降，全球钢铁市场的大规模不可持续性可能会产生意想不到的国际变化，这可能会影响其他贸易和经济部门。再次，钢铁行业对土地的需求很大，因为在资源获取和加工过程中，直接或间接地需要大量的土地，从而减少了其他经济活动的可用土地。巨大的土地需求主要来自下游用途阶段，特别是房屋和车辆领域。最后，对于下游应用行业而言，提高废钢的回收和再利用将显著改善其环境和经济绩效，特别是汽车行业。本章强调与原材料资源可用性、钢铁行业的环境绩效和压倒性的虚拟土地需求相关的可持续性问题。本章的研究表明，在循环经济中实现废品回收，并通过创新材料逐步进行替代，至少是实现"超越钢铁"的经济发展的部分解决方案。总之，能值评价方法的使用提供了一个有价值的方法，超越了货币评价。这并不是说货币评价毫无用处，而是说有必要通过环境方面的努力来整合这些评价，以防止滥用重要资源，并使贸易和技术研究转向公平和创新的立场。

9 中国钢铁产业链的多维度可持续发展研究

为了研究影响中国钢铁产业链发展的多重维度间的依赖关系，需要先明确研究对象及研究维度的具体内容。由于钢铁产业链中的产品丰富，其内部生产过程及其所需资源较为复杂，本章先确定了钢铁产业链的研究对象。之后基于相关文献梳理了钢铁产业链中的生产、应用及回收过程，并借助能值理论从产品角度核算了中国钢铁产业链不同维度的内容。接下来，在前人研究的基础上，补充核算了生产、回收等工艺流程中的本地隐含一二三级可再生能源消耗与前一过程的部分可再生能源流入。本章对钢铁产业链多重维度的分析，可为之后依赖关系研究提供数据基础。

9.1 研究对象及边界确定

9.1.1 中国钢铁产业链的界定

作为中国经济发展的支柱，钢铁产业链以链条式的形态包含了多个内容。从流程角度来看，钢铁产业链包含了多项生产、加工及回收过程。其中，生产过程主要是指从矿山的开采、精炼，经过球团、烧结等炼铁工序进行粗钢冶炼；加工过程主要是指将经由转炉或电炉得到的粗钢加工成不同形状及性能的钢产品，以应用于汽车、房屋及家电等行业；回收过程则是指从人们生活中的报废产品及生产加工过程中产生的废弃物中回收提取废钢，并将其再次应用于粗钢冶炼，形成再生钢。从产品角度来看，钢铁产业链中各流程得到的产品种类较多，部分上游产品还作为原料参与了下游产品的生产过程，因而其相互之间存在着紧密联系。基于此，为了明确研究对象和研究范围，本章站在"从摇篮到坟墓"之产品生命周期的角度，将钢铁生产、加工及回收过程所形成的链条式关联关系定义为钢铁产业链，将各流程得到的相关钢铁产品定义为产业链的研究对象。基于中国产业信息网①相关报告及相关文献（Ma et al.，2018b）选择上游产品［如铁矿石（铁精粉）、球团铁、烧结铁，中游生铁、粗钢（初级钢）］，下游产品［如铸铁、宽薄板、热轧钢、线材及再生钢（废钢回收再利用）］等作为产业链研究对象。图 9-1 具体展示了钢铁产业链的研究产品。

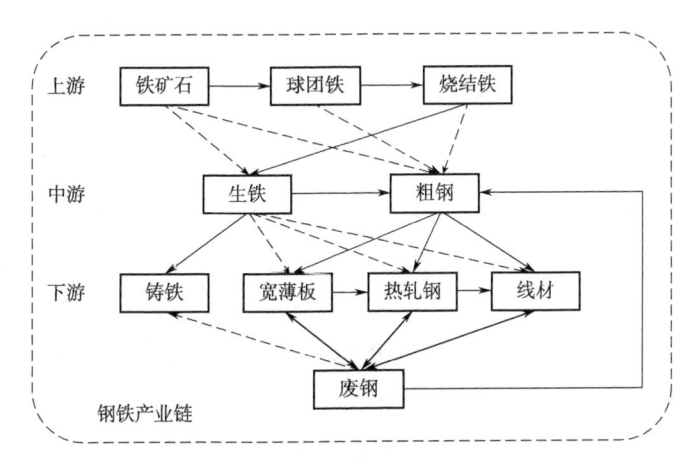

图 9-1 中国钢铁产业链的研究对象

9.1.2 多重维度界定

为了研究影响钢铁产业链发展的多维度依赖关系，在确定研究对象之后还需要明确多重维度的具体研究内容。基于本书第二章的文献综述可知，当前资源、能源、经济是影响产业链发展的关键维度。不同维度的具体研究框架如表 9-1 所示。

表 9-1 维度研究框架

一级维度	二级维度	三级维度	参考文献
资源	自然资源	可再生	(Porzio et al.，2016；Xuan et al.，2017)
		不可再生	(Bali et al.，2019；Almeida et al.，2020)
	社会资源	劳动力	(Lee et al.，2021；Hao et al.，2021)

---

① 参见：https://www.chyxx.com/data/。

续表

一级维度	二级维度	三级维度	参考文献
经济	经济生产	工业总产值	(Barchner et al., 2020; Wang et al., 2019)
能源	直接能源	生产过程中消耗	(Arens et al., 2021; Ti et al., 2021)
	隐含能源	本地消耗	(Brown et al., 2016a; Liu et al., 2021a)
		之前环节消耗	

随着可持续发展的不断深化，钢铁产品的生产过程越来越受到人们关注。从"资源"维度来看，钢铁产业链生产过程中对自然及社会等资源的整合、利用日益受到重视（Lee et al., 2021; Hao et al., 2021）。其中，自然资源又可细分为矿产等不可再生性资源和土壤等可再生性资源。作为钢铁生产的原材料，铁矿石等矿产资源是必不可少的。但近年来随着钢铁产量持续攀升，大规模的开采使得铁矿石等矿产资源越发稀缺。除了矿产资源，土地等可再生性资源同样备受关注。虽然中国钢铁产业链已较为发达，但整体产业集中度仍较为分散。中国钢铁新闻网（2021）的统计显示，2019年中国钢铁企业集中度尚不及40%。较低的集中度使得土地资源紧缺，配套设施不足，从而直接影响了节能减排及技术创新等方面的推进。此外，发展钢铁产业链最不可或缺的就是劳动力资源。国家统计局（2019）的数据显示，中国钢铁从业人数约320万人，其中一线从业人员约占该行业的85%。但近年来劳动力成本负担越发加重，社会资源配置不合理的现象屡屡发生，间接影响了中国钢铁产业链的协调平稳发展（新浪财经，2021）。综上，将钢铁产品生产过程中消耗的自然社会等各类资源表征为"资源"维度。

从"经济"维度来看，"工业总产值"一直被用于衡量钢铁产业链的发展。作为工业统计中最重要、最基础的一项指标，"工业总产值"以货币形式反映了钢铁产业链的经济生产能力及发展规模。作为中国经济的支柱之一，钢铁工业总产值占国内生产总值的比重始终较高。国家统计局（2020）的数据表明，2006—2016年，其占比约为13%，最高可达14.54%（国家材料环境腐蚀平台，2017）。之后，随着钢铁产业的转型增效，其在工业总产值中的占比有所下降，但与其他产业相比仍处于上游水平。为从全局角度研究多维度依赖关系，可以利用钢铁产业链的工业总产值来综合表征"经济"维度。

从"能源"维度来看，钢铁是典型的高耗能产业，尤其是对一次能源的消耗。目前，中国钢铁业每年大约可消费5.5亿吨标准煤，约占全国总能耗的13%（前瞻产业研究院，2019）。传统的能源消耗方式使得钢铁产品在生产过程中对环境造成了不可忽视的影响。据统计，中国钢铁产业的碳排放量占全球钢铁碳排放总量的60%以上（国家大气污染防治攻关联合中心，2021）。由此可见，为了解钢铁产业链的综合发展水平，有必要对钢铁产品生产过程中的能源消耗进行研究。当前研究在量化产品生产活动过程时更多关注的是煤炭、石油等直接消耗能源，而忽略了受土地面积、蒸腾速度和海拔等地理因素影响的势能、深层地热能等本地隐含一二三级可再生能源（Brown et al.，2016a）。因此，为了更全面地量化钢铁产品生产过程中的能源消耗，需要对产业链中的直接消耗能源和隐含消耗能源同时进行核算。

9.2 基于能值的中国钢铁产业链多重维度核算

能值（Emergy）理论被提出后（Odum，1996），主要用于整合及评估生产等活动的可持续发展能力（Odum，1996；Brown et al.，2004b）。该理论将相关生产活动从输入流和输出流的角度进行了划分。其中，输出流以生产的产品为主，输入流为产品生产所需的各种资源和能源，后者又可细化为本地可再生（R）、本地不可再生（N）、外来购入（F）、劳动力及相关服务（L&S）（Brown et al.，2016a）。该理论通过设立统一的量纲，将系统中不同种类、不可比较的能量转化成同一能级单位（UEV）来衡量和分析，从而评价相关资源和能源在系统中的作用和地位。该方法常被用于卫生系统（Artuzo et al.，2020；Cristiano et al.，2021）、新兴技术（Li et al.，2021b）、作物生产（Liu et al.，2021b）等方面的评估，学者们基于能值核算构建与资源、经济、技术、环境等角度相关的指标，以表征可持续发展的程度。

以下借助能值方法对中国钢铁产业链中产品生产、加工及回收过程进行资源、经济和能源三重维度的核算。

本地隐含一二三级可再生能源核算中的参数设置如表9-2所示。

表9-2 本地隐含一二三级可再生能源核算中的参数设置

参数	具体含义	单位	数值
In_i	日照能量	$J\ m^{-2}\ yr^{-1}$	1.09×10^{10}
$Albedo_i$	反射到使用土地面积的日晒百分比	—	30%

续表

参数	具体含义	单位	数值
C_i	热机效率	—	$9.30×10^{-1}$
H_i	单位土地隐含的地热	$J\ m^{-2}\ yr^{-1}$	$2.00×10^6$
ρ_{air}	空气密度	$kg\ m^{-3}$	$1.23×10^0$
μ	风速	$m\ s^{-1}$	$7.12×10^0$
δ	地拖系数	—	$1.64×10^{-3}$
γ	蒸腾速率	—	$0.75×10^0$
H_i	平均海拔高度	m	$5.00×10^1$
φ	径流率	—	$0.25×10^0$

基于已界定的研究内容及布朗等学者（Brown et al., 2016a）的文献研究，明确钢铁产业链生产过程中消耗的隐含能源为太阳热、深层地热、风、雨水和径流这五种本地隐含一二三级可再生能源，具体核算如式（9-1）到式（9-5）所示。

$$U_{solar} = (Area_i \cdot In_i \cdot (1 - Albedo_i) \cdot C_i) \times UEV_{solar} \quad (9-1)$$

式（9-1）中：U_{solar} 为本地隐含太阳能；$Area_i$ 为不同产品生产过程所需的土地面积；In_i 为不同产品生产过程所需的日照能量；$Albedo_i$ 为反射到使用土地面积的日晒百分比；C_i 为热机效率（卡诺效率）；UEV_{solar} 为太阳能的单位能值。

$$U_{heat} = (Area_i \cdot H_i \cdot C_i) \times UEV_{heat} \quad (9-2)$$

式（9-2）中：U_{heat} 为本地隐含地热能；$Area_i$ 为不同产品生产过程所需的土地面积；H_i 为单位土地隐含的地热；C_i 为热机效率（卡诺效率）；UEV_{heat} 为地热的单位能值。

$$U_{wind} = (Area_i \cdot \rho_{air} \cdot \mu \cdot \delta) \times UEV_{wind} \quad (9-3)$$

式（9-3）中：U_{wind} 为本地隐含风能；$Area_i$ 为不同产品生产过程所需的土地面积；ρ_{air} 为空气密度；μ 为风速；δ 为地拖系数；UEV_{wind} 为风的单位能值。

$$U_{rain} = [Area_i \cdot \alpha \cdot (1 - \gamma)] \cdot UEV_{rain} \quad (9-4)$$

式（9-4）中：U_{rain} 为本地隐含雨水能；$Area_i$ 为不同产品生产过程所需的土地面积；α 为年降雨量；γ 为蒸腾速率；UEV_{rain} 为雨的单位能值。

$$U_{runoff} = (Area_i \cdot \alpha \cdot H_i \cdot \varphi) \times UEV_{runoff} \quad (9-5)$$

式（9-5）中：U_{runoff} 为本地隐含径流能；$Area_i$ 为不同产品生产过程所需的

土地面积；α 为年降雨量；H_i 为生产地平均海拔高度；φ 为径流率；UEV_{runoff} 为径流的单位能值。

式（9-1）到式（9-5）中的参数来自布朗等学者（Brown et al.，2016a）的文献，具体含义及数值如表9-3所示。

表9-3 粗钢（初级钢）生产过程能值表

类别	物质	数值	单位	UEV	能值（sej/y）
本地可再生（R）	太阳能、热能等隐含能源				3.54×10^{17}
	之前流程中的可再生性输入				1.34×10^{20}
本地不可再生（N）	水	1.92×10^{8}	t/yr	1.00×10^{11}	1.93×10^{19}
外来购入（F）	铁矿石	6.72×10^{6}	t/yr	1.22×10^{15}	8.22×10^{21}
	铁合金	2.17×10^{6}	t/yr	1.96×10^{16}	4.25×10^{22}
	电力	1.28×10^{17}	J/yr	2.21×10^{5}	2.83×10^{22}
	生铁	7.59×10^{8}	t/yr	1.84×10^{15}	1.40×10^{24}
	废钢	5.23×10^{5}	t/yr	4.08×10^{14}	2.13×10^{20}
	高炉煤气	4.67×10^{16}	t/yr	0.00×10^{0}	0.00×10^{0}
	转化气（过程中）	2.11×10^{17}	t/yr	0.00×10^{0}	0.00×10^{0}
	白云石	1.07×10^{7}	t/yr	4.91×10^{14}	5.25×10^{21}
劳动力及服务（L&S）	劳动力	2.38×10^{6}	p/yr	2.17×10^{16}	5.16×10^{22}
	服务	5.38×10^{10}	\$/yr	3.55×10^{12}	1.91×10^{23}
输出产品	粗钢	7.35×10^{8}	t/yr		

由于钢铁产业链中产品生产是连续且相互关联的，上游产品被生产后作为原材料立即参与下一阶段产品的生产过程，因此上一阶段产品中消耗的本地可再生能源也部分参与下一阶段产品的生产（Brown et al.，2016a）。这种"之前流程中的可再生性输入"也作为本地可再生性能源的一项，用于"能源"维度的核算。具体核算如式（9-6）所示。

$$U_{R2,n} = (U_{R1,n-1} + U_{R2,n-1}) \cdot p_{n-1}, \quad 1 < n \leq 10 \tag{9-6}$$

式（9-6）中：$U_{R2,n}$ 为钢铁产业链中第 n 个产品的"之前流程中的可再生性输入"；$U_{R1,n-1}$ 为第 $n-1$ 个产品消耗的本地隐含一二三级可再生能源，即前一环节钢铁产品在生产过程中消耗的本地隐含一二三级可再生能源；

$U_{R2, n-1}$ 为第 $n-1$ 个产品消耗的"之前流程中的可再生性输入"；p_{n-1} 为该生产过程中第 $n-1$ 个产品的使用占比，即该生产过程中使用的前一环节产品与其产量的占比。

基于能值的钢铁产业链产品核算过程及结果如本书附录中的表 A9-1 到表 A9-20 所示，这里以粗钢（初级钢）产品为例进行核算过程的说明。表 9-3 列出了粗钢产品生产过程的能值数据。本章根据式（9-1）到式（9-5）核算了粗钢生产过程中的本地隐含一二三级可再生能源消耗，具体过程如本书附录中的表 A9-10 所示；并根据式（9-6）核算了"之前流程中的可再生性输入"。此外，为确保数据能最大程度反映现实情况，本章中所有钢铁产品的单位能值（能值转换系数）全部根据中国相关数据重新进行了计算。

基于整理的钢铁产品生产所需输入流数据，先计算国内铁矿石（铁精粉）的单位能值（能值转换系数）。之后，将计算得到的铁矿石单位能值代入其他产品的生产过程，从而依次计算得到球团铁、烧结铁、生铁等产业链中其他钢铁产品的单位能值（能值转换系数）。表 9-3 中，"外来购入"中的"铁矿石"为中国开采，加之其又是产业链研究中的第一环节，因此该产品的能值转换系数选用了本章核算的计算结果，计算过程及结果如本书附录中的表 A9-1 所示。"生铁"同样是本章中的产品，因此其能值转换系数也全部来自核算框架中的计算结果，具体计算过程及结果如本书附录中的表 A9-7 所示。

9.3 数据来源及敏感性检验

9.3.1 数据来源

为了研究中国钢铁产品产业链，本章基于当前文献（Brown et al., 2016a）和中国产业信息网[①]确定了中国钢铁产业链主要生产流程，笔者之后选择了从原材料铁矿石到废旧钢铁的十种主要钢产品作为研究对象。各环节产品的产量等基础数据来自《中国统计年鉴》和《中国钢铁工业年鉴》，产品的经济生产总值来自《中国钢铁工业年鉴》和"我的钢铁网"[②]。有关产品生产流程的数据参考了现有文献。其中，矿石开采过程的数据结合相关学者（Ma et al., 2018b；Liu et al., 2021）等的相关研究，球团铁、烧结铁、生铁

[①] 参见：https://www.chyxx.com/data/。

[②] 参见：https://tks.mysteel.com/。

和粗钢（初级钢）产品生产过程的数据来自有关学者（Ma et al.，2018b）的研究。铸铁、宽薄板、线材和热轧钢生产过程的数据均来自相关学者（Liu et al.，2021）的研究。废钢回收再利用过程的数据来自阿莱格里尼等（Allegrini et al.，2015）的研究。此外，基于能值理论用到的 $UEV_{\partial,i}$ 数据（能值转换系数）来自布朗团队构建的 UEV 数据库（目前更新至 2018 年）和国家环境核算数据库 NEAD v2.0[①]。为提高研究的准确性，相关钢铁产品（如铁矿石、粗钢等）的 UEV 数据是根据中国的实际情况重新进行计算的，具体细节请参见本书附录中的表 A9-1 到表 A9-20。

9.3.2 数据敏感性检验

由于一些生产过程的数据来自国外文献，为保证数据对本章研究的适用性，以下进行了敏感性检验。敏感性检验借鉴了部分学者（Cho，2016；Pan et al.，2020）的研究，采用了"一次一步"的方法来分析输入端数据使用量的不同对钢铁产品能值的影响。由于中国的电力结构可能随着技术发展而改变，因此本章还研究了电力改变可能带来的潜在影响。此外，本章同样选择了粗钢这一关键产品作为研究对象，并对粗钢生产过程的电力 UEV 分别增加或减少 3%、5%、10% 和 20%，以观察粗钢能值的变化。敏感性检验中的粗钢能值结果如表 9-4 所示，与粗钢的原始能值相比，该变化并不显著。只有当电力变化率达到 20% 时，粗钢能值变化率方会达到 0.1% 左右。这一结果也表明了研究数据结果的可靠性。

表 9-4　敏感性检验结果

电力 UEV 变化率（%）	粗钢能值	能值变化率（%）
+3	1.731×10^{24}	0.0
-3	1.731×10^{24}	0.0
+5	1.731×10^{24}	0.0
-5	1.731×10^{24}	0.0
+10	1.731×10^{24}	0.0
-10	1.731×10^{24}	0.0
+20	1.732×10^{24}	0.1
-20	1.730×10^{24}	0.1

---

① 参见：http://www.emergy-nead.com/home。

9.4 小结

本章对中国钢铁产业链的多重维度进行了具体分析，主要工作和结论如下。

第一，对钢铁产业链研究对象及研究维度进行了明确界定。所设定的研究边界是中国钢铁产业链，包括上游的原料铁产品、中游的冶炼粗钢、下游的再加工钢材及回收环节的废钢等；研究对象则确定为与产业链生产、应用及回收环节相对应的主要钢铁产品；研究维度确定为钢铁产业链生产过程的资源、能源和经济三个维度。

第二，基于相关统计数据核算了钢铁产业链各产品生产总值，以表征"经济"维度；基于能值理论核算了中国钢铁产业链产品在生产、应用及回收过程中消耗的各类资源和能源，以表征中国钢铁产业链的"资源"和"能源"维度。核算中还补充了各产品在生产过程中所消耗的雨水能、深层地热、势能等本地隐含一二三级可再生能源，以及前一环节钢铁产品生产过程中的部分可再生能源流入，从而弥补了现有对钢铁产品生产活动过程研究中可能忽略的隐含能源的消耗情况。本章从钢铁产业链的角度进行了分析，从而为后续协调发展目标下的多维度依赖关系研究提供了数据支撑。

10 可持续发展下的中国钢铁产业链多维度依赖关系研究

资源、经济、能源作为推动社会发展的关键维度，其彼此间的关系协调与否成为可持续发展的重要制约条件。撰写本章的主要目的是基于随机森林-GENIE3[①]算法构建钢铁产业链多维度系统依赖模型，以揭示钢铁产业链的"资源-经济-能源"多维度依赖关系。根据之前核算的中国钢铁产业链"资源"消耗和"能源"消耗及各产品在生产等过程中的"经济"收益，本章提出了表征三重维度依赖关系的变量。此外，选取中国钢铁2013—2019年的实证数据，从协调发展角度研究了产业链"资源-经济-能源"多重维度间依赖关系的变化趋势，从而刻画了中国钢铁产业链的协调发展水平，并揭示了影响其发展的主导依赖关系及其影响因素。

10.1 中国钢铁产业链多维度系统依赖模型构建

10.1.1 基于随机森林和GENIE3的算法流程设计

随机森林算法（RF）是基于学习器（bagging）框架下的一种决策树算法，它通过构造多个决策树并将它们融合，以得到一个更加准确和稳定的模型。相较于其他方法，随机森林算法最大的特点在于提取特征和抽取样本的随机性，它的随机性使得每个分类规则既具有相似性又具有一定的差异性。作为基于回归树的另一种集成学习算法，GENIE3算法近年来同样备受关注。该算法最早于2010年被一些学者提出并用于推断基因调控网络结构（Huynh-Thu, et al., 2010），后来被另一些学者用于研究价格波动及价格预测等问题。与其他方法相比，GENIE3算法可以仅利用数据片段来恢复基因间的调控关系，从而识别影响目标基因的调控基因，并进而得到目标之间的影响关系。

---

① GENIE3是一种通过基因表达数据来推断基因调控网络的方法。

将这两种算法结合，有助于对钢铁产业链资源、经济、能源维度间的有向依赖关系进行回归分析，具体的算法流程如下。

（1）构建钢铁产业链的"资源-经济-能源"特征矩阵

将钢铁产业链"资源-经济-能源"数据集看作基因片段集合，构建矩阵 $\boldsymbol{X}_k^{-j}$，确定数据集中的基因特征，即钢铁产业链中不同产品的资源、经济、能源维度发展水平。具体构建过程如式（10-1）和式（10-2）所示。

$$\boldsymbol{X}_k^{-j} = (x_k^1, \cdots, x_k^{j-1}, x_k^{j+1}, \cdots, x_k^p)^T \tag{10-1}$$

$$x_k^j = f_j(\boldsymbol{X}_k^{-j}) + \varepsilon_k, \ \forall k \tag{10-2}$$

式（10-1）和式（10-2）中：x_k^j 为基因特征，这里为钢铁产业链"资源-经济-能源"数据集中了不同产品的资源、经济、能源维度发展水平；ε_k 为一个均值为零的随机噪声。

（2）随机选取"资源-经济-能源"特征，训练多棵决策树的分类器

首先，从"资源-经济-能源"原始数据集中随机抽样出 m 个基因特征 x_k^j 并形成特征子空间。其次，从随机特征子空间中确定决策树的节点特征，构建多棵决策树并对其随机分类属性进行训练。

（3）基于随机森林分类器的监督回归

利用训练好的随机森林算法对"资源-经济-能源"原始数据集中的每个特征变量轮换进行二元递归，通过集成每一棵决策树的结果来保证误差最小化。

$$\sum_{k=1}^{N} [x_k^j - f_j(\boldsymbol{X}_k^{-j})]^2 \tag{10-3}$$

式（10-3）中：x_k^j 为"资源-经济-能源"数据集的基因特征；$\boldsymbol{X}_k^{-j}$ 为特征矩阵。

（4）识别"资源-经济-能源"特征间的调控方向

根据钢铁产业链中资源、经济、能源维度发展水平之间的相关性进行排序，进而识别钢铁产业链中三个维度彼此间依赖关系的方向。

$$I(N) = \#S\text{Var}(S) - \#S_t\text{Var}(S_t) - \#S_f\text{Var}(S_f) \tag{10-4}$$

式（10-4）中：S 为节点 N 的数据样本；S_t、S_f 均为子集；# 为一组样本的基数；Var 为特征子集中变量的方差，即资源、经济、能源维度发展水平的方差。

（5）确定"资源-经济-能源"特征间的调控关系权重

返回权重矩阵，确定钢铁产业链资源、经济、能源维度间的依赖关系权重大小。

$$\sum_{i \neq j} w_{i,j} \approx N\mathrm{Var}(S) \tag{10-5}$$

式（10-5）中：$w_{i,j}$ 为得到的钢铁产业链资源、经济、能源维度间依赖关系权重。

（6）输出依赖关系的权重及方向

输出步骤"5."，得到钢铁产业链资源、经济、能源维度间的依赖关系权重大小及方向。

基于随机森林算法和 GENIE3 算法的具体流程如图 10-1 所示。

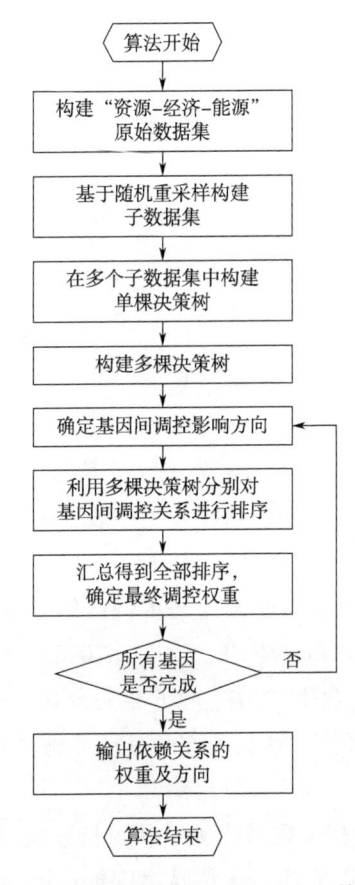

图 10-1　基于随机森林算法和 GENIE3 算法的流程

10.1.2　多维度依赖关系确定

测算"资源-经济-能源"间依赖关系，有助于从全局角度了解钢铁产业链整体发展的协调与否。基于 RF-GENIE3 算法得到的钢铁产业链资源、经济、能源之两两维度间依赖关系的方向和权重，定义了"协调依存度"这一指标，从协调发展的角度反映了资源、经济、能源三重维度在钢铁产业链中相互依赖关系。该指标值越大，表明资源、经济、能源间的相互协调、相互依赖程度越高，钢铁产业链的和谐发展水平越强。该指标公式借鉴了相关学者（Lin，2021；Wang，2020）对多维度协调发展的相关研究，将钢铁产业链资源、经济、能源两两维度间的依赖关系相互整合，以量化发展过程中资源-经济-能源三重维度间的综合依赖水平，具体计算如式（10-6）所示。

$$C_i = \left\{ \frac{\omega_1 \cdot f(M)_i \cdot \omega_2 \cdot g(U)_i \cdot \omega_3 \cdot h(E)_i}{\omega_1 \cdot f(M)_i + \omega_2 \cdot g(U)_i + \omega_3 \cdot h(E)_i} \right\}^{\frac{1}{k}} \quad (10\text{-}6)$$

式（10-6）中：ω_1、ω_2、ω_3 分别为资源、经济、能源维度发展水平的权重；$f(M)$、$g(U)$、$h(E)$ 分别为不同钢铁产品中资源、经济、能源维度变量表征的发展水平；k 为维度个数。

之后，将"协调依存度"进行归一化处理，保证所有结果值均在（0，1］上。

$$C'_i = \frac{C_i - C_{\min}}{C_{\max} - C_{\min}} + 0.01 \quad (10\text{-}7)$$

10.1.3 模型变量定义

为了解资源、经济、能源间的相关关系及其对中国钢铁产业链平稳可持续发展的影响，需要对多维度系统依赖模型中表征发展水平的变量进行定义。在变量构建方面，特尔等（Thl et al.，2021）从人力资源、社会文化、科学技术和政府政策等角度选择相关变量对生态度假区的"资源-经济-环境"可持续性进行了评估。西姆维巴等（Cmvba et al.，2020）从产品生产、系统效率、可持续性的角度对农业企业生产力进行了相关分析。另有学者（Liu et al.，2020c）从土地、人口、经济、社会等方面考察了我国厦门的城市化水平与生态可持续性的关系。

基于当前钢铁产业链相关现状，为了从可持续发展的角度了解钢铁产业链"资源-经济-能源"间关系，有必要对钢铁产品生产过程中的自然资源（可再生、不可再生）和社会资源及其对应的经济收益、能源消耗进行研究。因此，根据前一章核算的钢铁产业链各产品在生产等过程中的"资源"和"能源"消耗及"经济"收益，本章从与钢铁产品生产活动过程相关的资源、经济和能源维度定义了表征依赖关系的相关变量，旨在为中国钢铁产业链"资源-经济-能源"多维度间的依赖关系提供分析依据。变量具体含义如

表 10-1 所示。

表 10-1 钢铁产业链多维度依赖关系的变量定义

变量	含义	维度	方向
%NR	不可再生资源利用率	资源	逆向
ED	资源利用密度	资源	逆向
RLR	资源承载率	资源	逆向
EMR_p	能值收益比	经济	正向
LPB	生产强度	经济	正向
LRI	劳动产出率	经济	正向
ELR	能源负荷率	能源	逆向
EII	能源影响强度	能源	逆向
IED	劳动力能耗指数	能源	逆向

表 10-1 中，"不可再生资源利用率（%NR）"、"资源利用密度（ED）"和"资源承载率（RLR）"均从资源维度对钢铁产品的生产过程进行了评估，以综合反映钢铁产业链的资源维度发展水平。为强调"资源消耗"这一研究重点，相关变量均为逆向变量。其中，"不可再生资源利用率（%NR）"参考了奥达姆（Odum，1996）和布朗（Brown，2004b）等学者对"可再生资源百分比"的研究。前人重点考察了产品生产过程中可再生资源的消耗占比，"不可再生资源利用率（%NR）"则从不可再生性自然资源角度进行了构建，更直观地反映了钢铁产品生产过程中对不可再生性资源的依赖程度。该值越大，表明不可再生性资源的消耗占比越高，在产品生产过程中扮演的角色越重要，越不利于可持续发展。具体计算过程如式（10-8）所示。

$$\%NR = \frac{(N_i + F_i) \cdot UEV_{\partial,i}}{(R_i + N_i + F_i + L\&S_i) \cdot UEV_{\partial,i}} \tag{10-8}$$

式（10-8）中：R_i、N_i、F_i 和 $L\&S_i$ 分别为钢铁产业链各产品在生产、应用等过程消耗的"本地可再生"、"本地不可再生"、"外来购入"和"劳动力及服务"；$UEV_{\partial,i}$ 为消耗物质所对应的能值转换系数；i 代表各阶段钢铁产品，$i = 1, 2, \cdots, 10$。

变量"资源利用密度（ED）"基于维利亚等学者（Viglia et al.，2018）的研究提出，相较于以往研究，"资源利用密度（ED）"侧重于分析产品生产过程中对土地资源的利用程度。它通过测算用地面积与生产中消耗的太阳能量，来反映用于支持不同钢铁产品生产过程所需的土地资源。"资源利用密度（ED）"值越大，说明单位土地对应产品生产过程消耗的太阳能量越多，土地资源利用密度越大，从而间接表明产品生产过程中的生态压力越大。

$$ED = \frac{(R_i + N_i + F_i + L\&S_i) \cdot UEV_{\partial, i}}{Area_i} \tag{10-9}$$

式（10-9）中：R_i、N_i、F_i 和 $L\&S_i$ 分别为钢铁产业链各产品在生产、应用等过程消耗的"本地可再生"、"本地不可再生"、"外来购入"和"劳动力及服务"；$UEV_{\partial, i}$ 为消耗物质所对应的能值转换系数；$Area_i$ 为各产品生产所需的土地资源面积；i 代表各阶段钢铁产品，$i = 1, 2, \cdots, 10$。

"资源承载率（RLR）"借鉴了一些学者关于"设备与劳动力能值比"研究，该变量的构建以能值为基础，从社会资源角度讨论了产业链中各产品对应劳动力资源在生产活动中的占比。资源承载率越大，表明生产过程中社会资源的消耗强度越大，越有必要对各环节劳动力进行合理配置。其具体计算过程如式（10-10）所示。

$$RLR = \frac{(R_i + N_i + F_i + L\&S_i) \cdot UEV_{\partial, i}}{L\&S_i \cdot UEV_{LS, i}} \tag{10-10}$$

式（10-10）中：R_i、N_i、F_i 和 $L\&S_i$ 分别为钢铁产业链各产品在生产、应用等过程消耗的"本地可再生"、"本地不可再生"、"外来购入"和"劳动力及服务"；$UEV_{\partial, i}$ 为消耗物质所对应的能值转换系数；$UEV_{LS, i}$ 为劳动力资源所对应的能值转换系数；i 代表各阶段钢铁产品，$i = 1, 2, \cdots, 10$。

"能值收益比（EMR_p）"、"生产强度（LPB）"和"劳动产出率（LRI）"从经济维度对钢铁产品的生产过程进行了正向评估，以表征钢铁产业链经济维度的发展水平。其中，"能值收益比（EMR_p）"考察了产品生产获得的经济收益与消耗能量间关系。该变量值越高，能量消耗对应的收益越大，表明该产品的经济效益越好。它的构建参考了前人研究中的 EEI 指标，从正向的角度反映了产品生产收益。"能值收益比"值越大，表明产品单位能值创造的经济收益越高，越有助于推动社会发展。

$$EMR_p = \frac{E_{pro_i}}{(R_i + N_i + F_i + L\&S_i) \cdot UEV_{\partial, i}} \tag{10-11}$$

式（10-11）中：R_i、N_i、F_i 和 $L\&S_i$ 分别为钢铁产业链各产品在生产、应用等过程消耗的"本地可再生"、"本地不可再生"、"外来购入"和"劳动力及服务"；$UEV_{\partial, i}$ 为消耗物质所对应的能值转换系数；E_{pro_i} 为各产品生产带来的经济收益；i 代表各阶段钢铁产品，$i = 1, 2, \cdots, 10$。

"生产强度（LPB）"和"劳动产出率（LRI）"的构建都考虑了钢铁产业链中各产品生产的经济总值。"生产强度（LPB）"根据布朗等（Brown et al., 2016a）学者的研究而构建，从土地资源角度分析了与各产品生产所需土地对应的生产总值，以此反映用于活动支持的"土地价值"。该变量值越大，表明使用单位土地而获得的经济收益越多，越有利于推动系统和谐发展。

$$LPB = \frac{GDP_i}{Area_i} \quad (10\text{-}12)$$

式（10-12）中：GDP_i 为各产品对应的行业国内生产总值；$Area_i$ 为各产品生产所需的土地资源面积；i 代表各阶段钢铁产品，$i = 1, 2, \cdots, 10$。

"劳动产出率（LRI）"主要借鉴了有关学者对 EER 指标的定义（张兴，2019）。其从劳动力的角度研究了产品生产所需的劳动力服务与所获经济收益的关系，反映了各产品中单位劳动力创造的经济生产总值。"劳动产出率"越高，人均劳动力产生的经济收入就越高，从而表明系统中劳动力的生产水平也就越高。

$$LRI = \frac{GDP_i}{L_i \cdot UEV_{L,i}} \quad (10\text{-}13)$$

式（10-13）中：GDP_i 为各产品对应的行业国内生产总值；L_i 为钢铁产业链各产品在生产、应用等过程中消耗的"劳动力资源"；$UEV_{\partial,i}$ 为消耗资源所对应的能值转换系数；i 代表各阶段钢铁产品，$i = 1, 2, \cdots, 10$。

能源维度的变量包括"能源负荷率（ELR）"、"能源影响强度（EII）"和"劳动力能耗指数（IED）"，为综合表征"能源消耗"对钢铁产业链发展可能造成的压力，变量的构建均为逆向。其中，"能源负荷率（ELR）"引用了相关学者的研究，它通过不可再生性能源与可再生性能源消耗的太阳能比值，来反映产品生产过程中因能源消耗不对等而自然环境造成的生态负担。"能源负荷率"值越大，说明产品生产过程中需要承担的生态压力越大。

$$ELR = \frac{(N_i + F_i + L\&S_i) \cdot UEV_{\partial,i}}{R_i \cdot UEV_{R,i}} \quad (10\text{-}14)$$

式（10-14）中：R_i、N_i、F_i 和 $L\&S_i$ 分别为钢铁产业链各产品在生产、应用等过程消耗的"本地可再生"、"本地不可再生"、"外来购入"和"劳动力及服务"；$UEV_{\partial,i}$ 为消耗物质所对应的能值转换系数；$UEV_{R,i}$ 为"本地可再生资源"对应的能值转换系数；i 代表各阶段钢铁产品，$i = 1, 2, \cdots, 10$。

"能源影响强度（EII）"参考了布朗（Brown，2004b）、维利亚

(Viglia，2018)等的文献。相较于前人的研究，"能源影响强度"侧重于对产业链各环节产品所需能耗的分析，且该变量讨论了钢铁产品生产过程中与单位土地资源相对应的各环节能耗。"能源影响强度"值越大，表明产业链中生产环节对土地资源的能耗越高。

$$EII = \frac{EC_{pro_i}}{Area_i} \tag{10-15}$$

式（10-15）中：EC_{pro_i}为各产品生产对应的能耗；$Area_i$为各产品生产所需的土地资源面积；i代表各阶段钢铁产品，$i = 1, 2, \cdots, 10$。

"劳动力能耗指数（IED）"基于刘凯等学者的研究而构建（刘凯等，2017；范凤岩等，2020）。该变量表征了一定时间内钢铁产业链各环节劳动生产率对应的能源消耗，其值越高，说明单位生产对应的能源成本越大，越不利于产业链绿色发展。

$$IED = \frac{EC_{pro_i}}{Area_i \cdot LP_i} \tag{10-16}$$

式（10-16）中：EC_{pro_i}为各产品生产对应的能耗；$Area_i$为各产品生产所需的土地资源面积；LP_i为各产品的劳动生产率；i代表各阶段钢铁产品，$i = 1, 2, \cdots, 10$。

在构建了资源、经济、能源维度相关变量后，为便于模型运算和后续分析维度间相互影响程度及其相关关系，本章对变量结果统一进行了归一化处理。正向变量（经济维度变量）归一化如式（10-17）所示。

$$X'_m = \frac{X_m - X_{\min}}{X_{\max} - X_{\min}} + 0.01 \tag{10-17}$$

逆向变量（资源、能源维度变量）归一化如式（10-18）所示。

$$X'_m = \frac{X_{\max} - X_m}{X_{\max} - X_{\min}} + 0.01 \tag{10-18}$$

式（10-17）和式（10-18）中：X_m即模型中不同产品的相关变量结果值，$0 < X'_m \leq 1$。

10.1.4 模型参数设置

本章在构建的多维度系统依赖模型中，结合相关文献并经多次调试后设置了如下参数：每个特征空间中决策树的数量设定为50，决策树的构建方法选择极端随机树（Extra-Trees），决策树向下寻求最佳分割时的特征数量设定为4。模型参数具体设置内容如表10-2所示。

表 10-2　多维度依赖模型参数设置

参数	含义	设定值
Ntrees	随机特征空间中决策树的数量	50
Tree_method	决策树构建方法	Extra-Trees（ET）
K	决策树节点分割时的特征数量	4

10.2　钢铁产业链不同维度变量的变化趋势分析

10.2.1　钢铁产业链资源维度变量的变化趋势分析

为了解钢铁产业链中各维度变量的变化趋势，接下来根据表 10-1 及式（10-8）到式（10-16），分别核算了资源、经济、能源维度变量在 2013—2019 年的变化趋势；根据式（10-8）到式（10-10），核算了钢铁产业链资源维度变量在 2013—2019 年的变化趋势，归一化后的结果如图 10-2 所示。

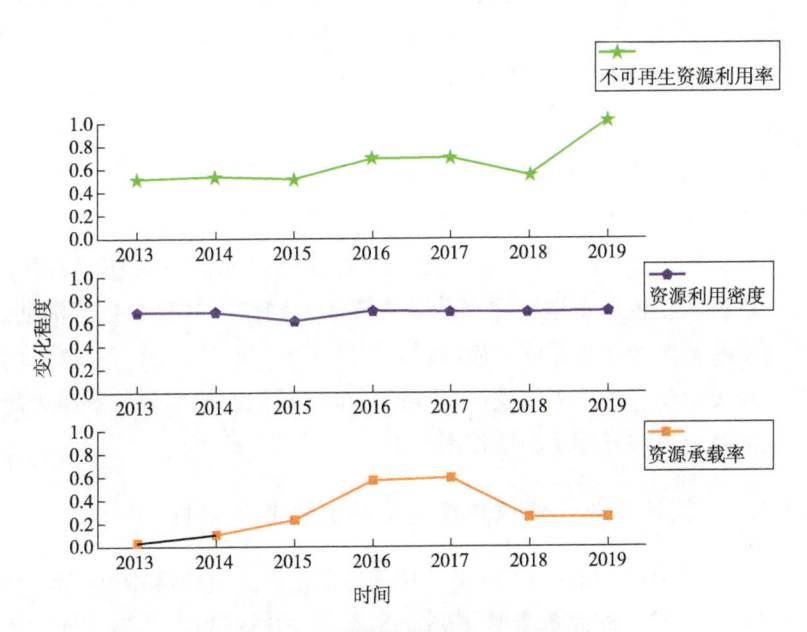

图 10-2　资源维度变量的变化趋势

整体来看，资源维度的三个变量随时间发展有着不同程度的提升。其中，"资源利用密度（ED）"的结果值（紫线）初期在三个变量中最高，约为

0.7，"不可再生资源利用率（%NR）"（绿线）自 2015 年起逐渐提高并趋近于"资源利用密度（ED）"，并在 2019 年超过"资源利用密度（ED）"成为作用最显著的变量。"资源承载率（RLR）"的结果虽不及前两个变量，但总体也随时间发展呈现出增强的变化趋势。由于"资源利用密度（ED）"反映的是产品生产过程中对土地资源的利用程度，"不可再生资源利用率（%NR）"反映了对生产过程中不可再生性自然资源的使用，因而这一结果表明，土地资源的使用对钢铁产业链资源维度发展的影响在 2013 年左右最为显著。之后，随着循环再生等理念的进一步强化，有关各方面对钢铁产品生产、应用等过程中消耗的不可再生性自然资源也越发重视。此外，归一化后的"不可再生资源利用率（%NR）"值的持续走高也反映出近年来在我国各有关方面的联合努力下，钢铁产业链各环节中不可再生性资源的消耗持续降低，整体朝着良性可持续方向发展。

10.2.2 钢铁产业链经济维度变量的变化趋势分析

根据式（10-11）到式（10-13）核算的钢铁产业链经济维度变量演化趋势如图 10-3 所示。表征经济发展水平的三个变量值也随时间变化呈现增长趋势，说明钢铁产业链近年来的经济走势总体向好。其中，"生产强度（LPB）"在 2013 年的结果值最高，之后呈小幅下降趋势，从 2016 年起又持续提升。"能值收益比（EMR_p）"和"劳动产出率（LRI）"均随时间变化呈不断增长态势，"能值收益比（EMP_R）"的增长幅度和结果值要略高于"劳动产出率（LRI）"。这一结果表明，初期"生产强度（LPB）"对钢铁产业链经济维度的发展影响最显著，之后其被"能值收益比（EMP_R）"所替代。这说明相较于土地资源和劳动力资源，钢铁产品自身生产活动过程创造的经济收益对产业链整体发展的影响程度更大。此外，图 10-3 的变化趋势也进一步显示出，近年来钢铁产业链各环节产品创造的单位收益越来越高，对推动经济社会发展起到了积极作用。

10.2.3 钢铁产业链能源维度变量的变化趋势分析

根据式（10-14）到式（10-16）核算的钢铁产业链能源维度变量变化趋势如图 10-4 所示。"能源负荷率（ELR）"在 2013—2019 年基本保持不变，约为 0.6。"能源影响强度（EII）"持续上升，并成为对能源维度发展水平影响最显著的变量。"劳动力能耗指数（IED）"前期呈增长趋势，后期变化幅度较小。在这三个变量中，"能源影响强度（EII）"的主导作用表明钢

图 10-3 经济维度变量的变化趋势

铁产业链中各产品生产、应用及回收过程中对能源的消耗越发受到人们关注，归一化后（图 10-4）显示的结果进一步反映出当前钢铁产业链对能源的消耗逐渐降低、对生态环境的压力逐渐减小的趋势，而这有助于推动钢铁产业链生态系统的和谐发展。

图 10-4 能源维度变量的变化趋势

10.2.4 钢铁产业链不同维度的发展水平变化趋势分析

分析资源、经济、能源维度的发展水平有助于理解彼此在多维度间依赖关系的影响程度,对发展水平的研究基于各维度变量展开。

首先,借助变异系数法(Ma et al., 2018; Allegrini et al., 2015; Ribeiro et al., 2017)确定表10-1中变量在各维度的权重。作为一种客观赋权法,该方法常被学者用于变量及指标的权重确定。具体计算过程如式(10-19)到式(10-20)所示。

$$C_i = \frac{\sigma_i}{\bar{x}_i} \tag{10-19}$$

$$\omega_i' = \frac{C_i}{\sum_1^n C_i} \tag{10-20}$$

式(10-19)和式(10-20)中:ω_i'为变量在资源、经济、能源维度的权重;C_i为变量的变异系数;σ_i为变量的标准差;$\bar{x}_i$为变量的均值。

其次,根据变量权重核算资源、经济、能源维度的发展水平:

$$f(M) = \left(\frac{\prod_{i=1}^{3} \omega_i' \cdot M_i}{\sum_{i=1}^{3} \omega_i' \cdot M_i}\right)^{\frac{1}{3}} \tag{10-21}$$

$$g(U) = \left(\frac{\prod_{i=1}^{3} \omega_i' \cdot U_i}{\sum_{i=1}^{3} \omega_i' \cdot U_i}\right)^{\frac{1}{3}} \tag{10-22}$$

$$h(E) = \left(\frac{\prod_{i=1}^{3} \omega_i' \cdot E_i}{\sum_{i=1}^{3} \omega_i' \cdot E_i}\right)^{\frac{1}{3}} \tag{10-23}$$

式(10-21)至式(10-23)中:$f(M)$为钢铁产业链中资源维度的发展水平;M_i为资源维度变量;$g(U)$为钢铁产业链中经济维度的发展水平;U_i为经济维度变量;$h(E)$为钢铁产业链中能源维度的发展水平;E_i为能源维度变量。

接下来,根据表10-1中的变量,通过式(10-19)到式(10-23)核算资源、经济、能源维度发展水平变化,具体结果如图10-5所示,三重维度在2013—2019年的变化趋势存在较大差异。能源维度(黄线)变化最显著,提升最多,从2013年的0.28陡增至2016年的0.67,之后又提高至2019年的

0.84。这表明随着时间的推移,能源维度对钢铁产业链协调平稳发展的影响程度持续增加,并逐渐成为影响产业链一体化发展的主导因素。资源维度(红线)的变化波动较小,基本保持在 0.35 左右。这一结果反映出资源维度的发展程度始终较低,且对产业链整体发展的影响程度较弱。经济维度(蓝线)的波动较大,先由 2013 年的 0.58 下降到 2015 年的 0.16,之后又逐步回升至 0.49。尽管中间几年具有较大波动,但后来 2019 年的结果基本与 2013 年无异。与其他两个维度相比,2013 年时经济维度的发展水平最高,说明经济维度初期对钢铁产业链发展的影响最显著。随着时间的增长,能源维度逐渐替代经济维度成为影响钢铁产业链整体发展的主导因素,这表明我国近年来在发展钢铁产业链时对能源使用的关注度明显提升,且有了较大改善。经济维度在过程中虽有所下降,但后续逐渐稳定在 0.5 左右,整体处于居中的发展情况,反映出目前它对产业链整体发展的影响要强于资源维度、弱于能源维度。资源维度的影响程度基本保持不变,且始终处于一个较低的位置,表明近年来我国钢铁产业链在发展过程中对资源维度的重视程度没有明显变化,未来可能还需要较长时间来加以改善。

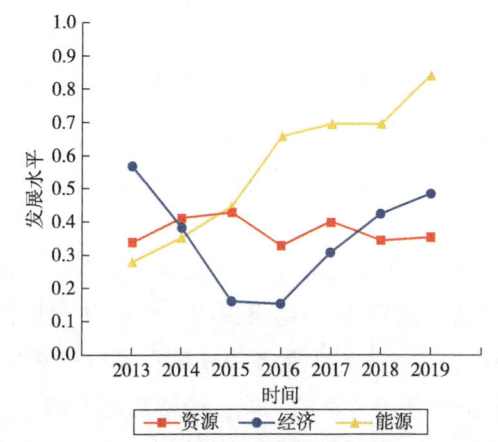

图 10-5 不同维度在钢铁产业链中的发展水平变化趋势

10.3 钢铁产业链双重维度间依赖关系的变化趋势分析

10.3.1 钢铁产业链资源-经济间依赖关系的变化趋势分析

在明确了钢铁产业链中不同维度的发展水平后,结合随机森林算法和

GENIE3 算法从"资源–经济–能源"两两维度间关系的角度进行了研究。通过式（10-1）到式（10-5），先核算了资源–经济两者间的相互依赖关系，图 10-6 展示了 2013—2019 年中国钢铁产业链在资源–经济双重维度间的相互依赖关系变化趋势。

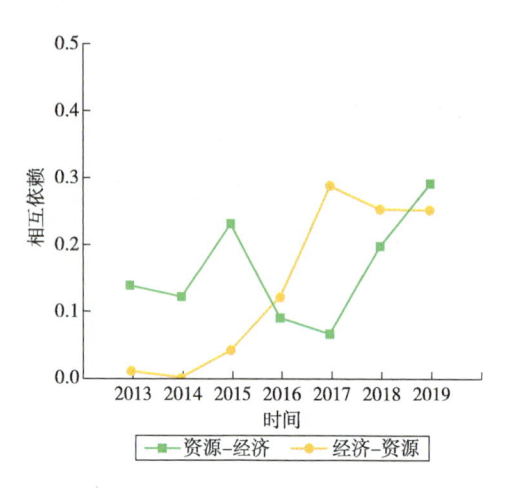

图 10-6　资源–经济间依赖关系变化趋势

图 10-6 中的绿线代表钢铁产业链发展过程中经济维度依赖资源维度的变化趋势，黄线代表资源维度依赖经济维度的变化趋势。从中可以看出，2013 年时绿线大约为 0.14，黄线近乎为 0。之后黄线持续攀升，两条线的差距逐渐缩小，2019 年时已基本相差无几。这表明资源和经济维度间的关系由最初的单向依赖在钢铁产业链发展过程中逐渐转变为双向依赖，两者已呈现出相互依赖的均衡发展态势。这一结果说明，2013 年时钢铁产业链的发展以资源依赖型经济为主，主要通过大量使用铁矿石等自然资源来推动经济增长。及至 2016 年，随着去产能等政策的实施，废钢及再生钢逐渐受到重视，经济增长不再以资源依赖为主，转到循环经济的方向上。

10.3.2　钢铁产业链经济–能源间依赖关系的变化趋势分析

接下来，通过式（10-1）到式（10-5）又核算了钢铁产业链经济和能源双重维度间的相互依赖关系，具体的变化趋势如图 10-7 所示。橘线表示经济维度依赖能源维度，蓝线表示能源维度反向依赖经济维度。与图 10-6 不同，图 10-7 中橘线的值始终高于蓝线，表明在钢铁产业链近年来的发展过程中，"经济"对"能源"的依赖程度始终高于"能源"对"经济"的依赖程度。

这一结果也反映出尽管当前中国钢铁产业链对能源的关注已有明显提升,但经济与能源间的关系始终以单向依赖为主,经济维度的发展常倚赖能源维度的付出。因此,在未来发展中,如何改善经济与能源间的关系值得更进一步的思考。

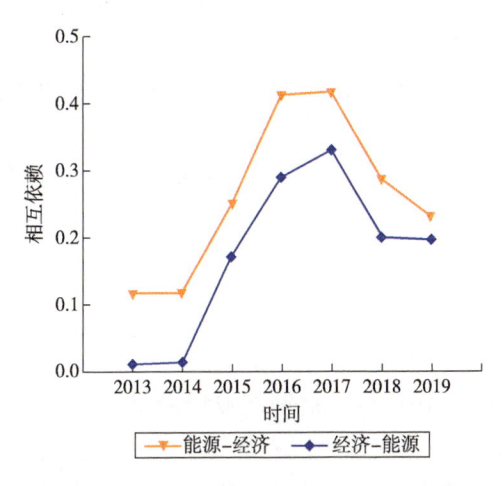

图 10-7 经济-能源间依赖关系变化趋势

10.3.3 钢铁产业链资源-能源间依赖关系的变化趋势分析

再接下来,通过式(10-1)到式(10-5)核算了钢铁产业链资源维度和能源维度间的相互依赖关系,具体的变化情况如图 10-8 所示。图中,青色线

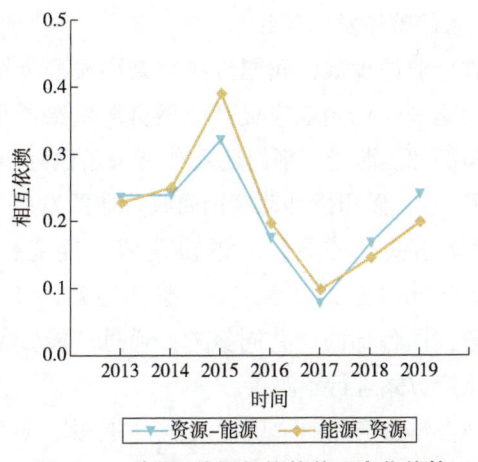

图 10-8 资源-能源间依赖关系变化趋势

代表了能源维度对资源维度的依赖程度，黄色线代表了资源维度依赖于能源维度的变化趋势。不难发现，两条线的整体变化趋势相同，且基本处于重合状态。这一结果反映出两者协调发展水平基本一致，均在2015年有所提升，又在2017年呈下降趋势，并在2019年恢复到2013年的状态。这表明当前钢铁产业链中资源和能源维度的相互依赖程度较高，且总体呈上升趋势。

10.4 钢铁产业链三重维度间依赖关系的变化趋势分析

在明确了中国钢铁产业链中不同维度的发展水平及双重维度间依赖关系后，本章通过式（10-6），从全局角度分析了协调发展目标下的三重维度依赖关系。具体而言，利用基于随机森林算法和GENIE3算法构建的模型测算了中国钢铁产业链及产品2013—2019年"资源-经济-能源"三重维度间依赖关系变化趋势。结果如图10-9所示。

整体来看，2013—2019年来钢铁产业链及其产品的协调依存度基本在0.3及以下，表明现阶段"资源-经济-能源"三重维度间依赖关系发展较弱。钢铁产业链（红线）的协调依存度从2013年的0.18提高至2019年的0.22，尽管变化幅度不明显，但整体保持稳中有升的态势，表明近年来钢铁产业链整体的"资源-经济-能源"间协调发展关系有所改善。

从钢铁产品来看，再生钢（深绿三角线）的协调依存度提高最显著，先从2013年的0.15缓慢增加至2016年的0.19，之后大幅提高至2019年的0.47。本章研究结果还显示，几乎每一年的再生钢都在产业链中具有最高的协调依存度，这一结果也反映出通过废钢回收再利用的产品在"资源-经济-能源"间依赖关系的整体发展较好。

为促进废钢回收行业的发展，我国近年来鼓励大型废钢铁回收加工配送中心的建立，通过构建一体化企业来提高废钢资源供给质量，进而降低相关成本；发改委、工信部和能源局三部门还发布《关于做好2019年重点领域化解过剩产能工作的通知》，以积极推动废钢回收行业的发展。除此之外，球团铁（黄三角线）和烧结铁（棕星线）的协调依存度变化也颇为显著。从2013年的0.18提高至2019年的0.3左右，整体趋势有着大幅提升。这一结果反映出近年来随着我国各部门的共同努力，通过产能置换等举措对烧结铁等能耗较大产品的生产方式进行了改善。

尽管当前钢铁产业链及产品的"资源-经济-能源"多维度间的依赖关系仍较弱，但从发展趋势来看，毕竟已有不同程度的提高，这表明近年来我国

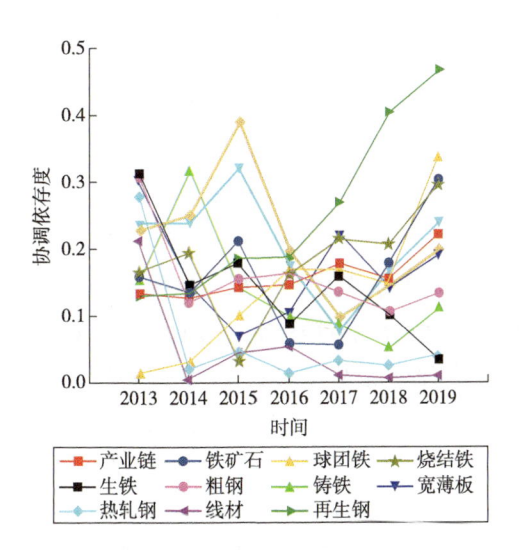

图 10-9　钢铁产业链三重维度间依赖关系变化趋势

钢铁产业的可持续发展水平整体看已有所提升。

10.5　小结

本章从产业链角度构建了多维度系统依赖模型,揭示了钢铁产业链中"资源-经济-能源"间多维度依赖关系。在系统依赖模型中,本章先根据之前核算的中国钢铁产业链各产品生产过程中的"资源"消耗、"能源"消耗和"经济"收益,从资源、经济、能源维度定义了相关变量,明确了钢铁产业链中不同维度的发展水平及其内部变量的变化趋势。之后,利用随机森林算法和 GENIE3 算法确定了钢铁产业链资源、经济、能源维度间的依赖方向及大小,从维度间角度分析了产业链资源-经济、资源-能源、能源-经济双重维度的依赖关系演化趋势。接下来,从全局角度分析了钢铁产业链 2013—2019 年"资源-经济-能源"三重维度间依赖关系的演化趋势。通过这三个角度分析,可更客观、更全面地了解当前中国钢铁产业链发展现状,对推动产业链乃至经济社会的协调可持续发展具有积极意义。本章的主要工作和结论如下。

第一,从各维度来看,钢铁产业链经济维度最初的发展水平较高,但波动幅度较大。尽管其 2019 年的发展程度与 2013 年相差不大,但经济维度已不再是影响钢铁产业链协调发展的关键驱动维度。其中,变量"能值收益比"

对钢铁产业链的经济维度发展起到了主导作用。能源维度的发展则较为滞后，初期的发展水平最弱，之后逐年增加，并自2015年起替代经济维度成为影响产业链整体协调发展的主导维度。推动钢铁产业链能源维度的发展主要与变量"能源影响强度"有关。资源维度的发展水平在2013—2019年较为稳定，且发展程度始终较弱，"不可再生资源利用率"对资源维度的发展具有显著作用。

第二，从双重维度间关系来看，经济和能源维度间的相互依赖程度要高于资源和经济维度间以及资源和能源维度间的关系，说明经济与能源间的关系是当前钢铁产业链协调稳定发展的主要影响因素。从逐年变化趋势来看，经济维度对能源维度的依赖程度始终高于能源对经济的依赖程度，表明这段关系以单向依赖为主，失衡程度较为明显。资源维度和经济维度间的关系，由最初的单向依赖逐渐转变为双向依赖，且对"资源-经济-能源"三重维度间依赖关系的影响呈上升趋势。资源和能源维度间相互依赖程度始终较高，两者发展趋势总体一致，体现出当前资源和能源间的和谐稳定状态。

第三，从三重维度间关系来看，中国钢铁产业链2013—2019年的"资源-经济-能源"多维度依赖关系较弱，但总体趋势有所提升，表明当前钢铁产业链在向协调方向发展。随着时间的推移，钢铁产业链产品多维度依赖关系基本呈现出不同幅度的增长。其中，再生钢的"资源-经济-能源"间依赖关系始终优于其他产品，且逐年提升最为显著。此外，上游烧结铁和球团铁的多维度依赖关系提升也颇为明显，显示出较好的发展态势。

11 中国钢铁产业链的多主体多维度依赖机制研究

为了量化中国钢铁产业链中产品、企业和行业主体在"资源-经济-环境"间的相关关系，本章构建了产业链依赖系统模型并对各主体进行了依赖机制的分析。在前人的研究基础上，增加考虑了主体生产及回收过程的进口资源与本地隐藏资源，并基于此构建了中国钢铁产业链生态系统价值核算框架，进而从不同类别主体自身特征出发，提出了三维依赖评价指标，以评估主体的资源、经济、环境子系统。之后；运用熵权法和线性回归确定子系统指标权重及子系统间的关系，并构建加权有向的产业链依赖系统模型，以刻画中国钢铁产业链在"资源-经济-环境"方面的整体依赖现状及依赖主导因素。

11.1 系统边界与系统主体

作为中国经济发展的支柱产业之一，钢铁产业链以链条式的形态包含了多个内容。从宏观层面来看，钢铁产业链包含多项生产、加工及回收流程。其中，生产流程是从原材料的铁矿石开采和精炼，再到粗钢冶炼；加工流程是将粗钢加工成特钢，以应用于汽车、房屋等行业；回收流程则是从人们生产生活中的报废产品及生产和加工流程的废料中回收提取废钢，并将其再次应用于粗钢冶炼中。从微观层面来看，经由钢铁产业链各流程而得到的产品及其生产加工企业之间也存在着紧密联系。基于此，为了明确研究对象和研究范围，本章站在"从摇篮到坟墓"之产品生命周期的角度将钢铁生产、加工及回收流程所形成的链条式关联关系定义为钢铁产业链，将各流程对应的行业、产品及制造企业定义为产业链研究主体。此外，由于产业链中存在着上下游关系，为细化整体结构，将钢铁产业链划分为上、中、下游。其中，上游主要包括原材料采选及初加工等环节，中游以钢铁冶炼及再加工为主，下游则是钢材应用及废钢回收环节。图11-1展示了中国钢铁产业链的整体框架体系。

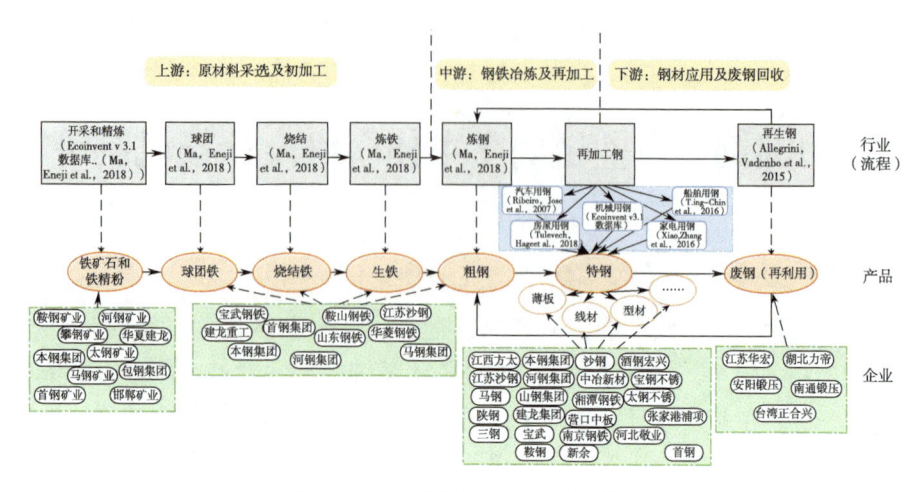

图 11-1 中国钢铁产业链框架体系

钢铁产业链作为一个复杂系统，其内部包含众多主体。为从全局角度展开研究，本章将产业链由微观到宏观的角度分成产品、企业、行业三类（图 11-2）。为突出不同类别主体的系统特征，基于现有文献，先确定资源子系统的主要研究内容。由于产品主体在生产过程中主要依赖自然资源（张兴，2019），因此将其中的不可再生性资源作为该类别主体的主要研究内容；对于企业主体而言，占地面积决定了企业规模，依托土地资源才能生产产品，维持企业正常运营；一个行业由众多企业形成，其发展程度主要依靠劳动力的资源配置；再由多个行业组成一条完整产业链，并由此进入人们生产、生活中。此外，依赖系统的经济收益和环境影响都围绕不同类别主体的资源子系统而进行测算，其具体内容在本书"3.4.2"部分已有详述。

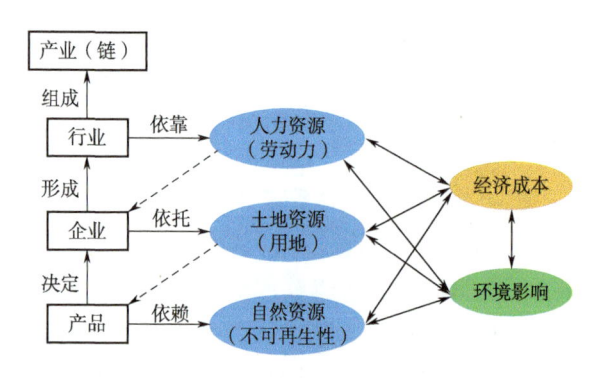

图 11-2 系统主体间的逻辑关系

11.2 基于多主体依赖关系的钢铁产业链系统模型构建

11.2.1 数据来源

(1) 产品主体

为了从生命周期的角度研究中国钢铁产业链,本章先基于当前文献(Ma et al.,2018b)确定主要生产流程及与之相对应的钢铁产品,并基于中国产业信息网确定下游行业及其占比,如图 11-1 所示。之后,基于生产流程选择从原材料铁矿石到废旧钢铁的十种主要钢产品作为研究主体。各阶段产品的产量数据来自 2018 年的《钢铁年鉴》,有关产品生产流程的数据来自现有文献及相关数据库,矿石开采过程的数据结合有关学者的研究(Ma et al.,2018)和 Ecoinvent v3.1 数据库,球团铁、烧结铁、生铁和粗钢产品生产过程的数据来自部分学者(Ma et al.,2018)的研究。铸铁、宽薄板、线材和热轧钢生产过程的数据均来自 Ecoinvent v3.1 数据库。废钢回收过程的数据来自阿莱格里尼等(Allegrini et al.,2015)的研究,具体来源均已在图 11-1 中展示。

(2) 企业主体

"企业"部分包括生产各环节产品的企业。考虑到中国钢铁产业链部分环节的企业集中度较低,本章根据产量选择了排名前十或整体产量占 80% 的主要企业作为研究对象(图 11-1)。企业主体的选择基于中国钢铁新闻网。企业层面的流程数据同样来自现有文献及相关数据库。其中,矿石开采企业的流程数据来自有关学者的研究和 Ecoinvent v3.1 数据库,粗钢冶炼企业的数据来自文献《全球钢铁生命周期库存方法报告》(*World Steel Life Cycle Inventory Methodology Report*)[①],汽车用钢、房屋用钢、机械用钢、家电用钢和船舶用钢企业的流程数据分别来自有关学者(Ribeiro et al.,2017;Tulevech et al.,2018;Xiao,2016;Ling,2016)的研究和 Ecoinvent v3.1 数据库。

(3) 行业主体

与前两个层面相比,行业主体的确定更加直接。图 11-1 展示的产业链"流程"即为本章的行业主体。由于产品主体均对应着相关行业流程,因此行业主体的生产及回收活动过程与产品主体大致相同。其数据来源基于此前列

---

① 参见:https://www.worldsteel.org/en/dam/jcr:6eefabf4-f562-4868-b919-f232280fd8b9/LCI+methodology+report_2017_vfinal.pdf。

出的文献和 Ecoinvent v3.1 数据库。

研究产品过程所使用的 UEV 数据大部分来自布朗团队构建的 UEV 数据库和国家环境核算数据库 NEAD v2.0[①]，此外根据具体情况对一些 UEV 数据重新进行了计算。

11.2.2 数据不确定性分析

由于本章使用的基础数据来自不同文献及数据库，评估方法自身存在一些潜在特性（如表征和归一化系数）等因素可能会影响模型结果，为了解这些因素对研究结果的不确定性影响，笔者利用蒙特卡罗模拟（Derwent，2020）来进行验证。本章使用 Ecoinvent 数据的谱系矩阵来量化内在因素不确定性（Derwent et al.，2017；Zucaro et al.，2013），矩阵由五个数据质量指标组成：可靠性、完整性、时间相关性、地理相关性和技术相关性。每个指标共包括五个分类等级，根据矩阵中可用的选项对数据质量进行评估后，利用 SimaPro 8.0.5.13 LCA 软件进行蒙特卡罗模拟。为保证模拟结果的准确性，笔者将模拟次数设定为 1 000 次。模拟结果如表 11-1 所示。结果显示，尽管个别类别的标准偏差值较大，但大部分类别的标准偏差值较小（尤其是对环境有显著影响的"全球变暖"和"生态毒性"）。这一结果证实了本章结果的可靠性。图 11-3 展示了关键影响类别的蒙特卡罗模拟结果，这进一步表明本章所使用的数据对不确定性和可能存在的误差具有鲁棒性。

表 11-1 影响类别的蒙特卡罗模拟结果

影响类别	单位	均值	中值	SD[a]（%）
淡水生态毒性	kg1, 4-DCB	4.12E+10	3.22E+10	7.8
淡水富营养化	kg P eq	2.15E+08	1.71E+08	7.5
全球变暖	kg CO_2 eq	1.28E+12	1.28E+12	2.5
人类毒性	kg1, 4-DCB	1.41E+12	1.05E+12	6.4
海洋生态毒性	kg1, 4-DCB	5.82E+10	4.54E+10	7.5
海洋富营养化	kg N eq	4335901	4050484	48.0
矿产资源稀缺	kg Cu eq	4.09E+10	3.92E+10	25.6
陆地酸化	kg SO_2 eq	3.73E+09	3.68E+09	9.5
陆地生态毒性	kg1, 4-DCB	3.17E+11	2.99E+11	2.2

注：SD[a]=标准偏差。

[①] 参见：http://www.emergy-nead.com/home。

(a) 全球变暖　　　　　　　　　(b) 矿产资源稀缺

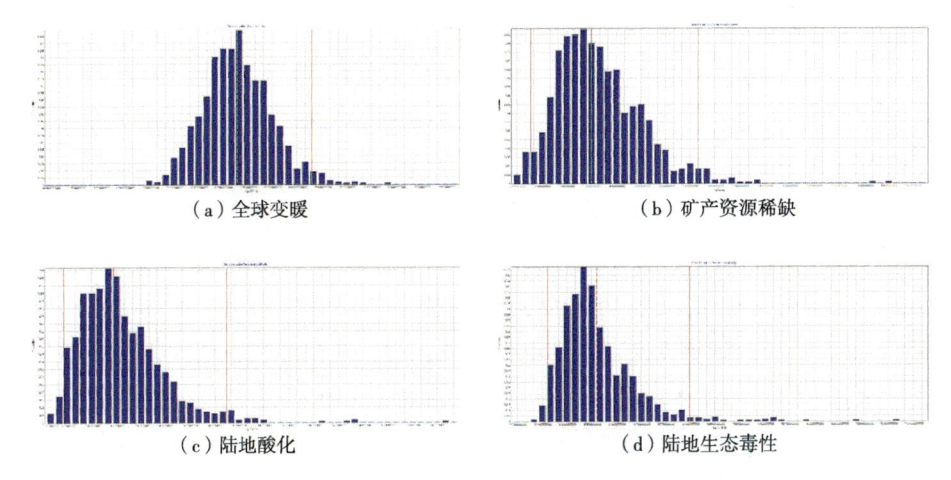

(c) 陆地酸化　　　　　　　　　(d) 陆地生态毒性

图 11-3　部分影响类别的蒙特卡罗模拟结果

11.2.3　钢铁产业链依赖系统模型构建

(1) 隐藏资源识别与生态效益量化

为构建依赖系统模型，先要量化产业链各类别主体在生产及回收等活动过程中消耗的资源及其对应的生态效益。当前研究在量化主体生产活动过程所需资源时，更多关注的是一级资源，而忽略了受土地面积、蒸腾速度、海拔等地理因素影响的雨水、深层地热、径流等本地二级、三级可再生资源（Brown et al., 2016a）。对此，本章在量化各主体活动过程所需资源时，将其分为本地可再生资源（R）、本地不可再生性资源（N）、外来（购入）资源（F）、人力劳动及服务（L&S），并在此基础上增加了进口资源及隐藏资源的识别与核算。此外，为突出产业链不同类别主体的资源特性，本章在产品主体和行业主体方面使用的方法是能值核算，在企业主体方面使用的方法是生命周期评估。

如前所述，能值核算最早由奥达姆于 2010 年提出，用以评估可持续发展能力。作为一种实用的方法，能值核算常被用来评估系统中生产活动所需的所有直接和间接资源。该方法先将活动过程中所需的各种资源用热力学单位进行量化，然后将其转换为一种统一的能级单位（即单位能值——UEV）。也就是说，该方法通过设立统一的量纲，将系统中不同种类、不可比较的能量转化成同一标准的能值来衡量和分析，从而评价相关资源（可再生性资源、不可再生性资源、本地资源、进口资源等）在系统中的作用和地位。

能值核算将相关生产活动流分为输入流和输出流。其中，输出流以生产产品为主，输入流为生产所需的各项资源，后者具体又可分为本地可再生性资源（R）、本地不可再生性资源（N）和外来资源（F）。外来资源还包括人力劳动及相关服务（L&S）（Brown et al., 2014），即支持本地直接劳动和大规模间接劳动的能值。

在此使用能值核算对产品主体和行业主体的生产、加工及回收过程进行数据预处理，将在此过程中使用的能量流、物质流和货币流转化为同一单位，以便后续依赖评价指标的构建及相关资源、经济和环境效益的定量分析。图 11-4 展示了中国钢铁产业链的能值系统流程，图中绿色框代表的是中国钢铁产业链中的开采和生产过程，黄色框代表的是中国向之进口原材料国家或地区的相关钢铁生产过程。表 11-2 则以粗钢产品为例，对应列出了粗钢产品生产所需的输入输出数据能值表。图 11-4 中的其他产品和行业的具体信息如本书附录中的表 A9-1 到表 A9-17 所示。本研究所使用的 UEV 数据大部分来

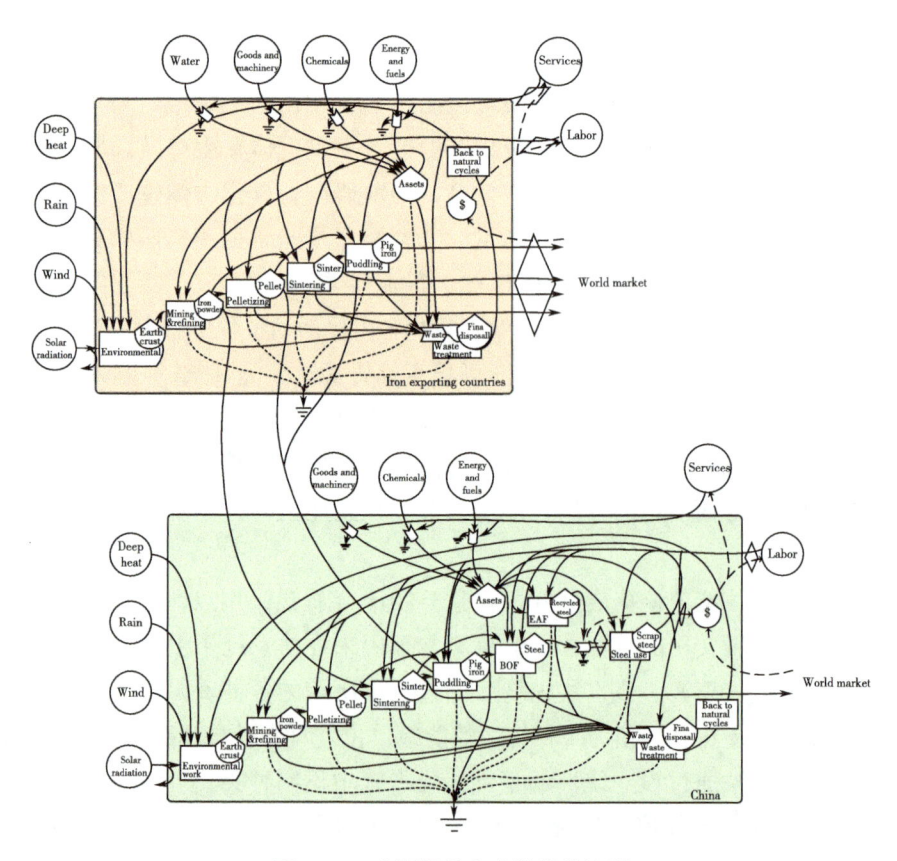

图 11-4 中国钢铁产业链能值流程

自布朗团队构建的 UEV 数据库和国家环境核算数据库 NEAD v2.0[①]，还有一些 UEV 数据根据具体情况重新进行了计算。

表 11-2　粗钢生产过程能值表

物质	基础数据	单位	单位能值	单位	数据来源	能值（sej/y）
输入流							
本地可再生性资源-R							
	太阳能、热能等资源				本章中计算得到	3.54E+17
	之前活动流程中的可再生性输入				本章中计算得到	1.34E+20
总计 R						1.34E+20
本地不可再生性资源-N							
水	1.92E+08	t/yr	1.00E+11	sej/(t·yr)$^{-1}$	UEV 数据库（2018）	1.93E+19
总计 N						1.93E+19
外来（购入）资源-F							
铁矿石-不可再生部分	6.72E+06	t/yr	1.22E+15	sej/(t·yr)$^{-1}$	本章中计算得到	8.22E+21
铁矿石-可再生部分	1.81E+03	t/yr	1.22E+15	sej/(t·yr)$^{-1}$	本章中计算得到	2.21E+18
铁合金	2.17E+06	t/yr	1.96E+16	sej/(t·yr)$^{-1}$	UEV 数据库（2018）	4.25E+22
电力	1.28E+17	J/yr	2.21E+05	sej/(J·yr)$^{-1}$	UEV 数据库（2018）	2.83E+22
生铁-不可再生部分	7.59E+08	t/yr	1.84E+15	sej/(t·yr)$^{-1}$	本章中计算得到	1.40E+24
生铁-可再生部分	7.25E+04	t/yr	1.84E+15	sej/(t·yr)$^{-1}$	本章中计算得到	1.34E+20
废钢	5.23E+05	t/yr	4.08E+14	sej/(t·yr)$^{-1}$	本章中计算得到	2.13E+20
高炉煤气	4.67E+16	t/yr	0.00E+00	sej/(t·yr)$^{-1}$	UEV 数据库（2018）	0.00E+00

① 参见：http://www.emergy-nead.com/home。

续表

物质	基础数据	单位	单位能值	单位	数据来源	能值（sej/y）
转化气（过程中）	2.11E+17	t/yr	0.00E+00	sej/(t·yr)$^{-1}$	UEV 数据库（2018）	0.00E+00
白云石	1.07E+07	t/yr	4.91E+14	sej/(t·yr)$^{-1}$	UEV 数据库（2018）	5.25E+21
总计 F						1.48E+24
人力劳动及服务–L&S						
人力-可再生部分	5.22E+04	p/yr	2.17E+16	sej/(p·yr)$^{-1}$	NEAD (2014)	1.13E+21
人力-不可再生部分	2.38E+06	p/yr	2.17E+16	sej/(p·yr)$^{-1}$	NEAD (2014)	5.16E+22
服务-可再生部分	1.18E+09	$/yr	3.55E+12	sej/($·yr)$^{-1}$	NEAD (2014)	4.20E+21
服务-不可再生部分	5.38E+10	$/yr	3.55E+12	sej/($·yr)$^{-1}$	NEAD (2014)	1.91E+23
总计 L&S						2.48E+23
输出流						
粗钢	7.35E+08	t/yr				

生命周期评估（LCA）是一种评估"从摇篮到坟墓"之产品生命周期的整体环境影响的方法（Geneva, 2006; Leao et al., 2019; Perkins et al., 2019）。作为一种实用的分析工具，它通过选择环境影响评估指标来分析可改善产品生命周期不同阶段环境问题的机会。与其他方法相比，生命周期评估方法更加注重物质转化过程中对环境的全面影响（Liang et al., 2019; Pezzati et al., 2018）。这些环境影响不仅包括各种废物的排放，而且包括在此过程中材料和能源的消耗以及对环境的破坏。将污染控制与减少消耗联系起来，可以防止环境问题从生命周期的一个阶段转移到另一个阶段（Collinge et al., 2018; Ryberg et al., 2018）。该方法还可以通过全面的过程控制来促进污染预防。LCA 的目标是改善产品/过程的环境绩效。因此，LCA 的基本原则使一项新的环境战略得以产生，即促进和监测清洁生产。首先，LCA 可以帮助企业了解与企业活动相关的所有环境因素，正确、全面地了解其环境责任，积

极建立环境管理体系，制定合理可行的环境政策和环境目标。其次，LCA 可以帮助企业发现与产品相关的各种环境问题的根本原因，发现管理上的薄弱环节，提高材料和能源的利用率，减少污染物排放，降低产品的潜在环境风险，并实现全面的过程控制（Buonocore et al., 2016；Ryan et al., 2018）。LCA 通常可分为这样四个阶段：确定分析的目的和范围，生命周期清单，生命周期影响评估，结果解释。

这里使用生命周期评估对企业主体的相关生产、制造及回收过程进行数据预处理，研究使用与 Ecoinvent v3.1 数据库集成的 OpenLCA 1.10.3 完成。利用该方法可得到十余个不同维度的环境影响（如表 11-3 所示），有助于后续企业层面在资源、经济和环境间的指标构建及分析。表 11-4 以钢铁企业为例展示了生产单位粗钢时的输入输出数据。其他企业的生命周期清单如本书附录中的相关内容所示。

表 11-3 生命周期评估环境影响指标

评估指标	单位
细颗粒物形成	$m^2 \cdot a$
化石资源稀缺	$kg\ CO_2\ eq$
淡水生态毒性	$kg\ oil\ eq$
淡水富营养化	$kg\ 1,4\text{-}DB\ eq$
全球暖化	$kgPeq$
人类致癌毒性	$kg\ 1,4\text{-}DB\ eq$
人类非致癌毒性	$kg\ U_{235}\ eq$
电离辐射	$kg\ 1,4\text{-}DB\ eq$
土地利用	$kg\ N\ eq$
海洋生态毒性	$kg\ Fe\ eq$
海洋富营养化	m^2
矿产资源稀缺	$kg\ CFC\text{-}11\ eq$
臭氧形成，人类健康	$kg\ PM_{10}\ eq$
臭氧形成，陆地生态系统	$kg\ NMVOC$
平流层臭氧消耗	$kg\ SO_2\ eq$

续表

评估指标	单位
陆地酸化	kg1,4-DB eq
陆地生态毒性	$m^2 \cdot a$
耗水量	m^3

表 11-4 钢铁企业生产单位产品时的生命周期清单

输入流→	单位	数值
白云石	t	1.60E-02
煤	t	4.32E-01
铁矿	t	1.00E+00
石灰石	t	2.84E-03
天然气	MJ	1.85E+00
石油	t	2.96E-02
铁矿石废料	t	5.06E-02
输出流→	单位	数值
二氧化碳	t	1.48E+00
一氧化碳	t	1.85E-02
甲烷	t	7.78E-04
小于10μm的颗粒污染物	t	1.48E-03
粗钢	t	1.00E+00
悬浮固体	t	4.69E-04
挥发性有机物	t	7.16E-05
化学需氧量	t	2.35E-04
二噁英	t	1.36E-11
氯化氢	t	6.05E-05
二氧化氮	t	2.10E-03
二氧化硫	t	2.35E-03

(2) 依赖评价指标构建

为了解资源、经济、环境子系统对中国钢铁产业链整体发展的影响，本章基于主体生产活动过程构建依赖评价指标。由于目前中国钢铁产品、企业和行业主体的发展重点有所差异，为合理评估多类别主体之"资源-经济-环境"方面的依赖关系，笔者从产品、企业和行业的自身特点出发，分别构建依赖评价指标。构建依赖评价指标所使用的数据，是基于能值核算和生命周期评估方法计算得到的。

随着可持续发展的不断深化，钢铁产品的生产过程越来越受到人们关注。作为生产过程中的原材料，可再生性资源和不可再生性资源的投入日益受到重视。这主要是由于随着工业化进程的加速发展，相关钢铁产品产量总体保持着上升态势。使用可再生性资源不仅有利于控制不可再生性资源的消耗，以避免我国相关自然资源的过度开采和耗竭，而且有助于降低产品生产过程中因使用煤炭、石油等资源对环境的负面影响。与此同时，提高可再生性资源的使用比也有助于降低产品生产所造成的经济成本。基于此，产品主体在资源、经济和环境间的依赖评价指标主要围绕生产过程中使用的可再生性和不可再生性资源来构建。具体公式如表11-5所示。

表 11-5   钢铁产业链产品主体依赖评价指标

评价指标	公式	角度
可再生资源利用率（%R）	$\dfrac{U_{R_i}}{U_{total_i}}$	资源
单位成本收益（ELR）	$\dfrac{E_i - S_i}{U_{(R_i+N_i+F_i)}}$	经济
环境负荷率（ECB）	$\dfrac{U_{R_i}}{U_{(N_i+F_i+L\&S_i)}}$	环境

表 11-5 中，S_i 为生产钢铁产品过程中因消耗资源造成的经济成本，$U_{(R_i+N_i+F_i)}$ 为消耗可再生和不可再生性资源对应的能值，U_{R_i} 和 $U_{(N_i+F_i+L\&S_i)}$ 分别是消耗可再生性资源和不可再生性资源对应的能值，E_i 为产品的商品产值，U_{total_i} 为生产过程所需的总能值；i 代表各阶段钢铁产品（$i = 1, 2, \cdots, 10$）。

表 11-5 中，"可再生资源利用率（%R）"指标反映了产品生产活动过程中消耗的可再生自然资源在总资源消耗中的占比，它可被用于评价主体的可再生资源利用效率。提出的"单位成本收益（ELR）"指标从经济角度评估

了产品生产过程，它计算的是单位产品生产所对应的经济收益。该指标值越大，说明产品在生产过程中单位消耗能量带来的经济收益越多。新提出的"环境负荷率（ECR）"指标计算了产品生产过程中可再生性资源和不可再生性资源消耗的能值比值，它从环境子系统的角度进行了依赖评估，表征了生产过程对环境的影响程度。

2020年5月22日，时任国务院总理李克强在政府工作报告中指出，相关钢铁企业要加快兼并重组，同时盘活土地资产以推动钢铁行业的高质量发展[①]。虽然中国钢铁行业较为发达，但整体产业结构分散，集中度低。中国钢铁新闻网的统计显示，2019年中国钢铁企业集中度虽有提高，但仍未达到40%。这一数据与欧、美、日、韩等国家和地区，以及国内汽车、水泥等行业均有很大差距。较低的集中度使得企业用地等资源紧缺，配套设施严重不足，直接影响了节能减排、技术创新等方面的推进，间接影响了中国钢铁行业的健康发展。为了改善这一问题，有必要从企业用地的角度出发，以土地资源为核心构建评价指标，对当前钢铁产业链主要企业进行资源-经济-环境的依赖评估。具体公式如表11-6所示。

表11-6　钢铁产业链企业主体依赖评价指标

评价指标	公式	角度
隐含资源密度（ED）	$\dfrac{U_{total_n}}{Area_n}$	资源
单位土地生产效益（LPB）	$\dfrac{E_{total_n} - S_n}{Area_n}$	经济
环境影响强度（EID）	$\dfrac{N_n}{Area_n}$	环境

表11-6中，E_{total_n}为相关钢铁企业的商品总产值，S_n为企业在生产过程中造成的经济成本，$Area_n$为企业当前的用地面积，N_n为企业一年因产品生产造成的环境影响；n代表各阶段钢铁生产企业，（$n = 1, 2, \cdots, 7$）。

其中，指标"隐含资源密度（ED）"是企业主体生产过程消耗的总能值与用地面积的比值，它反映了企业在生产过程中对土地资源的虚拟消耗，强调了资源在系统中的重要性。"单位土地生产效益（LPB）"和"环境影响强

---

① 参见：http：//www.csm.org.cn/kjxx/mtjj/2020526/1590457544893_1.html。

度（EID）"均为新提出的指标，其中，指标"单位土地生产效益（LPB）"从经济角度出发，计算了企业制造产品的经济利润与占地面积的比值，旨在说明企业生产活动过程中单位土地获得的收益。此外，指标"环境影响强度（EID）"将环境子系统作为重点，评估了企业生产活动对单位土地造成的环境影响，该指标值越高，说明单位土地受到的环境影响越大，环境负担越显著。

作为劳动密集型产业，钢铁业最不可或缺的就是人力资源。国家统计局的数据显示，目前中国钢铁从业人数约 320 万人，其中一线生产人员约占该行业的 85%。但随着近年来从业人员收入的大幅增加，人力成本负担越发加重；且由于相关研发人员和管理经营人员所占比例较小，在岗职工学历普遍偏低，人力资源配置不合理的现象也屡屡发生。因此，为了解现阶段钢铁行业中与从业人员相关的"资源–经济–环境"关系，本章构建了依赖评价指标，具体公式如表 11-7 所示。

表 11-7　钢铁产业链行业主体依赖评价指标

评价指标	公式	角度
人力资源承载率（PLR）	$\dfrac{L_j}{U_{total_j}}$	资源
行业经济密度（EEI）	$\dfrac{E_j/S_j}{L_j}$	经济
从业人员环境影响指数（IED）	$\dfrac{U_{L\&S_j}}{U_{total_j}}$	环境

在表 11-7 中，E_j 为钢铁产业链中生产及回收等行业的年产值，S_j 为行业在生产过程中付出的经济成本，L_j 为相关行业从业人数，$U_{L\&S_j}$ 是以太阳能焦耳为度量单位的从业人员在生产及回收过程中消耗的能量，U_{total_j} 为各行业完成相关活动所需的全部能量；j 代表钢铁产业链中的上游生产及下游应用行业（$j = 1, 2, \cdots, 10$）。

其中，指标"人力资源承载率（PLR）"评估了资源子系统，它反映了各行业生产活动过程中人力资源的消耗占比。PLR 值越大，即该行业使用的人力资源占比越大，说明对劳动力的需求越显著。"行业经济密度（EEI）"从经济角度进行了分析，它计算的是行业劳动力和行业经济收益的比值，反映了相关钢铁行业人均经济发展水平。此外，指标"从业人员环境影响指数

(*IED*)"是从业人员及其生产活动对应的太阳能值和行业整体需要的太阳能值的比率,该指标表征了各行业从业人员生产活动造成的环境影响占比。

在构建完多类别主体在三个子系统中的依赖评价指标后,为便于后续比较和分析主体指标间相互影响程度及子系统间相关关系,对指标结果统一进行归一化处理。归一化公式如式(11-1)所示:

$$X'_m = (X_m - X_{min})/(X_{max} - X_{min}) + 0.01 \tag{11-1}$$

式(11-1)中:X_m 即不同主体的指标值,$0 < X'_m \leq 1$。

(3) 依赖系统模型构建

"依赖"用于分析系统的协调发展水平,它强调了系统发展过程中的稳定性。为量化资源子系统、经济子系统和环境子系统三者间的相互作用程度,识别不同主体在系统中的"失衡关系"。本章基于之前的依赖评价指标构建了有向加权的依赖系统模型,其构建主要包括以下三个步骤。

第一步:指标权重计算。

信息熵可用于判断指标的离散程度,因此,采用"熵权法"方法计算各类别依赖评价指标的权重。

首先,构建标准化矩阵:

$$Y = \{x_{ij}\}_{m \times n} = \begin{pmatrix} x_{11} & \cdots & x_{1n} \\ x_{21} & \cdots & x_{2n} \\ \vdots & & \vdots \\ x_{m1} & \cdots & x_{mn} \end{pmatrix} \tag{11-2}$$

其次,计算指标的信息熵 e_j,公式为:

$$e_j = -k \sum_{i}^{n} (Y_{ij} \cdot \ln Y_{ij}) \tag{11-3}$$

式中:$k > 0$,$k = 1/\ln(m)$,$Y_{ij} = x_{mn}/\sum x_{mn}$。

最后,计算指标差异系数,并计算指标权重 ω_j,公式为:

$$\omega_j = \frac{1 - e_j}{\sum_{j=1}^{p}(1 - e_j)} \tag{11-4}$$

第二步:指标方向分析。

为了解中国钢铁产业链中子系统间相互影响方向,从三个维度对资源、经济、环境等评价指标进行 logistic 回归分析。回归公式为:

$$y = a_1 \cdot f(M)_1 + \cdots + a_m \cdot h(E)_m + \rho + \varepsilon_i \tag{11-5}$$

式中:$f(M)$、$h(E)$ 等为子系统中依赖评价指标。

第三步:依赖度计算

基于之前的熵权法和回归结果计算产业链主体的"资源-经济-环境"依赖度（C），公式为：

$$C = \left\{ \frac{\omega_1 \cdot f(M)_i \cdot \omega_2 \cdot g(U)_i \cdot \omega_3 \cdot h(E)_i}{\omega_1 \cdot f(M)_i + \omega_2 \cdot g(U)_i + \omega_3 \cdot h(E)_i} \right\}^{\frac{1}{k}} \quad (11\text{-}6)$$

之后，将依赖度进行归一化处理，保证所有结果值均在 [-1, 1] 上：

$$C'_m = (C_m - C_{\min})/(C_{\max} - C_{\min}) + 0.01 \quad (11\text{-}7)$$

式（11-7）中：依赖度的符号代表子系统间主导关系，"正号"表示子系统对主体依赖起到积极促进作用，"负号"表示子系统主要起到消极制约作用。依赖度的绝对值表示主体当前依赖发展水平，该绝对值越大，说明主体的"资源-经济-环境"依赖情况越好，系统承载力越强，可持续发展能力越高。

11.3　中国钢铁产业链多维度依赖关系机制分析

11.3.1　中国钢铁产业链多维度依赖机制

基于构建的依赖系统模型，对中国钢铁产业链主体资源、经济、环境三个子系统间的相关关系进行研究。图11-5展示了产品，企业和行业主体在资源消耗-经济收益-环境成本间的依赖度。

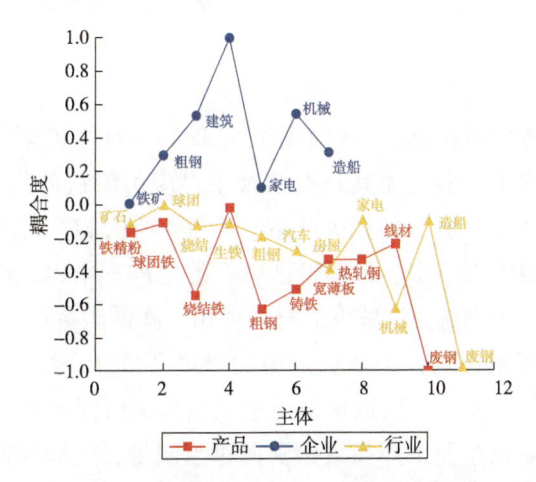

图 11-5　中国钢铁产业链主体的"资源-经济-环境"依赖度

从依赖度方向来看，产品主体和行业主体的多为负向，企业主体的多为正向。这一结果表明，当前产品和行业主体的"资源-经济-环境"关系以相互制约为主，企业主体的子系统内部间关系以相互促进为主。由于三类别主体的发展重心各不相同，该结果进一步反映出不可再生性自然资源和人力资源与经济发展、环境影响间的彼此牵制，因此也更体现出为各类别主体识别资源、经济、环境的"平衡点"，以帮助其协调发展的必要性。此外，企业主体当前的相互促进作用说明了与自然资源、人力劳动投入相比，土地资源或许并非最重要的生产要素，尽管它也在系统发展中发挥了很多作用。

从依赖度绝对值来看，首先，结果显示中国钢铁产业链三类主体的依赖度绝对值大多低于0.5，尤其是在产业链上游，即生产粗钢及其中间产物阶段，系统承载力普遍较弱。主要原因有以下几点：①对产品主体而言，相关钢铁产品的生产本身就是一个对环境影响极大的过程，除了消耗大量矿石等不可再生性资源外，还需要很多能量来保证生产过程的持续。受基本国情和其他条件影响，目前中国的相关钢铁生产过程仍大量依赖煤炭、石油等传统化石能源，因此无形中也造成了较高的碳排放。②对企业主体而言，考虑到经济成本、管理机制等因素，新兴生产技术尚未完全普及。目前，中国大多数钢铁企业还是沿用传统的生产技术，这就造成球团、转炉炼钢等上游生产工艺过程能耗巨大；且中国钢铁企业的集中度不高，企业较为分散，这也在一定程度上导致了企业规模（工业用地等）和收益不成正比的现象。③对行业主体而言，作为劳动密集型产业，钢铁生产行业需要大量的一线从业人员。中国作为世界上最大的钢铁生产国，年产量非常高，故而需要的劳动力更多。近年来，随着人均收入的增加，人力成本负担越发加重。可见，各方面的种种原因，使得产业链上游的依赖协调度普遍较差。

其次，与上游主体相比，下游主体的依赖度绝对值相对较高，说明下游的系统依赖普遍优于上游（尤其是铸铁及主要应用铸铁的汽车行业）。近年来，为响应国家"去产能"的相关政策，各行业纷纷瞄准高端需求、调整客户结构，倒逼实现转型升级，目前发展较好的是汽车用钢。越来越多的汽车板公司使用高新技术钢材，以减少原材料使用，降低碳排放。此外，图11-4表明废钢回收再利用在钢铁全产业链中的依赖度最好，综合发展水平最高。为促进废钢回收的发展，中国近年来鼓励大型废钢铁回收加工配送中心的建立，通过构建一体化企业来提高废钢资源供给质量，进而降低相关成本；发改委、工信部和能源局三部门于2019年发布了《关于做好2019年重点领域化解过剩产能工作的通知》，以积极推动废钢回收行业。

11.3.2 中国钢铁产业链多维度间依赖评价指标

为进一步了解钢铁产业链中不同主体依赖关系的主导因素及子系统间的主导关系，以下分别从产品、企业和行业层面计算了主体在资源、经济和环境子系统间的依赖评价指标，并对子系统进行了回归分析。

(1) 回归结果

表 11-8 展示了钢铁产品、企业、行业层面之"资源-经济-环境"的相关关系。结果显示，所有主体的子系统间关系均是显著的，这表明子系统间关系均对产业链主体的综合发展具有或正向或负向的影响。回归结果表明，产品主体的依赖系统多为负向的，对发展起制约作用的主导关系是"经济-环境"关系 (-4.19)；企业主体的资源、经济、环境等子系统都是正向相关的，其中"资源-经济"的关系显著影响了企业的整体发展 (7.88)。行业主体的子系统间相关关系则有所差异，如"资源-经济"和"资源-环境"存在正向的推动作用，"经济-环境"则是负向的制约关系。起主导作用的是"资源-经济"的制约关系，其值为-7.82。由此可见，"资源-经济"的发展水平对产业链整体依赖起到了关键作用，但并非对所有主体均为正向相关。为从单一角度寻找影响系统依赖发展的主导因素，接下来对三类主体依赖评价指标的绝对值进行分析。

表 11-8　钢铁产业链子系统间回归结果

	产品	企业	行业
资源-经济	-4.57	7.88	-7.82
	**	**	***
资源-环境	1.83	5.02	-2.36
	***	*	**
经济-环境	-4.19	3.08	1.07
	***	**	*

(2) 产品主体

如图 11-6 所示，相比起其他两个指标，各产品 ELR 的值更加突出（线材除外）。线材的 ECB 要远高于 ELR 和 $\%R$，也是所有产品中 ECB 值最高的。这表明，经济子系统对钢铁产业链中大部分产品更具影响力，线材则更容易被环境影响。考虑到该层面指标强调的是生产钢铁上中下游产品时可再生及不可再生性资源的消耗，这一结果说明大多数产品在生产及回收过程中的经济收益是整体依赖关系中最为重要的，"经济-环境"的制约关系是影响钢铁产品平稳发展的主要因素。究其原因，主要是近几年中国不断加大管控力度，以期改善钢铁生产过程的高能耗，提高环境绩效。2019 年，生态环境部、发改委、工信部等多个部门联合发布《关于推进实施钢铁行业超低排放的意见》①，之后更是开展了绩效分级评价和差异化管理。采用生产工艺水平、治理技术等多项指标制定绩效评级细则，在京津冀及周边、长三角区域、汾渭平原等环保重点区域，根据不同天气条件、等级等采取了不同的停限产措施。与此同时，钢铁产品作为周期性大宗商品，其本身在经济方面就易受到影响，加之钢铁业又是中国经济发展的支柱产业，相关产品的经济收益也备受重视。

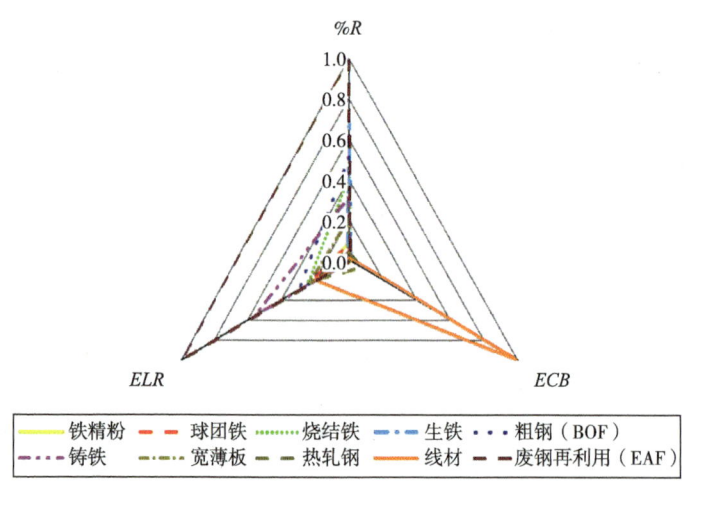

图 11-6　中国钢铁产业链产品主体的依赖评价指标

（3）企业主体

对产品生产起决定性作用的企业主体而言，其"资源-经济-环境"的依赖评价指标结果如图 11-7 所示。与图 11-6 相比，图 11-7 的结果更加一致。评价指标显示 ED 值在各环节生产企业中都是最高的，尤其是汽车钢企，它的三个依赖评价指标值均是所有企业中最大的。整体来看，企业层面的另外两个指标 LPB 和 EID 值则普遍较低，基本在 0.4 以内。这一结果表明，资源子系统对企业主体的影响最显著，"资源-经济"的正相关关系体现了企业主体

---

① 参见：https://www.mee.gov.cn/xxgk2018/xxgk/xxgk03/201904/t20190429_701463.html。

中土地资源与经济收益的相互促进关系（表 11-7）。这主要是因为现阶段钢企的"兼并重组"已成为首要目标。2016 年 9 月，国务院发布《关于推进钢铁产业兼并重组处置僵尸企业的指导意见》，指出到 2025 年中国钢铁产业前 10 大企业产能集中度应达 60%~70%。为进一步解决当前阻碍钢铁业兼并重组的难点问题，工信部制定了《促进钢铁行业兼并重组指导意见》，并于 2019 年完成初稿即将发布。由此可见，国家层面的大力推进，令相关钢铁企业意识到联合重组势在必行，这也是当前提高中国钢铁行业集中度，加快高质量发展的有效途径。兼并重组的实行可以直接影响生产规模，进而优化土地资源的利用，也因此合理解释了指标 ED 显著程度最高的原因。

在另外两个指标中，各企业主体的"环境影响强度（EID）"指标值普遍高于"单位土地生产效益（LPB）"值，这说明当前环境子系统对钢企运营的平稳发展敏感度更高。尽管中国钢铁企业生产过程中的单位环境影响在全球中属于"较低排放"，但由于中国每年产钢量巨大，对环境的污染总量还是比较大的。此外，当前中国钢企集中度较低，土地占有率高但单位使用率较低。因此，中国逐渐加强了"钢铁企业环境影响责任研究"，旨在立足可持续发展，促进产业链各环节企业积极承担环境责任，全方位降低环境影响强度。

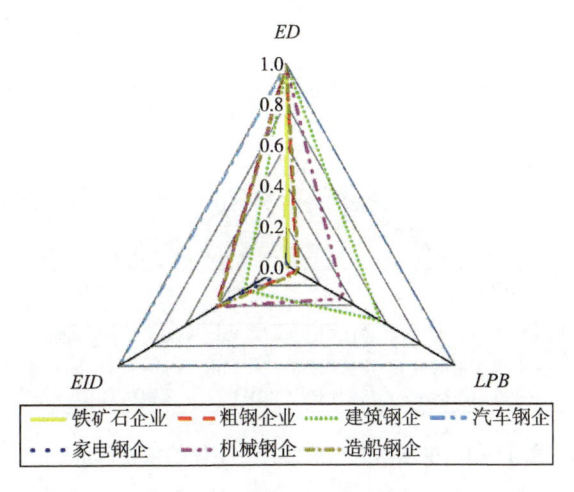

图 11-7　中国钢铁产业链企业主体的依赖评价指标

（4）行业主体

产品决定了企业，企业形成了行业。与产品主体和企业主体结果相比，行业主体的依赖评价指标结果更为复杂（图 11-8）。结果显示，矿石精炼行业的"人力资源承载率（*PLR*）"值最高，粗钢制造和废钢再利用的"行业经济密度（*EEI*）"值更突出，房屋用钢行业的"从业人员环境影响指数（*IED*）"最大。各行业重点指标的不一致也反映了钢铁产业中资源、经济和环境间的相互影响程度并不相同，但从中仍可看出代表经济子系统的"行业经济密度（*EEI*）"是影响行业主体依赖的重要因素。

此外，回归结果显示的子系统间主导关系"资源-经济"呈负相关，换言之，当前行业主体的主导关系是资源-经济，两者间多为相互制约关系。这一结果反映出人力劳动投入在钢铁产业链中是一种重要的生产要素，它与经济收益间的失衡关系是影响当前行业系统和谐发展的重点，即行业人力资源投入与人均经济发展水平成反比。钢铁行业作为中国的传统行业，尽管从业者众多，但人力资源整体配置失调，多数员工集中于一线生产作业。近年来，随着产业的加速发展，高新技术的推动，钢铁业对技术型人才的需求大大提高。然而，"重绩效轻培训"的培养模式及专业培训机构的匮乏使得高端人才缺口加大，现有员工的素质难以得到提升。由此可见，为改善钢铁行业的依赖问题，增加经济收益是其发展方向，提升钢铁人才素养才则是其中的关键一招。

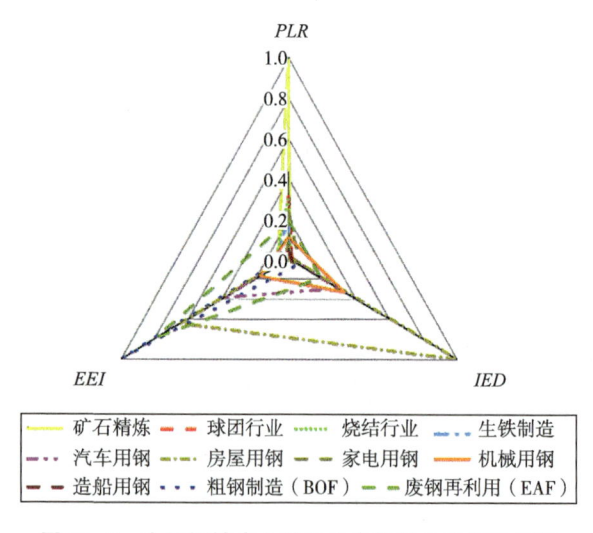

图 11-8　中国钢铁产业链行业主体的依赖评价指标

11.4　小结

首先，本章对系统边界和主体进行了明确定义。所设定的系统边界是中国钢铁产业链，产业链上游包括从矿石开采到生铁制造等环节，中游包括粗钢冶炼及加工，下游主要是加工钢的应用及废钢回收再制造。系统主体可分为钢铁产业链产品、企业、行业三大类，所选产品为产业链中主要产品，企业为生产所选产品的龙头企业，行业为包含所选企业的重点行业，三类主体层层深入，呈递进关系。之后，又对系统的依赖含义进行了界定。本章所研究的依赖关系主要是指系统的产业承载能力，即产业生态系统的和谐发展水平。

其次，本章对研究主体在系统中的活动流程进行了数据收集，从全生命周期角度对产品主体、企业主体、行业主体的生产及回收过程进行统一量化，量化过程在前人基础上增加了对进口资源和本地隐藏资源（径流等系统中二级、三级可再生资源）的核算。之后通过能值核算和LCA生命周期评估方法对主体流程进行生态效益评估。评估结果为后续模型的构建提供数据基础。

再次，基于整理的主体活动过程所需资源流程表、预处理结果和《钢铁年鉴》等相关文献和数据库资源针对产业链主体构建了依赖评价指标。为区别三类主体的指标评价差异，在产品主体方面重点评估了活动过程中（不可再生性）自然资源的使用，在企业主体方面重点评估了产品生产过程中的企业用土地资源，在行业主体方面则评估了生产及回收过程中对应企业的人力资源。之后，又计算、评价了指标在系统中的权重，并对其进行回归分析。随后，基于权重值和回归方向构建了一个加权有向的依赖系统模型，以评估钢铁产业链不同主体在"资源-经济-环境"方面的整体依赖情况。

最后，利用构建的模型对中国钢铁产业链依赖现状进行了实证分析。从"资源-经济-环境"依赖度来看，目前中国钢铁产业链主体依赖度普遍低于0.5，整体依赖度较低，系统承载力较弱；下游依赖关系普遍优于上游，废钢回收的系统承载力最强。从依赖主导因素来看，资源子系统影响着企业主体的系统发展，经济子系统则分别推动着产品和行业主体的整体发展。从依赖主导关系来看，"经济-环境"关系对钢铁产品影响显著，"资源-经济"关系对企业和行业主体的影响更大。此外，从依赖主导作用方向来看，产品和行业主体在"资源-经济-环境"方面多为制约关系，企业主体的子系统间多为相互促进关系，这表明了当前主体在系统发展中存在不同程度的矛盾关系，亟待进行调整。以上结果表明，当前我国钢铁产业链的系统发展程度各不相同，依赖机制存在较大差异。

12 中国钢铁产业链多维度依赖关系的关键产品识别研究

当前,与资源、经济、能源发展相关的研究大多围绕经济制度(Tulevech et al.,2018)、城市化等外部因素,却忽略了从内部角度识别对产业链协调发展影响显著的关键产品。撰写本章的主要目的,是量化钢铁产业链产品在生产和回收过程中的多维度依赖关系变化,识别具有显著影响力的关键产品,为"资源-经济-能源"协调发展提供指导依据。钢铁产业链作为一个包含多种产品的半闭合式循环链条,其产品间具有密切的关联关系。不同环节的产品既是后一阶段产品生产的原材料,也是前一阶段产品的产物,并经过回收再利用又重新参与到粗钢等钢产品的生产过程中。由此可见,某一产品的生产不仅会对资源、经济、能源造成直接影响,而且会通过上下游的相关关系使得钢铁产业链其他产品对资源、经济、能源造成间接影响。此外,回收环节作为产业链末端,当其发生变化时,基于产品间相关关系又会自下而上地反向影响产业链其他产品,进而对资源、经济、能源产生影响。根据这种内部交互作用可以了解各产品引发的"资源-经济-能源"方面的依赖关系变化。因此,本章基于系统依赖模型,结合改进的自适应神经模糊推理算法构建多维度产品交互模型,以核算用不同产品生产和回收而共同引发的产业链资源、经济、能源等维度影响,以及"资源-经济-能源"之多维度依赖关系的变化,并基于维度间关系的动态变化识别对其影响显著的关键产品。由此可见,钢铁产业链关键产品是根据产品生产和回收对依赖关系变化的敏感性而识别并得到的。在模型构建中,本章基于量子遗传算法(QGA)中的量子比特幅提出了一种模糊参数的优化选取方法,通过对传统自适应神经模糊推理系统(ANFIS)进行改进,弥补了原先算法因反向传播而容易造成局部极小值现象的不足,从而提升了模型精度。

12.1 中国钢铁产业链多维度产品交互模型构建

为了识别对中国钢铁产业链"资源-经济-能源"间多维度依赖关系影响显著的关键产品，本章构建了产业链多维度产品交互模型。该模型根据产品间内在交互关系，通过回收端的动态调节，分析生产端的不同产品活动过程对产业链"资源-经济-能源"协调发展的影响。此外，本章基于量子遗传算法，对自适应神经模糊推理系统中模糊隶属函数的参数选取方式进行了改进，在之前系统模型基础上结合改进的自适应神经模糊推理系统构建了多维度产品交互模型，以对不同生产活动过程下的钢铁产业链之"资源-经济-能源"依赖关系变化进行动态研究。

12.1.1 多维度产品交互模型原理描述

钢铁产业链中产品的生产活动过程环环相扣，每一环节产品既是前一环节产品的"产出物"，又是后一环节产品的"原材料"，被使用过的钢材产品经回收处理又作为部分原材料参与粗钢（再生钢）的冶炼过程。由此可见，钢铁产业链产品均会作为原材料参与下一阶段产品的生产过程，钢铁产业链的生产、应用及回收环节共同组成了一个动态交互的内部循环。当"生产端"某一产品的活动过程发生变化时，会先影响到与之直接相关的上下游产品，之后又自上而下继续传导至其他产品；当"回收端"废钢同时发生变化时，产品间的内部交互会自下而上地引发产业链其他产品变化。可见，不同产品的生产和回收变化会引发其他产品乃至产业链的变化，进而造成资源、经济、能源间依赖关系的变化。因此，本章根据产品间这种动态交互构建了多维度产品交互模型。为具体研究钢铁产业链内部产品引发的依赖关系变化，本章在保证研究对象不变的前提下，基于前文确定的主要钢铁产品及多维度依赖关系现状，进一步分析这些产品对依赖关系产生的动态变化。具体的模型原理图如图 12-1 所示。

图 12-1 在构建的产品交互模型中，钢铁产业链内部的黑色箭头表征了产业链自上而下因生产活动造成的产品间关联关系，红色箭头表征了产业链因回收活动自下而上对其他环节产品造成的非线性反馈。本章基于钢铁产业链内部这种交互作用来分析某一产品变化对产业链可能累积造成的资源、经济、能源等维度的影响，进而分析对整体依赖关系的影响，并基于这种关系识别出不同类别的关键产品。

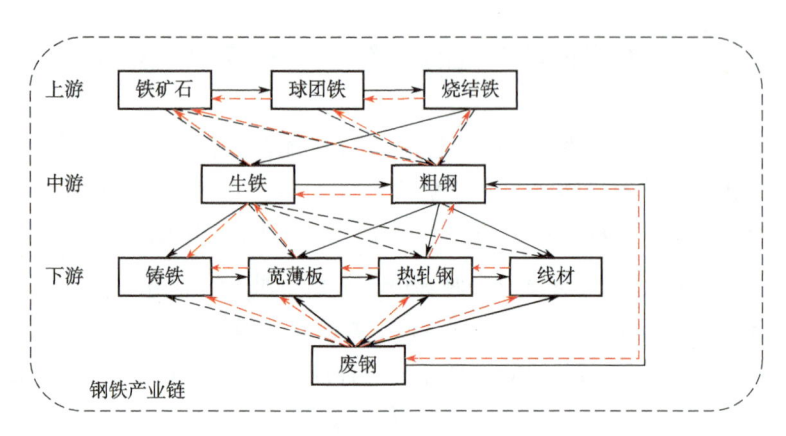

图 12-1　多维度产品交互模型原理

12.1.2 基于量子遗传和自适应神经模糊推理系统的算法流程设计

作为结合了模糊逻辑和人工神经网络的智能算法，自适应神经模糊推理系统（ANFIS）既可以像神经网络那样广泛应用于拟合数学表达式的基本机器学习方法（Xiao et al.，2016；Ling-Chin et al.，2016），也可以像模糊逻辑理论一样解决数学方法中难以解决的不确定性问题（Derwent et al.，2020；Santagata et al.，2017）。与其他方法相比，自适应神经模糊推理系统可以根据训练样本自动拟合出一套处理函数，有助于避免因人为设定规则而可能造成的巨大偏差。此外，自适应神经模糊推理系统还可以通过误差分析来确定变量的影响程度，这对具有多个变量的研究十分重要，因为它有助于高效、准确地识别出了影响显著的关键因素。该方法曾被学者用于 GDP 增长（Zucaro et al.，2013）、光伏发电（Amit et al.，2017）、混凝土锈蚀性（Ulgiati et al.，2014）等社会经济领域，但在钢铁产业链中的应用还比较少。

自适应神经模糊推理系统采用反向传播算法和最小二乘法的混合算法调整参数，并将现实问题模糊化、模糊推理和反模糊化输出三个基本过程全部用神经网络来实现。该算法结构大致可分为五层。

第一层：将输入变量模糊化，根据模糊集的隶属度输出，该层中的每个结点 k 是一个有隶属函数的自适应结点。

$$P_{1,k} = \mu_{Ak}(\delta),\ k = 1, 2, \cdots, n \tag{12-1}$$

式（12-1）中：μ_{Ak} 为隶属函数；δ 为输入变量。

多维度产品交互模型中选用的隶属函数类型为高斯型（gaussmf），输入变量为钢铁产品生产和回收交互引发的产业链多维度依赖关系变化量。

第二层：实现所有输入信号的运算。

$$P_{2,k} = \omega_k = \mu_{Ak}(\delta) \cdot \mu_{Bk}(\delta), \quad k = 1, 2, \cdots, n \tag{12-2}$$

式（12-2）中，k 为 ANFIS 中的固定结点，它的输出是所有输入信号代数积。

每个结点的输出表示一条规则的激励强度，激励强度根据输入的钢铁产业链多维度依赖关系变化量自动拟合。

第三层：将各条规则的激励强度归一化。

$$P_{3,k} = \bar{\omega}_k = \frac{\omega_k}{\omega_1 + \omega_2 + \cdots + \omega_n}, \quad k = 1, 2, \cdots, n \tag{12-3}$$

第四层：去模糊化，计算每条规则的输出。

$$P_{4,k} = \bar{\omega}_k \cdot \gamma_k, \quad k = 1, 2, \cdots, n \tag{12-4}$$

式（12-4）中：k 为自适应结点。

通过去模糊化来获得钢铁产业链各维度依赖关系变化量的影响。

第五层：总输出，计算所有传来信号之和。

$$P_{5,k} = \sum_k \bar{\omega}_k \times \gamma_k = \frac{\sum_k \omega_k \cdot \gamma_k}{\sum_k \omega_k}, \quad k = 1, 2, \cdots, n \tag{12-5}$$

输出结果即为钢铁产品对"资源-经济-能源"之依赖关系变化的影响程度，可根据该结果识别关键产品并对其进行类别划分。

尽管自适应神经模糊推理系统可以基于数据自动拟合出匹配的处理函数，但传统的 ANFIS 算法因使用梯度下降法中的反向传播而容易生成局部极小值。为了改进这一情况，本章又引入了量子比特幅。量子比特幅来自量子遗传算法（QGA），它是一种将量子比特引入遗传编码，通过操作量子旋转门以实现染色体更新，进而实现目标函数优化求解的新型概率进化算法（Geneva et al., 2006）。该算法由相关学者于 2002 年提出（Leao et al., 2019），因其具有收敛速度快、全局搜索能力强等特点，常被学者用于提高电机等系统的稳定性（Perkins et al., 2019）及图像分割（Liang et al., 2019）等现实问题。

本章借助量子遗传算法来进行优化主要是指利用该算法的全局搜索能力，通过全局搜索去寻找 ANFIS 算法中的最优模糊连接参数，即对模糊化层中选定的高斯隶属函数 μ_{Ak} 和去模糊化层中的系数 $\bar{\omega}_k$ 进行改进。利用量子遗传算法来优化自适应神经模糊推理系统中的核心就是利用量子比特对模糊连接参数进行编码，并将其内置为量子比特的染色体。因此，在本章构建的模型中，基于量子遗传算法的模糊参数优化选取过程如下。

第一步，定义量子比特的初始状态。

$$|\tau> = \alpha|0> + \beta|1> \tag{12-6}$$

式（12-6）中：α 和 β 为状态 $|0>$ 和状态 $|1>$ 的幅常数，且满足 $|\alpha|^2 + |\beta|^2 = 1$。

第二步，对 ANFIS 算法中模糊隶属函数和去模糊化的系数，采用量子比特幅进行编码。

$$F_j^t = \begin{bmatrix} \alpha_{11}^t \cdots \alpha_{1k}^t \alpha_{21}^t \cdots \alpha_{2k}^t \alpha_{n1}^t \cdots \alpha_{nk}^t \cdots \\ \beta_{11}^t \cdots \beta_{1k}^t \beta_{21}^t \cdots \beta_{2k}^t \beta_{n1}^t \cdots \beta_{nk}^t \cdots \end{bmatrix} \tag{12-7}$$

式（12-7）中：F_j^t 为第 t 代下第 j 个个体的染色体；k 为编码每个基因的量子比特数；n 为染色体的基因个数。k 在这里为结点数，n 为产品交互模型中 ANFIS 算法的模糊隶属函数及去模糊化参数个数。

第三步，评估适应度函数值，并利用量子旋转门进行算法的迭代更新。

$$\begin{bmatrix} \alpha'_i \\ \beta'_i \end{bmatrix} = \Phi(\theta_i) \begin{bmatrix} \alpha_i \\ \beta_i \end{bmatrix} \tag{12-8}$$

$$\Phi(\theta_i) = \begin{bmatrix} \cos(\theta_i) & -\sin(\theta_i) \\ \sin(\theta_i) & \cos(\theta_i) \end{bmatrix} \tag{12-9}$$

式（12-8）和式（12-9）中：$\Phi(\theta_i)$ 为量子旋转门；θ_i 为旋转角。通过量子旋转门的调整来对染色体演化进行迭代，进而获得有助于优化产品交互模型中模糊隶属函数等的参数。旋转角的设定如式（12-10）所示。

$$\theta_i = s(\alpha_i, \beta_i) \times \Delta\theta \tag{12-10}$$

式（12-10）中：s 为控制旋转的方向函数；$\Delta\theta$ 为控制旋转的角度。

第四步，达到终止条件，输出最佳模糊隶属度函数及去模糊化的参数。

利用更新后的最佳模糊隶属度函数及去模糊化参数来求解钢铁产品对"资源-经济-能源"多维度依赖关系的影响程度。

作为量子遗传算法复杂度的主要组成部分，适应度函数会直接影响到算法的收敛速度和结果的适配性。这里使用了自适应神经模糊推理系统中的均方误差来构建适应度函数：

$$f = \frac{1}{MSE} = \frac{1}{\frac{1}{n}\sum_{t=1}^{n}(y_t - \widehat{y_t})^2} \tag{12-11}$$

基于量子遗传算法的自适应神经模糊推理系统（QGA-ANFIS）算法流程如图 12-2 所示。

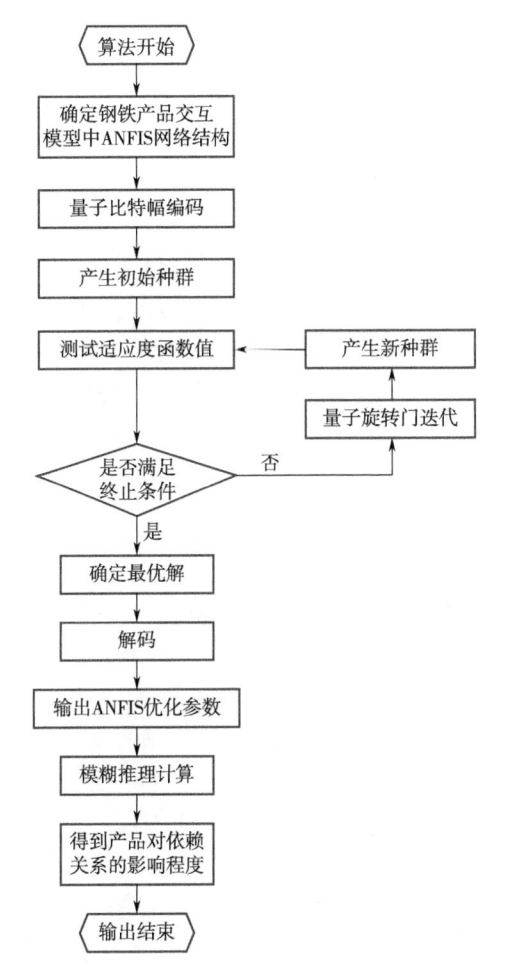

图 12-2　QGA-ANFIS 算法流程

12.1.3　产品生产和回收引发的多维度变化量

因生产和回收交互引发的产业链内部变化通过不同产品单位能值（UEV）来展现，钢铁产业链产品的 UEV 随生产和回收共同作用而对应发生不同改变，继而影响到基于 UEV 构建的资源、经济、能源维度变量，并使"资源-经济-能源"三重维度间依赖关系产生变化。以下具体介绍不同产品生产过程中随废钢回收率提高而对其他产品 UEV 的影响，以及因生产和回收活动造成的"资源-经济-能源"三重维度间依赖关系的变化公式。

首先，为了解不同产品在生产过程中随废钢回收率变化而对产业链其他产品造成的影响，每次仅改变一个钢铁产品的生产过程，以保证产业链其他产品的生产率恒定。由于钢铁产品生产均包含前一阶段钢铁产品的国内生产和进口两部分，这里通过调节国内生产的产量来研究产品对产业链的动态影响。以生铁生产为例，当废钢回收率从0%变化到100%时，利用废钢冶炼的粗钢（再生钢）产量会增加；在粗钢产量恒定、其他钢铁产品生产率恒定的前提下，利用生铁冶炼的粗钢（初级钢）产量会下降，生铁的产量需求也会等比下降。在生铁生产的过程中，当作为原材料之一的烧结铁产量（国内生产）以废钢回收的同等比率发生改变时，即可分析生铁的 UEV 是如何变化的。由此，可根据生铁 UEV 的变化情况分析它的上一阶段产品（烧结铁）及下一阶段产品［粗钢（初级钢）］的 UEV 变化，进而分析产业链所有产品的 UEV 变化。在产业链产品 UEV 发生变化过程中，参与生产及回收的其他原材料物质（如煤炭、水等）按比例同等变化，它们的 UEV 并不会有所改变。

因此，各产品的 UEV 变化如式（12-12）到式（12-17）所示。

$$UEV_j(\varphi+1) = \frac{U_j(\varphi+1)}{f_j(\varphi+1)} = \frac{U_j \times \varepsilon_j(\varphi) \times R(\varphi)}{f_j \times \varepsilon_j(\varphi) \times R(\varphi)}, j < i, j = 1, 2, \cdots, 9 \tag{12-12}$$

$$UEV_i(\varphi+1) = \frac{U_i(\varphi+1)}{f_i(\varphi+1)} = \frac{U_{mid,i} \times \varepsilon_i(\varphi) \times R(\varphi) + U_c(\varphi+1)}{f_i \times \varepsilon_i(\varphi) \times R(\varphi)}, i = 2, 3, \cdots, 10 \tag{12-13}$$

$$UEV_n(\varphi+1) = \frac{U_n(\varphi+1)}{f_n(\varphi+1)} = \frac{U_{mid,n} \times \varepsilon_n(\varphi) \times R(\varphi) + U'_{n-1}}{f_n \times \varepsilon_n(\varphi) \times R(\varphi)}, n \geqslant i, n = 2, 3, \cdots, 10 \tag{12-14}$$

$$U_c(\varphi+1) = f_c(\varphi) \times \varepsilon_i(\varphi) \times R(\varphi) \times UEV_{i-1}(\varphi+1) + (f_{i-1}' - f_c(\varphi)) \times \varepsilon_i(\varphi) \times R(\varphi) \times UEV_{im} \tag{12-15}$$

$$f_c(\varphi) = f_{i-1} \times (1-1\%)^\varphi \tag{12-16}$$

$$f_{i-1}' = f_{i-1} + f_{im} \tag{12-17}$$

式（12-12）至式（12-17）中：$\varepsilon_i(\varphi)$ 是参数，指某些输入（例如煤）按比例变化，以在 $R(\varphi)$ 变化时保持总输出恒定；$R(\varphi)$ 是废钢回收率，即 $0\% < R(\varphi) < 100\%$；U_{mid} 是每个产品生产过程中不包括钢铁产品的输入端能值，如水、煤炭等；U'_{n-1} 指非目标变量的前一阶段钢铁产品总能值，它在生产过程中随废钢回收率变化而变化；$U_c(\varphi+1)$ 为目标变量的前一阶段钢铁产品总能值；UEV_{im} 为目标变量的进口原材料单位能值；f_{im} 为目标变量的进口原材料产量。

其次，基于各产品 UEV 变化引发的产业链资源、经济、能源各维度发展水平变化量根据本书前文所示系统依赖模型中的变量而计算。具体计算过程如式（12-18）到式（12-23）所示。

$$\Delta f(M)_R^i = \left(\frac{\prod_{i=1}^{3} \omega_i' \cdot \Delta M_i}{\sum_{i=1}^{3} \omega_i' \cdot \Delta M_i} \right)^{\frac{1}{3}} \quad (12\text{-}18)$$

$$\Delta F(M)_R^{-i} = (\Delta f(M)_R^1, \Delta f(M)_R^2, \cdots, \Delta f(M)_R^n)^T, \ n = 1, 2, \cdots, 10 \quad (12\text{-}19)$$

式中：$\Delta f(M)_R^i$ 为不同产品生产和回收共同引发的资源维度发展水平变化；ω_i' 为第四章定义的资源维度变量权重；ΔM_i 为各产品 UEV 变化引发的资源维度变量变化值。这里假设各产品生产过程的用地面积恒定，以衡量由生产和回收共同引发的资源维度变化量。

$$\Delta g(U)_R^i = \left(\frac{\prod_{i=1}^{3} \omega_i' \cdot \Delta U_i}{\sum_{i=1}^{3} \omega_i' \cdot \Delta U_i} \right)^{\frac{1}{3}} \quad (12\text{-}20)$$

$$\Delta G(U)_R^{-i} = (\Delta g(U)_R^1, \Delta g(U)_R^2, \cdots, \Delta g(U)_R^n)^T, \ n = 1, 2, \cdots, 10 \quad (12\text{-}21)$$

式（12-20）至式（12-21）中：$\Delta g(U)_R^i$ 为不同产品生产和回收共同造成的经济维度发展水平变化；ω_i' 为本文前文中所定义的经济维度变量权重；ΔU_i 为各产品 UEV 变化引发的经济维度变量变化值。这里假设各产品生产获得的经济收益及钢铁经济产值恒定，以衡量由生产回收引发的经济维度变化量。

$$\Delta h(E)_R^i = \left(\frac{\prod_{i=1}^{3} \omega_i' \cdot \Delta H_i}{\sum_{i=1}^{3} \omega_i' \cdot \Delta H_i} \right)^{\frac{1}{3}} \quad (12\text{-}22)$$

$$\Delta H(E)_R^{-i} = (\Delta H(E)_R^1, \Delta H(E)_R^2, \cdots, \Delta H(E)_R^n)^T, \ n = 1, 2, \cdots, 10 \quad (12\text{-}23)$$

式（12-22）至式（12-23）中：$\Delta h(E)_R^i$ 为不同产品生产和回收引发的能源维度发展水平变化；ω_i' 为本书前文中所定义的能源维度变量权重；ΔH_i 为各产品 UEV 变化引发的能源维度变量变化值。这里假设各产品生产过程的能耗和劳动生产率保持不变，以衡量由生产回收引发的能源维度变化量。

之后，基于各维度发展水平变化量测算双重维度以及整体三重维度间依赖关系变化。

第一，构造资源、经济、能源维度发展水平的变化量矩阵。

$$\Delta x_R^j = \{\Delta x_R^{j1}, \Delta x_R^{j2}, \cdots, \Delta x_R^{jn}\}, \ n = 1, 2, \cdots, 10 \quad (12\text{-}24)$$

式（12-24）中：x 为不同产品生产和回收引发的发展水平变化量。

$$\Delta X_R^{-j} = \begin{bmatrix} \Delta x_R^1 \\ \Delta x_R^2 \\ \vdots \\ \Delta x_R^{j-1} \\ \Delta x_R^{j+1} \\ \vdots \\ \Delta x_R^p \end{bmatrix}, j \in p \qquad (12-25)$$

式（12-25）中：R 为实验次数，即废钢回收变化率；p 为资源、经济、能源之其中一个维度。

$$\Delta X_R^{-j} = \begin{bmatrix} \Delta x_R^{11} & \Delta x_R^{12} & \cdots & \Delta x_R^{1n} \\ \Delta x_R^{21} & \Delta x_R^{22} & \cdots & \Delta x_R^{2n} \\ \vdots & \vdots & & \vdots \\ \Delta x_R^{j-1,1} & \Delta x_R^{j-1,2} & \cdots & \Delta x_R^{j-1,n} \\ \Delta x_R^{j+1,1} & \Delta x_R^{j+1,2} & \cdots & \Delta x_R^{j+1,n} \\ \vdots & \vdots & & \vdots \\ \Delta x_R^{p1} & \Delta x_R^{p2} & \cdots & \Delta x_R^{pn} \end{bmatrix} \qquad (12-26)$$

第二，利用函数 f_j 进行资源、经济、能源维度发展水平变化的变量特征选择。

$$\Delta x_R^j = f_j(\Delta X_R^{-j}) + \varepsilon_R \qquad (12-27)$$

式（12-27）中：ε_R 为随机噪声。

第三，基于监督回归选取最优函数 f_j，保证得到的误差最小化。

$$\sum_{k=1}^{N} (\Delta x_R^j - f_j(\Delta X_R^{-j}))^2 \qquad (12-28)$$

第四，根据输入特征对预测输出的相关性进行排序，并确定资源、经济、能源维度发展水平变化量之间的权重。

$$I(N) = \#S \text{Var}(S) - \#S_t \text{Var}(S_t) - \#S_f \text{Var}(S_f) \qquad (12-29)$$

$$\sum_{i \neq j} \Delta \omega_R^{i,j} \approx N \text{Var}(S) \qquad (12-30)$$

式（12-30）中：$\Delta \omega_R^{i,j}$ 为资源、经济、能源维度发展水平变化量间的权重变化值。

第五，计算"资源-经济-能源"三重维度间依赖关系变化量。

$$\Delta C_R = \left\{ \frac{\Delta \omega_R^1 \cdot \Delta F(M)_R^{-i} \cdot \Delta \omega_R^2 \cdot \Delta G(U)_R^{-i} \cdot \Delta \omega_R^3 \cdot \Delta H(E)_R^{-i}}{\Delta \omega_R^1 \cdot \Delta F(M)_R^{-i} + \Delta \omega_R^2 \cdot \Delta G(U)_R^{-i} + \Delta \omega_R^3 \cdot \Delta H(E)_R^{-i}} \right\}^{\frac{1}{3}} \qquad (12-31)$$

式（12-31）中：ΔC_R 为产品生产和回收引发的产业链"资源-经济-能

源"协调依存度变化。

12.1.4 产品对多维度间关系变化的影响程度分析

产品生产和回收对"资源-经济-能源"三维度间依赖关系变化的影响程度,可利用钢铁产业链产品交互模型中的均方误差(MSE)来量化。该指标是测量值和预测值之差平方的期望值,用来衡量模型的精确程度(Pezzati et al.,2018),其具体计算过程如式(12-32)所示。均方误差值越小,表明模型精度越高,反映出该产品对依赖关系变化的影响程度越显著。

$$MSE = \frac{1}{n}\sum_{t=1}^{n}(y_t - \hat{y}_t)^2 \qquad (12\text{-}32)$$

式(12-32)中,y_t 为测量值;$\hat{y}_t$ 为估计值。

将钢铁产业链"资源-经济-能源"两两维度间依赖关系的变化值分别作为因变量,将不同产品引发的"资源-经济-能源"三重维度依赖关系的变化值作为自变量。本章利用模型的均方误差值来衡量钢铁产品对维度间关系的影响程度,即根据产品对依赖关系的敏感程度来进行类别划分,以识别对"资源-经济"、"资源-能源"和"经济-能源"之关系影响显著的关键产品。

12.1.5 模型参数设置

在构建的多维度产品交互模型中,先基于相关文献(Pezzati et al.,2019;Liang et al.,2019),经多次调试后对模型内部的量子遗传算法进行参数设置:种群规模设定为40,量子比特的二进制长度为25,转角初值为 0.04π,变异概率为0.05,最大迭代次数为100次。之后,对自适应神经模糊推理算法进行设置(Amit et al.,2017;Ulgiati et al.,2014),随机将总数据的80%设为训练数据集,剩余的20%设为测试数据集,迭代次数为1 000次,模糊隶属度函数设定为高斯型(Gaussmf)。

12.2 钢铁产品引发的不同维度发展水平变化趋势分析

12.2.1 产品生产和回收引发的产业链资源维度发展水平变化趋势分析

为了识别产品生产和回收共同引发的"资源-经济-能源"多维度依赖关系变化,本章先根据产品间内在关联关系测算了产业链累计资源、经济、能源维度发展水平变化。基于式（12-18）计算的资源维度发展水平变化结果（归一化）如图12-3所示。

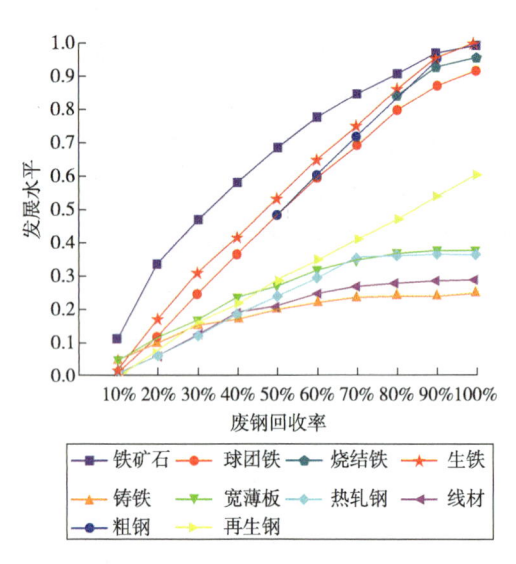

图12-3　产品生产和回收引发的资源维度发展水平变化

上述结果反映出不同产品引发的资源维度发展变化趋势具有较大差异。整体处于增长趋势，且在初期增长速度较快，后期废钢回收率达到70%左右，增长速度逐渐降低，但整体影响程度仍在增加。这一结果也反映出当提高产业链回收环节时，各类产品生产均有助于提高资源维度的发展及其对产业链协调发展的影响。其中，铁矿石（图中紫色方形）对其的影响最为显著。从直接影响角度来看，这一结果反映出铁矿石生产对资源维度的影响较大。由于我国对粗钢的需求较大，往往需要大量的铁矿石投入生产，而作为不可再生性自然资源，铁矿石的频繁开采极易造成资源的枯竭，不利于整体生态的平稳发展。当回收环节逐渐强化时，可以用回收品替代部分铁矿石投入粗钢的冶炼生产，因此大大降低了铁矿石对资源维度的依赖。从间接影响角度来看，铁矿石生产对资源维度的变化影响最显著，也说明它作为产业链上游产品，对中游及下游产品的连环影响累积较大，因此该环节的生产整体对资源维度的变化影响最为明显。此外，粗钢（图中蓝色圆圈）、生铁（图中红色五角星）、烧结铁（图中绿色五边形）同样随废钢回收率的增加而对资源维度提升较多。这一结果表明，产业链上游产品大多对资源维度的变化影响更为显著。

图12-3还表明,与上游产品不同,再生钢产品(图中黄色三角)对资源维度的影响呈线性增长,这主要因为废钢是再生钢的原材料,当废钢回收率提高时,再生钢对资源的使用也对应增长,因此对资源维度的影响变化较为一致。此外,线材(图中紫色三角)、铸铁(图中橘色三角)等下游产品普遍对产业链资源维度的影响较弱,其原因有两点:首先,下游产品在生产过程中主要依赖粗钢,对其他资源(尤其是不可再生性自然资源)的消耗较少,因此对资源维度的影响不大;其次,下游产品作为产业链尾端,其生产对其他产品造成的间接影响小于上游产品,这也从侧面解释了为何钢铁产业链的下游产品普遍没有上游产品影响程度高。

12.2.2 产品生产和回收引发的产业链经济维度发展水平变化趋势分析

接下来,根据式(12-20)测算了产品交互引发的产业链经济维度变化,结果如图12-4所示。整体来看,经济维度发展水平随废钢回收率变化而有不同程度的上升,且变化趋势呈指数增长,这表明不同产品的生产随回收率的增加而均对经济维度具有提高作用。不同于资源维度的变化,经济维度的增长前期较慢,当回收率逐渐提高时,经济维度的变化越发显著,总体呈现先慢后快的增长趋势。在产品方面,随着废钢回收率的增加,因前期线材(图中紫色三角)、宽薄板(图中绿色三角)而生产引发的经济维度增长最为显著,后期粗钢(图中蓝色圆圈)、再生钢(图中黄色三角)等产品生产对经济维度的增长影响则更明显。相反,对资源维度影响较大的铁矿石(图中紫色方形)、烧结铁(图中绿色多边形)等产品生产对经济的影响较弱。由此可见,随着回收环节的加强,下游钢材产品的生产更有助于提高经济维度的发展水平以及对产业链整体发展的影响程度。这主要是由于下游钢材的经济收益普遍高于上游烧结铁等产品,其价格往往相差数十倍。因此,产品生产和回收共同造成的产业链变化也会存在较大差异,并由此表明,经济价值越大的产品对经济维度的影响越显著。

12.2.3 产品生产和回收引发的产业链能源维度发展水平变化趋势分析

根据式(12-22)测算了产品交互引发的产业链能源维度变化,具体结果如图12-5所示。相较于经济和资源维度的变化,不同产品单位生产和回收共同引发的产业链能源维度的变化趋势更具多样性。

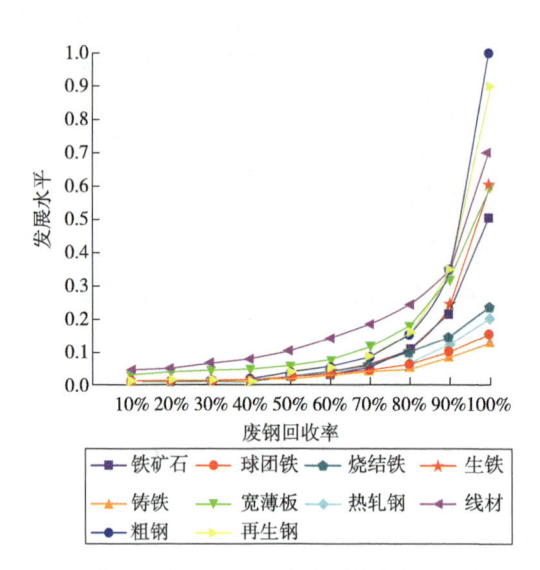

图 12-4　产品生产和回收引发的经济维度发展水平变化

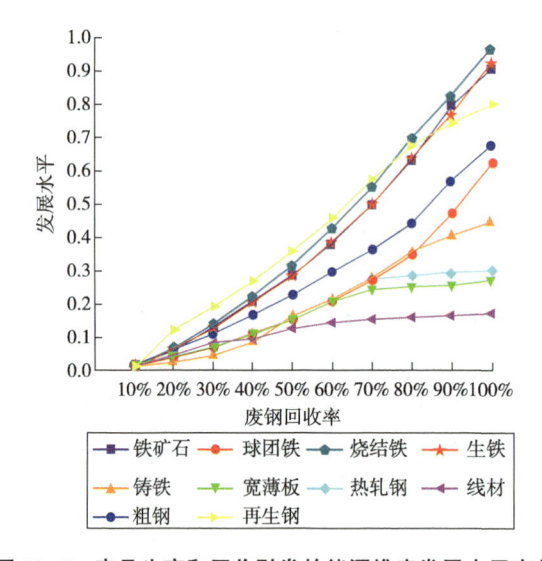

图 12-5　产品生产和回收引发的能源维度发展水平变化

首先，从增长趋势来看，图 12-5 表明，部分产品生产随废钢回收率变化可对能源维度带来指数型增长，如生铁（图中红色五角星）、球团铁（图中红色圆圈）。部分产品生产可对能源维度产生对数型增长，如再生钢（图中黄色三角）、铸铁（图中橙色三角）。其次，从增长幅度来看，烧结铁（图中墨绿色多边形）生产随废钢回收率增加而引发的能源维度变化最显著。再生钢前期增长最为明显,但后期当其回收率达到 80% 时变化幅度有所下降。粗钢、球团铁对能源的影响总体呈现微弱的指数增长趋势。铸铁、热轧钢、宽薄板、线材对能源维度的影响相对较小,且呈对数增长趋势,尤其是当废钢回收率达到 60% 或 70% 时,下游产品对能源的影响已近乎不变。

上述结果表明,钢铁产业链上游和中游产品生产随废钢回收率增加而引发的能源维度变化影响较大。这一结果与资源维度略有相似,其原因主要与产品的生产过程有关。相比下游钢材,产业链中上游产品的生产过程由于需要使用更多不可再生性资源,因此对能源的消耗也更显著。当加强钢铁产业链回收再利用时,由于减少了资源的使用,故而对能源的消耗也有所下降。由此可见,上游钢铁产品的生产过程对产业链能源维度的影响更加显著,废钢的回收再利用可明显减轻发展过程中对能耗的压力。

12.3　钢铁产品引发的双重维度间依赖关系变化趋势分析

12.3.1　产品生产和回收引发的"资源-经济"关系变化趋势分析

在明确了资源、经济、能源维度的发展水平变化趋势后,本章又分析了"资源-经济-能源"两两维度间依赖关系的变化趋势,并根据式(12-24)至式(12-30)核算了产业链资源和经济维度间的相互依赖关系方向及权重。图 12-6 具体展示了当废钢回收率变化时,因产品生产引发的产业链资源维度和经济维度间相互依赖关系的演变趋势。从中可以发现,随着废钢回收率的增加,资源和经济两者间关系虽然偶有波动,但总体相互依赖的趋势加深。具体来看,资源维度对经济维度的依赖程度(黄线)基本保持在 0.2 上下,经济对资源的依赖程度(绿线)先随废钢回收率的增加而增加,当废钢回收率达到 30% 后,依赖程度逐渐下降,并回落至初始状态。之后从回收率为 60% 处再次攀升,并最终与资源对经济的依赖程度重合。由此可知,当增加废钢回收再利用时,因产品生产而引发的资源与经济间关系会先经历一段波动,之后逐渐趋于双向依赖,从而表明两者逐渐迈向了协调发展。

12.3.2　产品生产和回收引发的经济-能源间关系变化趋势分析

产业链经济和能源间相互依赖关系变化的方向及权重同样根据式(12-24)到式(12-30)来核算,图 12-7 具体展示了经济-能源维度间依赖关系变化趋势。

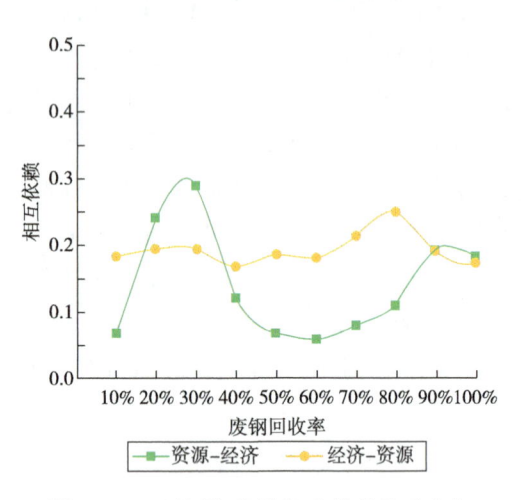

图 12-6 "资源-经济"之依赖关系变化

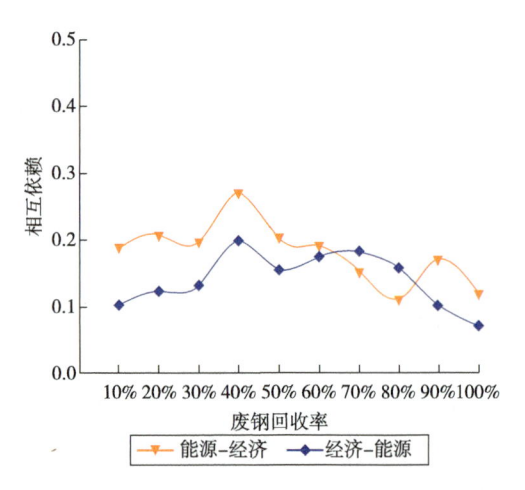

图 12-7 "经济-能源"之依赖关系变化

图 12-7 所示结果表明，不论是经济对能源的依赖程度，还是能源对经济的依赖程度，均随废钢回收率增加呈下降趋势。其中，经济对能源的依赖程度（图中橙线）在废钢回收率为 40% 处小幅上升（从 0.2 增加至 0.3 左右），之后恢复至原始水平并在废钢回收率为 80% 处小幅下降。能源对经济的依赖程度（图中蓝线）始终低于经济对能源的依赖值，仅在废钢回收率为 70% 处有所增加，并很快降低。由此可见，在产品生产过程中，产业链能源对经济的依赖程度始终弱于经济对能源的依赖程度。此外，经济与能源间的依赖关系随废钢回收而降低，逐渐呈现"脱钩"的发展趋势。这一结果也反映出，

随着钢铁产业链的可持续发展，资源的回收再利用有助于经济增长与能源消耗间进一步"脱钩"。

12.3.3 产品生产和回收引发的资源-能源间关系变化趋势分析

接下来，本章根据式（12-24）到式（12-30）核算了因钢铁产品生产和回收而共同引发的产业链资源维度与能源维度间"相互依赖"变化的方向及权重，结果如图12-8所示。相较于"资源-经济"和"能源-经济"的依赖关系，"资源-能源"的依赖程度随废钢回收率提高而明显增长（由最初的0.1左右提升至0.8左右），表明该维度间关系对产业链整体依赖关系的影响程度越发显著。从该维度间相互依赖关系来看，当废钢回收增加时，能源对资源的依赖作用（图中青线）与资源对能源的依赖作用（图中棕线）整体变化趋势一致，两条线交叠上升。这反映出钢铁产业链资源与能源维度间的相互依赖发展程度持续加深，从而说明强化回收环节有助于推动产品生产过程中两者间关系的均衡发展。

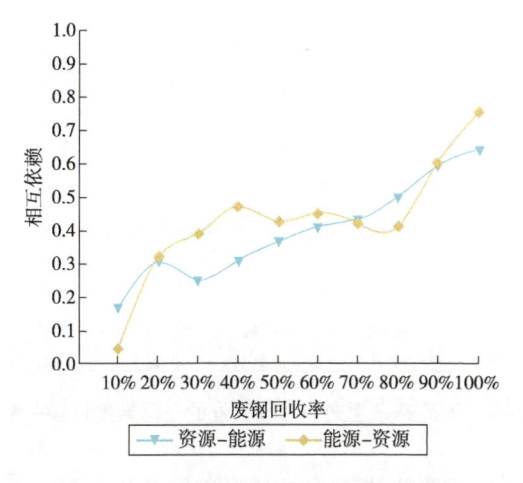

图12-8 "资源-能源"之依赖关系变化

12.4 钢铁产品引发的三重维度间依赖关系变化趋势分析

基于12.2节测算的资源、经济、能源各维度发展水平变化及12.3节双重维度间依赖关系变化，本章又进一步分析了不同产品生产和回收共同引发的"资源-经济-能源"三重维度间依赖关系变化，根据式（12-31）计算的结果如图12-9所示。从全局角度来看，产品生产对钢铁产业链"资源-经济-能源"的依赖关系均随废钢回收率而有显著提高。其中，粗钢冶炼（图中蓝色圆圈）引发的"资源-经济-能源"之协调依存度变化最显著，尤其是当废钢回收率达到60%时，粗钢生产引发的产业链协调依存度可从最初的0.05提高至0.32，在短暂下降后又随废钢回收率增加而增加。对协调依存度变化影响显著的还有再生钢（图中黄色三角）。相较于因粗钢引发的变化，再生钢生产对协调依存度的影响更加平稳，始终保持增长趋势，随废钢回收率增加而增加。此外，宽薄板（图中绿色倒三角）、生铁（图中红色五角星）对三重维度间依赖关系的提升同样较为明显。与之相反，铸铁（图中橙色三角）、热轧钢（图中青色菱形）等产品对整体依赖关系发展的影响相对较弱，且普遍在废钢回收率达到70%时有所下降。

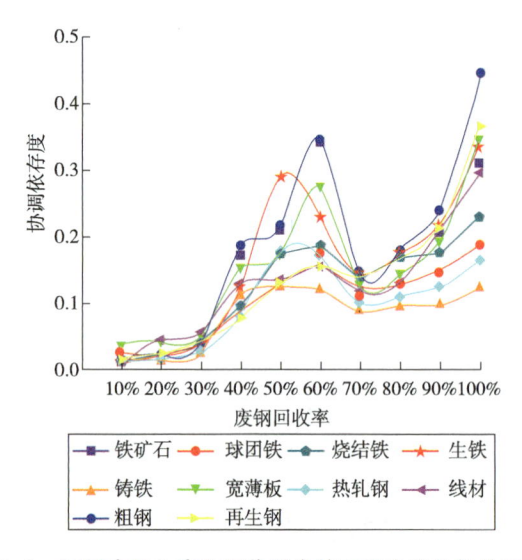

图12-9　不同产品生产和回收引发的三重维度依赖关系变化

随着产业链回收环节的加强，中上游产品（如粗钢、铁矿石）生产引发的变化普遍比下游钢材（如热轧钢）引发的变化显著。造成这一现象主要是因为上游产品作为产业链"起点"，因其生产所引发的产业链其他产品对资源、经济、能源的间接影响累积更多，因此其总体上对"资源-经济-能源"之依赖关系的影响程度更大，如铁矿石。此外，粗钢产品作为产业链中游环节，既是上游烧结、生铁等产品的产出，又是下游宽薄板等钢材的原料，同时也是废钢回收再利用的产品。因此，因粗钢生产而引发的产业链多维度间的依赖关系变化最为显著。

12.5　钢铁产业链关键产品识别

本章12.3节和12.4节分别从整体及维度间角度分析了产品生产和回收对钢铁产业链资源、经济、能源依赖关系的影响趋势，考虑到不同钢铁产品可能会对产业链发展造成不同角度和不同程度的影响，因此有必要基于多维度间依赖关系识别对其影响显著的关键产品。根据产品生产和回收共同引发的产业链"资源-经济-能源"三重维度依赖关系及两两维度间依赖关系变化，接下来可借助式（12-32）的均方误差值（MSE）来量化产品的影响程度。同时，可基于产品对依赖关系变化的敏感度来划分产品类别，并识别出产业链关键产品。

不同产品分别对钢铁产业链"资源-经济"、"资源-能源"和"能源-经济"之依赖关系的影响程度如表12-1所示。其中，MSE值表征了产业链中产品的影响程度。该值越大，说明该产品造成的整体依赖关系变化与两重维度间依赖关系变化的关联度越低，进而反映出该产品生产对维度间关系的影响程度越小。反之，MSE值越小，说明该产品对维度间关系的影响程度越大。表12-1的结果显示，产品对不同维度间关系的影响程度差异较大。在"资源-经济"关系中，粗钢（初级钢）的MSE值最小，仅为0.29左右，反映出该产品生产对"资源-经济"依赖关系的影响最显著。排在其前的是生铁，它的MSE值约为0.31。其他产品的MSE值由小到大排序依次是烧结铁、线材、铸铁、热轧钢、宽薄板等。在"资源-能源"关系中，MSE值最小的是铁矿石。作为对"资源-经济"依赖关系影响最弱的产品，铁矿石对"资源-能源"依赖关系的影响最为显著。除此之外，线材和铸铁的MSE值也相对较小，表明它们对"资源-能源"关系的影响程度较高。在"资源-经济"关系中影响最显著的粗钢对"资源-能源"关系的影响程度最弱，排名最为靠后。此外，在"能源-经济"依赖关系中，再生钢产品的MSE值最小，约为0.42，表明其对"能源-经济"关系的影响最显著。其他产品的MSE值排序由小到大依次为：球团铁、宽薄板、粗钢（初级钢）、烧结铁、铸铁、热轧钢、线材、铁矿石、生铁。

表 12-1　依赖关系影响程度排序

钢铁产品	资源-经济		资源-能源		能源-经济	
	MSE值	排序	MSE值	排序	MSE值	排序
铁矿石	0.441 696	10	0.525 713	1	0.550 782	9

续表

钢铁产品	资源-经济		资源-能源		能源-经济	
	MSE 值	排序	MSE 值	排序	MSE 值	排序
烧结铁	0.316 450	3	0.620 825	6	0.518 780	5
球团铁	0.426 615	8	0.614 700	5	0.429 953	2
生铁	0.308 501	2	0.636 925	7	0.583 914	10
粗钢	0.293 839	1	0.750 326	10	0.502 307	4
铸铁	0.376 550	5	0.552 326	3	0.520 024	6
宽薄板	0.418 600	7	0.690 877	9	0.436 947	3
热轧钢	0.384 039	6	0.597 750	4	0.526 800	7
线材	0.338 657	4	0.534 127	2	0.538 800	8
再生钢	0.430 214	9	0.648 900	8	0.421 538	1

本章基于表 12-1 的 MSE 值结果及其对应排序，将钢铁产业链产品分别划分为"资源-经济"型产品、"能源-经济"型产品和"资源-能源"型产品，以此来识别引发不同维度间关系变化的关键产品，并为后续发展的优化策略研究提供依据。关键产品的划分结果如表 12-2 所示。其中，粗钢（初级钢）、生铁和球团铁这三个中上游产品为"资源-经济"型产品；再生钢、烧结铁和宽薄板对"能源-经济"之关系影响最显著，因此被划分为"能源-经济"型产品；铁矿石、线材、铸铁、热轧钢被确定为"资源-能源"型产品。

表 12-2 钢铁产业链产品的"资源-经济-能源"类型划分

"资源-经济"型	"能源-经济"型	"资源-能源"型
粗钢（初级钢）	再生钢	铁矿石
生铁	球团铁	线材
烧结铁	宽薄板	铸铁
		热轧钢

12.6 小结

本章基于量子比特幅提出了一种模糊参数的选取方法，从而改进了自适应神经模糊推理算法，解决了传统自适应神经模糊推理算法可能产生的局部最小值问题。同时，利用改进的算法构建了多维度产品交互模型，核算了产业链产品生产和回收共同引发的资源、经济、能源等各维度的影响变化，以及"资源-经济-能源"两两维度间依赖关系和三重维度间依赖关系的动态变化。此外，根据产业链内部交互作用，针对依赖关系变化的敏感程度识别出了不同环节中的关键产品，为"资源-经济-能源"之多维度协调管理提供科学指导和决策依据。本章主要工作和结论如下。

第一，因产品生产和回收而引发的资源、经济、能源维度对产业链协调发展的影响存在较大差异。三个维度间的变化均随废钢回收率增加而增加，但变化趋势各异。因产品生产和回收共同引发的资源维度变化主要呈对数增长，并以铁矿石和粗钢为代表的中上游产品影响最显著，且其影响程度的变化速率先增加后降低。经济维度的变化主要呈指数增长，且线材、宽薄板等下游钢材对其影响最为明显。能源维度的增长趋势并不唯一，再生钢和生铁产品对其的影响较大。

第二，资源、经济、能源两两维度间的依赖程度随废钢回收增加而变化。"能源-资源"的相互依赖程度逐渐加深，且对"资源-经济-能源"之协调发展的影响越发显著。"经济-能源"的相互依赖关系均呈下降趋势，且随废钢回收率的增加而表现出"脱钩"态势。"资源-经济"的关系则基本保持不变，两者相互依赖的程度有所加强。

第三，当强化产业链回收环节时，不同产品生产均对"资源-经济-能源"三重维度间依赖关系具有明显改善作用。其中，粗钢和再生钢对产业链整体依赖关系的提升最为显著。此外，产业链上游产品生产引发的变化普遍高于下游钢材，这从侧面反映出上游钢铁产品通过其他产品关联关系所引发的产业链累积影响更大。

第四，基于"资源-经济-能源"多维度依赖关系的变化，通过产品交互模型中的 MSE 值来量化产业链产品对多维度依赖关系的影响程度，从而划分出"资源-经济"型产品、"能源-经济"型产品和"资源-能源"型产品。其中，粗钢、生铁和烧结铁为"资源-经济"型产品，再生钢、球团铁和宽薄板为"能源-经济"型产品，铁矿石、线材、铸铁和热轧钢为"资源-能源"型产品。

13 中国钢铁产业链多维度依赖关系的关键政策识别研究

现有的耦合研究大多围绕经济制度、城市化等因素，却忽略了与行业活动相关的外部政策。为推动钢铁业发展，我国各部委近年来出台了多项政策。由于钢铁产业链主体较多，且政策目标不同，为便于后续优化方案的制定及策略提出，有必要对其进行研究，以识别对产业链主体影响最显著且作用范围最广泛的关键驱动政策。

此外，由于废钢特有的载能属性，其虽属固体废物却又可作为钢铁生产原料的特点也使之越来越受到广泛关注。2018年底，生态环境部、商务部、发改委、海关总署联合发布关于调整《进口废物管理目录》的公告，将废钢铁等8个品种固体废物从《非限制进口类可用作原料的固体废物目录》调入《限制进口类可用作原料的固体废物目录》，并自2019年7月1日起执行。这一法规的出台无疑推动了国产废钢的回收及循环利用。废钢协会统计的数据显示，目前中国国内废钢主要来源是自产废钢和社会废钢。自产废钢主要指钢企在生产过程中产生的切头、切尾、切屑、边角料等，这部分废钢基本可由钢厂自己内部回收循环，回收率较高，约为90%。社会废钢又可分为加工废钢和折旧废钢。加工废钢是在粗钢被消费之后再加工成各种钢铁产品时产生的废钢。中国金属循环应用国际研讨会发布的数据显示，我国废钢资源产生量位居世界之首，约占全球废钢铁产生量的26.7%。但《2019废钢深度研究报告》显示，我国加工废钢的回收率近年来却仅为6%。折旧废钢主要是指钢铁产业链下游应用的汽车、建筑、机械等达到报废年限后产生的废旧钢铁。目前，我国废钢回收处理行业的技术和设备的研制，大多是针对社会废钢中的折旧废钢。基于以上信息，本章选择当前回收率较低的"加工废钢"作为研究重点。

为了解相关驱动政策对中国钢铁产业链主体的耦合影响，本章构建了"资源-经济-环境"动态耦合仿真模型。在本书前面所构建的产业链基础耦合模型基础上，本章将"废钢回收"作为调节变量纳入产业链系统，从"自下而上"的角度研究当产业链回收环节发生改变时，其他环节的不同产品、企业和行业主体在"资源-经济-环境"的关系会发生怎样的变化。同时，根据现有国内政策分别从技术进步、突发事件、产能置换、去产能、提高资源利用率这五个角度选择并设定了政策情景，通过耦合协调度的变化来帮助识别对产业链主体影响最显著的关键驱动政策。

13.1　基于废钢调节的驱动政策选择

为加快中国钢铁产业的整体发展，国家近年来陆续从多个角度制定并出台了各类相关法规，以综合提高钢铁产业性能。因此，为了解不同目标的政策对钢铁产业链产品、企业和行业主体在"资源-经济-环境"中的影响，以及废钢回收率提高对钢铁产业链主体耦合关系的影响，本章基于现实背景选择并模拟了五种驱动政策，并从"技术进步"、"产能置换"、"去产能"、"提高资源利用率"和"突发事件"这五个角度出发，对比并分析了实施不同调控策略对钢铁产业链主体耦合协调度的影响，进而识别对主体影响最显著的关键政策。具体的驱动政策如下。

第一，提高矿山采选率（技术进步）。技术进步政策情景主要考察优化生产技术的情况下提高废钢回收率对主体耦合的影响。作为钢铁大国，中国每年要开采和使用大量的铁矿石，这就造成了开采和使用过程中资源和能源的巨大消耗。由于矿石本身就是不可再生性资源，为降低环境影响和节约资源，如何提高开采效率成为关注的焦点。为改善这一问题，甘肃省地质矿产开发局于2015年在《甘肃省矿产资源总体规划》中提出，要加快推进开采效率，提高矿产资源保障能力。基于此项规划，从"技术进步"角度出发，设置变量为"矿山开采效率"（假设其提高5%），通过模拟"提高矿山采选率"来达到铁矿石（铁精粉）产量增加的目的。

第二，降低进口矿配比（突发事件）。突发事件情景模拟了因突发情况引起的外部因素对钢铁产业链主体耦合关系的冲击。由于中国铁矿资源有限，且多为贫矿，为保证粗钢生产的高质量和大规模，中国每年要从巴西和澳大利亚等地进口大量铁矿石（铁精粉），这也在一定程度上造成了原材料供给的不确定性。2020年新冠疫情暴发对全球多国的生产生活造成了影响，以巴西为代表的铁矿石出口国因此削减了铁矿石产量，这也使得中国钢铁产业的原材料面临供应危机。基于此，本章从"突发事件"角度出发，设置变量"铁精粉进口量"（假设其降低20%），以模拟"新冠疫情在巴西等原材料出口国继续扩散"而可能造成进口铁产品供给不足的情况。

第三，提高球团矿配比（产能置换）。产能置换政策情景考虑了通过结构调整来优化生产过程。作为推进钢铁工业的有效手段，"产能置换"近年来颇受关注。2020年1月，发改委、工信部联合发布《关于完善钢铁产能置换和项目备案工作的通知》，并指出各地应全面梳理相关钢铁产能项目并及时开展自查自纠。因此，为量化"产能置换"政策对钢铁工业在"资源-经济-环境"间的耦合关系，本章以河北省唐山市政府在2019年1089号文件中提出的"烧结机限产比例不低于50%"为参考依据，立足"产能置换"，设计变量"烧结铁产能"（假设其降低25%），与之相对应的"球团铁产能"也增加25%，以模拟"使用球团铁替代部分烧结铁"来优化生产过程环境绩效。

第四，提高转炉废钢比（去产能）。去产能政策情景模拟了削减生铁产能的政策影响。为化解产能过剩，减少因供需引起的恶性竞争等，去产能常被用于产品的生产过程。经济增速的放缓，行业需求的降低，产业结构的不合理都使得目前中国钢铁亟待"去产能"。发改委相关人员在2020年中国钢铁发展论坛上表示，虽然中国钢铁工业"去产能"效果明显，但防范产能过剩的压力将长期存在。因此，本章以安徽省在2017年"落后产能退出工作方案"中制定的"减少生铁产能19万吨"为依据，假设变量"生铁用量"降低25%，同时将生产过程中的"废钢用量"提高25%，以模拟"增加废钢使用"来限制国内生铁生产进而达到去产能、降低环境污染的目的。

第五，提高再生钢使用比（提高资源利用率）。提高资源利用率情景从增加再生钢用量的角度考虑了产业优化的政策措施。发改委于2014年发布的《钢铁产业调整和振兴规划》强调，要加强资源的高效利用，尤其要提高循环利用率。2019年商务部发布的《中国再生资源回收行业发展报告》指出，我国2019年废钢铁资源回收总价值量已达4 900亿元，同比上升26%，占再生资源回收市场价值总量的比例的47%，接近总的再生品种市场资源回收总价值的一半。由此可见，废钢的循环再利用已开始受到广泛关注。因此，基于工信部出台的与引导短流程炼钢发展相关的指导意见，本章将该政策情景中的变量设为"电炉炼钢"，通过提高电炉炼钢在钢铁生产中的占比，降低转炉炼钢使用比，以模拟"使用更多废钢冶炼"来降低钢铁行业的环境成本。

13.2 基于不同驱动政策的多维度动态耦合模型构建

为了解产业链主体在子系统间的综合发展情况，既要考虑系统中的耦合关系，又要考虑发展水平。因此，基于上一章测算的耦合度，又进一步计算了综合发展指数和耦合协调度，以正向反映主体的"资源-经济-环境"和谐发展程度。具体步骤如下。

首先，计算综合发展指数 T，具体公式为：

$$T_i = \gamma \cdot [f(M)_i] + \delta \cdot [g(U)_i] + \varepsilon \cdot [h(E)_i] \tag{13-1}$$

式（13-1）中：$f(M)$ 分别是各层面的 %R、ECB、ELR；$g(U)$ 分别是各层面的 ED、LPB、EID；$h(E)$ 分别是各层面的 PLR、IED、EEI，γ、δ、ε 分别代表资源、经济、环境两两方面间的发展程度，且 $\gamma + \delta + \varepsilon = 1$。

其次，计算产业链主体的耦合协调度 D，具体公式为：

$$D_i = \sqrt{C \cdot T_i} \tag{13-2}$$

为便于在同一维度下比较钢铁产业链产品、企业和行业主体间的耦合协调发展水平，对耦合协调度（D）进行了标准化（D'），以保证所有结果值均在 [0，1] 上。具体公式如（13-3）所示。

$$D' = \frac{D - D_{\min}}{D_{\max} - D_{\min}} \tag{13-3}$$

之后，基于耦合协调度构建"资源-经济-环境"动态耦合模型。不同驱动政策下的动态耦合模型是根据本章此前所整理的钢铁产业链相关主体生产及回收过程而构建的。由于本章模拟的五个政策情景均是在"废钢回收率"这一变量调节下展开的，因此产业链中所有主体的动态 UEV 和动态 LCA 结果均与废钢回收率相关，且与上一生产过程的相关主体有关。

以政策一"提高矿山采选率"中的产品主体为例，当废钢回收率提高时，粗钢生产过程（BOF）中使用的废钢量就会相应增加，为保证粗钢产量不变，该过程中的生铁使用量就会对应降低。与此同时，在"粗钢生产"的上一步流程"生铁生产"中，生铁产量也会等比例降低以确保整个系统供需平衡。之后，生铁生产过程中使用的烧结铁、球团铁等原材料产量会继续等比下降，并作为产品影响前一生产流程的相关钢铁主体，就这样以产业链自下而上的方向影响了第一个生产流程——"铁精粉加工"。在该生产活动中，作为产出物的铁精粉产量已经对应下降，作为原材料之一的铁矿石本应根按照相对比例改变产量，但受到"提高矿山采选率"的影响，铁矿石的产量变化与之前的比例并不相同。如此一来，该过程下的铁精粉 UEV 就发生了变化。铁精粉又作为原材料参与到球团铁的生产过程中，因此球团铁的 UEV 也发生改变。由此类推，以铁精粉为起点，其自上而下地影响了产业链所有产品主体的 UEV 变化。值得注意的是，参与生产及回收过程中的其他原材料物质（如煤炭，水等）只会按比例变化，它们的 UEV 并不会随废钢回收率变化而有所改变。

由此可见，产品主体的 UEV 随废钢回收率和情景变化都会对应发生不同改变，继而影响基于 UEV 计算的三个耦合评价指标和整体耦合协调度。同理，企业层面和行业层面的耦合评价指标和耦合协调度也会随着废钢回收和情景更替而产生动态变化。因此，动态耦合模型公式主要反映的是产业链主体的单位 UEV 和 LCA 评价结果将如何改变。

政策情景 1：提高矿山采选率。

该情景中的变量是废钢回收率和铁矿石的开采效率。具体的动态耦合模型公式如下。

产品主体：

$$UEV'_{iron\ powder,\ r} = \frac{U'_{1,\ r}}{f'_{1,\ r}} = \frac{U_{mid1,\ r} \cdot \varepsilon_1 \cdot r + (f_0 \cdot (\varepsilon_1 \cdot r - 5\%)) \cdot UEV_{0,\ r}}{f_1 \cdot \varepsilon_1 \cdot r} \quad (13-4)$$

$$UEV'_{\varphi,\ r} = \frac{U'_{\varphi,\ r}}{f'_{\varphi,\ r}} = \frac{U_{mid\varphi,\ r} \cdot \varepsilon_\varphi \cdot r + U'_{\varphi-1,\ r}}{f_\varphi \cdot \varepsilon_\varphi \cdot r},\ \varphi = 2,\ 3,\ 4,\ 5 \quad (13-5)$$

$$UEV'_{\mu,\ r} = \frac{U'_{\mu,\ r}}{f'_{\mu,\ r}} = \frac{U_{mid\mu,\ r} \cdot \varepsilon_\mu \cdot r + (f_{BOF,\ r}) \cdot UEV'_{BOF,\ r}}{f_\mu \cdot \varepsilon_\mu \cdot r},\ \mu = 7,\ 8,\ 9,\ 10 \quad (13-6)$$

式（13-4）至式（13-6）中，$U'_{\varphi-1}$ 指前一阶段钢铁产品在模拟情景下随废钢回收率变化的总能值；ε_φ 是参数，指某些输入（例如煤）按比例变化，以在 r 变化时保持总输出恒定；r 是废钢回收率，即 $10\% \leqslant r < 100\%$；U_{mid} 是每个产品的生产过程中不包括钢铁产品的投入总能值，如水、煤炭等；φ 是钢铁生产过程的中间产物，即球团铁、烧结铁、生铁、粗钢（BOF）；μ 是本章中的下游钢材，即铸铁、宽薄板、热轧板和线材。

企业主体：

当

$$f_{ir\ powder} - f'_{ir\ powder,\ r} > f_{ir\ comp_\sigma} \quad (13-7)$$

时，

$$Area'_{ir\ company,\ r} = \sum_{\sigma=1}^{10} Area_{ir\ comp_\sigma} - \sum_{\sigma=1}^{\tau} Area_{ir\ company_\sigma},\ \tau = 1,\ 2,\ \cdots,\ 9$$

式中：$f'_{ir\ powder,\ r} = f_{ir\ powder} \cdot \dfrac{f_{pellet\ in\ sintering} \cdot \varepsilon_1 \cdot r + f_{pellet\ in\ puddling} \cdot \varepsilon_2 \cdot r}{f_{pellet\ in\ sintering} + f_{pellet\ in\ puddling}}$

$f'_{pellet,\ r} = f_{pellet} \cdot \dfrac{f'_{pellet\ in\ sintering,\ r} + f'_{pellet\ in\ puddling,\ r}}{f_{pellet\ in\ sintering} + f_{pellet\ in\ puddling}}$

$f'_{sinter,\ r} = f_{sinter} \cdot \varepsilon_2 \cdot r$

$f'_{pigiron,\ r} = f_{pigiron} \cdot \varepsilon_3 \cdot r$

$f_{ir powder}$ 是中国前十大铁矿开采企业的总产量，$f'_{ir powder, r}$ 是模拟不同废钢回收率下中国前十大铁矿开采企业的总产量，$f_{ir comp_\sigma}$ 是中国某一铁矿开采企业的总产量。

当

$$f_{steel-\beta} - f'_{steel-\beta, r} > f_{steel-\beta\ company_\sigma} \tag{13-8}$$

时，

$$Area'_{\beta\ company, r} = \sum_{\sigma=1}^{\tau} Area_{\beta\ company_\sigma} - \sum_{\sigma=1}^{\tau-1} Area_{\beta\ company_\sigma}$$

式（13-8）中：$f'_{steel-\beta, r} = f_{steel-\beta} \cdot (1-r)$；$\beta$ 分别是粗钢、建筑、汽车、家电、机械、造船钢企；τ 最大取值分别是 10、10、5、4、7 和 6。

行业主体：

$$UEV'_{extracting, r} = \frac{U'_{1, r}}{f'_{1, r}} = \frac{U_{mid1, r} \cdot \varepsilon_1 \cdot r + (f_0 \cdot (\varepsilon_1 \cdot r - 5\%)) \cdot UEV_{0, r}}{f_1 \cdot \varepsilon_1 \cdot r} \tag{13-9}$$

$$UEV'_{\varphi, r} = \frac{U'_{\varphi, r}}{f'_{\varphi, r}} = \frac{U_{mid\varphi, r} \cdot \varepsilon_\varphi \cdot r + U'_{\varphi-1, r}}{f_\varphi \cdot \varepsilon_\varphi \cdot r} \quad \varphi = 2, 3, 4, 5 \tag{13-10}$$

$$UEV'_{\mu, r} = \frac{U'_{\mu, r}}{f'_{\mu, r}} = \frac{U_{mid\mu, r} \cdot \varepsilon_\mu \cdot r + (f_{crude\ steel\ making, r}) \cdot UEV'_{crude\ steel\ making, r}}{f_\mu \cdot \varepsilon_\mu \cdot r}$$

$$\mu = 7, 8, 9, 10, 11 \tag{13-11}$$

式（13-9）至式（13-11）中，$U'_{\varphi-1}$ 指前一行业在不同情景下随废钢回收率变化的总能值；ε_φ 是参数，指某些输入（例如煤）按比例变化，以在 r 变化时保持总输出恒定；r 是废钢回收率，即 $10\% \leq r < 100\%$；U_{mid} 是每个行业在生产过程中不包括钢铁产品的投入总能值，如水、煤炭等；φ 是钢铁生产过程的相关行业，即球团行业、烧结行业、生铁制造行业和粗钢冶炼行业；μ 是本章中的下游钢材加工业，即汽车用钢、房屋用钢、家电用钢、机械用钢和造船用钢。

政策情景 2：降低进口矿配比。

该情景中的变量是废钢回收率和用于球团生产的进口铁矿石量。具体的动态耦合模型公式如下。

产品主体：

$$UEV'_{\varphi, r} = \frac{U'_{\varphi, r}}{f'_{\varphi, r}} = \frac{U_\varphi \cdot \varepsilon_\varphi \cdot r}{f_\varphi \cdot \varepsilon_\varphi \cdot r} \varphi = 1, 2 \tag{13-12}$$

$$UEV'_{sinter, r} = \frac{U'_{3, r}}{f'_{3, r}}$$

$$= \frac{U_{mid3} \cdot \varepsilon_3 \cdot r + f_{ir\ powder-im} \cdot UEV_{ir\ powder-im} + (f_{ir\ powder} \cdot \varepsilon_3 \cdot r - f_{ir\ powder-im}) \cdot UEV'_{ir\ powder, r}}{f_3 \cdot \varepsilon_3 \cdot r}$$

$$\tag{13-13}$$

$$UEV'_{pig\ iron,\ r} = \frac{U'_{4,\ r}}{f'_{4,\ r}} = \frac{U_{mid4} \cdot \varepsilon_4 \cdot r + (f_{sinter} \cdot \varepsilon_4 \cdot r) \cdot UEV'_{sinter,\ r}}{f_4 \cdot \varepsilon_4 \cdot r} \quad (13-14)$$

$$UEV'_{BOF,\ r} = \frac{U'_{5,\ r}}{f'_{5,\ r}}$$

$$= \frac{U_{mid5} \cdot \varepsilon_5 \cdot r + (f_{sinter} \cdot \varepsilon_5 \cdot r) \cdot UEV'_{sinter,\ r} + (f_{pig\ iron} \cdot \varepsilon_5 \cdot r) \cdot UEV'_{pig\ iron,\ r}}{f_5 \cdot \varepsilon_5 \cdot r}$$

$$(13-15)$$

$$UEV'_{\mu,\ r} = \frac{U'_{\mu,\ r}}{f'_{\mu,\ r}} = \frac{U_{mid\mu,\ r} \cdot \varepsilon_\mu \cdot r + (f_{BOF,\ r}) \cdot UEV'_{BOF,\ r}}{f_\mu \cdot \varepsilon_\mu \cdot r} \mu = 7,\ 8,\ 9,\ 10$$

$$(13-16)$$

式（13-12）至式（13-16）中，$f'_{ir\ powder-im} = f_{iron\ powder-import} \cdot (\varepsilon_3 \cdot r - 20\%)$；$\varphi$ 是钢铁生产过程的中间产物，即铁精粉、球团铁。

企业主体：

当

$$f_{ir\ powder} - f'_{ir\ powder,\ r} > f_{ir\ comp_\sigma} \quad (13-17)$$

时，

$$Area'_{ir\ company,\ r} = \sum_{\sigma=1}^{10} Area_{ir\ comp_\sigma} - \sum_{\sigma=1}^{\tau} Area_{ir\ company_\sigma},\ \tau = 1,\ 2,\ \cdots,\ 9$$

当

$$f_{ir\ powder} - f'_{ir\ powder,\ r} < 0 \quad (13-18)$$

时，

$$Area'_{ir\ company,\ r} = \sum_{\sigma=1}^{10} Area_{ir\ comp_\sigma}$$

式（13-17）至式（13-18）中：

$$f'_{ir\ powder,\ r} = f_{ir\ powder} \cdot \frac{f_{ir\ powder\ in\ pelletizing} \cdot \frac{f'_{pellet,\ r}}{f_{pellet}} + f_{ir\ powder\ in\ sintering} \cdot 20\%}{f_{ir\ powder\ in\ pelletizing} + f_{ir\ powder-domestic\ in\ sintering}}$$

$$f'_{pellet,\ r} = f_{pellet} \cdot \frac{f_{pellet\ in\ sintering} \cdot \varepsilon_1 \cdot r + f_{pellet\ in\ puddling} \cdot \varepsilon_2 \cdot r}{f_{pelletins\ in\ tering} + f_{pellet\ in\ puddling}}$$

$$f'_{sinter,\ r} = f_{sinter} \cdot \varepsilon_2 \cdot r$$

$$f'_{pig\ iron,\ r} = f_{pig\ iron} \cdot \varepsilon_3 \cdot r$$

当

$$f_{s\ steel-\beta} - f'_{steel-\beta,\ r} > f_{steel-\beta\ company_\sigma} \quad (13-19)$$

时，

$$Area'_{\beta\ company,\ r} = \sum_{\sigma=1}^{\tau} Area_{\beta\ company_\sigma} - \sum_{\sigma=1}^{\tau-1} Area_{\beta\ company_\sigma}$$

行业主体：

$$UEV'_{\varphi, r} = \frac{U'_{\varphi, r}}{f'_{\varphi, r}} = \frac{U_\varphi \cdot \varepsilon_\varphi \cdot r}{f_\varphi \cdot \varepsilon_\varphi \cdot r} \varphi = 1, 2 \quad (13-20)$$

$$UEV'_{sintering, r} = \frac{U'_{3, r}}{f'_{3, r}}$$
$$= \frac{U_{mid3} \cdot \varepsilon_3 \cdot r + f'_{ir\ powder-im} \cdot UEV_{ir\ powder-im} + (f_{extracting} \cdot \varepsilon_3 \cdot r - f'_{ir\ powder-im}) \cdot UEV'_{extracting, r}}{f_3 \cdot \varepsilon_3 \cdot r}$$

$$UEV'_{pig\ iron\ making, r} = \frac{U'_{4, r}}{f'_{4, r}} = \frac{U_{mid4} \cdot \varepsilon_4 \cdot r + (f_{sintering} \cdot \varepsilon_4 \cdot r) \cdot UEV'_{sintering, r}}{f_4 \cdot \varepsilon_4 \cdot r} \quad (13-21)$$

$$UEV'_{crude\ steel\ making, r} = \frac{U'_{5, r}}{f'_{5, r}}$$
$$= \frac{U_{mid5} \cdot \varepsilon_5 \cdot r + (f_{sintering} \cdot \varepsilon_5 \cdot r) \cdot UEV'_{sintering, r} + (f_{pig\ iron\ making} \cdot \varepsilon_5 \cdot r) \cdot UEV'_{pi\ giron\ making, r}}{f_5 \cdot \varepsilon_5 \cdot r}$$
$$(13-22)$$

$$UEV'_{\mu, r} = \frac{U'_{\mu, r}}{f'_{\mu, r}} = \frac{U_{mid\mu, r} \cdot \varepsilon_\mu \cdot r + (f_{steel\ making-BOF, r}) \cdot UEV'_{BOF, r}}{f_\mu \cdot \varepsilon_\mu \cdot r}, \mu = 7, 8, 9, 10, 11$$
$$(13-23)$$

式（13-19）至式（13-23）中：$f'_{ir\ powder-im} = f_{iron\ powder-import} \cdot (\varepsilon_3 \cdot r - 20\%)$；$\varphi$ 是钢铁生产过程的相关行业，即矿石精炼行业、球团行业。

政策情景3：提高球团矿配比。

该情景中的变量是废钢回收率和用于生铁生产的球团铁。具体的动态耦合模型公式如下。

产品主体：

$$UEV'_{\varphi, r} = \frac{U'_{\varphi, r}}{f'_{\varphi, r}} = \frac{U_\varphi \cdot \varepsilon_\varphi \cdot r}{f_\varphi \cdot \varepsilon_\varphi \cdot r} \varphi = 1, 2, 3 \quad (13-24)$$

$$UEV'_{pig\ iron, r} = \frac{U'_{4, r}}{f'_{4, r}}$$
$$= \frac{U_{mid4} \cdot \varepsilon_4 \cdot r + (f_{sinter} \cdot \varepsilon_4 \cdot r - f_{sinter} \cdot 25\%) \cdot UEV'_{sinter, r} + (f_{pellet} \cdot \varepsilon_4 \cdot r + f_{sinter} \cdot 25\%) \cdot UEV'_{pellet, r}}{f_4 \cdot \varepsilon_4 \cdot r}$$
$$(13-25)$$

$$UEV'_{BOF, r} = \frac{U'_{5, r}}{f'_{5, r}} = \frac{U_{mid5} \cdot \varepsilon_5 \cdot r + f_{pigiron} \cdot \varepsilon_5 \cdot r \cdot UEV'_{pig\ iron, r}}{f_5 \cdot \varepsilon_5 \cdot r} \quad (13-26)$$

$$UEV'_{\mu, r} = \frac{U'_{\mu, r}}{f'_{\mu, r}} = \frac{U_{mid\mu, r} \cdot \varepsilon_\mu \cdot r + (f_{BOF, r}) \cdot UEV'_{BOF, r}}{f_\mu \cdot \varepsilon_\mu \cdot r} \mu = 7, 8, 9, 10$$

$$(13-27)$$

式（13-24）至式（13-27）中：φ 是钢铁生产过程的中间产物，即铁精粉、球团铁、烧结铁。

企业主体：

当

$$f_{ir\ powder} - f'_{ir\ powder,\ r} > f_{ir\ comp_\sigma} \tag{13-28}$$

时，

$$Area'_{ir\ company,\ r} = \sum_{\sigma=1}^{10} Area_{ir\ comp_\sigma} - \sum_{\sigma=1}^{\tau} Area_{ir\ company_\sigma} \quad \tau = 1, 2, \cdots, 9$$

式（13-28）中：$f'_{ir\ powder,\ r} = f_{ir\ powder} \cdot \dfrac{f'_{pellet,\ r}}{f_{pellet}}$；

$f'_{pellet,\ r} = f_{pellet\ in\ puddling} \cdot \varepsilon_1 \cdot r + f_{sinter\ in\ puddling} \cdot 25\%$；

$f'_{sinter,\ r} = f_{sinter} \cdot (\varepsilon_1 \cdot r - 25\%)$；

$f'_{pig\ iron,\ r} = f_{pig\ iron} \cdot \varepsilon_2 \cdot r$。

当 $f_{steel-\beta} - f'_{steel-\beta,\ r} > f_{steel-\beta\ company_\sigma}$

时，

$$Area'_{\beta\ company,\ r} = \sum_{\sigma=1}^{\tau} Area_{\beta\ company_\sigma} - \sum_{\sigma=1}^{\tau-1} Area_{\beta\ company_\sigma},$$

行业主体：

$$UEV'_{\varphi,\ r} = \frac{U'_{\varphi,\ r}}{f'_{\varphi,\ r}} = \frac{U_\varphi \cdot \varepsilon_\varphi \cdot r}{f_\varphi \cdot \varepsilon_\varphi \cdot r} \quad \varphi = 1, 2, 3 \tag{13-29}$$

$$UEV'_{pig\ iron\ making,\ r}$$
$$= \frac{U'_{4,\ r}}{f'_{4,\ r}}$$
$$= \frac{U_{mid4} \cdot \varepsilon_4 \cdot r + (f_{sinter} \cdot \varepsilon_4 \cdot r - f_{sinter} \cdot 25\%) \cdot UEV'_{sinter,\ r} + (f_{pellet} \cdot \varepsilon_4 \cdot r + f_{sinter} \cdot 25\%) \cdot UEV'_{pellet,\ r}}{f_4 \cdot \varepsilon_4 \cdot r}$$

$$\tag{13-30}$$

$$UEV'_{crude\ steel\ making,\ r} = \frac{U'_{5,\ r}}{f'_{5,\ r}} = \frac{U_{mid5} \cdot \varepsilon_5 \cdot r + f_{pig\ iron} \cdot \varepsilon_5 \cdot r \cdot UEV'_{pig\ iron,\ r}}{f_5 \cdot \varepsilon_5 \cdot r} \tag{13-31}$$

$$UEV'_{\mu,\ r} = \frac{U'_{\mu,\ r}}{f'_{\mu,\ r}} = \frac{U_{mid\mu,\ r} \cdot \varepsilon_\mu \cdot r + (f_{crude\ steel\ making,\ r}) \cdot UEV'_{crude\ steel\ making,\ r}}{f_\mu \cdot \varepsilon_\mu \cdot r},$$

$$\mu = 7, 8, 9, 10, 11 \tag{13-32}$$

式（13-29）至式（13-32）中：φ 是钢铁生产过程的相关行业，即矿石精炼行业、球团行业、烧结行业。

政策情景4：提高转炉废钢比

该情景中的变量是废钢回收率和用于粗钢生产的废钢。具体的动态耦合模型公式如下。

产品主体：

$$UEV'_{\varphi,r} = \frac{U'_{\varphi,r}}{f'_{\varphi,r}} = \frac{U_\varphi \cdot \varepsilon_\varphi \cdot r}{f_\varphi \cdot \varepsilon_\varphi \cdot r} \varphi = 1, 2, 3, 4 \tag{13-33}$$

$$UEV'_{BOF,r} = \frac{U'_{5,r}}{f'_{5,r}}$$

$$= \frac{U_{mid5} \cdot \varepsilon_5 \cdot r + f'_{scrap} \cdot \varepsilon_5 \cdot r \cdot (UEV'_{sinter,r}/3) + (f_{scrap} + f_{pig\,iron} - f'_{scrap}) \cdot \varepsilon_5 \cdot r \cdot UEV'_{pig\,iron,r}}{f_5 \cdot \varepsilon_5 \cdot r}$$

$$\tag{13-34}$$

$$UEV'_{\mu,r} = \frac{U'_{\mu,r}}{f'_{\mu,r}} = \frac{U_{mid\mu,r} \cdot \varepsilon_\mu \cdot r + (f_{BOF,r}) \cdot UEV'_{BOF,r}}{f_\mu \cdot \varepsilon_\mu \cdot r}, \mu = 7, 8, 9, 10 \tag{13-35}$$

式（13-33）至式（13-35）中：$f'_{scrap} = f_{scrap} \cdot 125\%$，$\varphi$ 是钢铁生产过程的中间产物，即铁精粉，球团铁，烧结铁，生铁。

企业主体：

当

$$f_{ir\,powder} - f'_{ir\,powder,r} > f_{ir\,comp_\sigma} \tag{13-36}$$

时，

$$Area'_{ir\,company,r} = \sum_{\sigma=1}^{10} Area_{ircomp_\sigma} - \sum_{\sigma=1}^{\tau} Area_{ir\,company_\sigma}, \tau = 1, 2, \cdots, 9$$

式（13-36）中：$f'_{ir\,powder,r} = f_{ir\,powder} \cdot \dfrac{f'_{pellet,r}}{f_{pellet}}$

$$f'_{pellet,r} = f_{pellet} \cdot \frac{f_{pellet\,in\,sintering} \cdot \varepsilon_1 \cdot r + f_{pellet\,in\,puddling} \cdot \varepsilon_2 \cdot r}{f_{pellet\,in\,sintering} + f_{pellet\,in\,puddling}}$$

$$f'_{sinter,r} = f_{sinter} \cdot \varepsilon_2 \cdot r$$

$$f'_{pigiron,r} = f_{pigiron} \cdot \varepsilon_3 \cdot r$$

当

$$f_{steel-\beta} - f'_{steel-\beta,r} > f_{steel-\beta\,company_\sigma} \tag{13-37}$$

时，

$$Area'_{\beta\,company,r} = \sum_{\sigma=1}^{\tau} Area_{\beta\,company_\sigma} - \sum_{\sigma=1}^{\tau-1} Area_{\beta\,company_\sigma},$$

行业主体：

$$UEV'_{\varphi,r} = \frac{U'_{\varphi,r}}{f'_{\varphi,r}} = \frac{U_\varphi \cdot \varepsilon_\varphi \cdot r}{f_\varphi \cdot \varepsilon_\varphi \cdot r} \varphi = 1, 2, 3, 4 \tag{13-38}$$

$$UEV'_{crudesteelmaking,\ r} = \frac{U'_{5,\ r}}{f'_{5,\ r}}$$

$$= \frac{U_{mid5} \cdot \varepsilon_5 \cdot r + f_{scrap} \cdot (UEV'_{sinter,\ r}/3) + [(f_{scrap} + f_{pig\ iron}) \cdot \varepsilon_5 \cdot r - f_{scrap}] \cdot UEV'_{pig\ iron\ making,\ r}}{f_5 \cdot \varepsilon_5 \cdot r}$$

(13-39)

$$UEV'_{\mu,\ r} = \frac{U'_{\mu,\ r}}{f'_{\mu,\ r}} = \frac{U_{mid\mu,\ r} \cdot \varepsilon_\mu \cdot r + (f_{crude\ steel\ making,\ r}) \cdot UEV'_{crude\ steel\ making,\ r}}{f_\mu \cdot \varepsilon_\mu \cdot r},$$

$$\mu = 7,\ 8,\ 9,\ 10,\ 11$$

(13-40)

式（13-38）至式（13-40）中：φ 是钢铁生产过程的相关行业，即矿石精炼行业、球团行业、烧结行业、生铁制造行业。

政策情景 5：提高再生钢使用配比。

该情景中的变量是废钢回收率和使用电炉炼钢法生产的粗钢。具体的动态耦合模型公式如下。

产品主体：

$$UEV'_{\varphi,\ r} = \frac{U'_{\varphi,\ r}}{f'_{\varphi,\ r}} = \frac{U_\varphi \cdot \varepsilon_\varphi \cdot r}{f_\varphi \cdot \varepsilon_\varphi \cdot r} \varphi = 1,\ 2,\ 3,\ 4,\ 5$$

(13-41)

$$UEV'_{\mu,\ r} = \frac{U'_{\mu,\ r}}{f'_{\mu,\ r}}$$

$$= \frac{U_{mid\mu,\ r} \cdot \varepsilon_\mu \cdot r + \frac{(1-r)}{91\%} \cdot f_{BOF,\ \mu} \cdot UEV'_{BOF,\ r} + \frac{r}{9\%} \cdot f_{EAF,\ r} \cdot UEV'_{EAF,\ r}}{f_\mu \cdot \varepsilon_\mu \cdot r},\ \mu = 7,\ 8,\ 9,\ 10$$

(13-42)

式（13-41）至式（13-42）中：φ 是钢铁生产过程的中间产物，即铁精粉、球团铁、烧结铁、生铁、粗钢。

企业主体：

当

$$f_{ir\ powder} - f'_{ir\ powder,\ r} > f_{ir\ comp_\sigma}$$

(13-43)

时，

$$Area'_{ir\ company,\ r} = \sum_{\sigma=1}^{10} Area_{ir\ comp_\sigma} - \sum_{\sigma=1}^{\tau} Area_{ir\ company_\sigma},\ \tau = 1,\ 2,\ \cdots,\ 9$$

式（13-43）中：$f'_{ir\ powder,\ r} = f_{ir\ powder} \cdot \dfrac{f'_{pellet,\ r}}{f_{pellet}}$

$$f'_{pellet,\ r} = f_{pellet} \cdot \frac{f_{pellet\ in\ sintering} \cdot \varepsilon_1 \cdot r + f_{pellet\ in\ puddling} \cdot \varepsilon_2 \cdot r}{f_{pellet\ in\ sintering} + f_{pellet\ in\ puddling}}$$

$$f'_{sinter,\ r} = f_{sinter} \cdot \varepsilon_2 \cdot r$$

当

$$f'_{pig\ iron,\ r} = f_{pig\ iron} \cdot \varepsilon_3 \cdot r$$

时,

$$f_{crude\ steel} - f'_{crude\ steel,\ r} > f_{steel\ company_\sigma} \quad (13-44)$$

$$Area'_{steel\ company,\ r} = \sum_{\sigma=1}^{10} Area_{steel\ comp_\sigma} - \sum_{\sigma=1}^{\tau} Area_{steel\ company_\sigma}, \quad \tau = 1, 2, \cdots, 9$$

式（13-44）中：$f'_{crude\ steel,\ r} = f_{crude\ steel} \cdot (1-r)$

$$Area'_{house\ company,\ r} = \sum_{\sigma=1}^{10} Area_{house\ company_\sigma}$$

$$Area'_{car\ company,\ r} = \sum_{\sigma=1}^{5} Area_{car\ company_\sigma}$$

$$Area'_{appliance\ company,\ r} = \sum_{\sigma=1}^{4} Area_{appliance\ company_\sigma}$$

$$Area'_{machinery\ company,\ r} = \sum_{\sigma=1}^{7} Area_{machinery\ company_\sigma}$$

$$Area'_{ship\ company,\ r} = \sum_{\sigma=1}^{6} Area_{ship\ company_\sigma}$$

行业主体：

$$UEV'_{\varphi,\ r} = \frac{U'_{\varphi,\ r}}{f'_{\varphi,\ r}} = \frac{U_\varphi \cdot \varepsilon_\varphi \cdot r}{f_\varphi \cdot \varepsilon_\varphi \cdot r} \varphi = 1, 2, 3, 4, 5 \quad (13-45)$$

$$UEV'_{\mu,\ r} = \frac{U'_{\mu,\ r}}{f'_{\mu,\ r}}$$

$$= \frac{U_{mid\ \mu,\ r} \cdot \varepsilon_\mu \cdot r + \frac{(1-r)}{91\%} \cdot f_{steel\ making-BOF,\ r} \cdot UEV'_{BOF,\ r} + \frac{r}{9\%} \cdot f_{steel\ making-EAF,\ r} \cdot UEV'_{EAF,\ r}}{f_\mu \cdot \varepsilon_\mu \cdot r},$$

$$\mu = 7, 8, 9, 10, 11$$

$$(13-46)$$

式（13-45）至式（13-46）中：φ 是钢铁生产过程的相关行业、即矿石精炼行业、球团行业、烧结行业、生铁制造行业和粗钢制造行业。

13.3 政策情景模拟结果分析

13.3.1 "技术进步"政策情景模拟结果

图 13-1 显示，当提高矿山采选率时，不同层面主体的耦合协调度将随废钢回收率的增加而发生较大变化。

首先，随着废钢回收率从 90% 提高到 100%，各主体的耦合协调度均有明

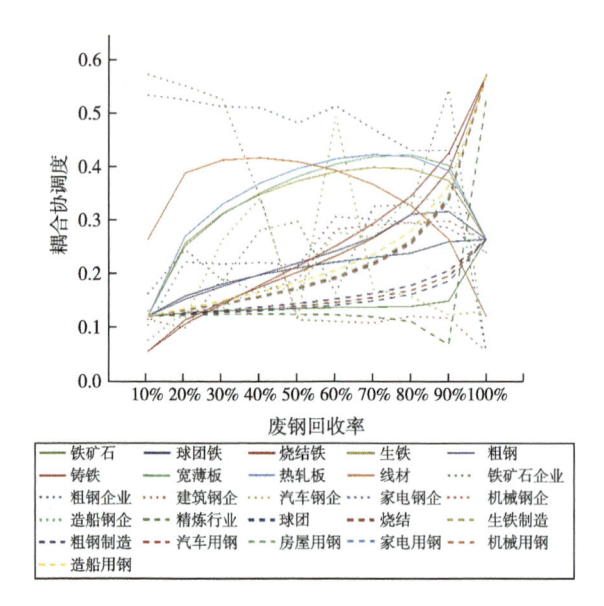

图 13-1 "技术进步"政策下钢铁产业链各主体的耦合协调度变化

显突变,尤其是产品主体,其耦合协调度值多从 0.45 左右降至 0.3,最高突变率可达 50%。这主要是因为废钢回收率达到 100% 时,废钢可完全替代铁矿石作为粗钢冶炼的原材料,即粗钢制造过程全部改用电炉炼钢的短流程操作。这一变化造成了产品主体耦合协调度的显著变化。

此外,由于产品主体的耦合评价指标是围绕生产过程中消耗的自然资源而构建的,随着废钢回收率的增加(10%到80%区间),生产过程所需的资源(尤其是铁矿石等不可再生性资源)减少,而这也是大部分产品的耦合协调度呈增加趋势的原因。

企业层面的变化较为复杂,部分耦合协调度随废钢回收率增加而有着较大幅度的改变。这主要是因为该层面指标反映的是企业在生产及回收过程中所使用的土地资源及其经济收益之间的关系。整体来看,铁矿企业的耦合度随废钢回收率增加是下降的,下游各应用环节的则在增加。造成铁矿等企业耦合度下降的原因主要是,当废钢回收率增加时,铁矿的需求量下降,如若不能及时对企业兼并重组,则除了浪费过多的土地资源之外,还会造成相关企业经济的衰退。除此之外,当铁矿的市场需求降低后,还可能造成市场的恶性竞争,如垄断等恶性行为。如此一来不仅使得相关企业难以管控,而且不利于其未来的长远发展。下游钢企的耦合协调度之所以增加,主要是因为使用废钢有助于降低钢企的生产成本。可循环利用的废钢越多,越有助于经济收益的增加和环境污染的降低，进而提高整体的"资源-经济-环境"的耦合程度。

行业主体的耦合协调度显示，当提高矿山采选率时，回收有助提高各行业在"资源-经济-环境"方面的相关关系。考虑到行业主体的耦合评价指标是围绕人力资源构建的，提高矿山采选率和废钢回收率意味着使用更多的新兴技术来替代传统的人力劳动，这有助于减少一线从业人员，调整人员分配，以避免不必要的人才浪费。

其次，当废钢回收率从10%增加至100%时，各层面变化最显著的分别是烧结铁、建筑钢企和精炼行业。其中，烧结铁的耦合协调度上升幅度最大，从最初的0.06提高至0.57。这主要是因为它的生产过程需要大量的中间产物——铁精粉和球团，因此，当外部资源消耗降低时，对它的影响最显著。建筑钢企在回收率为30%处有着断崖式的下滑，这是因为产量的缩减使得一些钢材生产公司面临倒闭，合并或重组，其原先的占地面积或不再需要。由于部分钢企整合度不高，产量一般但占地较大，因而当合并重组时，其占地面积的锐减就造成了这一结果的出现。矿石精炼行业的增长幅度最大，从侧面证明了提高矿山采选率，即"技术进步"这一政策情景的必要性。作为不可再生性资源消耗最大，且污染较严重的行业，提高矿山采选率可以非常有效地改善这一情况，进而有利于生态环境的可持续发展。

13.3.2 "突发事件"政策情景模拟结果

图13-2展示了"突发事件"下"降低进口矿配比"中钢铁产业链主体耦合协调度随废钢回收率提高的变化。结果显示，与"提高矿山采选率"情景相比，该情景下钢铁产品的"资源-经济-环境"耦合协调度在90%处也有着明显的下降趋势，且其降低率普遍在30%到50%。这是因为当废钢回收率提高至90%时，不再需要进口铁精粉，仅凭国产铁精粉和废钢的再利用即可满足当前国内需求。此外，当废钢回收率从10%提高至90%时，产品主体的"资源-经济-环境"耦合协调度差异较大，呈现明显的两极分化。铁矿石、球团等上游产品的耦合协调度总体呈现上升趋势，而粗钢、线材等中下游产品则呈下降趋势，尤其是下游产品，它们的下降趋势是最显著的，普遍由废钢回收率为10%时的0.58降低到废钢回收率为90%时的0.06，突变点是当废钢回收率达到70%处。这是因为进口铁精粉主要用于烧结过程，当其进口量降低时，烧结过程的经济成本及资源消耗也会大大降低。由于烧结铁又是后续生产中的原材料，因而相关中游及下游产品的耦合度都随之有着相同的趋

势改变。

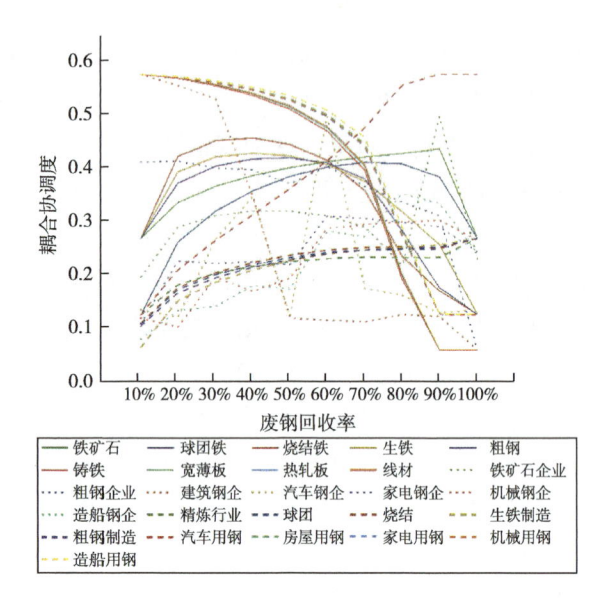

图 13-2 "突发事件"政策下钢铁产业链各主体的耦合协调度变化

企业主体整体趋势同提高矿山采选率,即"技术进步"这一政策类似,建筑钢企的耦合协调度下降最多,而粗钢生产企业的耦合协调度变得更加平稳。企业主体之所以没有发生太多变化,主要是因为"降低进口矿配比"依然发生在粗钢生产的过程中,只会对制造粗钢的企业有些影响,并不会对其他企业主体造成过多影响。

行业主体的耦合协调度变化趋势则有着明显不同。精炼等上游行业的耦合协调度随废钢回收率的提高而增加,下游特钢行业则呈下降趋势,且其变化趋势在行业层面最显著。当回收率为70%时,其耦合协调度骤然下降,并在90%处达到最低点,之后保持不变。这是因为当不再需要进口铁精粉时,废钢回收率的提高不会再对下游行业的生产过程起到明显作用,因而其耦合协调度不再改变。由此可见,当提高国内废钢回收率后,因"突发事件"而引起的钢铁相关原材料进口短缺并不会对中国钢铁产业链主体的可持续发展造成过多负面影响。相反,当废钢回收率提高到70%时,降低进口原材料有助于钢铁产业在"资源-经济-环境"方面的协调发展。

13.3.3 "产能置换"政策情景模拟结果

图 13-3 展示了"产能置换"政策下"提高球团矿配比"的中国钢铁产

业链在废钢回收率变化时的"资源-经济-环境"耦合关系。从该图中可以看出，这一情景下产业链主体（尤其是产品主体）的耦合协调度变化较为复杂。总体而言，当废钢回收率从10%提高至100%时，除了烧结铁，其他产品的耦合协调度都呈现上升态势。其中，铁矿石和球团铁的耦合协调度先随废钢回收率的增加而平缓增加，之后从废钢回收率为70%处开始大幅上升，然后在废钢回收率为80%时保持不变，并在回收率为90%处略有下降。生铁和粗钢的变化趋势类似，都是先平稳增加，然后在废钢回收率为70%处开始下降，直至废钢回收率达到100%。下游产品增长幅度最明显，普遍从回收率为10%的0.06增长到回收率为90%处的0.58，并在之后保持不变。烧结铁作为该政策情景中的被优化目标，它的"资源-经济-环境"耦合协调度在废钢回收率为60%时开始下降，之后在回收率为80%处降为0。整体来看，产品主体的最大拐点出现在废钢回收率为80%处，烧结铁的耦合协调度降为0，铁矿石和球团铁的值从70%处的0.29增加至0.47，生铁和粗钢则从0.44附近逐渐下降到0.27。这是由于该情景使用更多的球团矿来替代烧结铁，因此生铁制造过程中的烧结铁使用量在此时降为0。对生铁及后续产品来说，停止使用烧结铁而全部改用球团铁可能在经济成本上会有所增加，但不论是从资源消耗还是环境影响来说，总体还是有利于后续可持续发展的。

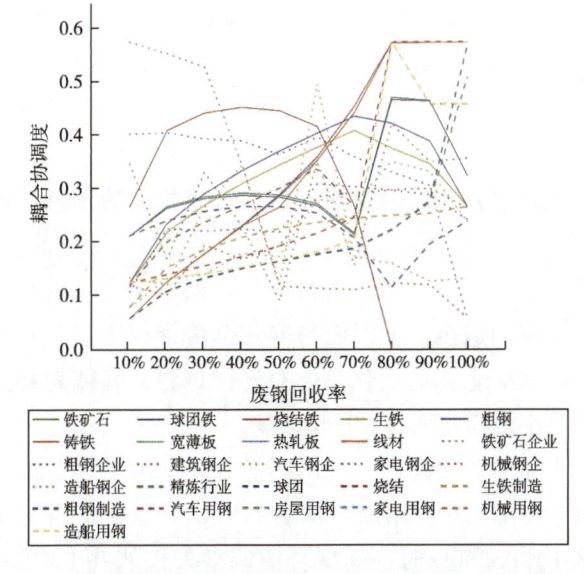

图13-3 "产能置换"政策下钢铁产业链各主体的耦合协调度变化

由于该情景从"产能置换"的角度模拟了生产过程,主要作用于生铁及粗钢等上游和中游产品,因此对于企业主体而言,整体变化趋势与之前情景并无太大差异,粗钢生产企业有着小幅变化,但总体还是呈现下降趋势。这也反映出如果仅仅是对部分流程进行优化,对于企业而言是远远不够的。

与产品主体相同,行业主体的变化也主要集中在废钢回收率达到80%之后,即不再需要烧结铁冶炼之时。由于烧结铁的停止使用,行业层面可降低其相关原材料的供应,即铁矿石、球团铁等上游产品。换言之,这对上游行业的协调发展十分有帮助。对于中游粗钢以及下游应用行业来说,提高球团矿在生产过程中的配比可帮助它们大幅降低环境影响。由此可见,"产能置换"这一政策方向有助于推动钢铁产业在资源、经济、环境方向的综合发展,尤其是在废钢回收率为80%之时。可见,提高废旧钢铁的循环利用是当前首要思考的问题。

13.3.4 "去产能"政策情景模拟结果

图13-4展示了随着废钢回收率的增加,"去产能"政策下"提高转炉废钢比"对钢铁产业链的整体影响,这一情景主要作用于粗钢生产环节。产品主体的结果显示,钢铁产品的耦合协调度基本上都是随废钢回收率增加而增加的,但变化趋势则有明显不同。球团铁、烧结铁等上游产品的耦合协调度先随废钢回收率从0.13处增加,但增长速率逐渐变缓,当废钢回收率到达90%时,各产品的耦合协调度值在0.41左右,并在之后小幅下降。线材等下游产品则始终保持增长态势,并在废钢回收率为90%处陡增到0.6附近。这一结果表明,相比传统的使用铁矿石炼钢而言,使用更多的废钢去生产再生钢的做法,对产业链中各产品的协同发展都有着积极的影响,尤其是对下游钢材产品。

由于该情景旨在从"去产能"的角度优化粗钢生产,也就是说这一政策情景仍针对的是粗钢制造企业,因而与前几个情景相比,企业主体的耦合协调度变化不大,仅铁矿企业的变化幅度有轻微调整,整体趋势更为平缓,即耦合协调度随回收率的变化而有着轻微改变。

此外,行业主体的变化趋势呈现出明显分化。精炼等上游行业的耦合度基本随废钢回收率增加而小幅增加(从0.1到0.3),下游各应用部门的用钢行业在回收率从10%到90%时,其耦合协调度仅仅从0.1增加至0.2左右,之后陡增逼近0.6,提高了2倍左右。由此来看,钢铁产业链各主体结果表明,提高转炉废钢比,优化粗钢生产流程有利于钢铁产业链整体的协调发展。

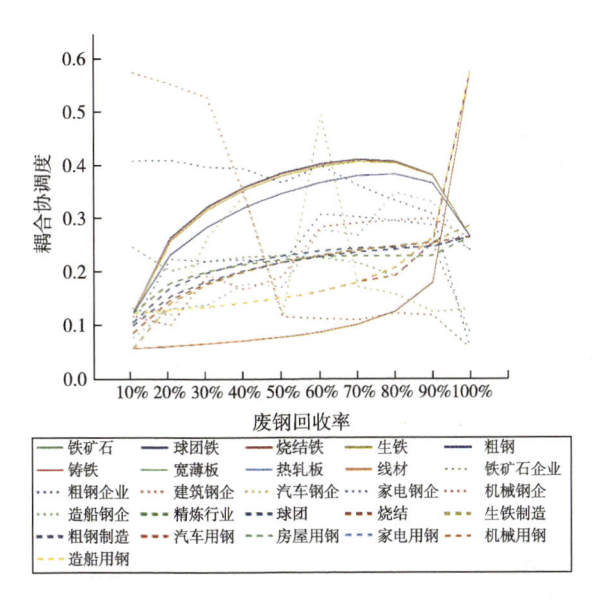

图 13-4 "去产能"政策下钢铁产业链各主体的耦合协调度变化

因此,"去产能"的实施是非常有必要的,且应同提高废钢回收率那样长期坚持下去。

13.3.5 "提高资源利用率"政策情景模拟结果

"提高资源利用率"政策下中国钢铁产业链随废钢回收率变化的"资源-经济-环境"耦合关系如图 13-5 所示。由于该政策情景从"提高再生钢使用配比"的角度作用于下游产品的,因此各主体的耦合协调度变化普遍集中在产业链下游环节。

首先,产品主体的整体变化趋势与"提高转炉废钢比"情景类似,大致都是随废钢回收率增加而增加的。其中,上游产品和下游产品的变化趋势依然有着明显区别。随着废钢回收率的提高,上游产品与之前的情景结果并无太大差异,基本都是先稳步上升,之后再从废钢回收率为80%处开始下降的。下游钢铁产品的耦合协调度则随着废钢回收率的增加而直线上升,回收率为100%时的"资源-经济-环境"耦合协调度是回收率为10%时的近5倍,由此可见,增加再生钢的使用比例对下游产品的可持续发展有着显著改善。

其次,与之前几个情景相比,企业主体也有着较为明显的变化。下游应用企业(尤其是汽车钢企)的耦合协调度呈现出大规模的下降趋势。

最后,行业主体的上下游同样有着显著差异。与上一情景类似,上游行

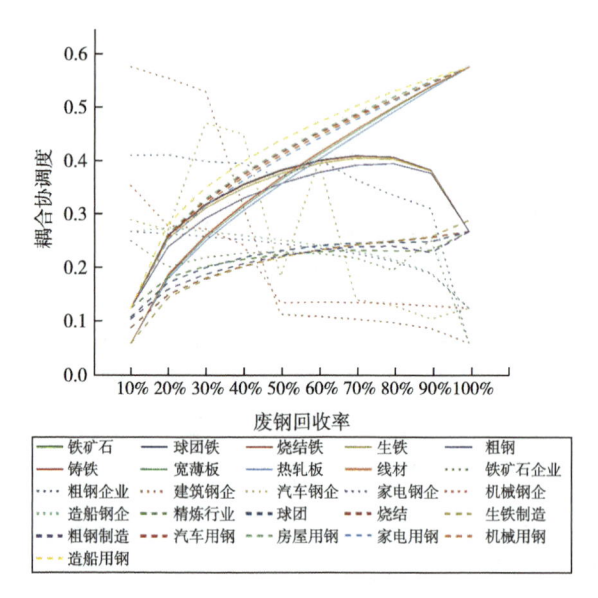

图13-5 "提高资源利用率"政策下钢铁产业链各主体的耦合协调度变化

业的耦合协调度平缓增加，下游行业则在废钢回收率为20%处就开始呈线性增长，直至回收率达到100%，整体过程中部分阶段性增长率可达6.1%。因此，多使用再生钢以提高资源利用率的政策情景有利于中国钢铁产业链多方面的协同发展。当然，为了最大限度优化钢铁产业协调发展，提高废钢回收率也应是接下来的努力方向。

13.3.6 关键驱动政策识别

由图13-1到图13-5可知，不同驱动政策下产业链主体的"资源-经济-环境"耦合协调度随废钢回收率变化具有较大差异。由于本研究所界定的钢铁产业链主体较多，且所属层面不同，因此，为更有针对性地寻找对耦合关系有重要驱动作用的政策，以便后续有针对性地提出优化方案，以下分别从产品、企业、行业三个角度进行关键政策的识别。

表13-1到表13-3分别展示了不同驱动政策下产品、企业、行业主体的耦合协调度变化率。对比发现，表13-1中"去产能"政策下产品主体的耦合变化率较高，大多集中在8~9。换言之，"去产能"政策对钢铁产业链产品主体的"资源-经济-环境"耦合具有显著影响。结合图13-4可以发现，当废钢回收率为70%时，各产品的耦合协调度普遍具有一个较明显的提高。因此，对于产品主体而言，"去产能"政策可最大程度提高产品主体的耦合度，尤其

是当废钢回收率为70%时。

表13-2反映了中国钢铁产业链企业主体受驱动政策影响的耦合协调度变化情况。结果显示，钢企的耦合变化率大多保持在1~3，受"技术进步"政策的驱动，产业链上游钢企的变化率较大，在8.3~8.7。这一结果反映了"技术进步"政策对钢铁制造企业的影响较大，尤其是产业链上游企业。图13-1中代表企业主体的短虚线进一步说明了尽管各企业主体的耦合协调度变化复杂，但当废钢回收率为60%时，大多存在一个最大的耦合协调度变化率。因此，对于企业主体而言，当废钢回收率为60%时，"技术进步"政策对产业链企业主体具有显著作用。

表13-3展示了中国钢铁产业链行业主体的耦合协调度变化情况。从中可以发现，行业主体的耦合协调度变化率也大多在1~3。虽然驱动政策对它们的影响各不相同，但下游应用行业的变化率普遍高于上游和中游行业。通过横向对比不难发现，"提高资源利用率"政策对各行业主体的变化率影响大多高于其他政策的影响，这也说明了该政策对行业主体的关键驱动作用。此外，图13-5中的长虚线表明行业主体的资源-经济-环境耦合协调度随废钢回收率的增加而增加。当废钢回收率为90%时，相关主体的耦合度增至最大。

表13-1 不同政策情景下产品主体的耦合协调度变化

	"技术进步"		"突发事件"		"产能置换"		"去产能"		"提高资源利用率"	
	最大差值	最大变化率	最大差值	最大变化率	最大差值	最大变化率	最大差值	最大变化率	最大差值	最大变化率
铁矿石	0.29	2.30	0.17	0.63	0.26	1.23	0.29	2.32	0.29	2.30
球团铁	0.29	2.30	0.29	2.30	0.26	1.21	0.29	2.33	0.29	2.30
烧结铁	0.29	2.29	0.33	2.67	0.45	454.39	0.29	2.32	0.29	2.29
生铁	0.28	2.27	0.30	2.44	0.29	2.30	0.29	2.30	0.28	2.27
粗钢	0.27	2.18	0.30	2.38	0.31	2.51	0.26	2.11	0.27	2.18
铸铁	0.39	2.10	0.52	9.00	0.45	3.56	0.52	9.00	0.39	2.10
宽薄板	0.39	2.14	0.52	2.64	0.45	3.57	0.52	8.37	0.39	2.14
热轧板	0.40	2.20	0.52	2.60	0.45	3.54	0.52	8.37	0.40	2.20
线材	0.39	2.07	0.52	2.60	0.45	3.54	0.52	8.36	0.39	2.07

表 13-2　不同政策情景下企业主体的耦合协调度变化

	"技术进步"		"突发事件"		"产能置换"		"去产能"		"提高资源利用率"	
	最大差值	最大变化率	最大差值	最大变化率	最大差值	最大变化率	最大差值	最大变化率	最大差值	最大变化率
铁矿石企业	0.49	8.51	0.30	1.54	0.33	3.67	0.17	1.94	0.19	3.30
粗钢企业	0.48	8.33	0.35	6.15	0.35	6.05	0.35	1.14	0.35	6.15
建筑钢企	0.50	8.63	0.52	9.00	0.52	9.00	0.52	4.66	0.52	9.00
汽车钢企	0.38	3.14	0.38	3.12	0.38	3.14	0.38	3.12	0.37	3.53
家电钢企	0.20	1.89	0.20	1.89	0.20	1.89	0.20	1.85	0.14	1.15
机械钢企	0.20	1.96	0.18	1.53	0.20	1.96	0.18	1.55	0.23	1.85
造船钢企	0.27	3.49	0.22	1.66	0.25	3.25	0.22	1.66	0.15	1.21

表 13-3　不同政策情景下行业主体的耦合协调度变化

	"技术进步"		"突发事件"		"产能置换"		"去产能"		"提高资源利用率"	
	最大差值	最大变化率	最大差值	最大变化率	最大差值	最大变化率	最大差值	最大变化率	最大差值	最大变化率
精炼行业	0.42	3.65	0.11	0.87	0.40	3.66	0.14	1.16	0.14	1.16
球团	0.14	1.15	0.10	0.56	0.17	1.57	0.14	1.31	0.16	1.49
烧结	0.14	1.09	0.09	0.52	0.22	1.83	0.17	1.94	0.17	1.94
生铁制造	0.13	1.07	0.10	0.69	0.17	1.12	0.23	4.01	0.23	4.01
粗钢制造	0.14	1.15	0.15	1.43	0.14	1.23	0.15	1.46	0.12	1.20
汽车用钢	0.22	1.77	0.37	1.75	0.12	1.00	0.45	3.45	0.45	3.64

续表

	"技术进步"		"突发事件"		"产能置换"		"去产能"		"提高资源利用率"	
	最大差值	最大变化率	最大差值	最大变化率	最大差值	最大变化率	最大差值	最大变化率	最大差值	最大变化率
房屋用钢	0.22	1.80	0.45	3.64	0.44	3.35	0.14	1.05	0.43	3.43
家电用钢	0.44	3.28	0.30	1.11	0.33	2.47	0.14	1.05	0.42	3.39
机械用钢	0.44	3.27	0.30	1.10	0.33	2.47	0.45	3.49	0.42	3.41
造船用钢	0.44	3.17	0.29	0.99	0.32	2.40	0.14	1.11	0.43	3.47

13.4 小结

通过之前的研究可知，中国钢铁产业链相关主体在"资源-经济-环境"方面的耦合协调度整体较差，且影响主体耦合关系的主导层面各不相同，但总体来说，下游的耦合关系要优于上游。由于本章的研究目的是了解中国钢铁产业链主体的"资源-经济-环境"耦合现状，并为之后的协调优化发展提出针对性建议，因此，为便于后续优化方案的制定，在初步了解产业链各主体的耦合协调度后，有必要从政策角度出发，寻找并识别对主体耦合协调度起主导作用的关键驱动政策。基于此，本章立足当前的政策背景，首先从"技术进步""突发事件""产能置换""去产能""提高资源利用率"这五个角度模拟情景，以现有的国家或地方层面的规划为参考依据，从不同方面将"矿山开采效率""铁精粉进口量""烧结铁产能""生铁使用量""电炉炼钢比"设置为情景变量，以此对相关生产流程提出改进假设。

其次，根据模拟的政策情景，基于本书之前整理的资源-经济-环境基础耦合协调度模型，本章又加入了"废钢回收率"这一变量，自下而上地构建了"资源-经济-环境"动态耦合模型。由于模拟的情景分别针对的是五个不同生产流程，生产流程间又相互关联，因此本章的动态耦合模型不能一概而论，而是需要针对政策情景分别构建，且模型的动态变化主要体现在产业链主体的 UEV 和 LCA 结果中。换言之，本章构建的"资源-经济-环境"动态耦合模型先研究了产品、企业和行业三重主体随废钢回收率和情景变化而变化的单位 UEV 及 LCA 结果，之后又研究了基于 UEV 和 LCA 的三个耦合评价指标及整体的耦合协调度。

最后，本章通过构建的动态耦合模型对上述五个政策情景的结果进行了分析。分析了同一情景中三重主体耦合协调度随废钢回收率变化的趋势，识别了不同层面中变化最显著的主体，讨论了该情景中各主体普遍达到耦合协调度最优时的废钢回收率，确定了各主体层面的关键驱动政策。其结果如下。

第一，现阶段钢铁产品主体的"资源-经济-环境"耦合协调度普遍低于 0.5，尤其是上游球团等原材料加工产品，其值多小于 0.25。耦合评价指标结果显示，经济-环境间关系在资源、经济和环境三者耦合上起主导作用。在五个模拟情景中，随着废钢回收率的增加，"去产能"政策最有助于提高钢铁产品的耦合协调度；当回收率达到 70% 时，产品主体的耦合协调度提升最显著。

第二，在企业主体中，铁矿企业和下游家电企业在"资源-经济-环境"方面存在较弱的相关关系。在主导耦合关系上，相关钢铁企业普遍关注"资源-经济"方面的关系。情景模拟的结果表明，当废钢回收率为 60% 时，企业层面的耦合协调度普遍可达最优，"技术进步"政策对企业主体影响最大，其他四个驱动政策则并未显示出较大差异。这是因为，模拟的政策情景主要与生产过程的中间产物有关，而这些生产过程往往都包含在粗钢制造企业中，因而政策调整对企业的影响相对较小。

第三，行业主体的"资源-经济-环境"耦合协调度与产品主体类似，其中上游的相关生产行业大多耦合较差，其协调度的值基本在 0.2 左右。此外，下游家电和造船用钢行业的耦合协调度也较低。与之相反，废钢的回收再利用耦合度最高，这主要与此类产品生产过程中的较少消耗和相关部门的大力扶持有关。从两两关系上看，钢铁行业的侧重点有明显不同。矿石精炼、烧结等行业最看重"资源-经济"方面的关系，因为它反映了生产过程中从业人员的人均经济收益；粗钢及废钢等行业更在意"环境-经济"方面的关系；以房屋用钢为代表的下游行业则更关注"资源-环境"方面的耦合关系。此外，不论是上游生产还是下游应用，随着废钢回收率增加至 90%，"提高资源利用率"政策情景下各行业耦合协调度的提高幅度都是最大的。

14　基于关键政策的中国钢铁产业链多维度协调策略研究

　　资源、经济和环境作为影响钢铁产业链发展的三大要素，其三者之间具有十分紧密的联系。近年来，随着"工业生态化"，"绿色发展"等新兴理念被频频提及，资源、经济、环境间的协同发展开始被广泛关注。2018年7月，工信部相关负责人指出，加快推进钢铁工业绿色化改造，加强技术交流，鼓励钢铁企业推进与建材、电力、化工等产业以及有关城市间的耦合发展，带动行业整体绿色提升，是新时代工业经济高质量发展的重点任务。2019年9月，以首钢集团、中国宝武钢铁集团为代表的15家钢铁企业联合签署并发布了《中国钢铁企业绿色发展宣言》，表明将在未来以更坚定的态度推动绿色钢铁的发展，让绿色成为钢铁高质量发展的标签。2020年8月，在由中国钢铁工业协会和中国金属学会等多家协会联合主办的"中国钢铁工业'十三五'科技创新成果展"中，中国工程院院士毛新平强调，生态化工艺创新和经济发展将成为未来一段时间的主要发展目标。有业内人士指出，虽然当前中国钢铁工业的绿色发展已初见成效，节能环保指标持续改善，但现阶段仍存在着一些问题和难点，制约着钢铁绿色发展水平的提高。尽管现在的首要发展目标已被确定为资源、经济和环境三者间的协同推进，但由于环境保护的长效机制尚未完全形成，钢铁工业生产本身和循环经济之中所蕴含的绿色价值尚未得到正确评估和充分挖掘，加之缺乏超低排放下经济可行的技术方案，因此要想实现三者协同管理的大目标仍需较长的一段时间。

　　基于现实情况，相比钢铁产业链"资源-经济-环境"之协调优化关系，有针对性地从系统两两层面间的关系开展研究可能更具针对性和可行性。因此，本章基于前文的主体耦合现状研究和关键驱动政策识别，从产业链的潜在发展大方向上提出了"资源-经济"偏向型、"资源-环境"偏向型和"环境-经济"偏向型三个优化方案，并对应构建了"资源-经济-环境"协调优化模型。同时，基于关键驱动政策比较优化方案和基准情况下产业链产品和企业和行业主体的耦合协调度，进一步探讨了对主体未来发展具有显著作用的相关情形，并为相关部门及企业的发展提供了参考依据。

14.1 钢铁产业链主体耦合的协调优化目标及方案设置

资源、经济、环境间关系错综复杂，钢铁产业链作为一个复杂系统，为提高其整体发展，推动其产业系统和谐稳定，有必要对其进行多目标协调管理。此外，中国钢铁产业链包含较多主体，不同主体的"资源-经济-环境"关系发展程度各异。因此，本章的优化目标是最大化地提高多类别主体的产业生态系统稳定性，即通过调节子系统间相对耦合水平，推动各主体的"资源-经济-环境"协调发展，保证耦合协调度显著提升，以达到"资源消耗最小化，经济收益最大化，环境影响最小化"的优化目标（图14-1）。基于优化结果，识别产业链系统耦合的关键维度，并由此提出有针对性的优化策略。

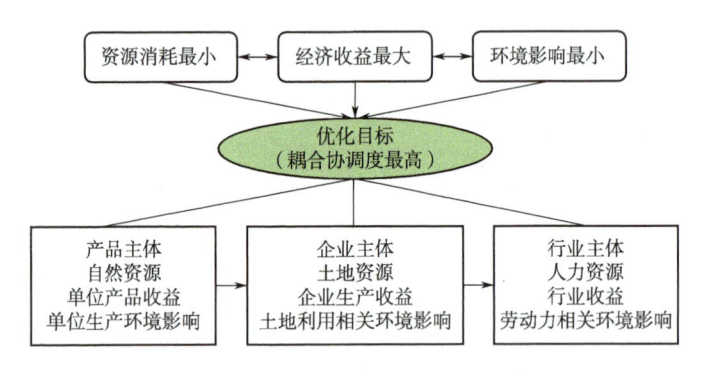

图14-1 钢铁产业链耦合优化目标

既有文献表明，现有研究对方案的设计主要是针对资源/经济/环境中的某个单一维度，而缺乏从系统内部关系的角度考虑耦合优化策略。有鉴于此，本章分别设置了"资源-经济"偏向型方案、"资源-环境"偏向型方案和"环境-经济"偏向型方案。

14.1.1 "资源-经济"偏向型方案

作为钢铁可持续发展的核心，"绿色经济"已成为当前努力的目标。2014年2月，发改委会出台了《钢铁产业调整和振兴规划》，明确指出发展钢铁业要按照沿海、沿江、内陆之科学合理布局和与资源环境相适应的要求，结合淘汰落后、企业重组和城市钢厂搬迁等措施，在控制总量的前提下调整优化产业布局。

基于此，本优化方案的目的是重点关注钢铁产业链中不同主体层面对自然资源（尤其是不可再生性资源）、土地资源和人力资源的消耗同相关经济收益间的内在联系，着力提高生产及回收系统中资源和经济间的协同关系。该方案主要通过调整资源和经济间的关系来实现优化目标。在保证"资源-经济""资源-环境"和"环境-经济"三者综合发展指数恒定的前提下，最大化提高"资源-经济"方面的发展能力，而暂不考虑"资源-环境"和"环境-经济"间的发展问题。

14.1.2 "资源-环境"偏向型方案

"加快由资源消耗型向环境友好型和资源节约型转变"是近年中国钢铁发展的第一要务，2016年，工信部出台《钢铁工业发展规划》，指出当前钢铁经济发展面临的突出问题是结构性的，主要由环境和资源发展条件的变化造成，因此未来五年要着力解决这一长期积累的深层次矛盾。2019年4月，生态环境部、国家发改委等五部门联合发布《关于推进实施钢铁行业超低排放的意见》，旨在鼓励钢铁冶炼产能向环境容量大、资源保障力高的地区转移，同时通过工艺改造减少污染排放，降低资源消耗。

因此，立足钢铁产业链中的"资源-环境"耦合关系，并将其作为未来发展核心是该优化方案的本质所在。如前所述，该方案主要是通过调整资源和环境间的关系来实现优化目标。在保证"资源-经济"、"资源-环境"和"环境-经济"三者综合发展指数恒定的前提下，最大化地提高"资源-环境"方面的发展能力，而暂不考虑"资源-经济"和"环境-经济"方面的发展。

14.1.3 "环境-经济"偏向型方案

"循环经济"作为钢铁业的新型经济增长点，已成为当前发展义不容辞的社会责任和必然选择。2018年7月，时任中国冶金工业规划研究院院长李新创表示，钢铁业已进入绿色转型"窗口期"，只有咬紧牙关度过攻坚期，中国钢铁业才能真正实现高质量发展。与此同时，时任国家发改委主任马凯指出，作为资源消耗的密集型产业，发展循环经济是实现钢铁工业可持续发展的必由之路。

因此，"环境-经济"偏向型方案将提高钢铁产业链环境-经济间协同发展作为未来发展核心。该方案主要通过调整环境和经济间相关关系来实现优化目标。在保证"资源-经济"、"资源-环境"和"环境-经济"三者综合发展指数恒定的前提下，最大化提高"经济-环境"方面的发展能力，而暂不考虑"资源-经济"和"环境-资源"方面的发展。

14.1.4 基准方案

作为参照同时便于与其他方案进行比对的基准方案，详见本书之前的研究结果。假定基准方案为"均衡型"方案，即最理想的情况。也就是说，钢铁产业链各主体的资源、经济、环境两两间关系同等重要，呈均衡型发展。与该方案的结果比对有助于体现优化方案中较为突出的耦合协调度结果，以更好地识别不同结构关系对主体的影响程度。

14.2 基于驱动政策的钢铁产业链主体耦合协调优化模型构建

对于钢铁产业链而言，生产、应用及回收过程中的相关产品、企业和行业都是各自独立的主体。因此，在制订优化方案、推行产业链协调发展的过程中，需要保证各层面主体均在优化调整中受益，实现收益最大化。此外，由于同一层面之不同主体所涉及的资源消耗、经济收益和环境成本不同，在优化调整过程中难免会产生一定的主体偏向性，即重点提高某些主体的整体耦合协调度，而忽略了其他主体。有鉴于此，为保证尽可能多的主体在优化调整过程中提高耦合协调度，本章将不同层面主体的协同优化模型构建均置于关键驱动政策下进行。

14.2.1 建模说明及前提假设

由于本章研究的是中国钢铁产业链协同发展优化问题，因此相关优化模型是基于本书前文中的"资源-经济-环境"基础耦合关系而构建的。由于优化模型的研究对象是产业链相关主体，因此本章分别对产品、企业和行业层面进行模型构建。此外，建模的主要目的是通过调整资源，经济和环境间相互影响关系的发展导向，从不同角度来研究产业链相关主体耦合关系的提高程度。因此，本章在协调优化模型中选择将资源、经济、环境的整体耦合协调度作为决策变量，保证其他条件不变。基于此，在构建协调优化模型之前，提出以下基本假设。

(1) 综合发展指数不变

设计产业链协调优化模型的主要目的，是通过调整相关主体生产及回收过程中的资源、经济、环境间关系，来实现整体耦合协调度的提高。因此，其中一个重要的前提假设就是短期内各钢铁主体在资源、经济、环境方面的综合发展指数不会发生改变。也就是说，不论在哪种优化方案下，三者间的整体关系始终保持不变。

(2) 其他影响因素不变

产业链协调优化模型的核心思想，是通过多个主体在三种维度下的发展而得到不同的变化幅度，以此为提高主体耦合关系的调整方案设计提供参考。因此，本章的主要目的，是通过调整产业链结构的发展重心来提高主体耦合协调度，以证明在优化过程中考虑两两结构间关系的变动对产业链整体发展的必要性，从而突破现有优化模型主要考虑单一情况的局限。由此，在所建立的产业链协调发展优化模型中，暂不考虑供需关系等因素对主体在系统中的活动影响。

14.2.2 目标函数

(1) 耦合协调函数

由本书前文中的研究可知，耦合协调度从全局角度反映了钢铁产业链主体的"资源-经济-环境"关系，耦合评价指标则可以更进一步反映主导产业链主体耦合关系的关键结构。因此，在本书之前构建的产业链"资源-经济-环境"耦合模型基础上，本章分别将产品、企业、行业主体的耦合协调度最大化设置为目标函数。由耦合协调度定义可知，"资源-经济-环境"方面的整体耦合度和系统的综合发展指数两者乘积越大，资源、经济和环境三方面对主体的共同作用力越强，由此推动该主体的耦合协调度越高，系统发展水平也越稳定。因此，建立目标函数如下：

$$\max D_{f,g,h} = \sqrt{C_{f,g,h} \times T_{f,g,h}} = \sqrt{C_{f,g,h} \times (\gamma \cdot f + \delta \cdot g + \varepsilon * h)} \quad (14-1)$$

式 (14-1) 中：$C_{f,g,h}$ 为钢铁产业链产品、企业、行业主体的整体耦合度，$T_{f,g,h}$ 为钢铁产业链主体在资源-经济-环境中的综合发展指数。

(2) 耦合潜力函数

在关键政策驱动下的产业链耦合优化研究中，除了提升多类别主体耦合之外，从产业链角度提高整体耦合关系并识别系统发展中关键维度也是本节研究目的。因此，建立耦合潜力函数如下：

$$I_{\max} = (D_{fm} \cdot D_{gu} \cdot D_{he})^{\frac{1}{3}} \quad (14-2)$$

式 (14-2) 中：D_{fm}、D_{gu}、D_{he} 为三类别主体的耦合协调度最大值。该指标基于系统不同维度间耦合水平估算优化方案对产业链整体发展的影响。

14.2.3 约束条件

(1) 综合发展约束

资源、经济、环境作为系统发展中共同作用的要素,三者整体的协调优化关系应保持不变。换言之,子系统间耦合协调能力的权重在产业链主体中的和应恒定为1。因此,约束条件之一如式(14-3)所示:

$$\sum \gamma_{m,u,e} + \delta_{m,u,e} + \varepsilon_{m,u,e} = 1 \qquad (14-3)$$

式(14-3)中:$\gamma_{m,u,e}$ 为产业链主体在"资源-经济"间耦合水平,$\delta_{m,u,e}$ 为"资源-环境"间耦合水平,$\varepsilon_{m,u,e}$ 为"经济-环境"间耦合水平。

(2) 子系统耦合约束

由于优化方案是从系统内部结构的角度设计的,因此它侧重于耦合系统中局部维度的发展程度。所以,在优化后的产业链主体中,子系统的发展水平应有所变化。由此得到的子系统耦合约束如下:

$$\gamma_{m,u,e} + \delta_{m,u,e} > \varepsilon_{m,u,e} > 0 \qquad (14-4)$$

(3) 废钢回收约束

由于协调优化模型是基于本书此前研究得到的废钢回收率而构建的,废钢回收率主要作用于产业链主体的耦合协调度,因此,优化后的主体耦合协调度需要高于优化前的耦合协调度,并且变化幅度需要符合合理的废钢回收率。由此得到的废钢回收约束如下:

$$\frac{C'_{f,g,h} - C_{f,g,h}}{C_{f,g,h}} \leq 1 - r \qquad (14-5)$$

式(14-5)中:$C_{f,g,h}$ 为钢铁产业链产品、企业、行业主体优化前的耦合协调度,$C'_{f,g,h}$ 为主体优化后的耦合协调度,r 为废钢回收率。

(4) 非负约束

考虑到变量的实际意义,所有变量(子系统发展水平)均需满足以下非负约束:

$$\gamma_{m,u,e}, \delta_{m,u,e}, \varepsilon_{m,u,e} > 0 \qquad (14-6)$$

(5) 主体约束

由于研究中的产品、企业、行业主体数量不同,因此优化模型中需要满足以下数量约束:

$$\begin{cases} m \leq 10 \\ u \leq 7 \\ e \leq 11 \end{cases} \qquad (14-7)$$

式（14-7）中：m 为产业链产品主体数量，u 为企业主体，e 为行业主体。

由于优化模型重点围绕钢铁产业链产品以及企业和行业的"资源-经济-环境"发展水平构建，因此不同优化方案的约束条件有所差异，具体如下。

其一，"资源-环境"偏向型方案。

该方案强调的是产业链主体在"资源-环境"方面的耦合发展能力，因此约束条件除保证"资源-环境"、"资源-经济"和"经济-环境"的发展权重和为 1 之外，还要确保"资源-环境"的综合发展指数最大化。基于此，该方案下的约束条件如下所示：

$$\begin{cases} \delta_{\max} = 1 - \gamma_{m,u,e} - \varepsilon_{m,u,e} \\ \delta_{\max} > \gamma_{m,u,e} = \varepsilon_{m,u,e} > 0 \\ \dfrac{C'_{f,g,h} - C_{f,g,h}}{C_{f,g,h}} \leq 1 - r \\ m \leq 10 \\ u \leq 7 \\ e \leq 11 \end{cases} \quad (14-8)$$

其二，"环境-经济"偏向型方案。

"环境-经济"偏向型方案旨在了解当加强系统的"环境-经济"间发展程度时，产业链相关主体的耦合协调度会有怎样变化。因此，该方案下的约束条件以保证"环境-经济"间综合发展权重最大化为主。其具体的约束条件如下所示：

$$\begin{cases} \varepsilon_{\max} = 1 - \gamma_{m,u,e} - \delta_{m,u,e} \\ \varepsilon_{\max} > \gamma_{m,u,e} = \delta_{m,u,e} > 0 \\ \dfrac{C'_{f,g,h} - C_{f,g,h}}{C_{f,g,h}} \leq 1 - r \\ m \leq 10 \\ u \leq 7 \\ e \leq 11 \end{cases} \quad (14-9)$$

其三，"资源-经济"偏向型方案。

该方案突出的是产业链主体在"资源-经济"间的耦合水平，因此该方案下的约束条件如下所示：

$$\begin{cases} \gamma_{\max} = 1 - \delta_{m,u,e} - \varepsilon_{m,u,e} \\ \gamma_{\max} > \delta_{m,u,e} = \varepsilon_{m,u,e} > 0 \\ \dfrac{C'_{f,g,h} - C_{f,g,h}}{C_{f,g,h}} \leq 1 - r \\ m \leq 10 \\ u \leq 7 \\ e \leq 11 \end{cases} \quad (14\text{-}10)$$

其四,"均衡"型方案。

基准方案反映了资源、经济、环境的均衡发展,它强调三者在系统中是同等重要的。因此,该方案下的约束条件展示了"资源-经济"、"资源-环境"和"环境-经济"耦合发展权重的一致性。具体的约束条件如下所示:

$$\begin{cases} \varepsilon_{m,u,e} = \gamma_{m,u,e} = \delta_{m,u,e} \\ \varepsilon_{m,u,e} + \gamma_{m,u,e} + \delta_{m,u,e} = 1 \\ \dfrac{C'_{f,g,h} - C_{f,g,h}}{C_{f,g,h}} \leq 1 - r \\ m \leq 10 \\ u \leq 7 \\ e \leq 11 \end{cases} \quad (14\text{-}11)$$

14.3 基于"回收-政策"的产品主体优化模拟结果分析

14.3.1 优化模拟结果对比

图 14-2 到图 14-5 展示了关键驱动政策下,不同优化方案对产品主体的耦合协调度结果。图中的点均代表了钢铁产业链产品主体,点的颜色代表了产品主体在不同方案中的耦合协调度,颜色越红说明耦合协调度越低,即主体在系统中"资源-经济-环境"方面的协调发展能力越弱。颜色越蓝说明耦合协调度越高,即主体在系统中的综合可持续发展能力越显著。图中三维坐标代表了主体的三个耦合评价指标。其结果表明,不同优化方案对产品主体均有较大差异。

图 14-2 展示了基准方案的结果,即资源、经济和环境三方面均衡发展对产品主体的影响。其结果显示,很多点都呈绿色或黄色,仅有一个呈蓝色。这表明大部分产品耦合协调度都在 0.5 左右,耦合度普遍偏低,只有极个别产品的耦合协调度相对较高。其中,废钢的耦合协调度最高,生铁的耦合协

调度最低。结合三个耦合评价指标值可以发现，耦合协调度最高的废钢的 RCI 和 ECB 的指标值也最高。换言之，废钢在循环利用的过程中，由于"资源-经济"和"环境-经济"层面的联系较为紧密，当未来强调均衡发展时，其在系统中的整体耦合将较为突出。相反，生铁的耦合发展潜力在所有产品中最差，耦合评价指标显示它的 ELR 和 ECB 指标值也最低。也就是说，由于生铁生产过程中使用了大量铁块等不可再生性资源用作原材料，消耗了较多的煤炭和电力以维持生产活动，导致其在"资源-环境"和"环境-经济"层面的可持续发展能力较弱，因而其在系统中整体耦合发展潜力最差。基准方案的结果反映出当前钢铁产业链产品主体的整体耦合协调性较差，如果不能对相关产品从不同方面有针对性地进行优化，则短时间内难以取得较为明显的提高。

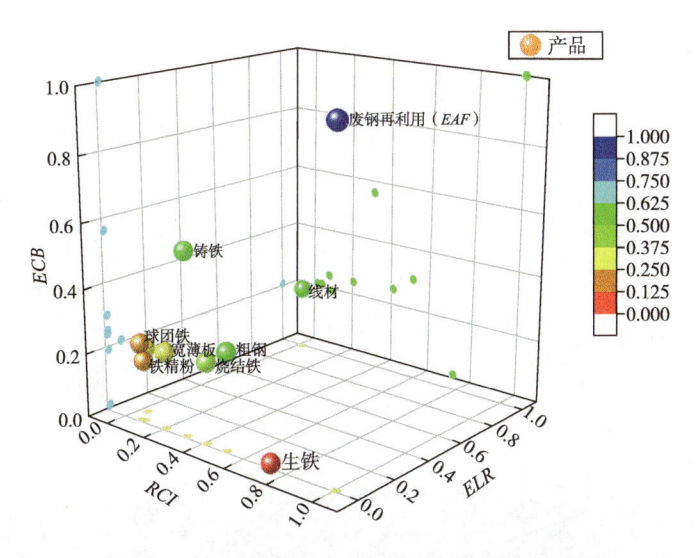

图 14-2 "均衡型"方案的产品耦合协调度结果

图 14-3 展示了"资源-经济"偏向型方案结果。与基准方案相比，原本呈黄色绿色的点分别变成了偏红和偏蓝的颜色，这表明该方案使得很多产品的耦合协调度发生了改变。其中，耦合协调度最高的是铸铁，耦合协调度最低的是烧结铁。铁精粉、球团铁、生铁、铸铁和宽薄板的耦合协调度都有了显著提高，尤其是铁矿石和生铁，它们的耦合协调度提高了近五成，烧结铁、粗钢、热轧钢和线材则有不同程度的下降。这一结果表明，当推动去产能政策时，提高"资源-经济"之关系最有助于生铁在系统中的协调发展。之所以造成这一现象。是因为去产能政策的主要实施目标就是生铁。为保证高炉炼

钢的顺利进行，中国每年生产并消耗大量的生铁。钢铁年鉴显示，仅2019年中国生产生铁高达80 937万吨，同比增长5.3%，而生铁的生产大量依赖于铁矿石的供给。因此，在大力推进去产能政策时，降低生铁产量不仅有助于减少铁矿石等不可再生性资源的消耗，而且可以推动以废钢为原材料的转炉炼钢技术的发展和应用，进而推动高附加值的钢铁产品，以达到提高经济收益的目的。因此，在去产能政策下提高"资源-经济"之协同关系，在提高不可再生性资源利用率的同时增加产品经济收益，有助于平衡生铁及铁矿石等产品在"资源-经济-环境"等方面的发展。对于其他产品主体而言，耦合协调度的不明显变化反映出相比"资源-经济"而言，"资源-环境"和"环境-经济"两方面关系可能对其整体发展的影响更加显著。由此可见，注重"资源-经济"方面关系对大幅提高钢铁产业链产品主体的整体耦合协调度并无太大帮助。换言之，其虽能帮助部分产品提高"资源-经济-环境"的耦合关系，但总体而言并不能对整体起到较大的改善效果。

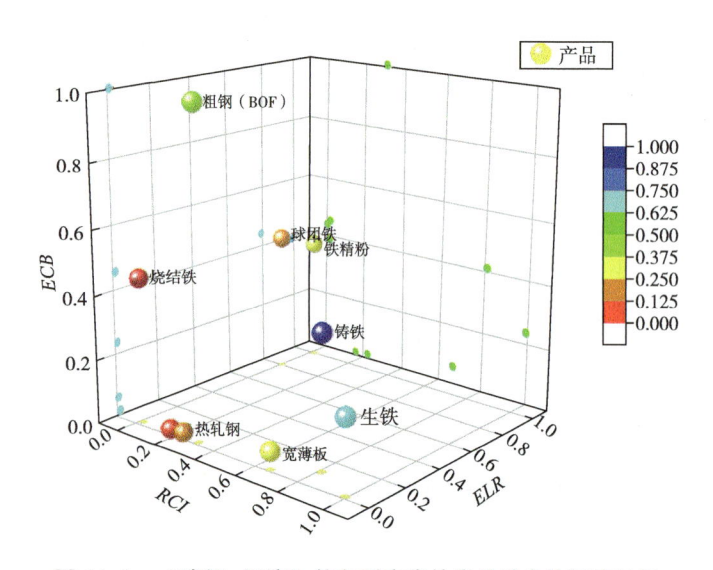

图14-3 "资源-经济"偏向型方案的产品耦合协调度结果

图14-4显示了"资源-环境"偏向型方案结果。与"资源-经济"偏向型方案结果相比，该方案中产品耦合协调度下降得更多，包括烧结铁在内的多个产品均有不同程度下降，且下降幅度最高可达40%左右，尤其是线材产品。与基准情景相比，该优化方案下变化最显著的是铁精粉，耦合协调度从起初的0.16提高至1，涨幅高达525%。可以发现，当重点发展"资源-经济"之关系时，铁精粉的耦合协调度就有明显提高；当发展重心偏向"资

源-环境"方面时，铁精粉则成为产业链中所有产品主体里耦合协调度最大的。这说明铁精粉在开采过程中的"资源-经济-环境"耦合较差，不论系统的优化重点放在哪里，都有助于铁精粉的可持续发展。其中，"资源-环境"间关系对铁精粉整体耦合起到的作用最显著。这也反映出"资源-环境"关系是当前铁精粉开采在系统中最薄弱的部分。与此同时，其他产品不升反降的耦合协调度结果也表明，"资源-环境"关系并非大多数产品（尤其是上游产品）的发展重点。一味提高"资源-经济"耦合程度反而会因小失大，造成产品主体的发展失衡。

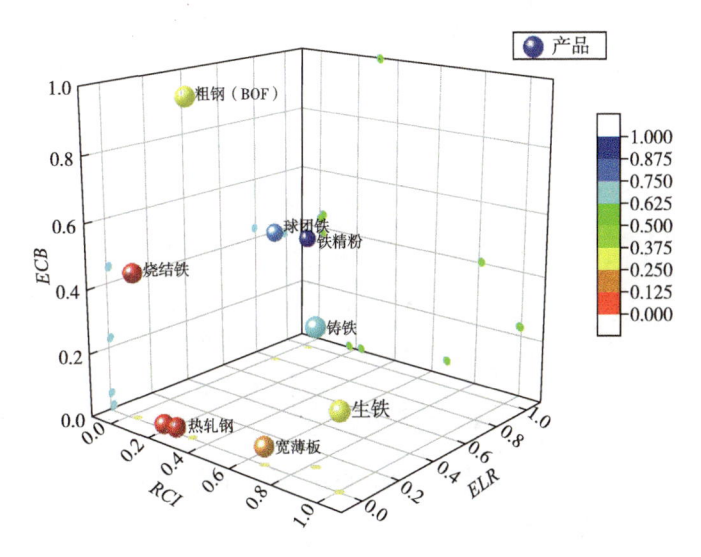

图 14-4 "资源-环境"偏向型方案的产品耦合协调度结果

图 14-5 是"环境-经济"偏向型优化方案结果。结果显示，该方案下大多数点都呈绿色或蓝色，这表明很多产品耦合协调度都在 0.5 以上。与其他几个优化方案相比，该方案下的产品主体耦合协调度普遍有所上升。其中，球团铁的耦合协调度提高最多，涨幅高达 74%。作为钢铁冶炼的关键材料之一，球团铁在生产过程中因烧结、破碎冷却等步骤会产生一些污染，大气污染是当前面临的主要问题，而颗粒物烟尘和二氧化硫又是造成大气污染主要来源。虽然此前就有对源头氮氧化物的控制技术，但由于前期投资和运行成本费用太高，为提高收益，在球团铁生产时较少使用相关技术。生态环境部于 2020 年出台了《**钢铁行业超低排放的意见**》，严格规定了球团烟气超低排放标准，相信随着国家及相关部委对环保技术的大力普及，环境治理的成本会有所下降，因生产过程造成的环境负荷和经济收益间的关系也会尽快得到

改善。由于这一优化方案强调相关钢铁产品在生产过程中对环境的消耗与获得的经济收益间关系,因此该结果反映了当前系统中的薄弱部分——人们往往关注产品生产过程中对资源的使用和产品的价格收益,但生产活动对环境造成的影响却容易被忽视。与此同时,该结果也表明,容易被忽视的结构关系在系统中也扮演了重要角色,如果对此加以重视,其对产品的资源-经济-环境间整体协调发展将起到非常大的推动作用。

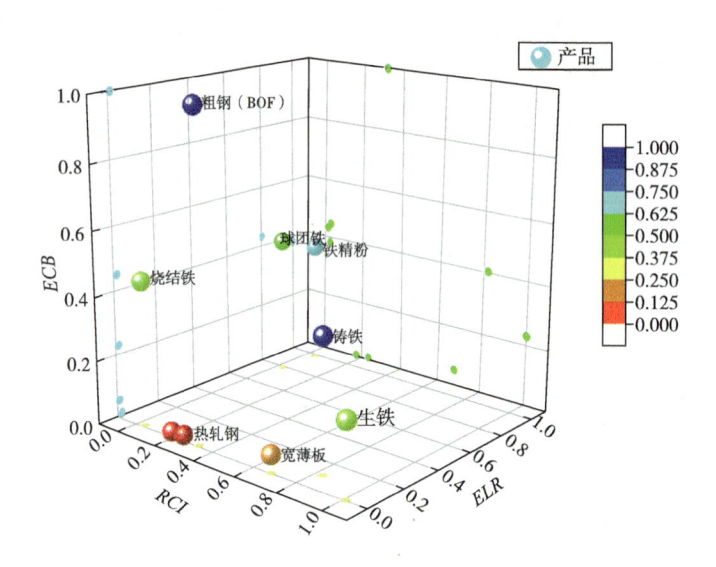

图 14-5 "环境-经济"偏向型方案的产品耦合协调度结果

14.3.2 优化策略制定

基于优化模拟结果不难发现,"环境-经济"偏向型方案下产业链产品主体的耦合协调度提升最多,表明该方案最有助于钢铁产品的系统可持续。因此,本章提出"绿色发展"这一优化策略以提高产品主体的和谐发展水平。

该优化策略重点强调环境影响和经济发展的双向调节,在解决"产能过剩"问题的同时,既要保证经济的平稳运行,又要加大环境约束力。尤其是在产品设计和制造过程中,要鼓励使用再制造产品,以降低对不可再生性自然资源的消耗。与此同时,随着数字时代的技术进步,产品制造智能化也有利于成本管控和废弃物的循环利用。

14.4 基于"回收–政策"的企业主体优化模拟结果分析

14.4.1 优化模拟结果对比

图 14-6 到图 14-9 展示了四种方案下企业主体的耦合协调度。图中的点均代表了钢铁产业链上中下游企业主体，点的颜色代表了企业主体在不同方案中的耦合协调度，颜色越红说明耦合协调度越低，表示主体在系统中的"资源-经济-环境"协调发展能力越弱。颜色越蓝说明耦合协调度越高，表示主体在系统中的综合可持续发展能力越显著。图中的三维坐标代表了主体的三个耦合评价指标。结果表明，不同优化方案对企业主体的影响主要集中在下游应用。

图 14-6 展示了基准方案下钢铁相关企业主体的耦合协调度，大部分的点呈现绿色，耦合协调度在 0.5 左右。其中，铁矿石生产企业的耦合协调度最低，汽车钢企的耦合协调度最高。对企业主体的研究主要围绕土地资源占用面积进行，该结果反映出铁矿石企业的集中度最差，生产企业分散，且占地面积较多。相反，汽车钢企的企业集中度较高，其中宝武、首钢、鞍钢等五个集团提供了中国 80% 以上的汽车板。此外，图 14-6 显示下游主要应用行业（建筑业和汽车业）的相关钢企耦合协调度处于中上等，说明当前中国钢铁产业链下游企业主体的土地资源在重要部门中利用率尚可，但仍有提高空间。

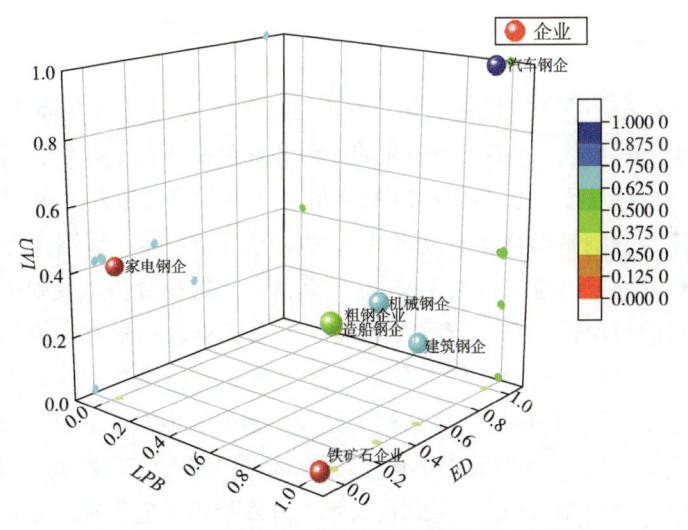

图 14-6 "均衡型"方案的企业耦合协调度结果

图 14-7 显示了"资源-经济"偏向型方案下企业主体的耦合协调度结果。与图 14-6 相比,很多点的颜色都由加深了,这表明很多企业的耦合协调度得到了提高。提高最多的是铁矿石生产企业,增长幅度约为 94.3%,它也因此取代汽车钢企成为该优化方案下耦合协调度最高的企业主体。相反,基准方案中耦合最好的汽车钢企的耦合协调度从基准方案中的 1 降为 0.46,降幅为 54%;家电钢企的耦合协调度则最低。由于"资源-经济"关系主要反映了各主体在生产过程中单位土地获得的经济收益,因此该结果也表明,当着力优化"资源-经济"关系时,铁矿石生产企业受益最多。

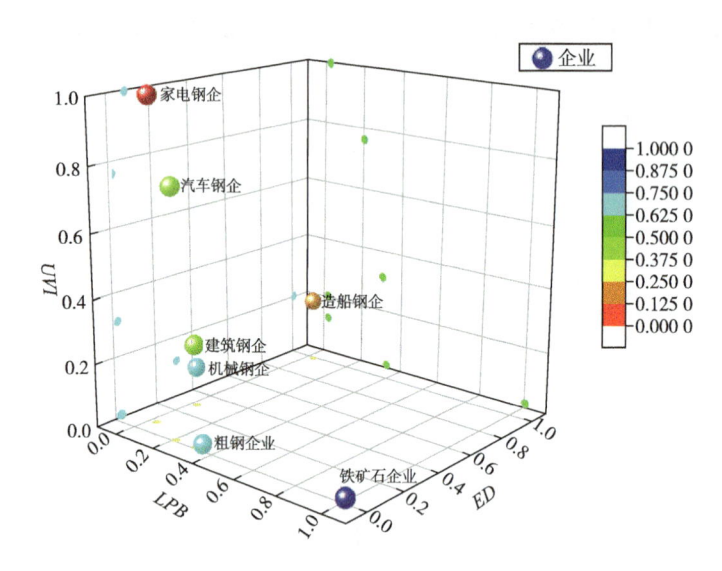

图 14-7 "资源-经济"偏向型方案的企业耦合协调度结果

图 14-8 展示了"资源-环境"偏向型方案下企业主体的耦合协调度结果。与图 14-6 相比,一些点由原来的蓝色和绿色都变为了红色,这表明很多企业的耦合协调度受到了不同程度的降低。在该优化方案中,铁矿石生产企业和家电钢企分别是耦合协调度最高和最低的两类主体;粗钢企业的耦合协调度有略微提高,但也仅占 1.5% 左右;其他主体的耦合协调度则多为下降趋势。由本书此前论述可知,"资源-环境"关系侧重表达企业主体的环境影响强度,即企业在生产活动过程中与单位面积相应的环境影响。该优化方案结果表明,虽然"资源-环境"之结构关系较为重要,但对大多数中下游企业主体而言,该结构关系并非系统中最重要的存在。因此,在推进"技术进步"政策时仅改善"资源-环境"之结构关系,并不能帮助它们提高系统中的整体耦合发展,甚至还可能会造成顾此失彼的反效果。

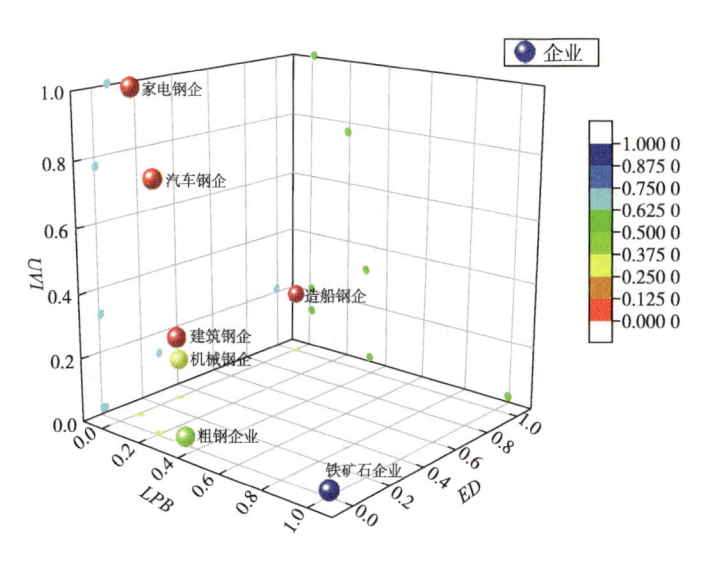

图 14-8 "资源–环境"偏向型方案的企业耦合协调度结果

图 14-9 展示了"环境–经济"偏向型方案中相关企业主体的耦合协调度结果。与"均衡型"方案结果对比可知,一些点由绿色变为蓝色,一些点由蓝色变为红色,这说明该方案中一些主体耦合协调度有所提高,但也有一些主体的耦合协调度有所下降。与"资源–环境"偏向型方案类似,粗钢企业、

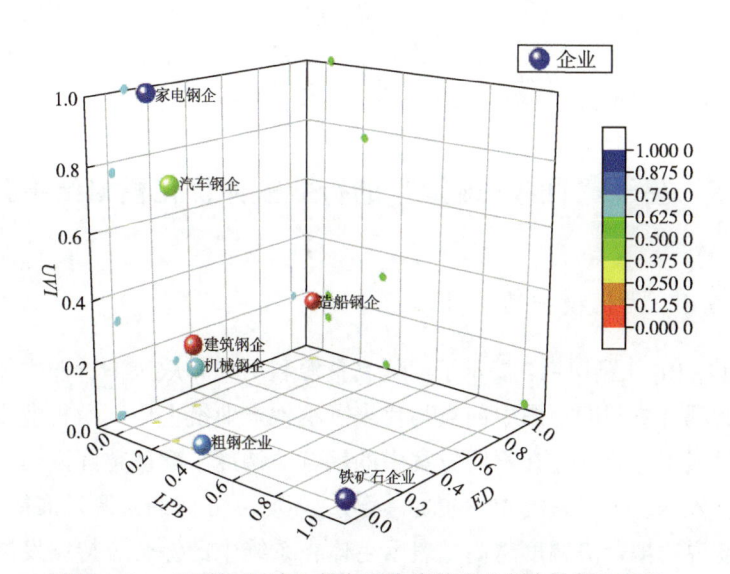

图 14-9 "环境–经济"偏向型方案的企业耦合协调度结果

铁矿石企业、家电钢企的耦合协调度均有增加；建筑钢企和汽车钢企的值有所下降；铁矿石生产企业和造船钢企则分别是耦合协调度最高和最低的主体。企业主体的"环境-经济"间关系体现了它们在生产活动过程中与单位收益相对应的环境影响，该方案结果表明，这一结构关系的改善对家电钢企的整体发展起到了较为显著的作用，而这与国家近年来对家电消费的鼓励不无关系。2019年4月，国家发改委下发《推动家电、消费电子产品更新消费及促进循环经济发展实施方案》；2019年8月，国务院办公厅印发《关于加快发展流通 促进商业消费的意见》，鼓励具备条件的流通企业折价置换或回收超高清电视、节能冰箱等产品。由此可见，当推动"环境-经济"关系这一发展层面时，家电行业的"资源-经济-环境"协同发展将有明显提高。

14.4.2 优化策略制定

上述优化模拟结果表明，并非所有优化方案均对钢铁企业具有正向促进作用，因此在未来制定优化策略时对此要谨慎考虑。此外，尽管优化方案对整体企业的耦合关系改善并不明显，但对比来看，"资源-经济"优化方案最有助于产业链企业的可持续发展。因此，本章针对钢铁产业链企业主体提出了"资源再配置与经济创新"的优化策略。

在钢铁企业"兼并重组"的大趋势下，如何在重组后重新配置各类资源并使其产生更大的收益是接下来的发展重点。此外，就"经济创新"而言，在产品设计、技术服务乃至电商平台等方面突出"差异化"发展，有助于提高企业主体的"资源-经济-环境"关系的耦合发展。

14.5 基于"回收-政策"的行业主体优化模拟结果分析

14.5.1 优化模拟结果对比

图14-10到图14-13展示了"提高资源利用率"政策下行业主体在四种方案中的耦合协调度。图中的点均代表了钢铁产业链上中下游行业主体，点的颜色代表了行业主体在不同方案中的耦合协调度，颜色越红说明耦合协调度越低，表示主体在系统中"资源-经济-环境"方面的协调发展能力越弱。颜色越蓝说明耦合协调度越高，表示主体在系统中的综合可持续发展能力越显著。图中的三维坐标代表了主体的三个耦合评价指标。结果表明，不同优化方案对行业主体的影响各不相同。

14 基于关键政策的中国钢铁产业链多维度协调策略研究

图 14-10 反映了基准方案下产业链行业主体的"资源-经济-环境"耦合情况，较多点呈红色，部分点呈现黄色或浅蓝。该结果表明，如按当前水平继续发展，多数行业的耦合协调度依然较差。其中，废钢回收行业的协调发展能力最优，球团铁行业的发展水平最差，矿石精炼、生铁制造等行业同样具有较低的耦合协调度。从产业结构来看，上游生产行业的耦合程度要低于下游应用行业，回收行业的耦合发展最佳。这一结果也反映了这样一个现状，即钢铁上游行业的人力资源出现冗余，生产人员过多，已占到总岗位人数的 84.5%。可见，其人力资源的结构配置亟待调整，尤其在当今这样一个科技高速发展的时代，合理利用科技，提高管理人才配比，远比盲目使用基础人力要重要得多。

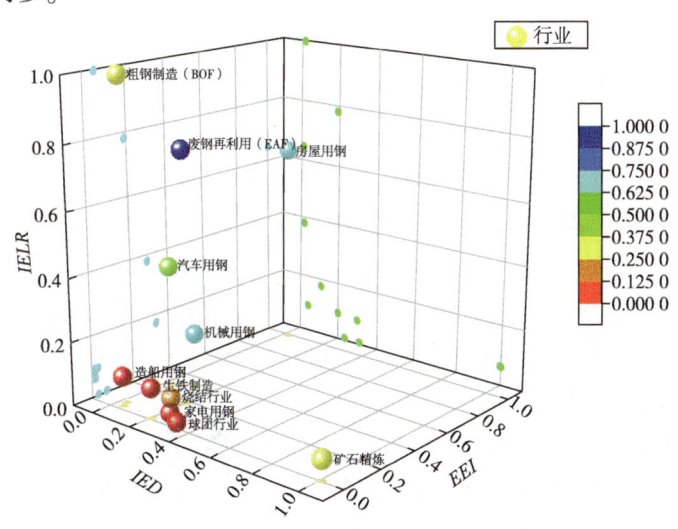

图 14-10 "均衡型"方案的行业耦合协调度结果

图 14-11 展示了"资源-经济"偏向型方案的行业耦合协调度结果。与基准方案相比，生铁制造业的耦合协调度提高最显著，由起初的最小值变为最大值，此外，矿石精炼、球团和粗钢制造行业的耦合协调度均有明显提高，房屋用钢、汽车用钢等下游行业均呈下降趋势，这一结果反映了上下游之间的明显差异。造成这一结果的原因主要是行业间的人员结构配置不均。近年来，为保证相关钢铁产品的顺利生产，用于工资发放的资金屡屡增加，但当前钢铁行业的工资增幅仍低于社会平均工资增幅，且其人力资本竞争力呈下降趋势。造成这一现象的原因，主要是一线生产人员过多，尤其是钢铁上游行业主体。因此，应当从"资源-经济"的角度对钢铁行业的人才配置进行适

当调整合理优化，这样从业人员的人均经济发展程度会有显著提高，尤其是上游的生产行业。

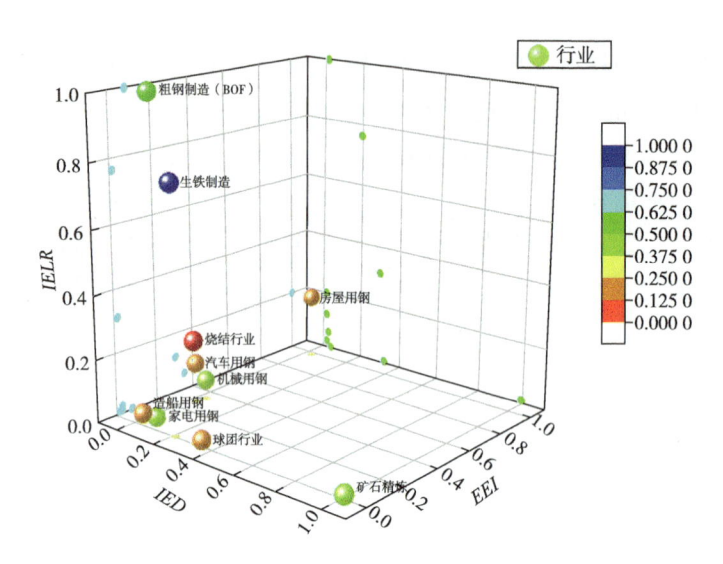

图 14-11 "资源-经济"偏向型方案的行业耦合协调度结果

图 14-12 展示了"资源-环境"偏向型方案的行业耦合协调度结果，与基准方案相比，除了烧结行业的耦合协调度降为最小，其他行业均有所上升，尤其是房屋用钢和机械用钢等下游应用行业主体。与其他行业相比，"房屋用钢"行业的耦合协调度最高，也是该方案下提高最多的主体，大约 33.4%，烧结行业的耦合协调度则最低。这一结果表明，"资源-环境"关系对下游应用行业的整体耦合协调发展具有更显著的意义，这可能是由于相比上游行业，下游行业需要雇用更多的人员，因此下游人力资源在生产活动中对环境的影响占比要远高于上游。此外，受到新冠疫情影响，2020 年钢铁业迟迟难以复工。尤其是在一些疫情严重的地区，由于需要提交开工申请，加之外地劳动力返工需先行隔离 14 天，因而造成下游行业的"用工荒"，多地复工率仅在 30% 到 70% 之间。可见，当侧重发展"资源-环境"关系时，下游行业在系统中的整体耦合情况会提高很多。

图 14-13 展示了"环境-经济"偏向型方案的行业耦合协调度结果。不同于前两个优化方案中上下游的区别显著，该方案相较于基准方案而言，其变化颇有不同。首先，耦合协调度最高和最低的分别是粗钢制造行业和球团铁行业；其次，上游烧结、生铁制造、粗钢制造和下游造船用钢行业的耦合协调度均有所提高，提高最多的是粗钢制造行业，约为 39.2%。该结果表明，

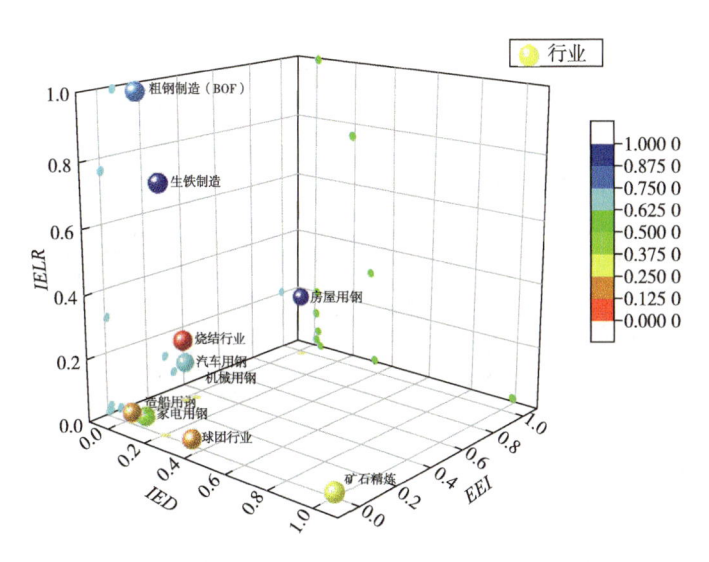

图 14-12 "资源-环境"偏向型方案的行业耦合协调度结果

上述行业在生产过程中的经济收益与其对应的环境负荷间关系对其多个行业主体都存在显著影响。这些耦合协调度明显提高的行业大多在生产过程中使用了较多不可再生性资源，从而影响了它们整体的"资源-经济-环境"方面的可持续发展能力，尤其是粗钢制造行业。作为钢铁大国，中国每年会生产大量的粗钢以满足国内外的需求，加之粗钢制造过程中会消耗大量的铁块、白云石、铁合金等资源，因此整个行业造成的环境影响是巨大的。但由于粗钢技术含量有限，难以拥有较高定价，因此其经济利润又很有限。由此可见，如果能提高环境-经济间关系，以粗钢制造为代表的多个行业都将提高整体的耦合发展能力。

14.5.2 优化策略制定

行业主体的优化模拟结果显示，"资源-经济"偏向型方案对上游行业的耦合协调度有显著提升作用，"资源-环境"偏向型方案对下游行业的耦合关系有明显提高作用。因此，为改善行业发展失衡的问题，本章提出"资源利用与生态环境一体化"的优化策略。

该策略旨在强调绿色产业的全方位发展，上游高端人才培养与流通渠道的加强、行业绿色标准体系的完善等，都有助于钢铁行业的整体提升。

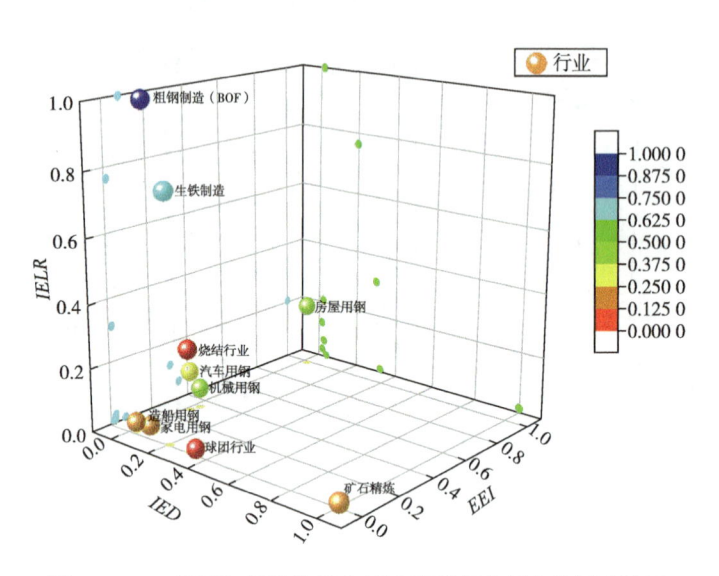

图 14-13　"环境-经济"偏向型方案的行业耦合协调度结果

14.6　不同优化方案下产业链耦合潜力模拟结果分析

14.6.1　系统关键维度识别

钢铁产业链在不同优化方案下的耦合潜力如图 14-14 所示。其中，蓝色球代表"资源-经济"优化方案下的整体耦合潜力，橘色球代表"环境-经济"优化方案下的耦合潜力，绿色球代表"资源-环境"优化方案下的产业链耦合发展潜力。从中可以发现，蓝色球要明显高于另外两个球，换言之，"资源-经济"优化方案对中国钢铁产业链提升整体发展的影响最显著。这一结果也反映出钢铁产业生态系统失调的现状，而聚焦于资源和经济间关系是改善子系统间失衡问题的关键。

此外，之前的优化模拟结果反映出产业链上游是整体耦合发展中敏感度最高的环节，其中生铁产品、铁矿企业、粗钢制造行业的优化效果最明显，这主要是因为我国钢铁业上游资源保障体系有所缺失。冶金工业规划研究院分析指出，钢铁行业的高质量资源保障体系应当由原料、废钢供应及对应的运输体系和贸易体系共同组成。但当前我国的原料定价话语权缺失，尤其是在铁矿石领域。海外铁矿石的供应受制于人，使得进口矿的价格涨幅较大且波动剧烈；国内矿的选矿发展较缓，仍需要一定时间来完善整体体系。此外，

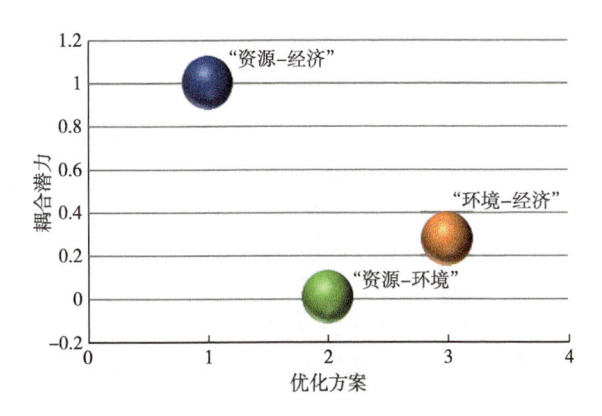

图 14-14 钢铁产业链在不同优化方案中的耦合潜力

我国废钢资源虽然丰富，但制度的不成熟，使得废钢流通及供应还有待进一步加强。可见，上游资源保障体系的欠缺，使得中国钢铁业"大而不强"，经济收益还未与发展规模形成正比。因此，着力提升"资源-经济"发展水平，是当前优化钢铁产业链发展的重点。

14.6.2 优化策略制定

耦合潜力指数反映出"资源-经济"是当前影响中国钢铁产业链系统耦合的关键维度，结合三类主体的优化模拟结果可以发现，产业链上游主体最容易受到优化方案的影响。其中，生铁产品、铁矿企业、粗钢制造行业分别是三类主体中"资源-经济-环境"之耦合水平提高最显著的。

基于上述结果和国务院 2021 年出台的《加快健全绿色低碳循环发展经济体系的指导意见》，着力"构建绿色制造体系"将成为钢铁产业链的下一步发展目标。其中，产业园区的提升和绿色供应链的推动将有助于完善产业链的循环流动，从而提高产业链条的整体完整性。

14.7 小结

本书之前章节的研究发现，中国钢铁产业链不同主体在系统中的"资源-经济-环境"耦合协调度各不相同，且系统结构间关系对主体的耦合影响程度也各不相同。因此，为促进中国钢铁产业链的可持续发展，本章基于识别出的关键驱动政策，针对不同层面主体构建了"资源-经济-环境"协同优化模型，并从系统结构角度提出了"资源-经济"偏向型、"资源-环境"偏向型和"环境-经济"偏向型这三个优化方案,分别对"去产能"政策下废钢回收率为70%时的产品主体,"技术进步"政策下废钢回收率为60%时的企业主体,"提高资源利用率"政策下废钢回收率为90%时的行业主体进行了研究,以了解不同发展重点对钢铁产业链主体耦合关系的潜在影响。

然后,本章以本书之前所研究的产业链主体的"资源-经济-环境"耦合现状作为基准方案结果,即未来发展仍按目前情况推进的"均衡型",分别对三个优化方案下的产品主体、企业主体和行业主体结果进行了对比分析。结果表明,对于产品主体而言,"资源-经济"偏向型方案虽有助于提高生铁的耦合协调度,但对部分下游产品却起到了降低耦合的效果。"资源-环境"偏向型方案对铁精粉的耦合有着显著提高,但与前一结果相比,该方案下其他产品的"资源-经济-环境"间耦合则下降得更多。相反,在"环境-经济"偏向型优化方案下,所有产品的耦合协调度均有所增加,球团铁的增长幅度最大。以上结果表明,"环境-经济"间关系对钢铁产品主体在系统中的协调发展起到了积极且显著的作用。因此,本章提出"绿色发展"这一优化策略,以强调钢铁产品在未来发展中值得重点关注的内容。

对于企业主体而言,当推行"技术进步"政策时,铁矿石企业的耦合协调度在所有优化方案下均有显著提高,尤其是"资源-经济"偏向型优化方案。这主要是因为当前多个企业主体集中度不高,中小型企业偏多,亟待重组、合并。因此,当强调"资源-经济"间关系时,提高企业的土地资源利用率,加速经济发展,对钢铁产业链中相关企业均有所帮助。"资源-环境"偏向型方案下较多企业主体的耦合协调度呈下降趋势,这一结果反映出该优化方案主要对企业主体发展起到了消极作用。"环境-经济"偏向型方案最有助于家电钢企的协调发展。基于上述结果,本章针对企业主体提出"资源再配置与经济创新"的优化策略,以加强各生产企业对现有资源的合理配置及高新技术的推广扶持。

对于行业主体而言,"资源-经济"偏向型方案对上下游的影响具有显著差异,矿石精炼、球团铁、烧结等上游制造行业的耦合协调度均有明显增加,而汽车用钢等下游行业的耦合协调度则呈下降趋势。相反,"资源-环境"偏向型方案有助于提高家电,机械用钢等下游行业主体,矿石精炼、粗钢制造等上游行业主体的耦合协调度则有所下降。此外,上述所有优化方案均对粗钢制造行业起到了积极的推动作用。总体而言,为提高钢铁行业的系统稳定性,"资源利用与生态环境一体化"的优化策略十分必要,尤其是对粗钢制造等产业链中上游行业。

从产业链整体角度来看，由本书之前提出的"耦合潜力"指数可知，钢铁产业链在"资源-经济"维度下的系统发展提升最多，这也反映了未来产业链的重点强化方向。从内部主体角度来看，以生铁产品、铁矿企业、粗钢制造行业为代表的上游主体更容易改善发展过程中的系统失衡问题。因此，针对这一结果，本章提出"构建绿色制造体系"，以帮助产业链最大幅度提升系统耦合发展。

15 基于"产品-政策"的中国钢铁产业链协同发展对策研究

作为影响钢铁产业链整体发展的三大要素，资源、经济、能源间相互依赖且具有紧密联系。近年来，随着"工业生态化""绿色经济"等新兴理念被频频提及，如何提高资源、经济、能源间的协调发展被广泛关注。中国工程院院士毛新平强调，生态化工艺创新和经济发展将成为未来的重点发展目标（Collinge et al.，2018）。虽然当前中国钢铁工业的节能环保指标有所改善，但国内业内资深人士指出，中国钢铁现阶段仍存在一些问题和难点，制约着整体协调发展。因此，为推动钢铁产业链的可持续，基于本书之前研究中的协调依存度和识别出的关键产品，本章根据近年中国钢铁在资源、经济、能源维度的政策目标，来设置不同类别产品产量约束下的优化策略。同时，以 2019 年为基期，动态模拟 2020—2030 年资源、经济、能源以及整体依赖关系的发展情况，从而为实现三重维度的协调发展提供策略支撑。

15.1 中国钢铁产业链多维度、多目标协调发展模型的构建

资源、经济、能源作为产业链发展的三要素，彼此相互作用、相互依存。钢铁产业链包含多个产品，且产品间的关系各异。因此，为了多方面提高钢铁产业链的可持续发展，有必要分析"资源-经济-能源"多维度间发展水平，并进行多目标协调管理。如图 15-1 所示，本章旨在通过"资源消耗最小化-经济收益最大化-能源消耗最小化"的方式来提高钢铁产业链整体依赖关系，以推动产业链的多目标协调发展。

15.1.1 基于改进量子粒子群的多目标算法流程设计

为了推动资源、经济、能源的共同发展，并在三者间寻找一个平衡点以实现全局最优解，有必要进行多目标优化。多目标优化最初是由帕累托于 1896 年提出的，旨在找到一个或一组使多个相互冲突的目标均可接受的解。

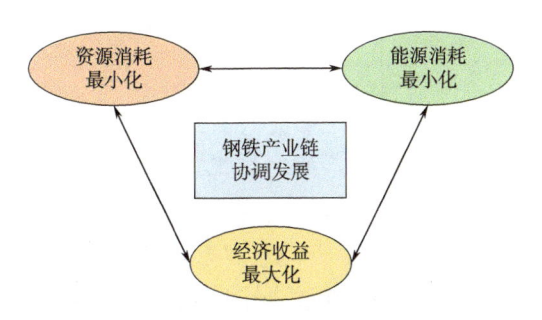

图 15-1　钢铁产业链多维度协调发展

为有效求解多目标，遗传算法、蚁群算法等都曾被学者用于解决这一问题。近年来，粒子群算法逐渐被应用于多目标求解中（Ryberg et al.，2018；Buonocore et al.，2016），传统的粒子群算法通过粒子速度和位置移动来构建模型，但由于粒子位置变化缺少随机性，且其并非全局收敛算法，因此粒子群算法容易陷入局部最优解的局限中。为了解决这一问题，本章引入了量子粒子群算法（QPSO）。量子粒子群算法是基于克莱克等（Clerc et al.，2002；Ryan et al.，2018）对粒子收敛行为的研究后，从量子力学角度提出的一种新型粒子群算法。该算法中的每一个粒子均代表一个潜在解，通过计算适应度值来表征粒子在空间中的位置，通过寻找粒子的最优位置来进行求解。

相较于传统粒子群，量子粒子群优化算法通过取消粒子的移动方向属性来增加粒子位置的随机性。优化算法使粒子位置的更新不再与粒子运动有关，从而既减少了前期参数的设置个数，又解决了局部最优的缺陷。此外，QPSO算法通过设置全局最优位置的方式来提高粒子群的工作效率，从而增强了算法的全局搜索能力。量子粒子群算法近年来常被用于解决多目标优化问题，独孤明哲（2015）利用该算法对移动机器人进行了多目标路径规划。董安（2017）通过该算法构建了铁水产量模型，对高炉炼铁进行了多目标预测。赵明明等（2021）应用该算法进行了多无人机博弈的策略研究。总之，将QPSO算法应用于钢铁产业链的研究之中，有助于对产业链发展过程中的资源、经济、能源及整体依赖关系进行多目标协调优化。

量子粒子群算法通过薛定谔波动方程式与蒙特卡洛随机模拟等方法来计算粒子在多维空间中的概率分布与位置更新，其具体计算过程如式（15-1）到式（15-5）所示：

$$\delta(x_{i,\,t+1}^{j}) = \frac{1}{D_{i,\,t}^{j}}\exp\left(-\frac{2\left|x_{i,\,t+1}^{j} - s_{i,\,t}^{j}\right|}{D_{i,\,t}^{j}}\right) \qquad (15-1)$$

$$x_{i,\,t+1}^{j} = s_{i,\,t}^{j} \pm \frac{D_{i,\,t}^{j}}{2}\ln\left(\frac{1}{\vartheta_{i,\,t}^{j}}\right) \tag{15-2}$$

$$D_{i,\,t}^{j} = 2\omega \mid C_{t}^{j} - x_{i,\,t+1}^{j} \mid \tag{15-3}$$

$$C_{t}^{j} = \frac{1}{N}\sum_{i=1}^{N} P_{i,\,best}(t) \tag{15-4}$$

$$P_{i}(t) = \varphi \cdot P_{i,\,best}(t) + (1-\varphi) \cdot P_{g,\,best}(t) \tag{15-5}$$

式（15-1）至式（15-5）中：$x_{i,\,t+1}^{j}$ 为多目标协调发展模型中粒子的位置信息；$s_{i,\,t}^{j}$ 为多目标协调发展模型中粒子个体最优位置与全局最优位置间的随机位置；C_{t}^{j} 为粒子的平均最佳位置；$P_{i,\,best}(t)$ 为迭代过程中粒子的当前最优位置；$P_{g,\,best}(t)$ 为迭代过程中粒子的全局最优位置，即多目标协调发展模型中寻找资源、经济、能源三重维度协调发展的全局最优解；$\vartheta_{i,\,t}^{j} \sim U(0,\,1)$；$t$ 为迭代次数。

基于式（15-1）到式（15-5）可以推出，该优化算法的进化过程如式（15-6）所示：

$$x_{i,\,t+1}^{j} = s_{i,\,t}^{j} \pm \omega \mid C_{t}^{j} - x_{i,\,t+1}^{j} \mid \ln\left(\frac{1}{\vartheta_{i,\,t}^{j}}\right) \tag{15-6}$$

式（15-6）中：ω 为惯性权重参数。

为进一步提高该算法求解最优解的能力，本章基于前人研究又提出了惯性权重参数的改进。通过引入粒子进化速度与粒子聚集度，使传统的惯性权重具有自动学习自动调整的能力，即增加其在多目标协调发展模型中的自适应性。具体改进的惯性权重如式（15-7）所示：

$$\omega = \omega_0 - \omega_1 V_1 + \omega_2 V_2 \tag{15-7}$$

式（15-7）中：ω_0 为初始的惯性权重；ω_1、ω_2 分别为粒子进化速度与粒子聚集度的权重值；V_1、V_2 分别为粒子进化速度与粒子聚集度。

粒子进化速度可表示为：

$$V_1 = \frac{P_{g,\,best}(t)}{P_{g,\,best}(t-1)} \tag{15-8}$$

式（15-8）中，$P_{g,\,best}(t)$ 为当前粒子在多目标协调发展模型中的全局最优位置。

粒子聚集度可表示为：

$$V_2 = \frac{M_t}{P_{g,\,best}(t)} \tag{15-9}$$

$$M_t = \frac{\sum_{i=1}^{N} P_{g,\,best}(t)}{N} \tag{15-10}$$

改进后的量子粒子群算法流程如图15-2所示。

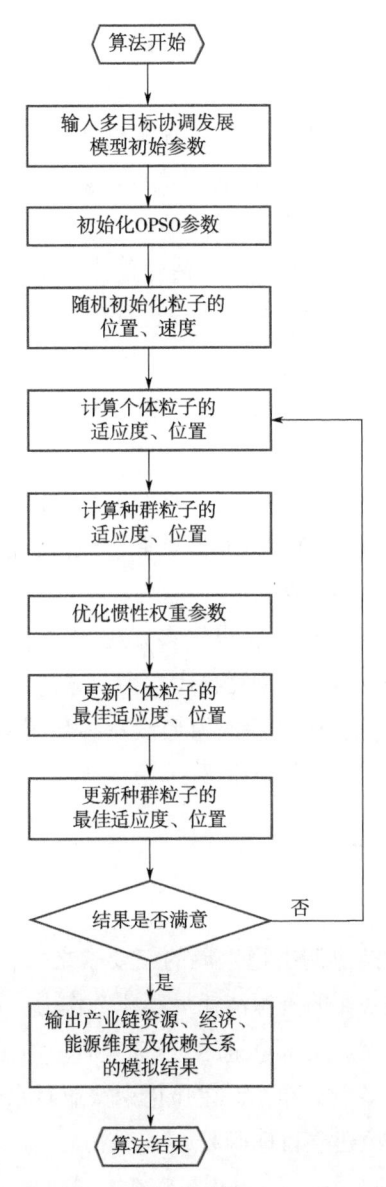

图15-2 改进的量子粒子群算法流程

基于改进的量子粒子群算法具体流程如下。

第一，输入"资源-经济-能源"多目标协调发展模型的初始参数。

第二，算法初始化，根据"资源-经济-能源"多目标协调发展模型随机初始粒子种群,并根据式(15-11)随机初始化粒子的位置信息和速度。

$$x(:, i) = \text{limit}(i, 1) + [\text{limit}(i, 2) - \text{limit}(i, 1)] \cdot rand(pop\_size, 1)$$
$$v = rand(pop\_size, d) \quad (15-11)$$

第三,根据设置的情景启动对应目标函数及约束条件,计算个体粒子的适应度值。由于该模型的优化目标是"资源消耗最小、经济收益最大、能源消耗最小",因而根据这三个优化目标对应的函数计算粒子适应度。

第四,基于式(15-4)计算不同情景中个体粒子的最佳位置。

第五,计算种群粒子的最佳适应度值和最佳位置。

第六,确定了不同情景中粒子的全局最佳位置后,基于式(15-7)优化惯性权重参数。

第七,更新优化的惯性权重参数后,基于式(15-5)更新粒子的适应度和位置。

第八,判断是否已达到迭代次数,如果满足条件,就输出结果,得到不同策略情景下钢铁产业链2020—2030年资源、经济、能源及多维度依赖关系的变化趋势;否则返回步骤"第三"。

基于相关文献及多次调试后,设置多目标协调发展模型的参数具体为:种群规模(pop_size)为100,最大迭代次数(ger)为100,初始惯性权重(ω_0)设为0.8。由此可见,改进后的模型设置参数明显减少,从而降低了因参数设置而可能造成的局部最优解水平。

15.1.2 模型目标函数

(1) 资源维度

作为影响钢铁产业链协调平稳发展的三要素之一,应当先在资源维度设置目标函数,以实现钢铁业的资源消耗最小化。作为中国高耗水的工业之一,钢铁工业用水量占全国工业用水总量的3.4%左右。为了提高资源利用率,工信部等部委陆续出台了多个文件,旨在强化钢铁业对水资源的利用。基于此,围绕钢铁产业链的水资源建立目标函数如下:

$$\min W_{total} = \sum_{i=1}^{10} w_i(t) \cdot P_i(t) \quad (15-12)$$

式(15-12)中:W_{total}为t时间钢铁产业链的累计水资源使用量;$w_i(t)$为t时间下各钢铁产品生产工序的单位耗水量;$P_i(t)$为各产品产量。

(2) 经济维度

在推动钢铁产业链协调发展时,应尽量保证经济生产总值的平稳增长。

因此，建立经济维度的目标函数如下：

$$\max G_{total} = \sum_{i=1}^{10} P_i(t) \cdot g_i \tag{15-13}$$

式（15-13）中：G_{total} 为钢铁产业链的生产总值；$P_i(t)$ 为 t 时间下各钢铁产品产量；g_i 为各产品的经济增加值率，在此假设产业链中产品的经济增加值率是固定的，与基年保持一致。

(3) 能源维度

随着"碳达峰""碳中和"等目标的相继提出，中国钢铁工业在发展过程中越发重视能源的消耗。基于此，本章将多目标协调发展模型的目标函数之一设置为能源维度，即保证钢铁产业链的整体能源消耗最小化。此外，本章通过核算钢铁产业链中各产品工艺流程消耗的能源总量来表征对能源维度的影响程度，如下式所示：

$$\min E_{total} = \sum_{i=1}^{10} e_i(t) \cdot P_i(t) \tag{15-14}$$

式（15-14）中：E_{total} 为钢铁产业链累计能源消耗总量；$e_i(t)$ 为各产品生产工序单位能耗；$P_i(t)$ 为各产品产量。将 2019 年设置为基期，模拟期设置为 2020—2030 年。

15.1.3 模型约束条件

(1) 资源消耗约束

随着当前对钢铁产业链可持续发展的重视，对钢铁生产中各工序的单位水资源消耗也提出了明确要求。因此，有关资源消耗的约束条件围绕产品生产过程中的单位水耗而设定，如式（15-15）所示：

$$1 - \frac{w_i(t+1)}{w_i(t)} \leq WwCR(t) \tag{15-15}$$

式（15-15）中：$w_i(t)$ 为 t 时间产品的单位耗水量；$WwCR(t)$ 为 t 时间下单位吨钢耗水量的变化率。

为保证钢铁产业链中水资源消耗总量整体呈下降趋势，对钢铁产业链水资源消耗总量的变化幅度设置了上限条件，约束条件如式（15-16）所示：

$$\frac{W_i(t+1)}{W_i(t)} - 1 \leq WCR(t) \tag{15-16}$$

式（15-16）中：$W_i(t)$ 为 t 时间钢铁产业链的累计水资源使用量；$WCR(t)$ 为 t 时间用水量的变化率。

(2) 经济增长约束

经济增长在该模型中主要反映为钢铁产业链上中下游产品的生产总值。

作为我国的经济支柱，钢铁工业为国民经济的稳定增长提供了重要保障。因此，在未来发展中，钢铁经济生产总值仍需保持一定的增长幅度。有关经济增长的约束条件如式（15-17）所示：

$$\frac{G_i(t+1)}{G_i(t)} = 1 + GCR(t) \tag{15-17}$$

式（15-17）中：$G_i(t)$ 为 t 时间钢铁产业链的经济总值；$GCR(t)$ 为 t 时间钢铁工业生产总值的变化率。

(3) 能源消耗约束

该约束条件先对产业链中各环节产品工序的单位能耗进行了约束，具体计算如式（15-18）所示：

$$1 - \frac{e_i(t+1)}{e_i(t)} \leq EeCR(t) \tag{15-18}$$

式（15-18）中：$e_i(t)$ 为 t 时间产品生产对应的单位能耗；$EeCR(t)$ 为 t 时间能耗的变化率。

为了保证钢铁工业的能源消耗量不会由于单个或多个产品产量的陡然增加而呈上升趋势，对钢铁产业链能源消耗总量的变化幅度设置了上限条件，具体公式如式（15-19）所示：

$$\frac{E_i(t+1)}{E_i(t)} - 1 \leq ECR(t) \tag{15-19}$$

式（15-19）中：$E_i(t)$ 为 t 时间下钢铁产业链累计能源消耗总量；$ECR(t)$ 为产业链能源消耗总量的年变化率。

(4) 再生钢产量约束

再生钢以废钢为原材料冶炼加工，多以电炉炼钢方式制得。随着当前对可再生资源的鼓励，再生钢产量在未来会有一定的增长幅度。因此，该约束条件的具体公式如式（15-20 所示：

$$\frac{P_{cE}(t+1)}{P_{cE}(t)} - 1 \leq C_E CR(t) \tag{15-20}$$

式（15-20）中：$P_{cE}(t)$ 为 t 时间使用电炉炼钢的再生钢产量；$C_E CR(t)$ 为再生钢年产量变化率。

(5) 粗钢（初级钢）产量约束

我国的粗钢（初级钢）生产多以转炉冶炼为主，其原材料包括经由铁矿石生成的烧结铁、生铁等产品。相较于电炉炼钢，转炉炼钢的生产过程会消耗更多能源，不利于生态发展，因此近年来我国将粗钢生产的重点逐渐从转炉转向电炉。设定的约束条件为：

$$1 - \frac{P_{cB}(t+1)}{P_{cB}(t)} \leqslant C_B CR(t) \qquad (15\text{-}21)$$

式（15-21）中：$P_{cB}(t)$ 为使用转炉炼钢的粗钢产量；$C_B CR(t)$ 为转炉炼钢年产量变化率。

（6）粗钢总产量约束

除了对粗钢冶炼方式的约束之外，还需要对粗钢总体产量进行约束。随着我国对"去产能"的大力推动，粗钢的减产已有了明显成效。针对未来可能存在的持续减产设定如下约束：

$$P_c(t) = P_{cB}(t) + P_{cE}(t) \qquad (15\text{-}22)$$

$$1 - \frac{P_c(t+1)}{P_c(t)} \leqslant CCR(t) \qquad (15\text{-}23)$$

式（15-22）至式（15-23）中：$P_c(t)$ 为包含初级钢和再生钢的粗钢总产量；$P_{cB}(t)$ 为使用转炉冶炼的初级粗钢产量；$P_{cE}(t)$ 为使用电炉冶炼的再生钢产量；$CCR(t)$ 为粗钢总产量变化率。

（7）球团铁、烧结铁、生铁约束

作为钢铁产业链的上游产品，球团铁、烧结铁、生铁等均参与了初级钢的生产过程。为提高对生态环境的保护，降低能源消耗，在化解过剩钢铁产能时，要求各生产企业一并退出配套的烧结铁、生铁等生产设备。因此，基于这些产品的约束条件设置如下：

$$1 - \frac{P_p(t+1)}{P_p(t)} \leqslant SCR_p(t) \qquad (15\text{-}24)$$

$$1 - \frac{P_s(t+1)}{P_s(t)} \leqslant SCR_s(t) \qquad (15\text{-}25)$$

$$1 - \frac{P_{pi}(t+1)}{P_{pi}(t)} \leqslant SCR_{pi}(t) \qquad (15\text{-}26)$$

式（15-24）至式（15-26）中：$P_p(t)$ 为球团铁的年产量；$P_s(t)$ 为烧结铁的年产量；$P_{pi}(t)$ 为生铁的年产量；$SCR_p(t)$、$SCR_s(t)$、$SCR_{pi}(t)$ 分别为三个产品的年产量变化率。

（8）废钢约束

废钢通过循环利用可成为再生钢产品的主要原料，使用废钢的冶炼过程对自然资源的消耗以及能源消耗的影响较小。但我国当前对废钢的回收利用率较低，尚不足10%。因此，随着相关部门的关注，未来废钢的回收利用量会呈现一定的增长趋势。所设置的废钢约束条件如下：

$$\frac{P_s(t+1)}{P_s(t)} - 1 \leqslant S_s CR(t) \qquad (15\text{-}27)$$

式（15-27）中：$P_s(t)$ 为 t 时间废钢产量；$S_sCR(t)$ 为 t 时间废钢回收再利用的增长率。

（9）铁矿石约束

铁矿石作为钢铁产业链的起点，也是粗钢（初级钢）生产过程中的主要原材料。我国目前正处于粗钢冶炼方式的转型时期，采用以废钢为主的电炉冶炼来替代以铁矿石为主的转炉冶炼。对转炉产量的降低也就意味着不再需要大量的铁矿石，因此需对铁矿石的使用量进行约束。由于矿产资源等条件限制，我国当前使用的铁矿石主要来自巴西、澳大利亚等国。为降低对进口产品的依赖度，近年来我国着力提升矿石自给率。因此，未来在降低铁矿石总消耗量的同时，还应提高国内的铁矿石供应量。基于此，设置如下约束条件：

$$1 - \frac{P_I(t+1)}{P_I(t)} \leq S_sCR(t) \tag{15-28}$$

$$P_I(t) = P_{Id}(t) + P_{Ii}(t) \tag{15-29}$$

$$\frac{P_{Id}(t+1)}{P_{Id}(t)} - 1 \leq ICR(t) \tag{15-30}$$

式（15-28）至式（15-30）中：$P_I(t)$ 为铁矿石年消耗量；$P_{Id}(t)$ 为国内开采铁矿石年耗量；$P_{Ii}(t)$ 为进口铁矿石年耗量；$ICR(t)$ 为铁矿石自给量变化率。

（10）非负约束

在钢铁产业链中，所有产品产量均大于等于0，其公式如下：

$$P_i(t) \geq 0 \tag{15-31}$$

（11）协调依存度约束

归一化后的"资源-经济-能源"协调依存度需保证在区间 (0, 1] 上，其公式如下：

$$0 < C_i(t) \leq 1 \tag{15-32}$$

15.1.4 模型外生参数选取

本章中的多目标协调发展模型以2019年为基期，基于钢铁产品产量、水资源消耗量、经济生产总值、能源消费量等实际数据，动态模拟2020—2030年钢铁产业链水资源消耗、经济增长、能源消费以及整体协调依存度等发展情况。

由于本章侧重于研究产品联动对产业链资源、经济、能源及整体关系的影响，因此在多目标协调发展模型中暂不考虑供需关系、能源结构等因素可能造成的影响。模型涉及的外生参数主要基于政府规划报告、历史数据以及现有文献等相关文件进行设置，具体如表 15-1 所示。

表 15-1 外生参数设定

外生参数	具体含义	2020—2030 年
$WwCR$	吨钢水耗变化率	4.11%
WCR	用水量增长上限	0.41%
GCR	生产总值增长率	2.30%
$EeCR$	单位能耗变化率	1.67%
ECR	能源消费量增长上限	1.81%
$C_E CR$	再生钢产量变化率	1.19%
$C_B CR$	初级钢产量变化率	1.19%
CCR	粗钢年产量变化率	2.00%
SCR_p	球团年产量变化率	10.00%
SCR_s	烧结铁年产量变化率	10.00%
SCR_{pi}	生铁年产量变化率	10.00%
$S_S CR$	废钢回收年产量增长率	2.57%
ICR	铁矿石自给量变化率	3.00%

钢铁作为传统高耗水工业之一，近年来在各部门努力下，钢铁工业的水耗已有很大改善。2017 年，五部委在《关于加强长江经济带工业绿色发展的指导意见》中指出，"到 2020 年，传统制造业的能耗和水耗均需显著下降。相较 2015 年，单位工业增加值用水量下降 25%"。该文件表明，单位吨钢的水耗年变化率应达到 4.11%。基于此，本章假设保持该变化率，并设定 2020—2030 年的单位用水量年变化率为 4.11%。

为保证钢铁工业的用水总量符合常态，本章设置了用水总量的上限变化。该变化率参考了 2011 年《全国水资源综合规划》中制定的"2020 年全国用水总量需控制在 6 700 亿立方米以内，2030 年全国用水总量控制在 7 000 亿立方米以内"这一规划目标。基于该目标，本章估算得出 2020—2030 年用水量的年均增长率上限为 0.41%。

随着社会的飞速发展，中国经济已进入高质量增长阶段。钢铁工业作为我国经济的支柱之一，始终与国内生产总值的发展趋势保持一致。因此，本章在钢铁工业生产总值的变化率方面参考了《中华人民共和国国民经济和社会发展第十四个五年规划和2035年远景目标纲要》，该文件未对国内生产总值（GDP）增长率设定具体的定量指标，只注明"保持在合理区间、各年度视情提出"。因此，本章参照2020年的增长率2.30%，设定2020—2030年的钢铁经济总值年增长率为2.30%。

作为传统的高耗能工业，近年来钢铁的平均吨钢能耗已有很大改善。为进一步强化这一转变，2019年工信部在《关于引导短流程炼钢发展的指导意见》中提出，"到'十四五'结束时，炼钢能耗在当前基础上再降低10%"。该目标具体含义为"2020年到2025年单位能耗要降低10%"。本章将该目标折算为每年单位能耗下降1.67%，并参照该计划设定2020—2030年各生产工序的单位能耗年变化率为1.67%。

由于能源消耗总量与单位能耗、产品产量均相关，当单位能耗下降时，产品产量的增加也可能造成能源消耗总量上升，因此还需要对钢铁工业的能源消耗总量进行约束。本章在能源消耗总量变化率方面参考了《能源生产和消费革命战略（2016—2030）》。该文件提出，"到2020年时，能源消费量应控制在50亿吨标准煤以内；2030年应控制在60亿吨标准煤以内"。基于该目标，本章估算得到2020—2030年能源消费总量的年均增长率上限为1.81%。

再生钢作为废钢回炉再造的粗钢产品，其短流程的生产过程可大幅降低能源消耗。但当前中国的短流程冶炼尚不足10%，因此，近年我国也是致力于推动短流程炼钢。2019年工信部在《关于引导短流程炼钢发展的指导意见》中制定了"到'十四五'结束时，电炉钢产量占粗钢总产量的比例力争提升至20%左右"的目标。结合2019年《世界钢铁工业协会》统计的"中国电炉钢产量约占粗钢总产量的9.3%"，将制定的政策目标转换为"到2025年，电炉钢产量占比从2017年的9.3%提升至20%"。因此，本章通过估算设定再生钢（电炉炼钢）产能增长率为1.19%。

转炉冶炼一直是我国初级钢的主要生产方式，即通过对大量铁矿石、生铁等原料的加工而获得粗钢。由于铁矿石的开采、烧结生铁等原料的生产需要大量能源供给，在冶炼过程中容易产生较多污染。因此，我国现阶段正逐步使用电炉来替换转炉。本章假设转炉炼钢与电炉炼钢之间是等比例转换，并基于电炉炼钢的再生钢产能增加率，设置转炉炼钢的初级钢产能减少率为1.19%。

除了对粗钢冶炼方式的转变外，我国针对粗钢还相继出台了一系列"去产能"的政策文件。根据国务院在《关于钢铁行业化解过剩产能实现脱困发展的意见》中制定的"5年减产粗钢1亿吨"目标,并基于《中国钢铁工业年鉴》中统计的2018年粗钢产量约为9.28亿吨,本章将该目标折算为"5年降低10%的粗钢产量",并因此将粗钢产量变化率设定为2%。

烧结铁等转炉炼钢的原材料同样开始被限制发展。2021年5月,工信部在《钢铁行业产能置换实施方法》中提出"置换比例需不得低于1.1∶1,且一并退出烧结、焦炉、高炉等炼铁产能"的目标。本章基于该政策文件,将烧结铁、球团铁、生铁的产能变化率均定为10%。

废钢回收再利用的增长率参考了2018年工信部在《关于推动钢铁工业高质量发展的指导意见》中提出的"力争到2025年,废钢比达到30%"的目标。根据中国废钢协会统计的数据,2018年的废钢比约为12%。本章将该政策目标具体折算为"2018年到2025年废钢比从12%提高30%",并基于此经过估算,将废钢回收利用的单位增长率设定为2.57%。

作为钢铁产业链的"摇篮",铁矿石的供给同样备受关注。当前我国铁矿石自给率较低,主要依赖于国外进口。为改善这一情况,本章基于《全国矿产资源规划(2016—2020年)》中提到的"主要矿产资源产出率提高15%"的目标,并经过估算(即铁矿石的年产出率提高3%左右),将铁矿石自给变化率设定为3%。同时,考虑到当前电炉炼钢的发展大趋势,废钢会替代铁矿石炼钢(根据中国废钢协会的预测,假设废钢和铁矿石的替代比为1∶1),因此本章设定铁矿石用量的年变化率与废钢回收利用变化率相同,均为2.57%。

15.2　钢铁相关政策及其发展方向分析

为加快中国钢铁业的整体发展,国家近年来陆续制定并出台了多项政策法规,以综合提高钢铁产业性能。为了解钢铁工业主要政策目标及对应的重点发展策略方向,本章先梳理了2016—2020年中国钢铁相关政策。政策收集主要来自"中国政府网各部门门户网站"[1],部分地方级政策来自各省、市政府网和"我的钢铁网"[2]。本章所整理的政策按发布时间顺序,并将政策的发布单位(部门)、政策名称及政策重点内容逐一列出,以便后续分析研究。具体政策信息如本书附录中的表A15-1所示。

---

[1] 参见:http://www.gov.cn/。
[2] 参见:https://www.mysteel.com/。

基于整理的政策内容，通过质性分析可知，当前与钢铁工业相关的政策主要聚焦于"低碳发展"和"循环经济"这两个方向。

15.2.1 低碳发展

"低碳发展"侧重于钢铁业发展中对能源等消耗的降低，主要聚焦在产品生产过程中能源和经济间的相互依赖关系上。近年来，与该策略相关的政策已陆续推出了很多。2019年9月，工信部在《关于引导短流程炼钢发展的指导意见》中提出，短流程炼钢技术水平应进一步提升，单位能耗在当前基础上应继续降低。2020年1月，生态环境部在《钢铁企业超低排放改造技术指南》中指出，要加快先进清洁生产过程控制技术的采用。2020年10月，生态环境部在《长三角地区2020—2021年秋冬季大气污染综合治理攻坚行动方案》中制定了相关地区的粗钢、烧结等产能超低排放的目标。由此可见，在保证经济持续增长的同时大力降低能耗及其环境影响是该策略的主要目的，即"能源-经济"关系是其发展重点。因此，本章就"低碳发展"下的情景模拟，将重点对"能源-经济"关系影响显著的产品进行约束调节，即本章15.5节中识别的"能源-经济"型关键产品。

15.2.2 循环经济

与"低碳发展"相比，"循环经济"更强调产业链经济发展过程中对资源的循环再利用。2016年2月，《国务院关于钢铁行业化解过剩产能实现脱困发展的意见》提出，要压减粗钢产能，提高资源利用效率。2018年3月，工信部在《钢铁产业调整政策》（修订版）中制定了要提高废钢比，以加快循环经济的目标。2020年6月，《发改委印发关于做好2020年重点领域化解过剩产能工作的通知》明确指出，要加强钢铁产能项目的备案指导，敦促环保提标改造的完成。由此可见，强化资源利用、推进经济发展是该策略的核心，即"资源-经济"关系是其发展重点。因此，本章就"循环经济"下的情景模拟，将重点对"资源-经济"关系影响显著的产品进行约束调节，即15.5节中识别的"资源-经济"型关键产品。

综上，本章分别研究了"低碳发展"和"循环经济"两个发展方向下多种政策目标对钢铁产业链资源、经济、能源以及整体依赖关系的影响，并模拟了不同类别产品产量约束下钢铁产业链的协调发展变化趋势。

15.3 基准情景的设置与模拟

15.3.1 基于不同政策目标的情景设置

本章在不采取产品产量约束时,为了解资源、经济、能源各维度的发展趋势及其整体依赖关系的变化情况,并将其作为参照与不同情景下的策略进行对比,设置了基准情景(表15-2)。

表15-2 基于不同政策目标的基准情景设置

情景设置	资源目标	经济目标	能源目标	产品约束
基准-资源	有	无	无	无
基准-经济	无	有	无	无
基准-综合	有	有	无	无

基准情景主要根据本章15.2节整理的近年钢铁相关政策文件,设定了基于"资源节约"目标、基于"经济增长"目标和基于"综合发展"目标的基准策略。其中,基于"资源节约"目标的基准策略旨在实现水资源约束下的能源消耗最小化,即保证产品单位水耗降低率为4.11%时的能源消费最小。基于"经济增长"目标的基准策略,旨在实现钢铁工业生产总值年增长率为2.30%时的能源消耗最小。基于"综合发展"目标的基准策略,旨在实现资源和经济双约束下的能源使用最小化。

15.3.2 基准情景下基于"资源节约"目标的策略模拟结果

基准情景下基于"资源节约"目标的策略,模拟了仅对资源维度进行约束时的产业链资源、经济、能源维度及整体依赖关系的协调发展变化情况。根据式(15-15),在保证钢铁产业链各产品单位水耗每年下降4.11%时,根据式(15-12)计算钢铁产业链可能消耗的最小资源总量。与此同时,为避免因产品产量增加而可能造成的产业链中能源消耗过度,基于式(15-19)保证钢铁产业链能源消耗总量的年增长率不得超过1.81%。具体结果如图15-3所示。

当实现钢铁产业链中各环节产品的单位水耗下降4.11%时,到2030年产业链总体水资源消耗量约为18.7亿立方米[图15-3(a)],与2019年相

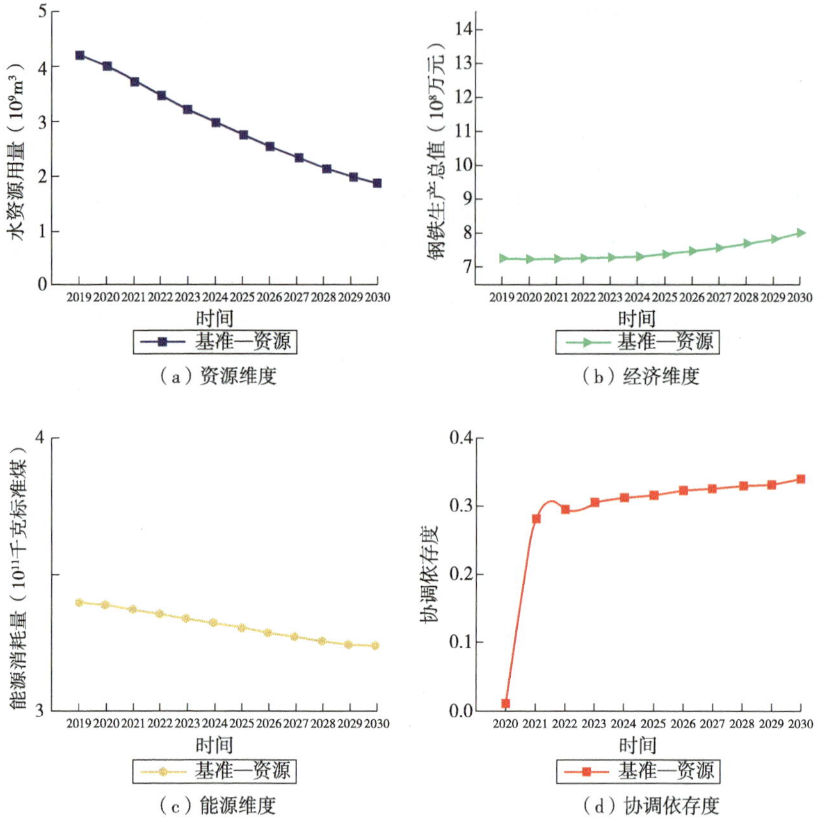

图 15-3 "基准-资源"情景下的变化情况

比,整体可实现53%的下降。经济维度的变化如图15-3(b)所示,钢铁生产总值随时间发展呈指数增长趋势,到2030年钢铁经济总值约为8.01万亿,总体累计提高10.5%。虽然年增长率未能达到2.3%的预期,但资源节约政策对钢铁产业链的经济发展具有推动作用。水资源的下降带动了能源消耗的变化。如图15-3(c)所示,能源消耗总量整体呈现下降趋势,2030年预计能源消耗总量约为3.26亿吨标准煤。与基期数据相比,整体消耗下降了约4.68%。尽管能耗存在明显下降,但尚未达到预期目标。"资源-经济-能源"之多维度依赖关系变化趋势如图15-3(d)所示。在2021—2030年,"资源-经济-能源"关系基本处于协调发展的稳步上升阶段。协调依存度的结果表明2030年整体协调发展趋势可提升12.91%。总体来看,水资源消耗这一政策目标有助于钢铁经济的增长以及能源消耗的降低,且对钢铁产业链在"资源-经济-能源"的协调发展上有所帮助。

15.3.3 基准情景下基于"经济增长"目标的策略模拟结果

在"经济增长"的基准策略中，根据式（6-17），在保证经济总值以每年2.30%的速率稳定增长时，根据式（6-13）计算钢铁产业链可以获得的最大经济收益。为保证钢铁产业链在经济增长的同时不会造成资源过度消耗及能源使用过多，基于式（6-16）设置钢铁产业链水资源消耗总量的年增长上限不得超过0.41%，基于式（6-19）设置钢铁产业链能源消耗总量的年增长率不得超过1.81%。该模拟情景下资源、经济、能源及多维度协调依存度的变化情况如图15-4所示。在"基准-经济"政策情景下，水资源消耗总量呈下降趋势。如图15-4（a）所示，相较于"基准-资源"对其的线性影响，"基准-经济"情景下水资源用量呈对数下降趋势。前期水资源消耗总量下降较快，后期变化逐渐趋向于0。预计2030年水资源消耗量为36.5亿立方米，同比下降约13%。在"基准-经济"情景下，如图15-4（b）所示，钢铁生产总值在2030年预计可达11.9万亿元，累计增长了38.9%。经济的增长带动了能源消耗，也加剧了环境的负面影响。图15-4（c）中的结果表明，钢铁产业链的能源消耗总量呈现出先降低后增加的变化趋势。2021年起钢铁产业链整体的能源消耗量开始上升，预计到2030年会达到3.51亿吨标准煤。虽呈增长趋势，但变化幅度约为0.5%，未超过1.81%的总量约束条件。"资源-经济-能源"协调依存度的变化如图15-4（d）所示，整体趋势呈"S"形增加，略低于"基准-资源"情景。当与基期的经济增长速度保持一致时，水资源用量虽呈下降趋势，但将随时间增长而降低变化幅度。能源消耗总量则呈现不降反增的态势。由此来看，只要我国经济继续保持每年不低于2.3%的增长速度，长此以往会给资源和能源维度的发展带来较大压力。

15.3.4 基准情景下基于"综合发展"目标的策略模拟结果

"综合发展"情景旨在考察对资源维度和经济维度同时进行约束，且在能源维度不会出现过度反向发展的情况下，钢铁产业链在2020—2030年的变化趋势。在保证式（6-15）中钢铁产业链各产品单位水耗每年下降4.11%，式（6-17）中经济总值以每年2.30%的速率稳定增长，式（6-19）中钢铁产业链能源消耗总量年增长率不超过1.81%时，根据式（6-12）、式（6-13）和式（6-14）计算钢铁产业链的潜在最小资源消耗总量、最大经济收益和最小能源消耗总量。

"综合发展"情景模拟的结果表明，在资源节约和经济增长的双重约束

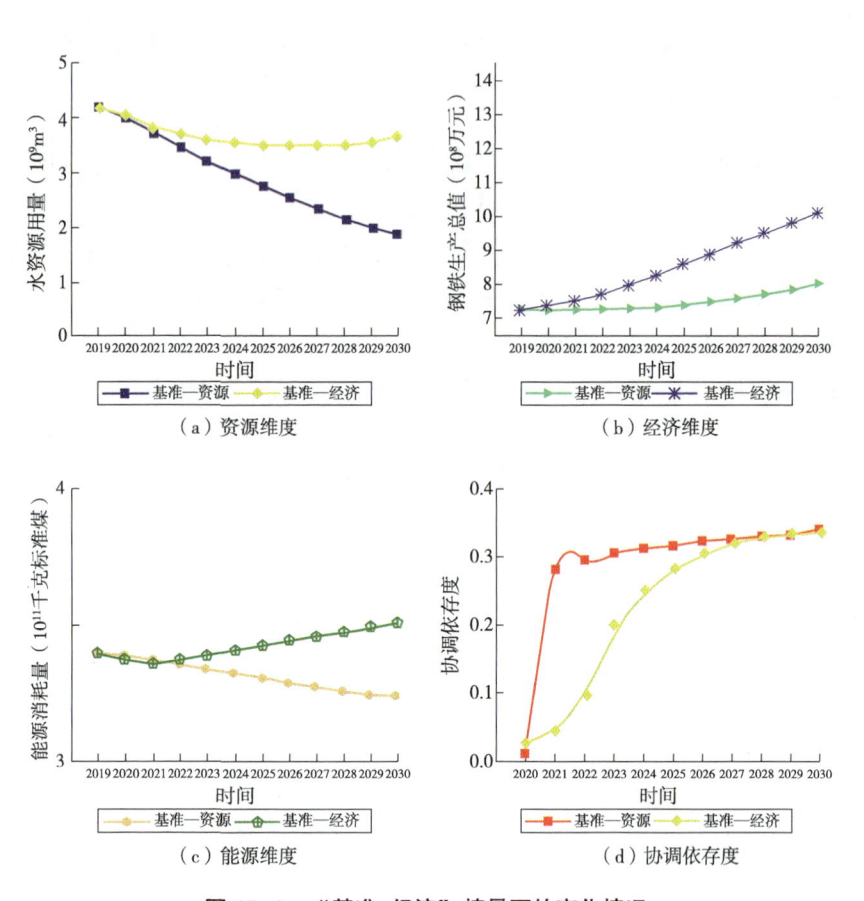

图15-4 "基准-经济"情景下的变化情况

下，钢铁产业链的水资源使用总量呈下降趋势，变化幅度小于"基准-资源"情景，高于"基准-经济"情景。如图15-5（a）所示，预计2030年水资源用量为30.1亿立方米，大约可下降28.4%。在综合发展的政策目标下，钢铁经济总值始终保持增长趋势，如图15-5（b）中的黄线所示，预计2030年钢铁生产总值可达9.31万亿元，相比2019年大约可提高28.4%。在能源方面，"综合发展"目标对其的影响十分显著。如图15-5（c）所示，红线反映出该约束条件下钢铁产业链的能源消耗总量呈明显的对数下降趋势，累计下降约为46.8%，能源消耗量约为1.71亿吨标准煤。协调依存度的变化结果如图15-5（d）所示，蓝色圆圈表示综合发展目标下的"资源-经济-能源"协调发展趋势。前期（即2020—2025年）该目标下的协调发展基本与"基准-资源"情景结果一致，2026年之后协调依存度增加，并最终高于其他基准情景。

(a) 资源维度

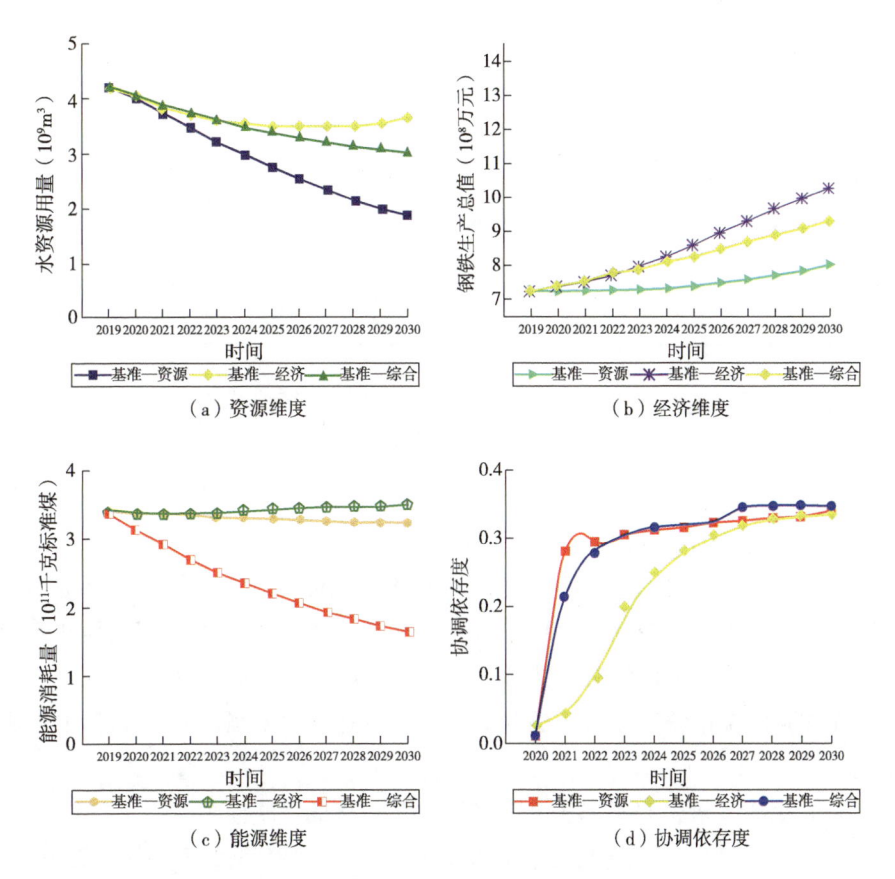

(b) 经济维度

(c) 能源维度

(d) 协调依存度

图 15-5 基准-综合情景下的变化情况

"基准-综合"情景虽不能保证所有维度均达到政策约束目标，但与"基准-资源"、"基准-经济"情景的模拟结果对比来看，该情景对所有目标均有积极的影响，有助于从多个角度推动钢铁产业链的整体协调发展。

15.4 产品产量约束下低碳发展情景的设置与模拟

15.4.1 基于不同政策目标的低碳发展情景设置

近年来有关中国钢铁的相关政策显示，"低碳发展"是当前产业链主要的调控方向之一，它强调了产业链发展过程中经济与能源间的关系。为了解"低碳发展"情景下不同政策目标对产业链的影响，本章基于设置的"资源节约"目标、"经济增长"目标和"综合发展"目标，增加了对"能源-经济"

型产品的产量约束调节。具体的设置内容如表 15-3 所示。

表 15-3 基于不同政策目标的低碳发展情景设置

情景设置	资源目标	经济目标	能源目标	"能源-经济"型产品约束
低碳-资源	有	无	无	优先约束烧结铁和宽薄板
低碳-经济	无	有	无	优先发展再生钢
低碳-综合	有	有	无	优先发展再生钢,同时约束烧结铁和宽薄板

(1) 低碳发展情景下基于"资源节约"目标的策略模拟

表 15-3 中的"低碳-资源"情景主要是在低碳发展下实现"资源节约"的政策目标,以保证水资源使用量不超过规划目标,而暂不考虑经济政策目标或能源政策目标。该情景旨在实现单位水资源用量约束下的经济收益最大化和能源消耗最小化。虽然不对单位能源消耗量进行约束,但钢铁产业链的能源消耗总量需要被控制在年增长率 1.81% 的上限内。为了更有效地实现资源目标,该策略需要优先对"能源-经济"间关系影响显著的产品进行约束,即优先加强对烧结铁和宽薄板的产量约束,以达到"资源节约"目标的低碳发展。

(2) 低碳发展情景下基于"经济增长"目标的策略模拟

"低碳-经济"情景主要是在低碳发展下实现"经济增长"的政策目标,以确保经济增长目标的实现,而暂不考虑资源政策目标或能源政策目标。该情景旨在实现钢铁生产总值规划下的水资源和能源使用总量最小化,而不对单位水耗和单位能耗进行约束,但产业链水资源用量需要被控制在 0.41%的年增长速度内,能源用量需要被控制在 1.81%的年增长范围内。为了更有效地实现经济目标,该策略需要优先对"能源-经济"间关系影响显著的产品进行约束,即优先发展再生钢,以达到"经济增长"目标的低碳发展。

(3) 低碳发展情景下基于"综合发展"目标的策略模拟

表 15-3 中的"低碳-综合"情景主要是在低碳发展的同时,实现资源政策目标和经济政策目标,并在保证水资源用量和钢铁生产总值均满足规划目标时,分析中国钢铁产业链发展是否可以达到能源政策目标。该情景旨在实现单位用水量和经济总值双重条件下的能源消耗最小化,为避免因产品产量过度增长而对能源造成过多消耗,需要将能源消耗总量控制在每年 1.81%的增长速度内。为了更有效地实现综合目标,该策略需要优先对"能源-经济"

间关系影响显著的产品进行调控，即在优先发展再生钢的同时增强对烧结铁和宽薄板的产量约束，以实现达到"经济增长"目标的低碳发展。

15.4.2 低碳发展情景下基于"资源节约"目标的策略模拟结果

为了解低碳发展情景下实行"资源节约"政策对钢铁产业链发展的影响，本章在对钢铁产品单位水耗进行约束的基础上，对"能源-经济"型产品中的烧结铁和宽薄板产量也进行了约束限制。在保证式（6-15）中钢铁产业链产品单位水耗每年下降4.11%时，保证式（6-25）中的烧结铁和宽薄板年产量每年下降10%，根据式（6-12）计算产业链中资源消耗总量可以达到的最小值。与此同时，根据式（6-19）设置钢铁产业链能源消耗总量的年增长率不得超过1.81%。结果显示，"低碳-资源"情景下，水资源的消耗总量变化同"基准-综合"情景的变化趋势类似于［图15-6（a）］。预计2030年钢铁产业链整体水资源消耗总量为30亿立方米，与2019年相比大约下降了28.6%，这表明对烧结铁和宽薄板产量的控制有助于降低整体资源的消耗量。经济维度呈现出短时间的下降趋势［图15-6（b）］，钢铁生产总值先从2021年起小幅下降至2025年的7.08万亿元，之后又逐渐上升，并于2030年达到7.33万亿元。从变化幅度来看，经济维度先下降2.5%，之后又增加约3.6%，整体增长幅度略高于下降幅度。这说明尽管约束烧结铁和宽薄板产量在短期内对经济发展有抑制作用，但从长期来看仍具有推动作用。在资源节约目标下，能源维度的下降幅度较大，预计2030年可减少至1.64亿吨标准煤，下降幅度大约可达51.7%［图15-6（c）］。与基准情景相比，"低碳-资源"情景的影响更为显著，表明通过对烧结铁和宽薄板的调节更有助于能源节约。此外，"资源-经济-能源"协调依存度变化较大［图15-6（d）］，2020—2021年的协调依存度较低，2022年起开始提高，且呈对数增长趋势，后期则与"基准-经济"情景的结果保持一致。这表明该情景下钢铁产业链的多维度依赖关系在初期变化并不显著，后期则提升较快。

15.4.3 低碳发展情景下基于"经济增长"目标的策略模拟结果

"低碳-经济"情景重点考察了当发展钢铁产业链经济目标时，调节"能源-经济"型产品对产业链发展的影响。为最大化提高产业链经济生产总值，本章强调了对"能源-经济"型产品中再生钢的优先发展。当保证式（15-17）中经济总值以每年2.3%的速率增长时，根据式（15-20）设定再生钢产量每年增长1.19%。同时，根据式（15-16）设定钢铁产业链水资源消耗总

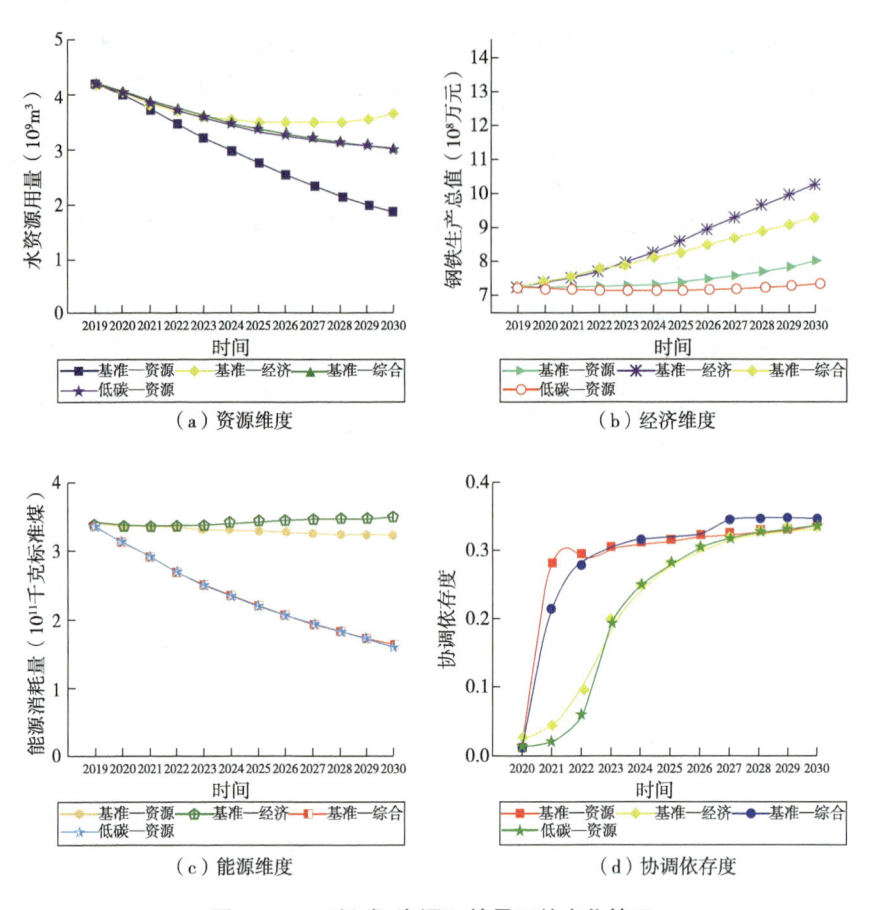

图 15-6 "低碳-资源"情景下的变化情况

量的年增长上限不得超过 0.41%，根据式（15-19）设置钢铁产业链能源消耗总量的年增长上限不得超过 1.81%，再根据式（15-13）计算钢铁产业链的最大经济收益。

"低碳-经济"情景下钢铁产业链分别在资源、经济、能源及整体上的发展变化趋势如图 15-7 所示。其中，资源维度的结果如图 15-7（a）所示，"低碳-经济"情景下的钢铁工业整体用水量呈现先下降、后小幅增加的变化趋势。用水量先下降至 32.6 亿立方米，之后又于 2027 年开始反向增加，并增加至 34.4 亿立方米。总体水资源消耗量呈下降趋势，变化幅度约为 18.2%。这一结果表明，以经济增长为目标的低碳发展策略对资源维度存在一定的负向作用。

该情景中的经济维度变化如图 15-7（b）所示，当优先发展再生钢时，钢铁生产总值表现出极大的增长趋势，且远超"基准-经济"情景。预计

2030年钢铁生产总值可达14.8万亿元，同比增长近51.1%。"低碳-经济"情景下的能源维度变化如图15-7（c）所示，钢铁工业的能源消耗总量随时间发展先呈对数下降，之后自2028年起小幅增加。虽然与2019年基期数据相比，其整体呈现下降趋势（24.6%），但在中后期对能源的使用则略有增加。"资源-经济-能源"间协调发展关系的变化趋势如图15-7（d）所示，整体变化呈曲率较低的对数增长趋势，最终略低于"低碳-资源"情景。由于该情景下资源及能源维度发展均有一定负面影响，说明"低碳-经济"情景不利于钢铁产业链整体协调稳定发展。

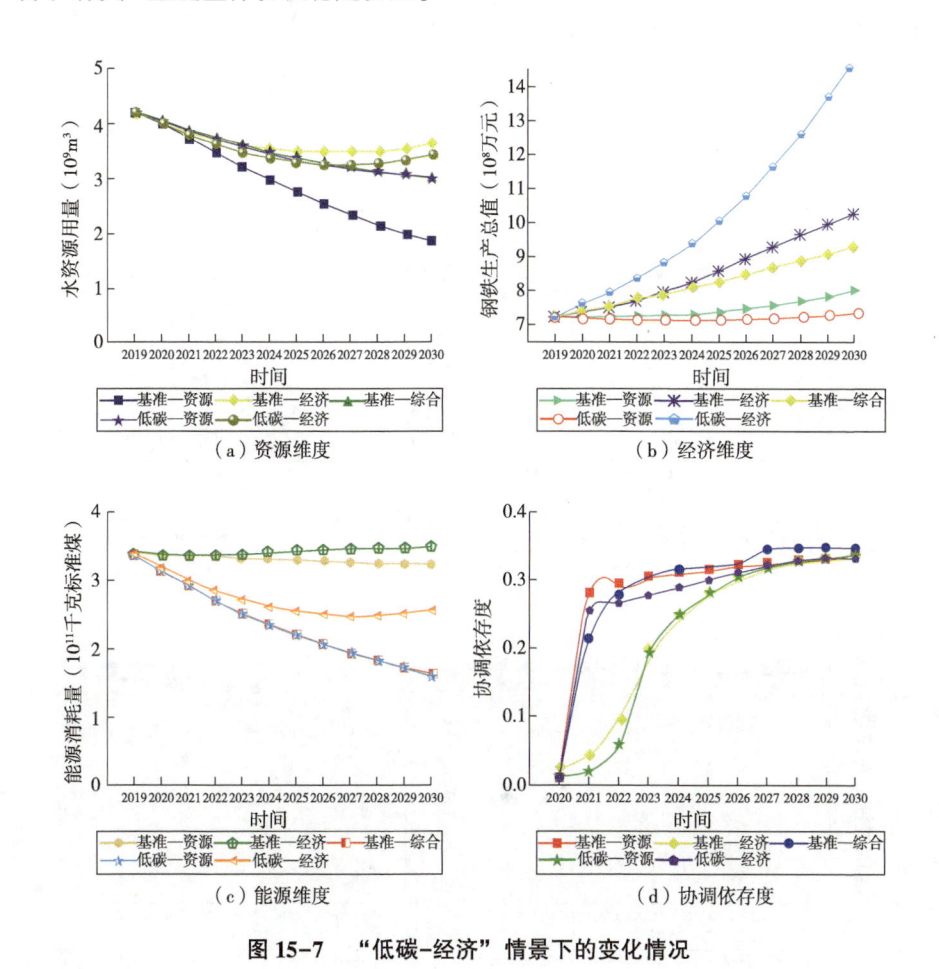

图 15-7 "低碳-经济"情景下的变化情况

15.4.4 低碳发展情景下基于"综合发展"目标的策略模拟结果

为了解"低碳-综合"情景下的钢铁产业链变化情况，本章除了同时对资源维度和经济维度进行对应约束外，还对"能源-经济"型产品进行了约束。相较于"低碳-资源"和"低碳-经济"，该情景下调节的关键产品更为全面，在约束烧结铁和宽薄板产量的同时推动了再生钢的发展。在保证式（15-15）中钢铁产业链各产品单位水耗每年下降 4.11%，式（15-17）中经济总值以每年 2.30% 的速率增长，式（15-19）中钢铁产业链能源消耗总量年增长率不超过 1.81% 时，设定式（15-25）中的烧结铁和宽薄板年产量每年下降 10%，式（15-20）中的再生钢产量每年增长 1.19%，再根据式（15-12）、式（15-13）和式（15-14）计算钢铁产业链的最小资源消耗总量、最大经济收益和最小能源消耗总量。

"低碳-综合"情景模拟的中国钢铁产业链发展具体变化情况如图 15-8 所示。从资源维度来看，相较于低碳发展策略下的其他情景，"低碳-综合"

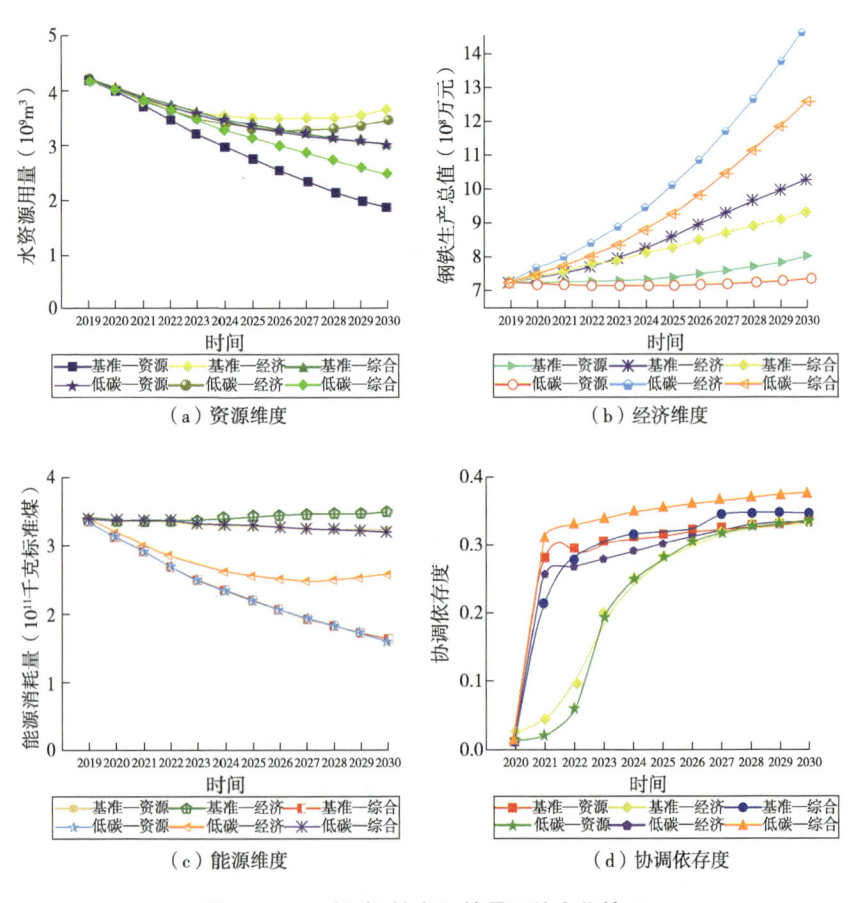

图 15-8　"低碳-综合"情景下的变化情况

目标下的水资源消耗总量下降最显著［图15-8（a）］，虽不及"基准-资源"情景结果，但下降趋势也十分明显。预计2030年水资源消耗量可降至24.5亿立方米，整体下降41.7%。"低碳-综合"目标对经济增长也有着较大的推动作用［图15-8（b）］，图中的橙色箭头显示了"低碳-综合"情景下的钢铁生产总值变化。当对产业链中烧结铁和宽薄板的产量加以约束，同时加强再生钢的发展时，2030年的预计经济收益可增加至12.5万亿元，与2019年相比大约可提高42.1%。该情景下的能源维度变化与"基准-综合"的结果类似［图15-8（c）］，能源消耗总量呈现约4.5%的小幅下降趋势，预计2030年钢铁产业链的能源消耗量可减少到3.25亿吨标准煤，说明"低碳-综合"发展既对资源消耗、能源消耗起到降低作用，也对经济收益起到增长效果。该情景下的协调依存度随时间增加而逐渐增高，且均高于其他低碳情景和基准情景［图15-8（d）］，表明在"低碳-综合"情景下，针对烧结铁、宽薄板和再生钢产品的联合调控对钢铁产业链"资源-经济-能源"间依赖关系的协调发展具有显著提升效果。

15.5 产品产量约束下循环经济情景的设置与模拟

15.5.1 基于不同政策目标的循环经济情景设置

近年来相关钢铁工业政策显示，"循环经济"是近年我国钢铁产业链的主要调控方向之一。不同于"低碳发展"，"循环经济"更多关注产品生产过程中资源的利用效率及其与经济发展间的关系。为了解"循环经济"情景下不同政策目标对钢铁产业链发展的影响，本章基于设置的"资源节约"目标、"经济增长"目标和"综合发展"目标，增加了对"资源-经济"型产品的产量约束调节。具体的设置内容如表15-4所示。

表15-4 基于不同政策目标的循环经济情景设置

情景设置	资源目标	经济目标	能源目标	"资源-经济"型产品约束
循环-资源	有	无	无	优先约束粗钢、生铁、球团铁
循环-经济	无	有	无	优先发展废钢
循环-综合	有	有	无	优先发展废钢，同时约束粗钢、生铁、球团铁

(1) 循环经济情景下基于"资源节约"目标的策略模拟

表 15-4 中的"循环-资源"情景主要通过"循环经济"策略实现资源节约政策目标，保证水资源使用总量不超过规划目标，而暂不考虑经济政策目标或能源政策目标。该情景旨在实现单位水资源用量约束下的经济收益最大化和能源消耗最小化。虽然不对单位能源消耗量进行约束，但钢铁产业链的能源消耗总量需要被控制在年增长率 1.81% 的上限内。为了更有效地实现资源目标，该策略需要优先对"资源-经济"关系影响显著的产品进行约束，即优先加强对粗钢、生铁和球团铁的产量约束，以达到"资源节约"的循环经济目标。

(2) 循环经济情景下基于"经济增长"目标的策略模拟

表 15-4 中的"循环-经济"情景主要通过"循环经济"策略实现生产总值增长政策目标，确保经济发展目标的实现，而暂不考虑资源政策目标或能源政策目标。该情景旨在实现钢铁生产总值规划下的水资源和能源使用总量最小化，不对单位水耗和单位能耗进行约束，但产业链水资源用量需要被控制在 0.41% 的年增长速度内，能源用量需控制在 1.81% 的年增长范围内。为了更有效地实现增长目标，该策略需要对"资源-经济"关系影响显著的产品进行约束，即在加强对粗钢、生铁产量约束的同时优先提高废钢产量，进而提高再生行业发展，以推动该目标下循环经济的发展。

(3) 循环经济情景下基于"综合发展"目标的策略模拟

表 15-4 中的"循环-综合"情景主要是通过"循环经济"策略实现资源政策目标和经济政策目标，以保证水资源用量和钢铁生产总值均满足规划目标时，钢铁产业链可以达到能源政策提出的目标。该情景旨在实现单位用水量和经济总值双重条件下的能源消耗最小化，为避免因产品产量过度增长而对能源造成过多消耗，需要将能源消耗总量控制在每年 1.81% 的增长速度内。为了更有效地实现综合目标，该策略需要优先对"资源-经济"关系影响显著的产品进行调控，即对粗钢、生铁、球团铁和废钢产品的管控，以达到整体综合发展的目的。

15.5.2 循环经济情景下基于"资源节约"目标的策略模拟结果

"循环-资源"情景主要是在约束产业链产品单位水耗的基础上，对"资源-经济"型产品中的粗钢、生铁、球团铁产量进行调节约束。在确保式 (15-15) 中钢铁产业链各环节产品单位水耗每年下降 4.11% 时，保证式 (15-21) 中的粗钢（初级钢）产量每年减少 1.19%，式 (15-24) 和式

（15-26）中的生铁和球团铁产量每年下降10%，同时根据式（15-19）设置钢铁产业链能源消耗总量的年增长率（不得超过1.81%），然后根据式（15-12）计算产业链中资源消耗总量可以达到的最小值。

"循环-资源"情景模拟的具体结果如图15-9所示。该目标下的水资源使用量呈对数下降趋势［图15-9（a）］，变化幅度较大，但后期下降速率基本为0。预计在该目标下水资源的整体用量可累计下降至24.3亿立方米，下降幅度最大可达42%。经济维度的变化趋势总体呈对数增长，预计2030年钢铁生产总值可达11.3万亿元，总体增加35.9%［图15-9（b）］。与基准情景相比，该情景下的生产总值提高最显著，说明"循环-资源"情景对经济增长具有极大的推动作用。能源维度的变化则较小，尽管其整体呈下降趋势，但后期能源消耗总量仍有反向增长趋势［图15-9（c）］。与2019年基期数

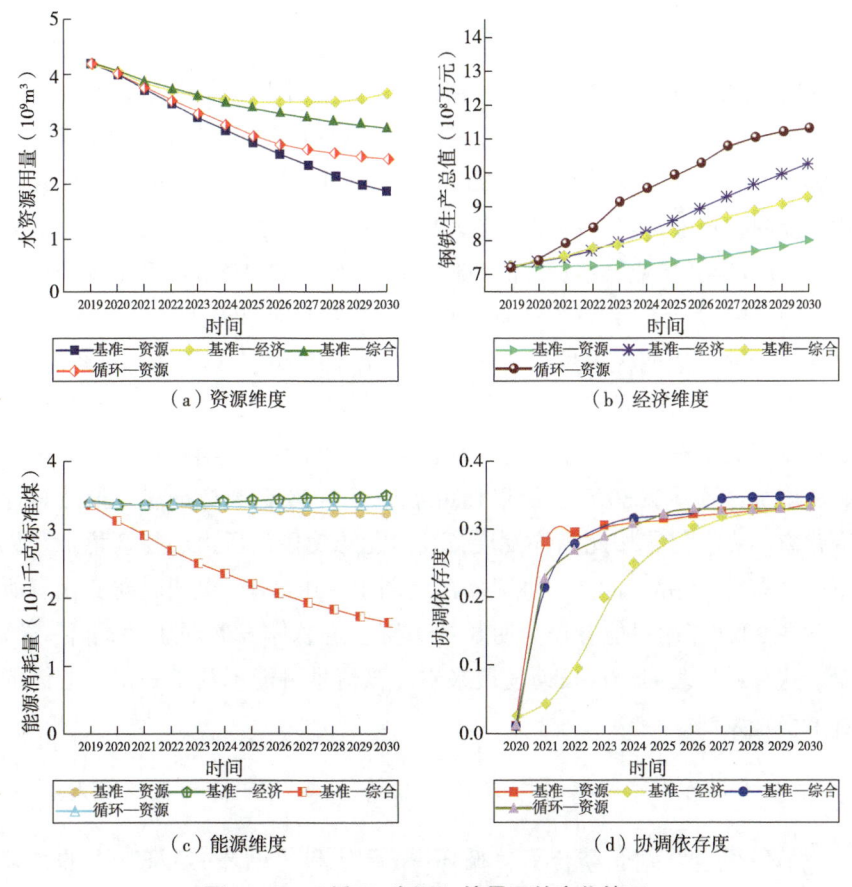

图15-9 "循环-资源"情景下的变化情况

据相比,钢铁产业链的能源消耗总量先累计下降2.6%,后有0.5%的略微增长,表明"循环-资源"情景对产业链能源发展存在较小的负面作用。"资源-经济-能源"协调依存度[图15-9(d)]的变化与基准情景类似,先大幅增加,之后于2026年小幅下降,总体与"基准-资源"情景类似,但最后略低。

15.5.3 循环经济情景下基于"经济增长"目标的策略模拟结果

"循环-经济"情景模拟了当钢铁产业链生产总值增加时,提高废钢回收供给对钢铁产业链资源、经济、能源及"资源-经济-能源"间依赖关系的影响。本章在保证式(15-17)中产业链经济总值以每年2.3%的速率增长的同时,根据式(15-27)设定废钢回收量每年增长2.57%。同时,根据式(15-16)设定钢铁产业链水资源消耗总量的年增长上限(不得超过0.41%),式(15-19)设置钢铁产业链能源消耗总量的年增长上限(不得超过1.81%),然后根据式(15-13)计算钢铁产业链可以获得的最大经济收益。

"循环-经济"情景下钢铁产业链2020—2030年的用水量变化如图15-10(a)所示,整体下降幅度弱于"循环-资源"情景。结果表明,当优先发展废钢产品时,产业链对水的需求量远高于对粗钢、生铁等产品约束时的需求量。到2030年,产业链水资源的消耗总量可下降32.1%。经济维度的变化如图15-10(b)所示,钢铁生产总值整体可于2030年提高至13.8万亿元,总体增加47.5%,表明优先发展废钢产品有助于推动钢铁产业链的经济发展。"循环-经济"情景对能源消耗总量的影响不降反升。图15-10(c)表明,尽管优先发展废钢有助于产业链的内部循环,但就其能源消耗而言,使用量反而有所增加,预计2030年能源消耗量增加至3.38亿吨标准煤。虽然累计增长变化率不高,但若按此趋势发展,其对能源使用的压力会持续增加。该情景下的"资源-经济-能源"协调依存度图15-10(d)也随时间变化有所波动,并在2027年时可能有较为明显的下降,且总体发展弱于"循环-资源"情景。这一结果表明,从长期发展来看,该情景可能不利于钢铁产业链的整体和谐稳定发展。

15.5.4 循环经济情景下基于"综合发展"目标的策略模拟结果

"循环-综合"情景结合了"循环-资源"和"循环-经济"下的约束条件,即在对产业链资源、经济维度进行约束时,对粗钢、生铁、球团铁的产量变化进行约束,并提高废钢的回收再利用量。在保证式(15-15)中的钢铁

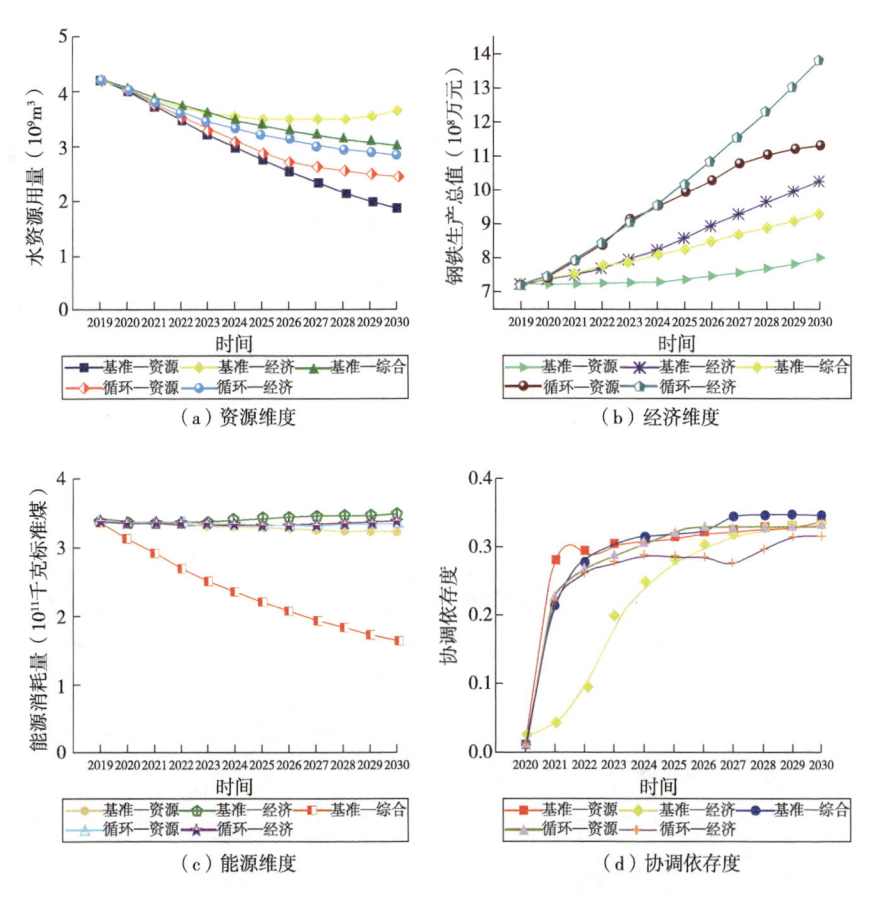

图 15-10 "循环-经济"情景下的变化情况

产业链各产品单位水耗每年下降 4.11%，式（15-17）中的经济总值以每年 2.30% 的速率稳定增长，式（15-19）中的钢铁产业链能源消耗总量年增长率不得超过 1.81% 时，设定式（15-21）中的粗钢（初级钢）产量每年减少 1.19%，式（15-24）和式（15-26）中的生铁和球团铁产量每年下降 10%，式（15-27）中的废钢回收量每年增长 2.57%。然后，根据式（15-12）、式（15-13）和式（15-14），计算钢铁产业链的资源消耗总量、经济收益和能源消耗总量。该情景旨在通过多重政策目标及多种钢铁产品的约束组合，来分析产业链在资源、经济、能源维度及其协调依赖关系等方面的发展变化趋势。

"循环-综合"情景下钢铁产业链的整体变化发展情况如图 15-11 所示。在资源维度方面，图 15-11（a）表明该情景对水资源使用量的影响程度弱于其他情景。钢铁产业链的水资源使用量累计下降幅度较小，仅为16%左右。在经济维度方面，图15-11（b）表明钢铁生产总值的影响低于另外两个循环情景，且累计增长幅度仅为3.2%，表明当优先发展废钢，同时约束粗钢、生铁、球团铁产品产量时，会较大程度地影响钢铁生产总值的增长。与经济维度变化相比，该情景对能源维度的影响较为显著。图15-11（c）表明，钢铁产业链的能源消耗总量在"循环-综合"目标下的变化约为5.7%，并预计到2030年可下降至3.22亿吨标准煤。图15-11（d）中的协调依存度表明，"循环-综合"情景下的产业链协调发展能力呈波动式上升。具体来看，前期发展低于其他模拟情景，但后期提升较快，且最后于2030年时优于"基准-综合"情景。

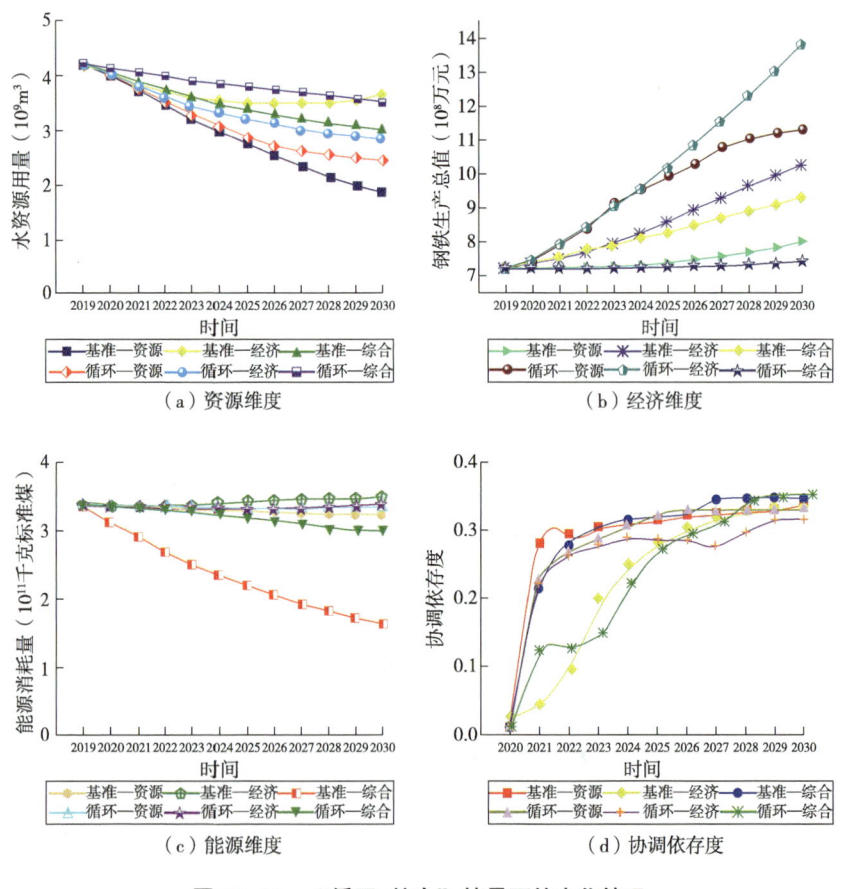

图15-11 "循环-综合"情景下的变化情况

15.6 基于多维度依赖关系的钢铁产业链协调发展策略选择

由图 15-3 到图 15-11 的情景模拟结果可知，不同策略的优化效果具有显著差异。通过与基准情景结果的比对不难发现，对钢铁产业链资源、经济、能源等维度及其依赖关系协调发展影响显著的优化情景各不相同。从资源维度来看，"低碳-综合"情景对钢铁产业链的水资源消耗总量具有最好的约束效果，整体可帮助产业链节省约 41.7% 的水资源。从经济维度来看，"循环-经济"情景最有助于推动钢铁产业链的生产总值，预计到 2030 年可提高钢铁产业链经济收益的 47.5%。从能源维度来看，"低碳-资源"情景中的策略对产业链能源消耗总量影响最显著，该约束条件可降低钢铁产品生产过程中 51.7% 的能源使用。从"资源-经济-能源"依赖关系的协调发展角度来看，"低碳-综合"情景中的调控策略对钢铁产业链的稳定发展影响最大。由此可见，"低碳发展"情景下的策略模拟结果普遍优于"循环经济"情景下的策略模拟结果。可见，为提高钢铁产业链整体可持续，推动钢铁工业在不同维度间的均衡发展，不应局限于单一维度的最优结果，而是要从全局角度考虑优化结果。因此，低碳发展情景下基于"综合"目标的策略最有利于钢铁产业链整体发展。

本章根据"低碳-综合"情景对钢铁产业链产品产量进行了变化趋势的预测，结果如图 15-12 所示。随着时间的推移，钢铁产品产量的变化趋势各不相同。其中，废钢（绿色五角星）和再生钢（红色圆球）的产量均有明显增长。在该情景下，预计 2030 年废钢回收量可达 3.92 亿吨。与 2019 年相比，整体产量提高了 156.8%。再生钢产量的增长同样十分显著，预计到 2030 年再生钢的产量可达 1.7 亿吨，同比增长约 159.4%。此外，粗钢总体产量（绿色倒三角）的变化趋势不明显，考虑到它既包括再生钢又包括转炉炼钢，由此推断出转炉炼钢的产量随时间变化将呈现大幅下降趋势。受低碳发展策略的约束，烧结铁和宽薄板的产量明显降低。烧结铁产量预计在 2030 年为 571 万吨，整体下降 65.1%。宽薄板产量预计在 2030 年可达 2.08 亿吨，整体减少约 58.9%。受烧结铁减产的影响，生铁的产量也出现明显降低，预计下降幅度为 45.6%，到 2030 年的产量约为 4.04 亿吨。此外，变化较为显著的还有铁矿石国内供给量。在"提高国内自给率"的政策驱动下，预计 2030 年国内铁矿石的开采量可提升 53.8%，从而大幅降低对进口铁矿石的依赖程度。

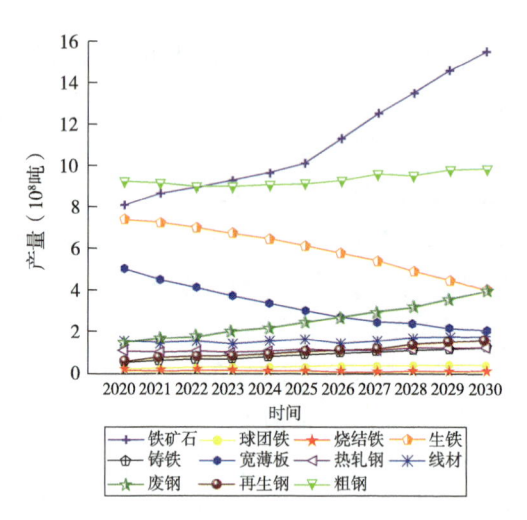

图 15-12 "低碳-综合"情景下的产品产量变化趋势

15.7 小结

本章通过对量子粒子群算法中的惯性权重参数进行改进,并基于优化后的算法构建了多目标协调发展模型。通过整理 2016—2020 年中国钢铁相关政策及当前主要发展方向,设置了不同类别产品产量约束下的模拟情景,旨在针对多维度发展进行优化策略的选择。本章以 2019 年为基期,动态模拟了 2020—2030 年的资源、经济、能源维度以及三重维度间依赖关系的发展趋势,从协调发展的角度为钢铁产业链提供策略指导。主要工作和结论如下。

第一,在不实施产品产量约束策略的情况下,若资源消耗保持每年 5% 的速度下降,预计到 2030 年钢铁产业链的经济收益将累计提高 10.5%,能源消耗下降约 4.68%,"资源-经济-能源"多维度依赖关系提高 12.91%。若经济发展保持每年 2.3% 的增速,则资源消耗量可下降 13%,能源消耗量将增加 0.5%。若对资源和经济实施双约束,则累计能源消耗量可下降约 46.8%。这说明,为降低钢铁产业链的资源及能源消耗,经济发展过程中需要设置一定的约束条件,以推动产业链在"资源-经济-能源"间的协调发展。

第二,低碳发展情景中的调控策略对钢铁产业链多维度协调发展具有较大潜力。不同政策目标下的低碳发展情景模拟结果显示,在"低碳-资源"情景下,优先约束烧结铁和宽薄板产量有助于能源消耗的显著下降(51.7%),

但同时也会造成经济收益的轻微降低。在"低碳-经济"情景下，优先发展再生钢有助于降低资源的消耗（18.2%），但对能源维度有负向作用。"低碳-综合"情景在降低能源和资源消耗的同时对经济收益也有所提高，且"资源-经济-能源"间的协调发展显著提升。这表明，在优先发展再生钢的同时，约束烧结铁和宽薄板对钢铁产业链的协调管理具有较好效果。

第三，循环经济情景中的调控策略对钢铁产业链发展同样具有较大潜力，但总体优化效果不及低碳发展。在"循环-资源"情景下，优先约束粗钢、生铁和球团铁产量有助于钢铁产业链经济收益的大幅提高，但会对能源消耗起到反向影响。"循环-经济"情景同样不利于钢铁产业链的长期稳定发展，且会对能源使用带来较大压力。"循环-综合"情景虽然对钢铁产业链的资源、经济、能源维度的影响并不显著，但可实现"资源节约—经济增长—能耗减少"的协调发展目标，从而反映出优先发展废钢，同时约束粗钢、生铁和球团铁的产量有助于钢铁产业链平稳发展。

第四，通过比较上述9种策略的模拟结果，从产业链多维度协调发展的角度来看，低碳发展情景下"综合"目标的策略模拟效果最好。结合该模拟情景下钢铁产品的产量变化趋势可知，在对资源和经济同时进行约束的情况下，降低生铁、烧结铁及宽薄板的产量，同时提高废钢和再生钢的产量，有助于钢铁产业链在"资源-经济-能源"中的协调、稳定发展。

16 产业链资源经济贸易与生态可持续管理前沿

16.1 产业共生

16.1.1 产业共生理论

"共生"一词本身是起源于生物学中的概念,指不同种紧密联系的生物之间形成的互利关系。在共生关系中,不同生物之间彼此依赖,相互有利,朝着共生体之间更加深刻联系的方向发展,最终产生一种新的复杂的个体。例如,蚂蚁和蚜虫之间的共生关系,寄居蟹和海葵之间的共生关系,或者几种附生植物之间的共生关系(Khakhina et al.,1993)。

近年来,共生逐渐由一种生态自然规律演变成一种经济现象甚至成为一种具有社会性的课题,有关产业共生的相关课题实例也得以不断涌现。产业共生实质上是一种自组织性质的经济学组织现象,其不仅可以发生在企业的内部,而且可以出现在整个市场领域中,各个共生个体在利益的驱动之下,彼此之间不断融合互利(李南等,2014)。目前,产业共生理论涉及的方向有很多种,根据每个方向需要实现目标的不一致,大致可以划分为以循环经济为主的"生态派"和以产业经济分析为主的"经济派"(李南等,2014),如电子废弃物资源化共生网络的搭建(唐静等,2016),环境生态视角下的产业共生理论(许新宇等,2015),视听产业的融合共生发展路径(王润珏等,2022),等等。

在自然生态系统中,生产者、消费者和分解者通过错综复杂的"食物网"来传递物质及能量并维持系统的稳定。借鉴自然生态系统中的生物共生机制,在工业系统中,不同性质的企业之间也会通过物质、能量或信息等的交换利用形成工业"食物网",以提高自身及系统的经济、环境和社会效益,这种现象被称为产业共生(韩峰等,2019)。工业系统中的生产者型企业是指资源开采型企业,其为工业生态系统提供基础工业原料或能源;消费者型企业为利用资源和能源进行产品生产的企业，根据产业链的长短通常可将其分为多级；分解者型企业为废物处理型企业，其可将由前两者产生的废物进行处理，或回收再用，或最终处置。

16.1.2 产业共生网络的概念和形成机制

在之前企业的发展过程中，其大多是单个运行或者依托供应链进行合作的。近年来由于出现了金融、环境和资源等因素，企业之间开始寻求一种新的合作模式，即产业共生网络。其中，在众多产业共生网络模型中较为经典的是来自丹麦的卡伦堡生态工业园，其以发电厂为核心，同时实现了能源的充分利用、固体废物的回收利用以及冷却水资源的再利用（Chertow et al., 2000）。总的来看，产业共生网络是在企业间产业共生的基础上抽象出的复杂网络结构，包括企业主体以及企业间复杂共生关系（韩峰等，2019）。

在产业共生中，交换或者共享要素包含两大类，一类是物质性要素，另一类是非物质性要素。其中，物质性要素包含产品（对此存在一定争议）、副产品、废物以及基于资源共享的基础设施；非物质性要素包含服务、信息、知识和技术。事实上，不同的交换要素构成了不同类型的产业共生网络，由这些不同交换要素构成的产业网络相互作用，形成了复杂而完整的产业共生网络。因此，可以认为产业共生网络是指通过物质、能量、产品、副产品、废弃物、知识、人力资源及技术之间的交换及其对基础设施的共享行为等，使各合作产业主体获得各自的经济、环境或者社会收益而形成的合作共赢网络（赵秋叶等，2016）。

产业共生网络的构成要素大体由四部分构成：共生单元、共生环境、共生界面和共生模式。四种要素之间相互作用、相互影响。其中，共生单元是构成共生体或共生关系的基本能量生产和交换单位，是形成共生体或共生关系的基本物质条件。正是共生单元之间的交互作用、共生进化，促进了产业间共生网络的发展。共生环境是共生单元以外所有影响因素的总和，包括政策环境、市场环境和人文环境等。共生环境与共生体之间是相互作用的。共生环境对共生体的影响通过物质、信息和能量的交流来实现，往往表现为一系列环境变量的变化。共生界面是共生单元相互作用和相互沟通的媒介或接触介质，是共生单元之间接触方式和机制的总和，可以分为内部界面和外部界面。共生模式体现共生单元之间的作用关系和作用强度，可以分为共生组织模式和共生行为模式（刘浩等，2016）。

16.1.3 产业共生体系的演化路径和管理

产业共生体系是由产业共生网络和依托环境（资源、制度和技术）构成的整体，企业之间构成了产业共生网络，而产业共生网络和依托环境之间构成了产业共生体系。在产业共生体系演化的三级生态理论中，该体系的进化与自然生态系统的进化大致类似，即根据物质流动方式的进化方向由线性到半循环再到完全循环，逐渐分为"一级生态"、"二级生态"和"三级生态"（王晓光等，2003）。

产业共生体系的演进大致可分为以下三阶段模型：在萌芽阶段，企业无意识地以随机的方式开展产业共生行为，产业共生关系初步形成；在发现阶段，企业发现之前建立起来的产业共生关系具有良好的环境效益，进而有导向性地主动与其他企业建立良好的共生关系；在嵌入并制度化的阶段，不断演进过程中的制度和规范深深影响了企业，促使企业不断发现新的共生关系并深化已有的共生关系（王晓光等，2003）。

产业共生体系的管理理念有着整体协同理念、区域理念、生态效益理念以及耦合共生理念。整体协同理念强调系统的整体性和层次性，所谓整体性，是指站在从全局角度时，每个企业都必须以产业共生网络的整体利益为导向，在全局发展的背景下不断完善自身的发展；层次性指的是产业共生网络被划分为不同的层次——依据层次性管理才能保持系统的协同性。区域理念强调因地制宜，从实际出发，构建与区域内自然资源状况、技术发展水平、政策文化背景以及与各个产业之间废弃物交换的便利条件相吻合的产业共生网络；既要注重差异性布局，又要协调各区域之间的关系。生态效益理念强调，在发展经济的同时也要注重生态的发展；在兼顾商品对人类的服务作用时，也必须考虑其对资源的消耗和对生态的冲击，因此企业要始终秉持着对环境负责的理念。耦合共生理念是指产业共生网络中产业链上下游企业之间的废弃物交易行为，是建立在共同利益之上的共生合作关系，体现在产业共生管理上即为促使企业双方以自愿为原则，通过不断谈判而形成废弃物的交易契约，使得下游企业获得质量好且便宜的副产品，上游企业通过出售副产品获得收益，从而实现合作双方企业的共赢（智库百科，2016）。

16.1.4 产业共生的基本模式

产业共生网络中运作模式有四种基本模式：依托型、平等型、嵌套型和虚拟型。依托型产业共生网络指的是在产业园区中的中小型企业依附于几家大型企业开展运作。其中，大型企业需要的原材料、零件等会带动中小型企业的生产和发展；与此同时，大型企业所产生的副产品又可以为中小企业所用。平等型产业共生网络是指在网络中的大多数中小型企业彼此处于相互平等的地位，不存在相互依附着的关系，因而其在很大程度上可以自主选择合作的企业。嵌套型产业共生网络是一种较为复杂的多级网络模式，指产业园区中存在由几家大型企业构成的共生网络，每个大型企业又会吸附很多中小型企业，同时中小型企业之间也可以进行合作交流。虚拟型产业共生网络与其他的共生网络实体不同，是指通过信息技术的手段，以互联网为依托，以各个企业以市场价值为导向，进行协同合作、优势互补（李云燕，2008）。

16.2 循环经济

16.2.1 循环经济概念界定

国家发改委于2023年印发的《"十四五"循环经济发展规划》明确提出，将发展循环经济、推进资源节约和循环利用、构建循环型产业体系，作为推动实现"双碳目标"、促进绿色发展的重要战略举措。其中重点强调的循环经济，便是指通过"减量化"、"再使用"和"再循环"等方式，实现废物排放最小化、资源循环利用最大化、环境负担最小化的绿色发展模式，这是对"大量生产、大量消费、大量废弃"的传统增长模式的根本变革（Vesela et al.，2018）。循环经济强调，某个生产流程或者产品所产生的废弃物会成为其他生产流程或者产品的原材料来源，可见其注重实现资源流以及价值流的闭环循环，从而降低生产成本和实现高质量绿色发展（Vesela et al.，2018；李俊夫，2022）。

目前，循环经济的理念已逐渐贯穿了各个领域。例如，有学者将循环经济运用到绿色饲料之中，以改变传统饲料所带来的对环境、水资源所带来的大量污染，并从绿色饲料产品以及绿色饲料生产制造技术这两个方面来实现与环境相结合的绿色生产方式（周韧等，2022）；有学者将废旧手机资源化中废旧手机转变为原料，以对其进行再利用和资源化，从而使再产品生产和使用过程不发生污染或者少发生污染（郑秀君等，2014）；有学者以深圳市宝安区为例，以循环经济为理念进行生态工业园规划，在进行资源高效利用的同时实现废弃物排放的最小化（陆佳等，2007）。

16.2.2 循环经济的相关理论和基本模式

在循环经济出现之前，经济模式一直沿袭传统。相较于循环经济而言，传统经济的物质流动方向以单向流动为特征，呈现出一种"资源-产品-废弃污染物"的单向流动，这种方式在粗暴、无节制地获取自然资源为原材料的同时，也将生产完产品之后的废弃污染物不加处理地排放到空气、水源中，显然这种经济模式对资源的使用是粗放的、一次性的。循环经济则以物质循环闭环流动为流动方式，不仅注重"资源-产品-再生资源"的双向流动经济活动，而且注重"低消耗-高利用-低排放"的循环利用模式，这种经济模式在以资源来生产产品的同时，也注意将废弃物合理资源化，进行原材料的循环使用，并将最终的废弃物通过无污染的方式排放出来（张爱文等，2004）。

循环经济在实际过程中注重3R原则，即"减量化原则"（reduce）、"再使用原则"（reuse）、"再循环原则"（recycle）。其中，减量化原则是指从输入端入手，从源头开始把控原材料资源的使用，用较少的原材料来生产所需要的产品，强调"少用些、少用些、再少用些"的观念，在实际过程中，通过产品小型化和轻型化、产品包装的简单朴实等做法来达到减少废物排放的目的（黎倩雯等，2007）。再使用原则是指在过程中，立足延长物品在生产或消费过程中的使用时间，强调"用长些、用长些、再用长些"，其要求制造商在生产产品时尽量延长产品的使用期，并要求生产商将包装容器以初始形式反复使用而减少浪费（黎倩雯等，2007）。再循环原则是指在输出端时，致力于将废弃物再次变为资源而不是任其成为没有用处的废弃垃圾，从而最大限度地减少向环境排放废弃物，强调"少丢些、少丢些、再少丢些"（黎倩雯等，2007）。再循环大致分为两种情况：一是原级再循环，是指将废弃物用来生产出同类型的产品，如纸张生成再生纸（鄂平玲等，2016）等；二是次级再循环，是指将废弃资源转化为其他资源的原材料（孙佳等，2011）。3R原则是循环经济思想的基本体现，但3R原则的重要性并不是并列存在的（梁鸣等，2004），而是存在科学顺序的。近年来，国内外的一些学者，错误地将循环经济理解为废物综合利用（诸大建等，2016），但事实上对投入原材料以及产生废弃物的减量化才是循环经济的核心。循环经济的优先顺序为"减量化—再使用—再循环利用"，其中减量化原则是第一原则（优于再使用原则），其要求在输入端就开始进行控制，控制生产和消费对原材料的使用，是一种预防性措施，是减少废弃物产生和节约资源的最有效方法；再使用原则优于再循环原则，是一种在过程中不断进行控制的方法，其一方面要求尽量不产生废弃物，另一方面要求尽可能多地循环利用原材料；再循环原则是一种末端处理方式，相较于无害化处理，废物再生利用是一种更值得推崇的方式（韩庆利等，2006）。

循环经济的基本模式分为四种：工业园区模式、杜邦模式、循环型社会模式、回收再利用体系。工业园区模式，顾名思义，就是由众多工厂、企业构成的生态集群，园区内的各厂互相协作，部分资源共享。该模式最为典型的案例是丹麦卡伦堡工业园区：发电厂是其整个产业链的核心，即由发电厂向制药厂和炼油厂贡献它们在生产过程中所需要的热能，并向全镇居民进行供暖，从而在减少燃烧产生废弃物的同时实现了热能的多级循环（刘科呈等，2016；环球一瞥，2014）。与工业园区注重园区协作的概念不同，杜邦模式强调的是单个个体的工厂经营生产，其强调的是企业内部的循环经济，即企业内部的各个部门相互沟通协作，通过共享信息和合作的方式实现最大限度地减少资源消耗和废弃物排放，其中最具有代表性的就是杜邦公司（刘科呈等，2016）。循环型社会模式是指由政府、企业和公民三方共同合作并发展成循环经济社会：政府率先制定相关的法律法规，接着由企业发展新能源技术，大力推进节能减排观念，再通过使公众逐步养成循环经济的理念，回收废弃物、减少污染（刘科呈等，2016）。回收再利用体系是利用废弃物的回收中转站来实现可利用资源的再利用循环经济：将所有的生产厂商建立成一个网络，再将各类回收资源充分利用并进行分类，然后委派给其他的生产厂家进行分类加工。目前该体系最具有代表性的案例是德国的 GSD 体系（刘科呈等，2016）。

16.2.3 循环经济的特征要素和发展概况

循环经济的特征要素主要包含着以下几个方面：首先，循环经济本质上是一种生态经济，在考虑经济的单向线性流动的同时，将自然环境跟人类的生产生活活动统筹为一个有机整体。这种经济模式以节约利用自然资源、保护生态环境为基本目标，倡导在对资源的利用中实行最大程度的开发以及合理、持久的利用，并对资源实行低开采、高利用和低排放的做法，从以尽可能地将因生产生活而造成的污染及其对自然的损害降到最低，从而在实现经济不断增长的同时，环境质量也得到不断改善（谢翠玉等，2011）。其次，循环经济的核心是物质的"循环"。也就是说，循环经济产业链中一个经济单位产生的"废物"和副产品，是另一个经济单位的"营养物"和投入要素，从而倡导以资源节约循环利用为主要特征，提高资源的利用率，在产品全周期控制资源消耗（梁木梁等，2005；冯薇等，2010）。最后，循环经济体现了一种新的消费观，一方面，以传统工业经济为着手点，提倡物质的适应消费和层次消费，在消费的同时考虑到废弃物的资源化，从而建立循环生产和消费的观念意识；另一方面，以生活资源消费为着手点，限制生产生活中对不可再生一次性资源的消费，如过度浪费的外包装、一次性餐具餐盒和各种一次性用品等（李凤君等，2011）。

在循环型经济社会的发展过程中，德国和日本的发展较为成熟。德国早在第二次世界大战之后工业迅速崛起的同时，已逐渐意识到环境污染问题的严重性，其在1996年就颁布了《循环经济法》以促进垃圾的回收再利用，据2017年统计的数据，德国的生产行业产生的垃圾的回收利用率已超过了50%，部分行业甚至可达80%~90%（刘飞等，2017）。相较于德国而言，日本对循环经济的模式探索不同，其先通过制定相应的法律体系，然后通过法律制度来规范实施的行为。日本的循环经济发展模式先后经历了公害治理与能源节约、向循环经济模式过渡和循环经济模式正式建立这三个不同的发展阶段，日本还在不同的发展阶段提出了不同的法律制度，这使得其循环经济发展的立法十分完备，包括《大气污染防治法》《环境基本法》《循环型社会形成推进基本法》等（姜宛宜等，2021）。

中国在循环经济逐步发展的同时，也面临着许多问题。由于我国总体资源丰富但人均资源匮乏的整体国情，改革开放之后便逐步建立对废弃物的回收和循环利用的相关机制。但是，随着20世纪90年代国内工业的发展，工业污染以及对资源的大规模开采使得环保问题格外突出。由此在党的十六大上便提出要在2050年建立起人与自然和谐发展的循环型经济社会，提高总体生态质量，实现经济的可循环发展模式。同时，中国循环经济的发展也面临许多问题，包括公众对循环经济意识较低，尚未确立政府主导机制，缺乏科学合理的运作制度，等等（刘君等，2015）。

16.2.4　循环经济的保障路径和保障措施

实行绿色设计、推行循环经济，要求在产品设计中将经济效益、社会效益和环境效益统一起来，推行既能满足人们的需要又能合理使用自然资源和能源并保护环境的清洁生产方式。例如，为尽量减少废物而建立绿色工业园区，企业以消除和减少产品对生态环境的影响为中心而开展绿色营销，在发展循环经济的同时实施绿色管理，建立绿色技术体系，倡导绿色消费，等等

（王晓光等，2003）。

16.3 绿色与低碳经济

16.3.1 绿色与低碳经济概念

绿色经济是以市场为导向、以传统产业经济为基础、以经济与环境的和谐为目的而发展起来的一种新的经济形式，是产业经济为适应人类环保与健康需要而产生并表现出来的一种发展状态。绿色经济包括"效率、和谐、持续"为其目标体系，以"生态农业、循环工业、持续服务产业"为其结构，以"绿色经济、绿色新政、绿色社会"为其引导等内容（吕高琪等，2022；彭翔，2010）。在发展模式上，绿色经济以高新技术为支撑，使人与自然和谐相处，是可持续发展的经济，是市场化和生态化有机结合的经济，也是一种充分体现自然资源价值和生态价值的经济。绿色经济的基本特征是低消耗、低排放、低污染、高效率、高循环、高碳汇，强调发展过程中经济资本、社会资本和自然生态资本总和的不减少或持续增加（周惠军等，2011）。一方面，与传统企业产业经济破坏生态平衡、大量消耗能源与资源、损害人体健康相比，绿色经济拒绝损耗式经济，是以维护人类生存环境、合理保护资源与能源、有益于人体健康为特征的平衡式经济；另一方面，绿色经济是传统经济的有益补充，其不仅可以在传统制造业领域促进传统制造产业转型升级，而且可以培育出清洁能源、环保产业等新的经济业态，从而引领经济发展（万一孜等，2021）。

关于低碳经济的概念，众多专家学者从不同的角度对其进行了定义。目前我国较为通行的观点认为，低碳经济是指在可持续发展理念指导下，通过技术创新、制度创新、产业转型、新能源开发等多种手段，尽可能地减少煤炭、石油等高碳能源消耗，减少温室气体排放，从而达到经济社会发展与生态环境保护双赢的一种经济发展形态（徐兰君等，2015）。英国于2003年《笔者未来的能源——创建低碳经济》能源白皮书中率先提出，低碳经济主要是以"低能耗、低污染、低排放"为基础的经济模式，其实质是降低二氧化碳等温室气体排放，提高能源的利用效率和开发新清洁能源，其核心是技术的创新、制度的完善和可持续发展的理念（张敏等，2012）。低碳经济的主要特征是，它是以减少温室气体排放，构筑低能耗、低污染为基础的经济发展体系，包括低碳能源系统、低碳技术和低碳产业体系。低碳经济作为一种前沿的经济发展模式，还具有先进性、创新性和阶段性三种重要特征（徐南等，2010）。与传统产业经济相比，低碳经济有其自己独特的优势，能在节约资源、减少温室气体排放的同时，保持经济和社会发展的势头。

绿色经济和低碳经济之间既存在着密切联系，又存在各种各样的差别。一方面，它们都主张资源节约、减少资源消耗的经济，都是主张保护环境、减少环境污染的经济，都是主张人与自然和谐发展、以可持续发展为目标的经济，二者具有相同的系统观、发展观、生产观和消费观。但另一方面，二者的不同之处在于这样几点。一是提出的背景不同，低碳经济是人类为应对全球气候变暖，减少温室气体排放提出的经济模式；绿色经济是人类为了应对资源危机，减少人类对资源环境的破坏提出的经济模式。二是低碳经济是一种经济的发展形态，绿色经济是一种经济发展的核算方式；低碳经济侧重的是资源的温室气体排放，绿色经济侧重的是资源节约利用。三是低碳经济的考核指标是单位 GDP 的二氧化碳的排放量，是个量指标的考核；绿色经济是国内生产总值的核算方式，是总量指标的考核。四是目标不同，低碳经济的目标是减少了多少排放气体，绿色经济的目标是净增长了多少经济。

16.3.2 绿色与低碳经济理论

"绿色经济"的概念源自英国环境经济学家皮尔斯于 1989 年出版的《绿色经济蓝图》一书，其主张从政治和经济的统一角度，综合性地解决西方的社会问题与生态问题。其具体设想是，经济发展是自然环境和人类自身都可以承受的，不会因为盲目追求生产增长而无法继续发展。

最早出现"低碳经济"的政府文件是 2003 年的英国能源白皮书《我们能源的未来：创建低碳经济》。作为第一次工业革命的先驱和资源并不丰富的岛国，英国充分意识到了能源安全和气候变化的威胁，即其正从自给自足的能源供应走向主要依靠进口的时代，且气候变化的影响已经迫在眉睫。低碳经济属于经济学，是经济学的一个分支。其主要运用与经济学有关的知识以及原理平衡经济的发展与二氧化碳排放数量，进一步协调经济与环境的关系（陈素琴等，2014）。可持续发展理论中的高效资源利用与环境保护的思想为低碳经济之低消耗、低排放、低污染的发展理论奠定了重要的基础，从而成为低碳经济的主要基础理论；产业结构理论也是低碳经济的基础理论之一。例如，节能环保行业作为产业结构中的后起之秀，在整个产业结构中占据着越来越重要的地位。如何利用环保节能产业的发展优势，优化整个产业结构，促使整体产业结构呈现最优化状态，既是产业结构化理论的重要内容，也是低碳经济重点研究问题（陈素琴等，2014）。

16.3.3 绿色与低碳经济的管理问题与挑战

我国绿色经济现阶段的管理问题为：一方面，仅仅追求经济的增长，而无视自然资源的过度开发和浪费，导致环境中出现空气污染、大气污染、水污染海洋面积减少、土地荒漠化等种种问题；另一方面，基于人口规模庞大的现实，我国现阶段仍处于生态文明建设的关键期和攻坚期。同时，我国还面临因经济快速增长而导致的巨大环境破坏问题，且已遭破坏的生态环境在短期内无法完全得到恢复。当前，我国也还面临以煤炭为主题能源的资源结构调整、迫切需要提高资源利用率、绿色低碳环保型设施自主创新能力不足等各方面的挑战。

与此同时，我国现阶段低碳经济的管理目标为：一方面，积极承担环境保护责任，完成国家节能降耗指标的要求；另一方面，调整经济结构，提高能源利用效益，发展新兴工业，建设生态文明（胡俊，2010）。其面临的挑战有：我国的发展正处于能源需求快速增长的阶段，基础设施建设无法停止，能源结构中低碳能源匮乏，工业生产技术水平的落后加重了中国经济的对碳的使用，整体技术水平落后研发能力有限，等等（胡俊，2010）。

16.3.4 绿色与低碳经济的发展路径与保障措施

绿色经济的发展路径，包括发展理念绿色化、发展方式绿色化、产业结构绿色化、增长动力绿色化、效益评价绿色化等。低碳经济的发展路径，包括开发利用可再生能源、提高能源效率、做好能源运行管理以及全面实现电气化等。

绿色经济的保障措施包括：保证经济安全，解决更多的历史性和累积性生态环境问题，更注重包容和平衡，调整宏观经济和产业结构，以及实现整个经济链和产业链的绿化等（成丽娜等，2016）。低碳经济应进一步形成政府引导、央地互动、企业主体、市场调控、公众参与的发展机制；形成有利于低碳发展的法律法规、标准和政策体系；全面完善低碳发展的市场激励机制，加强低碳投融资机制建设；坚持低碳发展的对外开放和加大国际合作力度；等等。

16.4 可持续责任共担

16.4.1 国际环境公约

国际环境公约，是指国家与国家之间在开发、利用、保护和改善环境资源的活动中所产生的各种有约束力的原则、规章、规则、制度的总称。国际环境公约不断协调着世界各国的环境保护和经济生产活动，在保护生态环境、保护水资源、降低大气污染等方面做出了巨大贡献（刘一平等，2004）。我国已签署的国际环境公约，包括臭氧层保护、气候变化、生物多样性保护、海洋环境保护、湿地保护以及荒漠化防治等多个方面（中国化工环保协会，2010）。

16.4.2 应对新能源和气候变化的国际合作发展及现状分析

长期以来，世界各国都不断面临着化石燃料不断枯竭、气候不断恶化所带来的不利影响，其中，中国和一些西方国家已将目光聚焦于开发和振兴新能源产业上来。中国政府早在20世纪初就开始重视新能源产业的发展，美国在奥巴马就任期间也对新能源的发展施以了最大力度。2015年巴黎气候变化大会结束之后，中美两国在气候问题上呈现出进一步深化合作的势态（王华荣等，2018）。

近年来，鉴于新冠疫情暴发、世界局势的不稳定以及经济环境的复杂多变等原因，中国与欧洲国家的投资合作不断受到冲击，经多年谈判而制定的《中欧投资协定》也被欧洲议会于2021年进行了冻结。当然，尽管局势错综复杂，各界人士依然认为中欧在应对气候变化、发展新能源的进程中存在巨大的优势互补性（张莹莹等，2022）。

16.4.3 中国的可持续发展历程及在工业化道路中存在的问题

改革开放以来，中国不仅见证了全球可持续发展的历程，而且积极参与全球可持续发展的进程，大致可分为以下几个阶段：1972—1991年，中国处于环境保护的起步阶段，在落实"环境保护"基本国策的同时，也颁布了一系列诸如《环境保护法》、《水污染防治法》和《大气污染防治法》等法律法规；1992—2000年，我国确立了可持续发展的国家战略，并积极将其付诸实践；2001—2015年，我国基本实现了千年发展目标的具体指标，特别是在减贫方面的成效尤为瞩目；2015—2030年，全球可持续治理进入新的篇章，中国也在可持续发展方向迈入了新的阶段（陈迎等，2018）。

我国的工业化道路大致可分为传统型工业化道路和新型工业化道路两个阶段。从"一五"时期开始，我国开始走向传统工业化道路。一方面，传统工业化道路极大推动了我国工业化进程，实现了我国工业化的初级目标；另一方面，传统型工业化道路所带来的投资无节制增长、自然资源无节制开发利用等弊端，倒逼我国开始迈向新工业化发展道路（周鲁柱等，2006；门献敏等，2006）。新型工业化道路发展十多年以来，我国面临着新的问题和挑战，首先是工业化、信息化、城镇化和农业现代化之发展不同步，其次是高精尖的核心技术依然受制于人、自主创新能力不足，最后是新型工业化发展面临着严重的绿色壁垒问题，这大大影响到了我国的工业化进程（王蓉等，2016）。

16.4.4　中国"走出去"可持续发展战略的制定与挑战

"走出去"战略是我国对外开放基本国策中的重要组成部分。进入新时代，我国"走出去"的规模和效益不断提高，对外投资合作的比例大幅提升。当然，此举在为东道国提供新技术、新方法的同时，也造成了一定的工业污染、环境污染等方面的问题，这使得走出去可持续发展战略面临多项挑战。其中较为显著的有：绿色发展要求因地制宜发展经济，不可以环境污染为代价，但现实情况与之尚存一定差距；对外投资的地区和行业发展不平衡，导致局部环境问题突出；有部分企业责任意识淡薄，对环境保护投入不足，对东道主企业造成负面影响；政府监管不到位，缺乏有针对性的规范和约束；等等（刘婷等，2016）。这些问题，在下一步理论研究和实践过程中应当得到高度重视。

参考文献

[1] AEIC 学术交流中心. 资源的稀缺性 [EB/OL]. (2021-07-12) [2021-09-21]. https://www.keoaeic.org/8009/13207.

[2] 百度百科. 经济结构 [EB/OL]. (2021-01-18) [2021-09-21]. https://baike.baidu.com/item/%E7%BB%8F%E6%B5%8E%E7%BB%93%E6%9E%84/3385482?fr=aladdin.

[3] 陈英旭. 环境学 [M]. 北京: 中国环境科学出版社, 2001: 3-4.

[4] 陈光平, 魏焕奇. 煤矿井工开采导致的环境污染问题与治理分析 [J]. 清洗世界 2022 (8): 146-148.

[5] 程曦. 资源枯竭型地区转型中旅游发展问题研究 [D]. 桂林: 广西师范大学, 2021: 12.

[6] 柴嫄嫄, 刘艳萍. 农村人居环境与经济、资源的耦合协调性研究: 以中部六省为例 [J]. 湖北农业科学, 2022 (16): 219-225.

[7] 陈素琴. 低碳经济的理论基础及其经济学价值 [J]. 商业时代, 2014 (15): 29-30.

[8] 成丽娜. 经济新常态下推进绿色发展的意义、难点及保障措施 [J]. 民营科技, 2016 (9): 240.

[9] 陈迎. 可持续发展: 中国改革开放 40 年的历程与启示 [J]. 人民论坛·学术前沿, 2018 (20): 58-64.

[10] 鄂平玲, 叶晓楠. 中国再生纸需求将升温 [J]. 资源再生, 2010 (9): 22-24.

[11] 冯丹阳, 张强, 周美华. 生态文明视野下可持续发展的未来路径 [J]. 生态经济 2022 (5): 215-221.

[12] 胡俊. 关于发展低碳经济促进我国经济转型的思考 [J]. 上海商学院学报, 2010, 11 (5): 33-35, 45.

[13] 彭苏萍, 张博, 王佟. 我国煤炭资源"井"字形分布特征与可持续发展战略 [J]. 中国工程科学, 2015 (9): 29-35.

［14］付静，高雪岩．让中国矿产资源实现绿色持续健康发展［N］．世界金属导报，2020-08-11（B03）．

［15］范凤岩，任晓娟，柳群义．我国钢铁行业资源-环境-经济系统耦合协调分析［J］．中国矿业，2020，29（9）：1-8．

［16］冯薇．循环经济的理论基础、特征及内涵初探［J］．中国产业，2010（2）：20-23．

［17］高云霄．乡村振兴战略下农村生态环境问题研究［D］．石家庄：河北经贸大学，2022．

［18］国家统计局．工业经济总量稳步增长，用工人数有所下降［EB/OL］．（2019-12-06）［2021-08-27］．http：//www.stats.gov.cn/tjsj/zxfb/201912/t20191205_1715595.html．

［19］国家统计局．工业统计［EB/OL］．（2020-06-19）［2021-08-27］．http：//www.stats.gov.cn/tjzs/cjwtjd/201311/t20131105_455942.html．

［20］国家材料环境腐蚀平台．钢铁产业［EB/OL］．（2017-05-03）［2021-08-27］．http：//topic.ecorr.org/yj/hyjs/2017-05-03/3598.html．

［21］国家大气污染防治攻关联合中心．占据全国碳排放总量15%左右，钢铁行业将纳入全国碳市场［EB/OL］．（2021-06-28）［2021-08-27］．https：//www.163.com/dy/article/GDJEGP0C0514TVLI.html．

［22］浩飞龙，彭思尧，于婷婷，等．资源枯竭型城镇收缩特征及驱动机理研究：以长春市营城街道为例［J］．东北师大学报（自然科学版），2022（3）：115-122．

［23］何玉玲．"双循环"背景下民族地区经济可持续发展研究［D］．广州：广东技术师范大学，2022．

［24］佚名．环球一瞥：丹麦卡伦堡工业园［J］．资源再生，2014（5）：73-74．

［25］胡海青，张茜，王兆群，等．中国水利投资与经济社会可持续发展关系研究［J］．生态经济，2021（12）：163-169．

［26］韩峰，杨东，李玉，等．产业共生网络演化研究进展［J］．中国环境管理，2019，11（6）：113-120．

［27］韩庆利，王军．关于循环经济3R原则优先顺序的理论探讨［J］．环境保护科学，2006（2）：59-62．

［28］贾俊花．实用人力资源管理［M］．北京：清华大学出版社，2011：2．

[29] 贾玲宝. 农村经济可持续发展影响因素分析 [J]. 现代农业研究, 2022 (10): 22-24, 66.

[30] 江洪, 赵宝福. 碳排放约束下能源效率与产业结构解构、空间分布及耦合分析 [J]. 资源科学, 2015, 37 (1): 152-162.

[31] 姜宛宜, 朴春兰. 日本循环经济发展模式经验探讨 [J]. 现代商业, 2021 (27): 52-54.

[32] 李娜. 去产能背景下资源枯竭型煤炭企业转型发展路径探析 [J]. 商讯, 2021 (14): 87-88.

[33] 刘梦晴. 中国城市经济-资源-环境系统耦合协调发展研究 [D]. 上海: 华东师范大学, 2022.

[34] 李权. 我国资源型城市经济与环境协同发展机理及实现路径研究 [D]. 北京: 中国矿业大学, 2022.

[35] 刘剑平. 我国资源型城市转型与可持续发展研究 [D]. 长沙: 中南大学, 2007.

[36] 李腾, 李博, 屈伟, 等. 基于SE-DEA-IAHP方法的贵州省岩溶地区水资源可持续利用效率评价 [J]. 水资源与水工程学报, 2022 (2): 101-107.

[37] 李蕴峰, 陈卓, 雷海亮, 等. 黑龙江省生态足迹时空演变与生态可持续分析 [J]. 环境工程技术学报, 2022.

[38] 李青松. 基于乡村振兴视角下农村经济可持续性建设的路径研究 [J]. 农村经济与科技, 2022 (15): 38-40, 72.

[39] 刘妍心, 李华姣, 安海忠, 等. 基于"废钢回收"的中国钢铁产业链资源-经济-环境动态耦合研究 [J]. 资源科学, 2021, 43 (3): 588-600.

[40] 刘凯, 邹荟霞, 任建兰, 等. 中国城镇化与资源环境承载力耦合关系演变 [J]. 生态经济, 2017 (9): 4.

[41] 李南, 王旭辉, 韩国玥. 产业共生理论综述及在临港产业的应用前景 [J]. 水运管理, 2014, 36 (3): 15-17, 38.

[42] 刘浩. 产业间共生网络的演化机理研究 [D]. 大连: 大连理工大学, 2010.

[43] 黎倩雯, 张德伟. 循环经济的3R原则及应用 [J]. 中国电力企业管理, 2007 (13): 36-37.

[44] 刘科呈. 浅析循环经济发展的模式 [J]. 全国商情, 2016 (11): 82-83.

[45] 李凤君．浅析循环经济的原则和特征［J］．知识经济，2011（4）：40.

[46] 李俊夫．双碳背景下循环经济发展的机遇、挑战与策略［J］．现代管理科学，2022（4）：15-23.

[47] 李云燕．产业生态系统的构建途径与管理方法［J］．生态环境，2008（4）：1707-1714.

[48] 刘飞，张忠华．西方国家循环经济发展经验与启示［J］．北方经济，2017（2）：38-40.

[49] 刘君．中国循环经济发展浅议［J］．合作经济与科技，2015（24）：38-39.

[50] 刘一平，郭绍辉．浅析国际环境公约对石油工业的影响［J］．油气田环境保护，2004（3）：1-3，58.

[51] 刘婷，卢笛音，李霞．中国"走出去"可持续发展战略分析与政策建议［J］．环境与可持续发展，2016，41（6）：9-12.

[52] 佚名．绿色经济、循环经济与低碳经济［J］．资源再生，2021（8）：62-63.

[53] 陆佳．循环经济理念下的生态工业园规划实践：以深圳市宝安区为例［J］．城市规划学刊，2007（3）：66-71.

[54] 梁木梁，朱明峰．循环经济特征及其与可持续发展的关系［J］．华东经济管理，2005（12）：61-64.

[55] 吕高琪．浅谈绿色经济发展模式［J］．环渤海经济瞭望，2022（2）：153-155.

[56] 梁鸣，沈耀良．循环经济理念的发展与实践［J］．华中科技大学学报（城市科学版），2004（2）：107-110.

[57] 马一平．农业可持续发展下河南省粮食安全实现路径探析［J］．山西农经，2022（17）：104-106.

[58] 曼昆．经济学原理［M］．7版．梁小民，梁砾，译．北京：北大学出版社，2015.

[59] MBA智库．经济因素［EB/OL］．（2016-6-27）［2021-09-21］．https：//wiki.mbalib.com/wiki/%E7%BB%8F%E6%B5%8E%E5%9B%A0%E7%B4%A0#_note-0.

[60] 门献敏．我国新型工业化道路若干问题的思考［J］．商场现代化，2006（8）：288.

［61］OSGeo 中国中心．生态可持续的基本概念及内涵［EB/OL］．(2015-02-04)［2021-09-21］．https：//www.osgeo.cn/post/4689g.

［62］曲福田．可持续发展的理论与政策选择［M］．北京：中国经济出版社，2000：32-33.

［63］前瞻产业研究院．中国钢铁余热发电市场现状与发展趋势分析［R/OL］．(2019-02-01)［2021-08-27］．https：//www.qianzhan.com/analyst/detail/220/190131-06a23396.html.

［64］全国科学技术名词审定委员会．资源科学技术名词［M］．北京：科学出版社，2008.

［65］任腾，李姝萱，周忠宝，等．基于满意度 BLP-DEA 的区域可持续发展系统效率评价研究［J］．中国管理科学，2022（7）：99-109.

［66］施晓旺．城市安全、环境和观念与经济可持续发展的关系［J］．现代矿业，2021（6）：233-234，237.

［67］孙佳，王涛．利用农业废弃资源发酵制氢的研究进展［J］．现代化农业，2011（8）：41-42.

［68］檀菲菲，陆兆华，谢胜男．环渤海区域社会-经济-环境关系的PCA-VAR 分析［J］．安全与环境工程，2015（1）：11-17.

［69］唐静．基于产业共生理论的电子废弃物资源化共生网络构建研究［J］．中国国际财经（中英文），2016（24）：140-144.

［70］吴秀清．试论我国产业经济与人力资源培训［J］．统计与管理，2021，36（2）：75-79.

［71］王润珏．基于共生理论的大视听产业融合共生发展路径探析［J］．视听界，2022（2）：5-11.

［72］王晓光．发展循环经济的基本途径与对策研究［J］．软科学，2003（1）：31-33.

［73］万一孜，陈红．绿色理念下绿色经济发展的路径探究［J］．全国流通经济，2021（1）：122-124.

［74］王华荣．巴黎气候变化大会后中美新能源合作前景展望［J］．红河学院学报，2018，16（1）：97-101.

［75］王蓉．我国新型工业化道路的新成就、新问题与新发展［J］．岭南学刊，2016（2）：115-120.

［76］辛顺杰，连华，李文东．甘南大夏河流域生态环境问题识别与修复措施研究［J］．甘肃地质，2022（3）：80-85.

[77] 薛黎明，王豪杰，朱兵兵，等. 煤炭资源可持续力评价与系统协调发展分析 [J]. 经济地理，2020（1）：114-124.

[78] 新浪财经. 中国钢铁行业重组格局与路径探讨 [EB/OL]. (2021-02-22)［2021-08-27］. http：//finance.sina.com.cn/money/future/indu/2021-02-22/doc-ikftssap7992218.shtml.

[79] 许满兴. 大力推进中国高品质球团矿生产与发展 [J]. 矿业工程，2021，19（2）：43-48.

[80] 谢翠玉. 浅谈我国循环经济的原则与特征 [J]. 知识经济，2011（11）：79.

[81] 徐南，陆成林. 低碳经济内涵、特征及其宏观背景 [J]. 地方财政研究，2010（8）：73-75.

[82] 许新宇，王菲凤. 环境生态视角下的产业共生理论与实践研究进展 [J]. 环境科学与管理，2015，40（12）：1-3.

[83] 徐兰君，黄佩红，周磊. 低碳经济研究综述 [J]. 现代经济信息，2015（7）：13-14.

[84] 余劲松. 中国社会可持续发展研究 [D]. 合肥：安徽医科大学，2011.

[85] 余茜. 中国风电系统的经济可持续性研究 [D]. 昆明：云南大学，2021.

[86] 余春祥. 可持续发展的环境容量和资源承载力分析 [J]. 中国软科学，2004（2）：130-133，129.

[87] 姚丽霞. 采煤迹地植被不同保育模式的投入-产出与经济可持续性分析 [D]. 陕西：西北农林科技大学，2021.

[88] 杨旭明，朱建朋. 低碳经济的理论基础及其经济学价值 [J]. 现代经济信息，2016（4）：2.

[89] 张莹，李海峰. 政治经济学 [M]. 北京：人民邮电出版社，2011：3-4.

[90] 郑永琴. 资源经济学 [M]. 北京：中国经济出版社，2013：4-5.

[91] 王超军. 遥感时空信息熵及在延河流域生态可持续性分析中的应用 [D]. 北京：清华大学，2020.

[92] 伍芮，李成英. 基于三维生态足迹模型的西宁市生态可持续性研究 [J]. 攀登，2020（2）：83-88.

[93] 王伟中. 国际可持续发展战略比较研究 [M]. 北京：商务印书馆

出版社，2006：553-557.

[94] 张旭. 基于可持续发展理论的资源型城市人居环境综合评价研究[D]. 大连：辽宁师范大学，2021.

[95] 中国钢铁新闻网. 高质量发展的钢铁应有这"五种模样"[EB/OL].（2021-08-02）[2021-08-27]. http：//www.csteelnews.com/xwzx/jrrd/202108/t20210802_53082.html.

[96] 张兴. 自然资源管理中的生态产品价值实现机制探究[J]. 国土资源情报，2019（4）：3-9.

[97] 赵秋叶，施晓清，石磊. 国内外产业共生网络研究比较述评[J]. 生态学报，2016，36（22）：7288-7301.

[98] 周韧. 循环经济理念下绿色饲料产业的机遇和挑战[J]. 中国饲料，2022（2）：139-142.

[99] 郑秀君，王景伟. 循环经济理念下的废旧手机资源化模式探讨[J]. 生态经济，2014，30（2）：30-36，142.

[100] 张爱文，陈俊芳. 循环经济与传统经济理论比较研究[J]. 经济问题，2004（10）：7-9.

[101] 周惠军，高迎春. 绿色经济、循环经济、低碳经济三个概念辨析[J]. 天津经济，2011（11）：5-7.

[102] 张莹莹，刘诚. 中欧应对气候变化和加强新能源合作的设想及对策建议[J]. 中国能源，2022，44（1）：10-15，74.

[103] 周鲁柱，张伟，张根银. 对我国新型工业化基本问题的探讨[J]. 未来与发展，2006（7）：21-25.

[104] 张敏. 低碳经济综述[J]. 经济研究导刊，2012（31）：11-12.

[105] 诸大建. 循环经济发展进入新阶段[J]. 世界科学，2016（5）：1.

[106] 中华人民共和国国家发展和改革委员会. "十四五"循环经济发展规划[EB/OL].（2021-07-07）[2021-09-21]. https：//www.ndrc.gov.cn/xxgk/zcfb/ghwb/202107/t20210707_1285527.html?code=&state=123.

[107] 中国化工环保协会. 中国已经缔约或签署的国际环境公约（目录）[EB/OL].（2010-9-10）[2021-09-21]. http：//www.cciepa.org.cn/html/1201/15537393.shtml.

[108] AKANE T. Japan's steel scrap exports under pressure. Nikkei AsianReview[EB/OL].[2020-07-13]. https：//asia.nikkei.com/Business/

Markets/Commodities/Japan-s-steel-scrap-exports-under-pressure.

[109] ARIKEN M, ZHANG F, LIU K, et al. Coupling coordination analysis of urbanization and eco-environment in Yanqi Basin based on multi-source remote sensing data [J]. Ecological indicators, 2020 (114): 106331.

[110] AGHABOZORGIF, KHAYYAMBASHI M R. A new similarity measure for link prediction based on local structures in social networks [J]. Physica a statistical mechanics & its applications, 2018 (501).

[111] ADLERG, MAGUD N E, WERNER A, et al. Terms-of-trade cycles and external adjustment [J]. International review of economics & finance, 2017 (54).

[112] ASKARIFARDM, ABBASIANJAHROMI H, SEPEHRI M, et al. A robust multi-objective optimization model for project scheduling considering risk and sustainable development criteria [J]. Environment development and sustainability, 2021, 1 (4): 1-31.

[113] ARENSM, HMAN M, VOGL V. Which countries are prepared to green their coal-based steel industry with electricity?: Reviewing climate and energy policy as well as the implementation of renewable electricity [J]. Renewable and sustainable energy reviews, 2021, 143 (47): 110938.

[114] ARTUZO F D, ALLEGRETTI G, SANTOS O, et al. Emergy unsustainability index for agricultural systems assessment: a proposal based on the laws of thermodynamics [J]. Science of the total environment, 2020 (759): 143524.

[115] ALLEGRINI E, VADENBO C, BOLDRIN A, et al. Life cycle assessment of resource recovery from municipal solid waste incineration bottom ash [J]. Journal of environmental management, 2015 (151): 132-143.

[116] ABíN R, LACA A, et al. Environmental assesment of intensive egg production: A Spanish case study [J]. Journal of cleaner production, 2018 (179): 160-168.

[117] AMIT KUMAR YADAV, CHANDEL S S. Identification of relevant input variables for prediction of 1-minute time-step photovoltaic module power using Artificial Neural Network and Multiple Linear Regression Models [J]. Renewable & sustainable energy reviews, 2017 (77): 955-969.

[118] BJØRN A, SIM S, KING H, et al. Challenges and opportunities

towards improved application of the planetary boundary for land-system change in life cycle assessment of products [J]. Science of the total environment, 2019 (696): 133964.

[119] BURCHART-KOROL D. Significance of environmental life cycle assessment (LCA) method in the iron and steel industry [J]. Metalurgija-zagreb, 2011, 50 (3): 205.

[120] BELLONE F, MUSSO P, NESTA L, et al. International trade and firm-level markups when location and quality matter [J]. Working papers, 2014, 16 (1): 37-59.

[121] BLEISCHWITZ R, NECHIFOR V, WINNING M, et al. Extrapolation or saturation – Revisiting growth patterns, development stages and decoupling [J]. Global environmental change, 2018 (48): 86-96.

[122] BIONDI Y, RIGHI S. What does the financial market pricing do? a simulation analysis with a view to systemic volatility, exuberance and vagary [J]. Journal of economic interaction & coordination, 2016, 11 (2): 175-203.

[123] BITTNER H J, GUIXÀ-GONZÁLEZ R, HILDEBRAND P W. Structural basis for the interaction of the beta-secretase with copper [J]. Biochimbiophys acta, 2018, 1860 (5): 1105-1113.

[124] BLÁZQUEZ L, GONZÁLEZ-DÍAZ B. International automotive production networks: how the web comes together [J]. Journal of economic interaction & coordination, 2013, 11 (1): 119-150.

[125] BRADLEY S, DAUCHY E, HASEGAWA M. Investor valuations of japan's adoption of a territorial tax regime: quantifying the direct and competitive effects of international tax reform [J]. school of economics working paper series, 2014.

[126] BLIŽŇÁK V, SOKOL Z, ZACHAROV P. Nowcasting of deep convective clouds and heavy precipitation: comparison study between NWP model simulation and extrapolation [J]. Atmospheric research, 2017 (184): 24-34.

[127] BAGHBAN A, BAHADORI M, ROZYN J, et al. Estimation of air dew point temperature using computational intelligence schemes [J]. Applied thermal engineering, 2016, 93 (4): 1043-1052.

[128] BANERJEE T, NAYAK A. Multinational investments and product sophistication [J]. Economics letters, 2017 (161).

[129] BHARGAVA G, PATRA L, PAI S, et al. A study on microstructure, texture and precipitation evolution at different stages of steel processing in interstitial free high strength steels [J]. Transactions of the indian institute of metals, 2017, 70 (3): 1-7.

[130] BLUSZCZ A. European economies in terms of energy dependence [J]. Quality & quantity, 2017, 51 (4): 1531-1548.

[131] BUNAZIV I, FROSTEVARG J, AKSELSEN O M, et al. Process stability during fiber laser-arc hybrid welding of thick steel plates [J]. Optics & lasers in engineering, 2018 (102).

[132] BAIDUBAIKE. BOF steelmakingprocess [EB/OL]. (2022-10-18) [2023-07-07]. https：//baike.baidu.com/item/BOF%E6%B3%95/7122508? fr=ge_ ala.

[133] BAIDUBAIKE. Open hearth steelmakingprocess [EB/OL]. (2022-04-13) [2023-07-07]. https：//baike.baidu.com/item/%E5%B9%B3%E7%82%89%E7%82%BC%E9%92%A2%E6%B3%95/7396039? fr=ge_ ala.

[134] BAMBOOTECH. Concrete reinforced with bamboo can replace steel in developingcountries. (2016-04-08) [2023-07-07]. https：//constructionclimatechallenge.com/2016/04/08/concrete-reinforced-with-bamboo-can-replace-steel-in-developing-countries.

[135] BHATTACHARYYA D, PADHEE P R, DAS P K, et al. Data-driven bi-objective genetic algorithms evonn applied to optimize dephosphorization process during secondary steel making operation for producing LPG (liquid petroleum gas cylinder) grade of steel [J]. Steel research international, 2018, 89 (8): 1800095.

[136] BROWN M T, ULGIATI S. Emergy measures of carrying capacity to evaluate economic investment [J]. Population & environment. 2001, 22 (5), 471-501.

[137] BROWN M T, ULGIATI S. Emergy analysis and environmental accounting [J]. Encyclopedia of energy, 2004a: 329-354.

[138] BROWN M T, ULGIATI S. Energy quality, emergy, and transformity: H. T. Odum's contributions to quantifying and understanding systems [J]. Ecological modelling, 2004b, 178 (1-2): 201-213.

[139] BROWN M T, ULGIATI S. Labor and Services as Information Carriers in Emergy-LCA Accounting [J]. Journal of environmental accounting and management, 2014, 2 (2), 163-170.

[140] BROWN M T, ULGIATI S. Emergy assessment of global renewable sources [J]. Ecological modelling, 2016a (339): 148-156.

[141] BROWN M T, CAMPBELL D E, Vilbiss C D, et al. The geobiosphereemergy baseline: a synthesis [J]. Ecological modelling, 2016b: 92-95.

[142] BUONOCORE E, MELLINO S, DE ANGELIS G, et al. Life cycle assessment indicators of urban wastewater and sewage sludge treatment [J]. Ecological indicators, 2018 (94): 13-23.

[143] CAO Y, WAN N, ZHANG H, et al. Linking environmental regulation and economic growth through technological innovation and resource consumption: Analysis of spatial interaction patterns of urban agglomerations [J]. Ecological indicators, 2020, 112 (5): 106062.

[144] CARRE A, CROSSIN E, CLUNE S. LCA of Kerbside recycling in Victoria [J]. Report for sustainability victoria. rmit university centre for design, melbourne, 2013.

[145] CHANDRA P. Impact of temporary trade barriers: evidence from China [J]. China economic review, 2016 (38): 24-48.

[146] CHEVALLIER J, PEN Y L, SÉVI B. Options introduction and volatility in the EU ETS [J]. Resource & energy economics, 2011, 33 (4): 855-880.

[147] CHI W, BROOKS R D, BISSOONDOYALBHEENICK E. Volatility spillover between the Chinese and Australian stock markets [J]. Social science electronic publishing, 2018.

[148] CURRAN L, MAIZA A. Here There Be Dragons? Analysis of the Consequences of Granting Market Economy Status to China [J]. Journal of world trade, 2016, 50 (6): 1029-1060.

[149] CHAKRABORTY S, DAS S. K-means clustering with a new divergence-based distance metric: convergence and performance analysis [J]. Pattern recognition letters, 2017 (100): 67-73.

[150] CHEN S, FU X, CHU M, et al. Life cycle assessment of the

comprehensive utilisation of vanadium titano - magnetite. Journal of Cleaner Production, 2015 (101): 122-128.

[151] CHEN W, LEI Y, JIANG Y. Influencing factors analysis of China's iron import price: Based on quantile regression model [J]. Resources policy, 2016 (48): 68-76.

[152] CHEN S, LI M, ZHANG Q, et al. Study on the oil Import/Export quota allocation mechanism in China by using a dynamic game - theoretic model [J]. Energy procedia, 2017, 105: 3856-3861.

[153] CHEN S, RICHER - DE - FORGES A C, SABY N P A, et al. Building a pedotransfer function for soil bulk density on regional dataset and testing its validity over a larger area [J]. Geoderma, 2018a (312): 52-63.

[154] CHEN Q, WENG X. Information flows between the US and China's agricultural commodity futures markets: based on VAR - BEKK - Skew - t model [J]. Emerging markets finance and trade, 2018b, 54 (1): 71-87.

[155] CHISALITA D A, PETRESCU L, COBDEN P, et al. Assessing the environmental impact of an integrated steel mill with post-combustion CO_2 capture and storage using the LCA methodology [J]. Journal of cleaner production, 2019 (211): 1015-1025.

[156] CFI TEAM. What isEconomics [EB/OL]. (2022 - 08 - 21) [2022 - 09 - 21]. https://corporatefinanceinstitute.com/resources/economics/what-is-economics/.

[157] CORCELLI F, RIPA M, LECCISI E, et al. Sustainable urban electricity supply chain - Indicators of material recovery and energy savings from crystalline silicon photovoltaic panels end-of-life [J]. Ecological indicators, 2018 (94): 37-51.

[158] CHUAI X, GAO R, HUANG X, et al. The embodied flow of built-up land in China's interregional trade and its implications for regional carbon balance [J]. Ecological economics, 2021, 184 (4): 106993.

[159] CRISTIANO S, ULGIATI S, GONELLA F. Systemic sustainability and resilience assessment of health systems, addressing global societal priorities: Learnings from a top nonprofit hospital in a bioclimatic building in Africa [J]. Renewable and sustainable energy reviews, 2021 (141): 110765.

[160] CHO E, ARHONDITSIS G B, KHIM J, et al. Modeling metal -

sediment interaction processes: Parameter sensitivity assessment and uncertainty analysis [J]. Environmental modelling & software, 2016 (80): 159-174.

[161] CHERTOW M R. Industrial symbiosis: literature and taxonomy [J]. Annual review of energy and the environment, 2000 (25): 313-337.

[162] DEHGHANI H, BOGDANOVIC D. Copper price estimation using bat algorithm [J]. Resources policy, 2017 (55): 55-61.

[163] DONG M, HE J. Linking the past to the future: A reality check on cross-border timber trade from Myanmar (Burma) to China [J]. Forest policy & economics, 2018 (87): 11-19.

[164] DONG B, XU Y, LI Q. Carbon transfer under China's inter-provincial trade: Evaluation and driving factors [J]. Sustainable production and consumption, 2022 (32): 378-392.

[165] DA NIEL C, LU H. Emergy evaluation of formal education in the United States: 1870 to 2011 [J]. Systems, 2014, 2 (3): 328-328.

[166] DARAC, HACHEM-VERMETTE C, ASSEFA G. Life cycle assessment and life cycle costing of container-based single-family housing in Canada: A case study [J]. Building and environment, 2019 (163): 106332.

[167] DERWENT R G. Monte Carlo analyses of the uncertainties in the predictions from global tropospheric ozone models: Tropospheric burdens and seasonal cycles [J]. Atmospheric environment, 2020 (231): 117545.

[168] EMON M A B, MANZUR T, YAZDANI N. Improving performance of light weight concrete with brick chips using low cost steel wire fiber [J]. Construction & building materials, 2016 (106): 575-583.

[169] EUROFER. The European steel association [EB/OL]. [2023-07-07]. https://www.eurofer.eu/statistics/.

[170] FERREIRA H, LEITE M G P. A Life Cycle Assessment study of iron ore mining [J]. Journal of Cleaner Production, 2015 (108): 1081-1091.

[171] FRICKE D, LUX T. The effects of a financial transaction tax in an artificial financial market [J]. Journal of economic interaction & coordination, 2015, 10 (1): 119-150.

[172] FRITSCH M, WYRWICH M. The effect of entrepreneurship on economic development: an empirical analysis using regional entrepreneurship culture [J]. Journal of economic geography, 2017, 17 (1): 157-189.

[173] FISCHEDICK M, MARZINKOWSKI J, WINZER P, et al. Techno-economic evaluation of innovative steel production technologies [J]. Journal of cleaner production, 2014, 84 (1): 563-580.

[174] FU X, UELAND S M, OLIVETTI E. Econometric modeling of recycled copper supply [J]. Resources conservation & recycling, 2017 (122): 219-226.

[175] FAN S, YAN J, SHA J. Innovation and economic growth in the mining industry: Evidence from China's listed companies [J]. Resources policy, 2017, 54: 25-42.

[176] FARAJ M, SAMSURI F, ABDALLA A, et al. Adaptive neuro-fuzzy inference system model based on the width and depth of the defect in an eddy current signal [J]. Applied sciences, 2017, 7 (7): 668.

[177] GUAN D, GAO W, SU W, et al. Modeling and dynamic assessment of urban economy - resource - environment system with a coupled system dynamics-geographic information system model [J]. Ecological indicators, 2011, 11 (5): 1333-1344.

[178] GAO X, FANG W, AN F, et al. Detecting method for crude oil price fluctuation mechanism under different periodic time series [J]. Applied energy, 2017 (192): 201-212.

[179] GAGLIARDI L, LEMOS S. Evidence on immigrants' assimilation into recipient labour markets using UK longitudinal data between 1981 and 2006 [J]. Journal of economic geography, 2016, 16 (3): 621-670.

[180] GOMES O. Heterogeneous wage setting and endogenous macro volatility [J]. Journal of economic interaction and coordination, 2017, 12 (1): 27-57.

[181] GIULIODORI D, RODRIGUEZ A. Analysis of the stainless steel market in the EU, China and US using co-integration and VECM [J]. Resources policy, 2015, 44 (June): 12-24.

[182] GHOLAMI A, BONAKDARI H, EBTEHAJ I, et al. Uncertainty analysis of intelligent model of hybrid genetic algorithm and particle swarm optimization with ANFIS to predict threshold bank profile shape based on digital laser approach sensing [J]. Measurement, 2018 (121): 294-303.

[183] GONÇALVES D N S, GONÇALVES C D M, ASSIS T F D, et al. Analysis of the difference between the euclidean distance and the actual road

distance in Brazil [J]. Transportation research procedia, 2014 (3): 876-885.

[184] GUTHRIE R I L, ISAC M M. Conventional and near net shape casting options for steel sheet [J]. Ironmaking & steelmaking, 2016, 43 (9): 650-658.

[185] GARCíA S G, MONTEQUíN V R, FERNáNDEZ R L, et al. Evaluation of the synergies in cogeneration with steel waste gases based on life cycle assessment: a combined coke oven and steelmaking gas case study [J]. Journal of cleaner production, 2019 (217): 576-583.

[186] GOEDKOOP M, HEIJUNGS R, HUIJBREGTS M, et al. Report I: Characterisation. ReCiPe a life cycle impact assess method which comprises harmon [J]. Categ. indic. midpoint endpoint lev, 2009 (132).

[187] GENG Y, TIAN X, SARKIS J, et al. China-USA trade: indicators for equitable and environmentally balanced resource exchange [J]. Ecological economics, 2017 (132): 245-254.

[188] GB A, JM A, KWSA B, et al. Uncertainties in macroeconomic assessments of low-carbon transition pathways: the case of the European iron and steel industry [J]. Ecological economics, 2020 (172): 106631.

[189] HEDBERG J, FRANSSON K, PRIDEAUX S, et al. Improving the life cycle impact assessment of metal ecotoxicity: importance of chromium speciation, water chemistry, and metal release [J]. Sustainability, 2019, 11 (6): 1655.

[190] HOU W, LIU H, WANG H, et al. Structure and patterns of the international rare earths trade: a complex network analysis [J]. Resources policy, 2018 (55): 133-142.

[191] HEIN O, SCHWIND M, SPIWOKS M. Frankfurt artificial stock market: a microscopic stock market model with heterogeneous interacting agents in small-world communication networks [J]. Journal of economic interaction and coordination, 2008, 3 (1): 59-71.

[192] HARRIS D R, WOODWARD, J. Arthur. Kaiser's Little Jiffy, Mark IV for a Small Computer Using Basic Fortran IV [J]. Journal of educational & psychological measurement, 1974, 34 (1): 119-120.

[193] HE J, WU J, LI H. Hedging house price risk in China [J]. Real estate economics, 2017a, 45 (1): 177-203.

[194] HE K, CHEN Y, TSO G K F. Price forecasting in the precious metal market: a multivariate EMD denoising approach [J]. Resources policy, 2017b (54): 9-24.

[195] HE X, KIM H, WALLINGTON T, et al. Cradle-to-gate greenhouse gas (GHG) burdens for aluminum and steel production and cradle-to-grave GHG benefits of vehicle lightweighting in China [J]. Resources conservation and recycling, 2020 (152): 104497.

[196] HU R, ZHANG C. Discussion on energy conservation strategies for steel industry: based on a Chinese firm [J]. Journal of cleaner production, 2017 (166): 66-80.

[197] HASANBEIGI A, ARENS M, CARDENAS J C R, et al. Comparison of carbon dioxide emissions intensity of steel production in China, Germany, Mexico, and the United States [J]. Resources, conservation and recycling, 2016 (113): 127-139.

[198] HAN M Y, SHAO L, LI J S, et al. Emergy-based hybrid evaluation for commercial construction engineering: a case study in BDA [J]. Ecological indicators, 2014 (47): 179-188.

[199] HELD M, ROSAT N, GEORGES G, et al. Lifespans of passenger cars in Europe: empirical modelling of fleet turnover dynamics [J]. European transport research review, 2021 (13): 1-13.

[200] HUANG S, AN H, VIGLIA S, et al. Revisiting China-Africa trade from an environmental perspective [J]. Journal of cleaner production, 2017 (167): 553-570.

[201] HAO Y, ZHANG Z Y, YANG C, et al. Does structural labor change affect CO_2 emissions? theoretical and empirical evidence from China [J]. Technological forecasting and social change, 2021 (171): 120936.

[202] IGNATIUS PANG C N, GOEL A, WILKINS M R. Investigating the network basis of negative genetic interactions in saccharomyces cerevisiae with integrated biological networks and triplet motif analysis [J]. Journal of proteome research, 2018, 17 (3): 1014-1030.

[203] ITZHACK R, MOGILEVSKI Y, LOUZOUN Y. An optimal algorithm for counting network motifs [J]. Physica a: statistical mechanics and its applications, 2007 (381): 482-490.

[204] IORDAN C M, VERONES F, CHERUBINI F. Integrating impacts on climate change and biodiversity from forest harvest in Norway [J]. Ecological indicators, 2018, 89: 411-421.

[205] JINGHUA CUI. Research on resource tax and fee system [M]. Beijing: China financial and economic publishing house, 2014 (200).

[206] JIANG J, FORTENBERY T R. El Nino and La Nina induced volatility spillover effects in the US soybean and water equity markets [J]. Applied economics, 2019, 51 (11): 1133-1150.

[207] JIANG P, LIU F, SONG Y. A hybrid Multi-Step model for forecasting day-ahead electricity price based on optimization, fuzzy logic and model selection [J]. Energies, 2016, 9 (8).

[208] JANG J S R. ANFIS: adaptive-network-based fuzzy inference system [J]. IEEE trans on smc, 1993, 23 (3): 665-685.

[209] KOVANDA J, VAN DE SAND I, SCHüTZ H, et al. Economy-wide material flow indicators: Overall framework, purposes and uses and comparison of material use and resource intensity of the Czech Republic, Germany and the EU-15 [J]. Ecological indicators, 2012 (17): 88-98.

[210] KHALFAOUI R, BOUTAHAR M, BOUBAKER H. Analyzing volatility spillovers and hedging between oil and stock markets: Evidence from wavelet analysis [J]. Energy economics, 2015 (49): 540-549.

[211] KAYANI G M, XIAOFENG H, GULZAR S. Global financial crisis: an EGARCH approach to examine the spillover effect on emerging financial markets [J]. Journal of applied sciences, 2014, 14 (20): 2622-2627.

[212] KANG Z Y, LI K, QU J. The path of technological progress for China's low-carbon development: Evidence from three urban agglomerations [J]. Journal of cleaner production, 2018, 178: 644-654.

[213] KATTA A K, DAVIS M, KUMAR A. Assessment of greenhouse gas mitigation options for the iron, gold, and potash mining sectors [J]. Journal of cleaner production, 2020 (245): 118718.

[214] KAYET N, PATHAK K, CHAKRABARTY A, et al. Assessment of foliar dust using hyperion and landsat satellite imagery for mine environmental monitoring in an open cast iron ore mining areas [J]. Journal of cleaner production, 2019 (218): 993-1006.

［215］KHAKHINA L. Review article evolutionary significance of symbiosis: development of the symbiogenesis concept ［J］. Symbiosis, 1993.

［216］LIU Z. Human capital externalities in cities: evidence from Chinese manufacturing firms ［J］. Jurnal of economic geography, 2014, 14 (3): 621-649.

［217］LIU X, AN H, HUANG S, et al. The evolution of spillover effects between oil and stock markets across multi-scales using a wavelet-based GARCH-BEKK model ［J］. Physica a: statistical mechanics and its applications, 2017a (465): 374-383.

［218］LIU X, AN H, LI H, et al. Features of spillover networks in international financial markets: evidence from the G20 countries ［J］. Physica a: statistical mechanics and its applications, 2017b, 479: 265-278.

［219］LIU Y, LI H, GUAN J, et al. Influence of different factors on prices of upstream, middle and downstream products in China's whole steel industry chain: based on adaptive neural fuzzy inference system ［J］. Resources policy, 2019a (60): 134-142.

［220］LIU Y, LI H, GUAN J, et al. The role of the world's major steel markets in price spillover networks: an analysis based on complex network motifs ［J］. Journal of economic interaction and coordination, 2019b (14): 697-720.

［221］LIU Y, YANG L, JIANG W. Coupling coordination and spatiotemporal dynamic evolution between social economy and water environmental quality - A case study from Nansi Lake catchment, China ［J］. Ecological indicators, 2020a (119): 106870.

［222］LIU Y, LI H, HUANG S, et al. Environmental and economic-related impact assessment of iron and steel production: a call for shared responsibility in global trade ［J］. Journal of cleaner production, 2020b (269): 122239.

［223］LIU C, YANG M. An empirical analysis of dynamic changes in ecological sustainability and its relationship with urbanization in a coastal city: The case of Xiamen in China ［J］. Journal of cleaner production, 2020c (256): 120482.

［224］LIU X, GUO P, NIE L. Applying emergy and decoupling analysis to assess the sustainability of China's coal mining area ［J］. Journal of cleaner production, 2020d (243): 118577.

[225] LIU Y, LI H, AN H, et al. Are the environmental impacts, resource flows and economic benefits proportional? Analysis of key global trade routes based on the steel life cycle [J]. Ecological indicators, 2021a, 122 (3): 107306.

[226] LIU Z, WANG S, XUE B, et al. Emergy-based indicators of the environmental impacts and driving forces of non-point source pollution from crop production in China [J]. Ecological indicators, 2021b (121): 107023.

[227] LONDOÑO N A C, VELáSQUEZ H I, MCINTYRE N. Comparing the environmental sustainability of two gold poduction methods using integrated Emergy and Life Cycle Assessment [J]. Ecological indicators, 2019 (107): 105600.

[228] LV W, SUN Z, SU Z. Life cycle energy consumption and greenhouse gas emissions of iron pelletizing process in China, a case study [J]. Journal of cleaner production, 2019 (233): 23314-1321.

[229] LI M X, PALCHYKOV V, JIANG Z Q, et al. Statistically validated mobile communication networks: the evolution of motifs in European and Chinese data [J]. New journal of physics, 2014, 16 (083038): 1037-1092.

[230] LI Q, FU Z. Identifying the scale-dependent motifs in atmospheric surface layer by ordinal pattern analysis [J]. Communications in nonlinear science and numerical simulation, 2018 (60): 50-61.

[231] LI W, YI P. Assessment of city sustainability: coupling coordinated development among economy, society and environment [J]. Journal of cleaner production, 2020 (256): 120453.

[232] LI W, LONG R, ZHANG L, et al. How the uptake of electric vehicles in China leads to emissions transfer: An analysis from the perspective of inter-provincial electricity trading [J]. Sustainable production and consumption, 2021a (28): 1006-1017.

[233] LI H, YAO X, TACHEGA M A, et al. Technology selection for hydrogen production in China by integrating emergy into life cycle sustainability assessment [J]. Journal of cleaner production, 2021b (39): 126303.

[234] LU Y, YANG L, LIU L. Volatility spillovers between crude oil and agricultural commodity markets since the financial crisis [J]. Sustainability, 2019, 11 (2): 396.

[235] LAWRENCE K, NEHRING M. Market structure differences impacting Australian iron ore and metallurgical coal industries [J]. Minerals, 2015, 5 (3):

473-487.

[236] LIAO X, PENG J, ZHANG L, et al. Enhanced carbothermic reduction of ilmenite placer by additional ferrosilicon [J]. Journal of alloys and compounds, 2017 (708): 1110-1116.

[237] LEAO S, ROUX P, LOISEAU E, et al. Prospective water supply mix for life cycle assessment and resource policy support: assessment of forecasting scenarios accounting for future changes in water demand and availability [J]. Environmental science & technology, 2019, 53 (3): 1374-1384.

[238] LEE K, KI J H. Rise of latecomers and catch-up cycles in the world steel industry [J]. Research policy, 2017, 46 (2): 365-375.

[239] LIANG L, WANG Y, RIDOUTT B G, et al. Agricultural subsidies assessment of cropping system from environmental and economic perspectives in North China based on LCA [J]. Ecological indicators, 2019 (96): 351-360.

[240] LIANG L, LAL R, RIDOUTT B G, et al. Life cycle assessment of China's agroecosystems [J]. Ecological indicators, 2018, 88: 341-350.

[241] LIANG Y, SHI K, WANG L, et al. Local government debt and firm leverage: evidence from China [J]. Social science electronic publishing, 2017, 12 (2): 233-234.

[242] LEE S H, TANIGUCHI M, MASUHARA N, et al. Analysis of industrial water-energy-labor nexus zones for economic and resource-based impact assessment [J]. Resources conservation and recycling, 2021, 169 (4): 105483.

[243] LING-CHIN J, ROSKILLY A P. Investigating a conventional and retrofit power plant on-board a Roll-on/Roll-off cargo ship from a sustainability perspective: a life cycle assessment case study [J]. Energy conversion and management, 2016 (117): 305-318.

[244] LEITE R, TEIXEIRA A A C. Innovation diffusion with heterogeneous networked agents: a computational model [J]. Journal of economic interaction and coordination, 2012 (7): 125-144.

[245] LIN L, LI J. Analysis on the coupling relationship and coordinated development between the construction of ethnic minority tourist towns and the tourism Industry [J]. Sustainability, 2021 (13).

[246] MA S, WEN Z, CHEN J, et al. Mode of circular economy in China's iron and steel industry: a case study in Wu'an city [J]. Journal of cleaner

production, 2014 (64): 505-512.

[247] MA Y. Iron ore spot price volatility and change in forward pricing mechanism [J]. Resources policy, 2013, 38 (4): 621-627.

[248] MA X, YE L, QI C, et al. Life cycle assessment and water footprint evaluation of crude steel production: a case study in China [J]. Journal of environmental management, 2018a (224): 10-18.

[249] MA F, ENEJI A E, WU Y. An evaluation of input-output Value for sustainability in a Chinese steel production system based on emergy analysis [J]. Sustainability, 2018b, 10 (12): 4749.

[250] MAMIPOUR S, YAHOO M, JALALVANDI S. An empirical analysis of the relationship between the environment, economy, and society: Results of a PCA-VAR model for Iran [J]. Ecological indicators, 2019 (102): 760-769.

[251] MALUCK J, DONNER R V. A network of networks perspective on global trade [J]. PloS one, 2015, 10 (7): e0133310.

[252] MALUCK J, DONNER R V, TAKAYASU H, et al. Motif formation and industry specific topologies in the Japanese business firm network [J]. Journal of statistical mechanics: theory and experiment, 2017, 2017 (5): 053404.

[253] MUMTAZ M Z, SMITH Z A. Estimation of the spillover effect between patents and innovation using the GARCH-BEKK model [J]. Pacific economic review, 2017, 22 (5): 772-791.

[254] MAKSIMOVIĆ G, MILOSAVLJEVIĆ V, ĆIRKOVIĆ B, et al. Analyzing of economic growth based on electricity consumption from different sources [J]. Physica a statistical mechanics & its applications, 2017 (484): 37-40.

[255] MOHAMMADI K, SHAMSHIRBAND S, PETKOVIĆ D, et al. Determining the most important variables for diffuse solar radiation prediction using adaptive neuro-fuzzy methodology; case study: city of Kerman, Iran [J]. Renewable & sustainable energy reviews, 2016 (53): 1570-1579.

[256] MOSTAFAEI M. Prediction of biodiesel fuel properties from its fatty acids composition using ANFIS approach [J]. Fuel, 2018, 229: 227-234.

[257] MALLICK S, MARQUES H. Export prices, selection into exporting and market size: evidence from China and India [J]. International business review, 2017 (26): 1034-1050.

[258] MAYES W M, RILEY A L, GOMES H I, et al. Atmospheric CO_2 sequestration in iron and steel slag: Consett, County Durham, United Kingdom [J]. Environmental science & technology, 2018, 52 (14): 7892-7900.

[259] MALONE S M, WEISSBURG M J, BRAS B. Industrial ecosystems and food webs: An ecological-based mass flow analysis to model the progress of steel manufacturing in China [J]. Engineering, 2018, 4 (2): 209-217. ying

[260] NORGATE T, HAQUE N. Energy and greenhouse gas impacts of mining and mineral processing operations [J]. Journal of cleaner production, 2010, 18 (3): 266-274.

[261] NIEH C C, YAU H Y, HUNG K, et al. Cointegration and causal relationships among steel prices of Mainland China, Taiwan, and USA in the presence of multiple structural changes [J]. Empirical economics, 2013, 44 (2): 545-561.

[262] NAKAJIMA K, NANSAI K, MATSUBAE K, et al. Identifying the Substance Flow of Metals Embedded in Japanese International Trade by Use of Waste Input-Output Material Flow Analysis (WIO-MFA) Model [J]. Isij international, 2011, 51 (11): 1934-1939.

[263] Nature [EB/OL]. [2020-11-11]. https://www.nature.com/subjects/graphene.

[264] OHNISHIT, TAKAYASU H, TAKAYASU M. Network motifs in an inter-firm network [J]. Journal of economic interaction and coordination, 2010 (5): 171-180.

[265] OMURA A, TODOROVA N, LI B, et al. Steel scrap and equity market in Japan [J]. Resources policy, 2016, 47: 115-124.

[266] OU T Y, CHENG C Y, CHEN P J, et al. Dynamic cost forecasting model based on extreme learning machine - A case study in steel plant [J]. Computers & industrial engineering, 2016 (101): 544-553.

[267] ODUM H T. Emergy Accounting: Emergy and Environmental Decision Making [J]. Wiley & Sons, new York, 1996.

[268] PARTRIDGE M D, RICKMAN D S, ROSE OLFERT M, et al. International trade and local labor markets: Do foreign and domestic shocks affect regions differently? [J]. Journal of economic geography, 2017, 17 (2): 375-409.

[269] PAULIUK S, KONDO Y, NAKAMURA S, et al. Regional distribution and losses of end-of-life steel throughout multiple product life cycles: insights from the global multiregional MaTrace model [J]. Resources, conservation and recycling, 2017 (116): 84-93.

[270] PERI M, BALDI L. The effect of biofuel policies on feedstock market: Empirical evidence for rapeseed oil prices in EU [J]. Resource and energy economics, 2013, 35 (1): 18-37.

[271] PANAPAKIDIS I P, DAGOUMAS A S. Day-ahead electricity price forecasting via the application of artificial neural network based models [J]. Applied energy, 2016 (172): 132-151.

[272] PETER S E, RAGLEND I J. Sequential wavelet-ANN with embedded ANN-PSO hybrid electricity price forecasting model for Indian energy exchange [J]. Neural computing & applications, 2016 (28): 1-16.

[273] PUSTOV A, MALANICHEV A, KHOBOTILOV I. Long-term iron ore price modeling: marginal costs vs. incentive price [J]. Resources policy, 2013, 38 (4): 558-567.

[274] PERSSON D, THIERRY D, KARLSSON O. Corrosion and corrosion products of hot dipped galvanized steel during long term atmospheric exposure at different sites world-wide [J]. Corrosion science, 2017, 126: 152-165.

[275] PRICHARD L R C. Severstal Columbus, a New CSP (R) Complex for high-quality steel in the USA-plant technology, commissioning and operational results [J]. Journal of iron and steel research international, 2009 (16): 102-107.

[276] PERKINS J, SUH S. Uncertainty implications of hybrid approach in LCA: precision versus accuracy [J]. Environmental science & technology, 2019, 53 (7): 3681-3688.

[277] PARK J S, HONEYCHURCH W, CHUNAG A. Novel Micro-Scale steel-making from molten cast iron practised in medieval Nomadic Communities of East Mongolia [J]. Archaeometry, 2019, 61 (1): 83-98.

[278] PAN A, XIAO T, DAI L. The structural change and influencing factors of carbon transfer network in global value chains [J]. Journal of environmental management, 2022 (318): 115558.

[279] PAN H, ZHANG X, WU J, et al. Sustainability evaluation of a steel

production system in China based on emergy [J]. Journal of cleaner production, 2016, 112: 1498-1509.

[280] PAN Y, ZHANG B, WU Y, et al. Sustainability assessment of urban ecological-economic systems based on emergy analysis: A case study in Simao, China [J]. Ecological indicators, 2020 (121): 107157.

[281] PURWANTO H, ZAKIYUDDIN A M, ROZHAN A N, et al. Effect of charcoal derived from oil palm empty fruit bunch on the sinter characteristics of low grade iron ore [J]. Journal of cleaner production, 2018, 200: 954-959.

[282] PEZZATI L, VERONES F, CURRAN M, et al. Biodiversity recovery and transformation impacts for wetland biodiversity [J]. Environmental science & technology, 2018, 52 (15): 8479-8487.

[283] QIAO D, WEI X, FAN W, et al. Toward safe carbon-neutral transportation: Battery internal short circuit diagnosis based on cloud data for electric vehicles [J]. Applied energy, 2022 (317): 119168.

[284] QI Z, GAO C, NA H, et al. Using forest area for carbon footprint analysis of typical steel enterprises in China [J]. Resources, conservation and recycling, 2018 (132): 352-360.

[285] ROSADO D J M, CHáVEZ S B R, GUTIERREZ J A, et al. Energetic analysis of reheating furnaces in the combustion of coke oven gas, Linz-Donawitz gas and blast furnace gas in the steel industry [J]. Applied thermal engineering, 2020 (169): 114905.

[286] RHEE M K K, CHOI S Y, KIM T U. An exploratory study on the supply chain partnership: focusing on rebar manufacturing firms as second-tier suppliers [J]. 2016, 14 (8): 211-221.

[287] RUSSELL L B, BHANOT G, KIM S Y, et al. Using cluster analysis to group countries for cost-effectiveness analysis: an application to Sub-Saharan Africa. [J]. Medical decision making an international journal of the society for medical decision making, 2017.

[288] RUSSELL L B, BHANOT G, KIM S Y, et al. Using cluster analysis to group countries for cost-effectiveness analysis: an application to Sub-Saharanafrica [J]. Medical decision making, 2018, 38 (2): 139-149.

[289] ROTOLO G C, FRANCIS C, CRAVIOTTO R M, et al. Environmental assessment of maize production alternatives: Traditional, intensive

and GMO-based cropping patterns [J]. Ecological indicators, 2015 (57): 48-60.

[290] ROTOLO G, FRANCIS C A, ULGIATI S. Environmentally sound resource valuation for a more sustainable international trade: Case of Argentina maize [J]. Resources, conservation and recycling, 2018 (131): 271-282.

[291] RIBEIRO C, JOSÉ V. FERREIRA, PAULO PARTIDÁRIO. Life cycle assessment of a multi-material car component [J]. The international journal of life cycle assessment, 2007, 12 (5): 336-345.

[292] RYBERG M W, OWSIANIAK M, RICHARDSON K, et al. Development of a life-cycle impact assessment methodology linked to the planetary boundaries framework [J]. Ecological indicators, 2018, 88: 250-262.

[293] RYAN N A, LIN Y, MITCHELL-WARD N, et al. Use-phase drives lithium-ion battery life cycle environmental impacts when used for frequency regulation [J]. Environmental science & technology, 2018, 52 (17): 10163-10174.

[294] SHEN J, ZHANG X, LV Y, et al. An improved emergy evaluation of the environmental sustainability of China's steel production from 2005 to 2015 [J]. Ecological indicators, 2019 (103): 55-69.

[295] SHI T, YANG S, ZHANG W, et al. Coupling coordination degree measurement and spatiotemporal heterogeneity between economic development and ecological environment: Empirical evidence from tropical and subtropical regions of China [J]. Journal of cleaner production, 2020 (244): 118739.

[296] SMITH A, PICKLES J, BUČEK M, et al. The political economy of global production networks: regional industrial change and differential upgrading in the East European clothing industry [J]. Journal of economic geography, 2014, 14 (6): 1023-1051.

[297] SATO A H. Comprehensive analysis of market conditions in the foreign exchange market [J]. Journal of economic interaction & coordination, 2012, 7 (2): 167-179.

[298] SAUVAGEAU M, KUMRAL M. Kalman filtering-based approach for project valuation of an iron ore mining project through spot price and long-term commitment contracts [J]. Natural resources research, 2017 (26): 303-317.

[299] SUKAGAWA P. Is iron ore priced as a commodity? Past and current

practice [J]. Resources policy, 2010, 35 (1): 54-63.

[300] SENGO S, TRIGUERO P R, ZINNGREBE E, et al. Tracing the Origin of Non-ferrous Oxides in Lamination Defects on Hot-Rolled Coils: Mold Slag Entrainment vs, Submerged Entry Nozzle Reaction Products [J]. Metallurgical & materials transactions B, 2017 (48): 1-13.

[301] SHAO Y, QIAO H, WANG S. What determines China's crude oil importing trade patterns? Empirical evidences from 55 countries between 1992 and 2015 [J]. Energy policy, 2017 (109).

[302] SHIRI J, NAZEMI A H, SADRADDINI A A, et al. Comparison of heuristic and empirical approaches for estimating reference evapotranspiration from limited inputs in Iran [J]. computers & electronics in agriculture, 2014, 108 (c): 230-241.

[303] SUJAUDDIN, M, KOIDE, R, KOMATSU T, et al. Ship Breaking and the Steel Industry in Bangladesh: A Material Flow Perspective: Ship Breaking and Steel Industry in Bangladesh [J]. Journal of industrial ecology, 2017, 21 (1): 191-203.

[304] SANTAGATA R, ZUCARO A, VIGLIA S, et al. Assessing the sustainability of urban eco-systems through Emergy-based circular economy indicators [J]. Ecological indicators, 2020a (109): 105859.

[305] SANTAGATA R, ZUCARO A, FIORENTINO G, et al. Developing a procedure for the integration of Life Cycle Assessment and Emergy Accounting approaches. The Amalfi paper case study [J]. Ecological indicators, 2020b (117): 106676.

[306] SU C W, WANG K H, CHANG H L, et al. Do iron ore price bubbles occur? [J]. Resources policy, 2017, 53: 340-346.

[307] SU X, ZHANG X. A detailed analysis of the embodied energy and carbon emissions of steel-construction residential buildings in China [J]. Energy and buildings, 2016 (119): 323-330.

[308] SUN W, ZHOU Y, LV J, et al. Assessment of multi-air emissions: Case of particulate matter (dust), SO_2, NO_x and CO_2 from iron and steel industry of China [J]. Journal of cleaner production, 2019, 232: 350-358.

[309] SANTAGATA R, RIPA M, ULGIATI S. An environmental assessment of electricity production from slaughterhouse residues. Linking urban, industrial and

waste management systems [J]. Applied energy, 2017 (186): 175-188.

[310] TIAN Y, ZHOU D, JIANG G. Conflict or Coordination? Multiscale assessment of the spatio-temporal coupling relationship between urbanization and ecosystem services: The case of the Jingjinji Region, China [J]. Ecological indicators, 2020 (117): 106543.

[311] TRA N N TL, MOHAN S, XU Z, et al. Current innovations and future challenges of network motif detection [J]. Briefings in bioinformatics, 2015, 16 (3): 497-525.

[312] TSEKERIS T. Network analysis of inter-sectoral relationships and key sectors in the Greek economy [J]. Journal of economic interaction & coordination, 2015, 12 (2): 1-23.

[313] TODSHKI N E, RANJBARAKI A. The Impact of Major Macroeconomic Variables on Iran's Steel Import and Export [J]. Procedia economics & finance, 2016, 36: 390-398.

[314] TIAN X, GENG Y, VIGLIA S, et al. Regional disparities in the Chinese economy: an emergy evaluation of provincial international trade [J]. resources, conservation and recycling, 2017a (126): 1-11.

[315] TIAN X, GENG Y, ULGIATI S. An emergy and decomposition assessment of China-Japan trade: driving forces and environmental imbalance [J]. Journal of cleaner production, 2017b (141): 359-369.

[316] TIAN X, GENG Y, BUONOCORE E, SARKIS J, ULGIATI S. Uncovering resource losses and gains in China's foreign trade [J]. Journal of cleaner production, 2018 (191): 78-86.

[317] TONGPOOL R, JIRAJARIYAVECH A, YUVANIYAMA C, et al. Analysis of steel production in Thailand: Environmental impacts and solutions [J]. Energy, 2010, 35 (10): 4192-4200.

[318] TER TEO P, ANASYIDA A S, KHO C M, et al. Recycling of Malaysia's EAF steel slag waste as novel fluxing agent in green ceramic tile production: Sintering mechanism and leaching assessment [J]. Journal of cleaner production, 2019 (241): 118144.

[319] TULEVECH S M, HAGE D J, JORGENSEN S K, et al. Life cycle assessment: A multi-scenario case study of a low-energy industrial building in Thailand [J]. Energy and buildings, 2018 (168): 191-200.

[320] TI A, AO B, AN C, et al. Integrating renewable energy into mining operations: Opportunities, challenges, and enabling approaches [J]. Applied energy, 2021 (300).

[321] TULEVECH S M, HAGE D J, JORGENSEN S K, et al. Life cycle assessment: A multi-scenario case study of a low-energy industrial building in Thailand [J]. Energy and buildings, 2018 (168): 191-200.

[322] ULGIATI S, BROWN M T. Labor and services as information carriers in emergy-LCA accounting [J]. Journal of environmental accounting and management, 2014, 2 (2): 163-170.

[323] VÖGELE S, GRAJEWSKI M, GOVORUKHA K, et al. Challenges for the European steel industry: Analysis, possible consequences and impacts on sustainable development [J]. Applied energy, 2020, 264: 114633.

[324] VILLALBA-DIEZ J, ORDIERES-MERÉ J B. Strategic lean organizational design: towards lean world-small world configurations through discrete dynamic organizational motifs [J]. Mathematical problems in engineering, 2016, 2016 (5): 1-10.

[325] VIGLIA S, CIVITILLO D F, CACCIAPUOTI G, et al. Indicators of environmental loading and sustainability of urban systems. An emergy-based environmental footprint [J]. Ecological indicators, 2018 (94): 82-99.

[326] VAN DER MERWE W R, KLEYNHANS E P J. Chinese Competitiveness and the crisis in the South African steel industry [J]. Tydskrifvirgeesteswetenskappe, 2017, 57 (2-2): 521-541.

[327] VOGL V, AHMAN M, NILSSON L J. The making of green steel in the EU: a policy evaluation for the early commercialization phase [J]. Climate policy, 2021, 21 (1): 78-92.

[328] VELEVA V, BODKIN G. Corporate-entrepreneur collaborations to advance a circular economy [J]. Journal of cleaner production, 2018a (188): 20-37.

[329] WANG X, MUEEN A, DING H, et al. Experimental comparison of representation methods and distance measures for time series data [J]. Data Mining & knowledge discovery, 2013, 26 (2): 275-309.

[330] WANG R, CHENG J, ZHU Y, et al. Evaluation on the coupling coordination of resources and environment carrying capacity in Chinese mining

economic zones [J]. Resources policy, 2017a (53): 20-25.

[331] WANG C, ZHANG S, GUO L. Investigation on the effective thermal conductivity of typical Pidgeon process briquette with a combined model [J]. International journal of heat & mass transfer, 2017b (115): 1348-1358.

[332] WANG J, DONG Y, ZHANG K, et al. A numerical model based on prior distribution fuzzy inference and neural networks [J]. Renewable energy, 2017c (112): 486-497.

[333] WANG L, KISI O, ZOUNEMAT-KERMANI M, et al. Prediction of solar radiation in China using different adaptive neuro-fuzzy methods and M5 model tree [J]. International journal of climatology, 2017d, 37 (3): 1141-1155.

[334] WANG P, LI W, KARA S. Cradle-to-cradle modeling of the future steel flow in China [J]. Resources conservation & recycling, 2017e (117): 45-57.

[335] WANG Y, PAN Z, WU C. Volatility spillover from the US to international stock markets: A heterogeneous volatility spillover GARCH model [J]. Journal of forecasting, 2018a, 37 (3): 385-400.

[336] WANG W, JI C, LUO S, et al. Modeling of dendritic evolution of continuously cast steel billet with cellular automaton [J]. Metallurgical and materials transactions b, 2018b (49): 200-212.

[337] WANG X, WANG D, LI X, et al. Comparative analyses of torsional fretting, longitudinal fretting and combined longitudinal and torsional fretting behaviors of steel wires [J]. Engineering failure analysis, 2018d (85): 116-125.

[338] WANG Z, GAO J, SHI A, et al. Recovery of zinc from galvanizing dross by a method of super-gravity separation [J]. Journal of alloys and compounds, 2018e (735): 1997-2006.

[339] WANG D, SHI Y, WAN K. Integrated evaluation of the carrying capacities of mineral resource-based cities considering synergy between subsystems [J]. Ecological indicators, 2020 (108): 105701.

[340] WANG Y, XIONG S, MA X. Carbon inequality in global trade: Evidence from the mismatch between embodied carbon emissions and value added [J]. Ecological economics, 2022a (195): 107398.

[341] WANG X, WEI Y, SHAO Q. Decomposing the decoupling of CO_2

emissions and economic growth in China's iron and steel industry [J]. Resources, conservation and recycling, 2020b (152): 104509.

[342] WOODS J S, RØDDER G, VERONES F. An effect factor approach for quantifying the entanglement impact on marine species of macroplastic debris within life cycle impact assessment [J]. Ecological indicators, 2019 (99): 61-66.

[343] WAIGHTS S. The preservation of historic districts: is it worth it? [J]. Journal of economic geography, 2019, 19 (2): 433-464.

[344] WÓJCIK D, KNIGHT E, PAŽITKA V. What turns cities into international financial centres? Analysis of cross-border investment banking 2000-2014 [J]. Journal of economic geography, 2018, 18 (1): 1-33.

[345] WÓJCIK D, MACDONALD-KORTH D, ZHAO S X. The political-economic geography of foreign exchange trading [J]. Journal of economic geography, 2017, 17 (2): 267-286.

[346] WILLIAMS J K, TIETZE D, LEE M, et al. Solid-state NMR investigation of the conformation, proton conduction, and hydration of the influenza B virus M2 transmembrane proton channel [J]. Journal of the American chemical society, 2016, 138 (26): 8143-8155.

[347] WERNER K R, ESTEBAN H P. Volatility of main metals forecasted by a hybrid ANN-GARCH model with regressors [J]. Expert systems with applications, 2017 (84): 290-300.

[348] WU Q, GAO W, WANG S, et al. Updated atmospheric mercury emissions from iron and steel production in China during 2000-2015 [J]. Atmospheric chemistry & physics, 2017, 17 (17): 1-28.

[349] WANGCHAMHAN T, CHIEWCHANWATTANA S, SUNAT K. Efficient algorithms based on the k-means and Chaotic League Championship Algorithm for numeric, categorical, andmixed-type data clustering [J]. Expert systems with applications, 2017 (90): 146-167.

[350] XING, L., XUE, M., & HU, M. Dynamic simulation and assessment of the coupling coordination degree of the economy-resource-environment system: case of Wuhan City in China [J]. Journal of environmental management, 2019 (230): 474-487.

[351] XIE Y, ZHOU S, XIAO Y, et al. A β-accurate linearization method

of Euclidean distance for the facility layout problem with heterogeneous distance metrics [J]. European journal of operational research, 2017 (265).

[352] XUAN Y, QIANG Y. Scenario analysis on resource and environmental benefits of imported steel scrap for China's steel industry [J]. Resources conservation & recycling, 2017 (120): 186-198.

[353] XIA X, LI P, XIA Z, et al. Life cycle carbon footprint of electric vehicles in different countries: A review [J]. Separation and purification technology, 2022 (301): 122063.

[354] XU D, LI Y, ZHAO M, WANG X, et al. Spatial characteristics analysis of sectoral carbon transfer path in international trade: A comparison of the United States and China [J]. Applied energy, 2022a (323): 119566.

[355] XU D, ZHANG Y, LI Y, et al. Path analysis for carbon transfers embodied in China's international trade and policy implications for mitigation targets [J]. Journal of cleaner production, 2022b (334): 130207.

[356] XU W, XIE Y, XIA D, et al. Towards low-carbon domestic circulation: Insights from the spatiotemporal variations and socioeconomic determinants of emissions embedded within cross-province trade in China [J]. Journal of environmental management, 2022c (320): 115916.

[357] XIAO R, ZHANG Y, YUAN Z. Environmental impacts of reclamation and recycling processes of refrigerators using life cycle assessment (LCA) methods [J]. Journal of cleaner production, 2016 (131): 52-59.

[358] YANG X, ZHANG D, JIA Q, et al. Exploring the Dynamic Coupling Relationship between Agricultural Economy and Agro-Ecological Environment in Semi-Arid Areas: A Case Study of Yulin, China [J]. Sustainability, 2019, 11 (8), 2259.

[359] YANG Q, GENG Y, DONG H, et al. Effect of environmental regulations on China's graphite export [J]. Journal of cleaner production, 2017 (161): 327-334.

[360] YANG Y, WANG H, LöSCHEL A, et al. Patterns and determinants of carbon emission flows along the Belt and Road from 2005 to 2030 [J]. Ecological economics, 2022 (192): 107260.

[361] YEH, C. H. Do price limits hurt the market? [J]. Journal of Economic Interaction & Coordination, 2013, 8 (1): 125-153.

[362] YADAV A K, CHANDEL S S. Solar radiation prediction using Artificial Neural Network techniques: A review [J]. Renewable & sustainable energy reviews, 2014, 33 (2): 772-781.

[363] YADEGARIDEHKORDI E, NILASHI M, NASIR M H N B M, et al. Predicting determinants of hotel success and development using Structural Equation Modelling (SEM) - ANFIS method [J]. Tourism management, 2018 (66): 364-386.

[364] YOU Y J, KIM J H J, PARK Y H, et al. Fatigue performance of bridge deck reinforced with cost-to performance optimized GFRP rebar with 900 MPa Guaranteed Tensile Strength [J]. Journal of advanced concrete technology, 2015, 13 (5): 252-262.

[365] YOUSUF, M. U., AL-BAHADLY, I., & AVCI, E. A modified GM (1, 1) model to accurately predict wind speed [J]. Sustainable energy technologies and assessments, 2021 (43): 100905.

[366] YU Y, XU H, CHENG J, et al. Which type of electric vehicle is worth promoting mostly in the context of carbon peaking and carbon neutrality? a case study for a metropolis in China [J]. Science of the total environment, 2022 (837): 155626.

[367] ZHANG S, YI B W, WORRELL E, et al. Integrated assessment of resource-energy-environment nexus in China's iron and steel industry [J]. Journal of cleaner production, 2019 (232): 235-249.

[368] ZHANG X, WANG F. Life-cycle carbon emission assessment and permit allocation methods: a multi-region case study of China's construction sector [J]. Ecological indicators, 2017a (72): 910-920.

[369] ZHANG F, HUANG K. The role of government in industrial energy conservation in China: lessons from the iron and steel industry [J]. Energy for sustainable development, 2017b (39): 101-114.

[370] ZHANG H, WANG X, TANG J, et al. The impact of international rare earth trade competition on global value chain upgrading from the industrial chain perspective [J]. Ecological economics, 2022 (198): 107472.

[371] ZUCARO A, RIPA M, MELLINO S, ASCIONE M, et al., Urban resource use and environmental performance indicators. An application of decomposition analysis [J]. Ecological indicators, 2014 (47): 16-25.

[372] ZUCARO A, FIORENTINO G, ZAMAGNI A, BARGIGLI S, et al., How can life cycle assessment foster environmentally sound fuel cell production and use? [J]. International journal of hydrogen energy, 2013, 38 (1): 453-468.

[373] ZOU L, WANG L, XIA L, et al. Prediction and comparison of solar radiation using improved empirical models and Adaptive Neuro-Fuzzy Inference Systems [J]. Renewable energy, 2017 (106): 343-353.

[374] ZHOU Q, ZHU F, YANG X, et al. Shear capacity estimation of fully grouted reinforced concrete masonry walls using neural network and adaptive neuro-fuzzy inference system models [J]. Construction & building materials, 2017 (153): 937-947.

[375] ZHU W, GUO J, ZHAO G. Multi-objective sizing optimization of hybrid renewable energy microgrid in a stand-alone marine context [J]. Electronics, 2021, 10 (2): 174.

附录1

表 A6-1 钢铁主要贸易国

	国家	数量（mt）
Ironore-exporting	Australia	834443
	Brazil	373963
	South Africa	64707
	Canada	40596
	Ukraine	39203
Ironore-importing	China	1024709
	Japan	130035
	South Korea	74305
	Germany	40031
	Turkey	10418
Steel-exporting	China	108066
	Japan	40505
	Russia	31155
	Germany	25087
	Italy	17895
Steel-importing	United States	30913
	Germany	25519
	South Korea	23285
	Italy	19616
	Turkey	17009

续表

	国家	数量（mt）
Scrap-exporting	United States	13230
	Japan	8706
	Germany	8168
	United Kingdom	8127
	Russia	5406
Scrap-importing	Turkey	17716
	India	6380
	South Korea	5845
	Italy	4434
	Germany	4107

表 A6-2　铁矿石开采、出口、进口与钢铁生产产量

（百万吨）	铁矿石开采	铁矿石出口	铁矿石进口	钢铁生产
Australia	841.8	834.4	0.8	5.3
South Africa	68.1	64.7	0.3	6.1
Brazil	431.4	373.9	0.0	31.3
Canada	48.7	40.6	7.1	12.6
Russia	104.0	18.5	7.2	70.5
South Korea	0.8	0.0	71.7	68.6
Italy	0.0	0.0	9.2	23.4
India	184.5	21.7	3.6	95.5
Germany	0.4	0.1	40.0	42.1
China	113.7	0.1	1 024.7	807.6
Ukraine	74.9	39.2	1.8	24.2
Turkey	6.7	0.0	10.4	33.2
Others	217.1	189.6	348.4	406.6
TOTAL	2 092.1	1 582.8	1 525.2	1 627.0

表 A6-3 全球主要钢铁公司

	钢铁公司	数量（mmt）	所在国家或地区
1	Vale	367.20	Brazil
2	Rio Tinto	340.00	Australia, Brazil, Canada, etc.
3	BHP Billiton	222.40	Australia, Brazil, Ukraine, etc.
4	Fortescue Metals Group	189.60	Australia
5	National Mineral Development Corporation	83.44	India
6	Anglo American	62.80	South Africa, Brazil
7	Arcelor Mittal	57.80	Mexico, Ukraine, Brazil, Canada
8	Metalloinvest	40.20	Russia
9	Cleveland Cliffs Inc	31.05	America
10	Metinvest	27.88	Ukraine
11	Arcelor Mittal	96.42	Europe
12	China Baowu Steel	67.43	China
13	NSSMC Group	49.22	Japan
14	HBIS Group	46.80	China
15	POSCO	42.86	Korea
16	Shagang Group	40.66	China
17	Ansteel	35.36	China
18	JFE Holdings	29.15	Japan
19	Shougang Group	27.34	China
20	Tata Steel	27.27	UK

Footnote: thesourceis STEELGURU (2018).

表 A6-4 铁矿石贸易价格（$/t）

国家	铁矿石进口价格	铁矿石出口价格
Australia	52.5	56.4
Brazil	—	54.2
South Africa	180.4	99.7

续表

国家	铁矿石进口价格	铁矿石出口价格
Canada	108.3	100.9
Ukraine	47.2	73.9
World trade average price		71.8

表 A6-5　钢铁贸易价格（$/t）

国家	钢铁进口价格	钢铁出口价格
China	1 028.9	842.7
India	831.5	632.7
Russia	712.8	484.1
South Korea	660.7	875.8
Germany	952.7	1 112.8
Ukraine	869.2	520.3
Italy	833.3	976.9
Turkey	816.7	655.2
Brazil	—	623.2
Canada	1 034.5	910.4
Worldtrade averageprice		736.7

表 A6-6　归一化因子

影响类别	World ReCiPe（H），2000（year）
Agricultural land occupation	3.33E+13
Climate Change	4.22E+13
Fossil Depletion	7.89E+12
Freshwater Ecotoxicity	2.64E+10
Freshwater Eutrophication	1.77E+09
Human Toxicity	1.99E+12
Ionising Radiation	8.07E+12

续表

影响类别	World ReCiPe（H），2000（year）
Marine Ecotoxicity	1.51E+10
Marine Eutrophication	4.50E+10
Metal Depletion	2.72E+12
Natural land Transformation	7.37E+10
Ozone layer depletion	2.30E+08
Particulate Matter Formation	8.61E+10
Photochemical Oxidant Formation	3.48E+11
Terrestrial Acidification	2.34E+11
Terrestrial Ecotoxicity	3.64E+10
Urban Land Occupation	4.75E+12
Water Depletion	0.00E+00

表 A6-7　钢铁行业产值

	铁矿石	钢铁	年份	数据源
Ukraine	2.45E+01	1.48E+02	2015/2013	Ukrstat（http：//www.ukrstat.gov.ua/），OEC（https：//oec.world/en/）
South Africa	6.69E+01		2015	OEC（https：//oec.world/en/）
Canada	8.37E+01	5.85E+01	2015/2 002	statistic Canada（https：//www.statcan.gc.ca/eng/start）
Australia	1.26E+03		2010	OEC（https：//oec.world/en/）
Russia		5.86E+02	2011	worldbank（https：//data.worldbank.org/country）
South Korea		1.37E+02	2 001	OEC（https：//oec.world/en/）
Italy		3.54E+02	2 008	OEC（https：//oec.world/en/）
India		2.90E+02	2016	worldbank（https：//data.worldbank.org/country）
Germany		3.52E+02	2013	OEC（https：//oec.world/en/）
Turkey		2.16E+02	2017	OEC（https：//oec.world/en/）
Brazil	1.01E+03	4.77E+02	2015/2017	OEC（https：//oec.world/en/）
China		4.37E+02	2015	OEC（https：//oec.world/en/）

表A6-8 单位铁矿石开采的LCI数据

国家 ==>	单位/t	澳大利亚	巴西	加拿大	南非	乌克兰
Inputflows						
Diesel	MJ	1.3E+02	1.8E+01	5.9E+01	5.9E+01	6.0E+01
Electricity	kWh	3.8E+00	1.1E+00	2.4E+00	2.5E+00	2.5E+00
Explosive	t	5.0E-04	8.8E-03	4.7E-03	4.7E-03	4.8E-03
Iron	t	1.0E+00	1.0E+00	1.0E+00	1.0E+00	1.0E+00
Rock	t	2.3E+00	2.3E+00			
Water	t	2.1E-01		2.0E-01	2.1E-01	2.1E-01
Conveyorbelt	m		4.7E-06			
Occupation, industri alarea	$m^2 \cdot a$		9.1E-04			
Occupation, built	$m^2 \cdot a$		4.8E-08			
Occupation, mineral extraction	$m^2 \cdot a$		2.1E-05			
Recultivation	m^2		1.2E-05			
Rockcrushing	t		2.3E-10	2.4E-10	2.4E-10	2.4E-10
Transformation, fromgrass	m^2		1.2E-07			
Transformation, fromindustry	m^2		1.2E-05			
Outputflows						
Ironore	t	1.0E+00	1.0E+00	1.0E+00	1.0E+00	1.0E+00
Particulates, <2.5μm	t	9.5E-06	9.5E-06	1.3E-03	1.4E-04	1.4E-04
Particulates, >10μm	t	9.9E-05	9.8E-05	1.4E-03	1.4E-03	1.5E-03
Particulates, >2.5μm, and<10μm	t	8.6E-05	8.6E-05	1.4E-04	1.3E-03	1.3E-03
Water, unspecified (Yousuf, Al-Bahadly, &Avci)	t	2.7E-01	2.8E-01			
Water, ocean	t	7.5E-01	7.4E-01			
Water, surface	t	4.5E-01	4.4E-01			
Water, unspecified (water)	t	1.1E-06	1.1E-06			

表 A6-9 各国铁矿石开采的 LCI 数据

国家 ==>	单位/t	澳大利亚	巴西	加拿大	南非	乌克兰
Inputflows						
Diesel	MJ	1.1E+11	7.7E+09	2.9E+09	4.0E+09	2.4E+07
Electricity	kWh	3.2E+09	4.9E+08	1.2E+08	1.7E+08	9.9E+05
Explosive	t	4.2E+05	3.8E+06	2.3E+05	3.2E+05	1.9E+03
Iron	t	8.4E+08	4.3E+08	4.9E+07	6.8E+07	4.0E+05
Rock	t	1.9E+09	9.9E+08			
Water	t	1.8E+08		1.0E+07	1.4E+07	8.4E+04
Conveyor belt	m		2.0E+03			
Occupation, industrialarea	m²·a		3.9E+05			
Occupation, built	m²·a		20.6			
Occupation, mineralextraction	m²·a		9.1E+03			
Recultivation	m²		5.2E+03			
Rock crushing	t		1.0E-1	1.2E-02	1.6E-02	9.5E-05
Transformation, fromgrass	m²		53.5			
Transformation, from industry	m²		5.2E+03			
Outputflows						
Ironore	t	8.4E+08	4.3E+08	4.9E+07	6.8E+07	4.0E+05
Particulates, <2.5μm	t	8.0E+03	4.1E+03	6.3E+04	9.5E+03	5.6E+01
Particulates, >10μm	t	8.3E+04	4.2E+04	7.0E+04	9.8E+04	5.8E+02
Particulates, >2.5μm, and<10μm	t	7.2E+04	3.7E+04	6.8E+03	8.9E+04	5.2E+02
Water, unspecified (Yousuf 等)	t	2.3E+08	1.2E+08			
Water, ocean	t	6.3E+08	3.2E+08			
Water, surface	t	3.8E+04	1.9E+04			
Water, unspecified (water)	t	9.2E+02	4.7E+02			

表 A6-10 单位铁矿石开采归一化结果

影响类别	参考单位	乌克兰	澳大利亚	南非	巴西	加拿大
Agricultural land occupation	$m^2 \cdot a$	1.5E+07	2.0E+11	7.9E+10	9.8E+11	5.7E+10
Climate Change	$kgCO_2 eq$	2.9E+09	1.6E+13	2.2E+12	2.1E+13	1.5E+12
Fossil depletion	kgoileq	9.2E+08	5.0E+12	4.6E+11	3.5E+12	3.0E+11
Freshwater ecotoxicity	kg1,4-DBeq	1.1E+07	1.3E+11	2.0E+10	2.2E+11	1.4E+10
Freshwater eutrophication	kgPeq	3.1E+05	6.1E+09	3.0E+08	3.4E+09	2.1E+08
Human toxicity	kg1,4-DBeq	3.0E+08	4.6E+12	4.8E+11	5.3E+12	3.4E+11
Ionising radiation	$kgU_{235} eq$	7.1E+08	8.8E+11	1.0E+11	8.7E+11	7.7E+10
Marine ecotoxicity	kg1,4-DBeq	1.0E+07	1.2E+11	1.9E+10	2.1E+11	1.3E+10
Marine eutrophication	kgNeq	1.4E+06	2.8E+10	6.9E+09	8.1E+10	5.0E+09
Metal depletion	kgFeeq	4.0E+11	8.4E+14	6.8E+13	4.3E+14	4.9E+13
Natural land transformation	m^2	8.3E+05	4.2E+09	3.8E+08	2.8E+09	3.1E+08
Ozone depletion	kgCFC-11eq	4.7E+02	2.1E+06	1.8E+05	1.3E+06	1.2E+05
Particulate matter formation	kgPM10 eq	5.9E+08	1.3E+11	1.0E+11	7.8E+10	7.3E+10
Photo chemical oxidant formation	kgNMV OC	3.3E+07	1.6E+11	1.0E+10	6.7E+10	7.2E+09
Terrestrial acidification	$kgSO_2 eq$	2.2E+07	1.1E+11	1.3E+10	1.1E+11	8.6E+09
Terrestrial ecotoxicity	kg1,4-DBeq	9.7E+04	7.4E+08	2.2E+08	2.3E+09	1.5E+08
Urban land occupation	$m^2 \cdot a$	9.9E+06	5.2E+10	1.3E+10	1.2E+11	8.9E+09
Water depletion	m^3	4.2E+09	1.6E+13	3.5E+12	4.3E+13	4.7E+12

表 A6-11 铁矿石开采归一化结果

影响类别	乌克兰	澳大利亚	南非	巴西	加拿大
Agricultural land occupation	1.14E-15	7.21E-15	3.48E-14	6.80E-14	3.52E-14
Climate Change	1.71E-13	4.62E-13	7.75E-13	1.15E-12	7.25E-13
Fossil depletion	2.93E-13	7.47E-13	8.62E-13	1.04E-12	7.69E-13
Freshwater ecotoxicity	1.07E-12	5.91E-12	1.10E-11	1.93E-11	1.06E-11
Freshwater eutrophication	4.36E-13	4.07E-12	2.45E-12	4.40E-12	2.44E-12
Human toxicity	3.76E-13	2.72E-12	3.54E-12	6.21E-12	3.45E-12
Ionising radiation	2.19E-13	1.29E-13	1.87E-13	2.51E-13	1.96E-13
Marine ecotoxicity	1.73E-12	9.81E-12	1.84E-11	3.24E-11	1.79E-11
Marine eutrophication	7.89E-14	7.31E-13	2.26E-12	4.16E-12	2.28E-12
Metal depletion	3.68E-10	3.68E-10	3.68E-10	3.69E-10	3.68E-10
Natural land transformation	2.80E-14	6.73E-14	7.64E-14	8.88E-14	8.50E-14
Ozone depletion	5.06E-15	1.08E-14	1.18E-14	1.30E-14	1.08E-14
Particulate matter formation	1.70E-11	1.81E-12	1.75E-11	2.11E-12	1.75E-11
Photo chemical oxidant formation	2.35E-13	5.46E-13	4.40E-13	4.47E-13	4.23E-13
Terrestrial acidification	2.39E-13	5.63E-13	8.06E-13	1.12E-12	7.56E-13
Terrestrial ecotoxicity	6.66E-15	2.41E-14	8.73E-14	1.48E-13	8.18E-14
Urban land occupation	5.21E-15	1.30E-14	3.88E-14	6.09E-14	3.83E-14
Water depletion	0	0	0	0	0
Total normalizedimpacts	3.89E-10	3.95E-10	4.27E-10	4.41E-10	4.25E-10

表 A6-12 各国铁矿石开采归一化结果

影响类别	乌克兰	澳大利亚	南非	巴西	加拿大
Agricultural land occupation	4.56E-10	6.07E-06	2.37E-06	2.93E-05	1.72E-06
Climate Change	6.84E-08	3.89E-04	5.28E-05	4.97E-04	3.53E-05
Fossil depletion	1.17E-07	6.29E-04	5.87E-05	4.48E-04	3.74E-05
Freshwater ecotoxicity	4.28E-07	4.97E-03	7.51E-04	8.32E-03	5.18E-04
Freshwater eutrophication	1.75E-07	3.43E-03	1.67E-04	1.90E-03	1.19E-04
Human toxicity	1.50E-07	2.29E-03	2.41E-04	2.68E-03	1.68E-04
Ionising radiation	8.76E-08	1.09E-04	1.27E-05	1.08E-04	9.55E-06
Marine ecotoxicity	6.92E-07	8.26E-03	1.25E-03	1.40E-02	8.71E-04
Marine eutrophication	3.15E-08	6.16E-04	1.54E-04	1.80E-03	1.11E-04
Metal depletion	1.47E-04	3.10E-01	2.51E-02	1.59E-01	1.79E-02
Natural land transformation	1.12E-08	5.66E-05	5.20E-06	3.83E-05	4.14E-06
Ozone depletion	2.02E-09	9.11E-06	8.03E-07	5.61E-06	5.27E-07
Particulate matter formation	6.81E-06	1.52E-03	1.19E-03	9.08E-04	8.51E-04
Photo chemical oxidant formation	9.40E-08	4.59E-04	3.00E-05	1.93E-04	2.06E-05
Terrestrial acidification	9.56E-08	4.74E-04	5.49E-05	4.84E-04	3.68E-05
Terrestrial ecotoxicity	2.66E-09	2.03E-05	5.95E-06	6.38E-05	3.98E-06
Urban land occupation	2.09E-09	1.10E-05	2.64E-06	2.63E-05	1.87E-06
Water depletion	0.00E+00	0.00E+00	0.00E+00	0.00E+00	0.00E+00
Total normalized impact	1.56E-04	3.33E-01	2.91E-02	1.90E-01	2.07E-02

表 A6-13　钢铁生产主要 LCI 数据

	单位	巴西	加拿大	中国	德国	印度	意大利	韩国	俄罗斯	土耳其	乌克兰
Clay	lbav	4.19E+01									
Dolomite	t	1.74E+02		1.60E-02			1.30E-02				
Hardcoal	t	1.10E+03	6.31E-01	4.32E-01			4.78E-02		5.86E-01		
Ilmenite	lbav	4.19E-01									
Ironore	t	2.61E+03	1.46E+00	1.00E+00				1.00E+00	1.33E+01		
Limestone	t	1.71E+02		2.84E-03		9.47E-11				2.00E-02	
Manganese	lbav	3.23E+01									
Naturalgas	MJ	2.87E+03		1.85E+00	4.52E+00		1.52E+03			1.48E+00	4.58E+00
Oil	t	1.13E+01		2.96E-02							
Olivine	lbav	1.32E+01									
Sand	lbav	1.42E+00									
Scrapsteel	lbav	4.19E+02									
Sodium chloride	lbav	3.10E+00									
Uranium	lbav	7.74E-03									
Water	t	7.10E-04					4.04E-02			1.39E-04	
Zinc	lbav	3.55E-05									

续表

	单位	巴西	加拿大	中国	德国	印度	意大利	韩国	俄罗斯	土耳其	乌克兰
Electricity, high voltage	MJ		3.77E+03				2.13E+03		8.86E+02		
Iron pellet	t		1.38E-01						1.40E-01		
Iron scrap	t		1.23E-01	5.06E-02	1.21E+00		1.30E+00		1.27E-01	1.09E+00	1.21E+00
Lime	t		7.62E-02				8.26E-02		4.00E-02		
Electricity, low voltage	kWh				4.29E+02	4.11E+02		4.93E+02		8.18E+02	4.17E+02
Electrode	t				2.21E-03	1.79E-03				3.00E-05	2.25E-03
Iron alloy	t				2.24E-03		2.04E-02				2.25E-03
Quick lime	t				4.52E-02						4.58E-02
Refractory	t				5.95E-02		2.13E-02			1.39E-02	5.83E-02
Carbon	t					8.74E-02				1.30E-03	
Oxygen	t					4.84E-02	7.83E-02	4.35E-01		2.91E-03	
Pigiron	t					1.00E+00	9.13E-03				
Coke	MJ						5.22E+02				
Graphite	t						4.04E-03			8.18E-04	
Nitrogen	t						1.26E-05				
Ferromanganese	t									8.18E-03	

348

续表

	单位	巴西	加拿大	中国	德国	印度	意大利	韩国	俄罗斯	土耳其	乌克兰
Ferrosilicon	t									3.00E-03	
Fluorspar	t									5.15E-04	
Transport	t·km									2.79E+02	

表A6-14 钢铁生产主要产出

	单位	巴西	加拿大	中国	德国	印度	意大利	韩国	俄罗斯	土耳其	乌克兰
Ammonia	t	1.23E-01	1.46E-02								
Basi coxygen furnacewaste	t	8.71E+02			7.38E-03						7.50E-03
Carbon dioxide	t	3.55E+03	5.08E-02	1.48E+00	2.62E-01	2.00E+00	1.30E-01		1.57E+00	5.45E-06	2.71E-01
Carbon monoxide	t	3.87E+01	6.23E-04	1.85E-02	2.62E-03		5.22E-03			5.15E-04	2.75E-03
Dissolved solids	lbav	1.74E+00									
Hydro carbons	t	1.23E+01				7.26E-03					
Hydro chloricacid	lbav	1.39E-01									
Lead	t	2.29E-04	1.62E-04		5.24E-07		2.52E-06			8.48E-07	5.42E-07
Methane	t	4.52E+00		7.78E-04		6.95E-03					
Nitro genoxides	t	5.48E+00	6.85E-05								
Oils	lbav	2.13E-02									

续表

	单位	巴西	加拿大	中国	德国	印度	意大利	韩国	俄罗斯	土耳其	乌克兰
Particulates, <10μm	t	2.65E+01	3.77E-05	1.48E-03			9.57E-07	3.77E+01			
Phosphate	t	1.26E-03	1.00E-05								
Steel	t	1.00E+00	1.00E+00	1.00E+00	1.00E+00	1.00E+00	1.00E+00	1.00E+00	1.00E+00	1.00E+00	1.00E+00
Sulfur oxides	t	1.00E+01	1.54E-02								
Suspended solids	t	6.77E-01	4.31E-02	4.69E-04							
Benzene	t		6.31E-05								
Benzopyrene	t		6.69E-06								
Blastfurnaceslag	t		2.15E-01		1.93E-01		3.35E-01	2.61E+02	4.14E-01		1.96E-01
Chloride	t		7.69E-03								
Chromium	t		2.00E-06		9.05E-08	9.05E-09	4.04E-06			3.00E-08	8.75E-08
Cyanide	t		7.62E-03								
Dust	t		1.69E-02		6.67E-05		2.09E-02	1.19E+00	1.00E-03	4.55E-05	6.67E-05
Fluoride	t		2.23E-04								
Nickel	t		1.77E-03		4.05E-08					1.00E-08	4.04E-08
Nitrogen	t		8.46E-07			2.00E-07					
Phosphorus	t		1.69E-05								

续表

	单位	巴西	加拿大	中国	德国	印度	意大利	韩国	俄罗斯	土耳其	乌克兰
VOC	t		8.46E-05	7.16E-05						1.39E-05	
Zinc	t		7.69E-05		1.10E-05					6.67E-06	1.13E-05
COD	t			2.35E-04		3.05E-07					
Dioxins	t			1.36E-11							
Hydro genchloride	t			6.05E-05						8.79E-07	
Nitro gendioxide	t			2.10E-03	1.00E-06	4.21E-04	6.09E-04	4.93E-07		1.88E-04	1.00E-06
Sulfur dioxide	t			2.35E-03	4.05E-06	2.95E-03	2.52E-04	6.96E-02			4.04E-06
Cadmium	t				9.05E-08					3.00E-08	9.17E-08
Copper	t				1.31E-07						1.29E-07
Digester sludge	t				8.81E-03		4.35E-03	3.04E-02			1.79E-02
Ironscrap	t				8.10E-03						7.92E-03
Wastewater	m3				5.48E-01						5.42E-01
Nitrous dioxide	t					1.00E-05					
Phosphorous acid	t					5.05E-08					
Refractory	t						2.04E-02		4.00E-03		
Ammoniumsulfate	t										

续表

	单位	巴西	加拿大	中国	德国	印度	意大利	韩国	俄罗斯	土耳其	乌克兰
Coaltar	t								1.00E-02		
Hydro genfluoride	t									8.79E-07	
Mercury	t									1.00E-09	
Nitro genmonoxide	t									2.67E-05	
PAH	t									6.97E-08	
Polychlorinated biphenyls	t									1.64E-14	

表 A6-15 各国钢铁生产主要输入

	单位	巴西	加拿大	中国	德国	印度	意大利	韩国	俄罗斯	土耳其	乌克兰
Clay	lbav	1.3E+09									
Dolomite	t	5.4E+09	8.2E+06	1.3E+07			3.0E+05				
Hard coal	t	3.4E+10		3.5E+08			1.1E+06		4.1E+07		
Ilmenite	lbav	1.3E+07									
Iron ore	t	8.1E+10	1.9E+7	8.1E+08				6.9E+07	9.3E+08		
Lime stone	t	5.3E+09		2.3E+06		0.9E-02				6.6E+05	
Manganese	lbav	1.0E+09									
Natural gas	MJ	8.9E+10		1.5E+09	1.9E+08		3.5E+10			4.9E+07	1.1E+08

续表

	单位	巴西	加拿大	中国	德国	印度	意大利	韩国	俄罗斯	土耳其	乌克兰
Oil	t	3.5E+08		2.4E+07							
Olivine	lbav	4.1E+08									
Sand	lbav	4.4E+07									
Scrap steel	lbav	1.3E+10									
Sodium chloride	lbav	9.6E+07									
Uranium	lbav	2.4E+05									
Water	t	2.2E+04					9.3E+05			4.6E+03	
Zinc	lbav	1.1E+03									
Electricity, high voltage	MJ		4.9E+10				4.9E+10		6.2E+10		
Iron pellet	t		1.8E+06						9.8E+06		
Iron scrap	t		1.6E+06	4.1E+07	5.1E+07		3.0E+07		8.9E+07	3.6E+07	2.9E+07
Lime	t		9.9E+05				1.9E+06		2.8E+06		
Electricity, lowvoltage	kWh				1.8E+10	3.9E+10		3.4E+10		2.7E+10	1.0E+10
Electrode	t				9.3E+04	1.7E+05				9.9E+02	5.4E+04
Iron alloy	t				9.4E+04		4.7E+05				5.4E+04
Quick lime	t				1.9E+06						1.1E+06

续表

	单位	巴西	加拿大	中国	德国	印度	意大利	韩国	俄罗斯	土耳其	乌克兰
Refractory	t		1.9E+05		2.5E+06		4.9E+05			4.6E+05	1.4E+06
Carbon	t					8.3E+6				4.3E+04	
Oxygen	t					4.6E+6	1.8E+06	3.0E+07		9.6E+04	
Pigiron	t					9.5E+07	2.1E+05				
Coke	MJ						1.2E+10				
Graphite	t						9.3E+04			2.7E+04	
Nitrogen	t						2.9E+02				
Ferromanganese	t									2.7E+05	
Ferrosilicon	t									9.9E+04	
Fluorspar	t									1.7E+04	
Transport	t*km									9.2E+09	

表A6-16 各国钢铁主要产出数据

	单位	巴西	加拿大	中国	德国	印度	意大利	韩国	俄罗斯	土耳其	乌克兰
Ammonia	t	3.8E+06									
Basic oxygen furnacewaste	t	2.7E+10			3.1E+05						1.8E+05
Carbon dioxide	t	1.1E+11	6.6E+05	1.2E+09	1.1E+07	1.9E+08	3.0E+06		1.1E+08	1.8E+02	6.5E+06

续表

	单位	巴西	加拿大	中国	德国	印度	意大利	韩国	俄罗斯	土耳其	乌克兰
Carbon monoxide	t	1.2E+09	8.1E+03	1.5E+07	1.1E+05		1.2E+05			1.7E+04	6.6E+04
Dissolvedsolids	lbav	5.4E+07									
Hydro carbons	t	3.8E+08				6.9E+05					
Hydro chloricacid	lbav	4.3E+06									
Lead	t	7.1E+03	2.1E+03		2.2E+01		5.8E+01			2.8E+01	1.3E+01
Methane	t	1.4E+08		6.3E+05		6.6E+05					
Nitrogen oxides	t	1.7E+08	8.9E+02								
Oils	lbav	6.6E+05									
Particulates, <10μm	t	8.2E+08	4.9E+02	1.2E+06			2.2E+01	2.6E+09			
Phosphate	t	3.9E+04	1.3E+02								
Steel	t	3.1E+07	1.3E+07	8.1E+08	4.2E+07	9.5E+07	2.3E+07	6.9E+07	7.0E+07	3.3E+07	2.4E+07
Sulfur oxides	t	3.1E+08	2.0E+05								
Suspended solids	t	2.1E+07	5.6E+05	3.8E+05							
Benzene	t		8.2E+02								
Benzopyrene	t		8.7E+01								
Blastfurnaceslag	t	2.8E+06			8.1E+06		7.7E+06	1.8E+10	2.9E+07		4.7E+06

续表

	单位	巴西	加拿大	中国	德国	印度	意大利	韩国	俄罗斯	土耳其	乌克兰
Chloride	t		1.0E+05								
Chromium	t		2.6E+01		3.8E+00	8.6E-01	9.3E+01			9.9E-01	2.1E+00
Cyanide	t		9.9E+04								
Dust	t		2.2E+05		2.8E+03		4.8E+05	8.2E+07	7.0E+04	1.5E+03	1.6E+03
Fluoride	t		2.9E+03								
Nickel	t		2.3E+04		1.7E+00					3.3E-01	9.7E-01
Nitrogen	t		1.1E+01			1.9E+01					
Phosphorus	t		2.2E+02								
VOC	t		1.1E+03	5.8E+04	4.6E+02					4.6E+02	
Zinc	t		1.0E+03			2.9E+01				2.2E+02	2.7E+02
COD	t			1.9E+05							
Dioxins	t			1.1E-02							
Hydro genchloride	t			4.9E+04	4.2E+01	4.0E+04	1.4E+04	3.4E+01		2.9E+01	2.4E+01
Nitro gendioxide	t			1.7E+06	1.7E+02	2.8E+05	5.8E+03	4.8E+06		6.2E+03	9.7E+01
Sulfur dioxide	t			1.9E+06							
Cadmium	t				3.8E+00					9.9E-01	2.2E+00

续表

	单位	巴西	加拿大	中国	德国	印度	意大利	韩国	俄罗斯	土耳其	乌克兰
Copper	t				5.5E+00						3.1E+00
Digester sludge	t				3.7E+05		1.0E+05	2.1E+06			4.3E+05
Iron scrap	t				3.4E+05						1.9E+05
Waste water	m3				2.3E+07						1.3E+07
Nitrous dioxide	t					9.5E+02					
Phosphorous acid	t					4.8E+00					
Refractory	t						4.7E+05				
Ammoniumsulfate	t								2.8E+05		
Coal tar	t								7.0E+05		
Hydro genfluoride	t									2.9E+01	
Mercury	t									3.3E−02	
Nitro genmonoxide	t									8.8E+02	
PAH	t									2.3E+00	
Polychlorinated biphenyls	t									5.4E−07	

表 A6-17 钢铁生产归一化结果

影响类别	参考单位	俄罗斯	韩国	意大利	印度	德国	中国	加拿大	乌克兰	土耳其	巴西
Agricultural land occupation	$m^2 \cdot a$	2.0E+01	1.6E+01	4.3E+01	3.2E+01	2.6E+01	2.7E+00	2.6E+01	2.6E+01	2.5E+01	1.5E+01
Climate Change	$kgCO_2eq$	2.4E+03	7.2E+02	1.4E+03	4.8E+03	1.4E+03	1.6E+03	6.3E+02	1.4E+03	1.2E+03	2.0E+03
Fossil depletion	kgoileq	5.0E+02	2.0E+02	4.2E+02	5.0E+02	3.0E+02	1.7E+02	9.1E+02	3.0E+02	3.6E+02	4.4E+02
Freshwater ecotoxicity	$kg1,4\text{-}DBeq$	4.0E+01	7.3E+02	1.3E+02	1.9E+01	1.2E+02	9.5E+00	2.7E+02	1.2E+02	1.1E+02	3.1E+02
Freshwater eutrophication	kgPeq	1.5E+00	3.2E-01	7.0E-01	7.9E-01	4.5E-01	2.5E-01	1.4E+00	4.5E-01	3.8E-01	5.1E-01
Human toxicity	$kg1,4\text{-}DBeq$	1.7E+03	2.5E+02	1.2E+03	7.4E+02	7.7E+02	4.1E+02	1.8E+03	7.7E+02	7.2E+02	8.2E+01
Ionising radiation	$kgU_{235}eq$	4.1E+01	2.4E+02	1.7E+02	6.3E+01	3.2E+02	1.6E+01	1.3E+02	3.2E+02	1.1E+02	1.7E+02
Marine ecotoxicity	$kg1,4\text{-}DBeq$	3.9E+01	6.9E+00	1.2E+02	1.8E+01	1.0E+02	9.2E+01	2.1E+02	1.0E+02	9.8E+01	2.7E+02
Marine eutrophication	kgNeq	8.7E-01	8.0E-01	3.7E+00	7.2E-01	9.4E-01	2.6E-01	1.7E+01	9.4E-01	1.1E+00	3.4E-01
Metal depletion	kgFeeq	1.3E+03	7.9E+02	9.3E+02	1.3E+03	5.5E+02	8.5E+02	1.6E+03	5.5E+02	1.3E+03	1.6E+03
Natural land transformation	m^2	1.3E-01	1.1E-01	1.8E-01	2.1E-01	1.3E-01	5.1E-02	8.2E-01	1.3E-01	2.6E-01	1.1E-01
Ozone depletion	kgCFC-11eq	3.7E-05	6.1E-05	1.1E-04	9.2E-05	7.2E-04	2.0E-05	3.0E-04	7.2E-04	1.3E-04	1.7E-05
Particulate matter formation	kgPM10eq	5.0E+00	2.1E+01	7.1E+00	1.1E+01	3.2E+00	5.3E+00	4.5E+00	3.2E+00	2.8E+00	1.7E+01
Photo chemical oxidant formation	kgNMVOC	3.8E+00	3.5E+00	6.5E+00	1.1E+01	4.0E+00	4.9E+00	4.0E+00	4.0E+00	5.4E+00	6.0E+00
Terrestrial acidification	$kgSO_2eq$	4.5E+00	4.7E+00	2.5E+01	1.9E+01	8.5E+00	5.5E+00	2.0E+01	8.5E+00	5.3E+00	9.0E+00
Terrestrial ecotoxicity	$kg1,4\text{-}DBeq$	3.7E-02	4.3E-02	1.7E-01	9.5E-02	1.3E-01	1.6E-02	8.6E-01	1.3E-01	1.4E-01	1.1E-02

续表

影响类别	参考单位	俄罗斯	韩国	意大利	印度	德国	中国	加拿大	乌克兰	土耳其	巴西
Urban land occupation	$m^2 \cdot a$	1.4E+01	6.9E+00	1.1E+01	2.4E+01	8.8E+00	3.7E+00	2.6E+01	8.8E+00	2.3E+01	1.4E+01
Water depletion	m^3	8.1E+02	2.1E+03	7.8E+03	2.0E+03	4.9E+03	2.8E+02	3.5E+03	4.9E+03	3.8E+03	5.4E+02

表 A6-18 各国钢铁生产 LCA 结果

影响类别	参考单位	俄罗斯	韩国	意大利	印度	德国	中国	加拿大	乌克兰	土耳其	巴西
Agricultural land occupation	$m^2 \cdot a$	1.4E+12	1.1E+12	1.0E+12	3.0E+12	1.1E+12	2.2E+12	3.3E+11	6.3E+11	8.2E+11	4.6E+08
Climate Change	$kgCO_2eq$	1.7E+14	4.9E+13	3.3E+13	4.6E+14	6.0E+13	1.3E+15	7.9E+12	3.5E+13	3.8E+13	6.4E+10
Fossil depletion	kgoileq	3.5E+13	1.3E+13	9.9E+12	4.8E+13	1.2E+13	1.4E+14	1.1E+13	7.1E+12	1.2E+13	1.4E+10
Freshwater ecotoxicity	kg1, 4-DBeq	2.8E+12	5.0E+11	3.1E+12	1.8E+12	4.9E+12	7.7E+12	3.3E+12	2.8E+12	3.7E+12	9.8E+09
Freshwater eutrophication	kgPeq	1.1E+11	2.2E+10	1.6E+10	7.5E+10	1.9E+10	2.0E+11	1.8E+10	1.1E+10	1.2E+10	1.6E+07
Human toxicity	kg1, 4-DBeq	1.2E+14	1.7E+13	2.7E+13	7.1E+13	3.2E+13	3.3E+14	2.2E+13	1.9E+13	2.4E+13	2.6E+09
Ionising radiation	$kgU_{235}eq$	2.9E+12	1.6E+13	3.9E+12	6.0E+12	1.3E+13	7.4E+12	1.6E+12	7.7E+12	3.8E+12	5.3E+09
Marine ecotoxicity	kg1, 4-DBeq	2.7E+12	4.7E+11	2.8E+12	1.8E+12	4.3E+12	2.1E+11	2.7E+12	2.5E+12	3.3E+12	8.5E+09
Marine eutrophication	kgNeq	6.1E+10	5.5E+10	8.7E+10	6.9E+10	4.0E+10	2.1E+11	2.1E+11	2.3E+10	3.7E+10	1.1E+07
Metal depletion	kgFeeq	9.3E+13	5.4E+13	2.2E+13	1.2E+14	2.3E+13	6.8E+14	2.0E+13	1.3E+13	4.4E+13	5.0E+10
Natural land transformation	m^2	9.3E+09	7.3E+09	4.2E+09	2.0E+10	5.7E+09	4.1E+10	1.0E+10	3.3E+09	8.6E+09	3.5E+06

续表

影响类别	参考单位	俄罗斯	韩国	意大利	印度	德国	中国	加拿大	乌克兰	土耳其	巴西
Ozone depletion	kgCFC-11eq	2.6E+06	4.2E+06	2.7E+06	8.8E+06	3.0E+07	1.6E+07	3.7E+06	1.7E+07	4.5E+06	5.3E+02
Particulate matter formation	kgPM10eq	3.5E+11	1.4E+12	1.7E+11	1.0E+12	1.4E+11	4.3E+12	5.7E+10	7.8E+10	9.3E+10	5.3E+08
Photo chemical oxidant formation	kgNMVOC	2.7E+11	2.4E+11	1.5E+11	1.1E+12	1.7E+11	4.0E+12	5.1E+10	9.6E+10	1.8E+11	1.9E+08
Terrestrial acidification	kgSO$_2$eq	3.2E+11	3.2E+11	5.9E+11	1.8E+12	3.6E+11	4.4E+12	2.5E+11	2.1E+11	1.8E+11	2.8E+08
Terrestrial ecotoxicity	kg1,4-DBeq	2.6E+09	3.0E+09	3.9E+09	9.1E+09	5.4E+09	1.3E+10	1.1E+10	3.1E+09	4.5E+09	3.6E+05
Urban land occupation	m^2·a	9.7E+11	4.7E+11	2.7E+11	2.3E+12	3.7E+11	3.0E+12	3.2E+11	2.1E+11	7.8E+11	4.5E+08
Water depletion	m^3	5.7E+13	1.5E+14	1.8E+14	1.9E+14	2.1E+14	2.3E+14	4.4E+13	1.2E+14	1.2E+14	1.7E+10

表 A6-19 钢铁生产单位结果

影响类别	参考单位	俄罗斯	韩国	意大利	印度	德国	中国	加拿大	乌克兰	土耳其
Agricultural land occupation	6.12E-13	4.75E-13	1.30E-12	9.54E-13	7.86E-13	8.04E-14	7.89E-13	7.86E-13	7.44E-13	4.47E-13
Climate Change	5.63E-11	1.70E-11	3.37E-11	1.14E-10	3.40E-11	3.76E-11	1.49E-11	3.40E-11	2.74E-11	4.82E-11
Fossil depletion	6.30E-11	2.49E-11	5.38E-11	6.33E-11	3.74E-11	2.17E-11	1.15E-10	3.74E-11	4.57E-11	5.61E-11
Freshwater ecotoxicity	1.53E-09	2.75E-10	5.06E-09	7.15E-10	4.37E-09	3.60E-10	1.01E-08	4.37E-09	4.20E-09	1.19E-08
Freshwater eutrophication	8.66E-10	1.81E-10	3.92E-10	4.45E-10	2.51E-10	1.39E-10	8.05E-10	2.51E-10	2.12E-10	2.87E-10

续表

影响类别	参考单位	俄罗斯	韩国	意大利	印度	德国	中国	加拿大	乌克兰	土耳其
Human toxicity	8.44E-10	1.23E-10	5.85E-10	3.73E-10	3.84E-10	2.05E-10	8.87E-10	3.84E-10	3.61E-10	4.14E-10
Ionising radiation	5.07E-12	2.93E-11	2.07E-11	7.82E-12	3.92E-11	1.99E-12	1.59E-11	3.92E-11	1.42E-11	2.11E-11
Marine ecotoxicity	2.55E-09	4.57E-10	7.88E-09	1.23E-09	6.73E-09	6.10E-10	1.40E-08	6.73E-09	6.49E-09	1.80E-08
Marine eutrophication	1.92E-11	1.77E-11	8.22E-11	1.60E-11	2.09E-11	5.86E-12	3.69E-10	2.09E-11	2.49E-11	7.62E-12
Metal depletion	4.87E-10	2.90E-10	3.42E-10	4.70E-10	2.03E-10	3.11E-10	5.80E-10	2.03E-10	4.92E-10	5.83E-10
Natural land transformation	1.79E-12	1.44E-12	2.42E-12	2.87E-12	1.83E-12	6.94E-13	1.11E-11	1.83E-12	3.51E-12	1.53E-12
Ozone depletion	1.60E-13	2.66E-13	4.96E-13	4.02E-13	3.11E-12	8.50E-14	1.28E-12	3.11E-12	5.84E-13	7.40E-14
Particulate matter formation	5.77E-11	2.45E-10	8.26E-11	1.22E-10	3.74E-11	6.19E-11	5.23E-11	3.74E-11	3.24E-11	1.97E-10
Photochemical oxidant formation	1.09E-11	9.96E-12	1.88E-11	3.30E-11	1.14E-11	1.42E-11	1.16E-11	1.14E-11	1.56E-11	1.71E-11
Terrestrial acidification	1.94E-11	2.02E-11	1.09E-10	8.07E-11	3.63E-11	2.35E-11	8.51E-11	3.63E-11	2.27E-11	3.87E-11
Terrestrial ecotoxicity	1.00E-12	1.19E-12	4.63E-12	2.61E-12	3.54E-12	4.29E-13	2.37E-11	3.54E-12	3.73E-12	3.15E-13
Urban land occupation	2.89E-12	1.44E-12	2.42E-12	5.01E-12	1.86E-12	7.70E-13	5.42E-12	1.86E-12	4.92E-12	3.01E-12
Water depletion	0	0	0	0	0	0	0	0	0	0
Total normalized impacts	6.52E-09	1.70E-09	1.47E-08	3.68E-09	1.22E-08	1.79E-09	2.71E-08	1.22E-08	1.20E-08	3.12E-08

表 A6-20 各国钢铁生产归一化结果

影响类别	参考单位	俄罗斯	韩国	意大利	印度	德国	中国	加拿大	乌克兰	土耳其
Agricultural land occupation	4.31E-05	3.26E-05	3.03E-05	9.11E-05	3.31E-05	6.50E-05	9.98E-06	1.90E-05	2.47E-05	1.40E-05
Climate Change	3.96E-03	1.17E-03	7.89E-04	1.09E-02	1.43E-03	3.04E-02	1.88E-04	8.23E-04	9.09E-04	1.51E-03
Fossil depletion	4.44E-03	1.71E-03	1.26E-03	6.04E-03	1.57E-03	1.75E-02	1.45E-03	9.06E-04	1.52E-03	1.75E-03
Freshwater ecotoxicity	1.08E-01	1.89E-02	1.18E-01	6.83E-02	1.84E-01	2.91E-01	1.27E-01	1.06E-01	1.39E-01	3.73E-01
Freshwater eutrophication	6.10E-02	1.24E-02	9.16E-03	4.25E-02	1.06E-02	1.12E-01	1.02E-02	6.08E-03	7.02E-03	8.97E-03
Human toxicity	5.95E-02	8.45E-03	1.37E-02	3.56E-02	1.62E-02	1.65E-01	1.12E-02	9.30E-03	1.20E-02	1.29E-03
Ionising radiation	3.58E-04	2.01E-03	4.85E-04	7.46E-04	1.65E-03	1.61E-03	2.01E-04	9.49E-04	4.72E-04	6.59E-04
Marine ecotoxicity	1.80E-01	3.14E-02	1.84E-01	1.17E-01	2.83E-01	4.93E-01	1.78E-01	1.63E-01	2.15E-01	5.64E-01
Marine eutrophication	1.35E-03	1.21E-03	1.92E-03	1.53E-03	8.78E-04	4.73E-03	4.67E-03	5.05E-04	8.25E-04	2.38E-04
Metal depletion	3.43E-02	1.99E-02	7.99E-03	4.49E-02	8.53E-03	2.51E-01	7.33E-03	4.90E-03	1.63E-02	1.82E-02
Natural land transformation	1.26E-04	9.90E-05	5.67E-05	2.74E-04	7.68E-05	5.61E-04	1.40E-04	4.42E-05	1.16E-04	4.78E-05
Ozone depletion	1.13E-05	1.83E-05	1.16E-05	3.84E-05	1.31E-04	6.86E-05	1.62E-05	7.54E-05	1.94E-05	2.31E-06

续表

影响类别	参考单位	俄罗斯	韩国	意大利	印度	德国	中国	加拿大	乌克兰	土耳其
Particulate matter formation	4.07E-03	1.68E-02	1.93E-03	1.16E-02	1.58E-03	5.00E-02	6.61E-04	9.07E-04	1.07E-03	6.16E-03
Photo chemical oxidant formation	7.69E-04	6.83E-04	4.40E-04	3.15E-03	4.81E-04	1.15E-02	1.47E-04	2.77E-04	5.16E-04	5.35E-04
Terrestrial acidification	1.36E-03	1.39E-03	2.54E-03	7.70E-03	1.53E-03	1.90E-02	1.08E-03	8.78E-04	7.53E-04	1.21E-03
Terrestrial ecotoxicity	7.06E-05	8.17E-05	1.08E-04	2.49E-04	1.49E-04	3.47E-04	3.00E-04	8.56E-05	1.24E-04	9.86E-06
Urban land occupation	2.03E-04	9.90E-05	5.65E-05	4.78E-04	7.84E-05	6.22E-04	6.86E-05	4.51E-05	1.63E-04	9.42E-05
Water depletion	0	0	0	0	0	0	0	0	0	0
Total normalized impact	0.46	0.12	0.34	0.35	0.51	1.45	0.34	0.29	0.40	0.98

表 A6-21　蒙特卡洛不确定性检验

影响类别	单位	均值	中位数	SD[a]（%）
Freshwater ecotoxicity	kg1, 4-DCB	4.12E+10	3.22E+10	77.8
Freshwater eutrophication	kgPeq	2.15E+08	1.71E+08	72.5
Global warming	$kgCO_2eq$	1.28E+12	1.28E+12	2.5
Human toxicity	kg1, 4-DCB	1.41E+12	1.05E+12	86.4
Marine ecotoxicity	kg1, 4-DCB	5.82E+10	4.54E+10	77.5
Marine eutrophication	kgNeq	4 335 901	4 050 484	48.0
Mineral resource scarcity	kgCueq	4.09E+10	3.92E+10	25.6
Terrestrial acidification	$kgSO_2eq$	3.73E+09	3.68E+09	9.5
Terrestrial ecotoxicity	kg1, 4-DCB	3.17E+11	2.99E+11	29.2

SD[a] = standard deviation.

表 A6-22　敏感性分析

关键影响类别	变动	柴油	电力	铁矿石含量
Climate Change	5%	4.52E-07	1.73E-07	1.39E-14
Freshwater ecotoxicity	5%	1.45E-06	1.59E-06	2.46E-12
Human toxicity	5%	5.03E-07	3.23E-07	5.10E-13
Marine ecotoxicity	5%	2.41E-06	2.20E-06	3.95E-12
Particulate matter formation	5%	8.93E-07	1.26E-07	1.51E-14

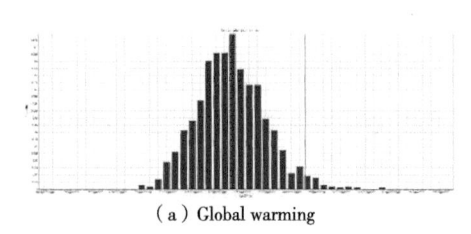

(a) Global warming

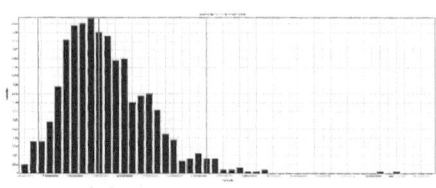

(b) Mineral resource scarcity

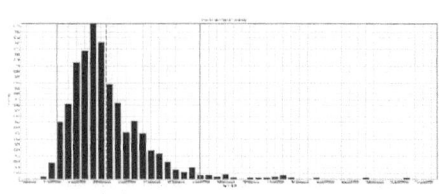

(c) Terrestrial acidification

(d) Terrestrial ecotoxicity

图 A6-1　蒙特卡洛模拟

附录 2

表 A7-1　"钢铁-新能源汽车"产业链产品及海关 HS 码

产业链	产品	流动（per 1kg）	HS 码
Upstream	Iron ore	65% Fe	2 601
Upstream	Crude steel	97.89% Fe	7 207
Midstream	Low alloy steel	98.38% crudesteel	7 224、722 410、722 490、722 530、722 550、722 691、722 692、722 790、722 830、722 990
Midstream	Electrical steel	95.52% crudesteel	722 510、722 610、722 611、722 619、722 720、722 820、722 920
Midstream	High speed steel	76.16% crudesteel	722 520、722 620、722 710、722 810、722 910
Midstream	Stainless steel	71.51% crudesteel	7 218、7 219、7 220、7 221、7 222、7 223
Downstream	Vehicle body of electric vehicle	65% lowalloysteel	870 710、870 790、870 829、870 821
Downstream	Electromotor of electric vehicle	60% electricalsteel	850 131、850 132、850 134、850 133、8 501、8 503、840 510、840 590、850 161、850 162、850 163、850 164、850 171、850 180、850 172、850 300
Downstream	Transmission system of electric vehicle	91% lowalloysteel 2% stainlesssteel 1% highspeedsteel	848 340、8 483、848 310、848 390、848 330

续表

产业链	产品	流动（per 1kg）	HS 码
Downstream	Electric vehicle（wholevehicle）	40% vehiclebody 5.2% electromotor 6.7% transmission	870 911、870 230、870 220、870 240、870 380、870 460、870 340、870 350、870 370、870 451、870 452、870 443、870 360、870 441

表 A7-2 "钢铁-新能源汽车"产业链碳转移网络评价指标

指标	公式	含义
Average correlation degree	$\bar{k} = \dfrac{\sum_{i=1}^{N} k_i}{N}$	各国在"钢铁-新能源汽车"贸易中的相关程度。该值越大，世界范围内"钢铁-新能源汽车"贸易的关联性越强。在这里，k_i 表示直接连接到节点 i 的边的数量；N 表示网络中的节点数量
Average weighted degree	$\bar{k_o} = \dfrac{\sum_{i,j=1}^{N}(k_{i,j}+k_{j,i})}{N}$	"钢铁-新能源汽车"贸易的重要性。值越大，"钢铁-新能源汽车"贸易在世界范围就越重要
Clustering coefficient	$C_i = \dfrac{2E_i}{k_i(k_i-1)}$	"钢铁-新能源汽车"产业链中的国家间贸易的密切程度。E_i 指节点 i 的邻居节点之间的边数
Average path length	$L = \dfrac{2\sum_{i\geqslant j} d_{ij}}{N(N-1)}$	"钢铁-新能源汽车"贸易中的国家间碳排放的空间转移规模。该值越大，说明"钢铁-电动车"贸易造成的碳排放的全球扩散越大。这里的 d_{ij} 指节点 i, j 的最短路径数
Modularity	$Q = \sum_{i=1}^{N}(e_{ij} - \sum_{j} e_{ij}^2)$	"钢铁-新能源汽车"贸易中碳转移模式的稳定性。其中，e_{ij} 表示节点 i 和节点 j 处于不同网络社区的概率
Weightedout degree	$k_{o,i} = k_{ij}$	各国在"钢铁-新能源汽车"贸易中碳转移的重要性

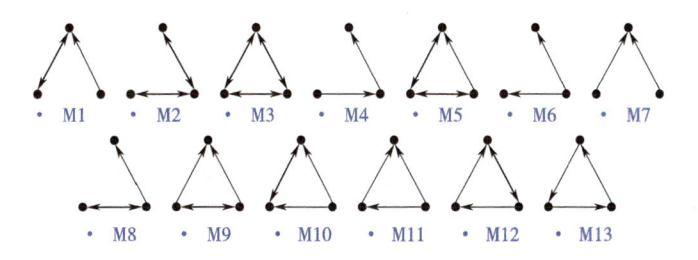

图 A7-1 碳转移网络 13 种模体

$$L_m = \frac{\sum_{i=1}^{n} sum(E_i)}{\sum_{q=1}^{N} sum(E_q)} \tag{A7-1}$$

$$f_m = \frac{n_m}{N} \tag{A7-2}$$

$$CL_m = \frac{L_m}{f_m} \tag{A7-3}$$

式中：CL_m 表明每种模体的碳承载能力；L_m 表明每种模体的百分比；f_m 表明每种模体的出现频次；$\sum_{i=1}^{n} sum(E_i)$ 表明每种模体加权边的总和；$\sum_{q=1}^{N} sum(E_q)$ 表明加权边在真实网络的总和。

表 A7-3 单位产品生产所需能源

	煤炭	电力网络	天然气	热能	石油	生物燃料
CHN	1.81E-01	5.63E-02	1.11E-02	5.03E-03	1.01E-03	n.a.
BRA	1.69E-01	6.13E-02	3.68E-02	n.a.	9.20E-03	1.01E-01
AUS	4.91E-02	5.45E-02	3.64E-02	n.a.	3.64E-03	n.a.
FRA	6.94E-03	7.64E-02	4.17E-02	n.a.	n.a.	n.a.
DEU	7.32E-02	5.30E-02	5.30E-02	n.a.	n.a.	n.a.
GBR	8.33E-02	2.78E-02	4.17E-02	n.a.	n.a.	n.a.
JPN	1.16E-01	5.84E-02	2.32E-02	n.a.	1.21E-02	n.a.
KOR	6.16E-02	6.44E-02	2.24E-02	n.a.	1.40E-03	n.a.
RUS	3.79E-01	7.39E-02	1.63E-01	8.51E-02	4.18E-03	1.81E-02
USA	4.56E-02	5.69E-02	1.03E-01	n.a.	n.a.	n.a.

表A7-4　上游产品关键贸易国的演变趋势

	2017年	加权出度	2018年	加权出度	2019年	加权出度	2020年	加权出度	2021年	加权出度
stream-iron	AUS	2.18E+11	BRA	1.05E+12	BRA	9.43E+11	BRA	9.54E+11	BRA	9.17E+11
	BRA	9.69E+10	AUS	7.42E+11	AUS	7.42E+11	AUS	7.49E+11	AUS	7.24E+11
	CHN	1.57E+10	RUS	1.77E+11	CHN	2.45E+11	CHN	2.37E+11	CHN	6.72E+11
upstream-crude steel	CHN	1.24E+12	CHN	2.09E+12	CHN	2.24E+12	CHN	2.39E+12	CHN	2.32E+12
	JPN	1.48E+11	RUS	2.79E+11	RUS	2.76E+11	RUS	2.84E+11	RUS	2.97E+11
	USA	1.17E+11	JPN	2,23E+11	JPN	2.12E+11	JPN	1.79E+11	JPN	2.07E+11

表A7-5　中游产品关键贸易国的演变趋势

	2017年	加权出度	2018年	加权出度	2019年	加权出度	2020年	加权出度	2021年	加权出度
midstream-low alloy steel	CHN	6.39E+10	CHN	1.04E+11	CHN	1.12E+11	CHN	1.06E+11	CHN	1.03E+11
	USA	7.13E+09	USA	1.06E+10	USA	1.01E+10	USA	8.38E+09	USA	1.20E+10
	JPN	6.42E+09	JPN	9.85E+09	JPN	9.48E+09	JPN	1.84E+11	JPN	9.06E+09
midstream-electrical steel	DEU	4.81E+09	DEU	6.64E+09	DEU	6.28E+09	CHN	3.28E+09	USA	3.36E+09
	CHN	2.86E+09	CHN	4.73E+09	CHN	4.65E+09	USA	3.12E+09	CHN	3.34E+09
	USA	2.53E+09	USA	3.84E+09	USA	3.75E+09	RUS	2.80E+09	RUS	2.85E+09
midstream-high speed steel	DEU	3.62E+09	DEU	5.18E+09	DEU	4.58E+09	USA	1.77E+09	USA	1.77E+09
	USA	1.48E+09	USA	2.21E+09	USA	2.16E+09	DEU	9.83E+08	DEU	9.03E+08
	FRA	1.32E+09	FRA	1.72E+09	FRA	1.52E+09	KOR	6.58E+08	RUS	6.58E+08
midstream-stainless steel	CHN	1.92E+09	CHN	1.93E+10	CHN	1.97E+10	CHN	1.98E+10	CHN	1.98E+10
	KOR	7.82E+08	JPN	2.01E+09	JPN	1.82E+09	JPN	1.51E+09	JPN	1.50E+09
	JPN	6.21E+08	USA	1.47E+09	USA	1.36E+09	USA	1.12E+09	USA	1.14E+09

表A7-6　敏感性检验

	+1%	−1%	+3%	−3%	+5%	−5%
CHN	2.12E+10	2.11E+10	2.13E+10	2.11E+10	2.13E+10	2.11E+10
	0.11%	−0.11%	0.34%	−0.11%	0.34%	−0.11%

续表

	+1%	-1%	+3%	-3%	+5%	-5%
DEU	2.23E+09	2.22E+09	2.23E+09	2.22E+09	2.23E+09	2.21E+09
	0.06%	-0.23%	0.10%	-0.39%	0.26%	-0.55%
USA	2.01E+09	2.00E+09	2.03E+09	1.98E+09	2.04E+09	1.97E+09
	0.64%	-0.11%	1.39%	-0.85%	2.13%	-1.60%

表 A7-7　敏感性检验

	+1%	-1%	+3%	-3%	+5%	-5%
CHN	2.13E+10	2.12E+10	2.13E+10	2.12E+10	2.14E+10	2.11E+10
	0.34%	0.11%	0.56%	-0.12%	0.79%	-0.57%
DEU	2.23E+09	2.22E+09	2.23E+09	2.22E+09	2.23E+09	2.21E+09
	0.06%	-0.23%	0.10%	-0.39%	0.26%	-0.55%
USA	2.01E+09	2.00E+09	2.02E+09	1.99E+09	2.03E+09	1.98E+09
	0.64%	-0.11%	1.01%	-0.48%	1.39%	-0.85%

表 A7-8　贸易碳转移

出口	进口	碳转移-kg
CHN-iron	DEU-iron	4.10E+03
CHN-iron	JPN-iron	9.74E+09
CHN-iron	KOR-iron	1.49E+09
CHN-iron	AUS-iron	1.73E+04
CHN-iron	BRA-iron	9.79E+03
JPN-iron	USA-iron	5.10E+03
DEU-iron	BRA-iron	5.92E+03
DEU-iron	FRA-iron	3.76E+04
DEU-iron	GBR-iron	6.93E+04
DEU-iron	USA-iron	2.41E+04
DEU-iron	RUS-iron	3.13E+03

续表

出口	进口	碳转移-kg
FRA-iron	RUS-iron	4.42E+00
FRA-iron	GBR-iron	3.54E+02
FRA-iron	USA-iron	6.56E+01
GBR-iron	AUS-iron	5.11E+04
GBR-iron	BRA-iron	6.10E+04
GBR-iron	USA-iron	2.07E+02
USA-iron	AUS-iron	3.64E+04
DEU-iron	CHN-iron	1.32E+04
JPN-iron	CHN-iron	2.94E+01
KOR-iron	CHN-iron	2.25E+08
GBR-iron	CHN-iron	1.47E+04
AUS-iron	CHN-iron	3.01E+11
BRA-iron	CHN-iron	2.27E+11
RUS-iron	CHN-iron	1.44E+10
USA-iron	CHN-iron	8.94E+08
AUS-iron	JPN-iron	2.89E+10
BRA-iron	JPN-iron	2.88E+10
RUS-iron	JPN-iron	2.90E+08
USA-iron	JPN-iron	8.26E+08
AUS-iron	DEU-iron	3.52E+07
BRA-iron	DEU-iron	7.18E+09
FRA-iron	DEU-iron	9.57E+05
GBR-iron	DEU-iron	2.56E+04
USA-iron	DEU-iron	1.89E+08
RUS-iron	DEU-iron	6.08E+09
AUS-iron	FRA-iron	6.09E+00
BRA-iron	FRA-iron	4.19E+09

续表

出口	进口	碳转移-kg
RUS-iron	FRA-iron	2.88E+09
GBR-iron	FRA-iron	7.71E+04
USA-iron	FRA-iron	8.15E+07
AUS-iron	GBR-iron	0.00E+00
BRA-iron	GBR-iron	1.47E+09
RUS-iron	GBR-iron	5.07E+08
USA-iron	GBR-iron	0.00E+00
AUS-iron	USA-iron	1.32E+07
BRA-iron	USA-iron	2.35E+09
RUS-iron	USA-iron	6.66E+07
BRA-iron	AUS-iron	5.52E+03
CHN-crude	FRA-crude	4.43E+06
CHN-crude	JPN-crude	4.57E+04
CHN-crude	KOR-crude	6.94E+07
CHN-crude	GBR-crude	1.15E+05
CHN-crude	AUS-crude	6.07E+01
JPN-crude	BRA-crude	1.06E+08
JPN-crude	GBR-crude	2.71E+05
JPN-crude	USA-crude	5.74E+07
JPN-crude	DEU-crude	1.28E+06
JPN-crude	KOR-crude	2.03E+09
DEU-crude	AUS-crude	1.09E+05
DEU-crude	BRA-crude	2.49E+07
DEU-crude	FRA-crude	1.89E+09
DEU-crude	GBR-crude	7.62E+07
DEU-crude	USA-crude	4.72E+05
DEU-crude	RUS-crude	8.56E+05

续表

出口	进口	碳转移-kg
FRA-crude	AUS-crude	3.19E+05
FRA-crude	GBR-crude	7.46E+07
FRA-crude	USA-crude	1.13E+03
GBR-crude	AUS-crude	8.03E+05
GBR-crude	BRA-crude	4.75E+07
GBR-crude	RUS-crude	2.79E+05
GBR-crude	USA-crude	2.25E+07
USA-crude	AUS-crude	2.84E+04
USA-crude	BRA-crude	1.94E+05
DEU-crude	CHN-crude	1.44E+07
JPN-crude	CHN-crude	5.75E+08
KOR-crude	CHN-crude	1.26E+08
GBR-crude	CHN-crude	6.38E+05
BRA-crude	CHN-crude	2.01E+08
RUS-crude	CHN-crude	2.87E+09
USA-crude	CHN-crude	3.95E+06
GBR-crude	JPN-crude	7.82E+04
KOR-crude	JPN-crude	3.59E+08
FRA-crude	DEU-crude	5.85E+07
GBR-crude	DEU-crude	2.04E+07
USA-crude	DEU-crude	1.51E+05
RUS-crude	DEU-crude	1.94E+09
RUS-crude	FRA-crude	4.63E+06
GBR-crude	FRA-crude	1.99E+08
USA-crude	FRA-crude	8.92E+03
BRA-crude	GBR-crude	4.50E+04
USA-crude	GBR-crude	4.43E+05

续表

出口	进口	碳转移-kg
BRA-crude	USA-crude	6.67E+09
RUS-crude	USA-crude	4.60E+09
CHN-low alloy	CHN-low alloy	9.81E+07
CHN-low alloy	JPN-low alloy	9.41E+07
CHN-low alloy	CHN-low alloy	9.39E+07
CHN-low alloy	USA-low alloy	9.31E+07
CHN-low alloy	FRA-low alloy	9.17E+07
CHN-low alloy	KOR-low alloy	9.14E+07
CHN-low alloy	USA-low alloy	9.10E+07
CHN-low alloy	CHN-low alloy	9.07E+07
CHN-low alloy	KOR-low alloy	8.98E+07
CHN-low alloy	CHN-low alloy	8.94E+07
CHN-low alloy	USA-low alloy	8.93E+07
CHN-low alloy	JPN-low alloy	8.78E+07
CHN-low alloy	JPN-low alloy	8.68E+07
CHN-low alloy	FRA-low alloy	8.65E+07
CHN-low alloy	DEU-low alloy	8.58E+07
CHN-low alloy	USA-low alloy	8.41E+07
CHN-low alloy	CHN-low alloy	8.30E+07
CHN-low alloy	USA-low alloy	8.16E+07
CHN-low alloy	CHN-low alloy	7.96E+07
CHN-low alloy	FRA-low alloy	7.89E+07
CHN-low alloy	JPN-low alloy	7.88E+07
CHN-low alloy	KOR-low alloy	7.80E+07
CHN-low alloy	FRA-low alloy	7.69E+07
CHN-low alloy	DEU-low alloy	7.65E+07
CHN-low alloy	DEU-low alloy	7.57E+07

续表

出口	进口	碳转移-kg
CHN-low alloy	USA-low alloy	7.44E+07
CHN-low alloy	JPN-low alloy	2.04E+07
CHN-low alloy	CHN-low alloy	2.03E+07
CHN-low alloy	USA-low alloy	2.01E+07
CHN-low alloy	BRA-low alloy	2.00E+07
CHN-low alloy	BRA-low alloy	1.98E+07
CHN-low alloy	FRA-low alloy	1.96E+07
CHN-low alloy	CHN-low alloy	1.93E+07
CHN-low alloy	CHN-low alloy	1.91E+07
CHN-low alloy	FRA-low alloy	1.91E+07
CHN-low alloy	KOR-low alloy	1.87E+07
CHN-low alloy	FRA-low alloy	1.87E+07
CHN-low alloy	BRA-low alloy	1.86E+07
CHN-low alloy	FRA-low alloy	1.84E+07
CHN-low alloy	CHN-low alloy	1.81E+07
CHN-low alloy	FRA-low alloy	1.79E+07
CHN-low alloy	DEU-low alloy	1.75E+07
CHN-low alloy	CHN-low alloy	1.74E+07
CHN-low alloy	FRA-low alloy	1.73E+07
CHN-low alloy	CHN-low alloy	1.68E+07
CHN-low alloy	USA-low alloy	1.67E+07
CHN-low alloy	DEU-low alloy	1.64E+07
JPN-low alloy	AUS-low alloy	1.14E+07
JPN-low alloy	USA-low alloy	1.14E+07
JPN-low alloy	GBR-low alloy	1.13E+07
JPN-low alloy	KOR-low alloy	1.11E+07
JPN-low alloy	KOR-low alloy	1.11E+07

续表

出口	进口	碳转移-kg
JPN-low alloy	DEU-low alloy	1.11E+07
JPN-low alloy	AUS-low alloy	1.11E+07
JPN-low alloy	USA-low alloy	1.10E+07
JPN-low alloy	KOR-low alloy	1.09E+07
JPN-low alloy	CHN-low alloy	1.09E+07
JPN-low alloy	CHN-low alloy	1.08E+07
JPN-low alloy	USA-low alloy	1.08E+07
JPN-low alloy	JPN-low alloy	1.06E+07
JPN-low alloy	CHN-low alloy	1.06E+07
JPN-low alloy	KOR-low alloy	1.05E+07
JPN-low alloy	JPN-low alloy	5.33E+06
JPN-low alloy	KOR-low alloy	5.32E+06
JPN-low alloy	GBR-low alloy	5.30E+06
JPN-low alloy	GBR-low alloy	5.30E+06
JPN-low alloy	DEU-low alloy	5.30E+06
JPN-low alloy	DEU-low alloy	5.25E+06
JPN-low alloy	GBR-low alloy	5.20E+06
JPN-low alloy	DEU-low alloy	5.13E+06
JPN-low alloy	USA-low alloy	5.08E+06
JPN-low alloy	JPN-low alloy	4.93E+06
JPN-low alloy	CHN-low alloy	4.90E+06
JPN-low alloy	CHN-low alloy	4.89E+06
DEU-low alloy	JPN-low alloy	1.19E+06
DEU-low alloy	GBR-low alloy	1.18E+06
DEU-low alloy	BRA-low alloy	1.17E+06
DEU-low alloy	FRA-low alloy	1.16E+06
DEU-low alloy	GBR-low alloy	1.16E+06

续表

出口	进口	碳转移-kg
DEU-low alloy	KOR-low alloy	1.15E+06
DEU-low alloy	DEU-low alloy	1.15E+06
DEU-low alloy	FRA-low alloy	1.15E+06
DEU-low alloy	AUS-low alloy	1.13E+06
DEU-low alloy	CHN-low alloy	1.12E+06
DEU-low alloy	USA-low alloy	1.12E+06
DEU-low alloy	GBR-low alloy	1.11E+06
DEU-low alloy	KOR-low alloy	1.10E+06
DEU-low alloy	FRA-low alloy	1.10E+06
DEU-low alloy	AUS-low alloy	1.08E+06
DEU-low alloy	JPN-low alloy	1.06E+06
DEU-low alloy	JPN-low alloy	1.04E+06
DEU-low alloy	USA-low alloy	1.03E+06
DEU-low alloy	DEU-low alloy	1.02E+06
DEU-low alloy	AUS-low alloy	1.00E+06
DEU-low alloy	AUS-low alloy	9.92E+05
DEU-low alloy	GBR-low alloy	9.67E+05
DEU-low alloy	USA-low alloy	9.65E+05
DEU-low alloy	CHN-low alloy	9.65E+05
DEU-low alloy	RUS-low alloy	9.63E+05
DEU-low alloy	KOR-low alloy	9.54E+05
DEU-low alloy	DEU-low alloy	9.54E+05
DEU-low alloy	AUS-low alloy	9.43E+05
DEU-low alloy	KOR-low alloy	9.40E+05
DEU-low alloy	JPN-low alloy	9.37E+05
DEU-low alloy	DEU-low alloy	9.30E+05
DEU-low alloy	CHN-low alloy	9.24E+05

续表

出口	进口	碳转移-kg
DEU-low alloy	DEU-low alloy	8.08E+05
DEU-low alloy	CHN-low alloy	8.08E+05
DEU-low alloy	JPN-low alloy	7.97E+05
DEU-low alloy	FRA-low alloy	7.97E+05
DEU-low alloy	AUS-low alloy	7.93E+05
DEU-low alloy	FRA-low alloy	7.93E+05
FRA-low alloy	BRA-low alloy	4.56E+05
FRA-low alloy	KOR-low alloy	4.48E+05
FRA-low alloy	BRA-low alloy	4.42E+05
FRA-low alloy	USA-low alloy	4.41E+05
FRA-low alloy	USA-low alloy	4.40E+05
FRA-low alloy	BRA-low alloy	4.39E+05
FRA-low alloy	RUS-low alloy	4.38E+05
FRA-low alloy	DEU-low alloy	4.37E+05
FRA-low alloy	GBR-low alloy	4.36E+05
FRA-low alloy	GBR-low alloy	4.31E+05
FRA-low alloy	JPN-low alloy	4.31E+05
FRA-low alloy	USA-low alloy	4.30E+05
FRA-low alloy	JPN-low alloy	4.30E+05
FRA-low alloy	BRA-low alloy	4.24E+05
FRA-low alloy	DEU-low alloy	4.23E+05
FRA-low alloy	JPN-low alloy	4.15E+05
FRA-low alloy	BRA-low alloy	4.10E+05
FRA-low alloy	RUS-low alloy	4.09E+05
FRA-low alloy	USA-low alloy	4.09E+05
GBR-low alloy	JPN-low alloy	2.78E+05
GBR-low alloy	BRA-low alloy	2.77E+05

续表

出口	进口	碳转移-kg
GBR-low alloy	DEU-low alloy	2.76E+05
GBR-low alloy	FRA-low alloy	2.71E+05
GBR-low alloy	BRA-low alloy	2.68E+05
GBR-low alloy	BRA-low alloy	2.67E+05
GBR-low alloy	GBR-low alloy	2.66E+05
GBR-low alloy	CHN-low alloy	2.65E+05
GBR-low alloy	RUS-low alloy	2.64E+05
GBR-low alloy	CHN-low alloy	2.63E+05
GBR-low alloy	GBR-low alloy	2.62E+05
GBR-low alloy	KOR-low alloy	2.62E+05
GBR-low alloy	DEU-low alloy	2.61E+05
USA-low alloy	RUS-low alloy	2.05E+05
USA-low alloy	JPN-low alloy	2.05E+05
USA-low alloy	KOR-low alloy	2.03E+05
USA-low alloy	USA-low alloy	2.00E+05
USA-low alloy	USA-low alloy	1.98E+05
USA-low alloy	JPN-low alloy	1.96E+05
USA-low alloy	AUS-low alloy	1.95E+05
USA-low alloy	FRA-low alloy	1.95E+05
USA-low alloy	DEU-low alloy	1.95E+05
USA-low alloy	CHN-low alloy	1.95E+05
USA-low alloy	FRA-low alloy	1.95E+05
USA-low alloy	AUS-low alloy	1.93E+05
USA-low alloy	JPN-low alloy	1.91E+05
USA-low alloy	GBR-low alloy	1.90E+05
FRA-low alloy	AUS-low alloy	8.90E+04
DEU-low alloy	CHN-low alloy	9.76E+04

续表

出口	进口	碳转移-kg
JPN-low alloy	CHN-low alloy	1.01E+05
KOR-low alloy	USA-low alloy	9.19E+04
GBR-low alloy	DEU-low alloy	9.16E+04
FRA-low alloy	CHN-low alloy	8.71E+04
DEU-low alloy	CHN-low alloy	9.48E+04
JPN-low alloy	BRA-low alloy	9.84E+04
KOR-low alloy	GBR-low alloy	8.94E+04
FRA-low alloy	CHN-low alloy	8.50E+04
DEU-low alloy	AUS-low alloy	9.30E+04
JPN-low alloy	USA-low alloy	9.68E+04
KOR-low alloy	JPN-low alloy	8.66E+04
FRA-low alloy	USA-low alloy	8.24E+04
DEU-low alloy	JPN-low alloy	8.85E+04
JPN-low alloy	DEU-low alloy	9.27E+04
KOR-low alloy	DEU-low alloy	8.35E+04
GBR-low alloy	CHN-low alloy	8.30E+04
FRA-low alloy	KOR-low alloy	7.95E+04
DEU-low alloy	CHN-low alloy	8.69E+04
JPN-low alloy	GBR-low alloy	9.09E+04
KOR-low alloy	CHN-low alloy	8.12E+04
GBR-low alloy	GBR-low alloy	8.12E+04
FRA-low alloy	BRA-low alloy	7.69E+04
DEU-low alloy	FRA-low alloy	8.40E+04
JPN-low alloy	GBR-low alloy	8.77E+04
KOR-low alloy	AUS-low alloy	7.96E+04
GBR-low alloy	KOR-low alloy	7.93E+04
FRA-low alloy	JPN-low alloy	7.50E+04

续表

出口	进口	碳转移-kg
DEU-low alloy	KOR-low alloy	8.17E+04
JPN-low alloy	DEU-low alloy	8.47E+04
KOR-low alloy	DEU-low alloy	7.60E+04
RUS-low alloy	RUS-low alloy	9.67E+04
USA-low alloy	BRA-low alloy	5.42E+04
BRA-low alloy	RUS-low alloy	3.67E+04
RUS-low alloy	DEU-low alloy	9.58E+04
USA-low alloy	FRA-low alloy	5.39E+04
AUS-low alloy	CHN-low alloy	4.76E+04
BRA-low alloy	RUS-low alloy	3.59E+04
USA-low alloy	BRA-low alloy	5.16E+04
BRA-low alloy	DEU-low alloy	3.51E+04
RUS-low alloy	GBR-low alloy	9.14E+04
USA-low alloy	AUS-low alloy	5.13E+04
AUS-low alloy	JPN-low alloy	4.58E+04
BRA-low alloy	CHN-low alloy	3.44E+04
RUS-low alloy	RUS-low alloy	8.94E+04
USA-low alloy	CHN-low alloy	4.95E+04
AUS-low alloy	USA-low alloy	4.38E+04
BRA-low alloy	RUS-low alloy	3.30E+04
RUS-low alloy	USA-low alloy	8.57E+04
USA-low alloy	JPN-low alloy	4.83E+04
BRA-low alloy	AUS-low alloy	3.25E+04
USA-low alloy	CHN-low alloy	4.70E+04
USA-low alloy	CHN-low alloy	3.71E+04
USA-low alloy	FRA-low alloy	3.70E+04
USA-low alloy	AUS-low alloy	3.70E+04

续表

出口	进口	碳转移-kg
GBR-low alloy	FRA-low alloy	3.30E+04
USA-low alloy	RUS-low alloy	3.63E+04
USA-low alloy	CHN-low alloy	3.60E+04
USA-low alloy	DEU-low alloy	3.59E+04
DEU-low alloy	BRA-low alloy	1.49E+04
KOR-low alloy	GBR-low alloy	1.94E+04
FRA-low alloy	JPN-low alloy	1.86E+04
DEU-low alloy	DEU-low alloy	1.44E+04
KOR-low alloy	BRA-low alloy	1.92E+04
DEU-low alloy	CHN-low alloy	1.40E+04
KOR-low alloy	JPN-low alloy	1.84E+04
FRA-low alloy	KOR-low alloy	1.72E+04
DEU-low alloy	JPN-low alloy	1.32E+04
KOR-low alloy	JPN-low alloy	1.73E+04
FRA-low alloy	KOR-low alloy	1.65E+04
DEU-low alloy	DEU-low alloy	1.29E+04
KOR-low alloy	FRA-low alloy	1.71E+04
FRA-low alloy	AUS-low alloy	1.63E+04
DEU-low alloy	USA-low alloy	1.26E+04
KOR-low alloy	KOR-low alloy	1.67E+04
KOR-low alloy	RUS-low alloy	1.63E+04
FRA-low alloy	CHN-low alloy	1.83E+03
GBR-low alloy	FRA-low alloy	1.89E+03
USA-low alloy	DEU-low alloy	2.05E+03
BRA-low alloy	USA-low alloy	1.38E+03
FRA-low alloy	KOR-low alloy	1.76E+03
GBR-low alloy	USA-low alloy	1.73E+03

续表

出口	进口	碳转移-kg
USA-low alloy	GBR-low alloy	1.88E+03
FRA-low alloy	RUS-low alloy	1.63E+03
GBR-low alloy	KOR-low alloy	1.70E+03
USA-low alloy	JPN-low alloy	1.86E+03
FRA-low alloy	AUS-low alloy	1.62E+03
GBR-low alloy	CHN-low alloy	1.68E+03
USA-low alloy	AUS-low alloy	1.80E+03
FRA-low alloy	CHN-low alloy	1.56E+03
GBR-low alloy	AUS-low alloy	1.61E+03
USA-low alloy	BRA-low alloy	1.75E+03
AUS-low alloy	DEU-low alloy	1.56E+03
BRA-low alloy	RUS-low alloy	1.16E+03
FRA-low alloy	DEU-low alloy	1.48E+03
GBR-low alloy	FRA-low alloy	1.53E+03
USA-low alloy	AUS-low alloy	1.61E+03
FRA-low alloy	CHN-low alloy	1.37E+03
GBR-low alloy	FRA-low alloy	1.43E+03
USA-low alloy	AUS-low alloy	1.54E+03
RUS-low alloy	CHN-low alloy	2.22E+03
RUS-low alloy	BRA-low alloy	2.21E+03
RUS-low alloy	KOR-low alloy	2.19E+03
GBR-low alloy	GBR-low alloy	2.43E+02
USA-low alloy	BRA-low alloy	2.55E+02
RUS-low alloy	KOR-low alloy	4.45E+02
GBR-low alloy	CHN-low alloy	2.28E+02
USA-low alloy	KOR-low alloy	2.40E+02
GBR-low alloy	AUS-low alloy	2.10E+02

续表

出口	进口	碳转移-kg
GBR-low alloy	RUS-low alloy	1.99E+02
USA-low alloy	JPN-low alloy	2.14E+02
GBR-low alloy	FRA-low alloy	1.93E+02
USA-low alloy	JPN-low alloy	2.10E+02
AUS-low alloy	JPN-low alloy	1.84E+02
GBR-low alloy	KOR-low alloy	1.85E+02
USA-low alloy	DEU-low alloy	2.02E+02
GBR-low alloy	BRA-low alloy	1.77E+02
USA-low alloy	FRA-low alloy	1.93E+02
USA-low alloy	RUS-low alloy	3.18E+01
AUS-low alloy	DEU-low alloy	2.09E+01
USA-low alloy	USA-low alloy	2.33E+01
USA-low alloy	JPN-low alloy	2.12E+01
USA-low alloy	FRA-low alloy	2.12E+01
USA-low alloy	BRA-low alloy	1.70E+01
USA-low alloy	JPN-low alloy	1.70E+01
BRA-low alloy	DEU-low alloy	2.64E+04
RUS-low alloy	DEU-low alloy	0.00E+00
BRA-low alloy	FRA-low alloy	8.60E+04
BRA-low alloy	FRA-low alloy	4.36E+03
CHN-electrical	DEU-electrical	1.35E+07
CHN-electrical	DEU-electrical	1.34E+07
CHN-electrical	DEU-electrical	1.34E+07
CHN-electrical	GBR-electrical	1.33E+07
CHN-electrical	KOR-electrical	1.30E+07
CHN-electrical	CHN-electrical	1.29E+07
CHN-electrical	FRA-electrical	1.26E+07

续表

出口	进口	碳转移-kg
CHN-electrical	USA-electrical	1.21E+07
CHN-electrical	USA-electrical	1.15E+07
CHN-electrical	CHN-electrical	1.12E+07
CHN-electrical	USA-electrical	1.07E+07
CHN-electrical	KOR-electrical	1.06E+07
CHN-electrical	KOR-electrical	1.06E+07
CHN-electrical	CHN-electrical	1.05E+07
CHN-electrical	FRA-electrical	1.04E+07
CHN-electrical	GBR-electrical	1.04E+07
CHN-electrical	FRA-electrical	1.03E+07
CHN-electrical	CHN-electrical	1.01E+07
CHN-electrical	DEU-electrical	1.01E+07
CHN-electrical	KOR-electrical	5.25E+06
CHN-electrical	JPN-electrical	5.08E+06
CHN-electrical	KOR-electrical	4.98E+06
CHN-electrical	CHN-electrical	4.85E+06
CHN-electrical	KOR-electrical	4.67E+06
CHN-electrical	KOR-electrical	4.64E+06
CHN-electrical	DEU-electrical	4.60E+06
CHN-electrical	CHN-electrical	4.35E+06
CHN-electrical	USA-electrical	4.22E+06
CHN-electrical	CHN-electrical	4.21E+06
CHN-electrical	AUS-electrical	4.19E+06
JPN-electrical	CHN-electrical	2.02E+06
JPN-electrical	FRA-electrical	1.99E+06
JPN-electrical	JPN-electrical	1.96E+06
JPN-electrical	CHN-electrical	1.95E+06

续表

出口	进口	碳转移-kg
JPN-electrical	FRA-electrical	1.95E+06
JPN-electrical	GBR-electrical	1.95E+06
JPN-electrical	GBR-electrical	1.94E+06
JPN-electrical	KOR-electrical	1.13E+06
JPN-electrical	RUS-electrical	1.12E+06
JPN-electrical	FRA-electrical	1.10E+06
JPN-electrical	USA-electrical	1.06E+06
JPN-electrical	DEU-electrical	1.05E+06
JPN-electrical	CHN-electrical	1.05E+06
JPN-electrical	CHN-electrical	1.04E+06
JPN-electrical	DEU-electrical	1.03E+06
DEU-electrical	USA-electrical	2.19E+05
DEU-electrical	CHN-electrical	2.16E+05
DEU-electrical	DEU-electrical	2.10E+05
DEU-electrical	USA-electrical	2.09E+05
DEU-electrical	USA-electrical	2.08E+05
DEU-electrical	USA-electrical	2.08E+05
DEU-electrical	GBR-electrical	2.08E+05
DEU-electrical	FRA-electrical	2.04E+05
DEU-electrical	DEU-electrical	2.03E+05
DEU-electrical	DEU-electrical	1.98E+05
DEU-electrical	CHN-electrical	1.97E+05
DEU-electrical	FRA-electrical	1.92E+05
DEU-electrical	USA-electrical	1.91E+05
DEU-electrical	CHN-electrical	1.77E+05
DEU-electrical	KOR-electrical	1.76E+05
DEU-electrical	JPN-electrical	1.70E+05

续表

出口	进口	碳转移-kg
DEU-electrical	FRA-electrical	1.62E+05
FRA-electrical	USA-electrical	1.16E+05
FRA-electrical	BRA-electrical	1.15E+05
FRA-electrical	CHN-electrical	1.13E+05
FRA-electrical	GBR-electrical	1.13E+05
FRA-electrical	KOR-electrical	1.13E+05
FRA-electrical	KOR-electrical	1.12E+05
FRA-electrical	AUS-electrical	1.12E+05
FRA-electrical	RUS-electrical	1.09E+05
GBR-electrical	DEU-electrical	8.59E+04
GBR-electrical	JPN-electrical	8.49E+04
GBR-electrical	BRA-electrical	8.42E+04
USA-electrical	DEU-electrical	7.95E+04
USA-electrical	DEU-electrical	7.92E+04
USA-electrical	RUS-electrical	7.88E+04
USA-electrical	USA-electrical	7.61E+04
USA-electrical	RUS-electrical	7.61E+04
USA-electrical	RUS-electrical	7.61E+04
USA-electrical	GBR-electrical	7.56E+04
JPN-electrical	RUS-electrical	3.53E+04
KOR-electrical	FRA-electrical	3.18E+04
FRA-electrical	USA-electrical	3.05E+04
DEU-electrical	USA-electrical	3.28E+04
JPN-electrical	CHN-electrical	3.31E+04
KOR-electrical	CHN-electrical	2.98E+04
DEU-electrical	CHN-electrical	3.13E+04
JPN-electrical	JPN-electrical	2.94E+04

续表

出口	进口	碳转移-kg
DEU-electrical	DEU-electrical	2.79E+04
JPN-electrical	KOR-electrical	2.88E+04
KOR-electrical	RUS-electrical	2.52E+04
FRA-electrical	FRA-electrical	2.32E+04
DEU-electrical	DEU-electrical	2.47E+04
JPN-electrical	USA-electrical	2.53E+04
KOR-electrical	GBR-electrical	2.23E+04
GBR-electrical	DEU-electrical	2.20E+04
AUS-electrical	JPN-electrical	9.11E+03
BRA-electrical	USA-electrical	1.25E+04
RUS-electrical	GBR-electrical	1.76E+04
BRA-electrical	FRA-electrical	1.24E+04
RUS-electrical	CHN-electrical	1.73E+04
USA-electrical	GBR-electrical	9.70E+03
BRA-electrical	BRA-electrical	1.22E+04
USA-electrical	USA-electrical	9.46E+03
USA-electrical	AUS-electrical	9.37E+03
USA-electrical	JPN-electrical	7.75E+03
USA-electrical	USA-electrical	7.51E+03
GBR-electrical	USA-electrical	6.79E+03
USA-electrical	DEU-electrical	7.41E+03
USA-electrical	FRA-electrical	7.24E+03
KOR-electrical	USA-electrical	3.86E+03
FRA-electrical	GBR-electrical	3.63E+03
DEU-electrical	JPN-electrical	2.83E+03
KOR-electrical	CHN-electrical	3.74E+03
KOR-electrical	DEU-electrical	3.74E+03

续表

出口	进口	碳转移-kg
KOR-electrical	GBR-electrical	3.73E+03
KOR-electrical	CHN-electrical	3.71E+03
FRA-electrical	USA-electrical	8.36E+02
RUS-electrical	USA-electrical	1.68E+03
GBR-electrical	GBR-electrical	8.54E+02
USA-electrical	AUS-electrical	9.27E+02
FRA-electrical	KOR-electrical	7.73E+02
RUS-electrical	KOR-electrical	1.51E+03
USA-electrical	BRA-electrical	8.43E+02
GBR-electrical	BRA-electrical	7.30E+02
FRA-electrical	KOR-electrical	6.94E+02
RUS-electrical	GBR-electrical	1.32E+03
FRA-electrical	GBR-electrical	6.06E+02
RUS-electrical	USA-electrical	1.21E+03
GBR-electrical	DEU-electrical	5.73E+02
RUS-electrical	JPN-electrical	4.83E+02
GBR-electrical	AUS-electrical	2.42E+02
GBR-electrical	DEU-electrical	2.36E+02
USA-electrical	USA-electrical	2.58E+02
USA-electrical	CHN-electrical	1.15E+02
USA-electrical	FRA-electrical	8.24E+01
USA-electrical	GBR-electrical	7.83E+01
CHN-high speed	CHN-high speed	3.53E+05
CHN-high speed	KOR-high speed	3.49E+05
CHN-high speed	KOR-high speed	3.40E+05
CHN-high speed	KOR-high speed	3.38E+05
CHN-high speed	USA-high speed	2.49E+05

续表

出口	进口	碳转移-kg
CHN-high speed	KOR-high speed	2.46E+05
CHN-high speed	FRA-high speed	2.31E+05
CHN-high speed	GBR-high speed	2.13E+05
CHN-high speed	KOR-high speed	2.06E+05
JPN-high speed	GBR-high speed	1.61E+05
JPN-high speed	KOR-high speed	1.41E+05
JPN-high speed	FRA-high speed	1.39E+05
DEU-high speed	CHN-high speed	6.52E+04
DEU-high speed	CHN-high speed	6.18E+04
DEU-high speed	CHN-high speed	6.12E+04
DEU-high speed	USA-high speed	5.85E+04
DEU-high speed	USA-high speed	5.82E+04
DEU-high speed	USA-high speed	5.41E+04
FRA-high speed	USA-high speed	3.52E+04
FRA-high speed	DEU-high speed	3.51E+04
GBR-high speed	USA-high speed	2.91E+04
GBR-high speed	KOR-high speed	2.87E+04
USA-high speed	CHN-high speed	2.49E+04
USA-high speed	CHN-high speed	2.49E+04
USA-high speed	KOR-high speed	2.28E+04
CHN-high speed	USA-high speed	2.13E+04
CHN-high speed	KOR-high speed	2.05E+04
CHN-high speed	BRA-high speed	2.02E+04
CHN-high speed	AUS-high speed	2.00E+04
CHN-high speed	BRA-high speed	1.88E+04
CHN-high speed	DEU-high speed	1.87E+04
CHN-high speed	DEU-high speed	1.76E+04

续表

出口	进口	碳转移-kg
JPN-high speed	USA-high speed	1.11E+04
JPN-high speed	BRA-high speed	1.11E+04
JPN-high speed	CHN-high speed	1.06E+04
JPN-high speed	BRA-high speed	1.05E+04
JPN-high speed	RUS-high speed	1.03E+04
DEU-high speed	AUS-high speed	6.02E+03
DEU-high speed	GBR-high speed	5.89E+03
DEU-high speed	BRA-high speed	5.80E+03
DEU-high speed	KOR-high speed	5.55E+03
DEU-high speed	BRA-high speed	5.43E+03
FRA-high speed	DEU-high speed	3.53E+03
FRA-high speed	BRA-high speed	3.32E+03
FRA-high speed	FRA-high speed	3.30E+03
FRA-high speed	JPN-high speed	3.27E+03
GBR-high speed	USA-high speed	2.54E+03
GBR-high speed	FRA-high speed	2.53E+03
GBR-high speed	GBR-high speed	2.44E+03
GBR-high speed	GBR-high speed	2.40E+03
GBR-high speed	USA-high speed	2.37E+03
GBR-high speed	FRA-high speed	2.37E+03
USA-high speed	BRA-high speed	1.68E+03
USA-high speed	DEU-high speed	1.63E+03
USA-high speed	USA-high speed	1.61E+03
USA-high speed	FRA-high speed	1.59E+03
USA-high speed	GBR-high speed	1.59E+03
FRA-high speed	CHN-high speed	8.33E+02
DEU-high speed	FRA-high speed	8.98E+02

续表

出口	进口	碳转移-kg
JPN-high speed	RUS-high speed	8.99E+02
JPN-high speed	GBR-high speed	8.90E+02
BRA-high speed	BRA-high speed	9.20E+02
USA-high speed	JPN-high speed	7.29E+02
GBR-high speed	KOR-high speed	4.18E+02
USA-high speed	JPN-high speed	4.48E+02
GBR-high speed	GBR-high speed	2.91E+02
USA-high speed	JPN-high speed	3.19E+02
BRA-high speed	RUS-high speed	3.97E+02
GBR-high speed	RUS-high speed	2.85E+02
USA-high speed	CHN-high speed	2.91E+02
BRA-high speed	KOR-high speed	3.41E+02
BRA-high speed	KOR-high speed	3.33E+02
FRA-high speed	DEU-high speed	1.37E+02
DEU-high speed	BRA-high speed	1.49E+02
JPN-high speed	USA-high speed	1.48E+02
GBR-high speed	RUS-high speed	1.30E+02
AUS-high speed	DEU-high speed	8.95E+01
RUS-high speed	DEU-high speed	1.78E+02
USA-high speed	DEU-high speed	9.53E+01
FRA-high speed	GBR-high speed	6.72E+01
DEU-high speed	DEU-high speed	7.37E+01
KOR-high speed	CHN-high speed	7.02E+01
GBR-high speed	CHN-high speed	6.87E+01
USA-high speed	BRA-high speed	6.90E+01
AUS-high speed	BRA-high speed	5.58E+01
AUS-high speed	JPN-high speed	2.35E+01

续表

出口	进口	碳转移-kg
FRA-high speed	KOR-high speed	2.15E+01
GBR-high speed	KOR-high speed	2.09E+01
USA-high speed	DEU-high speed	2.30E+01
BRA-high speed	DEU-high speed	2.07E+01
GBR-high speed	FRA-high speed	1.49E+01
USA-high speed	DEU-high speed	1.48E+01
AUS-high speed	USA-high speed	5.87E+00
BRA-high speed	AUS-high speed	6.20E+00
USA-high speed	AUS-high speed	4.93E+00
AUS-high speed	RUS-high speed	1.47E+00
BRA-high speed	AUS-high speed	2.07E+00
RUS-high speed	RUS-high speed	2.92E+00
CHN-stainless	DEU-stainless	2.86E+07
CHN-stainless	USA-stainless	2.83E+07
CHN-stainless	KOR-stainless	2.80E+07
CHN-stainless	RUS-stainless	2.80E+07
CHN-stainless	CHN-stainless	2.79E+07
CHN-stainless	CHN-stainless	2.78E+07
CHN-stainless	KOR-stainless	2.72E+07
CHN-stainless	KOR-stainless	2.72E+07
CHN-stainless	USA-stainless	2.66E+07
CHN-stainless	RUS-stainless	2.65E+07
CHN-stainless	RUS-stainless	2.64E+07
CHN-stainless	DEU-stainless	2.64E+07
CHN-stainless	GBR-stainless	2.57E+07
CHN-stainless	AUS-stainless	2.56E+07
CHN-stainless	CHN-stainless	2.53E+07

续表

出口	进口	碳转移-kg
CHN-stainless	USA-stainless	2.53E+07
CHN-stainless	KOR-stainless	2.52E+07
CHN-stainless	KOR-stainless	2.51E+07
CHN-stainless	DEU-stainless	2.46E+07
CHN-stainless	USA-stainless	2.43E+07
CHN-stainless	AUS-stainless	2.41E+07
CHN-stainless	USA-stainless	2.39E+07
CHN-stainless	KOR-stainless	2.38E+07
CHN-stainless	CHN-stainless	2.37E+07
CHN-stainless	AUS-stainless	2.36E+07
CHN-stainless	KOR-stainless	2.29E+07
CHN-stainless	KOR-stainless	2.28E+07
CHN-stainless	USA-stainless	2.28E+07
CHN-stainless	CHN-stainless	2.23E+07
CHN-stainless	KOR-stainless	1.34E+07
CHN-stainless	RUS-stainless	1.34E+07
CHN-stainless	CHN-stainless	1.34E+07
CHN-stainless	RUS-stainless	1.32E+07
CHN-stainless	JPN-stainless	1.32E+07
CHN-stainless	CHN-stainless	1.30E+07
CHN-stainless	CHN-stainless	1.30E+07
CHN-stainless	CHN-stainless	1.30E+07
CHN-stainless	KOR-stainless	1.29E+07
CHN-stainless	CHN-stainless	1.29E+07
CHN-stainless	DEU-stainless	1.27E+07
CHN-stainless	DEU-stainless	1.26E+07
CHN-stainless	CHN-stainless	1.25E+07

续表

出口	进口	碳转移-kg
CHN-stainless	USA-stainless	1.25E+07
CHN-stainless	DEU-stainless	1.25E+07
CHN-stainless	DEU-stainless	1.24E+07
CHN-stainless	BRA-stainless	1.23E+07
CHN-stainless	USA-stainless	1.23E+07
CHN-stainless	KOR-stainless	1.22E+07
CHN-stainless	USA-stainless	1.18E+07
CHN-stainless	CHN-stainless	1.17E+07
CHN-stainless	GBR-stainless	1.15E+07
CHN-stainless	USA-stainless	1.13E+07
JPN-stainless	DEU-stainless	7.25E+06
JPN-stainless	KOR-stainless	7.17E+06
JPN-stainless	BRA-stainless	7.16E+06
JPN-stainless	DEU-stainless	7.13E+06
JPN-stainless	GBR-stainless	7.12E+06
JPN-stainless	JPN-stainless	6.91E+06
JPN-stainless	DEU-stainless	6.90E+06
JPN-stainless	GBR-stainless	6.89E+06
JPN-stainless	GBR-stainless	6.88E+06
JPN-stainless	CHN-stainless	6.84E+06
JPN-stainless	GBR-stainless	6.83E+06
JPN-stainless	USA-stainless	6.80E+06
JPN-stainless	DEU-stainless	6.78E+06
JPN-stainless	USA-stainless	6.77E+06
JPN-stainless	DEU-stainless	6.76E+06
JPN-stainless	RUS-stainless	6.75E+06
JPN-stainless	DEU-stainless	6.75E+06

续表

出口	进口	碳转移-kg
JPN-stainless	USA-stainless	6.66E+06
JPN-stainless	DEU-stainless	6.62E+06
JPN-stainless	DEU-stainless	6.53E+06
JPN-stainless	DEU-stainless	6.53E+06
JPN-stainless	DEU-stainless	6.49E+06
JPN-stainless	GBR-stainless	6.47E+06
JPN-stainless	KOR-stainless	6.45E+06
JPN-stainless	FRA-stainless	4.47E+06
JPN-stainless	USA-stainless	4.46E+06
JPN-stainless	USA-stainless	4.44E+06
JPN-stainless	CHN-stainless	4.42E+06
JPN-stainless	KOR-stainless	4.39E+06
JPN-stainless	GBR-stainless	4.35E+06
JPN-stainless	JPN-stainless	4.35E+06
JPN-stainless	DEU-stainless	4.34E+06
JPN-stainless	FRA-stainless	4.32E+06
JPN-stainless	DEU-stainless	4.31E+06
JPN-stainless	CHN-stainless	4.18E+06
JPN-stainless	GBR-stainless	4.15E+06
JPN-stainless	JPN-stainless	4.13E+06
JPN-stainless	USA-stainless	4.13E+06
JPN-stainless	FRA-stainless	4.11E+06
DEU-stainless	BRA-stainless	1.09E+06
DEU-stainless	CHN-stainless	1.08E+06
DEU-stainless	BRA-stainless	1.08E+06
DEU-stainless	GBR-stainless	1.08E+06
DEU-stainless	USA-stainless	1.06E+06

续表

出口	进口	碳转移-kg
DEU-stainless	KOR-stainless	1.06E+06
DEU-stainless	FRA-stainless	1.06E+06
DEU-stainless	BRA-stainless	1.06E+06
DEU-stainless	DEU-stainless	1.05E+06
DEU-stainless	USA-stainless	1.05E+06
DEU-stainless	BRA-stainless	1.04E+06
DEU-stainless	CHN-stainless	1.04E+06
DEU-stainless	KOR-stainless	1.04E+06
DEU-stainless	BRA-stainless	1.03E+06
DEU-stainless	DEU-stainless	1.02E+06
DEU-stainless	FRA-stainless	1.02E+06
DEU-stainless	RUS-stainless	1.02E+06
DEU-stainless	CHN-stainless	1.02E+06
DEU-stainless	USA-stainless	1.02E+06
DEU-stainless	BRA-stainless	1.00E+06
DEU-stainless	FRA-stainless	1.00E+06
DEU-stainless	KOR-stainless	1.00E+06
DEU-stainless	KOR-stainless	9.95E+05
DEU-stainless	AUS-stainless	9.90E+05
DEU-stainless	KOR-stainless	9.79E+05
DEU-stainless	RUS-stainless	9.77E+05
DEU-stainless	DEU-stainless	9.76E+05
DEU-stainless	GBR-stainless	9.71E+05
DEU-stainless	CHN-stainless	9.70E+05
FRA-stainless	JPN-stainless	5.47E+05
FRA-stainless	RUS-stainless	5.45E+05
FRA-stainless	USA-stainless	5.43E+05

续表

出口	进口	碳转移-kg
FRA-stainless	RUS-stainless	5.40E+05
FRA-stainless	AUS-stainless	5.39E+05
FRA-stainless	DEU-stainless	5.39E+05
FRA-stainless	GBR-stainless	5.36E+05
FRA-stainless	BRA-stainless	5.28E+05
FRA-stainless	CHN-stainless	5.27E+05
FRA-stainless	DEU-stainless	5.23E+05
FRA-stainless	DEU-stainless	5.21E+05
FRA-stainless	GBR-stainless	5.16E+05
FRA-stainless	AUS-stainless	5.14E+05
FRA-stainless	DEU-stainless	5.10E+05
FRA-stainless	DEU-stainless	5.09E+05
FRA-stainless	JPN-stainless	5.06E+05
FRA-stainless	AUS-stainless	5.04E+05
FRA-stainless	AUS-stainless	5.03E+05
FRA-stainless	DEU-stainless	5.03E+05
FRA-stainless	GBR-stainless	5.02E+05
FRA-stainless	CHN-stainless	5.01E+05
FRA-stainless	BRA-stainless	4.96E+05
FRA-stainless	KOR-stainless	4.43E+05
FRA-stainless	JPN-stainless	4.37E+05
FRA-stainless	CHN-stainless	4.32E+05
FRA-stainless	RUS-stainless	4.30E+05
FRA-stainless	BRA-stainless	4.25E+05
FRA-stainless	BRA-stainless	4.24E+05
GBR-stainless	FRA-stainless	2.94E+05
GBR-stainless	KOR-stainless	2.94E+05

续表

出口	进口	碳转移-kg
GBR-stainless	RUS-stainless	2.93E+05
GBR-stainless	BRA-stainless	2.92E+05
GBR-stainless	DEU-stainless	2.91E+05
GBR-stainless	GBR-stainless	2.90E+05
GBR-stainless	JPN-stainless	2.90E+05
GBR-stainless	AUS-stainless	2.90E+05
GBR-stainless	JPN-stainless	2.90E+05
GBR-stainless	JPN-stainless	2.86E+05
GBR-stainless	CHN-stainless	2.84E+05
GBR-stainless	JPN-stainless	2.83E+05
GBR-stainless	GBR-stainless	2.83E+05
GBR-stainless	GBR-stainless	2.82E+05
GBR-stainless	JPN-stainless	2.80E+05
GBR-stainless	BRA-stainless	2.79E+05
GBR-stainless	DEU-stainless	2.78E+05
GBR-stainless	KOR-stainless	2.78E+05
GBR-stainless	GBR-stainless	2.76E+05
GBR-stainless	CHN-stainless	2.75E+05
GBR-stainless	GBR-stainless	2.75E+05
GBR-stainless	AUS-stainless	2.73E+05
GBR-stainless	BRA-stainless	2.70E+05
GBR-stainless	FRA-stainless	2.69E+05
GBR-stainless	FRA-stainless	2.69E+05
USA-stainless	BRA-stainless	1.90E+05
USA-stainless	CHN-stainless	1.85E+05
USA-stainless	RUS-stainless	1.85E+05
USA-stainless	BRA-stainless	1.84E+05

续表

出口	进口	碳转移-kg
USA-stainless	JPN-stainless	1.83E+05
USA-stainless	RUS-stainless	1.82E+05
USA-stainless	AUS-stainless	1.81E+05
USA-stainless	AUS-stainless	1.79E+05
USA-stainless	USA-stainless	1.76E+05
USA-stainless	CHN-stainless	1.75E+05
USA-stainless	BRA-stainless	1.74E+05
USA-stainless	GBR-stainless	1.74E+05
USA-stainless	FRA-stainless	1.73E+05
USA-stainless	DEU-stainless	1.73E+05
USA-stainless	USA-stainless	1.72E+05
USA-stainless	GBR-stainless	1.70E+05
USA-stainless	FRA-stainless	1.69E+05
USA-stainless	JPN-stainless	1.66E+05
USA-stainless	CHN-stainless	1.65E+05
USA-stainless	BRA-stainless	1.63E+05
USA-stainless	BRA-stainless	1.62E+05
USA-stainless	JPN-stainless	1.62E+05
USA-stainless	FRA-stainless	1.62E+05
USA-stainless	JPN-stainless	1.61E+05
USA-stainless	AUS-stainless	1.60E+05
USA-stainless	FRA-stainless	1.60E+05
USA-stainless	RUS-stainless	1.59E+05
USA-stainless	BRA-stainless	1.59E+05
USA-stainless	AUS-stainless	1.59E+05
BRA-stainless	AUS-stainless	1.80E+05
BRA-stainless	RUS-stainless	1.79E+05

续表

出口	进口	碳转移-kg
BRA-stainless	FRA-stainless	1.78E+05
BRA-stainless	JPN-stainless	1.78E+05
FRA-stainless	RUS-stainless	7.65E+04
DEU-stainless	JPN-stainless	6.33E+04
JPN-stainless	JPN-stainless	8.49E+04
KOR-stainless	JPN-stainless	7.84E+04
GBR-stainless	BRA-stainless	7.81E+04
FRA-stainless	BRA-stainless	7.47E+04
DEU-stainless	AUS-stainless	6.18E+04
JPN-stainless	AUS-stainless	8.22E+04
KOR-stainless	JPN-stainless	7.56E+04
GBR-stainless	CHN-stainless	7.45E+04
FRA-stainless	FRA-stainless	7.18E+04
DEU-stainless	JPN-stainless	5.89E+04
JPN-stainless	USA-stainless	7.92E+04
KOR-stainless	BRA-stainless	7.32E+04
GBR-stainless	FRA-stainless	7.31E+04
FRA-stainless	BRA-stainless	7.06E+04
DEU-stainless	GBR-stainless	5.84E+04
JPN-stainless	FRA-stainless	7.80E+04
KOR-stainless	FRA-stainless	7.17E+04
GBR-stainless	AUS-stainless	7.12E+04
FRA-stainless	GBR-stainless	6.84E+04
DEU-stainless	CHN-stainless	5.66E+04
JPN-stainless	USA-stainless	7.61E+04
KOR-stainless	CHN-stainless	7.02E+04
GBR-stainless	GBR-stainless	7.02E+04

续表

出口	进口	碳转移-kg
FRA-stainless	RUS-stainless	6.68E+04
DEU-stainless	CHN-stainless	5.53E+04
JPN-stainless	BRA-stainless	7.42E+04
KOR-stainless	AUS-stainless	6.87E+04
GBR-stainless	BRA-stainless	6.87E+04
AUS-stainless	USA-stainless	4.38E+04
BRA-stainless	BRA-stainless	5.78E+04
RUS-stainless	GBR-stainless	7.77E+04
USA-stainless	CHN-stainless	4.75E+04
AUS-stainless	AUS-stainless	4.34E+04
BRA-stainless	KOR-stainless	5.70E+04
RUS-stainless	USA-stainless	7.64E+04
USA-stainless	FRA-stainless	4.65E+04
RUS-stainless	AUS-stainless	7.54E+04
USA-stainless	AUS-stainless	4.52E+04
USA-stainless	USA-stainless	4.42E+04
AUS-stainless	CHN-stainless	4.03E+04
BRA-stainless	GBR-stainless	5.31E+04
USA-stainless	GBR-stainless	4.34E+04
AUS-stainless	JPN-stainless	3.94E+04
BRA-stainless	BRA-stainless	5.14E+04
USA-stainless	FRA-stainless	4.24E+04
GBR-stainless	USA-stainless	2.69E+04
USA-stainless	FRA-stainless	2.90E+04
AUS-stainless	KOR-stainless	2.64E+04
GBR-stainless	FRA-stainless	2.67E+04
USA-stainless	DEU-stainless	2.84E+04

续表

出口	进口	碳转移-kg
RUS-stainless	JPN-stainless	4.61E+04
GBR-stainless	JPN-stainless	2.61E+04
USA-stainless	USA-stainless	2.78E+04
USA-stainless	KOR-stainless	2.78E+04
AUS-stainless	GBR-stainless	2.46E+04
GBR-stainless	AUS-stainless	2.49E+04
USA-stainless	AUS-stainless	2.67E+04
AUS-stainless	BRA-stainless	2.44E+04
GBR-stainless	GBR-stainless	2.44E+04
USA-stainless	RUS-stainless	2.63E+04
DEU-stainless	BRA-stainless	1.18E+04
KOR-stainless	JPN-stainless	1.46E+04
FRA-stainless	KOR-stainless	1.40E+04
DEU-stainless	JPN-stainless	1.15E+04
KOR-stainless	FRA-stainless	1.42E+04
FRA-stainless	FRA-stainless	1.37E+04
DEU-stainless	DEU-stainless	1.13E+04
KOR-stainless	BRA-stainless	1.40E+04
FRA-stainless	CHN-stainless	1.34E+04
KOR-stainless	KOR-stainless	1.39E+04
FRA-stainless	GBR-stainless	1.34E+04
DEU-stainless	FRA-stainless	1.11E+04
KOR-stainless	RUS-stainless	1.38E+04
FRA-stainless	RUS-stainless	1.32E+04
DEU-stainless	FRA-stainless	1.08E+04
KOR-stainless	RUS-stainless	1.35E+04
AUS-stainless	GBR-stainless	1.20E+03

续表

出口	进口	碳转移-kg
FRA-stainless	KOR-stainless	1.18E+03
RUS-stainless	DEU-stainless	2.13E+03
GBR-stainless	AUS-stainless	1.21E+03
USA-stainless	JPN-stainless	1.27E+03
FRA-stainless	JPN-stainless	1.12E+03
RUS-stainless	JPN-stainless	1.99E+03
GBR-stainless	KOR-stainless	1.07E+03
USA-stainless	DEU-stainless	1.14E+03
AUS-stainless	CHN-stainless	1.04E+03
FRA-stainless	RUS-stainless	1.02E+03
RUS-stainless	DEU-stainless	1.83E+03
GBR-stainless	BRA-stainless	1.03E+03
USA-stainless	RUS-stainless	1.10E+03
FRA-stainless	DEU-stainless	9.79E+02
RUS-stainless	KOR-stainless	1.75E+03
GBR-stainless	FRA-stainless	9.98E+02
USA-stainless	RUS-stainless	1.07E+03
FRA-stainless	DEU-stainless	9.51E+02
RUS-stainless	AUS-stainless	1.69E+03
GBR-stainless	USA-stainless	9.47E+02
USA-stainless	CHN-stainless	1.02E+03
AUS-stainless	RUS-stainless	9.27E+02
FRA-stainless	RUS-stainless	9.03E+02
RUS-stainless	JPN-stainless	1.63E+03
GBR-stainless	GBR-stainless	9.02E+02
USA-stainless	AUS-stainless	9.66E+02
AUS-stainless	CHN-stainless	3.76E+02

续表

出口	进口	碳转移-kg
GBR-stainless	JPN-stainless	3.72E+02
USA-stainless	AUS-stainless	4.00E+02
GBR-stainless	BRA-stainless	3.60E+02
USA-stainless	JPN-stainless	3.83E+02
GBR-stainless	RUS-stainless	3.51E+02
USA-stainless	BRA-stainless	3.71E+02
GBR-stainless	AUS-stainless	3.39E+02
USA-stainless	BRA-stainless	3.58E+02
AUS-stainless	CHN-stainless	3.24E+02
RUS-stainless	DEU-stainless	5.60E+02
GBR-stainless	FRA-stainless	3.16E+02
USA-stainless	RUS-stainless	3.33E+02
AUS-stainless	USA-stainless	2.99E+02
GBR-stainless	RUS-stainless	3.00E+02
USA-stainless	BRA-stainless	3.21E+02
BRA-stainless	JPN-stainless	3.14E+02
BRA-stainless	JPN-stainless	3.12E+02
BRA-stainless	GBR-stainless	3.12E+02
AUS-stainless	CHN-stainless	5.25E+01
BRA-stainless	GBR-stainless	6.94E+01
USA-stainless	KOR-stainless	5.17E+01
USA-stainless	FRA-stainless	4.97E+01
AUS-stainless	BRA-stainless	4.55E+01
BRA-stainless	USA-stainless	5.55E+01
USA-stainless	JPN-stainless	4.40E+01
USA-stainless	BRA-stainless	4.40E+01
AUS-stainless	AUS-stainless	3.67E+01

续表

出口	进口	碳转移-kg
BRA-stainless	USA-stainless	4.86E+01
USA-stainless	RUS-stainless	3.83E+01
BRA-stainless	GBR-stainless	3.70E+01
USA-stainless	KOR-stainless	2.87E+01
CHN-body	DEU-body	8.84E+07
CHN-body	DEU-body	8.75E+07
CHN-body	USA-body	8.18E+07
CHN-body	GBR-body	7.94E+07
CHN-body	RUS-body	7.66E+07
CHN-body	RUS-body	4.57E+07
CHN-body	RUS-body	4.57E+07
CHN-body	FRA-body	4.56E+07
CHN-body	CHN-body	4.44E+07
CHN-body	CHN-body	4.14E+07
CHN-body	RUS-body	2.65E+07
CHN-body	RUS-body	2.64E+07
CHN-body	DEU-body	2.58E+07
CHN-body	DEU-body	2.49E+07
CHN-body	DEU-body	2.48E+07
CHN-body	FRA-body	1.70E+07
CHN-body	BRA-body	1.65E+07
CHN-body	GBR-body	1.62E+07
CHN-body	DEU-body	1.61E+07
CHN-body	CHN-body	1.58E+07
CHN-body	AUS-body	1.33E+07
CHN-body	USA-body	1.29E+07
CHN-body	GBR-body	1.29E+07

续表

出口	进口	碳转移-kg
CHN-body	RUS-body	1.29E+07
CHN-body	RUS-body	1.13E+07
CHN-body	AUS-body	1.13E+07
CHN-body	CHN-body	1.07E+07
CHN-body	FRA-body	1.06E+07
CHN-body	RUS-body	9.34E+06
CHN-body	GBR-body	9.24E+06
CHN-body	FRA-body	9.20E+06
CHN-body	GBR-body	9.14E+06
CHN-body	BRA-body	7.23E+06
CHN-body	AUS-body	6.96E+06
CHN-body	DEU-body	6.88E+06
CHN-body	GBR-body	6.79E+06
JPN-body	JPN-body	5.42E+06
JPN-body	USA-body	5.41E+06
JPN-body	GBR-body	5.38E+06
JPN-body	FRA-body	5.36E+06
JPN-body	AUS-body	5.30E+06
JPN-body	GBR-body	4.13E+06
JPN-body	GBR-body	3.96E+06
JPN-body	GBR-body	3.95E+06
JPN-body	AUS-body	3.94E+06
JPN-body	RUS-body	3.15E+06
JPN-body	JPN-body	3.15E+06
JPN-body	GBR-body	3.13E+06
JPN-body	GBR-body	3.06E+06
JPN-body	KOR-body	2.24E+06

续表

出口	进口	碳转移-kg
JPN-body	BRA-body	2.23E+06
JPN-body	CHN-body	2.18E+06
JPN-body	RUS-body	2.07E+06
JPN-body	KOR-body	2.02E+06
JPN-body	BRA-body	1.82E+06
JPN-body	RUS-body	1.82E+06
JPN-body	FRA-body	1.79E+06
JPN-body	BRA-body	1.64E+06
JPN-body	BRA-body	1.61E+06
JPN-body	RUS-body	1.29E+06
JPN-body	GBR-body	1.27E+06
JPN-body	AUS-body	1.17E+06
JPN-body	AUS-body	1.17E+06
JPN-body	AUS-body	1.17E+06
FRA-body	DEU-body	3.96E+05
FRA-body	DEU-body	3.82E+05
FRA-body	CHN-body	3.80E+05
FRA-body	GBR-body	2.90E+05
FRA-body	DEU-body	2.89E+05
FRA-body	BRA-body	2.88E+05
FRA-body	GBR-body	2.88E+05
FRA-body	BRA-body	2.86E+05
FRA-body	USA-body	2.50E+05
FRA-body	DEU-body	2.49E+05
FRA-body	CHN-body	2.49E+05
FRA-body	DEU-body	2.48E+05
FRA-body	USA-body	2.48E+05

续表

出口	进口	碳转移-kg
FRA-body	RUS-body	2.20E+05
FRA-body	DEU-body	2.19E+05
FRA-body	GBR-body	2.19E+05
FRA-body	BRA-body	2.18E+05
FRA-body	AUS-body	2.16E+05
FRA-body	GBR-body	2.15E+05
FRA-body	FRA-body	2.12E+05
FRA-body	KOR-body	2.06E+05
FRA-body	DEU-body	2.00E+05
DEU-body	USA-body	1.82E+05
DEU-body	BRA-body	1.75E+05
DEU-body	BRA-body	1.74E+05
DEU-body	BRA-body	1.73E+05
DEU-body	AUS-body	1.72E+05
DEU-body	USA-body	1.53E+05
DEU-body	FRA-body	1.52E+05
DEU-body	GBR-body	1.52E+05
DEU-body	AUS-body	1.51E+05
DEU-body	AUS-body	1.51E+05
DEU-body	JPN-body	1.31E+05
DEU-body	KOR-body	1.30E+05
DEU-body	USA-body	1.30E+05
DEU-body	CHN-body	1.29E+05
DEU-body	GBR-body	1.29E+05
DEU-body	CHN-body	1.14E+05
DEU-body	USA-body	1.12E+05
DEU-body	KOR-body	1.11E+05

续表

出口	进口	碳转移-kg
DEU-body	KOR-body	1.11E+05
DEU-body	FRA-body	1.10E+05
GBR-body	JPN-body	9.45E+04
GBR-body	AUS-body	9.43E+04
GBR-body	GBR-body	9.40E+04
GBR-body	RUS-body	9.40E+04
GBR-body	RUS-body	8.56E+04
GBR-body	DEU-body	8.34E+04
GBR-body	GBR-body	8.32E+04
GBR-body	JPN-body	8.06E+04
GBR-body	JPN-body	6.94E+04
GBR-body	AUS-body	6.93E+04
GBR-body	AUS-body	6.51E+04
GBR-body	FRA-body	6.46E+04
GBR-body	CHN-body	5.42E+04
GBR-body	CHN-body	5.32E+04
GBR-body	USA-body	5.27E+04
GBR-body	DEU-body	5.24E+04
USA-body	CHN-body	4.61E+04
USA-body	USA-body	4.60E+04
USA-body	USA-body	4.57E+04
USA-body	USA-body	4.57E+04
USA-body	FRA-body	3.59E+04
USA-body	AUS-body	3.57E+04
USA-body	BRA-body	3.57E+04
USA-body	CHN-body	3.55E+04
USA-body	AUS-body	3.54E+04

续表

出口	进口	碳转移-kg
USA-body	DEU-body	3.52E+04
USA-body	FRA-body	3.00E+04
USA-body	USA-body	2.99E+04
USA-body	RUS-body	2.93E+04
USA-body	FRA-body	2.93E+04
USA-body	USA-body	2.91E+04
USA-body	DEU-body	2.88E+04
USA-body	AUS-body	2.41E+04
USA-body	AUS-body	2.38E+04
USA-body	FRA-body	2.38E+04
USA-body	CHN-body	2.38E+04
USA-body	USA-body	2.37E+04
USA-body	CHN-body	2.36E+04
BRA-body	AUS-body	2.22E+04
BRA-body	FRA-body	2.11E+04
BRA-body	JPN-body	2.03E+04
FRA-body	AUS-body	1.53E+04
DEU-body	FRA-body	1.57E+04
JPN-body	RUS-body	1.56E+04
KOR-body	DEU-body	1.50E+04
GBR-body	FRA-body	1.50E+04
DEU-body	BRA-body	1.33E+04
JPN-body	USA-body	1.33E+04
KOR-body	DEU-body	1.29E+04
GBR-body	DEU-body	1.28E+04
FRA-body	KOR-body	1.11E+04
DEU-body	JPN-body	1.10E+04

续表

出口	进口	碳转移-kg
JPN-body	JPN-body	1.11E+04
KOR-body	CHN-body	1.07E+04
GBR-body	GBR-body	1.07E+04
FRA-body	FRA-body	9.13E+03
DEU-body	CHN-body	9.36E+03
JPN-body	FRA-body	9.50E+03
KOR-body	GBR-body	9.19E+03
GBR-body	KOR-body	9.16E+03
AUS-body	CHN-body	7.89E+03
BRA-body	JPN-body	8.85E+03
RUS-body	GBR-body	1.02E+04
USA-body	FRA-body	7.90E+03
AUS-body	FRA-body	7.18E+03
USA-body	BRA-body	7.44E+03
USA-body	FRA-body	7.02E+03
AUS-body	AUS-body	5.90E+03
BRA-body	GBR-body	6.58E+03
RUS-body	AUS-body	7.66E+03
USA-body	CHN-body	5.88E+03
BRA-body	AUS-body	5.62E+03
KOR-body	GBR-body	4.92E+03
USA-body	JPN-body	5.07E+03
KOR-body	DEU-body	4.48E+03
USA-body	JPN-body	4.62E+03
BRA-body	GBR-body	4.43E+03
KOR-body	RUS-body	3.92E+03
USA-body	USA-body	4.00E+03

续表

出口	进口	碳转移-kg
AUS-body	GBR-body	3.20E+03
BRA-body	JPN-body	3.62E+03
KOR-body	KOR-body	3.03E+03
RUS-body	FRA-body	3.99E+03
USA-body	FRA-body	3.09E+03
FRA-body	DEU-body	2.71E+03
DEU-body	BRA-body	2.76E+03
GBR-body	GBR-body	2.70E+03
FRA-body	AUS-body	2.50E+03
DEU-body	RUS-body	2.51E+03
GBR-body	FRA-body	2.42E+03
FRA-body	CHN-body	2.02E+03
DEU-body	USA-body	2.01E+03
GBR-body	USA-body	1.95E+03
FRA-body	DEU-body	1.70E+03
DEU-body	CHN-body	1.75E+03
GBR-body	USA-body	1.68E+03
AUS-body	DEU-body	6.71E+02
BRA-body	JPN-body	7.55E+02
DEU-body	AUS-body	6.77E+02
GBR-body	RUS-body	6.62E+02
USA-body	AUS-body	6.83E+02
AUS-body	JPN-body	5.82E+02
BRA-body	USA-body	6.50E+02
DEU-body	CHN-body	5.78E+02
GBR-body	USA-body	5.61E+02
USA-body	KOR-body	5.75E+02

续表

出口	进口	碳转移-kg
AUS-body	GBR-body	4.68E+02
BRA-body	BRA-body	5.27E+02
DEU-body	DEU-body	4.59E+02
GBR-body	RUS-body	4.41E+02
USA-body	JPN-body	4.55E+02
AUS-body	RUS-body	3.18E+02
BRA-body	DEU-body	3.60E+02
DEU-body	FRA-body	3.21E+02
GBR-body	RUS-body	3.15E+02
USA-body	DEU-body	3.16E+02
RUS-body	JPN-body	3.67E+02
RUS-body	JPN-body	3.65E+02
RUS-body	JPN-body	3.46E+02
AUS-body	AUS-body	2.03E+02
RUS-body	KOR-body	2.69E+02
GBR-body	JPN-body	2.02E+02
USA-body	USA-body	2.07E+02
AUS-body	KOR-body	1.50E+02
BRA-body	FRA-body	1.67E+02
RUS-body	USA-body	1.92E+02
GBR-body	DEU-body	1.44E+02
USA-body	KOR-body	1.47E+02
AUS-body	CHN-body	1.06E+02
BRA-body	JPN-body	1.20E+02
RUS-body	JPN-body	1.39E+02
GBR-body	KOR-body	1.04E+02
USA-body	BRA-body	1.06E+02

续表

出口	进口	碳转移-kg
AUS-body	RUS-body	6.91E+01
BRA-body	GBR-body	7.57E+01
RUS-body	BRA-body	8.66E+01
GBR-body	DEU-body	6.55E+01
USA-body	USA-body	6.75E+01
AUS-body	KOR-body	5.02E+01
USA-body	FRA-body	4.85E+01
AUS-body	DEU-body	3.49E+01
RUS-body	CHN-body	4.47E+01
USA-body	JPN-body	3.50E+01
AUS-body	KOR-body	1.99E+01
USA-body	JPN-body	2.03E+01
AUS-body	FRA-body	1.06E+01
BRA-body	FRA-body	9.62E+00
RUS-body	JPN-body	1.07E+01
USA-body	CHN-body	8.22E+00
AUS-body	GBR-body	4.73E+00
BRA-body	KOR-body	5.34E+00
RUS-body	GBR-body	6.24E+00
AUS-body	KOR-body	2.76E+00
BRA-body	JPN-body	3.03E+00
AUS-body	FRA-body	1.65E+00
AUS-body	RUS-body	8.67E-01
BRA-body	RUS-body	9.79E-01
RUS-body	GBR-body	9.36E-01
AUS-body	AUS-body	7.85E-02
CHN-transmission	USA-transmission	1.80E+08

续表

出口	进口	碳转移-kg
CHN-transmission	USA-transmission	1.77E+08
CHN-transmission	USA-transmission	1.74E+08
CHN-transmission	CHN-transmission	1.71E+08
CHN-transmission	USA-transmission	1.70E+08
CHN-transmission	CHN-transmission	1.26E+08
CHN-transmission	USA-transmission	1.25E+08
CHN-transmission	KOR-transmission	1.24E+08
CHN-transmission	DEU-transmission	1.23E+08
CHN-transmission	JPN-transmission	1.22E+08
CHN-transmission	USA-transmission	9.18E+07
CHN-transmission	CHN-transmission	8.58E+07
CHN-transmission	DEU-transmission	8.44E+07
CHN-transmission	JPN-transmission	8.43E+07
CHN-transmission	DEU-transmission	8.32E+07
CHN-transmission	USA-transmission	7.00E+07
CHN-transmission	GBR-transmission	7.00E+07
CHN-transmission	DEU-transmission	7.00E+07
CHN-transmission	USA-transmission	6.96E+07
CHN-transmission	USA-transmission	6.93E+07
CHN-transmission	KOR-transmission	6.12E+07
CHN-transmission	USA-transmission	6.02E+07
CHN-transmission	USA-transmission	6.02E+07
CHN-transmission	USA-transmission	6.02E+07
CHN-transmission	KOR-transmission	6.00E+07
CHN-transmission	USA-transmission	4.85E+07
CHN-transmission	USA-transmission	4.84E+07
CHN-transmission	USA-transmission	4.74E+07

续表

出口	进口	碳转移-kg
CHN-transmission	FRA-transmission	4.66E+07
CHN-transmission	GBR-transmission	4.30E+07
CHN-transmission	KOR-transmission	4.29E+07
CHN-transmission	USA-transmission	4.26E+07
CHN-transmission	CHN-transmission	4.24E+07
CHN-transmission	GBR-transmission	3.80E+07
CHN-transmission	JPN-transmission	3.79E+07
CHN-transmission	CHN-transmission	3.74E+07
CHN-transmission	CHN-transmission	3.73E+07
CHN-transmission	GBR-transmission	3.46E+07
CHN-transmission	USA-transmission	3.44E+07
CHN-transmission	CHN-transmission	3.42E+07
CHN-transmission	USA-transmission	3.40E+07
CHN-transmission	CHN-transmission	3.11E+07
CHN-transmission	RUS-transmission	3.09E+07
CHN-transmission	GBR-transmission	3.08E+07
CHN-transmission	FRA-transmission	3.06E+07
JPN-transmission	USA-transmission	2.64E+07
JPN-transmission	BRA-transmission	2.64E+07
JPN-transmission	DEU-transmission	2.62E+07
JPN-transmission	DEU-transmission	2.62E+07
JPN-transmission	RUS-transmission	2.62E+07
JPN-transmission	KOR-transmission	2.28E+07
JPN-transmission	FRA-transmission	2.26E+07
JPN-transmission	AUS-transmission	2.23E+07
JPN-transmission	FRA-transmission	2.22E+07
JPN-transmission	JPN-transmission	2.21E+07

续表

出口	进口	碳转移-kg
JPN-transmission	JPN-transmission	1.97E+07
JPN-transmission	BRA-transmission	1.97E+07
JPN-transmission	CHN-transmission	1.97E+07
JPN-transmission	RUS-transmission	1.95E+07
JPN-transmission	RUS-transmission	1.94E+07
JPN-transmission	CHN-transmission	1.78E+07
JPN-transmission	BRA-transmission	1.78E+07
JPN-transmission	DEU-transmission	1.77E+07
JPN-transmission	AUS-transmission	1.77E+07
JPN-transmission	KOR-transmission	1.77E+07
JPN-transmission	FRA-transmission	1.62E+07
JPN-transmission	JPN-transmission	1.60E+07
JPN-transmission	FRA-transmission	1.60E+07
JPN-transmission	DEU-transmission	1.60E+07
JPN-transmission	CHN-transmission	1.59E+07
JPN-transmission	BRA-transmission	1.47E+07
JPN-transmission	BRA-transmission	1.45E+07
JPN-transmission	BRA-transmission	1.45E+07
JPN-transmission	KOR-transmission	1.35E+07
JPN-transmission	JPN-transmission	1.33E+07
JPN-transmission	GBR-transmission	1.33E+07
JPN-transmission	GBR-transmission	1.24E+07
JPN-transmission	JPN-transmission	1.22E+07
JPN-transmission	JPN-transmission	1.22E+07
JPN-transmission	GBR-transmission	1.15E+07
JPN-transmission	BRA-transmission	1.15E+07
JPN-transmission	GBR-transmission	1.15E+07

续表

出口	进口	碳转移-kg
JPN-transmission	RUS-transmission	1.10E+07
JPN-transmission	CHN-transmission	1.10E+07
JPN-transmission	DEU-transmission	1.10E+07
DEU-transmission	DEU-transmission	5.58E+06
DEU-transmission	USA-transmission	5.55E+06
DEU-transmission	CHN-transmission	5.48E+06
DEU-transmission	FRA-transmission	5.45E+06
DEU-transmission	KOR-transmission	5.44E+06
DEU-transmission	FRA-transmission	4.96E+06
DEU-transmission	USA-transmission	4.96E+06
DEU-transmission	CHN-transmission	4.95E+06
DEU-transmission	AUS-transmission	4.93E+06
DEU-transmission	BRA-transmission	4.93E+06
DEU-transmission	AUS-transmission	4.60E+06
DEU-transmission	RUS-transmission	4.59E+06
DEU-transmission	DEU-transmission	4.58E+06
DEU-transmission	CHN-transmission	4.55E+06
DEU-transmission	BRA-transmission	4.55E+06
DEU-transmission	AUS-transmission	4.14E+06
DEU-transmission	DEU-transmission	4.13E+06
DEU-transmission	FRA-transmission	4.06E+06
DEU-transmission	AUS-transmission	4.06E+06
DEU-transmission	USA-transmission	4.03E+06
DEU-transmission	RUS-transmission	3.80E+06
DEU-transmission	AUS-transmission	3.80E+06
DEU-transmission	JPN-transmission	3.79E+06
DEU-transmission	FRA-transmission	3.78E+06

续表

出口	进口	碳转移-kg
DEU-transmission	DEU-transmission	3.76E+06
DEU-transmission	AUS-transmission	3.72E+06
DEU-transmission	BRA-transmission	3.63E+06
DEU-transmission	GBR-transmission	3.57E+06
DEU-transmission	USA-transmission	3.55E+06
DEU-transmission	FRA-transmission	3.47E+06
FRA-transmission	DEU-transmission	2.95E+06
FRA-transmission	BRA-transmission	2.95E+06
FRA-transmission	RUS-transmission	2.94E+06
FRA-transmission	GBR-transmission	2.92E+06
FRA-transmission	JPN-transmission	2.92E+06
FRA-transmission	AUS-transmission	2.74E+06
FRA-transmission	KOR-transmission	2.74E+06
FRA-transmission	FRA-transmission	2.73E+06
FRA-transmission	CHN-transmission	2.72E+06
FRA-transmission	KOR-transmission	2.70E+06
FRA-transmission	KOR-transmission	2.56E+06
FRA-transmission	AUS-transmission	2.53E+06
FRA-transmission	USA-transmission	2.51E+06
FRA-transmission	JPN-transmission	2.51E+06
FRA-transmission	JPN-transmission	2.49E+06
FRA-transmission	JPN-transmission	2.34E+06
FRA-transmission	RUS-transmission	2.33E+06
FRA-transmission	CHN-transmission	2.32E+06
FRA-transmission	DEU-transmission	2.32E+06
FRA-transmission	AUS-transmission	2.30E+06
FRA-transmission	RUS-transmission	2.08E+06

续表

出口	进口	碳转移-kg
FRA-transmission	RUS-transmission	2.08E+06
FRA-transmission	BRA-transmission	2.07E+06
FRA-transmission	CHN-transmission	2.07E+06
FRA-transmission	AUS-transmission	2.05E+06
GBR-transmission	KOR-transmission	1.96E+06
GBR-transmission	GBR-transmission	1.96E+06
GBR-transmission	GBR-transmission	1.96E+06
GBR-transmission	USA-transmission	1.96E+06
GBR-transmission	JPN-transmission	1.96E+06
GBR-transmission	RUS-transmission	1.96E+06
GBR-transmission	USA-transmission	1.94E+06
GBR-transmission	FRA-transmission	1.93E+06
GBR-transmission	BRA-transmission	1.75E+06
GBR-transmission	AUS-transmission	1.75E+06
GBR-transmission	JPN-transmission	1.75E+06
GBR-transmission	RUS-transmission	1.74E+06
GBR-transmission	CHN-transmission	1.74E+06
GBR-transmission	BRA-transmission	1.74E+06
GBR-transmission	FRA-transmission	1.73E+06
GBR-transmission	GBR-transmission	1.60E+06
GBR-transmission	JPN-transmission	1.60E+06
GBR-transmission	DEU-transmission	1.59E+06
GBR-transmission	GBR-transmission	1.58E+06
GBR-transmission	CHN-transmission	1.58E+06
GBR-transmission	JPN-transmission	1.57E+06
GBR-transmission	USA-transmission	1.55E+06
GBR-transmission	DEU-transmission	1.48E+06

续表

出口	进口	碳转移-kg
GBR-transmission	DEU-transmission	1.47E+06
GBR-transmission	RUS-transmission	1.47E+06
GBR-transmission	KOR-transmission	1.47E+06
GBR-transmission	BRA-transmission	1.47E+06
GBR-transmission	RUS-transmission	1.32E+06
GBR-transmission	USA-transmission	1.31E+06
GBR-transmission	AUS-transmission	1.31E+06
GBR-transmission	GBR-transmission	1.31E+06
GBR-transmission	KOR-transmission	1.30E+06
USA-transmission	GBR-transmission	1.26E+06
USA-transmission	BRA-transmission	1.26E+06
USA-transmission	AUS-transmission	1.26E+06
USA-transmission	CHN-transmission	1.26E+06
USA-transmission	DEU-transmission	1.26E+06
USA-transmission	USA-transmission	1.23E+06
USA-transmission	JPN-transmission	1.13E+06
USA-transmission	JPN-transmission	1.13E+06
USA-transmission	FRA-transmission	1.12E+06
USA-transmission	RUS-transmission	1.11E+06
USA-transmission	DEU-transmission	1.11E+06
USA-transmission	GBR-transmission	1.11E+06
USA-transmission	CHN-transmission	1.02E+06
USA-transmission	JPN-transmission	1.02E+06
USA-transmission	AUS-transmission	1.02E+06
USA-transmission	DEU-transmission	1.02E+06
USA-transmission	BRA-transmission	1.00E+06
USA-transmission	DEU-transmission	9.99E+05

续表

出口	进口	碳转移-kg
USA-transmission	GBR-transmission	9.05E+05
USA-transmission	JPN-transmission	9.04E+05
USA-transmission	AUS-transmission	9.02E+05
USA-transmission	JPN-transmission	9.01E+05
USA-transmission	CHN-transmission	8.94E+05
USA-transmission	USA-transmission	8.88E+05
USA-transmission	BRA-transmission	8.19E+05
USA-transmission	JPN-transmission	8.07E+05
USA-transmission	BRA-transmission	8.05E+05
USA-transmission	FRA-transmission	8.02E+05
USA-transmission	FRA-transmission	8.00E+05
USA-transmission	GBR-transmission	7.97E+05
BRA-transmission	FRA-transmission	8.78E+05
BRA-transmission	AUS-transmission	8.62E+05
BRA-transmission	BRA-transmission	8.54E+05
BRA-transmission	CHN-transmission	8.42E+05
BRA-transmission	DEU-transmission	8.30E+05
FRA-transmission	BRA-transmission	5.38E+05
DEU-transmission	GBR-transmission	5.90E+05
JPN-transmission	KOR-transmission	6.14E+05
KOR-transmission	JPN-transmission	5.55E+05
GBR-transmission	CHN-transmission	5.54E+05
FRA-transmission	FRA-transmission	4.95E+05
DEU-transmission	RUS-transmission	5.43E+05
JPN-transmission	GBR-transmission	5.68E+05
KOR-transmission	GBR-transmission	5.15E+05
GBR-transmission	RUS-transmission	5.15E+05

续表

出口	进口	碳转移-kg
FRA-transmission	CHN-transmission	4.50E+05
DEU-transmission	GBR-transmission	4.93E+05
JPN-transmission	RUS-transmission	5.15E+05
KOR-transmission	FRA-transmission	4.67E+05
GBR-transmission	FRA-transmission	4.66E+05
FRA-transmission	KOR-transmission	4.26E+05
DEU-transmission	AUS-transmission	4.61E+05
JPN-transmission	AUS-transmission	4.82E+05
KOR-transmission	GBR-transmission	4.35E+05
GBR-transmission	KOR-transmission	4.35E+05
FRA-transmission	RUS-transmission	3.86E+05
DEU-transmission	USA-transmission	4.22E+05
JPN-transmission	RUS-transmission	4.40E+05
KOR-transmission	CHN-transmission	3.98E+05
GBR-transmission	DEU-transmission	3.94E+05
AUS-transmission	DEU-transmission	3.68E+05
BRA-transmission	CHN-transmission	2.80E+05
RUS-transmission	CHN-transmission	7.21E+05
USA-transmission	AUS-transmission	4.05E+05
AUS-transmission	USA-transmission	3.44E+05
BRA-transmission	RUS-transmission	2.59E+05
RUS-transmission	FRA-transmission	6.73E+05
USA-transmission	USA-transmission	3.79E+05
AUS-transmission	FRA-transmission	3.23E+05
BRA-transmission	AUS-transmission	2.43E+05
RUS-transmission	AUS-transmission	6.33E+05
USA-transmission	JPN-transmission	3.54E+05

续表

出口	进口	碳转移-kg
AUS-transmission	USA-transmission	2.94E+05
BRA-transmission	BRA-transmission	2.23E+05
RUS-transmission	CHN-transmission	5.79E+05
USA-transmission	FRA-transmission	3.21E+05
AUS-transmission	KOR-transmission	2.67E+05
BRA-transmission	JPN-transmission	2.02E+05
RUS-transmission	RUS-transmission	5.23E+05
USA-transmission	JPN-transmission	2.94E+05
AUS-transmission	KOR-transmission	2.39E+05
BRA-transmission	CHN-transmission	1.81E+05
RUS-transmission	BRA-transmission	4.71E+05
GBR-transmission	KOR-transmission	2.39E+05
USA-transmission	GBR-transmission	2.62E+05
AUS-transmission	BRA-transmission	2.17E+05
BRA-transmission	AUS-transmission	1.64E+05
RUS-transmission	RUS-transmission	4.27E+05
GBR-transmission	AUS-transmission	2.17E+05
USA-transmission	CHN-transmission	2.37E+05
AUS-transmission	BRA-transmission	1.95E+05
BRA-transmission	DEU-transmission	1.48E+05
GBR-transmission	USA-transmission	1.96E+05
USA-transmission	AUS-transmission	2.15E+05
AUS-transmission	BRA-transmission	1.76E+05
BRA-transmission	RUS-transmission	1.33E+05
RUS-transmission	KOR-transmission	3.43E+05
GBR-transmission	RUS-transmission	1.75E+05
USA-transmission	RUS-transmission	1.92E+05

续表

出口	进口	碳转移-kg
AUS-transmission	RUS-transmission	1.61E+05
BRA-transmission	JPN-transmission	1.23E+05
RUS-transmission	KOR-transmission	3.19E+05
GBR-transmission	RUS-transmission	1.61E+05
USA-transmission	CHN-transmission	1.77E+05
FRA-transmission	RUS-transmission	1.38E+05
DEU-transmission	RUS-transmission	1.49E+05
KOR-transmission	BRA-transmission	1.42E+05
FRA-transmission	KOR-transmission	1.29E+05
DEU-transmission	DEU-transmission	1.41E+05
KOR-transmission	KOR-transmission	1.34E+05
FRA-transmission	RUS-transmission	1.13E+05
DEU-transmission	DEU-transmission	1.22E+05
KOR-transmission	JPN-transmission	1.15E+05
FRA-transmission	RUS-transmission	1.00E+05
DEU-transmission	RUS-transmission	1.10E+05
KOR-transmission	CHN-transmission	1.04E+05
FRA-transmission	AUS-transmission	8.99E+04
DEU-transmission	AUS-transmission	9.84E+04
KOR-transmission	BRA-transmission	9.31E+04
AUS-transmission	JPN-transmission	3.17E+04
BRA-transmission	DEU-transmission	2.40E+04
RUS-transmission	RUS-transmission	6.25E+04
GBR-transmission	FRA-transmission	3.20E+04
USA-transmission	USA-transmission	3.51E+04
AUS-transmission	BRA-transmission	2.63E+04
BRA-transmission	AUS-transmission	2.00E+04

续表

出口	进口	碳转移-kg
RUS-transmission	JPN-transmission	5.15E+04
GBR-transmission	USA-transmission	2.61E+04
USA-transmission	USA-transmission	2.86E+04
AUS-transmission	USA-transmission	2.28E+04
BRA-transmission	FRA-transmission	1.72E+04
RUS-transmission	RUS-transmission	4.47E+04
GBR-transmission	JPN-transmission	2.23E+04
USA-transmission	KOR-transmission	2.45E+04
AUS-transmission	AUS-transmission	1.81E+04
BRA-transmission	JPN-transmission	1.37E+04
RUS-transmission	AUS-transmission	3.57E+04
GBR-transmission	DEU-transmission	1.80E+04
USA-transmission	FRA-transmission	1.98E+04
AUS-transmission	DEU-transmission	1.44E+04
BRA-transmission	AUS-transmission	1.09E+04
RUS-transmission	JPN-transmission	2.83E+04
GBR-transmission	AUS-transmission	1.43E+04
USA-transmission	USA-transmission	1.56E+04
FRA-transmission	GBR-transmission	1.30E+04
FRA-transmission	KOR-transmission	1.26E+04
FRA-transmission	CHN-transmission	1.20E+04
FRA-transmission	FRA-transmission	1.16E+04
FRA-transmission	FRA-transmission	1.12E+04
AUS-transmission	CHN-transmission	9.61E+03
BRA-transmission	KOR-transmission	7.31E+03
RUS-transmission	AUS-transmission	1.88E+04
GBR-transmission	FRA-transmission	9.60E+03

续表

出口	进口	碳转移-kg
USA-transmission	BRA-transmission	1.04E+04
AUS-transmission	CHN-transmission	7.08E+03
BRA-transmission	BRA-transmission	5.38E+03
RUS-transmission	FRA-transmission	1.39E+04
GBR-transmission	FRA-transmission	7.05E+03
USA-transmission	GBR-transmission	7.61E+03
AUS-transmission	KOR-transmission	5.05E+03
BRA-transmission	KOR-transmission	3.84E+03
RUS-transmission	GBR-transmission	9.92E+03
GBR-transmission	USA-transmission	4.95E+03
USA-transmission	KOR-transmission	5.40E+03
AUS-transmission	FRA-transmission	3.72E+03
BRA-transmission	USA-transmission	2.67E+03
RUS-transmission	AUS-transmission	6.93E+03
GBR-transmission	AUS-transmission	3.48E+03
USA-transmission	RUS-transmission	3.83E+03
AUS-transmission	DEU-transmission	2.78E+03
BRA-transmission	GBR-transmission	2.10E+03
RUS-transmission	GBR-transmission	5.45E+03
GBR-transmission	GBR-transmission	2.72E+03
USA-transmission	JPN-transmission	2.95E+03
AUS-transmission	BRA-transmission	1.97E+03
BRA-transmission	USA-transmission	1.50E+03
RUS-transmission	JPN-transmission	3.86E+03
USA-transmission	AUS-transmission	2.14E+03
AUS-transmission	JPN-transmission	1.53E+03
BRA-transmission	AUS-transmission	1.14E+03

续表

出口	进口	碳转移-kg
RUS-transmission	AUS-transmission	2.94E+03
USA-transmission	KOR-transmission	1.66E+03
AUS-transmission	FRA-transmission	1.27E+03
BRA-transmission	CHN-transmission	9.36E+02
RUS-transmission	KOR-transmission	2.34E+03
USA-transmission	GBR-transmission	1.24E+03
AUS-transmission	KOR-transmission	8.47E+02
BRA-transmission	FRA-transmission	6.28E+02
RUS-transmission	GBR-transmission	1.58E+03
USA-transmission	AUS-transmission	8.84E+02
AUS-transmission	FRA-transmission	5.88E+02
BRA-transmission	KOR-transmission	4.46E+02
RUS-transmission	GBR-transmission	1.12E+03
USA-transmission	JPN-transmission	6.28E+02
AUS-transmission	KOR-transmission	3.80E+02
BRA-transmission	BRA-transmission	2.89E+02
RUS-transmission	JPN-transmission	7.34E+02
AUS-transmission	BRA-transmission	2.80E+02
BRA-transmission	BRA-transmission	2.10E+02
RUS-transmission	BRA-transmission	4.83E+02
AUS-transmission	GBR-transmission	1.81E+02
BRA-transmission	RUS-transmission	1.37E+02
RUS-transmission	RUS-transmission	3.36E+02
AUS-transmission	JPN-transmission	1.10E+02
BRA-transmission	GBR-transmission	8.28E+01
RUS-transmission	JPN-transmission	1.99E+02
AUS-transmission	RUS-transmission	3.62E+01

续表

出口	进口	碳转移-kg
BRA-transmission	BRA-transmission	2.76E+01
RUS-transmission	KOR-transmission	5.83E+01
CHN-electric motor	DEU-electric motor	1.96E+06
CHN-electric motor	KOR-electric motor	1.91E+06
CHN-electric motor	FRA-electric motor	1.90E+06
CHN-electric motor	FRA-electric motor	1.89E+06
CHN-electric motor	RUS-electric motor	1.89E+06
CHN-electric motor	FRA-electric motor	1.85E+06
CHN-electric motor	RUS-electric motor	1.79E+06
CHN-electric motor	RUS-electric motor	1.75E+06
CHN-electric motor	FRA-electric motor	1.75E+06
CHN-electric motor	DEU-electric motor	1.69E+06
CHN-electric motor	JPN-electric motor	1.55E+06
CHN-electric motor	KOR-electric motor	1.50E+06
CHN-electric motor	KOR-electric motor	1.49E+06
CHN-electric motor	GBR-electric motor	1.43E+06
CHN-electric motor	JPN-electric motor	1.41E+06
CHN-electric motor	BRA-electric motor	1.40E+06
CHN-electric motor	DEU-electric motor	1.40E+06
CHN-electric motor	JPN-electric motor	1.39E+06
CHN-electric motor	GBR-electric motor	1.37E+06
CHN-electric motor	GBR-electric motor	5.55E+05
CHN-electric motor	USA-electric motor	5.42E+05
CHN-electric motor	GBR-electric motor	5.34E+05
CHN-electric motor	KOR-electric motor	5.30E+05
CHN-electric motor	KOR-electric motor	5.27E+05
CHN-electric motor	RUS-electric motor	5.26E+05

续表

出口	进口	碳转移-kg
CHN-electric motor	RUS-electric motor	5.24E+05
CHN-electric motor	AUS-electric motor	5.20E+05
CHN-electric motor	FRA-electric motor	5.15E+05
CHN-electric motor	RUS-electric motor	5.11E+05
CHN-electric motor	GBR-electric motor	5.03E+05
CHN-electric motor	GBR-electric motor	5.00E+05
CHN-electric motor	DEU-electric motor	4.88E+05
CHN-electric motor	RUS-electric motor	4.78E+05
CHN-electric motor	DEU-electric motor	4.74E+05
CHN-electric motor	DEU-electric motor	4.71E+05
JPN-electric motor	DEU-electric motor	2.36E+05
JPN-electric motor	USA-electric motor	2.35E+05
JPN-electric motor	KOR-electric motor	2.29E+05
JPN-electric motor	USA-electric motor	2.26E+05
JPN-electric motor	GBR-electric motor	2.21E+05
JPN-electric motor	BRA-electric motor	2.18E+05
JPN-electric motor	FRA-electric motor	2.17E+05
JPN-electric motor	DEU-electric motor	2.13E+05
JPN-electric motor	JPN-electric motor	2.11E+05
JPN-electric motor	KOR-electric motor	2.05E+05
JPN-electric motor	CHN-electric motor	2.05E+05
JPN-electric motor	DEU-electric motor	1.84E+05
JPN-electric motor	FRA-electric motor	1.81E+05
JPN-electric motor	CHN-electric motor	1.34E+05
JPN-electric motor	GBR-electric motor	1.33E+05
JPN-electric motor	DEU-electric motor	1.33E+05
JPN-electric motor	BRA-electric motor	1.32E+05

续表

出口	进口	碳转移-kg
JPN-electric motor	GBR-electric motor	1.32E+05
JPN-electric motor	CHN-electric motor	1.32E+05
JPN-electric motor	CHN-electric motor	1.31E+05
FRA-electric motor	AUS-electric motor	2.96E+04
FRA-electric motor	RUS-electric motor	2.95E+04
FRA-electric motor	FRA-electric motor	2.93E+04
FRA-electric motor	GBR-electric motor	2.86E+04
FRA-electric motor	KOR-electric motor	2.86E+04
FRA-electric motor	GBR-electric motor	2.83E+04
FRA-electric motor	AUS-electric motor	2.78E+04
FRA-electric motor	RUS-electric motor	2.78E+04
FRA-electric motor	GBR-electric motor	2.77E+04
FRA-electric motor	FRA-electric motor	2.76E+04
FRA-electric motor	GBR-electric motor	2.75E+04
FRA-electric motor	DEU-electric motor	2.73E+04
FRA-electric motor	DEU-electric motor	2.73E+04
FRA-electric motor	AUS-electric motor	2.73E+04
FRA-electric motor	AUS-electric motor	2.72E+04
FRA-electric motor	AUS-electric motor	2.68E+04
FRA-electric motor	BRA-electric motor	2.67E+04
FRA-electric motor	USA-electric motor	2.41E+04
FRA-electric motor	RUS-electric motor	2.40E+04
FRA-electric motor	GBR-electric motor	2.36E+04
FRA-electric motor	RUS-electric motor	2.35E+04
DEU-electric motor	AUS-electric motor	1.64E+04
DEU-electric motor	GBR-electric motor	1.62E+04
DEU-electric motor	KOR-electric motor	1.59E+04

续表

出口	进口	碳转移-kg
DEU-electric motor	CHN-electric motor	1.58E+04
DEU-electric motor	RUS-electric motor	1.54E+04
DEU-electric motor	CHN-electric motor	1.53E+04
DEU-electric motor	DEU-electric motor	1.52E+04
DEU-electric motor	GBR-electric motor	1.49E+04
DEU-electric motor	CHN-electric motor	1.48E+04
DEU-electric motor	FRA-electric motor	1.47E+04
DEU-electric motor	KOR-electric motor	1.47E+04
DEU-electric motor	USA-electric motor	1.42E+04
DEU-electric motor	GBR-electric motor	1.42E+04
DEU-electric motor	AUS-electric motor	1.40E+04
DEU-electric motor	USA-electric motor	1.40E+04
DEU-electric motor	RUS-electric motor	1.40E+04
DEU-electric motor	DEU-electric motor	1.40E+04
GBR-electric motor	DEU-electric motor	7.04E+03
GBR-electric motor	GBR-electric motor	6.92E+03
GBR-electric motor	KOR-electric motor	6.88E+03
GBR-electric motor	DEU-electric motor	6.85E+03
GBR-electric motor	CHN-electric motor	6.81E+03
GBR-electric motor	CHN-electric motor	6.76E+03
GBR-electric motor	CHN-electric motor	6.74E+03
GBR-electric motor	DEU-electric motor	6.63E+03
GBR-electric motor	RUS-electric motor	6.56E+03
GBR-electric motor	RUS-electric motor	6.50E+03
GBR-electric motor	AUS-electric motor	6.12E+03
GBR-electric motor	USA-electric motor	6.11E+03
GBR-electric motor	RUS-electric motor	6.07E+03

续表

出口	进口	碳转移-kg
GBR-electric motor	FRA-electric motor	6.03E+03
GBR-electric motor	RUS-electric motor	5.98E+03
GBR-electric motor	AUS-electric motor	5.85E+03
GBR-electric motor	KOR-electric motor	5.84E+03
GBR-electric motor	FRA-electric motor	5.81E+03
GBR-electric motor	DEU-electric motor	5.79E+03
GBR-electric motor	FRA-electric motor	5.76E+03
GBR-electric motor	JPN-electric motor	5.73E+03
GBR-electric motor	CHN-electric motor	5.69E+03
USA-electric motor	CHN-electric motor	2.72E+03
USA-electric motor	JPN-electric motor	2.68E+03
USA-electric motor	USA-electric motor	2.64E+03
USA-electric motor	DEU-electric motor	2.64E+03
USA-electric motor	KOR-electric motor	2.61E+03
USA-electric motor	AUS-electric motor	2.54E+03
USA-electric motor	JPN-electric motor	2.54E+03
USA-electric motor	KOR-electric motor	2.52E+03
USA-electric motor	RUS-electric motor	2.52E+03
USA-electric motor	FRA-electric motor	2.51E+03
USA-electric motor	JPN-electric motor	2.46E+03
USA-electric motor	JPN-electric motor	2.46E+03
USA-electric motor	FRA-electric motor	2.46E+03
USA-electric motor	BRA-electric motor	2.45E+03
USA-electric motor	JPN-electric motor	2.44E+03
USA-electric motor	RUS-electric motor	2.43E+03
USA-electric motor	JPN-electric motor	2.39E+03
USA-electric motor	RUS-electric motor	2.37E+03

续表

出口	进口	碳转移-kg
BRA-electric motor	AUS-electric motor	2.77E+03
FRA-electric motor	CHN-electric motor	7.30E+02
DEU-electric motor	BRA-electric motor	7.98E+02
JPN-electric motor	BRA-electric motor	8.36E+02
KOR-electric motor	DEU-electric motor	7.57E+02
GBR-electric motor	BRA-electric motor	7.57E+02
FRA-electric motor	JPN-electric motor	7.26E+02
DEU-electric motor	DEU-electric motor	7.88E+02
JPN-electric motor	JPN-electric motor	8.15E+02
KOR-electric motor	JPN-electric motor	7.21E+02
GBR-electric motor	BRA-electric motor	7.10E+02
FRA-electric motor	BRA-electric motor	6.78E+02
DEU-electric motor	JPN-electric motor	7.43E+02
JPN-electric motor	FRA-electric motor	7.66E+02
KOR-electric motor	AUS-electric motor	6.92E+02
GBR-electric motor	AUS-electric motor	6.76E+02
FRA-electric motor	AUS-electric motor	6.43E+02
DEU-electric motor	USA-electric motor	7.04E+02
JPN-electric motor	KOR-electric motor	7.38E+02
KOR-electric motor	JPN-electric motor	6.68E+02
GBR-electric motor	DEU-electric motor	6.66E+02
AUS-electric motor	FRA-electric motor	3.77E+02
BRA-electric motor	CHN-electric motor	5.20E+02
RUS-electric motor	BRA-electric motor	7.31E+02
USA-electric motor	DEU-electric motor	4.09E+02
AUS-electric motor	FRA-electric motor	3.60E+02
BRA-electric motor	BRA-electric motor	5.04E+02

续表

出口	进口	碳转移-kg
RUS-electric motor	RUS-electric motor	7.04E+02
USA-electric motor	AUS-electric motor	3.92E+02
AUS-electric motor	FRA-electric motor	3.49E+02
RUS-electric motor	BRA-electric motor	6.89E+02
USA-electric motor	DEU-electric motor	3.81E+02
AUS-electric motor	KOR-electric motor	3.38E+02
BRA-electric motor	KOR-electric motor	4.76E+02
USA-electric motor	USA-electric motor	3.75E+02
AUS-electric motor	KOR-electric motor	1.71E+02
BRA-electric motor	CHN-electric motor	2.40E+02
KOR-electric motor	BRA-electric motor	1.70E+02
USA-electric motor	AUS-electric motor	1.83E+02
AUS-electric motor	KOR-electric motor	1.60E+02
BRA-electric motor	KOR-electric motor	2.24E+02
KOR-electric motor	FRA-electric motor	1.55E+02
USA-electric motor	GBR-electric motor	1.71E+02
KOR-electric motor	DEU-electric motor	1.51E+02
USA-electric motor	BRA-electric motor	1.62E+02
USA-electric motor	CHN-electric motor	1.61E+02
FRA-electric motor	KOR-electric motor	7.53E+01
DEU-electric motor	RUS-electric motor	8.14E+01
GBR-electric motor	CHN-electric motor	7.75E+01
FRA-electric motor	FRA-electric motor	7.32E+01
DEU-electric motor	GBR-electric motor	7.67E+01
GBR-electric motor	KOR-electric motor	7.30E+01
FRA-electric motor	GBR-electric motor	6.67E+01
DEU-electric motor	USA-electric motor	7.20E+01

续表

出口	进口	碳转移-kg
GBR-electric motor	BRA-electric motor	6.74E+01
FRA-electric motor	GBR-electric motor	6.46E+01
DEU-electric motor	CHN-electric motor	6.96E+01
AUS-electric motor	GBR-electric motor	7.79E+04
BRA-electric motor	AUS-electric motor	0.00E+00
DEU-electric motor	BRA-electric motor	0.00E+00
GBR-electric motor	RUS-electric motor	0.00E+00
USA-electric motor	USA-electric motor	0.00E+00
AUS-electric motor	AUS-electric motor	1.35E+02
BRA-electric motor	BRA-electric motor	1.52E+03
DEU-electric motor	RUS-electric motor	7.10E+00
GBR-electric motor	USA-electric motor	1.84E+05
USA-electric motor	AUS-electric motor	3.63E+03
BRA-electric motor	BRA-electric motor	1.02E+08
DEU-electric motor	RUS-electric motor	1.67E+04
GBR-electric motor	USA-electric motor	5.99E+09
USA-electric motor	AUS-electric motor	7.14E+01
AUS-electric motor	BRA-electric motor	1.35E+03
DEU-electric motor	RUS-electric motor	4.77E+01
GBR-electric motor	USA-electric motor	7.36E+06
USA-electric motor	AUS-electric motor	2.40E+05
RUS-electric motor	AUS-electric motor	5.42E+03
RUS-electric motor	BRA-electric motor	2.61E+03
RUS-electric motor	RUS-electric motor	6.72E+03
AUS-electric motor	AUS-electric motor	1.25E+07
BRA-electric motor	AUS-electric motor	5.00E+06
RUS-electric motor	BRA-electric motor	7.18E+06

续表

出口	进口	碳转移-kg
GBR-electric motor	BRA-electric motor	1.21E+08
USA-electric motor	RUS-electric motor	6.12E+03
AUS-electric motor	RUS-electric motor	8.00E+05
BRA-electric motor	AUS-electric motor	2.45E+07
RUS-electric motor	AUS-electric motor	4.66E+04
GBR-electric motor	BRA-electric motor	8.87E+06
USA-electric motor	BRA-electric motor	1.20E+02
BRA-electric motor	RUS-electric motor	8.93E+04
GBR-electric motor	RUS-electric motor	2.97E+04
USA-electric motor	AUS-electric motor	1.45E+02
GBR-electric motor	AUS-electric motor	7.51E+05
USA-electric motor	BRA-electric motor	5.92E+00
AUS-electric motor	CHN-electric motor	8.43E+06
BRA-electric motor	CHN-electric motor	1.06E+09
RUS-electric motor	CHN-electric motor	5.12E+08
USA-electric motor	CHN-electric motor	2.57E+06
AUS-electric motor	CHN-electric motor	3.77E+06
BRA-electric motor	CHN-electric motor	7.52E+04
USA-electric motor	CHN-electric motor	6.44E+03
AUS-electric motor	CHN-electric motor	2.32E+06
BRA-electric motor	CHN-electric motor	3.71E+06
USA-electric motor	CHN-electric motor	2.76E+01
RUS-electric motor	CHN-electric motor	4.36E+02
USA-electric motor	CHN-electric motor	1.74E+02
AUS-electric motor	FRA-electric motor	0.00E+00
BRA-electric motor	USA-electric motor	3.13E+05
AUS-electric motor	USA-electric motor	6.75E+06

续表

出口	进口	碳转移-kg
BRA-electric motor	USA-electric motor	2.28E+03
BRA-electric motor	USA-electric motor	8.21E+04
AUS-electric motor	USA-electric motor	1.93E+04
BRA-electric motor	USA-electric motor	1.08E+05
AUS-electric motor	USA-electric motor	1.83E+05
AUS-electric motor	USA-electric motor	4.03E+04
AUS-electric motor	USA-electric motor	2.78E+04
CHN-vehicle	FRA-vehicle	4.75E+07
CHN-vehicle	DEU-vehicle	4.68E+07
CHN-vehicle	DEU-vehicle	4.63E+07
CHN-vehicle	FRA-vehicle	4.50E+07
CHN-vehicle	USA-vehicle	4.33E+07
CHN-vehicle	DEU-vehicle	4.24E+07
CHN-vehicle	CHN-vehicle	4.13E+07
CHN-vehicle	DEU-vehicle	4.01E+07
CHN-vehicle	KOR-vehicle	3.98E+07
CHN-vehicle	GBR-vehicle	3.97E+07
CHN-vehicle	DEU-vehicle	3.87E+07
CHN-vehicle	KOR-vehicle	3.85E+07
CHN-vehicle	DEU-vehicle	3.80E+07
CHN-vehicle	FRA-vehicle	3.76E+07
CHN-vehicle	FRA-vehicle	3.69E+07
CHN-vehicle	GBR-vehicle	3.59E+07
CHN-vehicle	FRA-vehicle	3.59E+07
CHN-vehicle	RUS-vehicle	3.52E+07
CHN-vehicle	CHN-vehicle	3.40E+07
CHN-vehicle	DEU-vehicle	3.36E+07

续表

出口	进口	碳转移-kg
CHN-vehicle	GBR-vehicle	3.34E+07
CHN-vehicle	DEU-vehicle	3.31E+07
CHN-vehicle	GBR-vehicle	3.30E+07
CHN-vehicle	JPN-vehicle	1.83E+07
CHN-vehicle	FRA-vehicle	1.81E+07
CHN-vehicle	KOR-vehicle	1.79E+07
CHN-vehicle	FRA-vehicle	1.76E+07
CHN-vehicle	KOR-vehicle	1.73E+07
CHN-vehicle	GBR-vehicle	1.73E+07
CHN-vehicle	CHN-vehicle	1.70E+07
CHN-vehicle	DEU-vehicle	1.70E+07
CHN-vehicle	JPN-vehicle	1.69E+07
CHN-vehicle	CHN-vehicle	1.67E+07
CHN-vehicle	GBR-vehicle	1.59E+07
CHN-vehicle	GBR-vehicle	1.58E+07
CHN-vehicle	FRA-vehicle	1.58E+07
CHN-vehicle	DEU-vehicle	1.58E+07
CHN-vehicle	FRA-vehicle	1.56E+07
CHN-vehicle	CHN-vehicle	1.55E+07
CHN-vehicle	KOR-vehicle	1.52E+07
CHN-vehicle	BRA-vehicle	1.52E+07
JPN-vehicle	RUS-vehicle	2.32E+06
JPN-vehicle	RUS-vehicle	2.31E+06
JPN-vehicle	JPN-vehicle	2.28E+06
JPN-vehicle	CHN-vehicle	2.26E+06
JPN-vehicle	FRA-vehicle	2.21E+06
JPN-vehicle	DEU-vehicle	2.19E+06

续表

出口	进口	碳转移-kg
JPN-vehicle	AUS-vehicle	2.17E+06
JPN-vehicle	AUS-vehicle	2.14E+06
JPN-vehicle	JPN-vehicle	2.14E+06
JPN-vehicle	KOR-vehicle	2.10E+06
JPN-vehicle	USA-vehicle	2.08E+06
JPN-vehicle	GBR-vehicle	2.08E+06
JPN-vehicle	BRA-vehicle	2.07E+06
JPN-vehicle	KOR-vehicle	2.07E+06
JPN-vehicle	JPN-vehicle	1.13E+06
JPN-vehicle	GBR-vehicle	1.13E+06
JPN-vehicle	USA-vehicle	1.13E+06
JPN-vehicle	AUS-vehicle	1.13E+06
JPN-vehicle	BRA-vehicle	1.11E+06
JPN-vehicle	BRA-vehicle	1.08E+06
JPN-vehicle	JPN-vehicle	1.08E+06
JPN-vehicle	RUS-vehicle	1.08E+06
JPN-vehicle	AUS-vehicle	1.03E+06
JPN-vehicle	FRA-vehicle	1.02E+06
JPN-vehicle	KOR-vehicle	1.02E+06
FRA-vehicle	KOR-vehicle	5.88E+05
FRA-vehicle	AUS-vehicle	5.88E+05
FRA-vehicle	USA-vehicle	5.86E+05
FRA-vehicle	RUS-vehicle	5.86E+05
FRA-vehicle	GBR-vehicle	5.77E+05
FRA-vehicle	FRA-vehicle	5.76E+05
FRA-vehicle	KOR-vehicle	5.70E+05
FRA-vehicle	USA-vehicle	5.63E+05

续表

出口	进口	碳转移-kg
FRA-vehicle	KOR-vehicle	5.63E+05
FRA-vehicle	RUS-vehicle	5.60E+05
FRA-vehicle	GBR-vehicle	5.58E+05
FRA-vehicle	USA-vehicle	5.58E+05
FRA-vehicle	KOR-vehicle	5.56E+05
FRA-vehicle	KOR-vehicle	5.55E+05
FRA-vehicle	JPN-vehicle	5.52E+05
FRA-vehicle	CHN-vehicle	5.01E+05
FRA-vehicle	AUS-vehicle	4.96E+05
FRA-vehicle	RUS-vehicle	4.91E+05
FRA-vehicle	RUS-vehicle	4.91E+05
FRA-vehicle	CHN-vehicle	4.87E+05
FRA-vehicle	USA-vehicle	4.85E+05
FRA-vehicle	CHN-vehicle	4.84E+05
DEU-vehicle	USA-vehicle	2.18E+05
DEU-vehicle	AUS-vehicle	2.16E+05
DEU-vehicle	BRA-vehicle	2.16E+05
DEU-vehicle	USA-vehicle	2.15E+05
DEU-vehicle	FRA-vehicle	2.13E+05
DEU-vehicle	FRA-vehicle	2.10E+05
DEU-vehicle	DEU-vehicle	2.06E+05
DEU-vehicle	AUS-vehicle	2.02E+05
DEU-vehicle	USA-vehicle	1.99E+05
DEU-vehicle	DEU-vehicle	1.98E+05
DEU-vehicle	RUS-vehicle	1.98E+05
DEU-vehicle	AUS-vehicle	1.97E+05
DEU-vehicle	RUS-vehicle	1.97E+05

续表

出口	进口	碳转移-kg
DEU-vehicle	JPN-vehicle	1.96E+05
DEU-vehicle	AUS-vehicle	1.93E+05
DEU-vehicle	KOR-vehicle	1.93E+05
DEU-vehicle	AUS-vehicle	1.91E+05
DEU-vehicle	CHN-vehicle	1.90E+05
DEU-vehicle	JPN-vehicle	1.88E+05
DEU-vehicle	FRA-vehicle	1.85E+05
DEU-vehicle	BRA-vehicle	1.85E+05
DEU-vehicle	USA-vehicle	1.84E+05
DEU-vehicle	BRA-vehicle	1.81E+05
DEU-vehicle	DEU-vehicle	1.80E+05
DEU-vehicle	AUS-vehicle	1.79E+05
DEU-vehicle	FRA-vehicle	1.76E+05
DEU-vehicle	USA-vehicle	1.76E+05
DEU-vehicle	JPN-vehicle	1.74E+05
DEU-vehicle	AUS-vehicle	1.73E+05
GBR-vehicle	AUS-vehicle	9.03E+04
GBR-vehicle	CHN-vehicle	9.01E+04
GBR-vehicle	GBR-vehicle	8.96E+04
GBR-vehicle	JPN-vehicle	8.94E+04
GBR-vehicle	JPN-vehicle	8.93E+04
GBR-vehicle	BRA-vehicle	8.93E+04
GBR-vehicle	JPN-vehicle	8.90E+04
GBR-vehicle	JPN-vehicle	8.88E+04
GBR-vehicle	FRA-vehicle	8.85E+04
GBR-vehicle	RUS-vehicle	8.84E+04
GBR-vehicle	FRA-vehicle	8.83E+04

续表

出口	进口	碳转移-kg
GBR-vehicle	AUS-vehicle	8.70E+04
GBR-vehicle	FRA-vehicle	8.56E+04
GBR-vehicle	BRA-vehicle	8.48E+04
GBR-vehicle	GBR-vehicle	8.42E+04
GBR-vehicle	AUS-vehicle	8.29E+04
GBR-vehicle	JPN-vehicle	8.20E+04
GBR-vehicle	AUS-vehicle	8.18E+04
GBR-vehicle	DEU-vehicle	7.71E+04
GBR-vehicle	GBR-vehicle	7.67E+04
GBR-vehicle	AUS-vehicle	7.67E+04
GBR-vehicle	FRA-vehicle	7.66E+04
GBR-vehicle	FRA-vehicle	7.66E+04
GBR-vehicle	BRA-vehicle	7.64E+04
GBR-vehicle	AUS-vehicle	7.57E+04
GBR-vehicle	RUS-vehicle	7.55E+04
GBR-vehicle	DEU-vehicle	7.47E+04
GBR-vehicle	RUS-vehicle	7.39E+04
GBR-vehicle	BRA-vehicle	7.33E+04
GBR-vehicle	DEU-vehicle	7.16E+04
GBR-vehicle	FRA-vehicle	7.14E+04
GBR-vehicle	RUS-vehicle	7.12E+04
GBR-vehicle	DEU-vehicle	7.11E+04
GBR-vehicle	KOR-vehicle	7.08E+04
USA-vehicle	BRA-vehicle	3.61E+04
USA-vehicle	DEU-vehicle	3.59E+04
USA-vehicle	FRA-vehicle	3.55E+04
USA-vehicle	FRA-vehicle	3.55E+04

续表

出口	进口	碳转移-kg
USA-vehicle	FRA-vehicle	3.53E+04
USA-vehicle	AUS-vehicle	3.52E+04
USA-vehicle	CHN-vehicle	3.48E+04
USA-vehicle	KOR-vehicle	3.47E+04
USA-vehicle	JPN-vehicle	3.39E+04
USA-vehicle	GBR-vehicle	3.37E+04
USA-vehicle	JPN-vehicle	3.35E+04
USA-vehicle	DEU-vehicle	3.34E+04
USA-vehicle	DEU-vehicle	3.34E+04
USA-vehicle	CHN-vehicle	3.34E+04
USA-vehicle	BRA-vehicle	3.34E+04
USA-vehicle	FRA-vehicle	3.28E+04
USA-vehicle	BRA-vehicle	3.22E+04
FRA-vehicle	JPN-vehicle	2.14E+04
DEU-vehicle	RUS-vehicle	2.19E+04
JPN-vehicle	DEU-vehicle	2.19E+04
DEU-vehicle	JPN-vehicle	2.08E+04
JPN-vehicle	DEU-vehicle	2.10E+04
GBR-vehicle	AUS-vehicle	2.00E+04
FRA-vehicle	USA-vehicle	1.96E+04
DEU-vehicle	GBR-vehicle	2.02E+04
JPN-vehicle	RUS-vehicle	2.06E+04
KOR-vehicle	AUS-vehicle	1.98E+04
GBR-vehicle	JPN-vehicle	1.96E+04
FRA-vehicle	BRA-vehicle	1.94E+04
DEU-vehicle	USA-vehicle	1.99E+04
JPN-vehicle	GBR-vehicle	2.02E+04

续表

出口	进口	碳转移-kg
KOR-vehicle	CHN-vehicle	1.93E+04
GBR-vehicle	AUS-vehicle	1.92E+04
USA-vehicle	USA-vehicle	1.80E+04
USA-vehicle	BRA-vehicle	1.80E+04
USA-vehicle	AUS-vehicle	1.78E+04
USA-vehicle	DEU-vehicle	1.75E+04
USA-vehicle	DEU-vehicle	1.75E+04
FRA-vehicle	FRA-vehicle	5.30E+03
USA-vehicle	KOR-vehicle	5.53E+03
FRA-vehicle	FRA-vehicle	5.23E+03
DEU-vehicle	BRA-vehicle	5.32E+03
GBR-vehicle	AUS-vehicle	5.14E+03
USA-vehicle	BRA-vehicle	5.27E+03
DEU-vehicle	RUS-vehicle	5.18E+03
GBR-vehicle	DEU-vehicle	5.09E+03
USA-vehicle	CHN-vehicle	5.22E+03
FRA-vehicle	KOR-vehicle	4.98E+03
DEU-vehicle	JPN-vehicle	5.10E+03
GBR-vehicle	JPN-vehicle	4.97E+03
USA-vehicle	CHN-vehicle	5.07E+03
DEU-vehicle	DEU-vehicle	4.99E+03
FRA-vehicle	BRA-vehicle	4.71E+03
DEU-vehicle	USA-vehicle	4.83E+03
GBR-vehicle	AUS-vehicle	4.74E+03
USA-vehicle	USA-vehicle	4.87E+03
FRA-vehicle	USA-vehicle	4.54E+03
DEU-vehicle	CHN-vehicle	4.66E+03

续表

出口	进口	碳转移-kg
GBR-vehicle	USA-vehicle	4.56E+03
USA-vehicle	CHN-vehicle	4.59E+03
BRA-vehicle	KOR-vehicle	4.79E+03
DEU-vehicle	RUS-vehicle	3.09E+03
DEU-vehicle	AUS-vehicle	3.08E+03
USA-vehicle	USA-vehicle	3.13E+03
DEU-vehicle	KOR-vehicle	3.08E+03
DEU-vehicle	KOR-vehicle	3.08E+03
USA-vehicle	FRA-vehicle	3.13E+03
DEU-vehicle	GBR-vehicle	3.08E+03
USA-vehicle	GBR-vehicle	3.13E+03
DEU-vehicle	AUS-vehicle	3.03E+03
DEU-vehicle	BRA-vehicle	3.03E+03
USA-vehicle	BRA-vehicle	3.08E+03
DEU-vehicle	CHN-vehicle	3.03E+03
RUS-vehicle	RUS-vehicle	3.84E+03
USA-vehicle	GBR-vehicle	3.01E+03
BRA-vehicle	RUS-vehicle	3.26E+03
DEU-vehicle	DEU-vehicle	2.93E+03
USA-vehicle	KOR-vehicle	2.94E+03
GBR-vehicle	AUS-vehicle	2.23E+03
GBR-vehicle	JPN-vehicle	2.20E+03
GBR-vehicle	GBR-vehicle	2.12E+03
GBR-vehicle	BRA-vehicle	2.07E+03
GBR-vehicle	RUS-vehicle	2.06E+03
GBR-vehicle	GBR-vehicle	2.06E+03
GBR-vehicle	AUS-vehicle	2.04E+03

续表

出口	进口	碳转移-kg
GBR-vehicle	FRA-vehicle	2.02E+03
GBR-vehicle	KOR-vehicle	6.06E+01
BRA-vehicle	AUS-vehicle	6.38E+01
USA-vehicle	AUS-vehicle	4.38E+01
RUS-vehicle	AUS-vehicle	5.33E+01
GBR-vehicle	KOR-vehicle	3.64E+01
USA-vehicle	FRA-vehicle	3.76E+01
GBR-vehicle	USA-vehicle	3.43E+01
USA-vehicle	FRA-vehicle	3.34E+01
BRA-vehicle	USA-vehicle	2.74E+01
GBR-vehicle	JPN-vehicle	1.62E+01
USA-vehicle	AUS-vehicle	1.67E+01
BRA-vehicle	FRA-vehicle	1.82E+01
GBR-vehicle	FRA-vehicle	1.41E+01
USA-vehicle	CHN-vehicle	1.25E+01
AUS-vehicle	BRA-vehicle	1.00E+01
GBR-vehicle	USA-vehicle	1.01E+01
USA-vehicle	FRA-vehicle	1.04E+01
AUS-vehicle	USA-vehicle	8.04E+00
RUS-vehicle	FRA-vehicle	1.07E+01
GBR-vehicle	GBR-vehicle	8.08E+00
USA-vehicle	FRA-vehicle	6.26E+00
USA-vehicle	AUS-vehicle	2.09E+00
USA-vehicle	BRA-vehicle	6.26E+00
USA-vehicle	BRA-vehicle	2.09E+00
USA-vehicle	RUS-vehicle	6.26E+00
USA-vehicle	AUS-vehicle	3.84E+02

续表

出口	进口	碳转移-kg
USA-vehicle	BRA-vehicle	6.26E+00
USA-vehicle	BRA-vehicle	2.09E+00
AUS-vehicle	AUS-vehicle	1.00E+01

附录 3

表 A8-1　各省级地区铁矿石开采量及各省份占总开采量的百分比

省级地区	数量（10^4 ton）	（%）
Hebei	24 642.22	32.6
Liaoning	13 170.38	17.4
Sichuan	10 044.18	13.3
Shanxi	5 053.59	6.7
Anhui	2 660.73	3.5
Neimenggu	2 542.41	3.4
Xinjiang	2 369.14	3.1
Shanxi	2 201.59	2.9
Fujian	2 017.24	2.7
Shandong	1 887.5	2.5
Yunnan	1 740.92	2.3
Beijing	1 269.52	1.7
Hubei	1 227.15	1.6
Jiangxi	941.85	1.2
Gansu	912.08	1.2
Henan	731.59	1.0
Jilin	431.64	0.6
Guangdong	420.79	0.6
Heilongjiang	337.1	0.4
Hunan	322.42	0.4
Hainan	284.59	0.4

续表

省级地区	数量（10^4 ton）	（%）
Guizhou	143.41	0.2
Guangxi	82.97	0.1
Zhejiang	74.65	0.1
Jiangsu	70.59	0.1
Xizang	4.99	0.0
Qinghai	1.32	0.0
Chongqing	0	0.0
Ningxia	0	0.0
Tianjin	0	0.0
Shanghai	0	0.0
Total	75 586.56	100

Data source：National Bureau of Statistics 2018.

表 A8-2　各省级地区粗钢产量及占全国粗钢产量的比重

省级地区	数量（10^4 ton）	（%）
Hebei	19 184.6	23.8
Jiangsu	10 730.2	13.3
Shandong	7 245.4	9.0
Liaoning	6 007.1	7.4
Shanxi	3 896.1	4.8
Henan	2 890.8	3.6
Guangdong	2 853.6	3.5
Hubei	2 794.8	3.5
Anhui	2 733.5	3.4
Jiangxi	2 240.8	2.8
Guangxi	2 091.1	2.6
Sichuan	2 072.8	2.6
Tianjin	2 003.9	2.5

续表

省级地区	数量（10^4 ton）	（%）
Hunan	1 799.8	2.2
Neimenggu	1 784.1	2.2
Fujian	1 701.3	2.1
Shanghai	1 552.7	1.9
Yunnan	1 267.7	1.6
Zhejiang	1 098.5	1.4
Shanxi	1 017.2	1.3
Xinjiang	942.5	1.2
Jilin	801.9	1.0
Gansu	504.1	0.6
Heilongjiang	421.8	0.5
Guizhou	369.6	0.5
Chongqing	321.1	0.4
Ningxia	199.1	0.2
Qinghai	104.1	0.1
Hainan	1.1	0.0
Beijing	0	0.0
Xizang	0	0.0
Total	80 760	100

Data source: National Bureau of Statistics 2018.

表 A8-3　不同省级地区的粗钢制造量及占各省总用钢量的百分比

省级地区	数量（10^4 ton）	（%）
Guangdong	10 464.3	9.90
Jiangsu	9 935.8	9.40
Shandong	8 244.6	7.80
Zhejiang	6 024.9	5.70
Henan	5 179.3	4.90

续表

省级地区	数量（10^4 ton）	(%)
Sichuan	4 333.7	4.10
Hubei	4 228.0	4.00
Taiwan	4 228.0	4.00
Hunan	3 910.9	3.70
Hebei	3 868.6	3.66
Fujian	3 805.2	3.60
Shanghai	3 488.1	3.30
Anhui	3 276.7	3.10
Beijing	3 276.7	3.10
Liaoning	2 748.2	2.60
Shanxi	2 642.5	2.50
Jiangxi	2 621.4	2.48
Guangxi	2 431.1	2.30
Chongqing	2 431.1	2.30
Tianjin	2 325.4	2.20
Yunnan	2 219.7	2.10
Neimenggu	2 114.0	2.00
Shanxi	2 071.7	1.96
Heilongjiang	2 008.3	1.90
Jilin	1 881.5	1.78
Guizhou	1 856.1	1.76
Xinjiang	1 310.7	1.24
Gansu	886.8	0.84
Qinghai	701.8	0.66
Hainan	520.0	0.49
Ningxia	398.5	0.38
Xizang	158.6	0.15
Total	105 700	100

Data source: National Bureau of Statistics 2018.

表 A8-4 各级地区废钢回收量及占全国废钢回收量的百分比

省级地区	数量（10^4 ton）	（%）
Jiangsu	2 087.55	15
Hubei	1 391.70	10
Anhui	1 113.36	8
Taiwan	417.51	3
Others	8 906.88	64
Total	13 917	100

Data source：National Bureau of Statistics 2018.

图 A8-1 提供了中国钢铁产业链的概况，表 A8-5 列出了相关信息。中国钢铁业从澳大利亚、巴西和其他国家进口大量的铁粉，并向泰国和越南出口一些烧结铁。特别是，进口中铁粉占的比例最大，这相当于在铁粉的来源国开采了大量的铁矿石。我国生产的粗钢主要用于建筑业（用于房屋、桥梁和其他基础设施），占钢铁行业下游用钢量的 53.2%。由于技术限制和成本原因，废钢回收比例很低，只占中国年用钢总量的 11.6%。

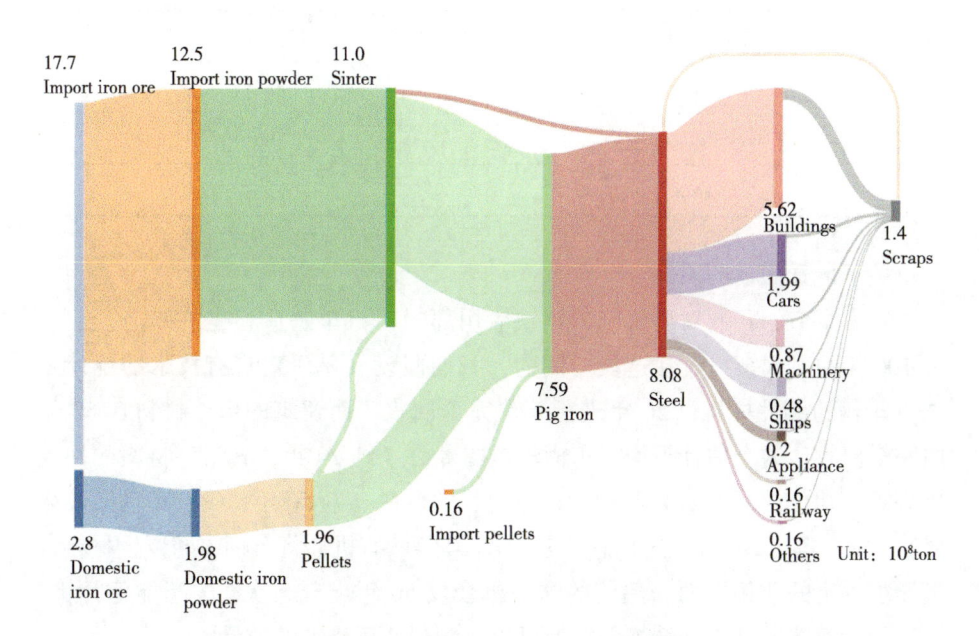

图 A8-1　中国钢铁产业的生命周期

表 A8-5　中国钢铁产业链的产品

产品	数量（10^8 ton）
Import iron ore	17.7
Domestic iron ore	2.8
Import iron powder	12.5
Domestic iron powder	1.98
Pellets	1.96
Import pellets	0.16
Sinter	11.0
Pig iron	7.59
Crude steel	8.08
Housing sector	5.62
Car sector	1.99
Machine sector	0.87
Ship sector	0.48
Home appliance sector	0.2
Railway sector	0.16
Other sectors	0.16
Scrap steel	1.4

关于情景假设的说明。

在本章节，我们对所研究的钢铁应用部门（汽车制造和建筑部门）设定了100年的时间窗口。在这段时间内，我们假设（基于对现有技术的统计数据）车辆的部件材料每20年进行一次完全回收，而建筑的部件材料在50年内完全回收。这个估计平均了车辆较短的寿命（约20年，其组件材料的回收更频繁）（Held., 2021）和现代建筑更长的寿命（约50年，没有车辆回收频繁）（Dara 等, 2019）。这也意味着，每20年就有机会将车辆中的再生材料含量增加一定的比例，而新建筑的这一机会仅50年出现一次。关于能值计算，上述假设意味着开采和精炼的能值可以分配到使用周期的数量中。

表 A8-6 中国开采铁矿石过程中的能值评估

	类别	基础数据	单位	单位能值	UEV 单位	参考	能值（sej/y）
Locally renewable flows - R							
1						This study	6.07E+17
Locally nonrenewable flows - N							
2	Iron ore（46% Fe）	3.28E+08	t/yr	8.70E+14	sej/t	UEV database（2018）	2.86E+23
	Total N						2.86E+23
Purchased flows-F							
3	Diesel	1.00E+11	MJ/yr	1.70E+11	sej/MJ	UEV database（2018）	1.70E+22
4	Electricity	1.50E+16	J/yr	2.21E+05	sej/J	UEV database（2018）	3.32E+21
5	Explosive	1.64E+05	t/yr	4.12E+15	sej/t	UEV database（2018）	6.77E+22
	Total F						2.10E+22
Labor and Services-L&S（associated to F）							
6	Labor（ren）	2.23E+02	p/yr	2.17E+16	sej/p	NEAD（2014）	4.83E+18
7	Labor（nonren）	1.09E+04	p/yr	2.17E+16	sej/p	NEAD（2014）	2.37E+20
8	Services（ren）	1.32E+07	$/yr	3.55E+12	sej/$	NEAD（2014）	4.69E+19
9	Services（nonren）	6.01E+08	$/yr	3.55E+12	sej/$	NEAD（2014）	2.13E+21
	Total L&S						2.42E+21

续表

	类别	基础数据	单位	单位能值	UEV 单位	参考	能值（sej/y）
Outputs							
10	Iron powder (65% Fe)	1.98E+08	t/yr				
	Total emergy w/out L&S						3.07E+23
	Total emergy with L&S						3.09E+23
	UEV w/out L&S			1.55E+15	sej/t	This study	
	UEV with L&S			1.56E+15	sej/t	This study	
	Footnote:						
1	Renewable inputs				sej/t	calculated after (Brown et al., 2016)	6.07E+17
2	Iron ore				t/yr	calculated after (Norgate et al., 2010 & Ecoinvent)	2.80E+08
3	Diesel				MJ/yr	calculated after (Norgate et al., 2010 & Ecoinvent)	1.18E+10
4	Electricity				J/yr	calculated after (Norgate et al., 2011 & Ecoinvent)	1.77E+15
5	Explosive				t/yr	calculated after (Norgate et al., 2012 & Ecoinvent)	9.18E+05
6	Labor-Renewable fraction				p/yr	calculated according to (Wei et al., 2002)	1.90E+02

续表

类别	基础数据	单位	单位能值	UEV 单位	参考	能值（sej/y）
7	Labor-Nonrenewable fraction				p/yr	calculated according to the (Wei et al., 2002)	9.29E+03
8	Services-Renewable fraction				$/yr	((1.92E10MJ/yr /42.652MJ · kg-1/yr /0.85kg · L-1/yr · 4.79RMB L-1 + 2.87E15 J/yr /3.6E6 J/kWh · yr · 0.49RMB/kWh + 1.50E6 t/yr · 7E3 RMB/t) / 7RMB · $ -1) · 2.15% · (75/46)	2.53E+07
9	Services-Nonrenewable fraction				$/yr	((1.92E10MJ/yr /42.652MJ · kg-1/yr /0.85kg · L-1/yr · 4.79RMB L-1 + 2.87E15 J/yr /3.6E6 J/kWh · yr · 0.49RMB/kWh + 1.50E6 t/yr · 7E3 RMB/t) / 7RMB · $ -1) · (1-2.15%) · (75/46)	1.15E+09

Footnote: The unit "p/yr" means "person/year".

表 A8-7 表 A8-6 中 "可再生能源投入" 的能值评估

类别	基础数据	单位	单位能值	UEV 单位	参考	能值（sej/y）
	Global tripartite					
1	Sun	5.37E+17	J/yr	1.00E+00	sej/(J·yr)$^{-1}$	(Brown et al., 2016)	5.37E+17

续表

	类别	基础数据	单位	单位能值	UEV 单位	参考	能值（sej/y）
2	Deep heat	1.44E+13	J/yr	4.90E+03	sej/(J·yr)$^{-1}$	(Brown et al., 2016)	7.04E+16
	Sum of tripartite						6.07E+17
	Secondary and tertiary sources						
3	Wind, kinetic energy	5.51E+07	J/yr	8.00E+02	sej/(J·yr)$^{-1}$	(Brown et al., 2016)	4.41E+10
4	Rain, chemical potential	3.80E+07	J/yr	7.00E+03	sej/(J·yr)$^{-1}$	(Brown et al., 2016)	2.66E+11
5	Runoff, geopotential	6.34E+08	J/yr	1.28E+04	sej/(J·yr)$^{-1}$	(Brown et al., 2016)	8.11E+12
6	Runoff, chemical potential	1.27E+07	J/yr	2.13E+04	sej/(J·yr)$^{-1}$	(Brown et al., 2016)	2.70E+11
	Largest of 2nd and 3rd sources						8.11E+12
	Largest of global and 2nd and 3rd sources						6.07E+17

表 A8-8 其他国家开采铁矿石过程中的能值评估

	类别	基础数据	单位	单位能值	UEV 单位	参考	能值（sej/y）
Locally renewable flows-R							
1						This study	3.83E+18
Locally nonrenewable flows-N							
2	Iron ore (46% Fe)	2.07E+09	t/yr	8.70E+14	sej/t	UEV database (2018)	1.80E+24

续表

	类别	基础数据	单位	单位能值	UEV 单位	参考	能值（sej/y）
	Total N						1.80E+24
Purchased flows—F							
3	Diesel	6.90E+11	MJ/yr	1.70E+11	sej/MJ	UEV database (2018)	2.90E+23
4	Electricity	9.48E+16	J/yr	2.21E+05	sej/J	UEV database (2018)	2.09E+22
5	Explosive	1.04E+06	t/yr	4.12E+15	sej/t	UEV database (2018)	4.27E+21
	Total F						3.15E+23
Labor and Services—L&S (associated to F)							
6	Labor (ren)	1.40E+03	p/yr	2.17E+16	sej/p	NEAD (2014)	3.05E+19
7	Labor (nonren)	6.88E+04	p/yr	2.17E+16	sej/p	NEAD (2014)	1.49E+21
8	Services (ren)	8.34E+07	$/yr	3.55E+12	sej/$	NEAD (2014)	2.96E+20
9	Services (nonren)	3.79E+09	$/yr	3.55E+12	sej/$	NEAD (2014)	1.35E+22
	Total L&S						1.53E+22
Outputs							
10	Iron powder (65% Fe)	1.25E+09	t/yr				
	Total emergy w/out L&S						2.12E+24
	Total emergy with L&S						2.13E+24
	UEV w/out L&S			1.69E+15	sej/t	This study	

续表

	类别	基础数据	单位	单位能值	UEV 单位	参考	能值（sej/y）
	UEV with L&S			1.71E+15	sej/t	This study	
	Footnote:						
1	Renewable inputs				sej/t	calculated after (Brown et al., 2016)	6.57E+16
2	Iron ore				t/yr	calculated after (Norgate et al., 2010 & Ecoinvent)	1.77E+09
3	Diesel				MJ/yr	calculated after (Norgate et al., 2010 & Ecoinvent)	7.45E+10
4	Electricity				J/yr	calculated after (Norgate et al., 2011 & Ecoinvent)	1.12E+16
5	Explosive				t/yr	calculated after (Norgate et al., 2012 & Ecoinvent)	5.79E+06
6	Labor-Renewable fraction				p/yr	calculated according to (Wei et al., 2002)	1.20E+03
7	Labor-Nonrenewable fraction				p/yr	calculated according to (Wei et al., 2002)	5.87E+04

续表

	类别	基础数据	单位	单位能值	UEV 单位	参考	能值（sej/y）
8	Services-Renewable fraction				$/yr	(1.92E10MJ/yr /42.652MJ·kg-1/yr /0.85kg·L-1/yr·4.79RMB·L-1 + 2.87E15 J/yr /3.6E6 J/kWh·0.49RMB/kWh + 1.50E6 L/yr·7E3 RMB/t）/ 7RMB·$-1）·2.15% ·（75/46）	1.01E+09
9	Services-Nonrenewable fraction				$/yr	((1.92E10MJ/yr /42.652MJ·kg-1/yr /0.85kg·L-1/yr·4.79RMB·L-1 + 2.87E15 J/yr /3.6E6 J/kWh·0.49RMB/kWh + 1.50E6 L/yr·7E3 RMB/t）/ 7RMB·$-1）·（1-2.15%）·（75/46）	4.58E+10

Footnote: The unit "p/yr" means "person/year".

表 A8-9　表 A8-8 中可再生能源投入的能值评估

	类别	基础数据	单位	单位能值	UEV 单位	参考	能值（sej/y）
				Global tripartite			
1	Sun	3.39E+18	J/yr	1.00E+00	sej/(J·yr)$^{-1}$	(Brown et al., 2016)	3.39E+18

续表

	类别	基础数据	单位	单位能值	UEV 单位	参考	能值（sej/y）
2	Deep heat	9.07E+13	J/yr	4.90E+03	sej/(J·yr)$^{-1}$	(Brown et al., 2016)	4.45E+17
	Sum of tripartite						3.83E+18

Secondary and tertiary sources

3	Wind, kinetic energy	3.48E+08	J/yr	8.00E+02	sej/(J·yr)$^{-1}$	(Brown et al., 2016)	2.78E+11
4	Rain, chemical potential	2.40E+08	J/yr	7.00E+03	sej/(J·yr)$^{-1}$	(Brown et al., 2016)	1.68E+12
5	Runoff, geopotential	4.00E+09	J/yr	1.28E+04	sej/(J·yr)$^{-1}$	(Brown et al., 2016)	5.12E+13
6	Runoff, chemical potential	8.00E+07	J/yr	2.13E+04	sej/(J·yr)$^{-1}$	(Brown et al., 2016)	1.70E+12
	Largest of 2nd and 3rd sources						5.12E+13
	Largest of global and 2nd and 3rd sources						3.83E+18

表 A8-10 球团焙烧工艺的能值评估

	类别	基础数据	单位	单位能值	UEV 单位	参考	能值（sej/y）
Locally renewable flows-R							
1	Largest of global and 2nd and 3rd sources					Calculated in this study	1.03E+18
2	Renewable inputs of previous processing					Calculated in this study	6.07E+17

续表

	类别	基础数据	单位	单位能值	UEV 单位	参考	能值（sej/y）
	Total R						1.64E+18
	Actual and virtual locally slow-renewable and non-renewable flows–N						
	Total N						0.00E+00
Purchased flows–F							
3	Electricity	1.91E+17	J/yr	2.21E+05	sej/(J)	UEV database (2018)	4.22E+22
4	Iron powder	1.98E+08	t/yr	1.26E+15	sej/(t)	Raw resource, from previous step	2.50E+23
5	Blast furnace gas	4.44E+16	J/yr	0.00E+00	sej/(J)	UEV database (2018)	0.00E+00
6	Bentonite	3.14E+06	t/yr	2.04E+14	sej/(t)	UEV database (2018)	6.40E+20
	Total F						2.92E+23
Labor and Services–L&S							
7	Labor–Renewable fraction	1.46E+03	p/yr	2.17E+16	sej/(p)	NEAD (2014)	3.16E+19
8	Labor–Nonrenewable fraction	6.63E+04	p/yr	2.17E+16	sej/(p)	NEAD (2014)	1.44E+21
9	Services–Renewable fraction	4.17E+08	$/yr	3.55E+12	sej/($)	NEAD (2014)	1.48E+21
10	Services–Nonrenewable fraction	1.90E+10	$/yr	3.55E+12	sej/($)	NEAD (2014)	6.73E+22
11	Services from previous steps						4.38E+21

续表

序号	类别	基础数据	单位	单位能值	UEV 单位	参考	能值 (sej/y)
	Total L&S						7.03E+22
12	Pellet	1.96E+08	t/yr				
	Outputs						
	total emergy without L&S			1.49E+15	sej/t	calculated this study	2.92E+23
	total emergy with L&S			1.85E+15	sej/t	calculated this study	3.63E+23
1	Largest of global and 2nd and 3rd sources				sej/t	calculated after Brown et al., 2016	1.03E+18
2	Renewable inputs of previous processing				sej/t	calculated after Brown et al., 2016	6.07E+17
3	Iron powder				t/yr	calculated after Ma et al., 2018	1.98E+08
4	Electricity				J/yr	calculated after Ma et al., 2018	1.91E+17
5	Blast furnace gas				J/yr	calculated after Ma et al., 2018	4.44E+16
6	Bentonite				t/yr	calculated after Ma et al., 2018	3.14E+06
7	Labor-Renewable fraction				p/yr	calculated according to Wei et al., 2002	1.46E+03

续表

	类别	基础数据	单位	单位能值	UEV 单位	参考	能值（sej/y）
8	Labor–Nonrenewable fraction				p/yr	calculated according to Wei et al., 2002	6.63E+04
9	Services–Renewable fraction				$/yr	{ [(1.98E8 t/yr + 10.1 t/yr) · 544.6 RMB/t + 1.91E17 J/yr · 0.49RMB/kWh + 3.14E6 t/yr · 600 RMB/t] / 7RMB · $-1} · 2.15%	4.17E+08
10	Services–Nonrenewable fraction				$/yr	{ [(1.98E8 t/yr + 10.1 t/yr) · 544.6 RMB/t + 1.91E17 J/yr · 0.49RMB/kWh + 3.14E6 t/yr · 600 RMB/t] /7RMB · $-1) } · (1 - 2.15%)	1.90E+10
11	Services from previous steps				sej/t	calculated this study	4.38E+21

Footnote: The unit "p/yr" means person/ year.

表 A8–11　表 A8–10 中全球最大的、第二和第三来源的能值评估

类别	基础数据	单位	单位能值	UEV 单位	参考	能值（sej/y）
			Global tripartite			
Sun	9.11E+17	J/yr	1.00E+00	sej/(J·yr)$^{-1}$	(Brown et al., 2016)	9.11E+17

续表

类别	基础数据	单位	单位能值	UEV 单位	参考	能值（sej/y）
Deep heat	2.44E+13	J/yr	4.90E+03	sej/(J·yr)$^{-1}$	(Brown et al., 2016)	1.20E+17
Sum of tripartite						1.03E+18
Secondary and tertiary sources						
Wind, kinetic energy	9.35E+07	J/yr	8.00E+02	sej/(J·yr)$^{-1}$	(Brown et al., 2016)	7.48E+10
Rain, chemical potential	6.45E+07	J/yr	7.00E+03	sej/(J·yr)$^{-1}$	(Brown et al., 2016)	4.52E+11
Runoff, geopotential	1.08E+09	J/yr	1.28E+04	sej/(J·yr)$^{-1}$	(Brown et al., 2016)	1.38E+13
Runoff, chemical potential	2.15E+07	J/yr	2.13E+04	sej/(J·yr)$^{-1}$	(Brown et al., 2016)	4.58E+11
Largest of 2nd and 3rd sources						1.38E+13
Largest of global and 2nd and 3rd sources						1.03E+18

表 A8-12 烧结过程的能值评估

	类别	基础数据	单位	单位能值	UEV 单位	参考	能值（sej/y）
	Locally renewable flows-R						
1	Largest of global 2nd and 3rd sources					Calculated in this study	2.15E+19

续表

	类别	基础数据	单位	单位能值	UEV 单位	参考	能值（sej/y）
2	Renewable inputs from previous processing within and outside China					Calculated in this study	1.37E+17
	Total R						2.17E+19
Actual and virtual locally slow-renewable and non-renewable flows-N							
	Total N						0.00E+00
Purchased flows-F							
3	Electricity	1.91E+17	J/yr	2.21E+05	sej/(J)	UEV database (2018)	4.22E+22
4	Pellets from inside China	1.64E+07	t/yr	1.49E+15	sej/(t)	Raw resources from previous steps	2.44E+22
5	Iron Powder from outside China	1.25E+09	t/yr	1.26E+15	sej/(t)	Imported from Australia（71%）and Brazil（29%）-2018	1.57E+24
6	Water treatment sludge	8.80E+06	t/yr	6.89E+08	sej/(t)	UEV database (2018)	6.06E+15
7	Blast furnace gas	3.38E+17	J/yr	0.00E+00	sej/(J)	Recycled in this same step	0.00E+00
8	Coke powder	1.81E+18	J/yr	1.03E+05	sej/(J)	UEV database (2018)	1.86E+23
9	High magnesium powder	1.40E+07	t/yr	2.41E+16	sej/(t)	UEV database (2018)	3.38E+23
10	Limestone	2.39E+08	t/yr	4.91E+14	sej/(t)	UEV database (2018)	1.17E+23

续表

	类别	基础数据	单位	单位能值	UEV 单位	参考	能值（sej/y）
	Total F						2.28E+24
	Labor and Services–L&S						
11	Labor–Renewable fraction	1.46E+03	p/yr	2.17E+16	sej/(p)	NEAD (2014)	3.16E+19
12	Labor–Nonrenewable fraction	6.63E+04	p/yr	2.17E+16	sej/(p)	NEAD (2014)	1.44E+21
13	Services–Renewable fraction	3.94E+09	$/yr	3.55E+12	sej/($)	NEAD (2014)	1.40E+22
14	Services–Nonrenewable fraction	1.79E+11	$/yr	3.55E+12	sej/($)	NEAD (2014)	6.37E+23
15	Services from previous steps, both within and outside China						3.35E+22
	Total L&S						6.52E+23
	Outputs						
16	Sinter	1.10E+09	t/yr				
	total energy without L&S			2.08E+15	sej/t	calculated this study	2.28E+24
	total energy with L&S			2.67E+15	sej/t	calculated this study	2.94E+24

续表

	类别	基础数据	单位	单位能值	UEV 单位	参考	能值（sej/y）
1	Largest of global and 2nd and 3rd sources				sej/t	calculated after Brown et al., 2016	2.15E+19
2	Renewable inputs from previous processing				sej/t	(pellet used in sintering/pellet produced in pelletizing) · total renewables in Pelletizing process	1.37E+17
3	Pellets from inside China				t/yr	calculated after Ma et al., 2018	1.64E+07
4	Iron Powder from outside China				t/yr	calculated after Ma et al., 2018	1.25E+09
5	Electricity				J/yr	calculated after Ma et al., 2018	1.91E+17
6	Water treatment sludge				t/yr	calculated after Ma et al., 2018	8.80E+06
7	Blast furnace gas				J/yr	calculated after Ma et al., 2018	3.38E+17
8	Coke powder				J/yr	calculated after Ma et al., 2018	1.81E+18
9	High magnesium powder				t/yr	calculated after Ma et al., 2018	1.40E+07
10	Limestone				t/yr	calculated after Ma et al., 2018	2.39E+08
11	Labor-Renewable fraction				p/yr	calculated according to the Wei et al., 2002	1.46E+03
12	Labor-Nonrenewable fraction				p/yr	calculated according to the Wei et al., 2002	6.63E+04

续表

类别	基础数据	单位	单位能值	UEV 单位	参考	能值(sej/y)
13 Services–Renewable fraction				$/yr	{[(1.64E7 t/yr +73.2 t/yr)·609 RMB/t + 1.25E9 t/yr · 544.6 RMB/t + 1.91E17 J/yr · 3.6E6 J/kWh · 0.49RMB/kWh + 1.40E7 t/yr / 1t·m−3/yr · 4.1RMB·m−3 + 1.81E18 J/yr · 2.39E−10 t/J · 920 RMB/t + 1.40E7 t/yr · 310 RMB/t] / 2.39E8 t/$} · 2.15%	3.94E+09
14 Services–Nonrenewable fraction				$/yr	{[(1.64E7 t/yr +73.2 t/yr) × 609 RMB/t + 1.25E9 t/yr × 544.6 RMB/t + 1.91E17 J/yr × 3.6E6 J/kWh × 0.49RMB/kWh + 1.40E7 RMB×m−3 / 1t×m−3/yr × 4.1RMB×m−3 + 1.81E18 J/yr × 2.39E−10 t/J × 920 RMB/t + 1.40E7 t/yr × 310 RMB/t] / 2.39E8 t/$} × (1−2.15%)	1.79E+11

续表

	类别	基础数据	单位	单位能值	UEV 单位	参考	能值（sej/y）
15	Services from previous steps, both within and outside China				sej/t	calculated this study	3.35E+22

Footnote: The unit "p/yr" means person/ year.

表 A8–13　表 A8–12 中全球最大、第二和第三来源的能值评估

	类别	基础数据	单位	单位能值	UEV 单位	参考	能值（sej/y）
			Global tripartite				
1	Sun	1.57E+19	J/yr	1.00E+00	sej/(J·yr)$^{-1}$	(Brown et al., 2016)	1.57E+19
2	Deep heat	4.20E+14	J/yr	4.90E+03	sej/(J·yr)$^{-1}$	(Brown et al., 2016)	2.06E+18
	Sum of tripartite						1.78E+19
			Secondary and tertiary sources				
3	Wind, kinetic energy	1.61E+09	J/yr	8.00E+02	sej/(J·yr)$^{-1}$	(Brown et al., 2016)	1.29E+12
4	Rain, chemical potential	1.11E+09	J/yr	7.00E+03	sej/(J·yr)$^{-1}$	(Brown et al., 2016)	7.78E+12
5	Runoff, geopotential	1.85E+10	J/yr	1.28E+04	sej/(J·yr)$^{-1}$	(Brown et al., 2016)	2.37E+14
6	Runoff, chemical potential	3.70E+08	J/yr	2.13E+04	sej/(J·yr)$^{-1}$	(Brown et al., 2016)	7.89E+12
	Largest of 2nd and 3rd sources						2.37E+14

表 A8-14 冶炼过程中的能值评估

	类别	基础数据	单位	单位能值	UEV 单位	参考	能值（sej/y）
	Largest of global and 2nd and 3rd sources						1.78E+19
	类别	基础数据	单位	单位能值	UEV 单位	参考	能值（sej/y）
	Inputs						
	Locally renewable flows-R						
1	Largest of global and 2nd and 3rd sources					Calculated in this study	4.22E+19
2	Renewable inputs from previous processing					Calculated in this study	2.99E+19
	Total R						7.20E+19
	Actual and virtual locally non-renewable and slow-renewable flows-N						
	Total N						0.00E+00
	Purchased flows-F						
3	Electricity	1.26E+17	J/yr	2.21E+05	sej/J	UEV database (2018)	2.78E+22
4	Sinter iron from outside China	7.20E+08	t/yr	2.08E+15	sej/t	Calculated in this study	1.49E+24
5	Pellets from inside China	1.80E+08	t/yr	1.49E+15	sej/t	Calculated in this study	2.69E+23

续表

	类别	基础数据	单位	单位能值	UEV 单位	参考	能值（sej/y）
6	Pellets from outside China	1.64E+07	t/yr	1.49E+15	sej/t	Calculated in this study	2.45E+22
7	Blast furnace gas	2.34E+18	J/yr	0.00E+00	sej/J	Recycled from this process	0.00E+00
8	Coal	8.31E+17	J/yr	7.65E+04	sej/J	UEV database (2018)	6.36E+22
9	Coke	7.27E+18	J/yr	1.03E+05	sej/J	UEV database (2018)	7.46E+23
	Total F						2.62E+24
Labor and Services—L&S							
10	Labor–Renewable fraction	1.46E+03	p/yr	2.17E+16	sej/p	NEAD (2014)	3.16E+19
11	Labor–Nonrenewable fraction	6.63E+04	p/yr	2.17E+16	sej/p	NEAD (2014)	1.44E+21
12	Services–Renewable fraction	6.53E+09	$/yr	3.55E+12	sej/$	NEAD (2014)	2.32E+22
13	Services–Nonrenewable fraction	2.97E+11	$/yr	3.55E+12	sej/$	NEAD (2014)	1.05E+24
14	Services from previoussteps, both within and outside China	4.91E+23					
	Total L&S						1.08E+24
Outputs							
15	Pig iron	7.59E+08	t/yr				
	total emergy without L&S			3.46E+15	sej/t	calculated this study	2.62E+24
	total emergy with L&S			4.88E+15	sej/t	calculated this study	3.70E+24

续表

	类别	基础数据	单位	单位能值	UEV 单位	参考	能值（sej/y）
1	Largest of global and 2nd and 3rd sources				sej/t	calculated after Brown et al., 2016	4.22E+19
2	Renewable inputs from previous processing				sej/t	(sinter used in pudding/sinter produced in sintering)·total renewables in Sintering process	1.42E+19
3	Sinter iron from outside China				t/yr	calculated after Ma et al., 2018	7.20E+08
4	Pellets from inside China				t/yr	calculated after Ma et al., 2018	1.80E+08
5	Pellets from outside China				t/yr	calculated after Ma et al., 2018	1.64E+07
6	Electricity				J/yr	calculated after Ma et al., 2018	1.26E+17
7	Blast furnace gas				J/yr	calculated after Ma et al., 2018	2.34E+18
8	Coal				J/yr	calculated after Ma et al., 2018	8.31E+17
9	Coke				J/yr	calculated after Ma et al., 2018	7.27E+18
10	Labor-Renewable fraction				p/yr	calculated according to Wei et al., 2002	1.46E+03
11	Labor-Nonrenewable fraction				p/yr	calculated according to Wei et al., 2002	6.63E+04

续表

类别		基础数据	单位	单位能值	UEV 单位	参考	能值（sej/y）
12	Services-Renewable fraction				\$/yr	{[(1.66E7 t/yr+ 1.42E-2 t/yr+ 1.08E9 t/yr + 0.925 t/yr)·749.7RMB/t + (1.8E8 t/yr+8.04 t/yr)·609RMB/t+ 1.26E17 J/yr / 3.6E6 J/kWh/yr · 0.49RMB/kWh/yr + 1.64E7 t/yr · 1 600 RMB/t/yr +8.31E17 J/yr · 2.39E-10 t/J · 900 RMB/yr + 7.27E18 J/yr · 2.39E-10 t/J · 920 RMB/t/yr] / 7RMB/\$}·2.15%	6.53E+09
13	Services-Nonrenewable fraction				\$/yr	{[(1.66E7 t/yr+ 1.42E-2 t/yr+ 1.08E9 t/yr + 0.925 t/yr)·749.7RMB/t + (1.8E8 t/yr+8.04 t/yr)·609RMB/t+ 1.26E17 J/yr / 3.6E6 J/kWh/yr · 0.49RMB/kWh/yr + 1.64E7 t/yr · 1 600 RMB/t/yr +8.31E17 J/yr · 2.39E-10 t/J · 900 RMB/yr + 7.27E18 J/yr · 2.39E-10 t/J · 920 RMB/t/yr] / 7RMB/\$}·(1 - 2.15%)	2.97E+11

续表

	类别	基础数据	单位	单位能值	UEV 单位	参考	能值 (sej/y)
14	Services from previoussteps, both within and outside China				sej/t	calculated this study	4.91E+23

Footnote: The unit "p/yr" means person/year.

表 A8-15　表 A8-14 中全球最大、第二第三来源的能值分析

	类别	基础数据	单位	单位能值	UEV 单位	参考	能值 (sej/y)
	Global tripartite						
1	Sun	3.95E+19	J/yr	1.00E+00	sej/(J·yr)$^{-1}$	(Brown et al., 2016)	3.95E+19
2	Deep heat	1.06E+15	J/yr	4.90E+03	sej/(J·yr)$^{-1}$	(Brown et al., 2016)	5.18E+18
	Sum of tripartite						4.47E+19
	Secondary and tertiary sources						
3	Wind, kinetic energy	4.05E+09	J/yr	8.00E+02	sej/(J·yr)$^{-1}$	(Brown et al., 2016)	3.24E+12
4	Rain, chemical potential	2.80E+09	J/yr	7.00E+03	sej/(J·yr)$^{-1}$	(Brown et al., 2016)	1.96E+13
5	Runoff, geopotential	4.66E+10	J/yr	1.28E+04	sej/(J·yr)$^{-1}$	(Brown et al., 2016)	5.96E+14
6	Runoff, chemical potential	9.32E+08	J/yr	2.13E+04	sej/(J·yr)$^{-1}$	(Brown et al., 2016)	1.98E+13
	Largest of 2nd and 3rd sources						5.96E+14

续表

	类别	基础数据	单位	单位能值	UEV 单位	参考	能值（sej/y）
	Largest of global and 2nd and 3rd sources						4.47E+19

表 A8-16 初级炼钢（BOF）过程的能值评估

	类别	基础数据	单位	单位能值	UEV 单位	参考	能值（sej/y）
	Inputs						
	Locally renewable flows–R						
1	Largest of global and 2nd and 3rd sources					This study	1.90E+19
2	Renewable inputs of previous processing					This study	5.64E+19
	Total R						7.53E+19
	Locally slow–renewable and non–renewable flows–N						
3	Sinter: Iron ore 46% from	3.43E+07	t/yr	8.70E+14	sej/t	Raw resource from previous steps	2.98E+22
4	Pig iron	1.45E+09	t/yr	8.70E+14	sej/t	Raw resource from previous steps	1.26E+24
	Total N						1.29E+24

续表

	类别	基础数据	单位	单位能值	UEV 单位	参考	能值（sej/y）
				Purchased flows-F			
5	Sinter iron from inside	1.80E+07	t/yr	1.04E+15	sej/t	Raw resource from previous steps	1.87E+22
6	Pig iron from inside	7.59E+08	t/yr	3.74E+15	sej/t	Raw resource from previous steps	1.53E+24
7	Fresh water	1.92E+08	t/yr	1.00E+11	sej/t	UEV database (2018)	1.92E+19
8	Ferroalloy	2.17E+06	t/yr	1.96E+16	sej/t	UEV database (2018)	4.25E+22
9	Electricity	1.28E+17	J/yr	2.21E+05	sej/J	UEV database (2018)	2.83E+22
10	Steel scrap	5.43E+07	t/yr	8.58E+14	sej/t	Recycled from downstream steps	4.65E+22
11	Blast furnace gas	4.67E+16	t/yr	0.00E+00	sej/t	Recycled from downstream steps	0.00E+00
12	Convertor gas	2.11E+17	t/yr	0.00E+00	sej/t	Recycled from downstream steps	0.00E+00
13	Dolomite	1.07E+07	t/yr	4.91E+14	sej/t	UEV database (2018)	5.25E+21
	Total F						1.67E+24
				Labor and Services-L&S			
14	Labor (ren)	2.71E+04	p/yr	2.17E+16	sej/p	NEAD (2014)	5.89E+20
15	Labor (nonren)	1.23E+06	p/yr	2.17E+16	sej/p	NEAD (2014)	2.68E+22
16	Services (ren)	7.49E+09	$/yr	3.55E+12	sej/$	NEAD (2014)	2.66E+22
17	Services (nonren)	3.41E+11	$/yr	3.55E+12	sej/$	NEAD (2014)	1.21E+24
18	Services from previous steps, both within and outside China						4.92E+23

附录3

续表

	类别	基础数据	单位	单位能值	UEV 单位	参考	能值（sej/y）
19	Total L&S						1.26E+24
	Crude Steel	7.35E+08	t/yr				
	Total Emergy without L&S						2.96E+24
	Total Emergy with L&S						4.23E+24
	UEV without L&S			4.03E+15	sej/t	This study	
	UEV with L&S			5.75E+15	sej/t	This study	
1	Largest of global and 2nd and 3rd sources				sej/t	calculated after (Brown et al., 2016)	2.12E+19
2	Renewable inputs of previous processing				sej/t	(pig iron used in BOF/pig iron produced in BOF) · total renewables in Puddling process	5.64E+19
3	Sinter iron				t/yr	calculated after Ma et al., 2018	1.80E+07
4	Pig iron				J/yr	calculated after Ma et al., 2018	7.59E+08
5	Fresh water				t/yr	calculated after Ma et al., 2018	1.92E+08
6	Ferroalloy				t/yr	calculated after Ma et al., 2018	2.17E+06
7	Electricity				t/yr	calculated after Ma et al., 2018	1.28E+17

Outputs

479

续表

	类别	基础数据	单位	单位能值	UEV 单位	参考	能值（sej/y）
8	Steel scrap				t/yr	calculated after Ma et al., 2018	5.43E+07
9	Blast furnace gas				t/yr	calculated after Ma et al., 2018	4.67E+16
10	Convertor gas				t/yr	calculated after Ma et al., 2018	2.11E+17
11	Dolomite				t/yr	calculated after Ma et al., 2018	1.07E+07
12	Labor–Renewable fraction				p/yr	calculated according to the (https://www.china5e.com/news/news-1079582-1.html)	2.71E+04
13	Labor–Nonrenewable fraction				p/yr	calculated according to the (https://www.china5e.com/news/news-1079582-1.html)	1.23E+06
14	Services–Renewable fraction				$/yr	$\{[(1.8E7\ t/yr + 1.54E-2\ t/yr) \cdot 749.7RMB/t + (7.59E8\ t/yr + 11.5\ t/yr) \cdot 2\ 919RMB/t + 5.23E5\ t/yr \cdot 2\ 820RMB/t + 1.92E8\ t/yr / 1t \cdot m-3/yr \cdot 4.1RMB \cdot m-3 + 2.17E6\ t/yr \cdot 6.1E3\ RMB/t + 1.28E17\ J/yr / 3.6E6\ J/kWh/yr \cdot 0.49RMB/kWh + 1.07E7\ t/yr \cdot 2\ 200RMB/t] / 7RMB/\$\} \cdot 2.15\%$	7.49E+09

续表

	类别	基础数据	单位	单位能值	UEV 单位	参考	能值（sej/y）
15	Services-Nonrenewable fraction				$/yr	{[(1.8E7 t/yr + 1.54E-2 t/yr)·749.7RMB/t+（7.59E8 t/yr+11.5 t/yr）·2 919RMB/t+5.23E5 t/yr·2 820RMB/t+1.92E8 t/yr / 1t · m-3/yr · 4.1RMB · m-3 + 2.17E6 t/yr · 6.1E3 RMB/t + 1.28E17 J/yr / 3.6E6 J/kWh · 0.49RMB/kWh + 1.07E7 t/yr · 2 200 RMB/t] / 7RMB/$ }·（1 - 2.15%）	3.41E+11
16	Services from previoussteps, both within and outside China				sej/t	calculated this study	4.92E+23

Footnote: The unit "p/yr" means person/year.

表 A8–17　表 A8–16 中全球最大、第二第三来源的能值评估

	类别	基础数据	单位	单位能值	UEV 单位	参考	能值（sej/y）
			Global tripartite				
1	Sun	1.68E+19	J/yr	1.00E+00	sej/(J·yr)$^{-1}$	(Brown et al., 2016)	1.68E+19
2	Deep heat	4.49E+14	J/yr	4.90E+03	sej/(J·yr)$^{-1}$	(Brown et al., 2016)	2.20E+18

续表

	类别	基础数据	单位	单位能值	UEV 单位	参考	能值（sej/y）
	Sum of tripartite						1.90E+19
	Secondary and tertiary sources						
3	Wind, kinetic energy	1.72E+09	J/yr	8.00E+02	sej/(J·yr)$^{-1}$	(Brown et al., 2016)	1.38E+12
4	Rain, chemical potential	1.19E+09	J/yr	7.00E+03	sej/(J·yr)$^{-1}$	(Brown et al., 2016)	8.31E+12
5	Runoff, geopotential	1.98E+10	J/yr	1.28E+04	sej/(J·yr)$^{-1}$	(Brown et al., 2016)	2.53E+14
6	Runoff, chemical potential	3.95E+08	J/yr	2.13E+04	sej/(J·yr)$^{-1}$	(Brown et al., 2016)	8.42E+12
	Largest of 2nd and 3rd sources						2.53E+14
	Largest of global and 2nd and 3rd sources						1.90E+19

表 A8-18　二次炼钢（废钢回收）工艺的能值评估（EAF）

	类别	基础数据	单位	单位能值	UEV 单位	参考	能值（sej/y）
	Inputs						
	Locally renewable flows–R						
1	Largest of global and 2nd and 3rd sources						This study	3.03E+18

续表

	类别	基础数据	单位	单位能值	UEV 单位	参考	能值（sej/y）
2	Renewable inputs of previous processing					This study	1.39E+18
	Total R						4.43E+18
	Locally non-renewable flows-N						
	Total N						0.00E+00
	Purchased flows-F						
3	Diesel for collecting scrap	3.43E+09	MJ/yr	1.70E+11	sej/MJ	UEV database (2018)	5.82E+20
4	Steel scrap	8.57E+07	t/yr	2.57E+15	Sej/t	Raw resource from previous steps	2.21E23
5	Natural gas	7.27E+08	MJ/yr	1.70E+11	sej/MJ	UEV database (2018)	1.24E+20
6	Electricity	1.09E+17	J/yr	2.21E+05	sej/J	UEV database (2018)	2.41E+22
7	Graphite electrode	1.82E+06	t/yr	3.40E+15	sej/t	UEV database (2018)	6.18E+21
8	Coke	3.64E+05	J/yr	1.03E+05	sej/J	UEV database (2018)	3.74E+10
9	Quicklime	3.27E+06	t/yr	1.03E+15	sej/t	UEV database (2018)	3.37E+21
	Total F						2.55E+23
	Labor and Services-L&S						
10	Labor-Ren fraction	2.68E+03	p/yr	2.17E+16	sej/p	NEAD (2014)	5.82E+19
11	Labor-Nonren fraction	1.22E+05	p/yr	2.17E+16	sej/p	NEAD (2014)	2.65E+21

续表

	类别	基础数据	单位	单位能值	UEV 单位	参考	能值（sej/y）
12	Services–Ren fraction	8.69E+08	$/yr	3.55E+12	sej/$	NEAD (2014)	3.08E+21
13	Services–Nonren fraction	3.95E+10	$/yr	3.55E+12	sej/$	NEAD (2014)	1.40E+23
14	Services from previous steps, both within and outside China						1.69E+22
	Total L&S						1.46E+23
Outputs							
15	Crude secondary Steel	7.27E+07	t/yr				
	Total emergy without L&S						2.55E+23
	Total emergy with L&S						4.01E+23
	UEV without L&S			3.51E+15	sej/t	This study	
	UEV with L&S			5.52E+15	sej/t	This study	
1	Largest of global and 2nd and 3rd sources				sej/t	calculated after Brown et al., 2016	2.74E+18
2	Renewable inputs of previous processing				sej/t	(steel scrap used in EAF/ steel scrapproduced) · total renewables in Sintering process	1.69E+18

续表

	类别	基础数据	单位	单位能值	UEV 单位	参考	能值（sej/y）
3	Steel scrap				t/yr	calculated after Ma et al., 2018	8.57E+07
4	Diesel for collecting scrap				MJ/yr	calculated after https://www.acea.be/news/article/differences-between-diesel-and-petrol	3.43E+09
5	Natural gas				MJ/yr	calculated after Ma et al., 2018	7.27E+08
6	Electricity				J/yr	calculated after Ma et al., 2018	1.09E+17
7	Graphite electrode				t/yr	calculated after Ma et al., 2018	1.82E+06
8	Coke				J/yr	calculated after Ma et al., 2018	3.64E+05
9	Quicklime				t/yr	calculated after Ma et al., 2018	3.27E+06
10	Labor-Renewable fraction				p/yr	calculated according to the (https://www.china5e.com/news/news-1079582-1.html)	2.68E+03
11	Labor-Nonrenewable fraction				p/yr	calculated according to the (https://www.china5e.com/news/news-1079582-1.html)	1.22E+05

续表

类别	基础数据	单位	单位能值	UEV 单位	参考	能值(sej/y)
12 Services-Renewable fraction				$/yr	{[(8.57E7t/yr+7.32E-2t/yr)・2 820RMB/t + 1.06E12MJ/yr /42.652MJ・kg-1/yr /0.85kg・L-1/yr・4.79RMB・L-1 + 7.27E8 MJ/yr・4 184 MJ/t・0.717 4E-3 t/m3・2.89 RMB/m3 + 1.09E17 J/yr / 3.6E6 J/kWh/yr・0.49RMB/kWh + 1.82E6 t/yr・1.3E4 RMB/t・3.64E5 J/yr・2.39E-10 t/J・920 RMB/t + 3.27E6 t/yr・450 RMB/t] / 7RMB/$}・2.15%	8.69E+08
13 Services-Nonrenewable fraction				$/yr	{[(8.57E7t/yr+7.32E-2t/yr)・2 820RMB/t + 1.06E12MJ/yr /42.652MJ・kg-1/yr /0.85kg・L-1/yr・4.79RMB・L-1 + 7.27E8 MJ/yr・4 184 MJ/t・0.717 4E-3 t/m3・2.89 RMB/m3 + 1.09E17 J/yr / 3.6E6 J/kWh/yr・0.49RMB/kWh + 1.82E6 t/yr・1.3E4 RMB/t・3.64E5 J/yr・2.39E-10 t/J・920 RMB/t + 3.27E6 t/yr・450 RMB/t] / 7RMB/$}・(1-2.15%)	3.95E+10

续表

	类别	基础数据	单位	单位能值	UEV 单位	参考	能值（sej/y）
14	Services from previous steps, both within and outside China				sej/t	calculated this study	1.69E+22

Footnote: The unit "p/yr" means person/year.

表 A8-19 表 A8-18 中全球最大、第二和第三来源的能值评估

	类别	基础数据	单位	单位能值	UEV 单位	参考	能值（sej/y）
				Global tripartite			
1	Sun	2.68E+18	J/yr	1.00E+00	sej/(J·yr)$^{-1}$	(Brown et al., 2016)	2.68E+18
2	Deep heat	7.17E+13	J/yr	4.90E+03	sej/(J·yr)$^{-1}$	(Brown et al., 2016)	3.52E+17
	Sum of tripartite						3.03E+18
				Secondary and tertiary sources			
3	Wind, kinetic energy	2.75E+08	J/yr	8.00E+02	sej/(J·yr)$^{-1}$	(Brown et al., 2016)	2.20E+11
4	Rain, chemical potential	1.90E+08	J/yr	7.00E+03	sej/(J·yr)$^{-1}$	(Brown et al., 2016)	1.33E+12
5	Runoff, geopotential	3.16E+09	J/yr	1.28E+04	sej/(J·yr)$^{-1}$	(Brown et al., 2016)	4.05E+13
6	Runoff, chemical potential	6.33E+07	J/yr	2.13E+04	sej/(J·yr)$^{-1}$	(Brown et al., 2016)	1.35E+12
	Largest of 2nd and 3rd sources						4.05E+13

续表

类别	基础数据	单位	单位能值	UEV单位	参考	能值（sej/y）
Largest of global and 2nd and 3rd sources						3.03E+18

表 A8-20　"房屋用钢"工艺的能值评估

	类别	基础数据	单位	单位能值	UEV单位	参考	能值（sej/y）
Inputs							
Locally renewable flows–R							
1	Largest of global and 2nd and 3rd sources					This study	3.99E+18
2	Renewable inputs of previous processing					This study	3.78E+19
	Total R						4.17E+19
Locally slow-renewable and non-renewable flows–N							
	Total N						0.00E+00
Purchased flows–F							
3	Fresh water	7.47E+07	t/yr	1.00E+11	sej/t	UEV database (2018)	7.50E+18
4	Primary steel (by BOF)	5.11E+08	t/yr	3.78E+15	sej/t	This study	1.93E+24

续表

	类别	基础数据	单位	单位能值	UEV 单位	参考	能值（sej/y）
5	Secondary steel (by EAF)	5.06E+07	t/yr	4.35E+14	sej/t	This study	6.51E+22
6	Natural gas	3.48E+10	MJ/yr	1.70E+11	sej/MJ	UEV database (2018)	5.91E+21
7	Electricity	5.47E+15	J/yr	2.21E+05	sej/J	UEV database (2018)	1.21E+21
8	Sulfuric acid	2.32E+06	t/yr	1.43E+15	sej/t	UEV database (2018)	3.31E+21
9	Hydrochloric acid	2.60E+06	t/yr	1.43E+15	sej/t	UEV database (2018)	3.72E+21
10	Kraft paper	1.23E+04	t/yr	2.09E+15	sej/t	UEV database (2018)	2.56E+19
11	Lime	3.55E+05	t/yr	4.91E+14	sej/t	UEV database (2018)	1.75E+20
12	Lubricating oil	3.01E+07	t/yr	1.67E+14	sej/t	UEV database (2018)	5.03E+21
13	Silicon carbide	2.93E+05	t/yr	8.26E+11	sej/t	UEV database (2018)	2.42E+17
14	Sodium dichromate	8.43E+04	t/yr	1.20E+16	sej/t	UEV database (2018)	1.01E+21
	Total F						2.02E+24
	Labor and Services–L&S						
15	Labor–Renewable fraction	1.11E+06	p/yr	2.17E+16	sej/p	NEAD (2014)	2.42E+22
16	Labor–Nonrenewable fraction	5.07E+07	p/yr	2.17E+16	sej/p	NEAD (2014)	1.10E+24

续表

	类别	基础数据	单位	单位能值	UEV 单位	参考	能值(sej/y)
17	Services-Renewable fraction	6.99E+09	$/yr	3.55E+12	sej/$	NEAD (2014)	2.48E+22
18	Services-Nonrenewable fraction	3.18E+11	$/yr	3.55E+12	sej/$	NEAD (2014)	1.13E+24
19	Services from previoussteps, both within and outside China						9.81E+23
	Total L&S						2.28E+24
				Outputs			
20	Steel, for house	5.62E+08	t/yr				
	Total emergy without L&S						2.02E+24
	Total emergy with L&S						4.30E+24
	UEV without L&S			3.59E+15	sej/t	This study	
	UEV with L&S			7.64E+15	sej/t	This study	
1	Largest of global and 2nd and 3rd sources				sej/t	calculated afterBrown et al., 2016	3.99E+18
2	Renewable inputs of previous processing				sej/t	(91% × total renewables in BOF process + 9% × total renewables in EAF process) × 0.532	3.78E+19

续表

	类别	基础数据	单位	单位能值	UEV 单位	参考	能值（sej/y）
3	Primary steel (by BOF)	t/yr				calculated after Tulevech et al., 2018	5.11E+08
4	Secondary steel (by EAF)	t/yr				calculated after Tulevech et al., 2018	5.06E+07
5	Fresh water				t/yr	calculated after Tulevech et al., 2018	7.47E+07
6	Natural gas				MJ/yr	calculated after Tulevech et al., 2018	3.48E+10
7	Electricity				J/yr	calculated after Tulevech et al., 2018	5.47E+15
8	Sulfuric acid				t/yr	calculated after Tulevech et al., 2018	2.32E+06
9	Hydrochloric acid				t/yr	calculated after Tulevech et al., 2018	2.60E+06
10	Kraft paper				t/yr	calculated after Tulevech et al., 2018	1.23E+04

续表

类别	基础数据	单位	单位能值	UEV 单位	参考	能值（sej/y）
11	Lime			t/yr	calculated after Tulevech et al., 2018	3.55E+05
12	Lubricating oil			t/yr	calculated after Tulevech et al., 2018	3.01E+07
13	Silicon carbide			t/yr	calculated after Tulevech et al., 2018	2.93E+05
14	Sodium dichromate			t/yr	calculated after Tulevech et al., 2018	8.43E+04
15	Labor-Renewable fraction			p/yr	calculated according to the (http://www.cgicop.com/htm/20177/11_3787.html)	1.11E+06
16	Labor-Nonrenewable fraction			p/yr	calculated according to the (http://www.cgicop.com/htm/20177/11_3787.html)	5.07E+07

续表

类别	基础数据	单位	单位能值	UEV 单位	参考	能值（sej/y）
17 Services-Renewable fraction				$/yr	{［（5.11E8 t/yr + 63.6 t/yr + 5.06E7 t/yr + 510 t/yr）· 3 875.9 RMB/t + 1.45E−4 t/yr / 1 t·m−3/yr · 4.1RMB·m−3 + 1.01E18 J/yr / 3.6E6 J/kWh · 0.49 RMB/kWh + 4.12E−6 t/yr · 1 000 RMB/t + 2.6E6 t/yr · 150 RMB/t + 1.23E4 t/yr · 0.053 RMB/t + 3.55E5 t/yr · 310 RMB/t + 3.01E7 t/yr · 3 000 RMB/t + 2.93E5 t/yr · 7 000 RMB/t + 1.5E−7 t/yr · 15 000 RMB/t）］/ 7RMB/$ } · 2.15%	6.99E+09

续表

类别	基础数据	单位	单位能值	UEV 单位	参考	能值（sej/y）
18	Services-Nonrenewable fraction			$/yr	{[5.11E8 t/yr + 63.6t/yr + 5.06E7t/yr + 510t/yr)·3 875.9RMB/t + 1.45E−4 t/yr·1t·m−3/yr·4.1RMB·m−3·1.01E18 J/yr·3.6E6 J/kWh/yr·0.49RMB/kWh + 4.12E−6 t/yr·1 000 RMB/t + 2.6E6 t/yr·150 RMB/t + 1.23E4 t/yr·0.053RMB/t + 3.55E5 t/yr·310 RMB/t + 3.01E7 t/yr·3 000 RMB/t + 2.93E5 t/yr·7 000 RMB/t + 1.5E−7 t/yr·15 000 RMB/t]/7RMB/$}·(1−2.15%)	3.18E+11
19	Services from previoussteps, both within and outside China			sej/t	calculated this study	9.83E+23

Footnote: The unit "p/yr" means person/year.

表 A8-21 表 A8-20 中全球最大、第二和第三来源的能值评估

	类别	基础数据	单位	单位能值	UEV 单位	类别	能值（sej/y）
				Global tripartite			
1	Sun	3.53E+18	J/yr	1.00E+00	sej/(J·yr)$^{-1}$	(Brown et al., 2016)	3.53E+18
2	Deep heat	9.45E+13	J/yr	4.90E+03	sej/(J·yr)$^{-1}$	(Brown et al., 2016)	4.63E+17
	Sum of tripartite						3.99E+18
				Secondary and tertiary sources			
3	Wind, kinetic energy	3.62E+08	J/yr	8.00E+02	sej/(J·yr)$^{-1}$	(Brown et al., 2016)	2.90E+11
4	Rain, chemical potential	2.50E+08	J/yr	7.00E+03	sej/(J·yr)$^{-1}$	(Brown et al., 2016)	1.75E+12
5	Runoff, geopotential	4.16E+09	J/yr	1.28E+04	sej/(J·yr)$^{-1}$	(Brown et al., 2016)	5.33E+13
6	Runoff, chemical potential	8.33E+07	J/yr	2.13E+04	sej/(J·yr)$^{-1}$	(Brown et al., 2016)	1.77E+12
	Largest of 2nd and 3rd sources						5.33E+13
	Largest of global and 2ndand 3rd sources						3.99E+18

表 A8-22 "汽车用钢" 工艺的能值评估

类别	基础数据	单位	单位能值	UEV 单位	参考	能值（sej/y）
			Inputs			
			Locally renewable flows–R			

续表

	类别	基础数据	单位	单位能值	UEV 单位	参考	能值（sej/y）
1	Largest of global and 2nd and 3rd sources					This study	3.66E+18
2	Renewable inputs of previous processing					This study	1.34E+19
	Total R						1.71E+19
	Locally non-renewable flows–N						
	Total N						0.00E+00
	Purchased flows–F						
3	EthyleneOxide	2.63E+03	t/yr	5.73E+15	sej/t	UEV database (2018)	1.51E+19
4	Primary steel (by BOF)	1.81E+08	t/yr	3.78E+15	sej/t	This study	6.84E+23
5	Secondarysteel (by EAF)	1.79E+07	t/yr	1.29E+15	sej/t	This study	2.31E+23
6	Natural gas	1.15E+11	MJ/yr	1.70E+11	sej/MJ	UEV database (2018)	1.96E+22
7	Electricity	3.86E+17	J/yr	2.21E+05	sej/J	UEV database (2018)	8.53E+22
	Total F						8.12E+23
	Labor and Services–L&S						

续表

类别		基础数据	单位	单位能值	UEV 单位	参考	能值（sej/y）
8	Labor-Renewable fraction	1.05E+05	p/yr	2.17E+16	sej/p	NEAD (2014)	2.28E+21
9	Labor-Nonrenewable fraction	4.78E+06	p/yr	2.17E+16	sej/p	NEAD (2014)	1.04E+23
10	Services-Renewable fraction	2.37E+09	$/yr	3.55E+12	sej/$	NEAD (2014)	8.41E+21
11	Service-Nonrenewable fraction	1.08E+11	$/yr	3.55E+12	sej/$	NEAD (2014)	3.83E+23
12	Services from previoussteps, both within and outside China						3.47E+23
	Total L&S						4.97E+23

Outputs

	类别	基础数据	单位	单位能值	UEV 单位	参考	能值（sej/y）
13	Steel, for car	1.99E+08	t/yr				
	Total emergy without L&S					8.12E+23	
	Total emergy with L&S						1.31E+24
	UEV without L&S			4.08E+15	sej/t	This study	
	UEV with L&S			6.58E+15	sej/t	This study	
1	Largest of global and 2nd and 3rd sources				sej/t	calculated afterBrown et al., 2016	3.66E+18

续表

	类别	基础数据	单位	单位能值	UEV 单位	参考	能值（sej/y）
2	Renewable inputs of previous processing				sej/t	(91%×total renewables in BOF process + 9%×total renewables in EAF process) × 0.189	1.34E+19
3	Primary steel (by BOF)				t/yr	calculated after Ribeiro et al., 2 007	1.81E+08
4	Secondary steel (by EAF)				t/yr	calculated after Ribeiro et al., 2 007	1.79E+07
5	Ethylene Oxide				t/yr	calculated after Ribeiro et al., 2 007	2.63E+03
6	Labor-Renewable fraction				p/yr	calculated according to (https://www.ceicdata.com/zh-hans/china/automobile-no-of-employee-automobile-manufacturing)	1.05E+05
7	Labor-Nonrenewable fraction				p/yr	calculated according to (https://www.ceicdata.com/zh-hans/china/automobile-no-of-employee-automobile-manufacturing)	4.78E+06

续表

类别	基础数据	单位	单位能值	UEV 单位	参考	能值 (sej/y)
8	Services−Renewable fraction			$/yr	[(1.81E8 t/yr + 22.5 t/yr + 1.79E7 t/yr + 181t/yr) · 3 875.9 RMB/t + 2.63E3 t/yr · 7 600 RMB/t / 7RMB/$] · 2.15%	2.37E+09
9	Services−Nonrenewable fraction			$/yr	[(1.81E8 t/yr + 22.5 t/yr + 1.79E7 t/yr + 181t/yr) · 3 875.9 RMB/t + 2.63E3 t/yr · 7 600 RMB/t / 7RMB/$] · (1−2.15%)	1.08E+11
10	Services from previoussteps, both within and outside China			sej/t	calculated this study	3.47E+23

Footnote: The unit "p/yr" means person/year.

表 A8−23　表 A8−22 中全球最大、第二和第三来源的能值评估

类别	基础数据	单位	单位能值	UEV 单位	参考	能值 (sej/y)
			Global tripartite			
1	Sun	3.24E+18	J/yr	1.00E+00	sej/(J·yr)$^{-1}$	(Brown et al., 2016)	3.24E+18

续表

	类别	基础数据	单位	单位能值	UEV 单位	参考	能值（sej/y）
2	Deep heat	8.67E+13	J/yr	4.90E+03	sej/(J·yr)$^{-1}$	(Brown et al., 2016)	4.25E+17
	Sum of tripartite						3.66E+18
	Secondary and tertiary sources						
3	Wind, kinetic energy	3.32E+08	J/yr	8.00E+02	sej/(J·yr)$^{-1}$	(Brown et al., 2016)	2.66E+11
4	Rain, chemical potential	2.29E+08	J/yr	7.00E+03	sej/(J·yr)$^{-1}$	(Brown et al., 2016)	1.60E+12
5	Runoff, geopotential	3.82E+09	J/yr	1.28E+04	sej/(J·yr)$^{-1}$	(Brown et al., 2016)	4.89E+13
6	Runoff, chemical potential	7.64E+07	J/yr	2.13E+04	sej/(J·yr)$^{-1}$	(Brown et al., 2016)	1.63E+12
	Largest of 2nd and 3rd sources						4.89E+13
	Largest of global and 2nd and 3rd sources						3.66E+18

表 A8-24 敏感性分析（假设改变电力的 UEV）

变化	原始钢材（BOF）	住宅用钢材	用于车辆的钢材
+3%	4.228E+24	4.412E+24	1.342E+24
−3%	4.226E+24	4.412E+24	1.337E+24
+5%	4.229E+24	4.412E+24	1.344E+24
−5%	4.225E+24	4.412E+24	1.335E+24
+10%	4.231E+24	4.412E+24	1.348E+24
−10%	4.223E+24	4.412E+24	1.331E+24
+20%	4.232E+24	4.412E+24	1.356E+24
−20%	4.221E+24	4.412E+24	1.322E+24

附录 4

表 A9-1 铁矿石开采与精炼过程能值表

类别	物质	数值	单位	UEV	能值（sej/y）
本地可再生-R	太阳能、热能等隐含能源				2.20E+21
	之前流程中的可再生性输入				0.00×10⁰
本地不可再生-N	铁矿石	1.98E+08	t/yr	8.70E+14	1.72E+23
	碎石（爆破）	4.72E-02	t/yr	4.62E+13	2.18E+12
外来购入-F	柴油	1.18E+10	MJ/yr	1.70E+11	2.00E+21
	电力	1.76E+15	J/yr	2.21E+05	3.89E+20
	炸药	9.18E+05	t/yr	4.12E+15	3.78E+21
劳动力及服务-L&S	劳动力	5.48E+03	p/yr	2.17E+16	1.19E+20
	服务	1.15E+09	$/yr	3.55E+12	4.08E+21
输出	铁精粉	1.98E+08	t/yr		

表 A9-2 铁矿石开采过程中的本地隐含能源消耗

类别	物质	数值	单位	UEV	能值（sej/y）
本地一级可再生能源	太阳能	8.50E+20	J/yr	1.00E+00	8.50E+20
	深层地热	2.28E+16	J/yr	4.90E+03	1.12E+20
本地二级三级可再生能源	风，动能	2.75E+18	J/yr	8.00E+02	2.20E+21
	雨，化学势	2.85E+17	J/yr	7.00E+03	2.00E+21
	径流，位势	9.85E+14	J/yr	1.28E+04	1.26E+19
	径流，化学势	9.49E+16	J/yr	2.13E+04	2.02E+21
最大消耗本地一二三级能源					2.20E+21

表 A9-3　球团铁生产过程能值表

类别	物质	数值	单位	UEV	能值（sej/y）
本地可再生-R	太阳能、热能等隐含能源				2.84E+14
	之前流程中的可再生性输入				2.20E+21
本地不可再生-N	铁精粉-国内产	1.96E+08	t/yr	9.12E+14	1.78E+23
	铁精粉-进口	2.41E+06	t/yr	2.07E+15	4.99E+21
外来购入-F	膨润土	3.14E+06	t/yr	2.04E+14	6.40E+20
	电力	1.91E+17	J/yr	2.21E+05	4.22E+22
	高炉煤气	4.44E+16	t/yr	0.00E+00	0.00E+00
劳动力及服务-L&S	劳动力	6.63E+04	p/yr	2.17E+16	1.44E+21
	服务	3.89E+09	$/yr	3.55E+12	1.38E+22
输出	球团铁	1.96E+08	t/yr		

表 A9-4　球团铁生产过程中的本地隐含能源消耗

类别	物质	数值	单位	UEV	能值（sej/y）
本地一级可再生能源	太阳能	1.10E+14	J/yr	1.00E+00	1.10E+14
	深层地热	2.94E+09	J/yr	4.90E+03	1.44E+13
本地二级三级可再生能源	风，动能	3.55E+11	J/yr	8.00E+02	2.84E+14
	雨，化学势	3.67E+10	J/yr	7.00E+03	2.57E+14
	径流，位势	1.27E+09	J/yr	1.28E+04	1.63E+13
	径流，化学势	1.23E+10	J/yr	2.13E+04	2.62E+14
最大消耗本地一二三级能源					2.84E+14

表 A9-5　烧结铁生产过程能值表

类别	物质	数值	单位	UEV	能值（sej/y）
本地可再生-R	太阳能、热能等隐含能源				2.13E+15
	之前流程中的可再生性输入				1.84E+20

续表

类别	物质	数值	单位	UEV	能值（sej/y）
本地不可再生-N	球团铁-国内产	1.52E+06	t/yr	1.17E+15	1.77E+21
	球团铁-进口	1.52E+06	t/yr	2.07E+15	3.15E+21
	铁精粉-进口	1.25E+09	t/yr	9.12E+14	1.14E+24
外来购入-F	焦炭	1.81E+18	t/yr	1.03E+05	1.86E+23
	电力	1.91E+17	J/yr	2.21E+05	4.22E+22
	淤泥（水处理）	8.80E+06	t/yr	6.89E+08	6.06E+15
	高镁粉	1.40E+07	t/yr	2.41E+16	3.38E+23
	石灰石	2.39E+08	t/yr	4.91E+14	1.17E+23
	高炉煤气	4.44E+16	t/yr	0.00E+00	0.00E+00
劳动力及服务-L&S	劳动力	6.63E+04	p/yr	2.17E+16	1.44E+21
	服务	4.99E+11	$/yr	3.55E+12	1.77E+24
输出	烧结铁	1.49E+09	t/yr		

表 A9-6　烧结铁生产过程中的本地隐含能源消耗

类别	物质	数值	单位	UEV	能值（sej/y）
本地一级可再生能源	太阳能	8.23E+14	J/yr	1.00E+00	8.23E+14
	深层地热	2.20E+10	J/yr	4.90E+03	1.08E+14
本地二级三级可再生能源	风，动能	2.66E+12	J/yr	8.00E+02	2.13E+15
	雨，化学势	2.75E+11	J/yr	7.00E+03	1.93E+15
	径流，位势	9.52E+09	J/yr	1.28E+04	1.22E+14
	径流，化学势	9.17E+10	J/yr	2.13E+04	1.95E+15
最大消耗本地一二三级能源					2.13E+15

表 A9-7　生铁生产过程能值表

类别	物质	数值	单位	UEV	能值（sej/y）
本地可再生-R	太阳能、热能等隐含能源				4.40E+16
	之前流程中的可再生性输入				1.34E+20

续表

类别	物质	数值	单位	UEV	能值（sej/y）
外来购入-F	烧结矿	6.22E+06	t/yr	1.22E+15	7.60E+21
	电力	1.26E+17	J/yr	2.21E+05	2.78E+22
	烧结铁-国内产	3.57E+08	t/yr	1.22E+15	4.36E+23
	烧结铁-进口	4.86E+07	t/yr	2.62E+15	1.27E+23
	球团铁-国内产	3.30E+07	t/yr	1.15E+15	3.88E+22
	球团铁-进口	1.64E+07	t/yr	1.15E+15	1.89E+22
	煤炭	8.31E+17	J/yr	7.65E+04	6.36E+22
	焦炭	7.27E+18	J/yr	1.03E+05	7.46E+23
	高炉煤气	2.34E+18	t/yr	0.00E+00	0.00E+00
劳动力及服务-L&S	劳动力	8.18E+04	p/yr	2.17E+16	1.78E+21
	服务	2.53E+11	$/yr	3.55E+12	9.00E+23
输出	生铁	7.59E+08	t/yr		

表 A9-8 生铁生产过程中的本地隐含能源消耗

类别	物质	数值	单位	UEV	能值（sej/y）
本地一级可再生能源	太阳能	1.70E+16	J/yr	1.00E+00	1.70E+16
	深层地热	4.56E+11	J/yr	4.90E+03	2.23E+15
本地二级三级可再生能源	风，动能	5.50E+13	J/yr	8.00E+02	4.40E+16
	雨，化学势	5.69E+12	J/yr	7.00E+03	3.98E+16
	径流，位势	1.97E+11	J/yr	1.28E+04	2.52E+15
	径流，化学势	1.89E+12	J/yr	2.13E+04	4.03E+16
最大消耗本地一二三级能源					4.40E+16

表 A9-9 粗钢（初级钢）生产过程能值表

类别	物质	数值	单位	UEV	能值（sej/y）
本地可再生-R	太阳能、热能等隐含能源				3.54×10^{17}
	之前流程中的可再生性输入				1.34×10^{20}

续表

类别	物质	数值	单位	UEV	能值（sej/y）
本地不可再生-N	水	$1.92×10^8$	t/yr	$1.00×10^{11}$	$1.93×10^{19}$
外来购入-F	铁矿石	$6.72×10^6$	t/yr	$1.22×10^{15}$	$8.22×10^{21}$
	铁合金	$2.17×10^6$	t/yr	$1.96×10^{16}$	$4.25×10^{22}$
	电力	$1.28×10^{17}$	J/yr	$2.21×10^5$	$2.83×10^{22}$
	生铁	$7.59×10^8$	t/yr	$1.84×10^{15}$	$1.40×10^{24}$
	废钢	$5.23×10^5$	t/yr	$4.08×10^{14}$	$2.13×10^{20}$
	高炉煤气	$4.67×10^{16}$	t/yr	$0.00×10^0$	$0.00×10^0$
	转化气（过程中）	$2.11×10^{17}$	t/yr	$0.00×10^0$	$0.00×10^0$
	白云石	$1.07×10^7$	t/yr	$4.91×10^{14}$	$5.25×10^{21}$
劳动力及服务-L&S	劳动力	$2.38×10^6$	p/yr	$2.17×10^{16}$	$5.16×10^{22}$
	服务	$5.38×10^{10}$	$/yr	$3.55×10^{12}$	$1.91×10^{23}$
输出	粗钢	$7.35×10^8$	t/yr		

A9-10　粗钢（初级钢）生产过程中的本地隐含能源消耗

类别	物质	数值	单位	UEV	能值（sej/y）
本地一级可再生能源	太阳能	1.36E+17	J/yr	1.00E+00	1.36E+17
	深层地热	3.67E+12	J/yr	4.90E+03	1.80E+16
本地二级三级可再生能源	风，动能	4.43E+14	J/yr	8.00E+02	3.54E+17
	雨，化学势	4.58E+13	J/yr	7.00E+03	3.21E+17
	径流，位势	1.58E+12	J/yr	1.28E+04	2.02E+16
	径流，化学势	1.53E+13	J/yr	2.13E+04	3.26E+17
最大消耗本地一二三级能源					3.54E+17

表 A9-11　铸铁生产过程能值表

类别	物质	数值	单位	UEV	能值（sej/y）
本地可再生-R	太阳能、热能等隐含能源				3.93E+19
	之前流程中的可再生性输入				1.56E+20

续表

类别	物质	数值	单位	UEV	能值（sej/y）
本地不可再生-N	水	2.58E+05	t/yr	1.00×10^{11}	2.59E+16
	生铁	3.54E+07	t/yr	1.84E+15	6.53E+22
外来购入-F	石墨电极	1.48E+05	t/yr	3.40E+15	5.03E+20
	电力	1.44E+13	J/yr	2.21E+05	3.18E+18
	煤炭	1.17E+15	J/yr	7.65E+04	8.96E+19
	粗钢	1.74E+07	t/yr	2.03E+15	3.53E+22
	再生钢	1.72E+06	t/yr	6.44E+14	1.11E+21
	天然气	3.24E+09	MJ/yr	1.70E+11	5.51E+20
	生石灰	2.71E+06	t/yr	1.03E+15	2.79E+21
劳动力及服务-L&S	劳动力	2.35E+05	p/yr	2.17×10^{16}	5.10E+21
	服务	8.71E+08	$/yr	3.55×10^{12}	3.09E+21
输出	铸铁	4.94E+07	t/yr		

A9-12 铸铁生产过程中的本地隐含能源消耗

类别	物质	数值	单位	UEV	能值（sej/y）
本地一级可再生能源	太阳能	1.52E+19	J/yr	1.00E+00	1.52E+19
	深层地热	4.07E+14	J/yr	4.90E+03	1.99E+18
本地二级三级可再生能源	风，动能	4.91E+16	J/yr	8.00E+02	3.93E+19
	雨，化学势	5.08E+15	J/yr	7.00E+03	3.56E+19
	径流，位势	1.76E+14	J/yr	1.28E+04	2.25E+18
	径流，化学势	1.69E+15	J/yr	2.13E+04	3.60E+19
最大消耗本地一二三级能源					3.93E+19

表 A9-13 宽薄板生产过程能值表

类别	物质	数值	单位	UEV	能值（sej/y）
本地可再生-R	太阳能、热能等隐含能源				3.93E+19
	之前流程中的可再生性输入				6.53E+19

续表

类别	物质	数值	单位	UEV	能值（sej/y）
本地不可再生-N	水	1.45E-04	t/yr	1.00×10^{11}	1.46E+07
外来购入-F	柴油	6.88E+12	MJ/yr	1.70E+11	1.17E+24
	电力	1.01E+18	J/yr	2.21E+05	2.24E+23
	粗钢	5.17E+08	t/yr	2.03E+15	1.05E+24
	再生钢	5.11E+07	t/yr	6.44E+11	3.29E+22
	硫酸	4.12E-06	t/yr	1.43E+15	5.90E+09
	盐酸	2.60E+06	t/yr	1.43E+15	3.72E+21
	牛皮纸	1.23E+04	t/yr	2.09E+15	2.56E+19
	石灰	3.55E+05	t/yr	4.91E+14	1.75E+20
	润滑油	3.01E+07	t/yr	1.67E+14	5.03E+21
	碳化硅	2.93E+05	t/yr	8.26E+11	2.42E+17
	重铬酸钠	1.50E-07	t/yr	1.20E+16	1.80E+09
劳动力及服务-L&S	劳动力	5.07E+07	p/yr	2.17×10^{16}	1.10E+24
	服务	3.21E+10	$/yr	3.55×10^{12}	1.14E+23
输出	宽薄板	5.62E+08	t/yr		

表 A9-14　宽薄板生产过程中的本地隐含能源消耗

类别	物质	数值	单位	UEV	能值（sej/y）
本地一级可再生能源	太阳能	1.52E+19	J/yr	1.00E+00	1.52E+19
	深层地热	4.07E+14	J/yr	4.90E+03	1.99E+18
本地二级三级可再生能源	风，动能	4.91E+16	J/yr	8.00E+02	3.93E+19
	雨，化学势	5.08E+15	J/yr	7.00E+03	3.56E+19
	径流，位势	1.76E+14	J/yr	1.28E+04	2.25E+18
	径流，化学势	1.69E+15	J/yr	2.13E+04	3.60E+19
最大消耗本地一二三级能源					3.93E+19

表 A9-15 热轧钢生产过程能值表

类别	物质	数值	单位	UEV	能值（sej/y）
本地可再生-R	太阳能、热能等隐含能源				3.93E+19
	之前流程中的可再生性输入				6.53E+19
本地不可再生-N	水	2.57E+04	t/yr	1.00×10^{11}	2.58E+15
外来购入-F	柴油	1.55E+09	MJ/yr	1.70E+11	2.64E+20
	电力	1.01E+14	J/yr	2.21E+05	2.23E+19
	粗钢	4.30E+04	t/yr	2.03E+15	8.73E+19
	再生钢	4.78E+03	t/yr	6.44E+11	3.08E+15
	钢板	2.47E-05	t/yr	4.41E+15	1.09E+11
	瓦楞纸	4.95E-06	t/yr	2.09E+15	1.03E+10
	石灰	5.21E+01	t/yr	4.91E+14	2.56E+16
	润滑油	4.19E+03	t/yr	1.67E+14	7.00E+17
劳动力及服务-L&S	劳动力	5.07E+07	p/yr	2.17×10^{16}	1.10E+24
	服务	3.67E+06	$/yr	3.55×10^{12}	1.30E+19
输出	热轧钢	1.05E+06	t/yr		

表 A9-16 热轧钢生产过程中的本地隐含能源消耗

类别	物质	数值	单位	UEV	能值（sej/y）
本地一级可再生能源	太阳能	1.52E+19	J/yr	1.00E+00	1.52E+19
	深层地热	4.07E+14	J/yr	4.90E+03	1.99E+18
本地二级三级可再生能源	风，动能	4.91E+16	J/yr	8.00E+02	3.93E+19
	雨，化学势	5.08E+15	J/yr	7.00E+03	3.56E+19
	径流，位势	1.76E+14	J/yr	1.28E+04	2.25E+18
	径流，化学势	1.69E+15	J/yr	2.13E+04	3.60E+19
最大消耗本地一二三级能源					3.93E+19

表 A9-17 线材生产过程能值表

类别	物质	数值	单位	UEV	能值（sej/y）
本地可再生-R	太阳能、热能等隐含能源				3.93E+19
	之前流程中的可再生性输入				6.53E+19
本地不可再生-N	水	5.05E+06	t/yr	$1.00×10^{11}$	5.08E+17
外来购入-F	柴油	5.55E+07	MJ/yr	1.70E+11	9.44E+18
	电力	1.41E+13	J/yr	2.21E+05	3.11E+18
	粗钢	5.06E+03	t/yr	2.02E+15	1.02E+19
	再生钢	5.62E+02	t/yr	6.44E+11	3.62E+14
	钢板	3.41E-06	t/yr	4.41E+15	1.50E+10
	瓦楞纸	6.80E-07	t/yr	2.09E+15	1.42E+09
	石灰	9.13E+00	t/yr	4.91E+14	4.48E+15
	润滑油	3.73E+02	t/yr	1.67E+14	6.22E+16
	铅	1.85E+02	t/yr	2.27E+10	4.20E+12
	盐酸	1.28E+03	t/yr	1.43E+15	1.83E+18
劳动力及服务-L&S	劳动力	5.07E+07	p/yr	$2.17×10^{16}$	1.10E+24
	服务	3.86E+06	$/yr	$3.55×10^{12}$	1.37E+19
输出	线材	1.44E+06	t/yr		

表 A9-18 线材生产过程中的本地隐含能源消耗

类别	物质	数值	单位	UEV	能值（sej/y）
本地一级可再生能源	太阳能	1.52E+19	J/yr	1.00E+00	1.52E+19
	深层地热	4.07E+14	J/yr	4.90E+03	1.99E+18
本地二级三级可再生能源	风，动能	4.91E+16	J/yr	8.00E+02	3.93E+19
	雨，化学势	5.08E+15	J/yr	7.00E+03	3.56E+19
	径流，位势	1.76E+14	J/yr	1.28E+04	2.25E+18
	径流，化学势	1.69E+15	J/yr	2.13E+04	3.60E+19
最大消耗本地一二三级能源					3.93E+19

表 A9-19 再生钢生产过程能值表

类别	物质	数值	单位	UEV	能值（sej/y）
本地可再生-R	太阳能、热能等隐含能源				1.66E+16
	之前流程中的可再生性输入				6.15E+20
本地不可再生-N	水	7.17E+05	t/yr	1.00E+11	7.20E+16
外来购入-F	柴油	4.81E+08	MJ/yr	1.70E+11	8.18E+19
	电力	5.45E+16	J/yr	2.21E+05	1.20E+22
	硅铁	5.14E+05	t/yr	1.96E+16	1.01E+22
	热能（天然气）	1.61E+11	MJ/yr	1.70E+11	2.74E+22
	再生钢铁原料-国内产	1.54E+08	t/yr	4.08E+14	6.28E+22
	再生钢铁原料-进口	3.08E+04	t/yr	6.99E+14	2.15E+19
	天然气	5.44E+08	m3/yr	1.04E+13	5.65E+21
	煤	5.24E+05	t/yr	2.25E+15	1.18E+21
	丙烷	3.79E+08	MJ/yr	4.51E+07	1.71E+16
	生石灰	7.25E+06	t/yr	1.03E+15	7.46E+21
	电极，阳极	4.14E+05	t/yr	3.40E+15	1.41E+21
劳动力及服务-L&S	劳动力	1.37E+06	p/yr	$2.17×10^{16}$	2.97E+22
	服务	2.95E+09	$/yr	$3.55×10^{12}$	1.05E+22
输出	再生钢	1.39E+08	t/yr		

表 A9-20 再生钢生产过程中的本地隐含能源消耗

类别	物质	数值	单位	UEV	能值（sej/y）
本地一级可再生能源	太阳能	1.36E+16	J/yr	1.00E+00	1.36E+16
	深层地热	3.63E+11	J/yr	4.90E+03	1.78E+15
本地二级三级可再生能源	风，动能	4.38E+13	J/yr	8.00E+02	3.50E+16
	雨，化学势	4.53E+12	J/yr	7.00E+03	3.17E+16
	径流，位势	1.57E+11	J/yr	1.28E+04	2.01E+15
	径流，化学势	1.51E+12	J/yr	2.13E+04	3.22E+16

续表

类别	物质	数值	单位	UEV	能值（sej/y）
最大消耗本地一二三级能源					3.50E+16

附录5

表 A15-1 2016—2020 年我国钢铁相关政策整理

发布时间	发布单位	政策名称	具体内容
2016年2月	国务院	《国务院关于钢铁行业化解过剩产能 实现脱困发展的意见》	提出：从2016年开始，用5年时间再压减粗钢产能1亿~1.5亿吨，行业兼并重组取得实质性进展，产业结构得到优化，资源利用效率明显提高，产能利用率趋于合理，产品质量和高端产品供给能力显著提升，企业经济效益好转，市场预期明显向好
2016年10月	工信部	《钢铁工业调整升级规划（2016—2020年)》	再次强调"到2020年，产能过剩矛盾得到有效缓解，粗钢产能净减少1亿~1.5亿吨"的目标，并对粗钢产能、产能利用率、产能集中度等指标进行了相应规划
2016年11月	国土资源部	《全国矿产资源规划（2016—2020年）》	设定具体目标：到2020年，重要矿产资源储量保持稳定增长，力争划定267个国家规划矿区，大中型矿山比例超过12%，主要矿产资源产出率提高15%
2017年1月	工信部	《钢铁行业产能置换实施方法》	提出：京津冀、长三角、珠三角等环境敏感区域置换比例继续执行不低于1.25∶1的要求，其他地区由等量置换调整为减量置换，未规定具体的置换比例。该实施方法允许钢企内部转炉等量置换电炉，新折算系数实际上允许钢厂置换更多的电炉容积，但同时必须退出配套的烧结、焦炉、高炉等设备
2017年2月	国家发改委	《关于进一步落实有保有压政策 促进钢材市场平衡运行的通知》	2017年6月底之前依法全面取缔生产建筑用钢的工频炉、中频炉产能

续表

发布时间	发布单位	政策名称	具体内容
2017年5月	六部委	《关于加快建设绿色矿山的实施意见》	明确"创新资源节约集约和循环利用的产业发展新模式和矿业经济增长的新途径,加快绿色环保技术工艺装备升级换代,加大矿山生态环境治理力度"
2017年5月	国家发改委	《关于做好2017年钢铁煤炭行业化解过剩产能 实现脱困发展工作的意见》	以更加严格的标准坚决淘汰落后产能,坚决清理严厉查处违法违规产能,更加严格控制新增产能。同时,要稳妥处置资产债务问题,大力推动企业兼并重组、优化布局和转型升级,更好发挥专项奖补资金作用。探索建立化解和防范产能过剩、促进行业持续健康发展的长效机制等
2017年7月	五部委	《关于加强长江经济带工业绿色发展的指导意见》	到2020年,长江经济带绿色制造水平明显提升,产业结构和布局更加合理,传统制造业能耗、水耗、污染物排放强度显著下降,清洁生产水平进一步提高,绿色制造体系初步建立。与2015年相比,规模以上企业单位工业增加值能耗下降18%,重点行业主要污染物排放强度下降20%,单位工业增加值用水量下降25%
2017年8月	河北省	《河北省重污染天气应对及采暖季错峰生产专项实施方案》	石家庄、唐山、邯郸等重点地区,采暖季钢铁产能限产50%
2018年1月	工信部	《钢铁行业产能置换实施办法》	针对不同地区提出不同的产能置换比例(如京津冀、长三角、珠三角等)
2018年3月	工信部	《钢铁产业调整政策》(修订版)	提出"基于2015年版文件,力争到2025年,废钢比达到30%"
2018年4月	国务院	《禁止洋垃圾入境 推进固体废物进口管理制度改革实施方案》	提出"目录调整,废五金、废船、废汽车压件列入禁止进口名单"
2018年6月	自然资源部	《冶金行业绿色矿山建设规范》	指出"应加强技术装备的更新改造,采用高效节能的新技术新工艺。同时完善生产管理和技术工艺,减少资源流失"
2018年6月	山西省	《2018年度焦化行业化解过剩产能省级目标任务》	涉及9户企业502万吨产能

续表

发布时间	发布单位	政策名称	具体内容
2018年12月	四部委	《调整进口废物管理目录的〈公告〉》	明确"将废钢铁、铜废碎料、铝废碎料等8个品种固体废物从《非限制进口类可用作原料的固体废物目录》调入《限制进口类可用作原料的固体废物目录》"
2019年5月	国家发改委	《关于做好2019年重点领域化解过剩产能工作的通知》	指出"依法依规退出落后产能,严禁新增产能,巩固成果"
2019年9月	工信部	《关于引导短流程炼钢发展的指导意见》	提出"到'十四五'结束时,我国电炉钢产量占粗钢总产量的比例提升至20%左右;短流程炼钢占绿色发展水平进一步提高,单位能耗在当前基础上降低10%;全国钢铁工业的废钢比达到30%以上"
2020年1月	生态环境部	《钢铁企业超低排放改造技术指南》	采用先进的清洁生产和过程控制技术,实现大气污染物的源头削减
2020年1月	国家发改委	《关于完善钢铁产能置换和项目备案工作的通知》	暂停公示、公告新的钢铁产能置换方案和备案新的钢铁项目,要求各地区全面梳理2016年以来备案的钢铁产能项目,并开展自查自纠
2020年2月	河北省	《河钢邯钢老区退城整合项目产能置换方案》	用于置换炼铁产能707万吨、炼钢产能587.5万吨,剩余7.5万吨炼钢产能由河钢集团邯钢公司保留
2020年4月	安阳市	《精品钢及深加工等四大千亿级产业的实施意见》	2020年,安阳市钢铁企业重组整合、装备产能置换、环保提标改造基本完成
2020年5月	福州市	《规划建设2 500万吨钢铁产业集群》	力争到2025年,福州市钢铁产业由现有炼铁产能629万吨、炼钢产能954.8万吨增加至炼铁产能1 700万吨、炼钢产能2 500万吨(其中,环罗源湾片区炼铁产能1 000万吨,炼钢产能1 500万吨;长乐片区炼铁产能700万吨,炼钢产能1 000万吨)
2020年6月	国家发改委	《发改委印发关于做好2020年重点领域化解过剩产能工作的通知》	要求进一步完善钢铁产能置换办法,加强钢铁产能项目备案指导,促进钢铁项目落地的科学性和合理性

续表

发布时间	发布单位	政策名称	具体内容
2020年8月	山东省	《做好2020年重点领域化解过剩产能工作的通知》	要求积极发展电炉钢工艺，推动钢企兼并重组
2020年10月	生态环境部	《京津冀及周边地区、汾渭平原2020—2021年秋冬季大气污染综合治理攻坚行动方案》	2020年12月底前，力争完成2亿吨钢铁产能超低排放改造。其中，河北省完成1.1亿吨、天津市完成1 200万吨、山东省完成4 000万吨、河南省完成1 300万吨、山西省完成2 000万吨、陕西省完成600万吨，各省（市）至少树立1~2家钢铁超低排放改造示范企业，发挥区域内引领带动作用
2020年10月	生态环境部	《长三角地区2020—2021年秋冬季大气污染综合治理攻坚行动方案》	2020年12月底前，力争60%左右产能基本完成超低排放改造。其中，上海市完成宝武集团3台600平方米烧结机和553万吨焦炭产能超低排放改造；江苏省完成9 000万吨、浙江省完成560万吨、安徽省完成670万吨粗钢产能超低排放改造
2020年12月	工信部	《关于推动钢铁工业高质量发展的指导意见（征求意见稿）》	提出"力争到2025年，钢铁工业基本形成产业布局合理、技术装备先进、质量品牌突出、智能化水平高、全球竞争力强、绿色低碳可持续的发展格局"
2020年12月	工信部	《钢铁行业产能置换实施办法（征求意见稿）》	促进钢铁行业进行产能置换